# 甘肃省文化资源名录

## （第四十卷）

### 社科研究Ⅱ

论文

总 主 编：陈　青　王福生
副总主编：马廷旭
总 校 对：刘玉顺
本卷主编：王　屹

中国书籍出版社
China Book Press

图书在版编目（CIP）数据

甘肃省文化资源名录. 第四十卷 / 陈青，王福生总主编; 甘肃省社会
科学院编. — 北京：中国书籍出版社，2018.1
　　ISBN 978-7-5068-6724-5

　　Ⅰ. ①甘… Ⅱ. ①陈… ②王… ③甘… Ⅲ. ①文化遗产—甘肃—名录
Ⅳ. ①K294.2-62

中国版本图书馆CIP数据核字（2018）第027833号

**甘肃省文化资源名录　第四十卷**

陈　青　王福生　　总主编

甘肃省社会科学院　编

| | | |
|---|---|---|
| **责任编辑** | 宋　然 | |
| **责任印制** | 孙马飞　马　芝 | |
| **封面设计** | 东方美迪 | |
| **出版发行** | 中国书籍出版社 | |
| **地　　址** | 北京市丰台区三路居路 97 号（邮编：100073） | |
| **电　　话** | （010）52257143（总编室）　　　　（010）52257140（发行部） | |
| **电子邮箱** | eo@chinabp.com.cn | |
| **经　　销** | 全国新华书店 | |
| **印　　刷** | 三河市顺兴印务有限公司 | |
| **开　　本** | 787毫米×1092毫米　　1/16 | |
| **字　　数** | 742千字 | |
| **印　　张** | 33 | |
| **版　　次** | 2018 年 1 月第 1 版　　2018 年 1 月第 1 次印刷 | |
| **书　　号** | ISBN 978-7-5068-6724-5 | |
| **定　　价** | 383.00元 | |

## 甘肃省文化资源普查
## 和分类分级评估工作领导小组办公室及下设机构

# / 前　言 /

　　丝绸之路三千里，华夏文明八千年。甘肃是华夏文明的重要发祥地之一，是中华民族重要的文化资源宝库，是国务院认定的"华夏文明传承创新区"。为了保护和传承甘肃恢宏的历史与当代文化资源，使之能够汇总展示给世界，并永久流传，甘肃省从 2013 年 4 月启动了全省文化资源普查工作。在甘肃省文化资源普查和分类分级评估工作领导小组组织下，动员全省各市（州）县（区）、31 个厅局及省直单位的专业人员，数十位专家学者，历时两年，完成了普查和数据录入工作。对于全省文化资源普查成果，甘肃省社会科学院又经过两年时间整理完善、分类编辑、拾遗补阙、校对编排，现在终于有了《甘肃省文化资源名录》的付梓出版。

　　《甘肃省文化资源名录》集中展现了甘肃历史悠久、丰富多样的文化资源。甘肃历史文化遗存位列全国前茅，民族民俗文化特色鲜明，现代文化颇具实力。伏羲文化、大地湾文化、马家窑文化、齐家文化、寺洼文化、彩陶文化、周秦早期文化、长城文化、汉简文化、三国文化、五凉文化、敦煌文化、石窟文化、黄河文化等历史文化资源积淀深厚；道教文化、西夏文化、伊斯兰文化、藏传佛教文化等民族宗教文化资源星罗棋布；大革命文化、根据地文化、长征文化、抗日文化、解放区文化等红色文化资源耀眼夺目；工业文化、科技文化、歌舞文化、大众文化等现代文化资源特色鲜明。可以说，文化资源是历代生活在甘肃的华夏儿女留给这块大地的永不磨灭的最辉煌印记。

　　就甘肃省文化资源的精华而言，截至 2017 年初，全省馆藏可移动文物为 195.84 万件，各类不可移动文物 16895 处。有世界文化遗产 7 处，全国重点文物保护单位 131 处，省级文物保护单位 556 处，国家级非物质文化遗产代表性项目 68 项。有国家级历史文化名城 4 座，国家级历史文化名镇 7 座，中国历史文化名村2座，中国传统村落36个。莫高窟、嘉峪关、伏羲庙、麦积山、炳灵寺、阳关、玉门关、锁阳城、崆峒山、拉卜楞寺、中山桥……，都是甘肃文化的历史见证；敦煌汉简、悬泉汉简、铜奔马、牛肉面、剪纸、花儿、皮影、羊皮筏子、黄河水车……，都是甘肃永恒的文化名片；腊子口、哈达铺、会师楼、南梁……，都是甘肃代表性红色文化遗产；酒泉卫星发射中心、刘家峡水电站、玉门油田、《读者》《丝路花雨》《大梦敦煌》……，都是甘肃之所以为甘肃的鲜明标志；祁连山、雪山冰川、河西走廊，大漠戈壁、高原草原、天池梅园……，都是如意甘肃的生动写照。众多的历史、自然和现代文化资源犹如满天繁星，镶嵌在广袤的甘肃大地上熠熠生辉。

《甘肃省文化资源名录》汇总甘肃省文化资源的精华，完成了打造华夏文明传承创新区的基础工作。《名录》将文化资源分为二十大类，分别是：文物；红色文化；重要历史事件与人物；重要历史文献；民族语言文字；非物质文化遗产；自然景观文化；宗教文化；文学艺术；饮食文化；建筑文化；节庆、赛事文化；文化之乡；地名文化；文化传媒；社科研究；文化类高等教育；文化艺术机构团体；文化产业；文化人才。每类文化资源按属性又分若干子分类，每个子分类都有严格的界定。同时，将文化资源级别分为省级和市州级。省级文化资源是指国务院、国家有关部委、甘肃省政府和省直部门已经明确命名、认定、管理（或委托管理）的国家级和省级文化资源，以及甘肃省文化资源普查办公室评估认定并核定公布、报送备案的文化资源。市州级文化资源是指甘肃省各市州、县级政府及其管理部门已经明确命名、认定、管理的市县文化资源，以及甘肃省文化资源普查办公室评估认定并核定公布、报送备案的市县文化资源。甘肃省内世界级文化资源（遗产）纳入省级文化资源管理范围，暂未认定级别和不需认定级别的文化资源统一纳入市州级文化资源范围。

推出《甘肃省文化资源名录》，对于推进华夏文明传承创新区建设、甘肃文化大省建设、丝绸之路黄金段建设意义深远。《名录》不仅仅记录了甘肃文化资源的种类和数量，也使甘肃文化资源的资源类别、品相级别、蕴藏情况、流布地域、传承范围和衍变情况得以准确和清晰化。通过编辑出版《甘肃省文化资源名录》，形成一个科学完整的文化资源数据库、文化资源研究的学术平台、文化资源传承保护和开发利用的指南，有助于更好地挖掘那些具有世界影响、国家价值、显著特点、唯一仅存、开发潜力巨大的代表性文化资源，为文化资源的有效保护提供科学依据，为重点文化资源找到开发的机遇并重塑生长的价值，为文化产业项目的开发利用提供可靠的参考。所以，《名录》的推出，是甘肃省文化资源普查成果面向世界迈出的第一步，是文化实力助推甘肃转型发展的坚实步伐，它为甘肃省今后对文化资源进行保护传承、专题研究、数字展示、市场开发奠定了基础。

甘肃省社会科学院

2017 年 7 月

# 目 录

前 言    001

论 文    001

后 记    513

甘肃省文化资源名录

目
录

甘肃省文化资源名录

第四十卷

社科研究Ⅱ

# 论 文

## 0001 国有改制企业薪酬制度改革探微

发表时间及载体：《社科纵横》2009 年第 6 期

作　　者：曹明

简　　介：当前，建立现代企业制度已经成为国有施工企业在激烈的市场竞争中立足、发展、壮大的必由之路。人才的竞争成为企业竞争的焦点，而按照马斯洛的需求理论及赫茨伯格的双因素理论，良好的薪酬制度无疑对激发企业人才的积极性、创造性以及人才的去留起着重要的作用。

## 0002 藏传佛教对蒙古族家庭伦理的影响

发表时间及载体：《西北民族研究》（CSSCI）2003 年第 1 期

作　　者：唐吉思

简　　介：在藏传佛教在蒙古地区传播的过程中，佛教的伦理道德思想与蒙古族传统的伦理道德观相结合，使自身适合于蒙古社会，适合于蒙古人的社会心理和文化背景，从而成为蒙古族民众能够接受的佛教伦理思想。本文对蒙古族传统的孝亲观与佛教的孝道思想、传统的家庭夫妻伦理与佛教提倡的家庭夫妻伦理的关系等方面做了深入的分析。

## 0003 政府购买居家养老服务的绩效评价研究

发表时间及载体：《广东社会科学》2012 年第 2 期

作　　者：包国宪

简　　介：政府购买居家养老服务是在养老服务中引入市场竞争机制的一种制度安排。文章在分析政府购买居家养老服务的绩效内涵及其过程的基础上，构建了绩效分析模型。该模型从政府购买居家养老服务的效率和消费者感知服务质量的双元维度视角探讨了居家养老服务的测评方法。

## 0004 略论甘肃省精神文明环境的优势与劣势

发表时间及载体：《环境研究》1987 年 4 月

作　　者：武文军

简　　介：精神文明环境是相对物质文明环境而言的。所谓精神文明环境，是指人类精神意识发展的环境，是人类进行精神生产活动的环境。这种环境可分为三个方面的内容：一是人的道德、智力发展水平；二是科学、教育、文化等精神生产部门的状况；三是为人的精神发展和社会的精神生产所提供的物质条件。

## 0005 集聚经济与发达地区产业发展：甘肃的证据

发表时间及载体：《重庆社会科学》2008年第1期

作　　者：郭志仪

简　　介：从促进经济快速发展，到经济又快又好发展，再到经济又好又快发展，体现了我国经济发展战略思想的重要转变。运用集聚经济理论以欠发达地区甘肃省为例，分析其产业集聚效应及其变化。结果表明，欠发达地区应通过产业集聚，形成具有持续竞争力的特色产业群落，推动产业又好又快发展，从而缩小区域经济发展差距和促进经济社会协调发展。

## 0006 西北农村社区图书馆建设的分析与思考

发表时间及载体：《社科纵横》2009年第6期

作　　者：冯瑞丽

简　　介：目前，西部地区的农村社区图书馆建设迫在眉睫。在社会主义新农村建设时期，农村社区图书馆应发挥其应有的功能，努力寻找适合该地区的图书馆建设模式，多方合作共建，针对特定用户群体的需求，探索适宜的服务内容和服务方式。

## 0007 教学改革中的校长应对行为：领导及行动策略

发表时间及载体：《甘肃联合大学学报：社会科学版》2008年第24卷第6期

作　　者：云聪

简　　介：教学改革是提高教学质量的基本途径。它的实施及成败与校长的行为直接相关。与以规范教学过程、维持教学秩序稳定为特征的日常教学管理行为不同，教学改革中的校长行为体现为一种以引导、影响、支持等为主要方式的领导行为。在教学改革中校长需要采取有效的领导策略，影响和保障改革的实施，才能实现提高教学质量的改革目标。通过对有关校长培训研讨交流资料的提炼加工，本文提出了若干教学改革的领导策略。

## 0008 敦煌艺术影视传播之可行途径论略

发表时间及载体：《西北师大学报：社会科学版》2009年第1期

作　　者：黄怀璞

简　　介：敦煌学成为一门国际性显学之后，文字媒介一直是传播敦煌艺术的主要载体，而以舞台为主要形式的艺术创造也为敦煌艺术再生提供了重要空间，但影视作为以高科技为支撑的大众传播媒介，目前尚未在敦煌艺术再生中发挥更好的传播功能。因而，充分发挥影视媒介在动画、影视剧、纪实性作品等方面的优势，站在人文立场上，以民族精神为基点，在生态平衡的框架内寻求敦煌艺术的产业化生存途径，无疑会对敦煌艺术的全面普及、艺术再生渠道的拓展产生重要影响。

## 0009 甘南藏族自治州金石碑刻资料的收集与整理

发表时间及载体：《古籍整理研究学刊》2003年第1期

作　　者：吴景山

简　　介：过去的十几年里，作者在甘南藏族自治州境内收集到碑刻铭文资料共120种。它们涉及本地从唐代至今在历史、经济、文学、军事等各个方面的内容，本文对这些碑拓资料的收集与整理做了详细的论述。

## 0010 浅谈扩大消费需求的对策

发表时间及载体：《兰州大学学报：社会科学版》2001 年第 29 卷第 3 期

作　　者：杜江 李炳毅

简　　介：运用消费函数宏观计量模型，对收入水平、利息率、劳动时间等影响我国居民消费支出的因素进行了计量分析，并围绕诸因素，特别是提高收入水平，提出了扩大消费需求的一些对策。

## 0011 吐蕃统治敦煌时期的陀罗尼密典——中唐敦煌密教文献研究之一

发表时间及载体：《敦煌研究》2012 年第 6 期

作　　者：赵晓星

简　　介：本文整理了吐蕃统治敦煌时期的陀罗尼密典，并将其分为标准的陀罗尼、咒语和诸陀罗尼法三个类别，在每种经典后列出了敦煌文献编号，最后总结了蕃占时期敦煌流行的陀罗尼密典的特点。

## 0012 语料库数据驱动的大学英语词汇自主学习

发表时间及载体：《重庆科技学院学报：社会科学版》2012 年第 4 期

作　　者：崇兴甲

简　　介：利用现代电脑语料库及先进的检索软件，语料库数据驱动的外语自主学习可以给学习者提供大量、真实的自然语言输入，为实现大学英语教学方式的转变、提高大学生的自主学习能力和外语综合能力开辟了一条新的希望之路。文章梳理了语料库数据驱动学习的概念和理论基础，并从语音、词汇和语法三个方面对语料库数据驱动下的大学英语自主学习模式进行了探讨。

## 0013 西部大开发中的政府效率和法制环境

发表时间及载体：《甘肃行政学院学报》2001 年第 4 期

作　　者：王玉兰

简　　介：西部大开发战略是我国的重大决策，关系到我国经济协调发展、社会安定团结，对实现全国人民共同富裕和实现我国现代化建设第三步战略目标具有重要意义。西部大开发中国家在各项优惠措施倾斜的同时，应注意软件环境的建设，特别是政府效率和法制环境的建设。

## 0014 全球银行业的演变与中国银行业的法律监管

发表时间及载体：《甘肃政法学院学报》2003 年第 2 期

作　　者：李旭宏

简　　介：全球银行业经历着放松管制、非中介化和信息技术渗透的变革，引起了全球银行业内部结构的根本性变化，产生了巨大影响。基于此，文章提出了对中国银行业监管的几点应对措施。

## 0015 现代车站中地铁站逆做法施工关键技术研究

发表时间及载体：《山西建筑》2014 年第 7 期

作　　者：李建国

简　　介：苏州站地铁 4 号线车站施工，通过采用逆做法的施工工艺，攻克了围护结构、支撑体系、降水、开挖、逆做法主体结构施工等关键技术，降低了基坑变形对环境的影响，节省了临时支撑资源的投入。

## 0016 课程本体论：概念、意义与构建

发表时间及载体：《西北师大学报：社会科学版》2004 年第 3 期

作　　者：傅敏

简　　介：课程本体论主要研究课程的存在问题，它是探究和思索作为存在者的课程何以存在的理论。它对课程发展乃至人类具有独特意义，它是课程理论的根基，是分析、批判现实课程的一种武器，能够为人们认识课程提供哲学理念，能够为课程发展提供方向和动力。吸取西方课程领域长期拒斥或忽视课程本体论的经验教训，对我们建设自己的课程理论体系有着积极意义。

## 0017 从珈百列圣训看伊斯兰学科体系的主干内涵

发表时间及载体：《西北民族研究》2009年第2期

作　　者：马效佩

简　　介：圣训与伊斯兰学科体系关系的研究在汉语文献中是一个空白领域，学界几乎没有涉及此问题。本文以珈百列圣训中阐明的"伊斯兰"、"伊玛尼"和"伊哈萨尼"三个伊斯兰教的内在向度以及伊斯兰教的历史观为切入点，揭示了伊斯兰教学科体系中的三大主干学科"菲格海"法学、"凯拉姆"教义学和"泰算悟夫"苏菲行知的内在关系，从而得出结论：伊斯兰学科体系的主干内涵就是珈百列圣训在伊斯兰教学科发展过程中的自然延伸，是伊斯兰教学科体系发展的必然结果。

## 0018 论郑敏 1940 年代诗歌的美学特色

发表时间及载体：《兰州大学学报：社会科学版》2004年第32卷第6期

作　　者：张玉玲

简　　介：郑敏早期受西方现代主义影响，追求诗歌的含混、象征，写法上多用意象，追求思想的感觉化，在结构上追求深度模式。郑敏诗歌构成玄学妙境，形成静默、朦胧之美。

## 0019 清代甘肃书院时间分布特点成因分析

发表时间及载体：《西北师大学报：社会科学版》2006年第2期

作　　者：陈尚敏

简　　介：在清代书院高度官学化的大背景下，甘肃实现了书院教育的普及，从省会到各府州县，甚至有些乡村，都有了书院教育。甘肃书院的发展大致经历了准备、兴盛、回落、中兴和废止几个阶段。甘肃书院的发展一方面折射出清廷文教政策和国内时局的变化，同时也受甘肃本土条件的制约和影响。甘肃书院的发展和全国书院发展不相一致，因此可以说，甘肃是清代书院发展中一个非代表性地区。

## 0020 我国工业的地区专业化程度

发表时间及载体：《工业经济》2007年第10期

作　　者：郭志仪

简　　介：地区专业化是区域经济学的重点研究领域。本文利用24个主要的两位数工业行业数据，根据克鲁格曼专业化指数对1994—2005年我国31个省区市工业专业化程度及其变化趋势进行实证分析。结果发现，我国工业的地区专业化程度普遍提高，但各地区专业化发展不均衡。结合区位商和绝对份额指标，本文进一步明确了各地区专业化工业行业，并对其分布特征进行了总结分析。

## 0021 甘肃省产业结构与经济增长实证分析

发表时间及载体：《开发研究》2012年4期

作　　者：吕剑平

简　　介：对甘肃省产业结构调整进行了 More 结构变化值分析，就其经济增长率对 More 结构变化值的回归分析表明，1978 年以来，产业结构调整与经济增长率变动呈正相关关系。EG 两步法分析得出，甘肃省产业结构调整与经济增长之间存在着长期的"稳定"关系，各产业对经济增长贡献大小依次是：第三产业、建筑业、工业、第一产业。最后，为进一步促进经济增长，提出了产业结构调整对策和方向。

## 0022 高校筹资多元化目标现状分析与实现策略

发表时间及载体：《中国外资》2012 年第 6 期

作　　者：赵亮

简　　介：随着我国经济的迅速发展、教育理念的不断创新，高校也在迅速地发展。随之许多高校可能面临经费不足的问题，以往我国高校的经费主要是由政府来承担。但是随着我国社会的转型，高校的筹资也由传统单一的以政府为主体，转向多元化的筹资模式。笔者针对高校筹资多元化的目标现状及其具体的实现策略等做出分析和说明。

## 0023 出路与展望：现代教学论的未来发展

发表时间及载体：《西北师大学报：社会科学版》2002 年第 2 期

作　　者：蔡宝来

简　　介：随着教学论学科知识体系的累积和教学实验的发展，教学论在新世纪面临着学科发展与转换的新问题与新挑战。从未来教学论研究重心的转移和时代课题出发，可以析理出教学论的未来走向，建立开放的现代教学论理论体系，阐释教学论发展与转换的课题，实现教学论研究模式的转变；从现代教学论发展特点剖析，可以展望现代教学论的演进趋势，教学论的分化与综合，教学论研究方法的多元化和客观化，科学精神与人文精神的整合以及教学论学科发展的民族化、科学化、现代化。

## 0024 市场经济与金融宏观调控

发表时间及载体：《兰州大学学报：社会科学版》1994 年第 4 期

作　　者：成学真

简　　介：市场经济的自身缺陷和消极作用，决定了国家必须对市场经济的发展实行宏观调控。为了适应市场经济的发展，必须加强和完善我国的金融宏观调控体系。

## 0025 从 Ich bin ein Berliner 的翻译看翻译中语境和语用因素的介入

发表时间及载体：《社科纵横》2008 年第 4 期

作　　者：王健 王安民

简　　介：翻译无法摆脱语境因素的介入。原文意义的确定，同样离不开语用因素的介入。为了确定原文的意义。有时需要结合语境和语用等多种因素。以克林顿的自传《我的生活》中 Ich bin ein Berliner 一句话的翻译为例，来说明语境因素、语用因素等在确定和再现原文意义时所起的作用。

## 0026 东乡族、保安族女性与民族发展

发表时间及载体：《西北民族研究》2008 年第 2 期

作　　者：李育红

简　　介：随着传统社会向现代社会的转型，东乡族、保安族女性逐步走出家庭，接受教育，积极参与社会、经济、政治、文化等方面各项社会活动，并发挥了她们的重要作用。

女性发展的程度是衡量一个民族能否得到全面发展的标志之一。

## 0027 我国企业亏损的成因及出路

发表时间及载体：《兰州学刊》1994 年 5 月

作　　者：武文军 张玉斌

简　　介：目前，我国企业亏损出现严峻的形势，尤其是国有大中型企业亏损比较严重。据 1993 年统计，有 1/3 的国有企业明亏，1/3 暗亏。今年第一季度，由于税制改革和会计制度的改革原来一些暗亏的企业转为明亏，从而使国有企业亏损有所上升。有些省份亏损面达 50% 到 60% 以上，一些城市和地区还出现全行业亏损的现象。第二季度，国家采取了一些调控措施，加之一些企业的自身努力，亏损面下降，扭亏增盈出现良好的势头。本文就我国国有企业亏损的成因及走出困境的出路做一分析。

## 0028 公平视角下我国个人所得税税制模式之选择

发表时间及载体：《甘肃社会科学》2011 年 4 期

作　　者：史正保

简　　介：税制模式是否合理直接决定着个人所得税调节贫富差距、实现社会公平功能的发挥。我国现行个人所得税采用分类所得税制模式，存在个人收入相同缴纳税款不同的横向不公平现象和个人收入多的少缴税、个人收入少的多缴税的纵向不公平现象。从我国目前的国情分析，我国个人所得税应采用分类综合所得税制模式，对分类综合所得税制模式进行具体制度构建，是完善我国个人所得税法需要解决的棘手问题，更是实现社会公平需要解决的重要问题。

## 0029 中国共产党推进党的建设科学化基本经验的理论总结

发表时间及载体：《探索》2011 年第 6 期

作　　者：刘先春

简　　介：中国共产党成立 90 年的历史，就是不断推进党的建设科学化的历史。中国共产党在引领中华民族伟大复兴的实践中，不断加强自身建设，坚持科学理论的指导，坚持改革创新精神，坚持巩固群众基础。

## 0030 基于 PDCA 循环的财务外包管理过程控制

发表时间及载体：《商业会计》2012 年第 13 期

作　　者：田中禾 杨洋

简　　介：财务外包是企业为了提升自身核心竞争力所采取的战略手段，而在我国财务外包的管理对于我国传统财务观念仍是挑战，本文试对以 PDCA 循环的基本原理对财务外包进行管理进行分析。

## 0031 "现代教育技术"公共课教学实证研究

发表时间及载体：《电化教育研究》2010 年第 1 期

作　　者：王纬 王妍莉 田健

简　　介：本文通过对某师范院校开设"现代教育技术"公共课的学生学习效果进行总结性评价，针对所反映出的现象、问题进行课堂实录的回溯分析，从而对该课程的实施提出一定的策略建议。

## 0032 拭目重观，气象壮阔——论先秦文学研究

发表时间及载体：《福建师范大学学报：哲学社会科学版》2003 年第 4 期

作　　者：赵逵夫

简　　介：新时期先秦文学研究，第一要有历史的观念，既要考虑到历史流传过程中的复杂情况，又要结合考古的成果，对于上古文献中反映的内容，不能轻易否定，先秦文学研究要体现出时间的进程；第二要用文学的眼光，要突破经学思想的束缚、史学的束缚，还要破除成见的束缚；第三要坚持以文学史的事实来揭示文学发展的进程和总结文学发展的规律。

## 0033 主体功能区视野的贫困地区发展能力培育

发表时间及载体：《改革》（CSSCI）2008年第5期

作　　者：高新才

简　　介：改革之后较长的一段时间内，为实现全面减贫而实施的扶贫开发战略导致了贫困地区缺乏自我发展能力，并由此内生决定了贫困区域化的特征凸显，扶贫绩效递减。解决区域性贫困问题，应通过构建生态补偿机制，提供均等化的基本公共服务和培育特色产业，以提升贫困地区区域自我发展能力为重点。

## 0034 中国能源强度变动的区域因素分解分析——基于LMDI分解方法

发表时间及载体：《财经研究》（CSSCI）2008年第34卷第8期

作　　者：李国璋

简　　介：中国区域之间经济发展水平差异较大，能源消费也存在差异，分析影响中国能源强度变动的区域因素能够在区域层面上进一步理解总体能源强度的变动。文章利用对数平均D氏指数技术（LMDI）对1995—2005年中国能源强度变动进行区域因素分解，发现由区域内能源强度所显示的区域内技术进步因素是影响中国能源强度变动的决

定因素。

## 0035 藏区习惯法的文化内涵

发表时间及载体：《西北民族研究》（CSSCI）2003年第3期

作　　者：杨士宏

简　　介：本文概括了法律与宗教、禁忌等的关系以及藏区的习惯法对藏族民众日常生活的影响。

## 0036 丁酉科场案与清初秦陇文人心态

发表时间及载体：《西北师大学报：社会科学版》2012年第6期

作　　者：冉耀斌

简　　介：丁酉科场案为清初三大案之一，统治者企图通过此次案狱肃清科场流弊，扭转科举风气，进而对以江南文化世族为核心的士阶层进行高压整肃，借以巩固其统治地位。但是由于统治者滥施刑罚，草菅人命，对无辜者多有冤枉，所以造成士人的强烈不满。诗人张晋、张恂无辜蒙难之后，秦陇士人普遍对清政府的暴虐产生了反感，他们对清廷的态度也从最初的犹豫和妥协，转向激愤和疏离，甚至走上了反抗之路。在丁酉科场案之后的很长时期，秦陇士人甚至将读书仕进视为畏途，大多对清政府采取不合作的态度，此案在清朝历史上具有深远影响。

## 0037 解决我国商标权与商号权冲突问题的法律对策

发表时间及载体：《甘肃理论学刊》2007年第1期

作　　者：王赫

简　　介：商标权与商号权之间所引起的冲突纠纷，已成为当今知识产权保护的焦点和

难点问题。本文试图通过对商标权与商号权的含义、种类的分析，得出在我国产生这两个权利冲突的主要原因，并针对现有立法中的不足，提出了一些解决商标权与商号权冲突的应对之策。

## 0038 自由追求中的文化构成与发展模式

发表时间及载体：《理论月刊》（CSSCI）2011 年第 12 期

作　　者：杨建 朱永胜

简　　介：社会不断发展有助于自由的实现，而文化发展则表达和体现着人对自由的追求。自由与文化的关系从文化构成讲包括自由追求中的文化构成，自由实现中的文化发展，自由效应中的文化评价，从文化发展模式讲包括内外自由的文化环境，以人为本的文化内涵，真善美的文化价值，追求自由的文化目标，风格各异的文化形式。

## 0039 论结果补语"好"与"完"对述语动词的选择机制

发表时间及载体：《西北民族大学学报：哲学社会科学版》2012 年第 2 期

作　　者：丁萍

简　　介：现代汉语中，"好"与"完"经常用在动词之后，与动词一起构成动结式，动结式"V 好"与"V 完"都可表示完结。通过对"V 好"与"V 完"中的述语动词进行比较研究，将动词分为三组：只能与"好"组合的，只能与"完"组合的，既能与"好"组合、又能与"完"组合的。分析每一组动词所具有的语义特征，总结出"好"与"完"对述语动词的选择机制，并进一步说明同是表完结的动结式"V 好"与"V 完"之间的细微差别。

## 0040 从中西文化融合看新武侠小说

发表时间及载体：《甘肃社会科学》1999 年第 4 期

作　　者：张巍

简　　介：西格蒙特·弗洛伊德曾提出过著名的"情结说"，认为女孩子自童年起，心灵深处所朦胧爱恋的第一个人必然是她的父亲，所以就有了自己常无法察觉的"恋父分母"的心理倾向，渴望能为自己的父亲建立恋情而仇视自己的母亲，被称为"恋父情结"。同时，弗洛伊德又特别强调童年记忆，推断出儿时远逝的难以忘怀的体验，成长过程中的生活经历，都对人一生有着深刻的影响。从弗洛伊德学说出发，便不难理解金庸小说中的"恋父情结"和"恋母情结"。

## 0041 西部开发中的外商直接投资问题研究

发表时间及载体：《兰州大学学报：社会科学版》2001 年第 29 卷第 3 期

作　　者：蒋蕊萍

简　　介：改革开放的梯度推进，使外商直接投资在我国呈现出明显的地区差异。西部地区在利用外商直接投资数量、质量等方面与东部地区存在着很大差距，这也是加剧东西部地区经济不平衡增长的一个重要原因。西部大开发战略的制定和实施，为西部地区吸引外资提供了强有力的政策支持，西部地区应抓住时机，优先进行制度创新，积极吸引外商直接投资，促进地区经济协调健康发展。

## 0042 民族院校发展和提高人才培养质量

发表时间及载体：《西北民族大学学报：哲学社会科学版》2012 年第 4 期

作　　者：陈永奎

简　　介：民族院校是我国高等院校中的特殊群体，在充分发挥人才培养、科学研究、社会服务和文化传承创新职能的同时，各高校均形成了一些各自的办学特色。民族院校进一步发展必须完善大学职能、科学定位、突出特色，着力提高人才培养质量。

## 0043 论当代古典戏曲理论研究体系的建立及其内涵

发表时间及载体：《兰州大学学报：社会科学版》2004 年第 32 卷第 6 期

作　　者：宁俊红

简　　介：通过对 20 世纪以来中国古典戏曲理论研究专著的回顾，认为目前现有的研究成果在把握古典戏曲理论的民族性和全面性等方面还比较薄弱。由此本文提出建立当代中国古典戏曲理论研究的新体系，它既要立足于本民族的理论传统，又要具有先进性，能够系统、全面地容纳古典曲论的内容。因此，古典戏曲理论研究至少应该包括戏曲本体、创作、表演等三个层面的理论内涵。

## 0044 城市社区自治的社会基础

发表时间及载体：《西北师大学报：社会科学版》2002 年第 3 期

作　　者：李学春

简　　介：我国现代城市社区是国家与社会相分离的产物。它已经或正在成为一个具有共同地域、用契约和共同的亚文化联系在一起的具有共同利益和归属感的社会成员的集合，它是城市居民的日常生活世界，具有市民社会和公民社会的双重属性。城市社区的这一特征，决定了城市社区已不再是国家行政的一个层次，而是一个社区居民自我管理、自我教育、自我服务的社区居民自治体系。

因此，完善社区居民自治体系的建设，就成了当下城市社区建设的一个重要任务。

## 0045 全球化时代的政治思维——评辜堪生主编《全球化与中国共产党执政能力研究》

发表时间及载体：《西南民族大学学报：人文社会科学版》（CSSCI）2010 年第 5 期

作　　者：王学俭

简　　介：近年来，关于党的执政能力的研究，逐渐成为学术理论界的一个热点。辜堪生教授主编、中央文献出版社出版的学术专著《全球化与中国共产党执政能力研究》，就是其中的一部力作。

## 0046 论人民币汇率形成机制改革与中国经济主权的关系

发表时间及载体：《社科纵横》2010 年第 7 期

作　　者：张丽娟 王丽丽

简　　介：人民币汇率改革是近年来国内外理论界讨论的热点。一国的汇率政策属于一国经济主权的范畴。维护中国国家的经济主权是人民币汇率改革的根本出发点，人民币汇率改革应在坚持维护中国经济主权的前提下，按照主动性、可控性和渐进性原则来推动人民币汇率形成机制的改革，实现人民币汇率在合理均衡水平上的基本稳定。

## 0047 我国商个人形态及其立法的思考

发表时间及载体：《甘肃政法学院学报》2009 年第 6 期

作　　者：任尔昕

简　　介：我国商事立法应实现个体工商户和个人独资企业二元模式的统一，由统一的个人独资企业法进行规制。农村承包经营户的法律地位应分类处理，加入农民专业合作社的农村承包经营户应由农民专业合作社法进行调整，其他农村承包经营户应确定为任意商人，由其选择是否以商人的名义从事经营活动。应当明确将小商贩纳入商个人的范畴。

## 0048 哲学学：学科定位及其体系建构

发表时间及载体：《兰州大学学报：社会科学版》2005 年第 33 卷第 6 期

作　　者：李君才

简　　介：哲学学是研究哲学和哲学活动的发展规律及其社会影响的综合性学科，它是对作为特殊的社会意识形式的哲学的反思，对各种复杂的哲学现象的诠释，是对形形色色哲学观念的概括。作为一门正在成长中的新兴学科，其学科如何定位，体系如何建构，方法如何选择，都是值得重视和思考的问题。

## 0049 口语表达能力是语文教师的职业生命线——语文教育专业职业技能训练之朗读与演讲训练

发表时间及载体：《甘肃联合大学学报：社会科学版》2011 年第 27 卷第 5 期

作　　者：王万鹏

简　　介：口头表达能力是指用口头语言来表达自己的思想、情感，以达到与人交流目的的一种能力。日常生活交往中，人们更多的是使用口头语言，所以，口头语言比书面语言起着更直接、更广泛的交际作用。教师的口头语言在很大程度上决定着学生的课堂学习效率和效果，影响着教师教育管理工作的说服力度。在长期教学实践中逐渐形成了语文教育专业"一体化三层次八训练"职业技能训练体系，"八训练"中的"一读一讲"，即朗读和演讲，就是专门针对提高语文教育专业学生口语表达能力而精心设计的精彩环节。本文认为口语表达能力是语文教师的职业生命线，进而讨论了朗读与演讲在语文教师培养中的功用。

## 0050 近代西北羊毛市场的交易方式

发表时间及载体：《青海民族大学学报：社会科学版》2012 年第 4 期

作　　者：李晓英

简　　介：近代以来，西北地区渐成天津开埠后的经济腹地，但由于西北地区交通闭塞及特殊的文化背景，导致了西北羊毛市场特殊交易方式的存在。

## 0051 论吕碧城的词风及心态演变

发表时间及载体：《西北师大学报：社会科学版》2009 年第 1 期

作　　者：王忠禄

简　　介：近代杰出女词人吕碧城，一生呈现出复杂多变的心灵状态，其心态的转变导源于人生历程的几次变更，少年丧父，受族人欺凌；青年时创办学校，担任要职；之后，漂洋过海，旅居国外十多年；晚年又入佛门。以呈阶段性差异的心态而抒写的词，词风必然会发生多重演变。作为词人，她被认为是清词的殿军，事实上，她也是千年词史的殿军。吕碧城词风的转变，客观上说明千年词的难以为继。

## 0052 水资源合理利用与均衡配置的产权制度改革

发表时间及载体：《内蒙古大学学报：哲学社会科学版》2004 年第 3 期

作　　者：杨建国　聂华林

简　　介：教育部人文社会科学规划项目。我国的水资源的所有权属于国家或集体，在理论上已形成传统模式，当前应继续维持，以免改交后形成经济关系混乱。

## 0053 消费、消费函数及其特性新探

发表时间及载体：《甘肃理论学刊》2009年第5期

作　　者：宋圭武

简　　介：一切直接能增加效用的行为都可属消费范畴。新的消费函数应体现如下特点：一是不仅要注重物质收入因素，也要注重精神因素对消费的影响；二是不仅要考虑现实情况，也要考虑未来的情况；三是对个人消费偏好不仅要考虑其不变的情况，也要考虑其变化的情况。另外，笔者也认为，所谓的"库兹涅茨反论"，根源就在于边际效用递减规律在不同的时间区间对消费有不同的影响和作用。在短期内，边际效用递减规律对消费函数有较大作用，但在长期内，边际效用递减规律对消费函数的影响是有限的。所以，短期消费函数将反映出边际效用递减规律的作用，平均消费倾向就有可能是递减的，但长期消费函数对边际效用递减规律反映不明显，所以平均消费倾向就有可能是稳定的。

## 0054 移动的边塞诗——以唐王朝的边塞与边塞诗为中心

发表时间及载体：《浙江工商大学学报》2014年第1期

作　　者：张同胜

简　　介：中国古代历朝历代大都存在着一个因边塞的位移而影响边塞诗情志的问题。文章以唐代的边塞与边塞诗为例探讨了二者之间的关系及其他相关问题，认为有唐一代边塞诗情志的演变，与大唐王朝边塞的位移密切相关但并非完全同步。大致看来，初唐边塞诗由于朝廷开疆拓土并实行羁縻州府制度，因而当时疆域虽然最为广袤，但并未体现在边塞诗上；盛唐与唐太宗、唐高宗时期相比领土大为缩小，但由于西域实行都护府管理，以及文人士大夫的游边入幕乃至参政，于是形成了盛唐边塞诗的兴盛及其风神、气骨。安史之乱导致大唐疆域的中原化和边塞的内移，从而直接造成了中晚唐边塞诗萧瑟哀怨的风格。

## 0055 基于信息不对称信贷市场风险的博弈分析

发表时间及载体：《天津商业大学学报》2012年第32卷第1期

作　　者：汪慧玲

简　　介：在信贷市场中，商业银行作为满足储蓄者与企业需求的中介机构，在追求利益最大化的过程中充满着复杂性和不确定性。本文从博弈论角度，在信息不对称的条件下，引入两人博弈模型，分析了储蓄者在存款的过程中对商业银行的选择以及当商业银行发生经营意外时的挤提行为，对企业的贷款行为进行了成本—预期收益分析，最后，对企业贷款道德风险行为的发生以及银行对企业贷款使用情况的监督进行了混合策略下的纳什均衡分析。在对储蓄者、商业银行、企业相互之间的博弈行为分析的同时，结合商业银行经营过程中的实践，综合分析了信贷风险的产生机理。

## 0056 发展农产品加工业是我国农业产业化经营的核心

发表时间及载体：《兰州商学院学报》2005年第21卷第6期

作　　者：何国长

简　　介：本文通过对我国农产品加工业发展特点以及当前制约因素的论述，为我国农产品加工业提出了今后进一步发展的设想。

## 0057 祁连山国家级自然保护区周边经济发展模式探讨

发表时间及载体：《林业经济问题》2008 年第 28 卷第 6 期

作　　者：汪慧玲

简　　介：通过对祁连山自然保护区周边农牧民经济状况的调查发现，这些地区普遍存在着生活水平低、生产资金短缺、产业结构单一等阻碍经济发展的问题。通过对当地自然和社会经济发展情况进行分析，结合对保护区周边农牧民做抽样问卷调查，提出了发展生态旅游、进行新兴农牧业发展等适合本地区经济发展的模式。

## 0058 20 世纪 50 年代美国非洲政策述论

发表时间及载体：《史学集刊》2010 年第 5 期

作　　者：王延 姬庆红

简　　介：20 世纪 50 年代之前，由于大多数非洲地区仍处于西欧殖民国家的统治之下，美国政府对非洲的政策主要以资源为中心。随着 20 世纪 50 年代欧亚冷战格局的形成以及非洲民族独立运动的蓬勃发展，美国决策者开始重新评估非洲在其国家安全政策中的地位，非洲的自然资源在美国决策中的地位随之逐渐下降，而其战略利益与意识形态地位日益突出。与此同时，美国政府对非洲政策也开始逐渐摆脱以欧洲为中心的模式，转向把欧洲与非洲分开考虑的政策。

## 0059 关于迭烈逊渡口的几个问题

发表时间及载体：《中国历史地理论丛》（CSSCI）2004 年第 1 期

作　　者：刘再聪

简　　介：迭烈逊是丝绸之路东段北线上一个非常重要的黄河渡口，多年来鲜有人提及。迭烈逊渡口位于今甘肃白银市平川区（原属于靖远县）境内，早在汉代就已经得到开发。

## 0060 认同机制与观众心理——麦茨的精神分析电影理论评述

发表时间及载体：《文艺研究》2011 年第 6 期

作　　者：赵晓珊

简　　介：本文主要探讨麦茨的电影精神分析方法，其中涉及两个重要问题：电影认同机制和观众心理分析。以往的精神分析研究主要是对具体的作品——影片的精神分析，对影片的作者——导演进行病理学的研究，而麦茨则要对电影的整体机制、特性做精神分析，并强调自己所倡导的精神分析对象是电影，而非影片，探讨的是电影的特性，而非电影所表现的故事。麦茨借用拉康的镜像理论分析电影的认同机制，即一是观众对摄影机的认同，二是观众对影片中人物和角色的认同。电影同时又是窥淫和恋物的产物，窥视心理使观众对电影产生依赖，不断刺激观众产生重回影院的欲望。而恋物机制通过"逼真"影像弥补观众内心的缺失，类似于某种恋物的道具。电影依赖技术和虚构，构成某种人们欲望的替代物或者掩盖伤口的道具，使得欲望合法化。

## 0061 西部"三农"问题的"RAP 怪圈"

发表时间及载体：《甘肃理论学刊》2004 年第 5 期

作　　者：聂华林 路万青

简　　介：本文在指出东、西部地区三农问题形成机理不同的前提下，分析论证了西部三农问题是 RAP 怪圈——农村、农业、农民各自发展条件不足的恶性循环作用的结果，并提出了打破西部三农问题的 RAP 怪圈的一些思路和对策建议。

## 0062 制度量化、供求均衡与制度变迁

发表时间及载体：《改革》（CSSCI）2006年第 9 期

作　　者：高新才

简　　介：采用新古典学派行为分析与变量分析相统一的方法，以自由度和约束度作为衡量制度变迁程度的标准，可将制度变迁分为正向性制度变迁和逆向性制度变迁。运用变量方法分析制度需求和供给量及其均衡，实质是对行为分析的一种补充。该模型对于正确认识中国体制改革具有现实意义。

## 0063 网络文化与大学生思想道德建设

发表时间及载体：《电化教育研究》（CSSCI）2005 年第 7 期

作　　者：王文昇

简　　介：随着社会的进步和信息技术的发展，网络已成为大学生学习、文化生活的重要载体，成为大学生获取知识和信息的主要方式。由于网络具有覆盖面广、交互性强、虚拟程度高、信息量大、传播速度快等特点，引起了教育方式的改变，促进了教育社会化和大学生学习的社会化。因此，不断建设和完善好融思想性、知识性、趣味性、服务性于一体的网络文化，是拓展思想政治教育新领域、主动占领思想政治教育新阵地的重要手段。

## 0064 王世贞《凤洲笔记》献疑

发表时间及载体：《学术交流》（CSSCI）2012 年第 5 期

作　　者：魏宏远

简　　介：《凤洲笔记》虽名为"笔记"，实为王世贞早年诗文之"削稿"，即弃稿。此书有三种版本，书中内容在后来王世贞所编刻的《弇州四部稿》等书中多有收录，但部分作品已做较大修改，然而此书的刊印是否为王世贞所知？颇令人费解。此外，此书编校者黄美中的籍贯也令人生疑，原因是在明代可查出"江夏""海虞""南靖"三个黄美中，那么编校此书者应为哪一个？《凤洲笔记·卷五》收有《南丰先生集序》一文，该文与王世贞后来的思想差异较大。那么此文是否为王世贞所撰？目前凤洲笔记令人生疑之处尚多，但不可否认其仍是了解王世贞早年文学创作及文学思想的重要文献资料。

## 0065 工业供应链内部成员满意

发表时间及载体：《工业工程与管理》（CSSCI）2001 年第 6 期

作　　者：田澎

简　　介：供应链内部成员的满意度对于供应链管理相当重要，基于质量功能展开的思想，提出了一种确定供应链内部成员需求以及供应链的核心企业为满足这些需求所应采取的措施的结构化方法。

## 0066 基于 CiteSpace II 的竞争情报文献的可视化分析

发表时间及载体：《兰州学刊》2012 年第 12 期

作　　者：丁磊 王兴泉

简　　介：文章以 CSSCI 数据库有关竞争情报研究的 1048 条文献和其所包含的参考文献为研究对象，运用 CiteSpace II 绘制知识图谱，梳理了竞争情报具有影响力的作者、机构以及竞争情报知识基础、研究前沿和研究热点等问题。

## 0067 MOOCs 背景下我国高等教育教学模式的变革与创新

发表时间及载体：《电化教育研究》（CSSCI）

2014 年第 35 卷第 4 期

作　　者：焦炜

简　　介：正在席卷全球的 MOOC（慕课）潮流，是一场极其深刻的教育创新与学习革命，将推动大学课程体系和学习方式步入信息时代，迫使大学重新审视自己的价值与使命，重塑开放包容的大学精神与文化，并对传统大学改进教学与创新发展产生重大和深刻的影响。然而，MOOCs 在表现出大规模、专业化、开放性、学习的自由度与灵活性等基本特征与优势的同时，其发展也面临着教学模式、学习评估、证书认可及商业模式等问题的挑战。因此，积极开发国内 MOOCs 课程，强化国际合作，充分发挥大学传统教学和 MOOCs 教学的优势，创新学习评价理论与方法以及推进 MOOCs 课程认证体系建设，是 MOOCs 背景下我国高等教育教学模式的变革与创新的核心内容与基本方向。

## 0068 论法治在西北民族地区发展的条件——从政治意识文明的视角分析

发表时间及载体：《甘肃政法学院学报》2006 年第 4 期

作　　者：姚万禄

简　　介：政治文明是以法治文化为政治文化基础的，其在西北民族地区的发展，需要相应的教育条件和过程，奠定政治文明发展的法治文化基础。一是生态文化的转型，包括自然生态文化、地域观念文化和人口观念文化的转型。二是政治文化的转型，克服传统政治文化对政治文明的制约因素，建构和发展现代政治文化。三是培养农牧民依法进行政治参与的意识，提高政治参与能力。四是发展以义务教育、技术教育、法制教育为体系的世俗教育，依靠提高技术水平、法治意识参与政策资源的分配，依法维护公民的各项权利。

## 0069 中国古代文学本质观的范式审视

发表时间及载体：《宁夏大学学报：人文社会科学版》1998 年第 20 卷第 1 期

作　　者：张进

简　　介：文学本质观的发展史是思维范式的演变史。中国古代文学理论总是在"宇宙原理—文学整体"的参照范式中考察文学，认为文学是宇宙原理的显现。显现的方式是"仰则观象于天，俯则观法于地"，此即方法论。文以显道的象天法地范式的文学观从价值论和方法论的结合部，整合了天人对话的宇宙观和艺术至境意境的全面对话系统，显示出中国古代文学理论的特异性和系统性。

## 0070 论维吾尔族妇女中的民间互助——以新疆喀什地区为例

发表时间及载体：《甘肃社会科学》2012 年第 3 期

作　　者：徐黎丽

简　　介：在国民社会保障需求未得到充分满足的背景下，民间互助显得尤为重要。维吾尔族妇女民间互助的形式主要有家庭内、家族间的互助，邻居、群众自发的互助，清真寺、民间互助组织和民间社会组织的救助。维吾尔族妇女的民间互助能促进经济发展和社会稳定，并有利于社会保障体系的完善。本文针对维吾尔族妇女的民间互助的局限性提出促进其发展的合理化建议。

## 0071 企业网络与城镇互动发展关系研究

发表时间及载体：《西北师大学报：社会科学版》2008 年第 6 期

作　　者：石培基

简　　介：本文在借鉴相关研究的基础上，在对企业网络、城镇、城镇化进行概念界定及评述之后，分析了企业网络与城镇的互动关系，着重阐述了企业网络与城镇互动的作用机理。

## 0072 完善我国国有公司法人治理结构的对策建议

发表时间及载体：《甘肃理论学刊》2002年第5期

作　　者：杨大明 王陇华

简　　介：目前，我国国有企业建立现代企业制度已取得积极进展，但公司法人治理结构仍不完善，影响企业的运营效率。本文结合实际，对建立和完善我国国有公司法人治理结构进行考察、分析。

## 0073 论明代中后期"吴风""楚调"之嬗替

发表时间及载体：《学术界》（CSSCI）2012年第2期

作　　者：魏宏远

简　　介：明代中后期王世贞主盟文坛，其长期在吴中弇园家居，接纳四方文友，相互诗文唱和，吴中成为当时的文学中心。此后，袁宏道倡"公安派"，钟惺、谭元春引"竟陵派"，相继崛起，并对吴地文学大加挞伐，"楚调"盛极一时。在"楚调"衰弊之际，吴伟业编纂《太仓十子诗选》，沈德潜选编钱大昕、王鸣盛等吴地才子之作成《七子诗选》，皆有使"吴风"再兴之意。"吴风""楚调"此消彼长，地域文学、权力文学在"边缘"与"中心"的位移中相互碰撞，嬗替，彰显出文学话语权的纷争。

## 0074 地域认同度对核心人才流失影响的差异性研究

发表时间及载体：《开发研究》2012年第5期

作　　者：邵建平 张晓媛 邵千芸

简　　介：前期相关的研究表明，欠发达地区地域认同度高低对核心人才流失有影响，其统计意义的消减误差比例达到0.6，在核心人才流失的影响因素中排在第一位。

## 0075 论对外贸易在近代西北中心城市兴起中的作用——以兰州、西宁为例

发表时间及载体：《宁夏社会科学》（CSSCI）2011年第5期

作　　者：李晓英

简　　介：近代以来，随着西方资本主义国家入侵，地处内陆的中国西北地区也被迫纳入了世界经济体系之中。在皮毛等畜牧业产品输出的带动下，处于西北河湟谷地的兰州、西宁受益于外向型经济的影响。

## 0076 在解放思想中破浪前行

发表时间及载体：《先锋队：下半月》2011年第3期

作　　者：刘先春

简　　介：一部波澜壮阔的共和国历史就是一部思想争鸣、拨开迷雾开创道路的历史。在共和国前行的历程中，每当时局的重要关头，每当抉择的重要当口，总会产生各种思想观念的碰撞，总会出现各种不同意见。

## 0077 论物权的追及效力的有限性

发表时间及载体：《兰州商学院学报》2004年第20卷第1期

作　　者：许春清

简　　介：物权是社会经济生活中最基本的财产权利，当它获得法律的强力保护后即具有了支配性、优先性、排他性、追及性等效力。物权的追及效力是指物权标的物无论辗转流落于何人之手，物权人均可追及其所在而直接支配该物的法律效力。在无权处分兼

有善意取得的情形下，物权的保有和物权的取得会发生冲突，民法通过对无权处分的否定，从相反方向强化了物权的追及效力，通过对善意取得的肯定，又弱化了物权的追及效力，从而使物权的追及效力表现出相当的有限性。

## 0078 入世与甘肃民族地区产业结构调整

发表时间及载体：《甘肃行政学院学报》2003 年第 1 期

作　　者：王存教 刘华

简　　介：为适应我国加入世界贸易组织后的新形势，甘肃民族地区应积极进行产业结构重大调整，加强农业基础地位，大力发展特色高效农业，结合自身基础和资源优势，集中力量，突出抓好工业，加快现代工业发展，以发展特色旅游经济为突破口，带动第三产业发展，促进自身产业结构优化升级。

## 0079 中小企业界定标准及行业分布研究——一个关于国外文献的综述

发表时间及载体：《兰州商学院学报》2004 年第 20 卷第 1 期

作　　者：史巧玉

简　　介：究竟应当怎样看待中小企业在一国国民经济发展当中的地位和作用，国内学术界众说纷纭，莫衷一是，从而影响到政府的决策以及中小企业的快速发展。因此，有必要从国外入手，研究中小企业的发展战略。有鉴于此，本文主要介绍了美国、日本、德国等国家关于中小企业的界定标准以及行业分布。

## 0080 "少生快富"工程对统筹少数民族人口资源环境与发展的作用分析

发表时间及载体：《人口研究》（CSSCI）

2010 年第 6 期

作　　者：郭志仪

简　　介：文章认为"少生快富"工程的实施，适应少数民族地区人口与经济社会资源环境协调与可持续发展的需要，具有降低少数民族妇女生育水平、减少贫困人口等多重积极效应。并对"少生快富"工程可能会在今后出现的问题进行了分析，认为"少生快富"工程的远景发展应逐步归于以少数民族地区计划生育家庭优先的农村社会保障制度。

## 0081 莫高窟吐蕃期洞窟第 154 窟——主尊彩塑造像的性质与定名考

发表时间及载体：《装饰》（CSSCI）2010 年第 4 期

作　　者：沙武田

简　　介：莫高窟中唐吐蕃期洞窟第 154 窟主尊彩塑造像为一身倚坐姿的菩萨装饰佛，较为独特和少见。本文通过对中古时期佛教造像装饰佛的考察，表明该身造像与传统意义上表现"菩提伽耶金刚座真容像"的装饰佛有较大的不同。而考虑到其倚坐的弥勒造像特征，再结合中国历史上和敦煌地区传统的弥勒佛王造像与思想，以及敦煌吐蕃统治时期独特的社会历史背景，第 154 窟该身造像很有可能是中唐吐蕃统治时期敦煌当地的"弥勒佛王"造像，表现转轮王治世与治国的佛教治国意识形态。

## 0082 区域金融发展、财政支出与经济福利——基于省级动态面板数据的实证检验

发表时间及载体：《经济经纬》（CSSCI）2012 年第 1 期

作　　者：马雪彬 胡建光

简　　介：笔者运用动态面板数据模型，基于 21 个省市的面板数据进行广义矩分析，

考察区域金融发展及地方政府的财政支出与经济福利的关系。得到的结果是：区域金融发展对经济福利的影响较为微弱，财政支出有效地促进了区域内经济福利的提高，但是当地政府同时面临着"福利磁铁"的矛盾。在分省区研究中发现，不同的区域金融发展、财政支出对当地经济福利水平的影响具有较大的差异。

## 0083 企业税务筹划风险探讨

发表时间及载体：《兰州商学院学报》2009年第2期

作　　者：常向东 李永海

简　　介：随着税务筹划被越来越多的企业所接受，各种形式的税收筹划活动也在逐渐兴起。税务筹划可以为企业带来一定的经济利益，但是税收筹划所蕴含的风险却没有得到人们的足够重视。本文作者首先对税务筹划风险的概念进行了定义，明确实现税收零风险是税务筹划的重要目标所在，然后，具体分析了企业税务筹划风险产生的内、外部各方面原因，最后，结合税务筹划风险产生的原因，提出了防范企业税务筹划风险的对策，以期对企业税务筹划活动风险的降低起到有益的帮助。

## 0084 服务品牌敏感度对消费者选择的影响

发表时间及载体：《商业研究》（CSSCI）2009年第8期

作　　者：董雅丽 戎长胜 何丽君

简　　介：甘肃省哲学社会科学规划项目，项目编号 WZ0318。品牌敏感是指消费者在购买决策过程中注重品牌，品牌敏感度反映了消费者在购买决策中对品牌的重视程度。

## 0085 虚拟学习社区中隐性知识传播研究

发表时间及载体：《电化教育研究》（CSSCI）2008年第7期

作　　者：李玉斌

简　　介：本文在详细分析隐性知识内涵的基础上，对虚拟学习社区中隐性知识的传播方式、传播机制等问题进行了讨论，提出了虚拟学习社区中隐性知识传播模型，并对教师主导条件下的虚拟学习社区中隐性知识传播教学活动设计进行了案例分析。

## 0086 论荀子对孔子的修正

发表时间及载体：《管子学刊》（CSSCI）1998年第4期

作　　者：乔建

简　　介：对前人思想的每一次发展，都是特殊视角上的有选择的发展，因此"发展"有时就是修正。长期以来许多文人学士都把荀子看作是孔子学说的传人，虽然这一观点近年来受到广泛的质疑，但仍有不少学者坚持把荀子划入儒家的范畴。

## 0087 唐五代敦煌人的饮酒习俗述论

发表时间及载体：《敦煌研究》2000年第3期

作　　者：高启安

简　　介：敦煌有着很深的酒文化积淀，敦煌人饮酒的历史，至迟可以追溯到汉代。敦煌的饮酒风习很盛，酒在敦煌人的生活中扮演着很重要的角色。各种活动都少不了酒，如宴会、祭拜、招待使节、婚丧、庆典等。敦煌几乎各社会、各阶层的人均饮酒，寺院的僧人、尼姑也不例外。敦煌人的饮酒方式既有"喧拳"，也有文雅的筹令。敦煌人好喝酒，敦煌酒的销量很大，除了与敦煌有悠久的造酒、饮酒传统有关外，也与敦煌所处交通要道有关，往来的商旅和使节影响着敦煌酒的供求关系，还与敦煌粮食产量相对富裕有关。

## 0088 技术促进理解的藏族学生汉语教学策略研究

发表时间及载体：《电化教育研究》2014年第35卷第2期

作　　者：王妍莉

简　　介：理解问题是汉语非母语的学生初级学习阶段所遇到的主要障碍。本研究以甘肃省某藏族地区为例，从理解内容、理解层级和理解影响因素三个方面对当地小学高年级藏族学生的汉语学习理解效果进行了调研，并基于此提出了表达有声化、问题可视化和知识情境化三大策略体系。

## 0089 《憩园》的启蒙精神与人生矛盾——巴金、鲁迅比较论之一

发表时间及载体：《西北师大学报：社会科学版》2002年第5期

作　　者：邵宁宁

简　　介：《憩园》是巴金所有小说中意义最为复杂的文本之一。从人生意义上说，它所表现的是一个有启蒙思想的知识分子，人到中年时，对家园、婚姻、事业、生活出路等问题的一系列思考。本文通过细致的文本分析，并将其与20世纪20年代中期鲁迅的有关作品进行对照，为进一步认识巴金20世纪40年代创作的意义，全面理解20世纪前半叶启蒙知识分子的精神历程，提供了新的角度与证明。

## 0090 网络作文的十大优势

发表时间及载体：《电化教育研究》2003年第7期

作　　者：李得贤

简　　介：网络作文是现代教育理论、现代信息技术与作文教学整合的结果。在建构主义理论指导下，网络作文克服了传统作文教学的多方面不足，网络技术优势解决了传统作文自身无法解决的一系列难题，与传统作文相比，网络作文显示出了十分显著的优势。

## 0091 世界信息产业发展回顾与展望

发表时间及载体：《甘肃社会科学》1999年第3期

作　　者：张恒昌

简　　介：信息产业是继农业、工业、服务业之后的一种新的产业群体，是社会发展到一定阶段的产物，是知识信息与信息技术的结晶。世界信息产业的萌芽阶段可追溯到20世纪40年代，50至60年代是信息产业的形成期，70至80年代进入发展期，90年代以来向着广度和深度发展。

## 0092 有融资因素的资产组合投资模型及应用——对马科维茨模型的一个扩展

发表时间及载体：《价值工程》2009年第28卷第8期

作　　者：成学真

简　　介：马科维茨的均值—方差组合模型讨论了资产组合的选择问题，为投资者进行分散化投资提供了一般的准则。在此基础上进行了一些补充和修改，针对现实中广泛存在的融资炒股的现象建立了有融资因素时的资产组合模型，并结合中国股市不允许卖空这种情况进行了实证检验，为投资者在有融资时的投资提供参考。

## 0093 一种隐性文学现象之考察——以《文心雕龙》思维方式对韩愈的影响为例

发表时间及载体：《文学评论》（CSSCI）2010 年第 5 期

作　　者：雷恩海

简　　介：对六朝理论巨著《文心雕龙》，韩愈虽未有过明确的表述，但从其思维方式及基本文学思想来看，有着高度的一致性，认同并借鉴了《文心雕龙》笼圈条贯、原始要终、唯务折中、执正驭奇的思维方式。韩愈努力追求思维的周密性和一致性，统观全局，全面认识，既不拘于一隅，又能细大不捐，既能确立主导思想，持论中正，又能全面考量，斟酌损益而不偏颇狭隘，深入文理，折中群言，妙解文心，而终成一代文学巨擘。韩愈对《文心雕龙》的态度，启示我们从另一视域探讨文学思想的通变传承。

## 0094 推拉战略：西部区域经济发展新思路

发表时间及载体：《经济问题》（CSSCI）2003 年第 9 期

作　　者：聂华林 李秀红

简　　介：国家社科基金资助项目。长期以来，西部沿用的赶超战略产生了不良的后果。西部应抛弃不切合实际的赶超战略，实施推拉战略，以夯实西部区域经济发展的基础。

## 0095 论兰州九州经济开发区的发展取向

发表时间及载体：《社科纵横》2008 年第 2 期

作　　者：王学定 王淑新

简　　介：当前，包括经济开发区在内的各类园区不仅在我国，而且在世界范围内对当地经济甚至是区域经济，乃至国家经济的发展发挥着重要的带动作用。本文针对兰州九州经济开发区建设的现状，分析了国内外几个发展好的园区成功因素，从甘肃省的资源优势、科技优势和国家高新技术发展重点领域等角度论证，认为兰州九州经济开发区特色产业定位应该明确为兰州食品与生物医药产业园区，并对产业园区进一步发展提出了一些对策建议。

## 0096 支持残疾人诉讼问题的立法探寻

发表时间及载体：《甘肃联合大学学报：社会科学版》2010 年第 5 期

作　　者：马永伟

简　　介：残疾人作为社会弱势群体的一部分，对残疾人在诉讼方面予以支持是实现残疾人诉权的一种重要形式，在借鉴国外残疾人立法例基础上，结合我国残疾人诉权立法保护实际状况，亟需修订完善民事诉讼法和残疾人保障法相关立法规定，应赋予残联组织支持诉讼职能，保障更多残疾人实现诉权。

## 0097 有限空间的无限言说——清真寺之现象学诠释

发表时间及载体：《西北民族研究》（CSSCI）2006 年第 2 期

作　　者：吴彩梅 马俊峰

简　　介：本文主要通过对伊斯兰教的宗教与社会活动场所——清真寺之现象学诠释，展现出清真寺的独特的内在特质，并进一步揭示：它已成为穆斯林们生存的见证，从而构筑出有限空间的无限言说的生命体验方式，为持守住人之为人的理念，建构人道主义提供了更有价值的思想资源。

## 0098 从前八十回与后四十回教育叙事的不同看《红楼梦》的作者问题

发表时间及载体：《明清小说研究》2013 年第 4 期

作　　者：张同胜 白燕

简　　介：一百二十回本《红楼梦》中的教育叙事，反映的是满汉双重文化影响之下的满洲府邸世家的贵族教育。然而，前八十回与后四十回在满汉文化的侧重上又有所不同。前八十回反映的主要是满洲贵族不必通过科举考试就可以为官做宦，从而形成了一种"旁学杂收"的学习和教育，而后四十回则主要叙述了士子应试选举的教育情况，这显然是两种不同的教育叙事，从而证明了前八十回与后四十回的确是出自曹雪芹、高鹗二手。

## 0099　从审美到社会批评——罗斯金批评思想探论

发表时间及载体：《兰州大学学报：社会科学版》2004 年第 32 卷第 2 期

作　　者：毛刚

简　　介：作为一个艺术批评家，罗斯金认为伟大的艺术首先应是道德的，艺术的最终目的是使人领悟如何去过一种健康的生活，从而赋予审美一种实用的（理智的，尤其是道德的）功利性。对于审美中道德功利性的关注，使罗斯金转向关注人群社会，进而展开对社会丑陋面的抨击。本文所讨论的正是他从审美到社会批评的发展轨迹。

## 0100　论脂评的情理真实观

发表时间及载体：《红楼梦学刊》2009 年第 2 期

作　　者：张同胜

简　　介：脂评的情理真实观主张小说的叙事写人要建立在"亲睹亲闻"生活真实基础之上，只有这样，小说的叙事写人才能合乎人情物理的真实，才能使读者觉得真实可信。同时，它又认为小说的情理真实不同于历史实录，不必事必可考，而是"只取其事体情

理"进行艺术创作，即情理真实不是历史真实，而是建立在生活真实基础之上的艺术真实，它认为小说情理真实的艺术实质是"事之所无，理之必有"的"本质的真实"。

## 0101　甘青特有民族地区农村剩余劳动力的跨区域转移研究

发表时间及载体：《西北民族大学学报：哲学社会科学版》2012 年第 3 期

作　　者：张玉玲

简　　介：农村剩余劳动力的转移，对提高我国农业劳动生产率、提高农民收入以及活跃农村经济都具有重大的战略意义。而甘青特有民族地区作为我国经济社会最不发达的地区，面临较大的农村剩余劳动力转移压力，再加上这些地区特殊的区情状况，就导致其农村剩余劳动力跨区域转移具有较强的特殊性。本文正是从这一特殊状况出发，分析甘青特有民族地区农村剩余劳动力转移的特征及其形成原因，并以此为基础提出可行的解决途径。

## 0102　传统审美结构说的理论建树及实践意义

发表时间及载体：《甘肃社会科学》1998 年第 4 期

作　　者：任遂虎

简　　介：关于审美结构组合问题的讨论，早在先秦文献中已见端倪，后经历代积累和发展，形成一个完整的审美结构说。当我们站在现代美学理论的高度来反观传统的审美结构说的时候，就会发现它卓越的理论建树和可行的实践意义。

## 0103　近代西北羊毛贸易中的歇家

发表时间及载体：《甘肃社会科学》（CSSCI）2014 年第 3 期

作　　者：李晓英

简　　介：近代以来，随着天津开埠通商，西北地区的羊毛等畜牧业产品开始大量出口。在羊毛出口的促动下，明清以来在西北民族地区曾普遍存在的歇家开始蜕变并转型成为"中间商人"。

## 0104　国家在经济法体系中的地位

发表时间及载体：《兰州大学学报：社会科学版》2001 年第 29 卷第 5 期

作　　者：贾登勋　李冬青

简　　介：本文突破国家理论在政治学范畴中的探讨，在更广的意义上对国家这一现象进行分析。主要通过对国家职能的演进与经济法的关系以及国家经济人与秩序假定的探讨，重在研究国家在经济法体系中的地位问题。

## 0105　浅析马克思恩格斯生态哲学思想的启示

发表时间及载体：《甘肃高师学报》2012 年第 2 期

作　　者：李彤

简　　介：21 世纪是一个"环境的世纪"，人类面临着如何摆脱现实困境向人与自然和谐发展的道路转变的问题。向一种新的价值观过渡，迫切需要认清人类中心主义价值观的危害和误区。马克思恩格斯生态哲学思想，立足于人与自然的和谐统一，主张把制度变革和生态革命结合起来，强调以制度变革和科技进步相统一的原则来解决生态危机。马克思恩格斯生态哲学思想是建构科学的生态文明理论的思想基础，对明确生态文明的内涵，完善生态文明理论体系具有重大的现实意义。

## 0106　外国入境旅游需求的影响因素：理论建模与经验分析

发表时间及载体：《社科纵横》2011 年第 11 期

作　　者：雷兴长　胡智星

简　　介：目前入境旅游需求实证研究方面缺乏旅游价格数据，如果采用中国 CP（I 非平稳数据）等构建的相对价格（替代旅游价格）又造成了后续协整检验的困难与伪回归问题，旅游价格已成为入境旅游需求实证研究的主要障碍。本文通过理论建模系统归纳主要影响因素并合理规避旅游价格这一实证研究的障碍，以 2001 年至 2009 年中国入境旅游主要的 20 个客源国的相关数据，运用 Stata 11.0 对面板数据进行计量经济分析。

## 0107　人大选举法律监督体系建设的宪政向度

发表时间及载体：《西北师大学报：社会科学版》2004 年第 4 期

作　　者：王勇

简　　介：从现代宪政文明的角度对我国的人大监督、监督人大和人大选举的监督之间的内在逻辑关系进行法理学的透视和澄清，旨在探寻我国人大选举法律监督体系建设的宪政路径。由此得出的基本结论是，单方面地强调人大监督进而忽视监督人大的做法将无助于建构我国真正的民主宪政体制，对人大选举过程的监督则介于人大监督和监督人大之间，其制度构建的正当性和实效性取决于民主理念与法治价值之间的微妙平衡。

## 0108　从审计报告之"变"看审计工作之"道"

发表时间及载体：《中国审计》2009 年第 14 期

作　　者：杨肃昌

简　　介: 细细品读每一年的审计工作报告, 会发现年年都有新变化。比如, 去年的报告首次对中央预算执行情况做了总体评价, 通篇体现了绩效理念, 等等。而今年的报告在内容与结构方面又有了一些较为显著的变化: 从结构上看, 采用了一种新的叙事结构, 按照审计后的总体评价、审计发现的主要问题、问题性质及后果、审计处理意见和问题整改情况的顺序, 依次展开; 从内容上看, 始终贯穿促进保持经济平稳较快发展这条主线, 更加注重反映问题的宏观性和突出整改情况。

## 0109　坚持理论创新加强党的建设

发表时间及载体:《甘肃理论学刊》2001年第4期

作　　者: 王文学

简　　介: 理论创新是马克思主义的本质要求, 是马克思主义生命力的源泉。江泽民总书记在纪念建党80周年上的重要讲话, 通篇洋溢着理论创新的精神, 在一些重大问题上丰富和发展了马克思列宁主义、毛泽东思想和邓小平理论, 是一篇马克思主义理论创新的典范。面向21世纪, 要按照江泽民总书记三个代表重要思想的要求来加强党的建设, 就必须高度重视和努力推进理论创新。

## 0110　谈生命科学与人类学研究的交叉和融合

发表时间及载体:《西北民族研究》(CSSCI)2004年第4期

作　　者: 杨亚军 安黎哲 谢小冬

简　　介: 人类学研究的许多分支学科都与生命科学的研究存在交叉和融合。本文通过综述人类学与生命科学领域的人体解剖学、人体生理学、生物化学、生态学、分子生物学等形成的交叉学科的研究内容和发展现状, 认为多学科交叉代表了现代人类学研究发展的总体趋势, 与生命科学的密切结合将推动新交叉学科尤其是基因人类学的不断发展。同时, 本文就学科交叉中存在的问题和解决的方法阐述了看法。

## 0111　在扶贫开发中探索推进农村基层组织建设

发表时间及载体:《甘肃理论学刊》2011年第2期

作　　者: 曹殊 高兴国 刘永哲

简　　介: 充分发挥农村基层党组织的战斗堡垒作用, 夯实基层基础, 与推进甘肃扶贫开发建设关系紧密。本文回顾了甘肃扶贫开发中加强党的建设的主要做法, 分析了当前农村基层组织建设方面存在的问题, 并从创新方式方法、工作思路、工作路径、工作机制、执政理念等方面, 论述了如何加强党的农村基层组织建设。

## 0112　边际供求价格递变规律研究

发表时间及载体:《甘肃理论学刊》2011年第5期

作　　者: 贺有利 赵晗彬

简　　介: 市场价格主要由供求关系决定。需求增加供给不变或者需求的增加大于供给的增加, 市场价格就会上升; 当供给增加需求不变或者需求的增加小于供给的增加, 市场价格就会下降。

## 0113　浅议我国由"国家财政"向"公共财政"转轨

发表时间及载体:《甘肃行政学院学报》2002年第2期

作　　者: 宋玉梅

简　　介: 本文论述我国由国家财政向公共财政转轨的必要性, 分析转轨的可能性, 讨论做好转轨工作的具体办法。

## 0114 晚唐五代敦煌佛教教团的科罚制度研究

发表时间及载体:《敦煌研究》2004 年第 2 期

作　　者:郑炳林

简　　介:晚唐五代敦煌佛教教团实行科罚制度,科罚的内容主要分实物科罚和身体处罚,如罚酒、罚饮食、罚粮食和决杖等,这些科罚直接来源于敦煌地区社条和官府政令的某些规定。

## 0115 王世贞与张居正关系再检讨

发表时间及载体:《湖北成人教育学院学报》2009 年第 15 卷第 3 期

作　　者:魏宏远

简　　介:王世贞仕途多艰,与首辅张居正虽为同年,并未因同榜之谊而获得格外升迁。在与张居正构隙后,王世贞倦于官,倦于名,遁入佛道世界,入昙阳子"恬澹教"。张居正在王世贞由入世转为出世之际,无疑起到了助推作用。

## 0116 《水浒传》的版本、叙事与诠释

发表时间及载体:《济宁学院学报》2009 年第 1 期

作　　者:张同胜

简　　介:《水浒传》的版本十分繁杂,由于版本的差异造成了其叙事意义的时代性芜杂。《水浒传》不同的版本,不仅文本叙事、文本构成方面存在差异,而且主题意旨、人物形象也有差别。再加上不同历史时代的读者各自的问题视域不同,对小说文本的解读也不相同,它们与文本中的视野产生视域融合,从而生成了各具时代特色而又五彩缤纷的意义世界。

## 0117 思维鉴别的两种比较法——空间比较法与历史比较法

发表时间及载体:《兰州学刊》1985 年 3 月

作　　者:武文军

简　　介:人们常常采取比较的方法鉴别事物的真伪、好坏、差异、类型及事物的属性。但是,多数人还不是自觉地运用比较法,而是偶然地、盲目地使用这种方法。也还有相当一部分人对人、对事、对问题不加比较、分析,主观妄断,瞎说一气,混淆是非,造成工作上的严重失误。为此,这里就我个人的体会,谈谈鉴别事物的两种比较法——空间比较法与历史比较法,供从事调研工作和领导工作的同志参考。

## 0118 适应形势创新制度保证图书编校质量

发表时间及载体:《社科纵横》2010 年第 7 期

作　　者:党晨飞

简　　介:在市场化竞争日益激烈和出版社转企后面临经济压力的新形势下,出版社要保证图书编校质量,首先必须坚持"三校一读"的基本制度,还要根据实际情况,进行相应的制度创新,主要包括策划编辑和文字编辑分开,加强编前审读,建立印前质量检查制度、定期公示制度等,并要着力打造一支优质的编校队伍以保证图书编校质量。

## 0119 用韦伯的区位论方法对新中国制造业工业区位的思考

发表时间及载体:《社科纵横》2011 年第 10 期

作　　者:沈志远 高新才

简　　介:本文从世界著名区域经济学家阿尔弗雷德·韦伯的工业区位论出发,深入探讨了影响工业区位形成的因素。并结合新中

国 60 多年的发展历程，阐明了中国工业区位变迁的历史必然性。最后结合当前后经济危机时代，探讨了中国未来的发展方式和方向。

## 0120 以产权市场化促进甘肃工业化的意义与策略

发表时间及载体：《甘肃联合大学学报：社会科学版》2007 年第 23 卷第 4 期

作　　者：赵锋

简　　介：产权市场化是当前甘肃新形势下继续推进工业化战略必须加以重视和解决的问题之一。产权市场定位不合理、管理体制不顺等问题的存在，严重制约了甘肃以产权市场化推进工业化战略的实现。因此，建立、健全多层次的产权交易市场，加快地方政府职能转变，通过产权市场化促进工业化所必需的要素优化重组和增量要素补充成为问题的关键。

## 0121 引入激励机制，搞好电教队伍管理工作

发表时间及载体：《电化教育研究》（CSSCI）1998 年第 6 期

作　　者：孙纯学 伏巨海 王桢辅

简　　介：面向 21 世纪，党的十五大提出，"优化教育结构，加快高等教育管理体制改革步伐，合理配置教育资源，提高教学质量和办学效益"。作为实现教育最优化的电化教育，其任务、目标就是要高效率、高效益、高质量、全方位地为教育服务。

## 0122 《宝应元年六月高昌县勘问康失芬行车伤人案》若干法律问题探析

发表时间及载体：《敦煌研究》2003 年第 5 期

作　　者：陈永胜

简　　介：《宝应元年六月高昌县勘问康失芬行车伤人案》涉及未成年人的监护制度、民事诉讼代理制度、共同诉讼制度和保辜制度等，本文进行了初步讨论。

## 0123 西北书院制度略论

发表时间及载体：《兰州大学学报：社会科学版》2003 年第 31 卷第 1 期

作　　者：张世清

简　　介：西北书院在千余年发展历程中，形成了一套独特而严密的制度，对今天西北教育仍有不可忽视的借鉴意义，但有关西北书院制度的系统研究，至今阙如。笔者在大量文献基础上，从西北书院的发展历程及类型和等级、职务设置与教学、考核制度、藏书刻书制度、经费等方面进行了较为系统而深入的研究。

## 0124 美国的国家技术战略和政策体系及启示

发表时间及载体：《甘肃理论学刊》2012 年第 1 期

作　　者：李含琳

简　　介：怎样科学地选择和实施国家战略，是未来世界发展的又一个崭新的主题，是国际竞争的焦点所在。美国早早就建立了以技术战略为标志的国家战略实施、经营、保护体系，有许多成功的做法和经验，是我国解决国家战略问题值得学习和借鉴的最佳参照系。

## 0125 吸毒者自尊、应对方式和社交自我知觉的关系研究

发表时间及载体：《西北师大学报：社会科学版》2009 年第 3 期

作　　者：杨玲

简　　介：以 340 名正在戒毒所接受戒毒的

吸毒者为研究对象，运用自尊量表、特质应对方式量表和感情与社会孤独量表进行研究，同时随机抽取戒毒者进行个案访谈，以探讨吸毒者自尊、应对方式和社交自我知觉的关系模型。结果表明：自尊水平高的吸毒者表现出更消极的应对方式和更强的感情与社会孤独感，文化程度和经济状况显著影响吸毒者的自尊，不同婚姻状况和经济状况的吸毒者之间在应对方式和社交自我知觉方面都存在显著差异，自尊是社交自我知觉和应对方式的中介变量，社交自我知觉对自尊的直接作用大于对应对方式的直接作用，对应对方式的间接作用大于直接作用。

## 0126 中亚华裔东干文学与伊斯兰文化

发表时间及载体：《华文文学》2011 年第 4 期

作　　者：杨建军

简　　介：中亚华裔东干文学是世界华裔文学的一个新领域，东干人信仰伊斯兰教，伊斯兰文化是东干文学重要的文化源泉。伊斯兰文化对东干文学的影响存在于民间文学给养、文学语言、美学风格等方面，受伊斯兰文化影响的东干文学能启发我们思考世界华裔文学与伊斯兰文化的关系，阿拉伯旅美侨民文学与世界华裔文学的关系。

## 0127 从法官穿法袍所引起的几点思考

发表时间及载体：《甘肃政法学院学报》2003 年第 4 期

作　　者：任先行

简　　介：法官穿法袍不单是审判形式的变革，更主要的是法治观念的转变。法袍起源于中世纪，它集中体现的是司法正义，并具有符号性和道具性等特点。它给人的启迪是：法，不单是剑，同时也是笔。法治改革要致力于制度创新。

## 0128 王鹗与元代金史撰述

发表时间及载体：《史学集刊》（CSSCI）2011 年第 6 期

作　　者：赵春梅

简　　介：在元代所修宋、辽、金三史中，《金史》颇为学者所赞赏，这与元初名臣王鹗的艰辛努力密切相关。王鹗不但是元代金史纂修的倡导者与开启者，而且所撰写的《汝南遗事》一书与所辑集的金代史事，为金史的撰述提供了珍贵的史料。他的史学活动为元末《金史》编纂奠定了坚实的基础。

## 0129 唐宋时期回族先民在甘宁青的商业活动

发表时间及载体：《青海民族研究》（CSSCI）2010 年第 4 期

作　　者：李晓英

简　　介：唐宋时期，具有良好商业传统的大食、波斯等地的穆斯林商人沿着陆上丝绸之路来到中国并落居在甘宁青地区，他们积极参与当地开发，尤其从事商业活动，为当时的中国社会商业发展注入了新的活力。

## 0130 学校如何实施创新教育

发表时间及载体：《甘肃教育》2011 年第 24 期

作　　者：余岩波

简　　介：近几年，随着就业难度增加，大学毕业生"假就业"和"实习经历注水"现象屡见不鲜。究其原因和用人模式的转变有关，更与大学教育有直接关系。如能在学生在校期间就着手培养学生的职业素养，情况就会好转。就新闻学专业的学生而言，需要通过培养四种职业习惯来实现职业素养提升。这是由新闻学实践性较强的特点和新闻是对生活的记录和反映的特性决定的。

## 0131 开发资源宝库 建设文化大省

发表时间及载体：《社科纵横》2010 年第 7 期

作　　者：范鹏

简　　介：国务院办公厅《关于进一步支持甘肃经济社会发展的若干意见》，为甘肃走出一条具有地方特色的跨越式文化发展道路指引了方向，为甘肃省提供了先进的思想观念、广阔的发展空间与难得发展机遇。

## 0132 刘光祖楹联钩沉与评品

发表时间及载体：《甘肃高师学报》2011 年第 1 期

作　　者：刘勰

简　　介：甘肃求古书院刘光祖在近三十年的教学育才生涯中，撰书了大量的楹联，但大多流散于民间。今将目前发掘出的几联展示于众，并从平仄、对仗、修辞、书法等方面予以评品，期奏抛砖引玉之效。

## 0133 如何加强少数民族大学生的国家认同教育

发表时间及载体：《西北民族大学学报：哲学社会科学版》2011 年第 1 期

作　　者：贾志斌

简　　介：由于受环境、民族语言、宗教、习俗等因素的影响，很多少数民族大学生进入大学后，在新环境、新思想的相互碰撞中，其民族认同意识逐渐强化，而国家认同意识相对淡漠。对此，本文重点分析了少数民族大学生国家认同教育的特殊性和紧迫性，并提出以社会主义核心价值体系为核心加强对少数民族大学生的国家认同教育的具体措施。

## 0134 李恭《陇右方言发微》探析

发表时间及载体：《甘肃高师学报》2012 年第 17 卷第 1 期

作　　者：申重实 莫超

简　　介：就李恭先生《陇右方言发微》一书的特色进行深入探析。分析了《陇右方言发微》在体例上的特点，并认为《陇右方言》在训释方面有以下特色：（一）训释方言词汇时非常注意对方言本字的探究；（二）训释方言词汇时注重对词汇语源的探究；（三）有些训释中还揭示了方言词语的民俗文化内涵；（四）广泛征引各类文献资料对方言词语释义。

## 0135 马克思主义生产力学说的重要发展——学习《邓小平文选》第三卷有关生产力发展的论述

发表时间及载体：《甘肃社会科学》1994 年第 2 期

作　　者：武文军

简　　介：邓小平著作中的一条红线就是论证在建设有中国特色社会主义过程中如何以经济建设为中心，以生产力为标准，推动我国的现代化事业。

## 0136 运用现代教育技术在薄弱学校推进素质教育的思考

发表时间及载体：《电化教育研究》（CSSCI）2000 年第 3 期

作　　者：化得元 杨改学

简　　介：薄弱学校是实施九年制义务教育、全面推进素质教育的严重障碍。我们认为现代教育技术是薄弱学校改造过程中，提高教学水平、优化教学效果、全面推进素质教育的重要手段。

## 0137 汉敦煌郡冥安县城再考

发表时间及载体：《丝绸之路》2011 年第 18 期

作　　者：李并成

简　　介：关于汉敦煌郡冥安县县城故址所

在，笔者此前曾做过考证，认为其为今瓜州县桥子乡南 8 公里许的锁阳城遗址。近年来，经笔者实地考察，发现汉冥安县县城故址另有所在，并非唐锁阳城遗址。

## 0138 "秦胡"研究评说

发表时间及载体：《敦煌研究》2005 年第 1 期

作　　者：胡小鹏

简　　介：20 世纪 70 年代出土的居延汉简中有"甲渠部吏毋作使秦胡"册三枚，对简文中的"秦胡"二字应做何解释，学界聚讼已久，论见歧出。本文在对前人研究成果进行述评的基础上，认为"秦胡"并不特指某个少数民族或某地少数民族，而是一种政治身份或法律身份。在这一身份之下，又有种落、地域之分，如卢水胡、湟中义从胡、支胡等，总谓之"秦胡"。

## 0139 城市化水平预测方法研究——以 BP 神经网络模型的应用为例

发表时间及载体：《人口与经济》（CSSCI）2006 年第 6 期

作　　者：郭志仪

简　　介：经济因素相关分析法是城市化水平预测领域较常使用的方法之一。然而，由于经济发展与城市化发展水平之间相互关系的作用模式较为复杂，传统的预测方法在实际应用时往往难以取得较为理想的预测效果。本文拟运用 BP 神经网络模型在这一领域进行新的尝试。

## 0140 企业创新发展与企业信息服务体系构建浅谈

发表时间及载体：《兰州学刊》2011 年第 11 期

作　　者：张彩萍

简　　介：创新是企业获得生存和发展的根本途径。文章在分析了信息服务对企业创新发展的重要作用以及企业创新发展中对信息服务需求的特点的基础上，探讨了如何通过信息保障体系的构建来支持企业创新活动。

## 0141 基于协作的区域教师专业能力均衡发展网络支持平台设计

发表时间及载体：《电化教育研究》（CSSCI）2012 年第 12 期

作　　者：刘金河 金彦红 贺相春

简　　介：随着教育均衡发展的推进，区域教师专业能力的均衡化发展成为重心。文章对利用网络技术支持区域教师协作、促进区域内教师专业能力均衡发展的需求进行了探讨，在对国内外利用网络技术支持教师协作的主要平台进行分析的基础上，设计出基于区域协作的教师专业能力均衡发展网络支持平台，为促进区域教育均衡发展提供了可行的探索方案。

## 0142 外语教学生活中学习者的参与及价值反思

发表时间及载体：《甘肃高师学报》2012 年第 4 期

作　　者：高青

简　　介：参与式教学是一种将学习者置于教育教学生活的中心位置，教师通过组织生活体验、设计"活动"等形式，调动学习者积极投入、创造性学习与发展的教育模式、教育理念。在当前我国外语教学中普遍存在应试教育、忽视语言运用能力培养、语言与文化疏离等问题的现实情境中，将参与式教学全面引入外语教学生活就显得必要而适切。

## 0143 基于网络计量学的《电化教育研究》高被引论文分析

发表时间及载体:《电化教育研究》(CSSCI)2013 年第 34 卷第 6 期

作　　者: 董翔 史志林

简　　介: 本文基于网络计量学,以中国学术文献网络出版总库为信息源,统计分析了《电化教育研究》2001 年至 2011 年发表的全部论文中的高被引论文,从高被引论文整体概况、发表时间特征、合作研究以及机构分布、专栏分布等方面进行了深入的分析和研究,旨在揭示《电化教育研究》高被引论文的发展规律及特点,显示其在电化教育理论领域内的高学术影响力,为该刊继续向着健康、强势的方向发展提供参考依据。

## 0144 解放区鲁迅形象建构的双重矛盾

发表时间及载体:《西北师大学报:社会科学版》2012 年第 2 期

作　　者: 郭国昌 程乔娜

简　　介: 在延安文艺座谈会召开之前,解放区的鲁迅形象建构存在两种类型:一是中国共产党主导下的作为"文学旗手"的鲁迅形象,它是中国共产党的政党意识形态的载体;二是知识分子主导下的作为"文学偶像"的鲁迅形象,它是五四以来形成的知识分子批判精神的延续。对鲁迅形象的不同建构显示了解放区文学观念的复杂性及其深刻矛盾,延安文艺座谈会后鲁迅形象建构统一于单一的"文学旗手"。

## 0145 浅析图书馆信息资源经营管理

发表时间及载体:《甘肃行政学院学报》2005 年第 2 期

作　　者: 井虹

简　　介: 在市场经济条件下,图书馆信息资源管理的变革,就是要体现信息资源的使用效益,管理方式的变革,就是要把经营的理念和方法融入图书馆信息资源管理全过程,建立新的经营管理模式。

## 0146 福尔摩斯侦探小说的翻译、接受与影响研究

发表时间及载体:《社科纵横》2008 年第 5 期

作　　者: 毛莉

简　　介: 本文以近代最有影响的英国侦探小说家柯南·道尔的福尔摩斯侦探小说在中国三个不同历史时期的译介作为研究对象,选取三个具有代表性的中译本,以译入语社会文化体系的变迁为参照,分别从社会文化、阐释学、比较文学三个不同的角度对福尔摩斯侦探小说在中国近百年的翻译、接受与影响进行一种历时性的考察与研究,力图对侦探小说这一长期处于边缘地位的文学形式的翻译与影响做一种新的、客观的定位与思考。

## 0147 毗沙门天王信仰在敦煌的流传

发表时间及载体:《敦煌研究》2005 年第 3 期

作　　者: 党燕妮

简　　介: 毗沙门天王信仰是晚唐五代敦煌地区盛行的佛教民间信仰之一。本文主要依据敦煌文献和艺术资料,结合考古资料及传世文献,对毗沙门天王信仰在敦煌的流传情况试加探讨。

## 0148 民族权利与国家利益: 中美民族教育与国家政权互动及其比较研究

发表时间及载体:《西北师大学报:社会科学版》2008 年第 5 期

作　　者: 岳天明

简　　介: 每个国家都会以不同的方式提供教育并将之视为共同体生活中不可缺少的部分,这就决定了各国民族教育和国家政权之间互动关系的存在是必然的。本文根据研究

需要，在明晰界说"民族权利"与"国家利益"的基础上，以这两个概念为基本主线，分析了中美少数民族教育与国家政权的互动关系，并从互动过程、互动结果和互动前景等三个方面对这种互动关系进行了学理上的比较。

## 0149 脉动风场下风沙流结构的数值模拟

发表时间及载体：《中国沙漠》（CSCD）2011年第3期

作　　者：武建军 罗生虎 闫光虎 何丽红

简　　介：基于野外观测实验和Langevin方程对风场脉动的描述，研究了脉动风场下沙粒的跃移运动以及风沙流结构特征。

## 0150 微量物证与痕迹的关系及综合利用

发表时间及载体：《西北师大学报：社会科学版》2002年第1期

作　　者：王军

简　　介：痕迹形成并存在于犯罪活动本身内在的物质间的互换中，而物质互换就是微量物证形成的直接原因。这反映出微量物证与痕迹之间天然的伴生关系。基于这一认识，兼之痕迹多样化的特性，开展对微量物证与痕迹的关系及其综合利用问题的研究于犯罪学就具有特别的意义。

## 0151 时代精神与唯物辩证法基本理论形态的演进

发表时间及载体：《甘肃理论学刊》2004年第3期

作　　者：王德存

简　　介：适应时代变化的需要，唯物辩证法基本理论形态经历了马克思的社会历史辩证法、恩格斯的自然辩证法、列宁的要素辩证法、斯大林的特征辩证法、毛泽东的矛盾辩证法以及邓小平的发展辩证法，呈现由客体形态向实践形态、由单一形态向多样形态的发展趋向。认识这一演进逻辑，对于辩证法理论创新具有重要启示意义。

## 0152 《诗经》与先秦休闲习俗

发表时间及载体：《民俗研究》（CSSCI）2010年第4期

作　　者：韩高年

简　　介：《诗经》是一部百科全书，它不仅反映了上古时期的宗教、政治和生产生活的各个方面，同时也在表现上述方面时从一个侧面反映出当时人们的娱乐休闲活动。从《诗经》相关诗篇来看，当时人们的娱乐休闲活动主要有田猎、踏青游观、游泳、垂钓、聚会歌舞、射箭、投壶等方式。总体而言，《诗经》中反映出来的上古时期人们的休闲活动既是对人的生理和心理能量的合理合度的释放，也是对不合理的行为和欲望的克制。

## 0153 20世纪90年代初期中国政治环境与现代化进程

发表时间及载体：《甘肃联合大学学报：社会科学版》2007年第3期

作　　者：党庆兰

简　　介：20世纪90年代初期，我国的改革开放和现代化建设进程一改80年代末速度放慢的局面而加速推进。呈现这一局面的主要因素是邓小平南方讲话从理论上解决了以经济建设为中心、发展科技和教育。

## 0154 西路军革命精神的丰富内涵

发表时间及载体：《甘肃理论学刊》2010年第6期

作　　者：董汉河

简　　介：胜利的战争是丰碑，失败的战争

则是基石。失败的战争往往蕴含着更丰富、更高贵的精神品质。从历史事实看，聪明的民族总是善于从中汲取更多的营养，将它转化为成功的智慧和力量。中国工农红军西路军的革命精神至少有八种丰富的内涵，是实现中华民族伟大复兴的宝贵精神资源。

## 0155 加强新形势下党的建设应把握好的几个问题

发表时间及载体：《甘肃行政学院学报》2011 年第 3 期

作　　者：石玉亭

简　　介：党的十七届四中全会以来，全党认真贯彻落实中共中央关于加强和改进新形势下党的建设若干重大问题的决定，解放思想，实事求是，与时俱进，以改革创新精神全面推进党的建设伟大工程，加快了我国经济社会平稳快速发展，不断开创中国特色社会主义建设新局面。

## 0156 行政法视野下的公共利益的界定

发表时间及载体：《兰州学刊》2010 年第 3 期

作　　者：江正平　冯洁

简　　介：符合"公共利益"的需要，是政府征收或者征用私人财产的一项前提条件。目前我国行政法律法规对公共利益缺乏明确的界定，导致公共利益在理论上和实践中都十分混乱。文章提出应在行政法视野下重新认识和界定公共利益的具体内容，并从法律制订、程序设置和司法保障三个方面对公共利益和私人利益间的关系予以调节。

## 0157 论查慎行的咏怀诗

发表时间及载体：《西北师大学报：社会科学版》2002 年第 2 期

作　　者：孙京荣

简　　介：本文从查慎行咏怀诗尤其是仕宦时期的诗作入手，通过对其不同时期不同心态的分析，阐释其咏怀诗厚深婉屈的思想意蕴和文化内涵，透析其艺术品格和美学风格，展示特殊时代知识分子的坎坷心路及其创作对于后世诗歌的影响。

## 0158 环境税相关主体利益的博弈及其制度安排

发表时间及载体：《税务研究》（CSSCI）2011 年第 7 期

作　　者：郭志仪

简　　介：用博弈论研究环境税收制度优化问题，分析环境税中各个参与方的利益格局及其博弈过程，对于设计合理、高效的税收制度具有重要的现实意义。在环境税收制度涉及的相关利益主体中，中央政策、地方政府、纳税人、公众以及政府内部的税务部门、环保部门、财政部门之间的利益不尽相同。本文对以上主体可能出现的几种博弈情况做了分析，提出了优化环境税收制度的建议。

## 0159 藏族地区现代远程教育双语教学资源建设体系研究

发表时间及载体：《电化教育研究》（CSSCI）2010 年第 1 期

作　　者：张新贤　焦道利

简　　介：随着国家农村中小学现代远程教育工程的实施，甘肃省藏族地区中小学信息化教学环境得到了极大改善，但双语教学资源的短缺严重制约了藏族地区双语学校教育信息化工作的进展。笔者通过对藏汉双语教学资源建设状况的调研，提出从组建双语资源研发机构、资源建设内容和方式、资源管理、资源共享与应用等几方面来构建双语教学资源建设体系。

## 0160 关于农民减负机制的思考

发表时间及载体：《甘肃行政学院学报》2002 年第 4 期

作　　者：李秉文

简　　介：农民减负的问题已引起全国关注。农民负担重与不重是一个相对的说法，缓解或消除农民负担过重的问题可以从建立农民收入增长机制、控制地方基层政府支出缺口、健全农民负担监督机制等三个方面来考虑。

## 0161 试论敦煌壁画音乐艺术的美学观

发表时间及载体：《敦煌研究》2000 年第 4 期

作　　者：庄壮

简　　介：本文从音乐对应排列、乐器造型多样、音色混合配置等角度探讨敦煌壁画音乐艺术中的美学观。

## 0162 市场经济中的伦理道德——防范和化解金融风险不可替代的手段

发表时间及载体：《兰州大学学报：社会科学版》2001 年第 29 卷第 3 期

作　　者：邢继辉

简　　介：市场经济基础上伦理道德的相对欠缺是引发我国金融风险的一个重要原因。建立和完善与市场经济相适应的伦理道德对我国防范和化解金融风险具有不可替代的作用。

## 0163 汉代乐府诗中人物肖像"夸饰"描写思想探微

发表时间及载体：《西北民族大学学报：哲学社会科学版》2011 年第 4 期

作　　者：杨文新

简　　介：汉乐府民歌《陌上桑》《孔雀东南飞》《羽林郎》在人物肖像描写上，以华丽衣饰映衬女主人公身体之美，却失之于人物的身份和劳动场景的协调，造成作品内容的缺陷和矛盾。从农耕民族的心理结构、风骚抒情传统的崇德因子、两汉靡丽多夸的社会风尚三个方面尝试分析形成乐府诗中人物肖像"夸饰"描写的思想根源，可以从多角度阅读和欣赏汉乐府民歌。

## 0164 中国企业应对反倾销实体策略分析

发表时间及载体：《甘肃理论学刊》2005 年第 2 期

作　　者：冯学智

简　　介：中国入世后，其他世界贸易组织成员对中国原有的单边设限、产品配额等措施将逐步取消，为了转嫁市场开放的损失，对华反倾销又有抬头之势，对我国的产品出口带来了极大威胁。中国企业如何应对来势迅猛的对华反倾销，本文将从实体方面对中国企业如何应对反倾销的方案进行探讨。

## 0165 移民开发：资源贫乏地区扶贫攻坚的一种选择——甘肃省陇南地区移民开发调查

发表时间及载体：《当代教育与文化》1995 年第 2 期

作　　者：郭志仪

简　　介：陇南地区位于甘肃省东南部，山高、谷深、石多、坡陡是这里的自然特征。全区共辖 9 个县 245.1 万人，其中有 6 个县分别被国家和甘肃省列为重点扶持的贫困县，目前尚有贫困人口 102 万，占甘肃全省贫困人口总数的 1/4，贫困面分别高于全国 29 个百分点、高于甘肃全省 17 个百分点。因其自然条件恶劣、贫困人口众多且集中连片分布，陇南已成为甘肃扶贫攻坚的主战场。1994 年 11 月上中旬，笔者深入陇南贫困地区实地调查，本文旨在对这次调查进行总结并对我国资源贫乏地区移民开发问题做一探究。

## 0166 论西部地区软环境建设与优化

发表时间及载体：《当代教育与文化》2004年第1期

作　　者：高新才

简　　介：投资环境可分为硬环境和软环境，前者主要是指以物质条件为主要形态的各种因素，包括自然资源、地理位置、气候条件、基础设施等方面；后者主要指以人为中心的诸多因素，包括政治条件、法律制度、思想文化、人力资源等方面。西部大开发以来，西部地区硬环境有了较大改善，但软环境建设相对滞后，已成为西部经济发展的桎梏。为此需对制约西部软环境建设与优化的原因做一分析，并提出相应的对策建议。

## 0167 敦煌所见经巾的形制、用途与实物

发表时间及载体：《敦煌研究》2012年第3期

作　　者：王惠民

简　　介：敦煌文献中有若干信徒向寺院施舍"经巾"的记载，一些佛寺财产登记簿中也有"经巾"一物。有学者认为经巾"其形制与用途不明"，有学者认为经巾就是经帙。通过对敦煌文献的研读，可知经巾是阅读、念诵佛经时铺陈在经案上的一种织物，当"金经罢启，玉轴还终"时起到保护佛经的作用。本文对经巾的尺寸、质地、作用等问题进行了考察，并试图从藏经洞出土的丝织品中比定出经巾实物。

## 0168 扶贫战略的"效率"陷阱及其对策

发表时间及载体：《甘肃社会科学》（CSSCI）2002年第6期

作　　者：曹子坚

简　　介：本文分析了有关我国扶贫战略讨论的代表性观点，讨论了效率导向扶贫战略在我国产生的必然性及其执行的后果，指出扶贫战略单纯的效率导向正是造成扶贫政策效果不尽如人意的基本原因所在。为此，必须坚持公平原则和效率原则的统一，重新构建我国的扶贫战略。

## 0169 我国投资银行业的现状分析与对策建议

发表时间及载体：《兰州大学学报：社会科学版》2001年第29卷第5期

作　　者：包国宪 宋少甫

简　　介：我国投资银行业的发展和西方比较起来，还处于起步阶段。目前，我国面临经济结构调整和产业结构升级，这必然会加速促进资本市场中最活跃的高级中介机构——投资银行的产生。在我国，投资银行的发展还存在着一些制约因素，针对这些制约因素，本文提出了相应的发展对策。

## 0170 社会转型与创新乡村社会管理

发表时间及载体：《重庆社会科学》（CSSCI）2013年第4期

作　　者：王学俭

简　　介：改革开放以来，我国社会处于急剧转型期，乡村社会管理出现利益主体多元、管理内容复杂等特点，传统的乡村社会管理已不能适应社会发展的需要。

## 0171 社会主义企业破产的经济机理

发表时间及载体：《兰州学刊》1995年第5期

作　　者：武文军

简　　介：在市场经济国家，企业破产习以为常，因为市场的竞争规律及其优胜劣汰机制总会使一些企业新生和发展，另外一些企

业败北和破产。在社会主义的计划经济体制下，视整个社会为一个"大工厂"，千百万企业只是这个"大工厂"的分厂，国有大中型企业基本上是全民所有制企业，企业只有一个所有者——国家。既然由一个所有者垄断生产和经营，在企业之间就不可能存在竞争。从当时的企业创造产品的价值核算角度看，各个企业的个别劳动生产率、个别利润水平和对社会的贡献是不一样的，但是因为企业由国家和各级政府当家做主，奉行的是供给制政策。

## 0172 高职环境艺术设计专业实践教学改革初探

发表时间及载体：《甘肃联合大学学报：社会科学版》2008 年第 24 卷第 2 期

作　　者：伏虎 王锡臻

简　　介：本文从高职环境艺术设计专业的性质出发，分析了当前实践教学中出现的基本问题，确立以学生综合实践能力的提高为实践教学课程改革的最终目标，试图建立以市场为导向，结合社会与行业发展趋势的专业实践教学模式，并提出相应的建议与措施，以切实提升学生综合素质和实践创新能力。

## 0173 周作人的现代语言观与传统文化

发表时间及载体：《长江学术》2009 年第 2 期

作　　者：权绘锦

简　　介：周作人的现代文学语言观以传统文化为资源。汉代王充无分古今、不避雅俗、"适用"为责的实用理性精神，六朝佛经翻译以"信""达"为本、重在创造的主张，六朝骈文追求华美、重视文学语言审美特性的创作实践，启发并影响了周作人，使他的理论既顺应了时代要求，又没有背离民族文学传统，既有丰富的内涵，又具有切实的可操作性，既体现着先行者筚路蓝缕的探索试验色彩，也对当下的文学语言建设不无启迪意义。

## 0174 FDI 与湖南产业结构调整——基于面板数据模型

发表时间及载体：《湖南大学学报：社会科学版》（CSSCI）2011 年第 25 卷第 1 期

作　　者：高新才

简　　介：利用湖南 1994—2008 年的三次产业增加值与实际利用外资额数据，运用面板数据模型分析了 FDI 与产业结构之间的关系。研究发现，FDI 显著提高了湖南三次产业的产值水平，却未能有效推动湖南产业结构的优化升级。

## 0175 公务员面试中的心理表现及其调适研究

发表时间及载体：《社科纵横》2010 年第 7 期

作　　者：郑双玲 骆晓玲

简　　介：国家公务员考试录用制度是国家公务员制度的重要组成部分，面试是公务员考录过程中的重要环节。由于中国公务员考录制度确定比较晚，因此，对面试的研究相对较少，尤其对公务员面试中的心理表现及其调适的研究则更为少见。目前，国内的相关研究大多只停留在应用的水平，所应用的研究成果基本上也是国外的研究成果。本文针对公务员在面试中的具体心理表现，拟通过加强公务员面试中心理素质测评工作的规范化研究，进一步提高结构化面试的信度和效度，提升公务员录用面试的区分度，进而加强对应试者心理调适的研究。力求在公务员面试中尽量减少应试者和考官不良心理效应对面试成绩的影响，从而提高面试的效度和信度。

## 0176 客赣方言舌齿音声母按等分立的格局

发表时间及载体：《兰州大学学报：社会科学版》2005 年第 33 卷第 2 期

作　　者：刘泽民

简　　介：本文分三部分来论述客赣方言舌齿音声母按二三等分立的格局。一、对客赣方言舌齿音知庄章精四组做概括性描写。二、论证客赣方言舌齿音早期状态是知组三等与章组合流，知组二等与庄组合流后再与精组合流；通过对方言现状与汉语语音史资料的综合分析，勾勒出客赣方言中古以后知章组演变的过程。三、对客赣方言舌齿音格局体现出的方言史意义进行阐述。

## 0177 教学世界走向"生活世界"内在逻辑及实现路径探析

发表时间及载体：《当代教育理论与实践》2014 年第 6 卷第 6 期

作　　者：马娟

简　　介：案例教学重在"以案说理、以案传道"，这个"案"更多应源于现实、源于"生活世界"。首先对"生活世界"的哲学范畴、"教学世界"的教育场域进行分析和研究，进而阐释了教学世界与生活世界之间的内在逻辑，探讨教学世界走向生活世界的理论依据和理性选择。最后，通过对案例教学法这一融理念、方法、结构、过程于一体的教学课题的自身特征的分析，从思维转化、策略创新角度论证了案例教学是教学世界走向"生活世界"的现实途径和重要策略。

## 0178 简论行政法依托的法律基础

发表时间及载体：《甘肃行政学院学报》2003 年第 2 期

作　　者：胡昕

简　　介：本文通过对两种富有代表性的传统行政法理论——行政管理理论与行政控权论的成因和实质进行分析，并对二者的理论基础进行比较之后，得出本文作者所倾向的观点——行政平衡论，并对其在我国的存在价值和可行性进行讨论。

## 0179 西北地区产业结构趋同实证研究

发表时间及载体：《宁夏社会科学》（CSSCI）2012 年第 2 期

作　　者：高新才

简　　介：利用产业结构相似系数对西北五省的产业结构从不同角度分别进行实证分析后发现，西北地区产业结构趋同的严重性主要表现在三次产业层面，而具体到工业内部行业层面则相似性表现并不明显。同时，西北地区的支柱产业雷同现象极为严重，且主要长期依赖传统的资源开发型产业，产业结构有待优化调整，区域分工体系尚待建立和完善。

## 0180 平均主义问题之我见

发表时间及载体：《甘肃理论学刊》2005 年第 4 期

作　　者：宋圭武

简　　介：平均主义产生的根源应是总体性的，对于确定性而言，会有一部分人倾向于平均主义，由这种确定性产生的平均主义，我们可称之为派生的平均主义，其中影响确定性的因素有政治、经济、文化等各个方面。对于不确定性而言，有大多数人倾向于平均主义，对于这种来自不确定性的平均主义，我们可称之为本能平均主义或原始平均主义。平均主义作为人类社会的一种客观现象，既有其存在的合理性，也产生了许多负面影响，如何逐步消除平均主义，手段应是总体性的。

## 0181 关于马克思主义基本原理教学改革思考

发表时间及载体:《社科纵横》2008 年第 3 期

作　　者: 朱院利

简　　介: 思想政治理论课改革后, 在马克思主义基本原理的教学中不仅存在以往问题, 而且出现了新问题。为了提高教学质量, 达到思想政治理论课教书育人的目的, 必须针对教学中存在的各种问题进行改革。本文在指出存在问题的基础上, 提出了建设性的改革意见。

## 0182 春秋会盟文化与盟书的文体结构

发表时间及载体:《西北师大学报: 社会科学版》2008 年第 2 期

作　　者: 董芬芬

简　　介: 随着会盟的频繁, 盟书的创作和应用在春秋时代达到顶峰, 形成了以会盟日期、与盟成员、会盟缘起、盟首及诅辞五大要素为基础的文体结构。春秋盟书是记录春秋会盟制度的活化石, 流传下来的那些片言只语, 都包含着丰富的文化信息。春秋盟书奠定了供后世袭用的文体结构, 也产生了一些套语, 成为盟辞的标志。

## 0183 现代行政法的信赖保护原则

发表时间及载体:《甘肃行政学院学报》2004 年第 3 期

作　　者: 吴怡

简　　介: 行政信赖保护原则最早源于 20 世纪中期的德国, 并逐渐为许多国家, 特别是大陆法系国家作为行政法的一项基本原则确立。它对维护法律秩序安定、保护社会成员正当权益起到了不容忽视的作用。本文旨在通过对该原则涵义、渊源、历史发展、适用等方面的探讨, 揭示行政信赖保护在现代行政法中的重要性。

## 0184 浅谈高校工资制度改革面临的问题与对策

发表时间及载体:《社科纵横》2009 年第 6 期

作　　者: 蒲宇

简　　介: 本文对高校 1993 年工资制度与 2006 年工资制度进行了比较研究, 指出了新工资制度相对旧工资制度在工资结构、增长机制方面发生的重大变化。高校工资制度改革是一项有重大社会影响的系统工程, 应通过合理进行岗位设置与聘任工作、合理制定绩效工资制度、建立健全科学合理的绩效考核和人员评价体系、合并清理津贴补贴等方式, 解决新工资制度改革面临的一系列问题。

## 0185 健全我国抵押权登记制度的几个问题

发表时间及载体:《甘肃行政学院学报》2002 年第 4 期

作　　者: 贾平

简　　介: 我国自实行抵押登记制度以来, 它在国民经济生活中发挥了重要作用, 它在确保社会的安全、强化债权担保功能的同时, 又为避免冲突、解决纠纷提供了法律依据。然而, 在长期的司法实践活动中, 暴露出了我国现存抵押权登记制度的诸多弊端与缺陷, 亟待修正。

## 0186 道德行为形成过程中社会心态的起点作用

发表时间及载体:《甘肃理论学刊》2012 年第 1 期

作　　者: 邓全福

简　　介: 道德行为的形成是各种因素互相结合、互相作用、互相渗透、互相影响的结果。社会心态是由这些因素构成的道德反应机制, 道德行为要通过这个反应机制形成。社会心态构建道德行为的起点的六种方式是：态度的方式、感觉的方式、理性的方式、规定道德行为标准的方式、"场"效应的方式、构建和传播道德价值观的方式。从"自我觉知的社会心态""群体的社会心态""客我与主我相结合的社会心态"中则可以更加清楚地看到社会心态对道德形成所产生的不可替代的起点作用。

## 0187 地方政府绩效评价中的"三权"问题探析

发表时间及载体：《中州学刊》（CSSCI）2006 年第 6 期

作　　者：包国宪 曹西安

简　　介：厘清地方政府绩效评价的管理权、组织权和评价权的归属及"三权"之间的关系，对推动我国地方政府绩效评价工作健康有序地运行具有极其重要的意义。

## 0188 甘肃新闻事业的更替

发表时间及载体：《兰州大学学报：社会科学版》2001 年第 29 卷第 1 期

作　　者：李文

简　　介：本文勾勒了甘肃新闻事业在解放战争时期的基本状况，并对其宣传内容进行了评述，阐述了人民政权下甘肃新闻事业的创建经过和甘肃新闻事业的更替过程。

## 0189 关于马克思主义理论学科建设与思想政治理论课改革的思考

发表时间及载体：《清华大学学报：哲学社会科学版》（CSSCI）2006 年第 S2 期

作　　者：王学俭

简　　介：马克思主义理论学科建设和高校思想政治理论课程改革是马克思主义理论研究和建设工程的基础性工作。要做好这两项工作，必须认清两者在学科建设、人才培养和教学实践中的关系。

## 0190 中国古代的物质世界观

发表时间及载体：《兰州商学院学报》2008 年第 24 卷第 1 期

作　　者：马保平 周继军

简　　介：文章介绍了古人对宇宙的衍生、物质的形成、能量运动与物质运动、内动力与相互影响作用力、事物运动的一般性周期与周期节律、事物运动的一般性运变法则与相互影响作用法则等的基本认识观念。

## 0191 词汇语境与英语阅读理解

发表时间及载体：《语文学刊：外语教育与教学》2012 年第 1 期

作　　者：崇兴甲

简　　介：在英语阅读过程中，非本族语学习者必定会遇到大量生词。合理运用语境线索和有效的猜词策略来推测出这些生词的含义，不仅可以帮助学习者减轻记忆负担，而且能够更好地理解阅读材料。文章首先讨论了词汇语境的定义，然后探讨英语学习者在阅读过程中运用定义、举例、同义关系和反义关系等词汇语境线索来推测词义。

## 0192 十六载筚路蓝缕四十人精诚协作——《历代赋评注》编后絮语

发表时间及载体：《辽东学院学报：社会科学版》2010 年第 4 期

作　　者：赵逵夫

简　　介：1992 年，开始动意编写《历代赋评注》，到 2010 年出版，这期间发生了很多令人不愉快的事。但是这期间辞赋研究却有很多成果出版，给这部大书的编写和修改提供了很大的帮助。虽然这部书出版较晚，其首创的价值打了折扣，但这部书收录的作品之多，评注之详是其他很多选本不具备的，应该有一定的学术价值。

### 0193 完善社会保障制度与促进人的全面发展

发表时间及载体：《理论前沿》2007 年第 1 期

作　　者：焦克源 刘鹏

简　　介：和谐社会建设充分重视人的存在和发展，通过构建社会保障制度这个安全网，能够实现人的发展、自然环境和社会组织的统一、协调和发展。

### 0194 传世本刘允章《直谏书》与敦煌本贾耽《直谏表》关系考辨

发表时间及载体：《兰州学刊》2009 年第 4 期

作　　者：冯培红 张军胜

简　　介：传世文献中的刘允章《直谏书》与敦煌文献中的贾耽《直谏表》，在内容上大多相同，但作者却异，很显然在传抄过程中存在着抄袭改编的关系。文章首先对这两种《直谏书／表》进行文本异同考校，分析其相异之处的不同特点，认为前者比后者贴切合理；其次考察了作者刘允章、贾耽两人的职官题衔与性格态度，指出了前者的官衔准确而后者伪误，很可能是晚唐敦煌人抄袭改编刘允章的作品而托名于贾耽，从性格上也恰可证明这一点，敦煌人故意择取了一位截然相反的人物；最后通过蛮寇与田承嗣之乱、唐懿宗的佞佛与士大夫的进谏等史实进行分析，进一步考证刘允章《直谏书》的真实性与贾耽《直谏表》的伪误，弄清了其在从中原到敦煌流传过程中出现的流变抄袭关系，还历史以真实的面貌，为作者正本清源。

### 0195 洮州龙神信仰现状的考察报告——以常遇春（常爷）崇拜为中心

发表时间及载体：《西北民族研究》（CSSCI）2009 年第 4 期

作　　者：王淑英 郝苏民

简　　介：今甘肃省临潭县、卓尼县古属洮州，此地民间信奉的 18 位龙神多为明初开国功臣或皇亲国戚。"常爷"是 18 位龙神的首席，是明朝开国功臣中的回族人之一常遇春，他还是洮州藏民信奉的海神，受到汉、藏、土等多个族群的奉祀。常爷崇拜打破了村落和族群的边界，在汉、藏、土、回等多族群共存的时空中实现了人们跨村落、跨族群的不同层次上的文化交流与认同。在建设和谐社会的背景下，这一崇拜尤其有着民族文化学界值得关注、研究的价值。

### 0196 全球价值链背景下产业集群式转移的特点与机理研究

发表时间及载体：《兰州大学学报：社会科学版》（CSSCI）2013 年第 41 卷第 6 期

作　　者：郭爱君

简　　介：基于全球价值链视角，从全球价值链与产业集群耦合出发，通过对产业集群式转移的特点与机理分析，提出全球价值链背景下的产业集群式转移是一种链式转移，在转移驱动模式与区位选择模式上相比传统产业转移模式都具有其特殊性，从而得出产业集群式转移是推动全球价值链延伸与升级，进而构建区域价值链和国内价值链的关键所在。通过产业集群式转移，最终实现发达地区全球价值链的高端嵌入升级与落后地区产业转移顺利承接，缩小区域发展差距，促进区域经济协调发展。

### 0197 建立国有企业经营者激励机制的模式选择

发表时间及载体：《兰州大学学报：社会科学版》2002 年第 30 卷第 5 期

作　　者：李贞

简　　介：就建立国有企业经营者激励机制

模式进行了探讨。从我国国有企业经营者激励机制的现状出发，分析了其不健全性，针对国有企业的具体情况，指出建立该机制的难点，提出了对策建议。通过对我国近期实行的激励模式的利与弊的讨论，力求从实际出发，寻求和建立一种具有自我调节功能的经营者激励机制模式。

## 0198 我国居民收入差距的现状、成因与对策

发表时间及载体：《兰州商学院学报》2011年第 27 卷第 2 期

作　者：张存刚

简　介：当前我国收入分配中存在的主要问题可以概括为：劳动报酬在初次分配中所占比重和居民收入在国民收入分配中所占比重都偏低，分配关系不合理，城乡之间、行业之间、地区之间以及群体之间收入差距大，分配行为不规范，分配秩序比较混乱。体制性弊端是形成现有收入分配格局的根本原因，劳动力市场不完善，劳资集体谈判制度缺失，劳动力价值被严重低估，经济社会管理体制中存在的问题也导致分配不公。劳动报酬占比下降是公有制的比重在中国经济中的比重下降、政府和工会未能在市场经济中充分发挥作用的客观结果。因此，要明确收入分配制度改革的目标，转变经济发展方式，调整经济结构，深化收入分配制度改革。

## 0199 中小学教材选用的基本原则与若干模式

发表时间及载体：《西北师大学报：社会科学版》2003 年第 6 期

作　者：王嘉毅

简　介：教材的选用对教育教学质量和学生身心发展均有一定的影响。教材的选用应以优质教育资源的充分利用和最大限度地促进学生身心发展为基本原则。当前我国中小学在教材选用中，可结合实际，选用专家、师生参与下的政府采购模式、学校自主选用模式、教育行政部门和专家指导下的教材选用模式等三种模式。

## 0200 建立中国环境公益诉讼制度之我见

发表时间及载体：《社科纵横》2008 年第 3 期

作　者：翟玲玲

简　介：近年来，在中国要求尽快建立环境公益诉讼制度的呼声日益高涨，学界对环境侵权提起公益诉讼的制度研究不断深入，国家立法机关正着手修订《行政诉讼法》和《民事诉讼法》，两部诉讼法律均将建立公益诉讼制度作为修订增加的内容之一。本文借鉴了国外在环境公益诉讼制度方面的一些有益做法，从环境公益诉讼的属性分类、环境公益诉讼的主体资格和环境公益诉讼制度构建设想三方面，进行分析阐述，探求合理解决中国环境公益纠纷的途径。

## 0201 我国农业投资的现状分析

发表时间及载体：《兰州大学学报：社会科学版》2001 年第 29 卷第 1 期

作　者：皮莉莉 赵超

简　介：农业是国民经济的基础，但农业同时也是弱势产业，需要大量的资金投入和保护。我国农业投资长期不足，不仅影响了农业的正常发展，还阻碍了国民经济的持续稳定增长。

## 0202 核心是制约行政权力重心是监督财政资金

发表时间及载体：《中国审计》2009 年第 21 期

作　　者：杨肃昌

简　　介：如何确保权力正确行使，让权力在阳光下运行，从而建立一个为民、高效、廉洁的政府，始终是各国政治文明建设的核心，也是党的十七大报告提出"完善制约和监督机制，保证人民赋予的权力始终用来为人民谋利益"的要求。

## 0203 甘肃省区域创新能力影响因素分析

发表时间及载体：《中国发展》2012年第12卷第5期

作　　者：王晓鸿 高新才 朱丹丹

简　　介：在经济全球化发展和区域竞争日益激烈的背景下，区域创新能力已经成为区域竞争力的核心内容。本文首先从知识创造能力、知识获取能力、企业技术创新能力、创新环境以及创新绩效五个方面分析了甘肃省区域创新能力的现状，然后运用多元回归分析法，对甘肃省区域创新能力进行实证分析，并对影响区域创新能力的诸要素进行分析和评价，最后，提出了提升甘肃省区域创新能力的对策建议。

## 0204 对薇拉·凯瑟《一个迷途的女人》的评析

发表时间及载体：《甘肃行政学院学报》2005年第4期

作　　者：李文华

简　　介：薇拉·凯瑟是美国著名的女作家。本文简析了薇拉·凯瑟在其小说《一个迷途的女人》中对女主人公的塑造。从女性主义批评的角度指出作者在小说中的话语有受男权文化影响的倾向，并且从当时的社会现实与妇女的经济地位指出女主人公迷途的必然性。

## 0205 敦煌楞伽经变使用唐译七卷本《楞伽经》原因试析

发表时间及载体：《敦煌研究》2009年第3期

作　　者：贺世哲

简　　介：早期禅宗从菩提达摩起，传法宗奉刘宋译四卷本《楞伽经》。大约从公元8世纪下半叶开始，禅宗北宗出现改用唐译七卷本《楞伽经》的新动向。随着普寂与北宗禅风西旋沙州，敦煌楞伽经变的绘制也使用唐译七卷本《楞伽经》。本文利用敦煌资料，对此转变原因做了探讨。

## 0206 少数民族基础教育课程设置问题及改革策略

发表时间及载体：《西北师大学报：社会科学版》2000年第2期

作　　者：化得元

简　　介：对少数民族基础教育改革中的课程改革问题进行了探讨，提出了以下与各民族社会生产实践、社会生活和未来发展相适应的课程改革策略：一、确立新的课程观念；二、构建合理的课程结构；三、选择有效的课程内容；四、强化和改善课程有效实施的保障因素。

## 0207 敦煌文学的传播方式

发表时间及载体：《敦煌学辑刊》2012年第2期

作　　者：伏彦冰 杨晓华

简　　介：敦煌文学以讲诵、演唱、传抄为其基本传播方式。讲经文、变文、因缘、俗赋、话本等以讲诵为主，一些文人诗也通过讲诵传播，曲子词、佛曲、民间俗曲等通过歌唱的方式传播。同一篇作品在敦煌写本中有大量的复本，是其通过抄写传播的标志之一。同时，一些抄本工整规范，校勘认真，就是写本时代的"书籍"，是作为标准范本而流传的。

## 0208 关于高素质技能型人才培养模式的研究与实践

发表时间及载体：《现代妇女：理论版》2011 年第 4 期

作　　者：段毅 张榕玲 李敏娟

简　　介：掌握计算机方面知识是时代的需要，掌握网络方面知识是现代生活所必需的，掌握数电方面知识是改变现代生活活动的根本，培养高素质技能型人才是满足社会需要的保证。

## 0209 拉卜楞寺的佛教文化对甘肃旅游业的影响

发表时间及载体：《经济研究导刊》2011 年第 33 期

作　　者：徐娟秀 郑蓓媛

简　　介：藏传佛教是中国藏区最主要、最普遍的宗教，其信徒众多，也是一种珍贵的人文旅游资源，以其神圣的感召力、神秘的吸引力和强烈的新奇感吸引着无数的旅游者。以安多藏区的拉卜楞寺为例，分析拉卜楞寺的旅游资源开发现状，并结合旅游业发展的实际情况，对拉卜楞寺佛教文化旅游发展进行定性分析，揭示出目前拉卜楞寺的旅游呈现出良好的发展态势。因此，对拉卜楞寺佛教旅游资源发展现状的研究，可反映甘肃佛教旅游产业发展的后续能力和未来前景，使我们能正确认识甘肃旅游产业的发展状态，对明确发展思路起到了积极的作用。

## 0210 网络环境下大学生思想道德教育探微

发表时间及载体：《电化教育研究》( CSSCI )2007 年第 6 期

作　　者：王汝锋

简　　介：探索现代网络环境下的大学生群体的思想道德教育，是高等教育领域一个全新的课题，是高等教育的重要组成部分。它关系到大学校园的网络文化建设，关系到现代网络道德素质教育在大学生群体中的形成、责任以及发展方向，甚至影响到整个社会乃至国家的未来，所以需要全社会的密切关注。

## 0211 理想与现实之辩"共产主义"实质的当代思考

发表时间及载体：《辽宁省社会主义学院学报》2010 年第 2 期

作　　者：刘先春

简　　介：把共产主义作为现实的运动，作为一种对现实社会中的不公平不公正状态进行消除的过程去理解，是一种动态式的发展性思维，用来指导实践，有利于我们深刻地否定批判现实社会的不公和异化。

## 0212 教学策略研究

发表时间及载体：《甘肃联合大学学报：社会科学版》2010 年第 1 期

作　　者：苏义林

简　　介：在教学中理解、运用教学策略进行实践操作时，要认识、把握教学策略与教学设计、教学思想、教学模式、教学方法的关系，要廓清教学策略的基本含义，充分注意到教学情境是复杂多变的系统，教师总是在预先不完全知晓的情境下进行教学，要根据教师个人风格、具体的课堂情境灵活地选择和运用不同的教学策略。教师只有在教学实践中不断探索，使自己成为教学实践的研究者，才能找出适合于所任学科、所教学生及自己个性风格的教学策略。

## 0213 前苏联在继承文化遗产上的历史教训

发表时间及载体：《甘肃社会科学》2002 年第 2 期

作　　者：李健

简　　介：对待文化遗产历来有两种态度：马克思主义的批判继承和历史虚无主义的否定一切。本文分析了苏联在继承文化遗产上的历史教训，对构建社会主义新文化，继承人类社会创造的一切先进文明成果进行了探讨和思考。

## 0214 经济复苏背景下的中国股市财富效应研究

发表时间及载体：《改革与战略》2010 年第 26 卷第 12 期

作　　者：成学真

简　　介：文章采用 Engle-Granger 两步法对股票市场财富、居民收入水平与居民消费支出进行了实证研究，以检验经济复苏背景下的中国股票市场财富效应。结果表明，与之前国内学者所做的研究相比，经济复苏背景下的中国股市财富效应有所增强。文章认为，根据当前我国扩大消费需求的政策，一方面，政府应加强其职能履行，促进我国股票市场稳步、健康发展，以防止居民所持有的股票财富价值大幅缩水而影响其消费支出，另一方面，政府应通过完善我国社会保障体系建设和保障居民可支配收入稳定增加，来增加居民的未来收入预期和减少其预防性支出，从而刺激其消费支出。

## 0215 敦煌本《兔园策府》考辨

发表时间及载体：《敦煌研究》2001 年第 3 期

作　　者：屈直敏

简　　介：敦煌《兔园策府》残卷，共四个写本，是敦煌出土的蒙学类书性质的文献，前人已有诸多研究。本文在前人研究的基础上，翻检史籍，对《兔园策府》的作者、成文年代等重新考订，认为有可能是众手撰成，但又题一人之名，其成文年代最晚不迟于唐贞观十七年 (642 年)。

## 0216 "截断众流"与"中西互释"

发表时间及载体：《甘肃社会科学》1999 年第 3 期

作　　者：匡钊

简　　介：在近百年间被归于中国哲学这个大题目下的研究内容中间，存在两个可称为"截断众流"和"中西互释"的普遍方法，但相关的学者在运用当中却缺乏针对它们的清晰论说与系统反思，本文就希望较全面澄清这两方面可能存在的种种问题。前一问题关系到我们对中国哲学史前史的认识：一个动态的思维变迁过程并不等于一幅静态的社会历史图景，如果希望完成一部完整的学术史，现在有必要为中国哲学添补一段"史前史"，而不是求助于任何一种文化的决定论。但这一工作到目前为止对中国人来讲却仍困难重重。至于第二个问题因关涉整个中国哲学研究的合法性显得更加重要，至今为止的种种以西方哲学为基础的对中国古代哲学的阐述都缺乏可靠依据，我们不能保证已经获得了贯通中西学术的统一标准，比照佛学入中土时所经历的"格义"过程，也许会对我们理解现在西方哲学的传入有所帮助，我们需要一个更长的时间取得足够的谈论西方哲学和中国哲学的话语，或另辟蹊径从完全不同的角度来思考国学的存在。

## 0217 爱伦·坡与世纪之交的中国当代恐怖小说

发表时间及载体：《西北师大学报：社会科学版》2008 年第 1 期

作　　者：胡克俭

简　　介：20 世纪 90 年代以来，国内再一次掀起译介美国恐怖小说作家爱伦·坡作品的热潮。几乎与此同步，中国当代恐怖小说的创作也逐渐升温。本文从影响研究的角度分析二者在主题、题材和表现手法等方面存在的影响关系及其流变，探讨我们和爱伦·坡再次相遇的社会文化背景和历史境遇，既对深化爱伦·坡的研究，也为准确把握当代中国恐怖小说的创作，提供有益的参照。

## 0218 视觉时代的文化逻辑与文学生存

发表时间及载体：《厦门大学学报：哲学社会科学版》2012 年第 1 期

作　　者：古世仓 魏庆培

简　　介：视觉时代是针对后现代社会文化形态的一种指称。在后现代社会，当消费主义成为视觉时代的文化意识形态，其所培植的欲望与享乐也必然是视觉文化的逻辑构成。在此，以言说与倾听、书写与阅读为主导的文学运作模式让位于以仿真、观看为主宰的商品生产与消费模式，文学罹挤抑或被放逐或走向视觉化，被文化工业整合设计为一种商品类型。面对视觉霸权的肆意扩张，应加强听觉文化来重塑整个社会文化结构与文学构境，让视听觉同谋共生，这样，文学定能重构自己的生存方式与美好未来。

## 0219 麦积山石窟初期洞窟三佛造像考释

发表时间及载体：《敦煌学辑刊》2008 年第 3 期

作　　者：魏文斌

简　　介：麦积山石窟现存的三佛窟非常多，从现存最早的第 74、78 等窟就开始出现，一直延续到隋唐时期，是麦积山石窟北朝至隋唐时期洞窟最重要的造像题材之一，这种三佛题材是长安佛教法华思想对北魏甚至整个北朝石窟造像影响的结果。本文主要就麦积山初期洞窟的三佛造像进行分析研究。

## 0220 党的执政能力建设探析

发表时间及载体：《西北师大学报：社会科学版》2004 年第 4 期

作　　者：石仑山

简　　介：执政党执政能力的强弱与执政绩效的大小、执政地位的巩固与否呈正相关关系，影响执政能力提升和发展的主要因素是执政党的价值理想目标体系的科学化水平、运作的制度化水平及组织体系的开放程度。"三个代表"重要思想深刻地揭示了保持党的先进性、巩固党的执政地位与加强党的执政能力建设的内在联系，为提升和发展我们党的执政能力提供了动力来源。

## 0221 浅评中国历史上有影响的两次少数民族改革

发表时间及载体：《西北民族大学学报：哲学社会科学版》（CSSCI）2005 年第 5 期

作　　者：杨建新

简　　介：北魏拓跋氏改革和元世祖忽必烈改革是中国历史上有影响的两次少数民族改革，其改革的背景、内容和意义等诸多方面都不同于汉族统治阶级的改革和变法。

## 0222 杂语与狂欢——河湟社火表演与"花儿"演唱活动的几点思考

发表时间及载体:《西北民族研究》（CSSCI）2003 年第 4 期

作　者: 苏延寿

简　介: 作者认为, 社火表演和"花儿"演唱活动是河湟地区乃至西部民间典型的民俗事象。两种习俗发生的时空及其表现形态虽然不同, 但在深层次上具有显明的共性和交叉点, 话语的多元性和丰富性以及狂欢精神是两种习俗所共有的特性。由此不但形成了这一区域文化的地域特点, 同时也实现了不同族群之间沟通和对话的族际交流功能, 从而推动着民族杂居地区文化的向心整合。

## 0223 生本取向: 学生学业评价的伦理回归

发表时间及载体:《西北民族大学学报: 哲学社会科学版》2012 年第 1 期

作　者: 马磊

简　介: 我国学生学业评价存在着方向迷失和异化, 对象片面、狭隘, 方法简单、单一, 重结果而轻过程、重知识轻发展等问题。新的学生学业评价取向正在从知识、能力本位即社会本位向学生本位转变, 从只追求教育的外在工具价值向关注教育的发展价值转变, 从对学生主体地位的忽视甚至否认向对学生主体地位的肯定、尊重和依靠转变。这种转变是教育在其本质上的伦理回归。生本取向的学生学业评价应确立发展的主导取向, 拓展评价的内容和范围, 强调多元主体的参与、合作, 以及评价方式的多样综合。

## 0224 论人口战略研究的重要性和迫切性

发表时间及载体:《西北人口》2004 年第 4 期

作　者: 郭志仪

简　介: 在新的历史时期, 我们面临的人口问题依然严峻, 人口问题已经不仅是数量的压力, 而且其复杂性日益显现。人口问题已经不是我们过去单纯的人口数量控制和计划生育政策所能够解决的, 必须对人口发展战略进行研究。而一个专门的协调和研究机构, 一定的经费支持是开展这项研究的基本条件, 目前需要重点研究问题包括: 人口数量、人口素质、城市化与劳动就业、人口分布与资源环境的承载力以及人口老龄化等问题。

## 0225 孙枝蔚、吴嘉纪交游考

发表时间及载体:《甘肃联合大学学报: 社会科学版》2012 年第 28 卷第 3 期

作　者: 杨泽琴

简　介: 孙枝蔚与吴嘉纪同为清初扬州诗坛重要的遗民诗人, 二人私交甚深, 交往时间长达三十年。孙、吴相交的思想基础是皆坚守遗民之志, 清寒自守, 狷介绝俗, 心忧苍生, 沉酣诗书。对二人交游情况的述论, 可使诗人的诗文活动获得淋漓的生气感、饱满的艺术感、丰厚的历史感, 凸显他们的个性和风神, 亦可借此蠡测当时之士风趋向。

## 0226 网络文化与大学生民族精神的培育

发表时间及载体:《电化教育研究》（CSSCI）2007 年第 8 期

作　者: 王文昇

简　　介：网络文化作为现代化进程中的产物，以特有的形式和丰富多彩的内容，带来了大学生思想观念、教育方式、社会角色、生活方式、交往方式等方面的改变，但同时也带来部分大学生民族意识弱化、民族责任感淡化等问题，大学生的人生观、价值观正在面临着严峻的挑战。不断加强大学生民族精神的培育，倡导实践民族精神，这既是社会主义精神文明建设的基本要求，更是当代大学生投入全面建设小康社会伟大事业和实现中华民族伟大复兴的关键所在。

## 0227 抗战时期陕甘宁边区的民族政策与实施

发表时间及载体：《甘肃理论学刊》2008 年第 5 期

作　　者：王晋林

简　　介：抗战时期陕甘宁边区的民族政策与实施，是中国共产党在新的历史条件下，为巩固和发展抗日民族统一战线，正确解决民族问题而进行的成功实践。陕甘宁边区的民族政策与实施是民主政治建设的重要组成部分，取得了显著成效，在理论上和实践上丰富和发展了党的民族宗教政策，为新中国成立后在我国实行民族区域自治的政治制度奠定了基础。

## 0228 我国中小学教师培训政策演进及创新趋势

发表时间及载体：《西北师大学报：社会科学版》2012 年第 5 期

作　　者：李瑾瑜

简　　介：中国中小学教师教育政策在几十年来的演进历程中，由于不同阶段存在着不同的政策问题，为解决这些问题而制定的政策内容及其政策重心也各不相同，但总体体现出政策由零散到系统、由片面到全面、由浅层到深入、由经验到专业、由规定要求到标准建立而不断发展和进步，逐渐体现出了科学性、专业性和制度性的特征，也体现出政策的价值理念越来越符合中小学教师专业发展的规律和特点。目前中国中小学教师队伍建设进入到"后学历"时期，科学性、专业性、标准性是教师专业发展的总体特征。因此，在中小学教师培训政策的创新上需要特别关注基于专业价值导向创新教师培训政策、基于专业标准规范创新教师培训政策、基于专业发展规律创新教师培训政策、基于能力为本创新教师培训政策等新的趋向。

## 0229 面向过程的 e-Learning 效果评估：方法、技术及工具

发表时间及载体：《电化教育研究》（CSSCI）2014 年第 35 卷第 10 期

作　　者：段金菊 祁芸

简　　介：评估是检验 e-Learning 结果、诊断 e-Learning 问题、优化 e-Learning 效果的一类先进的分析方法、技术、工具及理念。文章在前人研究的基础上以过程评估为观察点，对 e-Learning 前后学习者个体的学习状态评估进行研究，提出了 e-Learning 效果评估研究框架。以此为据，对近十余年中外权威教育刊物进行分析，综述评估的方法与理念，重点梳理它们在 e-Learning 学习的支持、e-Learning 效果评估中的作用，在此基础上对 e-Learning 效果评估的国内外研究现状进行总结与反思，提出下一步相关思路与方法，以期对今后国内 e-Learning 测评有所借鉴。

## 0230 西北少数民族地区基础教育多元文化课程体系构建的模式探究

发表时间及载体：《社科纵横》2011 年第 12 期

作　　者：潘采伟

简　　介：在当前世界文化和经济、政治相互交融的时代，民族文化作为人类文化的基本构成已经具有时代性和世界性的意义。保护、传承、弘扬和发展该地区的民族文化，不断探索和创新适合该地区民族特点的多元文化民族教育模式，使民族教育和现代教育相结合，推动西北民族地区文化产业和民族地区社会经济健康发展。民族教育之"根"须植于民族文化之"土壤"中，要充分包容各民族文化优秀部分和文化特性，塑造具有多元品格和充分包容品格的文化精神。为此少数民族地区基础教育在课程构建中秉承多元文化、本土化等多重理念，多元文化课程应具有多元与整合互补的价值追求。

## 0231 榆林窟第 6 窟蒙古族供养人坐具

发表时间及载体：《敦煌研究》2007 年第 3 期

作　　者：董晓荣

简　　介：文章分析了元代文献资料，并结合元代曾游历过蒙古地区的外国旅行家留下的游记，以及元代所绘的图像资料，探讨了榆林窟第 6 窟蒙古族供养人坐具，认为这种坐具是元代设在诸王斡耳朵（宫帐）中宝座的一种，文章还说明了此坐具的源流及特点。

## 0232 高校学术道德滑坡的原因分析及对策

发表时间及载体：《甘肃理论学刊》2004 年第 2 期

作　　者：邵璀菊

简　　介：学术道德滑坡已成为影响高校声誉和学术事业发展的一大障碍。本文从学术体制和教师自身素质两方面分析了原因，并探讨了防止学术道德滑坡的若干对策措施。

## 0233 发展我国市政债券市场的可行性分析

发表时间及载体：《宁夏社会科学》（CSSCI）2005 年第 3 期

作　　者：成学真

简　　介：市政债券作为一种重要的投融资工具，目前在我国仍处于冰冻状态，但市场需求的阳光正在化解市政债券的冰冻，准市政债券便是市场需求催生出来的市政债券的萌芽。市政债券在我国的应用具有重要的现实意义，面临着良好的发展机遇，我国应适时地进行市政债券融资的试点工作。

## 0234 基于"课例研究"的教师教学智慧发展研究

发表时间及载体：《电化教育研究》2014 年第 35 卷第 11 期

作　　者：杨彦军 童慧

简　　介：教学智慧是教师在教学过程中应对预设之外生成性的复杂教育情境时，表现出来的一种迅速并创造性地采取合乎教育目的性与规律性行动的能力，其核心表征是教师在教学活动中处理"预设"与"生成"关系的能力。研究通过对教师将教学设计方案转化为课堂教学活动过程中对教学预设的生成性处理方式的细化分析，深入探讨课例研究对促进教师教学智慧发展的机制与作用。

## 0235 欠发达地区特色农产品品牌战略研究

发表时间及载体：《西北师大学报：社会科学版》2007 年第 1 期

作　　者：蔺全录

简　　介：有效地建立、管理和运作品牌

资产已经成为企业的首要工作。品牌在为企业带来消费者的忠诚和丰厚利润的基础上拉动了地域经济的增长。本文在分析欠发达地区特色农产品实施品牌战略必要性的基础上提出欠发达地区特色农产品实施品牌战略的措施。

## 0236 高校管理干部的语感素质及其培养

发表时间及载体：《社科纵横》2008 年第 6 期

作　　者：刘彬

简　　介：语感是一种顿悟，是一种不假思索的语言判断能力，语感素质水平的高低决定着语感能力水平的高低。语感培养一向被当作中小学语文教学和外语教学中的重点，而现实生活中，语感素质的高低，对成年人的工作、学习也起着至关重要的作用。本文就笔者所接触的高校环境，谈谈高校管理干部，尤其是年轻管理干部语感素质培养的重要性及通过自然言语实践和自觉言语实践的方式如何有效地提高高校管理干部语感素质的几点建议。

## 0237 马克思文化思想的时代生成与价值转向

发表时间及载体：《甘肃理论学刊》2012 年第 4 期

作　　者：杨宏伟

简　　介：文化在马克思的思想中占有非常重要的地位。马克思对文化问题的思考一方面有着鲜明的时代特色与现实观照，在实践发展与思想演进的双重进程中实现了对文化认识的价值转向，另一方面，马克思以唯物史观为理论基础和内在逻辑展开对文化问题的思考，以唯物史观的路径与方法完成了对文化话语的科学表达。

## 0238 南朝寒门士族政治地位上升之原因探析

发表时间及载体：《甘肃理论学刊》2004 年第 2 期

作　　者：戴巍

简　　介：本文从政治系统良性运行的角度，对南朝寒门士族政治地位上升的原因做了探析，认为南朝寒门在政治上的崛起实际上也是政治系统良性运行的一种客观选择。

## 0239 发西北民族之声，促中华文明交流——《西北民族研究》学刊发展会议记略

发表时间及载体：《西北民族研究》（CSSCI）2014 年第 1 期

作　　者：金蕊

简　　介：2012 年 11 月 1 日经全国哲学社会科学规划领导小组批准，《西北民族研究》荣获国家社科基金学术期刊资助，成为受到国家资助的"学术水平高，专业、地域特色突出"的人文社科期刊。长期以来，期刊一直秉承"学者自己办刊物"的理念，在学界颇有影响力。

## 0240 后税费时代西部农民增收面临的主要问题

发表时间及载体：《发展》2007 年第 1 期

作　　者：聂华林 李秀红

简　　介：本文是国家社科基金重大项目"西部全面建设小康社会中的三农问题及对策研究"（项目编号 04-ZD018）、兰州大学"985 工程"——西部经济社会发展哲学社会科学创新基地项目的阶段性研究成果。

## 0241 西部大开发的冷思考

发表时间及载体：《甘肃行政学院学报》2001 年第 2 期

作　　者：杨军 刘亚桥

简　　介：西部大开发是我国区域经济发展的重大战略决策，同新中国成立以后前几次区域发展战略决策相比，具有截然不同的历史背景。西部应抓好吸引资金和人才的环境建设。西部大开发的突破口应是改善生态环境，加快基础设施建设，加快行政机构体制改革步伐。

## 0242 政治伦理视域中的西北村民政治身份认同

发表时间及载体：《甘肃理论学刊》2012年第1期

作　　者：张林祥

简　　介：本文从政治伦理的视角，用问卷调查和个别访谈的方式，从村民对有关政治身份一些重要概念、常用名词、常见说法的认识和评价，考查了他们的政治身份和角色意识；从他们对自己与政府及其官员的现实关系、应有关系的认识和评价，考查了他们的主体意识和自信心；从他们理想中的公民身份考查了他们对自己的政治期望，最后得出这样的结论：西北村民的政治身份认同处于由臣民向公民转化的阶段，他们对公民身份有积极的评价和较强的认同，但有关的认识还比较模糊，相应的政治道德素质也不够健全。

## 0243 贫困地区家庭类型及家庭规模对人口生育率的影响——以定西地区为例

发表时间及载体：《西北人口》1993年第4期

作　　者：韦惠兰

简　　介：定西地区是比较典型的贫困地区，近年来，在各级政府以及有关职能部门的共同努力之下，不仅经济建设取得了很大的成就，而且人口控制效果也令人注目。但应该承认由于各种因素所致，这一地区的人口形势仍很严峻，怎样才能走出困境呢？本文拟从微观角度，探讨这一地区家庭类型及家庭规模对人口生育率的影响，以期对领导者的决策有所裨益。

## 0244 大众传媒与中国启蒙文化：建构与解构

发表时间及载体：《甘肃联合大学学报：社会科学版》2007年第23卷第5期

作　　者：李晓灵

简　　介：启蒙，作为中国近现代崛起的文化范式，实质是一种文化传播行为与过程，它的发展与大众传媒的进化息息相关。大众传媒与中国启蒙运动的关系经历了建构时代与解构时代的更迭。随着中国社会转型的进行，大众媒介在对启蒙形成强大冲击的同时，也提供了难得的良机，它将迎来一个传媒英雄协同思想大师为主体、多向传播、多元共融的温和的启蒙新纪元。

## 0245 对商法历史发展的思考

发表时间及载体：《甘肃行政学院学报》2001年第2期

作　　者：韩虓宇

简　　介：商法脱胎于传统的民法，产生在特殊的社会、文化背景下，反映了现代化大生产的特点，促进了以集团交换为标志的工业经济的发展。但因其在保护公共利益方面的软弱无力需要国家公权力的扶持，由此产生了私法公法化趋势和经济法这一新兴学科。经济法继承了商法的重要规则，凸显了国家干预，是对传统商法的一次更新。

## 0246 加入世贸组织将为我国经济的发展提供新的机遇

发表时间及载体：《甘肃行政学院学报》1999 年第 2 期

作　　者：彭真志

简　　介：加入世界贸易组织是我国经济发展的需要，有利于参与国际经济竞争，有利于充分利用资金、资源和技术，促进科学技术发展，提高企业整体素质，必将促进我国生产力发展。"入关"可以使我们充分利用"普惠制"，促进出口，有利于中国经济长期稳定发展，提高人民生活水平。

## 0247 基于话语分析语境路径探究英汉句式结构的不同

发表时间及载体：《佳木斯教育学院学报》2012 年第 9 期

作　　者：袁憬 张鼎

简　　介：众所周知，由于英语和汉语分属不同语系，英语句子属于语法型，注重形合，而汉语句子属于语义型，注重意合，又由于英美国家和中国思维、文化背景等差异明显，英语学习者原本的语言储备很容易对新的语言学习产生各种各样的干预。那么如何有效克服母语所产生的这种负迁移现象，准确快速地进行外语习得呢？本文将对此问题进行认真的探索，希望对英语教育和学习者提供一些有益的帮助。

## 0248 我国比较广告存在的问题及对策探析

发表时间及载体：《兰州商学院学报》2005 年第 21 卷第 3 期

作　　者：卫中亮 常明涛

简　　介：在众多的广告形式中，比较广告越来越多地受到青睐，但在比较广告的实践和发展过程中，也出现了一些问题：学术引导缺失，立法滞后，法规存在缺陷，实践中缺乏理性和科学性，影响了比较广告的实际效果及其正常发展。为此，我们必须坚持合法性判断准则，面向市场，深化理论，针对现实条件，把握因素内在特质，恰当运用比较广告，提高比较广告效果。

## 0249 甘肃境内遗存的古城址

发表时间及载体：《文史知识》1997 年第 6 期

作　　者：李并成

简　　介：位于丝绸之路上的甘肃省，是我国也是世界上少有的古城遗址集中分布的区域。由于省境大部分地区气候干燥，降水少，地表文物少受雨雪、地下水、盐碱等的侵蚀，人为活动的破坏也相应较轻微。

## 0250 论提高民族经济立法质量的几个问题

发表时间及载体：《兰州大学学报：社会科学版》2001 年第 29 卷第 6 期

作　　者：葛少芸 张民义

简　　介：社会主义市场经济条件下，民族经济立法正在由口号变成现实，此际提出民族经济立法的质量问题，其直接含义无疑是指在注意立法数量和速度的同时，也要注意立法的质量，力求达到数量和质量的较好统一。本文分析了民族经济立法质量存在于立法观念、立法制度和立法运作技术方面的问题及应采取的主要对策。

## 0251 清代前期新疆州县以下基层制度的演变

发表时间及载体：《兰州大学学报：社会科学版》2004 年第 32 卷第 1 期

作　　者：聂红萍

简　　介：清代前期新疆州县以下基层制度经历了由里甲制到保甲制的演变。首先实行的是里甲制，以满足控制民户和征收赋税的需要，接着实行保甲制，以加强对日益增多人口的管理。保甲制的推行，有利于清朝对新疆州县地区统治的加强和大一统局面的巩固。

## 0252 论赵时春

发表时间及载体：《甘肃理论学刊》2011年第 6 期

作　　者：杜志强

简　　介：赵时春是明代嘉靖年间一位颇有影响的文人，但目前学界的研究还不深入。其思想中经世与理学色彩十分浓重；为人正直，交游以嘉靖年间的进士群体为主，多交兵部官员和陕籍人士；一生仕途坎坷，除客观因素外，他自身缺乏封建官场的耐受力、应变力和前线作战的经验是主要原因。赵时春文学创作的"秦风"特色十分明显，文学思想接近"唐宋派"，却又与"唐宋派"保持距离；对于戏剧、小说等新兴体裁，他不置一词，他是一个偏于保守的文人。

## 0253 企业环境信息披露影响因素研究

发表时间及载体：《求索》（CSSCI）2013年第 9 期

作　　者：田中禾 郭丽红

简　　介：本文在合法性理论的基础上，借助对中美有关环境信息披露法律法规的分析比较，探讨境外有关环境信息披露的规制对于境内企业环境信息披露水平的影响。

## 0254 汉张掖郡昭武、骊靬二县城址考

发表时间及载体：《丝绸之路》1993 年第 1期

作　　者：李并成

简　　介：汉张掖郡昭武、骊靬二县，因其名称分别与昭武九姓胡和古罗马国（骊靬）之名相同，而备受丝绸之路和西北史地研究者的关注。笔者在前人工作的基础上，经多次实地考察，拟对二县城址做一新的考量。

## 0255 试论教育电视的应用与平衡发展

发表时间及载体：《电化教育研究》（CSSCI）2001 年第 1 期

作　　者：抗文生

简　　介：教育电视作为现代教育技术与大众教育传播的交叉应用领域，需要具有前瞻性的理论研究与实践发展。其中，对于教育电视在学校教育、社会教育、理论研究与实践应用水平以及我国东西部地区非平衡发展问题的提出，为进一步推动现代教育发展提出了策略性探讨。

## 0256 资源枯竭型城市转型的路径选择——基于经济、社会、资源环境承载力视角的研究

发表时间及载体：《河北学刊》（CSSCI）2012 年第 32 卷第 5 期

作　　者：汪晓文 潘剑虹 杨光宇

简　　介：自然资源作为一种有限的稀缺性资源，自开采利用之日起就意味着终有枯竭的一天，而城市对发展的需求具有恒定性和无限性。由于这种资源有限供给与城市无限需求的矛盾，资源型城市在资源濒临枯竭之时谋求转型发展是必然的理性选择。本文尝试从经济、社会、资源环境承载力三个层面进行研究，对资源枯竭型城市现状及存在的问题进行梳理，在此基础上，分别从三个视角提出了资源枯竭型城市如何转型发展的路径选择，最后针对三个层面对城市转型进行了综合评述。

## 0257 论不纯正不作为犯的作为义务的司法认定

发表时间及载体：《甘肃高师学报》2012年第1期

作　　者：屈耀伦

简　　介：目前我国的刑事立法并没有对不纯正的不作为犯做出明确的规定，但是在刑事司法实践中却对不纯正的不作为犯进行定罪处刑，这种矛盾造成了立法与司法的脱节。而解决这个矛盾的关键就在于对不纯正不作为犯的作为义务进行精准的界定，对其作为义务的范围规定得过宽，有可能导致刑法的泛化和刑罚的膨胀，有损刑法的谦抑性原则，反之，对作为义务的界定过窄，则使刑法的处罚范围过小，有损刑法的法益保护机能。因此，科学、准确地明晰不纯正不作为犯的作为义务，对我国的刑事理论和刑事司法都大有裨益。

## 0258 河西高台县墓葬壁画娱乐图研究——河西高台县地埂坡M4墓葬壁画研究之二

发表时间及载体：《敦煌学辑刊》2010年第2期

作　　者：郑怡楠

简　　介：高台县地埂坡M4墓葬壁画娱乐图由击鼓图和角抵图构成。图中人物高鼻深目，髡发留辫，穿连衣窄袖长身短裙，经研究是粟特人的长相、发式和服饰。所击之鼓是流行于康国、安国的和鼓，又称应鼓、加鼓，即史籍记载的小鼓。而角抵图由于肢体未接触，很可能是康国乐、安国乐中的二人舞者。该图表明十六国时期酒泉郡表氏县（高台县）粟特人聚落已经存在。

## 0259 建设"凉州文化"的一点思考

发表时间及载体：《敦煌学辑刊》2010年第2期

作　　者：伏俊琏

简　　介：武威是历史文化名城，有丰厚的文化积淀。在进行文化建设中有多方面多层次的工作要做，我以为有一点是应当认真做的，这就是学术研究。也就是说，要用科学的态度和方法，对武威的历史文化进行认真的探索，挖掘真实的内涵，还历史以真实的面目。那么，研究什么呢？研究对象就是"凉州文化"。我在这里提出"凉州文化"这个概念，我想可以用这个概念代替过去有关武威历史文化的"五凉文化""西夏文化""天马文化"等，因为这些概念只能概括武威历史文化的一部分或者一个时期，而且还和别的地方文化有交叉，比如"五凉文化"就不仅是武威，武威充其量只是四凉，"西夏文化"更不以武威为中心。它们都只是某一个特定历史阶段的产物。我们说的凉州文化，大致指从汉武帝设置河西郡或者从"张骞凿空"、开拓丝绸之路以后，直到清代中叶"凉州复兴"这一长达近两千年的时间里，在武威地区产生的光辉灿烂的古代文明。

## 0260 吟魄与离魂的悲秋之音——析杜甫《捣衣》诗

发表时间及载体：《社科纵横》2008年第9期

作　　者：郭弘

简　　介：《捣衣》诗是离乱之世的戍妇一曲吟魄与离魂的悲秋之音，作者杜甫以"意致凄然，妙在含蓄"的艺术手法，营造出"淡而有味"的艺术境界，表达出凄婉动人的悲剧美，传达出作者哀婉深蕴的人生唱叹，达到了艺术性和思想性的新高度。

## 0261 西部油气资源型城市（镇）可持续发展形势及对策

发表时间及载体：《城市发展研究》（CSSCI）2010 年第 3 期

作　　者：郭志仪

简　　介：随着经济社会的发展，油气资源型城市（镇）长期积累的结构性、体制性、生态性、功能性等方面矛盾和问题日益凸现。本文分析了西部油气资源型城市（镇）发展面临的挑战和机遇，提出了可持续发展措施建议。

## 0262 论阿富汗历史发展进程中的部族症结

发表时间及载体：《贵州师范大学学报：社会科学版》2007 年第 6 期

作　　者：汪金国

简　　介：在 20 多年的内战中，阿富汗国内各部族体系经历了严重分离和重新构建，内战导致国内力量配置发生重大改变。昔日阿富汗最重要的优势力量——普什图部族的实力和民族凝聚力被严重削弱。

## 0263 创新发展努力构建一支高素质教师队伍

发表时间及载体：《甘肃行政学院学报》2005 年第 4 期

作　　者：王伟

简　　介：甘肃行政学院自 1989 年建院至今走过了 15 年的历程。15 年来学院先后共举办各类培训班、知识进修班、专题研讨班 100 多期，培训各类公务员一万七千余人。在做好公务员培训工作的同时，围绕政府中心工作开展科学研究，为政府提供决策咨询服务，逐步形成了教学、科研、咨询三位一体的办学特色。

## 0264 论学习焦虑——心理学视野中的学习心理健康问题

发表时间及载体：《西北师大学报：社会科学版》2003 年第 5 期

作　　者：化得元

简　　介：学习焦虑对学生的学习效果、学业水平发挥、考试成绩及综合素质培养均有重要影响，它是造成中学生心理问题的主要原因。过度的内源性学习焦虑及附着于学习活动的外源性焦虑，不仅会导致学生产生多种焦虑倾向，甚至会导致心理异常或心理障碍。但适度的、来自学习活动本身的内源性学习焦虑不仅是学生学习活动正常进行所必需的，而且能使学生处于最佳的学习状态，取得最优的学习效果和最好的学业成绩。

## 0265 农户人力资本投资与农民收入增长

发表时间及载体：《经济科学》（CSSCI）2007 年第 3 期

作　　者：郭志仪

简　　介：本文运用 1983—2005 年间数据，实证研究了不同类型农户人力资本投资之间以及它们与农民收入之间的相互关系和影响。结果表明：1. 农户健康投资抑制了农民收入的增长及农户教育、迁移投资水平的提高，并且目前的农户健康投资水平还远不能满足农民的正常需求；2. 农户迁移投资不仅显著促进了农民收入增长，还有助于提高教育和健康投资水平，但迁移投资的影响有一定的滞后性；3. 农户教育投资对农民增收的正影响最大，并能降低农户的迁移成本，但降低幅度很小，说明它在解释农户迁移投资变动中所起作用并不大。此外，本文还分析了上述结果产生的原因并提出了简要的政策建议。

## 0266 论入世后我国外贸代理制度的发展与完善

发表时间及载体：《甘肃政法学院学报》2003 年第 1 期

作　者：衣淑玲

简　介：我国已于 2001 年 12 月正式成为世界贸易组织的成员，这对我国涉外经济法律制度的建设将产生重大影响。本文从完善我国外贸代理法律制度的目的出发，分析了我国现行外贸代理法律制度中存在的一些问题，对 1999 年我国颁布的《合同法》对外贸代理法律制度的促进也进行了必要的论述，同时，对在加入世界贸易组织后，我国外贸代理法律制度的发展和完善提出了几点思考。

## 0267 老舍与中国革命论纲

发表时间及载体：《文学评论》（CSSCI）2004 年第 2 期

作　者：吴小美 古世仓

简　介：中国现代作家都面对与中国革命的关系问题，他们都曾试图参与到中国革命的复杂建构中去，但又都无例外地被中国革命的政治所建构。因为他们不同的文化类型，他们与革命也形成了不同的关系形式。本文在此基础上论述了老舍参与革命建构的独特形式和基本的主体原因，以及他因此而被革命政治所建构而显示的独特之处。从这一视角观照思考，会使老舍文学的历史价值及其对于今天的文化与文学建设的意义更加凸显。

## 0268 如何用科学发展观指导企业人力资源开发与管理

发表时间及载体：《社科纵横》2008 年第 5 期

作　者：梁弘

简　介：科学发展观坚持以人为本，全面、协调、可持续发展。落实科学发展观是做好企业人力资源开发管理工作的前提和基础。企业人力资源开发管理工作就是要坚持以人为本的思想，以实现人的全面、协调发展为目标，做好人力资源的长期规划，不断挖掘开发员工的聪明才智和潜力，促进企业永续发展。

## 0269 王符的治边思想

发表时间及载体：《中国边疆史地研究》（CSSCI）2002 年第 2 期

作　者：赵梅春

简　介：东汉政府在征讨羌人起兵失利的情况下，决定弃边徙民，企图以此平边患，保中原。家居边郡的王符目睹边患，特别是东汉政府弃边举措给边民带来的灾难，坚决反对弃边内徙，主张救边、安边、实边，认为有国必有边，缩边削地不能保国安宁，只有平息边患，使边疆安定，国家才能安宁，只有采取优惠的政策移民实边，开发边地，才是平边患、保中原的良策。

## 0270 电大辅导教师在远距离开放教育中的地位和作用

发表时间及载体：《电化教育研究》（CSSCI）2000 年第 5 期

作　者：王兰珍

简　介：远距离开放教育不同于传统教育，辅助教师作用的大小，直接关系到电大远距离开放教育中教学质量的好坏以及电大今后的发展。随着科学技术发展，电大辅导教师在远距离开放教育中的作用将更大。

## 0271 古罗马军团东归伪史案的终结

发表时间及载体：《西北民族研究》（CSSCI）2013 年第 1 期

作　者：汪受宽

简　　介：20 多年来，甘肃永昌县有一个二千年前安置古罗马军团人员城市的消息被多方面宣传介入，早已为中外读者所熟知。然而，这是一个伪造的历史。本文追述了该伪史的来龙去脉，及学界不懈的探究批评，介绍了作者最近出版的《骊靬梦断——古罗马军团东归伪史辨识》一书的主要观点，对各种说法做出尽可能符合科学的结论，力图恢复历史真实，消除负面影响。

## 0272　西部开发中的甘肃资本市场

发表时间及载体：《兰州大学学报：社会科学版》（CSSCI）2002 年第 30 卷第 3 期

作　　者：成学真

简　　介：甘肃资本市场的发展较为滞后，表现为市场规模狭小，体系不健全，市场行为不规范。这种滞后造成了资本市场的功能缺陷，并由此造成其在推动企业资产重组和促进地方经济建设方面作用乏力。因而现阶段，应该从侧重其效用发挥的角度来建设和发展甘肃资本市场。

## 0273　论民族传统体育的科学内涵及其特征

发表时间及载体：《社科纵横》2009 年第 1 期

作　　者：牛亚莉

简　　介：本文通过对民族传统体育形成与发展因素分析，概述了民族传统体育的科学内涵及其特征，说明了发展民族传统体育是增进民族团结、社会稳定、政治统一的象征，是提高国民素质、促进经济社会发展的价值所在，是民族复兴的最终表征。

## 0274　童话关键词新解

发表时间及载体：《珠海城市职业技术学院学报》2005 年第 11 卷第 2 期

作　　者：李利芳

简　　介：论文从审美经验的视域进入，对"童话"这种常见文体以"世界、奇迹，人物、隐喻"四个关键词为研究理路做了新的美学阐释。主旨在于揭示过去一直被遮蔽的童话艺术质素，试图抵达童话本体论的某些层面。

## 0275　21 世纪的师范大学：创新与适应

发表时间及载体：《西北师大学报：社会科学版》2003 年第 1 期

作　　者：王利民 张俊宗

简　　介：师范大学要立足于 21 世纪，必须主动适应教师职业专业化趋势与教师教育开放化的要求，加大教育创新的力度，积极向综合性大学的方向发展。

## 0276　完善资本市场 推动国有企业资产重组

发表时间及载体：《开发研究》2001 年第 1 期

作　　者：成学真

简　　介：资产重组是当前我国国有企业改革的主题。资产重组必须借助于成熟和完善的资本市场才能顺利进行，然而，由于各方面的原因，我国的资本市场虽已建立，但其本身存在着诸如功能残缺、结构不合理、运作效率低下、监管不力等缺陷，难以满足目前国有企业资产重组的要求。因此，需要采取多种措施，发展与完善我国的资本市场。

## 0277　外国文学教学 CAI 课件设计

发表时间及载体：《电化教育研究》2002 年第 8 期

作　　者：温越

简　　介：运用 CAI 课件进行外国文学教学

和辅助教学，对于解决和弥补现存教学中的问题，提高教学效率，增强自主学习意识，促进能力转化具有特殊意义。本设计利用多媒体技术优势，采用三级结构形式综合设计，将讲析、答疑、自测与资料结合起来，力图创设图文声像共同作用的教学情境，促进个性化学习。

## 0278 论多民族国家的公民意识教育

发表时间及载体：《西北师大学报：社会科学版》2011年第4期

作　者：王宗礼

简　介：多民族国家实质上是民族国家的一种形式，但由于多民族这一事实的存在，多民族国家的社会成员必然存在着民族身份和公民身份的内在张力，这一内在张力决定了多民族国家公民意识教育的特点和主题。

## 0279 以BOT投资方式促进西部基础设施建设

发表时间及载体：《甘肃行政学院学报》2002年第1期

作　者：高彬 林新生 康耀坤

简　介：作为一种特殊的直接投资方式，BOT对我国西部地区引进外资并加快当地的基础设施建设具有重要意义，为在西部地区充分利用BOT方式，有必要克服观念、体制及法律方面的不利因素。

## 0280 江苏省农村劳动力转移问题的研究

发表时间及载体：《西北人口》2009年第4期

作　者：吉亚辉

简　介：江苏省农村劳动力转移已形成了新的趋势，分析总结这些现状对当前全国农村劳动力的转移和就业具有一定的借鉴和指导意义。本文着重研究了当前江苏省农村劳动力转移过程中的现状和存在问题。

## 0281 从"慕道"到"归化"：唐正州内迁归化部众居住区的"村"制度

发表时间及载体：《学术月刊》（CSSCI）2011年第9期

作　者：刘再聪

简　介：唐朝前期，由于国势强盛，很多周边部族整体或"慕道来归"或"从化内附"，而散居的小规模"蕃夷"更是遍布贞观十道各地。对于大规模的内附部众，唐朝以羁縻制度统之。

## 0282 坚持和完善基本政治制度建设和推进社会主义民主政治

发表时间及载体：《理论研究》2011年第1期

作　者：王学俭

简　介：民主是最重要的政治价值之一，具有时代性、阶级性的特征，人民当家做主是社会主义民主政治的本质和核心。中国共产党领导的多党合作和政治协商制度，是实现和维护人民当家做主的基本政治。

## 0283 从莫高窟壁画看唐五代敦煌人的坐具和饮食坐姿（上）

发表时间及载体：《敦煌研究》2001年第3期

作　者：高启安

简　介：敦煌壁画保存了大量种类较多的坐具形象资料。唐五代至宋时期的坐具有传统的多足壶门台座式榻、四足矮榻、枰以及由枰或四足矮榻演变而来、被一些学者称为长凳的坐具，还有墩、席、地毯、杌、束腰凳、垫、绳床、椅子等。其中，多足壶门台座式榻、四足矮榻、凳、墩、席、地毯等出现在饮食图上。与以前相比，一些传统坐具无论其功能和造型均有分化，在继承传统的基础上，有发展和创新。坐具的变化和这一时期人们的饮食坐姿以及饮食制相适应。

## 0284 媒介融合背景下新闻学专业课程设置与教育变革

发表时间及载体：《电化教育研究》（CSSCI）2011 年第 11 期

作　者：孟子为

简　介：媒介融合是当今媒介生态系统发展的基本趋势，按照传统模式培养新闻传播人才已难以满足媒介融合背景下多元化、融合化、整合性的传媒应用人才需求。高校新闻传播专业和学科课程设置必须适应媒介融合这一发展现实，突破以往专业方向和课程设置单一割裂的局限，建立跨学科、跨文化、跨媒体、更具开放性与兼容性的新闻传播教学体系。

## 0285 近 30 年唐代文学研究的回顾与反思

发表时间及载体：《西北师大学报：社会科学版》2010 年第 5 期

作　者：李天保

简　介：近 30 年，在唐代文学研究领域，成立了许多相关的研究机构和学术团体，举行了大量的学术活动，促使唐代文学研究全面展开并走向深入，出现了一大批专著和论文，使唐代文学研究取得了令人瞩目的成就。同时，唐代文学研究也表现出明显的阶段性特点。反思近 30 年来的唐代文学研究，发现还存在很大的拓展空间，如研究领域应向纵深发展，研究方法需要融会贯通，国际学术交流有待加强。

## 0286 字里有乾坤 酒风万年长——浅析《说文解字》与中国古代酒文化

发表时间及载体：《甘肃联合大学学报：社会科学版》2012 年第 28 卷第 5 期

作　者：陈烁 程君

简　介：东汉许慎的《说文解字》是我国第一部字典，其中收录了大量跟酒有关的汉字，这些汉字的字形和字义都直接或间接地反映出汉民族的酿酒技艺、饮酒习俗及祭祀宴飨之礼等内容，折射出丰富灿烂、博大精深的中国酒文化。

## 0287 真实情景知觉中注视控制的研究进展

发表时间及载体：《西北师大学报：社会科学版》2008 年第 4 期

作　者：康廷虎 白学军

简　介：人类的视觉系统是获得外部信息的重要通道之一。在真实情景知觉的过程中，视觉信息的获得受到个体眼动的影响。本文介绍了有关真实情景知觉中注视控制研究的争论及研究进展，对自下而上以情景信息为基础的注视控制和自上而下知识驱动的注视控制的研究进行了评述，并提出了进一步的研究思路。

## 0288 汉悬索关考

发表时间及载体：《敦煌研究》2004 年第 4 期

作　者：李并成

简　介：悬索关为汉代在丝绸之路主干道河西走廊所设重要关隘之一。该关的位置长期以来扑朔迷离，不为人们确知。本文检索居延汉简等有关史料，并经多次实地考察，考证该关位于今额济纳旗人民政府驻地达来库布镇西南 70km 处、黑河下游（额济纳河）的布肯托尼之地，恰处于古居延绿洲的南端点。

## 0289 《招魂》主题新证

发表时间及载体：《西北师大学报：社会科学版》2008 年第 2 期

作　　者：郭令原

简　　介：关于《招魂》，论者往往纠缠在对招魂具体活动的研究上，而忽略了其本身为艺术作品这一事实，所以造成众说纷纭、莫衷一是的情况。《招魂》首先是文学作品，是借招魂进行艺术构思，表达了屈原流放他乡而不忘欲返的爱国感情。

## 0290 陕甘宁边区的食盐运销及对边区的影响

发表时间及载体：《抗日战争研究》（CSSCI）2004 年第 3 期

作　　者：李建国

简　　介：抗日战争时期，为了克服经济困难、打破国民党当局对边区的经济封锁，陕甘宁边区政府曾发起了大规模食盐运销活动，这次食盐运销活动基本上是与抗战相始终的。

## 0291 略述清代前期西北边疆地区社会制度改革及其历史作用

发表时间及载体：《甘肃社会科学》1999 年第 5 期

作　　者：司俊

简　　介：清朝建立了远比汉唐元更为统一的多民族国家。清代前期的诸位皇帝，都积极经营西北边疆地区，曾对当地社会制度进行过重大改革，无疑对西北以蒙古族、维吾尔族、藏族为主体民族的少数民族地区社会进步起到了重要的历史作用。特别是清朝通过不断完善西北民族地区的法律措施来巩固社会制度改革的成果，在今天仍有借鉴意义。

## 0292 《莺莺传》是元稹自寓——兼与吴伟斌先生商榷

发表时间及载体：《西北师大学报：社会科学版》2001 年第 4 期

作　　者：尹占华

简　　介：《莺莺传》为元稹自寓的观点，学术界早有公论，但尚有系统论证的必要。对照元稹与"张生"，相合之处有三，对照元稹的其他作品，也有三篇可断定为是写其与莺莺之情的。这些都可证明，《莺莺传》中的"张生"就是元稹。此外，吴伟斌先生《关于元稹婚外的恋爱生涯》一文中的一些观点也有可商榷之处。

## 0293 释义"和谐社会"

发表时间及载体：《兰州商学院学报》2005 年第 21 卷第 6 期

作　　者：马保平

简　　介：构建和谐社会，不仅是提高中国共产党的执政能力的根本要求，而且最主要的也是广大人民群众的根本要求，同时也符合当今时代发展的要求。因此，本文从说文解字的角度阐述了"和谐社会"每个字的字义及整体的含义。

## 0294 论邓小平同志的大人口观

发表时间及载体：《甘肃社会科学》1998 年第 1 期

作　　者：杨新科

简　　介：邓小平同志十分关注中国的人口问题，在他的文章和谈话中对人口问题做了一系列精辟的论述。纵观邓小平同志的人口思想，一个突出的特点就是不仅仅就人口谈人口、就计划生育论计划生育，而是站在国家总体发展的战略角度，从人口与经济、社会、政治等全局的发展来考察分析和论述人口问题的。这种大人口观是建设中国特色社会主义理论的重要组成部分，它对于指导中国特色社会主义现代化建设，对于开展具有中国特色的人口理论研究，均具有重要的现实意义。

## 0295 甘肃省少数民族民俗活动中的养生健身行为研究

发表时间及载体：《西北民族研究》（CSSCI）2008 年第 1 期

作　　者：王润平 任渊 张建华

简　　介：本课题组经过调查研究发现，甘肃省少数民族养生健身行为主要存在于竞技游艺、宗教禁忌、饮食生活民俗中，内容极为丰富。为促进甘肃省少数民族文化的传承与发展以及全民健身运动在民族地区的开展，本文提出了相应的开发模式、对策与建议。

## 0296 秦代"初为赋"质疑

发表时间及载体：《社科纵横》2010 年第 1 期

作　　者：陈英

简　　介：本文在众多研究成果的基础上对秦代"初为赋"进行再研究。认为多年来专家各持己见莫衷一是的"初为赋"是汉代赀算的源起，它的产生经历了由西周春秋的军赋向战国户赋、秦代赀赋这样一个演变历程。

## 0297 浅议人力资源会计与企业财务管理

发表时间及载体：《甘肃高师学报》2012 年第 5 期

作　　者：王雅

简　　介：知识经济时代，人力资源是创造企业价值的主要驱动因素。人力资源对企业价值的贡献逐渐大于传统的物质资本的贡献。目前国内很多研究都集中在人力资源会计理论，这里着眼于人力资源会计与企业财务管理联系，提出了人力资源财务价值计量的新方法。同时，从一个新的角度为人力资源会计的发展提供思路。

## 0298 从西方历史经验看我国企业会计信息失真的治理

发表时间及载体：《兰州商学院学报》2005 年第 21 卷第 4 期

作　　者：邵建平 邓小军 韩惠丽

简　　介：会计信息失真是一个历史性问题。回顾会计发展史，西方国家历史上也存在过严重的会计信息失真问题，尽管这一问题至今仍未被较好解决，但西方国家治理会计信息失真问题的经验对我国解决该问题仍有很大启示。本文通过考察西方治理会计信息失真的过程和经验，提出了一些适合我国国情的、治理我国企业会计信息失真的建议。

## 0299 "他山之石，可以攻玉"——汉藏两语对比研究的一些心得

发表时间及载体：《西北民族大学学报：哲学社会科学版》2011 年第 4 期

作　　者：马进武

简　　介：同一语系的汉藏两语对比研究，有重要的现实意义。古汉语中有大量的藏语借词，了解其具体概念，能更好地理解所处言语内容。词汇是音义结合体，藏文是拼音文字，语音的构词功能，一目了然，汉文是方块字，语音的构词作用是潜在的，不易察觉。二者通过对比就能发现汉语构词的语音作用。实词都有具体概念，概念含有定义、类别和色彩三种音素，定义是基本的，类别是次要的，色彩是附带的，这是划分词义类

聚的标准，译者掌握了这个标准，就能做到意义对等，恰到好处，并遵循语言各自的构词造句规律，就能保证翻译质量。

## 0300 反恐战争前后的阿富汗周边地缘政治形势

发表时间及载体：《兰州大学学报：社会科学版》2002 年第 30 卷第 5 期

作　　者：杨恕 汪金国

简　　介："9·11"事件之后，阿富汗周边地缘政治形势发生了重大变化。本文从历史的角度探讨了这种变化的原因和特点，对美国在中亚和阿富汗的军事存在进行了评论。

## 0301 关于台北故宫藏两幅传为"隋代"的绢画

发表时间及载体：《敦煌研究》2011 年第 5 期

作　　者：赵声良

简　　介：本文通过分析台北故宫所藏两幅传为"隋代"的绢画，并与敦煌莫高窟壁画比较，认为台北故宫所藏两幅绢画分别是临摹莫高窟第 301 窟南壁佛像和第 244 窟北壁菩萨像，而临摹者就是张大千。

## 0302 关于贫困地区培植农业产业化龙头的几点认识

发表时间及载体：《甘肃理论学刊》2001 年第 5 期

作　　者：刘亚桥

简　　介：20 世纪 90 年代中期以来，农业产业化不仅在发达地区农村普遍推行，而且也逐渐为贫困地区所认识，正日益成为贫困地区农村工作的一个热点。在实际中，各地都把龙头企业作为农业产业化的关键，把培植龙头企业列为政府规划的重点。本文将结合贫困地区的实例，对龙头企业的界定和发展途径谈点认识和体会。

## 0303 试论东乡民族的语言态度

发表时间及载体：《中国穆斯林》2012 年第 6 期

作　　者：敏春芳

简　　介：东乡族主要集中在甘肃省临夏回族自治州东乡族自治县，有语言没有文字。由于东乡语长期处于汉藏语系语言的包围之中，再加近三十年来东乡族大力推行双语教学，现在的东乡语，无论语言结构还是使用功能都发生了很大变化。据我们考查，对兼用汉语持肯定态度，而对学习母语没有足够的热情，是东乡语变异的主要原因之一。

## 0304 高校思想政治理论课程的改革与实践——以兰州商学院中国近现代史纲要课为例

发表时间及载体：《兰州学刊》2010 年第 7 期

作　　者：魏贤玲 齐磊

简　　介：通过回顾新中国成立后思想政治理论课发展的历史轨迹，直面本校思想政治理论课开设历程与现状，分析思想政治理论课开设的主要特点和存在的不足，提出了改革完善思想政治理论课的初步规划设想。旨在让高校学生深刻领会和全面掌握马克思主义基本原理，感悟和认同中国革命和建设实践。

## 0305 中国西部民族地区产业经济生态化发展初论——来自生态民族学的理论解读

发表时间及载体：《西北民族研究》（CSSCI）2006 年第 4 期

作　　者：聂华林 李泉

简　　介：本文系 2004 年国家社科基金重

大项目 04-ZD018 "西部全面建设小康社会中的三农问题及对策研究" 的子课题——"西部生态发展问题研究" 的阶段性成果之一。产业经济生态化发展是我国西部民族地区实现可持续发展的重要物质保障和基本经济支撑，在西部民族地区产业经济发展的实践中必须重视发展生态产业。

## 0306 信息技术与媒体制作及应用系列课程整合的探索

发表时间及载体:《电化教育研究》( CSSCI ) 2005 年第 3 期

作　　者：李燕临

简　　介：信息技术与媒体制作及应用系列课程的整合是教育技术学专业教学改革的主体和核心。本文剖析了对媒体制作及应用系列课程进行整合的必然性和深刻背景，并从新的视角提出整合的构想与策略，对拓展信息技术与学科课程的全面融合，加快教育技术学专业的信息化建设具有深层次的研究意义。

## 0307 多维劳动力市场分割、大学生就业流动与就业空间拓展

发表时间及载体:《西北人口》2012 年第 6 期

作　　者：李具恒 张美玲

简　　介：遵循多维劳动力市场分割逻辑，面对我国大学生就业流动现实，从政府体制创新、高校突出创业教育、社会助推创业、就业信息共享平台打造、多元机制提升就业整合力等方面拓展大学生就业空间。

## 0308 必须澄清对混合所有制经济的一些模糊认识

发表时间及载体:《甘肃理论学刊》2005 年第 5 期

作　　者：赵羽翔

简　　介：混合所有制经济作为我国经济发展的重大战略选择，对我国经济产生着深刻的影响。为了确保这一重大战略更为有效地实施，本文从对混合所有制经济的定性、定量和地位等角度，分析了必须澄清的一些模糊认识。

## 0309 法权视域下的党委新闻发言人制度

发表时间及载体:《社科纵横》2010 年第 8 期

作　　者：赵宝巾

简　　介：随着中国社会政治文明建设的推进，党委新闻发言人制度的出现使得新闻发言人制度有了新的发展趋势。本文在法权视域下梳理了中外新闻发言人制度的法律渊源，从宪政的角度阐释了党委新闻发言人制度建立的必然趋势，探讨了党委新闻发言人制度存在的问题，并提出了完善党委新闻发言人制度的对策。

## 0310 营造金融生态环境 推动西部经济发展

发表时间及载体:《甘肃金融》2004 年第 1 期

作　　者：高新才

简　　介：建立市场经济体制为目标的体制改革过程，从资本形成的角度而言就是从计划经济的财政主导向市场经济的金融主导的演变历程，就是金融在资本形成中的地位日益提升的过程。

## 0311 《观世音菩萨普门品》与 "观音经变" 图像

发表时间及载体:《法音》2011 年第 3 期

作　　者：沙武田

简　　介：观世音菩萨誓愿普度众生，得到人们广泛信仰，古代遂有"家家弥陀佛，户户观世音"之说。在历代佛教造像中，观音菩萨造像构成一类主要的题材与内容，并最终成为人们信仰的主体。

## 0312 西部民族地区城市化的路径选择

发表时间及载体：《西北师大学报：社会科学版》2005 年第 2 期

作　　者：刘晖

简　　介：城市化滞后严重阻碍了西部民族地区的现代化进程。分析西部民族地区城市化滞后的程度、原因及其影响，结论是：西部民族地区城市化应选取以中心城市的发展为核心，以小城镇尤其是中心城镇和特色城镇的发展为重点的非均衡战略，主要运用市场力量推动城市化建设，在政府的引导下，实现经济、社会、文化、生态的协调发展。

## 0313 国家技术创新政策体系的建设

发表时间及载体：《甘肃行政学院学报》2000 年第 2 期

作　　者：汪继年

简　　介：本文回顾了国内外技术创新政策体系的建立和发展状况，分析了我国技术创新政策体系建设中存在的问题，提出了完善和发展我国技术创新政策体系的具体建议。

## 0314 在社会建设中引入和强化企业社会责任建设

发表时间及载体：《甘肃社会科学》2012 年第 5 期

作　　者：刘敏

简　　介：社会建设是我国社会主义现代化建设总体布局中的一大建设，自 2004 年中央提出至今，已取得了重大成就。但与此同时，严重侵害民食、民医、民用的民生安全事件不断发生，引发了社会对企业社会责任建设的关注。本文在"两个建设"同步推进的视角下，对企业社会责任建设的内涵、同社会建设的关联度和"两个建设"同步推进路径进行了探索。

## 0315 《读者》：西部期刊的神话——"《读者》现象"研究的基本思路与方法

发表时间及载体：《兰州商学院学报》2004 年第 20 卷第 2 期

作　　者：姚君喜

简　　介：《读者》杂志是诞生于我国西部贫困地区甘肃的文摘类期刊，经过 20 余年的发展，目前是我国发行量最大的期刊，成为我国期刊的第一品牌。许多研究者认为，它之所以能够取得巨大的成功，其基本立足点在于独特的文化追求、独特的文风、独特的版式结构、独特的管理和经营方式等。但是对于这一西部期刊发展的神话，我们对它的研究还远远不够。本文主要结合大众传播理论和期刊发展的文化环境因素，就"《读者》现象"研究的思路和方法提出一些具体的观点和看法。

## 0316 楠竹加筋复合锚杆成孔工艺研究

发表时间及载体：《敦煌研究》2009 年第 6 期

作　　者：任非凡

简　　介：锚杆成孔工艺直接影响锚孔的成孔质量及锚固质量，很大程度上决定了锚固工程的加固效果。本文首先介绍了研究试验区工程地质环境，然后结合交河故城崖体锚固加固工程进行现有成孔工艺的总结、统计、优化，包括开孔、钻进、出渣以及成孔时间、速度等，提出了施工过程中所遇问题的相应处理措施。研究表明，锚固对象的地层岩性、裂隙发育特征、含水量、土体破碎及危险程度等因子直接影响着成孔工艺。其中，成孔速度与土体含水率、土的类型及土体危险程度有很大的关系，成孔时应对风压、冲击器进行适当调整以满足安全的需要。最后，简要说明了成孔后安设锚杆、封孔做旧等后续工作。此项研究成果为优化成孔工艺提供了依据。

## 0317 农民工加入工会组织的制约因素及完善

发表时间及载体：《兰州学刊》2010 年第 1 期

作　　者：吴丽萍

简　　介：农民工规模的不断扩大是我国劳动力市场发展的必然，有力地推动了劳动力市场的不断完善，但目前农民工的权益保障还面临诸多问题。工会作为劳动者权益的代表，应有所作为，采取切实有力的措施，真正有效地维护农民工的合法权益。在新形势下，工会在维护农民工权益的过程中面临新情况、新问题，针对这些问题，借鉴国外先进国家的做法，各级工会组织要积极探求维护农民工权益的新思路。

## 0318 《汉书·艺文志》"成相杂辞""隐书"说

发表时间及载体：《西北师大学报：社会科学版》2002 年第 5 期

作　　者：伏俊琏

简　　介："成相杂辞"是一种民间文艺形式，先秦以来一直在民间流传，并且影响了文人的创作。从现存作品看，"成相杂辞"主要产生在楚国东部，和黄老之学有密切关系。现存成相体，大都以格言谚语集锦为其形式，以道德教化为其内容，用赋诵的方式

传播。"隐"和古代的巫史关系密切，由巫转述的神的预言谶语大多是以叶韵的隐语形式表现出来。到了战国游士和俳优手中，"隐"为纵横策士资为谈助，更成了俳优侏儒亲近讽喻劝谏国君的工具。隐语还有一个来源，就是根植于古老民族的原始文化歌谣。隐语从神的警告变成人的讽喻，就和"谐"合为一体。谐语大都以人的缺陷作为嘲笑的对象，渐变为诙谐调侃的杂赋。

## 0319 转变消费方式与建设节约型社会研究

发表时间及载体：《科技管理研究》（CSSCI）2008 年第 28 卷第 11 期

作　　者：汪慧玲

简　　介：目前，我国从生产消费到生活消费都存在巨大浪费现象。为推动我国经济社会持续发展和人民生活水平不断提高，做好节能降耗工作，要全面分析我国居民的消费形势，深入研究能源资源问题，促进形成可持续的生产方式和消费模式，建立资源节约型国民经济体系和资源节约型社会，为实现全面建设小康社会的宏伟目标和我国的长远发展提供可靠的能源资源保证。

## 0320 "三纵四横型"的经济增长布局问题研究

发表时间及载体：《甘肃联合大学学报：社会科学版》2009 年第 25 卷第 1 期

作　　者：张贡生

简　　介：中国的京哈—京广铁路线、沿海经济带、乌鲁木齐至广州的铁路线和黄河、长江、珠江以及京包—包兰铁路线正好形成"三纵四横型"的经济增长布局。实行"三纵四横型"的经济增长布局，不仅有利于统筹城乡和区域发展，而且有利于生态环境的建设，实现可持续发展。因此，应该通过基

础设施的建设、制度的创新、产业集群的形成、突破行政区划界限和区域内外部的合作等措施来促进三纵四横型的经济增长布局的尽快形成与发展。

## 0321 论朱熹"回到三代"理论建立与"道心"、"人心"

发表时间及载体：《甘肃联合大学学报：社会科学版》2009 年第 3 期

作　　者：黄定辉

简　　介："回到三代"是朱熹毕生努力的理想追求，他建构这一理论体系是在继承二程"道心""人心"二分的基础上把二者有机地贯通起来的，并对"道心""人心"提出完整的诠释，使"道心""人心"合而为一。朱熹"回到三代"的理论构想是在解决"道心"与"人心"矛盾的基础上提出的，"道心"与"人心"是同一的，不是对立不可调和的，"回到三代"是符合"道心"的，但更需要人去实现它，需要"人心"的作用——发为情、发为人欲。

## 0322 论我国高等体育教育的专业发展

发表时间及载体：《教育理论与实践：学科版》2012 年第 4 期

作　　者：罗睿 赵良渊 党玮玺

简　　介：高等体育院校应顺应国际化趋势，构建体育教育的理论体系，调整学科布局与专业设置，优化人才培养模式，充分发挥科学研究与知识创新的支撑与引领作用，推进体育院校的内涵式发展，创建世界一流的体育院校，从而推动我国由体育大国向体育强国转变。

## 0323 "中庸之道"与"真忠正道"——中华文化与伊斯兰文化中的和谐之道

发表时间及载体：《西北民族研究》（CSSCI）

2014 年第 1 期

作　　者：丁俊

简　　介：中华文化与伊斯兰文化对人类文明的进步与发展有重大贡献，两大文化内涵丰富，特色鲜明，历史悠久，影响广远，有着许多共同或相似的内在精神和历史命运，例如两大文化显著的和平精神与深邃的和谐理念就颇多相合。中华传统文化倡导不狂不猖的中庸之道，追求和而不同的和谐之境；伊斯兰文化倡导敬主爱人，强调守正不偏，追求和平中正的和谐之道。早在明清时期，中国穆斯林先贤就已注意到两大文化的共通之处，着力构建"回儒一体"的思想体系，将中华文化的中庸之道与伊斯兰文化的中正之道融会贯通，提出了"真忠正道"这一颇有中国特色的伊斯兰思想理论，为沟通中、伊两大文化，促进伊斯兰教在中国的本土化进程做出了重要贡献。

## 0324 思想解放是当代中国改革开放最鲜明的特点

发表时间及载体：《社科纵横》2009 年第 6 期

作　　者：卫军利

简　　介：解放思想、实事求是是我们党的思想路线，是马列主义、毛泽东思想的精髓，也是邓小平理论的精髓。在新世纪继续解放思想，坚持改革开放，对促进社会和谐和全面建设小康社会都有重大的现实意义和理论意义。

## 0325 甘肃城乡收入差距与经济增长关系——基于时间序列数据的实证分析

发表时间及载体：《甘肃社会科学》2011 年第 6 期

作　　者：姜安印

简　　介：利用甘肃省 1978—2008 年间时

间序列数据,通过协整关系检验和向量误差修正模型考察了城乡收入差距与经济增长的长期均衡关系和短期动态特征,结果表明,经济增长、投资、人力资本与城乡收入差距存在长期均衡关系。方差分解结果显示经济增长、投资对城乡收入差距的解释力度随滞后期延长逐渐增强。

## 0326 濒危语言现状分析——兼谈满语的濒危

发表时间及载体:《西北民族大学学报:哲学社会科学版》2011 年第 6 期

作　者:李晓丽

简　介:语言是人类文明的最初记忆,每一种语言都蕴藏着丰富博大的文化事项。一种人类语言的消失,就意味着人类失去了一种文化。在 20 世纪,已经有 1000 多种语言消亡,语言濒危已经成为一种全球现象。在某种程度上来讲,语言濒危现象就是社会进步和发展变化的结果,即一些弱势语言由于不能适应社会交际以及信息传递的需求而最终被通用语言所代替。所以,我们应当在大力推广汉语普通话的同时,对濒危语言实施必要的保护和抢救措施。我国满语的濒临消亡不仅是语言文化的损失,更是中华文化,甚至是人类文化的损失。

## 0327 我国证券市场投机性强的原因剖析及对策研究

发表时间及载体:《西北师大学报:社会科学版》2002 年第 1 期

作　者:刘鸿燕

简　介:我国证券市场投机性强的主要原因是:我国证券市场的定位不准确,上市公司股权结构的特殊性,上市公司的质量低下,上市公司股利分配政策不规范,管理层对证券市场的超经济干预,上市公司的信息披露不能做到真实、公开和充分,退出机制实施困难,缺乏指数期货。要降低我国证券市场过度投机应完善上市公司的治理结构,优化上市公司的股权结构,加强和改善证券市场的监管,强化退市机制,尽快引入股指期货工具和股票的卖空机制。

## 0328 "形势与政策"课是高等学校进行思想政治教育的有效途径

发表时间及载体:《兰州大学学报:社会科学版》(CSSCI)2000 年第 S2 期

作　者:王学俭

简　介:本文针对兰州大学开展"形势与政策"课的思考和实践,深入分析了该课存在的三大主要问题,提出了加强课程建设、提高教育实效的四项基本措施,总结概括出了上好"形势与政策"课的四个要点。

## 0329 机关工作人员体育健身初探

发表时间及载体:《甘肃行政学院学报》2004 年第 3 期

作　者:张朝霞

简　介:机关工作人员是体育健身运动的薄弱群体,他们又是社会的中间力量,提高认识,重视体育健身,并使之在机关工作人员中推广,不仅有利于工作效率的提高,更有利于推动三个文明建设的发展。

## 0330 抗战时期的西北开发与民众意识的近代化

发表时间及载体:《西北师大学报:社会科学版》(CSSCI)2003 年第 2 期

作　者:李建国

简　介:抗日战争时期,国民政府对西北

地区进行了大规模的开发建设，它不仅促进了西北地区的社会经济发展，同时也促进了民众意识的提升：社会风气空前开化，科教意识有了明显增强。

## 0331 文化同化的失败与多元文化的兴起——美国多元文化教育运动分析

发表时间及载体：《西北师大学报：社会科学版》2001 年第 6 期

作　　者：赵登明

简　　介：美国的多元文化教育运动源于 20 世纪六七十年代的民权运动。它是一场自发的、民间的、全国性的教育改革运动，其目的在于为黑人、亚裔美国人、美国土著人、西班牙语系移民及白人中未被体现或未被充分体现的群体争取平等教育的权利，进而争取社会上享有平等的权利。原来的民权运动主要是以主流文化的价值观来为非主流文化的群体争取平等权利，而多元文化教育运动则试图在文化教育中体现非主流文化群体的价值观，以争取形成一种新的美国文化。这场运动已经取得了很大进展，但距离其目标还很远。

## 0332 元明清时期西北的经济开发

发表时间及载体：《西北师大学报：社会科学版》2003 年第 6 期

作　　者：李清凌

简　　介：元明清时期，中国封建社会再现统一的局面，但西北地区的民族矛盾和斗争还相当尖锐复杂，经济开发仍围绕着军需供应这个历史上的老课题展开。值得注意的是，这一时期西北经济开发的思路、措施都比前代有了较大的改进，成果也格外显著，反映出开发组织者的创新思维。

## 0333 世界文化遗产视野中的锁阳城遗址

发表时间及载体：《丝绸之路》2009 年第 4 期

作　　者：李并成

简　　介：锁阳城遗址位于甘肃省瓜州县西南约 47 公里，为全国重点文物保护单位。对照世界文化遗产的评定标准，锁阳城符合其中第三、第四条标准，有资格进入世界文化遗产名录。

## 0334 商法的性与类

发表时间及载体：《甘肃行政学院学报》2001 年第 3 期

作　　者：刘清元

简　　介：本文通过对商法的性——商法的发展、调整对象、本位的分析，以及与民法、经济法的比较，从而得出结论——商法是与民法、经济法并列的独立部门法。

## 0335 论刘清韵及其《小蓬莱仙馆传奇》

发表时间及载体：《西北师大学报：社会科学版》2004 年第 6 期

作　　者：单芳

简　　介：刘清韵是中国近代戏曲史上最杰出的女作家，她的《小蓬莱仙馆传奇》十种既有表现真挚友情的，也有谱写刚直侠义的，还有反映炎凉世态的，而敷衍男女悲欢离合的爱情婚姻的作品数量最多，它们的题材多有依据，主题新颖别致，人物鲜明生动，情节集中简练，结构紧凑完整，语言雅洁自然。分析这些传奇对深入认识刘清韵的思想倾向与准确把握近代妇女的精神状态都有很重要的意义。

## 0336 论素质教育的基本原则及相互协调

发表时间及载体：《西北师大学报：社会科学版》2003 年第 1 期

作　　者：任遂虎

简　　介：素质教育的关键在于走出应试教育的单一模式。不同的教育原则之间不能相互孤立,相互割裂,而要相互补充,相互协调。素质教育应当提倡整体原则和全面原则的互补、动力原则和主体原则的互动、现实原则和发展原则的互渗。多极教育原则之间的互补、互动、互渗是走出单一模式的途径。

## 0337 论儒家政治文明

发表时间及载体：《兰州大学学报：社会科学版》2005 年第 33 卷第 4 期

作　　者：马云志

简　　介：政治文明本质上是指能够使人得到自由而全面发展的政治生活状态,也即使人成之为人的政治过程及成就。从这个意义上讲,儒家政治文明的本质特征是：在价值依托上,儒家在天人一体的思想框架中寻求政治生活的终极价值,确立人类应然的政治生活状态,在制度安排上,儒家意在建立一种上下等级和谐的君权文明,在运作方式上,儒家推崇的是以德治为本,兼综政刑的礼乐文明。儒家政治文明不是社会主义政治文明建设的障碍,二者之间应是健康互动的关系,儒家在价值追求、治国之道等方面蕴藏着社会主义政治文明发展所需要的丰富资源,同时,政治文明的主体性特征要求我们在处理二者的关系时,必须坚持社会主义政治文明的主导性地位。

## 0338 关于官吏渎职行为对唐代灾害救济影响的考察

发表时间及载体：《求索》2010 年第 11 期

作　　者：么振华

简　　介：本文从官吏渎职角度,探讨了唐代灾害救济中出现的官员匿灾瞒报、上有政策下有对策现象与开仓赈济过程中出现的盗用仓粮、闭粜等问题,从实践层面探讨了唐代人事对灾害救济的重要影响,并分析了其深层原因。

## 0339 对少数民族现代教育与传统教育的思考

发表时间及载体：《社科纵横》2011 年第 12 期

作　　者：文明

简　　介：中国是一个民族多元化国家,发展民族教育,对落实民族政策、提高民族地区经济发展水平、实施科教兴国战略,都有着重要的影响。一方面,在巩固已经取得的现代教育成果的基础上,进一步探索新的教育思路和方法,促进少数民族地区教育事业的发展,另一方面,对少数民族传统教育模式和理念进行探索和思考,从而探索出一条现代化教育和民族化教育共同发展的双赢之路。

## 0340 基于职业生涯规划的绩效管理模型研究

发表时间及载体：《山西财经大学学报》（CSSCI）2007 年第 Z1 期

作　　者：汪福俊 陆苏华

简　　介：文章通过分析职业生涯规划和绩效管理的关系,构建了基于职业生涯规划的绩效管理模型,并对模型中的职业生涯规划、绩效辅导、绩效考核、绩效结果的应用、绩效管理信息系统和职业生涯发展档案管理进行了分析。

## 0341 MPEG Ⅱ非线性编辑实验教学网络

发表时间及载体：《电化教育研究》2003年第7期

作　　者：窦彩玲

简　　介：根据国内高校教育技术与传播学院所办专业教学实验的要求，用MPEG Ⅱ构建一套能进行网络编辑与教学课件制作的实验教学网络方案。就文中所涉及的双网结构、双码流采集、有卡及无卡工作站、虚拟编辑等概念进行了较详细的介绍。

## 0342 论毕沙罗对印象派风景画的影响

发表时间及载体：《甘肃联合大学学报：社会科学版》2009年第2期

作　　者：仇宇

简　　介：印象主义是19世纪欧洲艺术发展的一个阶段，也是现实主义艺术向现代主义艺术过渡的一个阶段。毕沙罗是印象画派艺术大师之一，他在印象主义风景画的认识、观察方法和作画方法上的意见，对于印象主义的基本思想，是一个较完整、较系统的概括，对印象主义、新印象主义和后印象主义都产生了深远的影响。

## 0343 西部大开发中国有经济职能的定位与改革

发表时间及载体：《甘肃理论学刊》2001年第6期

作　　者：林军

简　　介：西部大开发战略的实施，离不开国有资本的投入和国有经济力量的发挥。通过各种改革措施盘活西部地区国有资产，搞活国有经济，是西部大开发的一条重要途径。本文就国有经济在西部大开发中的职能和作用以及西部地区国有企业的改革对策等有关问题进行了论述。

## 0344 浅议社区发展中存在的问题——以甘南州卓尼县柳林镇为例

发表时间及载体：《社科纵横》2011年第12期

作　　者：魏贤玲 肖勤新

简　　介：改革开放以来，中国社区发展呈稳步向上的趋势。但是，在西部一些地区，社区起步比较晚，发展也不健全，不仅软、硬件缺乏，而且还存在职能定位模糊不清等情况，社区建设面临诸多困难与挑战。本文以甘南州卓尼县柳林镇的社区为例，来分析社区发展的状况和存在的问题，并提出相应的对策建议。

## 0345 产业转移的动因与模式：研究进展与前瞻

发表时间及载体：《兰州商学院学报》2010年第26卷第5期

作　　者：安占然

简　　介：本文梳理了产业转移的动因、模式及其效应方面的研究文献，发现近年来的国际前沿成果向微观领域发展的倾向越来越明显，已深入到企业内部的生产组织层面或工序层面。对我国而言，今后应加强研究承接产业转移促进发展方式转变的理论和政策。

## 0346 后危机时期中国财政政策的目标取向

发表时间及载体：《西北师大学报：社会科学版》2011年第1期

作　　者：冯曦明

简　　介：为了应对新世纪突如其来的国际金融危机，中国政府果断出台了扩内需、保增长的十项新政，这预示着中国从2004年以来实施的稳健财政政策向积极的财政政策转型，是对经济运行逆向调节的短期选择，而非长期政策取向。因为我国一直处于经济高速增长和财政紧运行状态中，不具备长期实施扩张性财政政策的时空环境，并且我国财政自身也存在着规模、结构、制度等方面的缺陷，加上经济矛盾的复杂性，财政政策风险在所难免。新积极财政政策被期望发挥四两拨千斤的杠杆效应，实现稳定经济增速的目标，同时要避免矫枉过正，以有效发挥积极财政推进经济结构调整和增长模式转换的功能。

## 0347 略论法学专业教学中对学生口头表达能力的培养

发表时间及载体：《甘肃政法学院学报》2004 年第 2 期

作　　者：武小凤

简　　介：本人曾就如何在专业教学中培养学生的口头表达能力的问题做过一些探讨。但基于法学专业的特殊性和教学对象的特定性，现再就此问题做一些补充论证，以求在我们的法学专业教学中进一步给学生提供一些有效并能使学生乐于接受的方法，从而将提高学生的口头表达能力与法学专业教学目标相结合。

## 0348 试析《读者》发行营销模式

发表时间及载体：《兰州学刊》2011 年第 7 期

作　　者：王燚

简　　介：《读者》杂志发展期的传统营销模式，产品方面，《读者》杂志多年以来，始终以弘扬人类优秀文化为己任，坚持"博采中外、荟萃精华、启迪思想、开阔眼界"的办刊宗旨，以高雅文化、人文关怀为主调，注重于文化知识的传播和积累，发掘人性中的真善美。在刊物内容及形式方面与时俱进，追求高品位、高质量，力求精品，贴近时代，贴近生活，贴近读者，并以其形式和内容的丰富性及多样性，赢得了各个年龄段和不同阶层读者的喜爱与拥护。

## 0349 EVA：一个有效的业绩评价体系

发表时间及载体：《甘肃理论学刊》2004 年第 5 期

作　　者：王旻 胡卫群

简　　介：EVA 的本质是经济利润。以 EVA 指标为核心的单一目标业绩评价体系是目前许多国外公司采取的业绩评价的主要方法，许多采取 EVA 业绩评价体系的公司都取得了高出同类公司的良好业绩。在倡导价值管理的今天，我国的企业应该尝试建立一个有效的业绩评价体系，以提升企业的竞争能力。

## 0350 刑法中的社会相当性行为

发表时间及载体：《兰州学刊》2009 年第 1 期

作　　者：马立飞 廉玲维

简　　介："没有行为就没有犯罪"是刑法理论中的一个核心概念，而"行为"也就成了整个刑法以及刑法学的核心概念。但是，是否一切行为都会成为刑法的调整对象，关于行为的理论向来聚讼众多，文章立足于刑法的谦抑性，通过社会相当性理论来论述一些应被排除在犯罪行为之外的行为，从而进一步明确犯罪中"行为"的认定。

## 0351 唐五代时期敦煌的宴饮"赌射"——敦煌文献 P.3272 卷"射羊"一词小解

发表时间及载体：《甘肃社会科学》2011 年第 6 期

作　　者：高启安

简　　介：敦煌文献 P.3272《丙寅年（966 年）

羊司付羊及羊皮历状》中的"射殺羊"一事，为正月期间归义军衙内宴会后一次赌射活动中，作为赏赐利物的一只山羊的支破记录。证之以他史料，表明敦煌人在较隆重的宴会期间也举办博射（赌射）活动。

### 0352 保险纠纷样态与法价值因求：以司法归责标准为限度

发表时间及载体：《行政与法》2011 年第 7 期

作　　者：石光乾

简　　介：保险产品的多样化与经营机制并未有机相辅，新《保险法》仍未修订的原则性条款使司法主体在保险诉讼案件中难以掌握具体法律标准，司法裁判的结果不能有效均衡保险争讼双方的权义配置，须在民商法和经济法双重法律范畴内考察保险关系，以保险立法理论和价值理念为进路确立保险纠纷解决的归责标准。

### 0353 沙漠历史地理研究中若干理论问题再议

发表时间及载体：《天津师范大学学报：社会科学版》（CSSCI）2013 年第 1 期

作　　者：李并成

简　　介：历史时期的土地沙漠化，是指干旱、半干旱和部分半湿润地区在特殊环境条件下，由于人为不合理的土地利用等因素，破坏了脆弱的生态平衡，使原非沙漠地区出现了以风沙活动为主要标志的土地退化。

### 0354 民营上市公司应用内部资本市场理论的优势及风险探析

发表时间及载体：《西北民族大学学报：哲学社会科学版》2011 年第 2 期

作　　者：郭天龙

简　　介：民营上市公司是我国经济转型期发展的重要力量，"外部融资难"已经成为制约其发展的瓶颈，如何从严重依赖外部融资的现状中摆脱出来，就成为需要考虑的问题。本文从内部资本市场理论入手，分析了民营上市集团公司在应用该理论融资过程中的优势和风险。

### 0355 甘肃藏敦煌藏文文献概述

发表时间及载体：《敦煌研究》2006 年第 3 期

作　　者：马德

简　　介：本文对甘肃各地收藏的敦煌莫高窟藏经洞出土的吐蕃文文献（敦煌藏文文献）做了简要的介绍，重点对敦煌市博物馆藏梵夹式经页《十万股若颂》的分类叙述，同时就甘肃藏敦煌藏文文献的价值、意义做出初步判断。

### 0356 安徽省居民生育意愿调查分析

发表时间及载体：《人口与经济》（CSSCI）2008 年第 5 期

作　　者：郭志仪

简　　介：本文利用问卷调查数据，分析了安徽省居民生育意愿现状，主要包括意愿生育数量和性别，并在此基础上将生育意愿与现实负担能力做了比较。调查发现安徽省居民存在意愿多育，且偏男惯性心理严重的问题。然后分析了个中原因并提出改进建议。

### 0357 论声乐教学中歌唱心理状态的调节

发表时间及载体：《西北师大学报：社会科学版》1999 年第 2 期

作　　者：魏素萍

简　　介：歌唱心理状态是影响艺术发挥的重要因素之一。影响心理活动的主客观因素具体表现为：对演唱技巧掌握不娴熟、学习方法不当、客观环境特别是教学方法不当或态度生硬、身体健康状况欠佳，这些都会影响歌唱效果。在日常教学中，可以通过多种途径培养和调整学生的心理状态，消除紧张心理。

## 0358 论金融虚拟化、自由化和一体化与投资基金法律制度

发表时间及载体：《兰州大学学报：社会科学版》2002 年第 30 卷第 3 期

作　　者：蒲夫生 贺小平

简　　介：从知识经济时代金融的虚拟化、自由化和一体化的特征入手，分析投资基金法律制度该如何应对和反映这些特征，从而把握投资基金法的时代特征和立法规律。

## 0359 汉水与西、礼两县的乞巧风俗

发表时间及载体：《西北师大学报：社会科学版》2005 年第 6 期

作　　者：赵逵夫

简　　介：甘肃西和、礼县七夕节盛行乞巧活动，城乡姑娘从六月底开始，按村庄或街道结合，布置灵堂，从纸马店请回扎糊好的巧娘娘，从七月初一至初七都打扮一新，又跳又唱，其歌词多反映青年妇女的心声。此风俗由来已久，应同秦人的传说有关。织女、牵牛本皆为星名。织女是由秦人始祖女修而来，牵牛则由周人之祖叔均而来。古人称银河为汉，织女星、牵牛星皆在银汉旁，这也同秦人发祥于汉水（西汉水）上游，周人也去汉水不远有关。目前所见最早反映牛郎织女故事情节的材料，也都同秦文化有关。进入封建社会之后，牵牛织女的故事才发展为表现占我国人口绝大多数的农民男耕女织生活的故事，而随着封建礼教对妇女压迫的加强，在东汉时变为悲剧故事。

## 0360 腐败与弊政：南宋川陕抗金军政的另一面

发表时间及载体：《甘肃社会科学》2012 年第 6 期

作　　者：何玉红

简　　介：南宋川陕抗金军政建设中腐败与积弊严重，具体表现为军队虚籍与冗员、武将额外开支较多、武将营利与私役军士等。腐败与弊政的出现，影响到川陕驻军战略防御作用的发挥，为此南宋朝廷采取了一些相应的革弊措施。腐败与弊政现象，是认识南宋川陕抗金战争与军政建设的一个重要侧面。

## 0361 高校图书馆员职业倦怠探析

发表时间及载体：《社科纵横》2008 年第 7 期

作　　者：杨秀平

简　　介：在充满竞争的现代社会中，职业倦怠已成为世界范围内的普遍现象。本文就高校图书馆员职业倦怠的状况进行分析，探究其成因和危害，进而提出解决图书馆员职业倦怠问题的措施。

## 0362 对加快西部地区创业板上市公司发展的若干思考

发表时间及载体：《开发研究》2011 年第 6 期

作　　者：常红军

简　　介：我国创业板设立两年多来，西部地区借助创业板市场推动西部地区经济发展显得差强人意，不仅如此，创业板对拉大西部地区与中东部地区的差距显得更为明显。本文通过分析西部地区创业板上市公司数量少、分布不均匀、规模小、募集资金数额少等发展中存在的问题和困难的现状，对西部地区创业板上市公司发展缓慢的原因进行了

剖析，阐释了西部地区加快创业板上市公司发展的意义和作用，提出了加快转变思想观念、立足本地优势、政府加大对创业企业的支持力度、充分发挥保荐机构的作用、充分利用创业投资机构支持等加快发展西部地区创业板上市公司的对策和建议。

## 0363 关于民族地区大学生就业现况的调查与反思——以临夏市、东乡族自治县和广河县的西北民族大学毕业生为例

发表时间及载体：《西北民族大学学报：哲学社会科学版》2012 年第 3 期

作　　者：唐淑珍

简　　介：大学生的就业问题是各级政府管理部门、教育部门和社会各界高度关注的热点问题。西北民族大学近五年来培养的大学生中有很多来自临夏回族自治州的少数民族学生，在当前就业压力较大的社会背景下，少数民族大学生就业状况究竟如何呢？为了回答诸如此类的问题，笔者对临夏市、东乡族自治县以及广河县的大学生就业现状进行了实地调研，分析了民族地区大学生就业的优势与不足，提出了解决的措施，这对民族地区大学生的就业将有重要的借鉴和参考价值。

## 0364 现代汉语形容词总界划分中的本质分类——现代汉语形容词的本质研究之一

发表时间及载体：《西北师大学报：社会科学版》1999 年第 6 期

作　　者：邵炳军

简　　介：现代汉语形容词总界分类的关键是确立分类标准。现代汉语形容词的总界分类应遵循语法意义和形式相结合、可变性和稳定性相结合、规律性和相对性相结合、分类标准的统一性和唯一性相结合、分类标准的普遍性和系统性相结合等五项原则。现代汉语形容词的总界分类应该是"词→实词（部类）→用词（大类）→形容词（基本类）"四单元、三层次的词类系统。

## 0365 试论违约责任形式的确定

发表时间及载体：《甘肃政法学院学报》2003 年第 1 期

作　　者：包哲钰

简　　介：对如何确定违约责任的形式，在我国现行合同法律制度和学理研究中规定和研究得较为简略，但这一问题在立法和司法实践中却是极为重要的。在确定违约责任形式时，除了现有的规则和认识外，还应坚持合同自愿原则和当事人约定优先、法定为辅规则以及将违约定金罚则、违约情况下的合同解除纳入违约责任形式的范畴，以充实违约责任制度。

## 0366 增强内涵，提升层次，实现跨越式发展——甘肃政法学院申报硕士学位授予单位的可行性分析

发表时间及载体：《甘肃政法学院学报》2003 年第 1 期

作　　者：王肃元

简　　介：作为地处祖国西北民族地区、已有二十年高等教育办学历史的甘肃政法学院，在当前西部大开发和高等教育大发展的背景下，提高办学层次，实现跨越式发展，显得尤为迫切。申报硕士学位授予单位是实现这一目标的有效途径。本文对学院的发展现状、近年来的改革措施及成效、申报硕士学位授予单位的必要性和特殊性等进行了全面的分析论证，认为学院目前已具备了取得硕士学位授予单位及开展研究生教育的基本条件。

### 0367 浅议刑事司法公正

发表时间及载体：《甘肃理论学刊》2005 年第 4 期

作　者：王建平

简　介：司法公正是社会主义法制国家的重要标志。随着我国经济建设的迅速发展，人们在经济生活中的各种矛盾日益增多，对法律的依赖也加强了。在运用法律维权的过程中，人们的法律意识，对司法工作的关注程度以及对司法公正的要求与日俱增。本文试从司法公正、影响我国刑事司法公正的因素以及完善我国刑事司法公正的有效途径展开论述。

### 0368 师范生信息素养培养途径探究

发表时间及载体：《甘肃高师学报》2012 年第 5 期

作　者：李敏娟 张榕玲

简　介：高等师范院校培养师资的特性决定了其对师范类大学生信息素养内涵的特殊要求。通过对兰州城市学院大学生信息素养现状的分析，深入探讨提升大学生信息素养的策略，为西部师范院校的大学生信息素养的培养提供参考。

### 0369 我国城乡一体化发展的实践模式及经验启示

发表时间及载体：《甘肃理论学刊》2010 年第 5 期

作　者：李一文

简　介：加快推进城乡一体化发展，是我国特别是兰州当前乃至今后较长时期内发展的主题，也是城乡一体化的本质属性。兰州要加快推进城乡一体化进程，在全省率先实现城乡一体化，必须通过学习、研究和借鉴我国其他地区发展城乡一体化的模式及经验。本文在分析、研究我国比较有影响的成都、珠江三角洲等地的城乡一体化发展模式的基础上，提出了对推进兰州城乡一体化实践的启示。

### 0370 侦查程序与人权保障研究

发表时间及载体：《西北师大学报：社会科学版》2007 年第 1 期

作　者：徐腾

简　介：侦查程序中的人权保障研究在侦查工作与司法公正中具有重要意义。通过对我国侦查程序中的人权保障现状的分析，发现尚存在一些问题和不足，应从侦察程序、立法制度和司法实践等方面完善人权保障问题。

### 0371 赵壹生平补论

发表时间及载体：《中山大学学报：社会科学版》2013 年第 4 期

作　者：赵逵夫

简　介：清人诸以敦认为汉灵帝光和元年（178 年）羊陟当已遭党锢之祸被禁，不在河南尹任上，疑《后汉书·赵壹传》赵壹于光和元年访河南尹羊陟的记载有误，受计并推荐赵壹的袁逢应是袁隗。但这只是据今所见材料做的推测。"光和元年"是赵壹生平中唯一的一个确切记年，是当时赵壹传说的要素之一，不宜轻易推翻。今有人张扬诸以敦之说，所列举旁证均属特殊情况，推断也有牵强武断处，难以信从。对《广舆记》所载赵壹上计京师之后，长安世室宗连长将季女嫁给赵壹事，以前因其见于记载较迟，重视不够。今考虑到这个因素，将赵壹生年定在汉顺帝永和前后，卒年定在建安前期。甘肃张川发现所谓"赵壹摹崖"，实为赵亿所建造，有关书所载西和县赵家河所出赵壹碑，因未见实物，难以遽定。

## 0372 兰州城市基础设施建设状况的分析与评价

发表时间及载体：《甘肃高师学报》2012 年第 6 期

作　　者：刘淑红 闫英琪

简　　介：城市基础设施是城市经济和社会发展的基础与载体，本文选取兰州市城市基础设施水平、投资总量、运营管理三个关键要素，采用实证分析法、比较分析法，对兰州市城市基础设施建设进行分析。研究结果表明：兰州城市基础设施发展水平严重滞后于城市经济的发展，投资不足，历史欠账严重，投资主体单一，社会资金占整个基础设施建设资金比重偏低，运营效率低下。

## 0373 关于司法独立与新闻监督问题的几点思考

发表时间及载体：《甘肃政法学院学报》2004 年第 6 期

作　　者：裴光昭

简　　介：本文通过对司法独立与新闻监督的再认识及其存在问题的论述，探讨了新闻监督与司法独立的平衡点，以期两大价值理念都能得到充分的实现。

## 0374 道德发展的可持续性思考

发表时间及载体：《兰州大学学报：社会科学版》2001 年第 29 卷第 2 期

作　　者：许尔忠

简　　介：在当前的历史背景下，应立足市场经济关系，建立既适应经济秩序、又超越现实生活的道德体系。在道德建设中，充分体现国家意志，通过道德法规化途径，完善道德监控机制，在社会道德与个体道德互动中充分体现人的全面发展。

## 0375 电子化政府的发展及其实现

发表时间及载体：《甘肃行政学院学报》2003 年第 2 期

作　　者：牟凯

简　　介：Internet 的广泛应用使办公自动化进入高速信息网络时代。它将促进行政组织结构的变革，有利于行政管理的科学化、民主化、法制化。

## 0376 解读唐五代经济史的又一力作——乜小红《唐五代畜牧经济研究》评介

发表时间及载体：《中国社会经济史研究》（CSSCI）2008 年第 3 期

作　　者：李并成

简　　介：唐代是我国古代封建社会的鼎盛时期，无论其物质文明还是精神文明成就对于中国社会历史的发展，乃至于对整个世界文明的演进都产生过深远影响。

## 0377 失独家庭的缺失与重构

发表时间及载体：《重庆社会科学》2012 年第 11 期

作　　者：杨宏伟 汪闻涛

简　　介："失独"作为不幸的家庭变故，不仅破坏了家庭结构，更颠覆了家庭关系，因而导致家庭功能受到严重损害。"失独者"已成为迫切需要关注的群体，我们要从社会建设的战略高度关注"失独家庭"，帮助"失独者"实现家庭重构。家庭重构主要是通过家庭功能的恢复来实现。在"失独家庭"重构中，"失独者"本人要发挥核心主体作用，国家和社会是不可或缺的支持力量。

## 0378 政府购买居家养老服务的绩效评价研究

发表时间及载体:《广东社会科学》(CSSCI)
2012 年第 2 期

作　　者：包国宪 刘红芹

简　　介：本文系国家自然科学基金"政府绩效管理的价值分析及其理论范式研究"(项目号 71073074)和 2011 年中央高校基本科研业务费项目"地方政府创新绩效评估研究基于内容挖掘的实证分析"(项目号 11IZUJBWZY092)的阶段性成果。政府购买居家养老服务是在养老服务中引入市场竞争机制的一种制度安排。文章在分析政府购买居家养老服务的绩效内涵及其过程的基础上，构建了绩效分析模型。

## 0379 从敦煌资料看古代民众对于动植物资源的保护

发表时间及载体:《敦煌研究》2007 年第 6 期

作　　者：李并成

简　　介：本文对敦煌资料(简牍、遗书、壁画等)中蕴含的丰富的古代民众对于动植物资源保护方面的内容进行了挖掘和论证，以期为我们今天建设资源节约型、环境友好型社会提供有益的历史借鉴。

## 0380 对我国反恐怖体系建设的构想

发表时间及载体:《甘肃政法学院学报》2004 年第 4 期

作　　者：张瑞萍

简　　介：恐怖主义是当今世界的公害之一，随着国际恐怖主义活动日渐猖獗，国际恐怖主义分子在我国境内利用恐怖手段进行的刑事犯罪活动，成为危害公共安全和社会稳定的新问题。公安机关应建立起指挥统一、高速灵敏的应急机制，相应地构建我国的反恐机构以及反恐部队，坚决打击任何形式的恐怖主义，积极消除滋生恐怖主义的土壤，维护国家的安全和稳定。

## 0381 以人为本发展理念的探索与实践

发表时间及载体:《甘肃社会科学》(CSSCI)
2011 年第 3 期

作　　者：王兴隆 杨建毅

简　　介：在社会主义建设中党的三代领导人始终都进行着以人为本发展理念的探索与实践，在科学发展观中以人为本发展理念又有了新的理论意义。

## 0382 转型经济中区域突破现象的制度解释——基于中小企业成长的新视角

发表时间及载体:《中国软科学》(CSSCI)
2005 年第 8 期

作　　者：姜安印

简　　介：在中国经济的转型成长中，涌现出了许多具有鲜明区域特色的经济制度变迁和区域经济发展模式，我们把它称为区域突破现象。我们认为，只有理解了区域突破现象，才能更好地理解中国经济转型的基本经验。本文把这一现象理解为一种创新过程，并从中小企业成长的视角，在引入区位因素的基础上，对这一现象发生的制度基础提出了一个新的分析框架。

## 0383 试析"环太平洋合作构想"和鸠山的"东亚共同体构想"

发表时间及载体:《沈阳工程学院学报：社会科学版》2010 年第 2 期

作　　者：王雅红 韩飞

简　　介：日本民主党人鸠山由纪夫上台后，提出以"东盟 10+3"为基础，建立一个类似欧盟的东亚共同体的构想。较之 20 世纪 60 年代末日本政府提出的"环太平洋合作构想"，"共同体构想"在日本所面对的国际、国内环境，主要针对对象，具体目的、涉及领域及面临的亚太地区政治经济形势四个方面发生了很大变化，已不再是对"合作构想"的简单翻版。

## 0384 孟子论"羞恶之心"

发表时间及载体：《甘肃行政学院学报》2001 年第 1 期

作　　者：许建军

简　　介："羞恶之心"是对于自身不善的羞耻心和憎恶感。作为"义之端"激发主体的自觉，直接促成主体改过迁善、发愤上进的行为，在道德实践中有着特殊意义。

## 0385 党政关系规范化略论

发表时间及载体：《甘肃理论学刊》2006 年第 1 期

作　　者：杨垚

简　　介：党政关系是以政党为核心的现代民主政治的基本问题，是中国政治的主要问题和政治体制改革的核心问题。本文研究西方党政关系的发展，借鉴其中有益的东西；考察中国党政关系的演进，继承其中合理的成分。在此基础上，探索中国政党政治发展的范式选择：党政关系规范化。并简析了党政关系规范化与政党执政能力、政党执政方式、政党执政规律、政党现代化的关系。

## 0386 甘肃农村新型扶贫的对策研究——基于中国农村扶贫开发纲要 (2011—2020) 的视角

发表时间及载体：《现代妇女：理论前沿》2012 年第 1 期

作　　者：汪晓文 张献伟 潘剑虹

简　　介：贫困作为全球性的痼疾一直困扰着人类，是包括我国在内的世界各国需要解决的共同难题。贫困问题一直备受中共中央的高度关注，随着扶贫攻坚的深入，新一轮的减贫战已经打响。本文通过回顾国家在不同历史阶段针对贫困问题采取的一系列扶贫、减贫措施，对甘肃省取得的扶贫成就和存在的问题进行了梳理，并指出了其面临的历史机遇。在此基础上，对贫困成因分别从农民收入、区域不平衡发展和农民获益能力三个角度进行了深入的分析，最终提出新形势下相应的扶贫对策。

## 0387 量化宽松与"货币失踪之谜"——对货币与通货膨胀关系的一种新认识

发表时间及载体：《甘肃理论学刊》（CSSCI）2013 年第 5 期

作　　者：郭爱君

简　　介：根据货币数量理论的基本观点，货币与通货膨胀是同一问题的两个方面，即超量货币发行一定会导致通货膨胀现象的出现，通货膨胀也一定是货币超发的结果。2008 年金融危机爆发以来，主要发达经济体均实施了量化宽松货币政策，向经济系统注入海量流动性，但这些国家和地区的物价水平仍然维持了大致稳定，出现了"货币失踪之谜"现象。本文以经济虚拟化为切入点，指出大量货币进入了以虚拟资产为主要载体的流动性储备池，并进一步指出，随着经济结构和金融市场的变化，货币与通货膨胀的关系变得更为复杂，关注资产价格水平的波动应成为中央银行的另一重要目标。

## 0388 论我国行政处罚法中的听证制度

发表时间及载体：《甘肃联合大学学报：社会科学版》2009 年第 5 期

作　　者：陈文婷

简　　介：1996 年，"行政处罚法"的审议通过无疑是我国民主政治建设的重大步骤。其中，对于听证程序的确定更是开创了我国行政听证的先河。然而随着听证经验的积累，其所存在的问题也日益暴露出来。本文根据行政听证的理论，针对实践中存在的问题，提出了一些建议性的解决办法：立足于本国现状，借鉴国外的先进经验，力争总结出一套适合我国国情的听证制度。

## 0389 "驻京办"、"跑部钱进"与财政分配体制的完善

发表时间及载体：《甘肃社会科学》2011 年第 6 期

作　　者：刘光华

简　　介：在新中国的单一制国体语境下，伴随中央集权与地方分权的财政权上收与下放，始终是学界和政界持续讨论的话题。"驻京办"与"跑部钱进"这一中国特色财政制度现象的广泛存在，根源于转型中国现实政经体制特别是中央与地方关系中地方利益诉求机制的缺失与不规范。只有通过在中央与地方关系及地方政府间相互关系两个层面上建立公正、平等的利益表达机制，并借此完善现行财政分配体制，才是解决"驻京办"及其引发的"跑部钱进"等问题的治本之策。

## 0390 就业陷阱与就业维权——大学生就业管理中的理性与现实

发表时间及载体：《西北民族大学学报：哲学社会科学版》（CSSCI）2011 年第 3 期

作　　者：许尔忠 冯小琴

简　　介：当前大学生就业形势日益严峻，就业压力逐渐增大。就业市场混乱，就业管理失序，目标设置、市场、诚信、合同、信息等方面的就业陷阱时有发生。因此，必须实施积极有效的教育管理措施，加强大学生综合素质培养；多渠道开辟就业途径，引导大学生形成合理的择业期望；形成制度化就业管理模式，提高毕业生就业率；规范就业管理，防范就业陷阱，保障大学生就业工作健康运行。

## 0391 高校开展经济责任审计问题探讨

发表时间及载体：《甘肃联合大学学报：社会科学版》2008 年第 24 卷第 3 期

作　　者：李东源

简　　介：本文阐述了对高等学校领导干部开展经济责任审计的必要性，指出目前高校开展经济责任审计工作存在的问题和不足，并提出了相应的建议和对策。

## 0392 社会主义市场经济与高校思想政治教育

发表时间及载体：《西北师大学报：社会科学版》2000 年第 5 期

作　　者：李刚

简　　介：市场经济对大学生的思想具有很大影响，也为高校的思想政治教育工作提出了新的课题，因此，要适应市场经济的变化，改进高校的思想政治教育工作：一、在指导思想上重视对大学生的思想教育工作；二、适应国内外形势发展的需要，拓宽思想教育的内容；三、在思想教育方法上变单一为多样化。

## 0393 文化创意在提高文化软实力中的前锋作用和时代价值

发表时间及载体：《学术探索》（CSSCI）2008 年第 4 期

作　　者：刘先春

简　　介：文化软实力的竞争已成为综合国力竞争的新亮点，成为决定国际竞争胜负的重要力量之一。中共十七大报告将提高国家文化软实力作为国家重要的发展战略。

## 0394 欠发达地区高校毕业生择业的价值取向及对策研究

发表时间及载体：《兰州大学学报：社会科学版》2001 年第 29 卷第 5 期

作　　者：张继革　王文贵

简　　介：受地理位置和地区经济发展的制约，经济欠发达地区高校毕业生的就业形势相当严峻，在很大程度上限制了毕业生的择业范围和就业层次，就业成了影响这些高校发展的一个重要因素。本文通过对经济欠发达地区高校毕业生择业的价值取向的调查分析，提出加强就业指导，拓宽信息渠道等搞好毕业生就业工作的对策。

## 0395 从"复合行政"到"复合治理"——区域经济一体化与行政区经济矛盾解决的新视角

发表时间及载体：《南方经济》（CSSCI）2009 年第 6 期

作　　者：郭爱君

简　　介：在解决区域经济一体化和行政区经济矛盾的几种思路中，"复合行政"理念及其政治结构设计处于上风，但这一理念及其政治结构无论是在理论设计的前提条件上还是在实践操作可行性上均存在缺陷。文章在分析"复合行政"理念的条件缺失和操作性缺陷的基础上，引入了"复合治理"的概念，并通过设计"复合治理"的政治结构以及分析其在解决区域经济一体化及行政区经济矛盾过程中的效用，得出"复合治理"是解决区域经济一体化与行政区经济矛盾的较

为优良的模式。

## 0396 试论马克思主义中国化、时代化、大众化的整体性

发表时间及载体：《甘肃社会科学》2012 年第 4 期

作　　者：苏星鸿

简　　介：马克思主义中国化、时代化、大众化是当前马克思主义理论建设和理论教育的系统工程。本文分析了中国化、时代化、大众化的科学内涵和精神实质，从历史进程、逻辑关系、现实要求三个层面阐述了中国化、时代化、大众化的整体性，提出了推进马克思主义中国化、时代化、大众化要整体着力。其中全球化语境是战略空间，解答中国现代性问题是重大任务，实践创新和理论创新的持久互动是永恒命题，通过这三条实践路径的协同展开，不断开创马克思主义中国化、时代化、大众化的新境界。

## 0397 全球性问题与 21 世纪国际教育

发表时间及载体：《西北师大学报：社会科学版》2000 年第 4 期

作　　者：徐继存

简　　介：人类面临的全球性问题构成了人类教育的环境，人类的困境人人都必须分担，人类的生存和发展同样取决于各国人民和所有国家间的合作，国际教育已成为建树道义和增强人类团结的最有力的工具。21 世纪的国际教育应当对一切社会里进行的人类价值观的教学和实践确定一个普适的方向，以促成一种新的同心同德与合作的文化的形成，追求人的价值应成为 21 世纪国际教育的基本目标，以人为基础的学习应是 21 世纪国际教育的基本内容和方法。

## 0398 对社会主义市场经济中体育与经济一体化发展的思考

发表时间及载体：《甘肃理论学刊》2005 年第 6 期

作　　者：牛亚莉

简　　介：在社会主义市场经济中体育与经济有一体化整合的趋势。我们要依据国情和体育与经济一体化发展的规律，选择和确立社会主义市场经济条件下体育与经济一体化模式及其运作方式，构建体育与经济一体化发展的整体战略，推动体育与经济一体化运作的实践，促进体育经济发展。

## 0399 西北地区乡村经济伦理中的基本道德规范

发表时间及载体：《甘肃理论学刊》2012 年第 1 期

作　　者：李育红

简　　介：改革开放以来，西北地区农村经济伦理中的基本道德规范主要表现为勤劳、诚信、公平、节俭和适度消费等。勤劳的传统理解为勤奋劳作，现代含义则与聪敏、智慧、科学、技术、能力等相联系；诚信即诚实守信，诚实要求货真、价实、量足，守信要求守护住信用、信誉、诺言等；公平即一视同仁，得所当得；节俭即节约和俭省，与此同时，更多的农民则主张适度消费。这些道德规范一方面表现为农民经济活动中的基本德性，另一方面也表现为农民最为看重的各种经济活动中的基本行为规范。

## 0400 论老子思想中所内涵的"绝对性"因素

发表时间及载体：《文史哲》（CSSCI）2010 年第 4 期

作　　者：乔建

简　　介：老子思想中内涵着对"人之自为"等的"绝对"认同，对"雌""弱""下"的"绝对"偏重。对这些具有"绝对"性质的因素的揭示，有助于更加全面地认识老子的"辩证思维"，彰显老子思想的特质和价值。

## 0401 甘肃省图书馆藏敦煌藏文文献叙录

发表时间及载体：《敦煌研究》2003 年第 5 期

作　　者：曾雪梅

简　　介：本文以叙录的形式刊布了甘肃省图书馆藏敦煌藏文卷式写经。本馆藏藏文卷式写经 32 件，来源有二，民国九年（1920 年）从敦煌莫高窟第 17 窟内清理藏文写经时，将其中一部分移交给了本馆保存；接受私人捐赠或和以访求。这部分写经全部为《大乘无量寿宗要经》，而且大多尾题抄经人、校对人，9 卷还有原收藏者的题跋或印章。刊出其目，有助于了解敦煌写经在河西一带散佚流传及其内容。

## 0402 西部地区形成产业竞争优势的路径选择

发表时间及载体：《甘肃理论学刊》2004 年第 2 期

作　　者：王海霞

简　　介：西部地区物质基础薄弱，经济欠发达，其自身的积累能力和投资能力有限，所以，不能盲目追求跳跃式发展，应选择循序渐进式的发展路径由低到高逐步形成竞争优势。这有利于西部地区的产业在发展过程中形成真正的竞争优势，也有利于西部地区获得长久的竞争优势。

## 0403 文学本质探源

发表时间及载体：《中国文学研究》2004 年第 3 期

作　　者：吴小美 古世仓 何禹

简　　介：本文以古今中外的文学文本为依据，对文学创作和文学研究进行分析探讨，认为文学是作为生存竞争中信息需求的必然产物，其功能价值和美学价值均以生存竞争作为标准尺度。从神话到英雄传说，从强群、强个体到弱群、弱个体的角色转换，是对于人的群体生存和个体生存认识深化引起的两次文学大革命。如何处理人的外在和内在的关系，如何运用具象和抽象的艺术手法，是文学流派纷呈及其差异的所在。

## 0404 中英两国女大学生 Internet 态度的跨文化比较研究（下）

发表时间及载体：《电化教育研究》（CSSCI）2000 年第 12 期

作　　者：李奈 许桃香等

简　　介：本研究是以中英两国男、女大学生为被试，运用描述性统计和 t 检验分析方法，就中、英两国女生的 Internet 态度做一跨文化的比较研究。主要探讨如下问题：（1）中国女大学生对待 Internet 的态度是什么？他们的 Internet 用法是什么？是否与英国女生有态度和用法上的差异？（2）学生的文化背景是否影响学生对 Internet 的态度和运用？（3）有哪些因素影响女生在教育中运用 Internet？（4）讨论 Internet 在教育中的应用以及相关的问题。本研究将会帮助教育工作者和 Internet 技术人员更好地理解文化对 Internet 的影响，设计和制作适合多元文化背景需要的课件、网页和站点，满足不同背景学生的需求，更好更有效地在教育中发挥 Internet 的潜能和功能。

## 0405 西北民族地区校本课程开发的伦理思考

发表时间及载体：《西北师大学报：社会科学版》2005 年第 1 期

作　　者：李定仁 罗儒国

简　　介：校本课程开发作为一种为人的、人为的教育实践活动，具有深厚的伦理意蕴。从西北民族地区校本课程开发的伦理特性分析入手，初步探讨了西北民族地区校本课程开发存在的伦理问题，并提出了相应的伦理原则。

## 0406 浅析运动心理学在普通高校足球教学中的应用

发表时间及载体：《科教导刊》2012 年第 35 期

作　　者：孙辉

简　　介：运动心理学是体育科学中的一门新兴学科，本文根据足球运动的特点和规律、足球教学和训练原理，将运动心理学原理与高校足球教学紧密结合，组织开展教学活动，从而减少教学的盲目性，促进学生的全面发展，不断提高教学质量。

## 0407 敦煌《诗经》残卷的文献价值

发表时间及载体：《敦煌研究》2004 年第 4 期

作　　者：伏俊琏

简　　介：敦煌《诗经》写卷与传世本相较，在文字、章句、卷数诸方面都有不同。本文综合前人之说，通过大量具体的例证，证明敦煌写卷或能发古义之沉潜，或能正今本之讹脱的文献价值。

## 0408 略论徐灿闺怨词之艺术特质

发表时间及载体：《社科纵横》2008 年第 1 期

作　　者：杨泽琴

简　　介：徐灿是明末清初的著名女词人，清人对其评价甚高，认为可与李清照并峙千古。有关她的研究比较薄弱，笔者通过具体的文本解读，试就徐灿《拙政园诗馀》中的闺怨词进行艺术审美上的探究，彰显其传情达意生动真切的艺术特质。

## 0409 电视舞蹈发展的新思考

发表时间及载体:《电化教育研究》（CSSCI）2011 年第 2 期

作　　者：邓小娟

简　　介：电视舞蹈是一种将舞蹈艺术同电视技术相结合的现代大众化的舞蹈艺术形式，具有打破舞蹈的阶级性，提高观众的欣赏能力，促进舞蹈的交流与发展等传播特点。在其发展中要在内容的选择上充分考虑电视媒介的特点，在节目定位上考虑两条腿走路，在形式上注重节目的互动。

## 0410 低水平下的不均衡——甘肃农民收入的特征及原因分析

发表时间及载体：《甘肃省经济管理干部学院学报》2007 年第 20 卷第 3 期

作　　者：汪晓文 祝伟

简　　介：甘肃省的农民收入远远低于全国平均水平，而就在此背后的是省内各地农民收入的巨大差距。文章详细分析了甘肃农民收入的特征及其产生差距的原因，并在此基础上提出了增加甘肃农民收入，缩小收入差距的对策建议。

## 0411 20 世纪敦煌吐鲁番官制研究概况

发表时间及载体:《中国史研究动态》（CSSCI）2001 年第 11 期

作　　者：冯培红

简　　介：敦煌吐鲁番文献的出土，是 20 世纪考古学上的一个重大发现，它对中古时期的历史研究产生了较为深远的影响，帮助解决了魏晋隋唐之际的一些重大问题；而敦煌吐鲁番地区的佛教石窟艺术遗存，也为中古佛教艺术研究提供了宝贵的资料。20 世纪，中外学者对这批敦煌吐鲁番文献进行了长期而深入的研究，在全世界范围内形成了一门新的学科——敦煌吐鲁番学。

## 0412 中国东、中、西部地区资本收入、劳动收入、消费支出的有效税率测算（1999—2005 年）

发表时间及载体：《中国软科学》（CSSCI）2007 年第 5 期

作　　者：成学真

简　　介：本文采用国际上通用的衡量实际税负高低的平均有效税率方法，核算了 1999—2005 年中国东、中、西部地区资本收入、劳动收入和消费支出的有效税率。比较分析了中国东、中、西部地区三项税负水平，并指出了这种税负格局存在的问题：劳动收入、消费支出的有效税率相对偏低；资本收入的有效税率与最佳税率水平基本相当，但存在着东、中、西部地区之间的不平衡，东、中部地区相对较低，西部地区则明显偏高。

## 0413 新农村建设与旅游业发展

发表时间及载体：《甘肃联合大学学报：社会科学版》2007 年第 23 卷第 4 期

作　　者：郑本法

简　　介：农村是旅游活动的主要目的地之一，农民是旅游产业的主要获利人。本文着重研讨了新农村建设与旅游业发展的辩证关系，尤其强调进行科学规划，把新农村建设与旅游业发展有机地结合在一起，

使新农村建设与旅游业发展有据有序相互
促进。

## 0414 我国农业产值的影响因素分析

发表时间及载体：《统计与决策》（CSSCI）
2007 年第 22 期

作　　者：李国璋

简　　介：本文采用脉冲响应函数方法分析
化肥施用量和农机动力的变动对我国农业产
值的影响，同时运用方差分解法分析其变动
对农业产值的贡献程度，得出结论：化肥施
用量始终是我国农业增产的主要因素，贡献
率高达 40%，且短期内的影响显著；随着我
国农业机械化的实现，农机动力的推动作用
逐渐增强，贡献率可达 20%。

## 0415 轻型商用空调的质量控制

发表时间及载体：《空调暖通技术》2003 年
第 1 期

作　　者：田澎

简　　介：本文针对中国空调行业普遍关注
的轻型商用空调，以嵌入式空调为例，深入
探讨了该类产品的质量控制方案。

## 0416 先进文化在建设服务型政党中的策略研究

发表时间及载体：《佳木斯大学社会科学学
报》2014 年第 1 期

作　　者：刘先春

简　　介：十一届三中全会以来，中国共产
党紧紧围绕党的建设，把先进文化的建设自
觉纳入到了执政规律的探索之中。新的历史
环境下，建设服务型马克思主义执政党也要
以发展文化为契机，抢占文化制高点。

## 0417 基于户籍制度视角的农村劳动力返流现象分析

发表时间及载体：《西北人口》2012 年第 1
期

作　　者：郭志仪 郑周胜

简　　介：在城市化快速发展过程中，农村
劳动力返流现象受到社会各界的关注。基于
当前劳动力返流的现状，从户籍制度的视角
分析我国劳动力返流的演进历程，建立农村
劳动力返流的理论分析框架，并且解析户籍
制度政策效应对农村劳动力返流的影响，最
后从减少返流与安置两个角度提出应对我国
农村劳动力返流的对策建议。

## 0418 历史上不同的音乐表演美学观念和表演风格比较

发表时间及载体：《西北师大学报：社会科
学版》1999 年第 4 期

作　　者：张一凤

简　　介：在不同的历史条件下，产生了不
同的音乐表演艺术流派及其美学观念，从总
体上划分为四种：浪漫主义音乐表演、客观
主义音乐表演、原样主义音乐表演、当代新
形式主义音乐表演。各种流派的音乐表演风
格随其美学观念的不同而有所不同。历史上
音乐表演美学观念和表演风格的不同说明了
音乐是表演者的艺术，使我们增进了对音乐
表演实践的认识。

## 0419 甘肃在西部大开发中的对策选择

发表时间及载体：《甘肃理论学刊》2001 年
第 5 期

作　　者：欧阳锦

简　　介：本文从分析东西部开发的不同背
景与特征，结合甘肃具体情况明确了甘肃在
西部大开发中的定位与指向，研究了区域经
济发展的规律，提出了甘肃在大开发中的总

体战略重点和建立梯次型的工业产业支柱结构的设想，指明了甘肃迎接开发的近期重点工作。

## 0420 往事不落叶，藏地留真情——评影片《西藏往事》

发表时间及载体：《电影评介》2012 年第 2 期

作　　者：郭茂全

简　　介：《西藏往事》是导演戴玮精神之旅与西藏情结的诗性呈现，壮丽的自然画面、圣洁的爱情传奇、深广的宗教悲悯有机地汇合在各种影视符号之中。二战时期的一段"往事"在导演、编剧、摄像、演员的共同浇灌下已经绽放为一朵艺术的奇葩。影片《西藏往事》通过一段刻骨铭心的爱情传奇传达了影视艺术家对雪域高原人们的深挚的爱，终将成为雪域题材影片中的经典之作。

## 0421 社会判断力模型研究述论

发表时间及载体：《西北师大学报：社会科学版》2003 年第 2 期

作　　者：王沛

简　　介：本文详尽讨论了社会判断力模型的基本理论观点和相关的研究证据，据此说明了刻板印象的信息加工机制及其基本功能。同时，通过客观评价社会判断力模型的贡献与局限，廓清了未来刻板印象信息加工通路的研究方向。

## 0422 论瞍蒙、俳优在俗赋形成中的作用

发表时间及载体：《陕西师范大学学报：哲学社会科学版》2009 年第 2 期

作　　者：赵逵夫

简　　介：《神乌赋》的发现，将俗赋产生的时代提前至西汉末年，而甘肃马圈湾汉代烽燧木简上有关《韩朋赋》的文字，说明敦煌发现的一些俗赋也是由汉代流传下来的。赋的形成同先秦时以赋诵为职能的瞍蒙很有关系，《师旷》中保存了早期文赋的作品；赋的形成同以讲故事、表演戏剧的俳优也关系密切，《晏子春秋》中保存了早期俗赋类作品。俗赋主要是俳优创作而推动发展起来的一种文学样式。

## 0423 甘肃省古浪县东乡族移民搬迁动因及效益分析

发表时间及载体：《甘肃联合大学学报：社会科学版》2009 年第 2 期

作　　者：李军

简　　介：本文围绕甘肃省古浪县东乡族移民搬迁问题，从移民的基本情况出发，运用分析人口迁移动因的推—拉理论对其动因进行了分析，并在这一理论的内容和框架体系的运用上提出了自己的一些看法，同时通过例证对经济社会和生态效益做了较深入的分析论述。

## 0424 智能镜像技术在高校网络机房管理中的应用研究

发表时间及载体：《电化教育研究》（CSSCI）2005 年第 12 期

作　　者：陈辉 裴东

简　　介：应用 Windows 2000 核心管理工具——智能镜像（IntelliMirror）技术，使用活动目录（Active Directory）和组策略（Group Policy）加强对用户桌面的策略性管理，将有效地解决网络机房中工作站在无人值守情况下的系统安装，加强对有不同上机目的的用户在使用和需求上的管理，提高整个系统的安全性、可维护性，减轻管理，人员以往较繁重的工作负担。

## 0425 民族社会现代化的内容特征与必然性分析

发表时间及载体:《西北民族研究》(CSSCI)2003年第2期

作　　者: 赵利生

简　　介: 社会现代化是当前民族社会变迁的方向。工业化、民主化、城市化、理性化、科学化、专业化等构成了民族社会现代化的基本内容,而其主要特征则表现为迟发性、外生性、模仿性、不平衡性、紧迫性、艰巨性等几个方面。现代化是工业文明形成与发展的过程,是整体的结构性变迁,所有国家与民族都将在现代化中重塑自我,走向未来。

## 0426 新制度经济学视角下的公共服务供给制度完善理路

发表时间及载体:《西北师大学报:社会科学版》2012年第5期

作　　者: 孙健

简　　介: 近年来,随着我国经济社会的快速发展,公民的公共需求也呈现出多元、异质和动态的特征,迫切要求政府部门提升公共服务的供给能力,以满足公民对公共服务的需求,而公共服务的有效、充分供给依赖于健全、完善的公共服务供给制度。本文在深入分析我国公共服务供给制度存在的主要问题的基础上,运用新制度经济学中的制度变迁的相关理论,提出了我国政府公共服务供给制度的完善理路。

## 0427 影响未来中亚社会发展的文化和社会力量因素

发表时间及载体:《兰州大学学报:社会科学版》2002年第30卷第4期

作　　者: 汪金国

简　　介: 中亚社会的发展是一个多种民族和不同文化长期接触、冲突、交流、融合和沉淀的复杂过程。18世纪,定格在中亚的主要文化和社会力量是突厥—伊斯兰因素(突厥因素中不包括塔吉克)。自18世纪俄罗斯逐渐入主中亚以来,不同文化和社会力量进入中亚并发挥作用。影响未来中亚社会发展的主要文化有非本土的俄罗斯文化、伊斯兰文化、西方文化和中国文化以及本土化了的突厥—伊斯兰—俄罗斯化文化。

## 0428 分配正义何以实现——基于对法国政府财富再分配政策的经验研究

发表时间及载体:《甘肃理论学刊》2012年第4期

作　　者: 高桂云 高源

简　　介: 几十年来,在不改变所有制的前提下,法国政府顺应底层民众和学界关于实现分配公平正义的合理要求,通过积极采取倾向于社会底层的财富再分配政策,一定程度上缓和了社会矛盾,保持了社会稳定和经济发展。法国政府所采取的强化对财富再分配的调控,完善财富再分配制度,健全工资增长机制,实施积极就业政策,健全社会保障体系等政策措施对于解决我国收入差距过大难题,构建和谐社会无疑具有重要的借鉴意义。

## 0429 日本产业空心化问题对中国东部产业转移的警示

发表时间及载体:《当代经济管理》2012年第34卷第6期

作　　者: 苏华 钱宁君

简　　介: 在国内产业转移浪潮中,东部地区成为了主要产业转出地。在提升本区域产业结构的同时,随着加工制造业等产业的不断迁出,东部地区由于主导产业尚未发展壮大等原因导致其也面临着产业空心化的风险。而分析日本产业空心化危机的产生及其对经济产生的不良影响,可以对中国东部地区的产业空心化隐患予以警示，东部地区应该通过加快发展主导产业、发展高新技术产业等措施来防范产业空心化问题。

## 0430 网络环境下"音乐教学法"课程改革模式及策略

发表时间及载体:《电化教育研究》(CSSCI) 2009 年第 1 期

作　者:胡炬

简　介:本文以网络课程作为"音乐教学法"课程改革的切入点，在实践中形成了网络环境下的教学模式和实训模式，为了保证教学改革的顺利实施，提出了学习支持策略和参与体验策略。

## 0431 从《原道》篇看刘勰的文学起源理论

发表时间及载体:《甘肃社会科学》2002 年第 3 期

作　者:徐正英

简　介:刘勰认为文学起源于"道"。而学术界对"道"的含义多失其解。本文认为，刘勰所说的"道"含义先后不同，首段指自然之道，二段和三段前半指神道，三段后半指社会政治之道。刘勰的文学起源理论是，文学起源于圣人上秉天意、下合自然创作的《六经》，而《六经》同时又阐发了封建社会政治体制、人伦道德的合理性。

## 0432 我国发展循环经济的税收政策研究

发表时间及载体:《甘肃社会科学》2011 年第 6 期

作　者:姚慧玲

简　介:发展循环经济是实现经济社会可持续发展的客观需要和必由之路，是我国从根本上缓解资源和环境压力的战略选择。要

解决资源环境问题，推进我国循环经济发展，必须依靠政府强有力的政策引导和宏观调控。此文针对我国循环经济政策现状，从循环经济的"3R"原则和企业、区域、社会三个层次循环的基本理论出发，提出调控循环经济发展的基本思路和政策取向，并提出相应的对策建议。

## 0433 参与国际贸易竞争的战略选择

发表时间及载体:《甘肃社会科学》1993 年第 3 期

作　者:武文军

简　介:我国恢复关贸总协定缔约国地位的谈判工作，有了很大进展，1993 年可望"入关"。恢复关贸总协定缔约国地位之后，我国同世界经济的相互依存更加紧密，我国面临着广阔的、多元的国际大市场，面对这种情况我们必须从世界经济发展的大趋势出发，选择国际贸易发展战略，迎接新的机遇和挑战。

## 0434 西部大开发中的利用外资

发表时间及载体:《兰州大学学报:社会科学版》2001 年第 29 卷第 1 期

作　者:那颖

简　介:西部开发是我国在新世纪的一大战略任务。要加快西部地区经济的发展，首先要解决好资金和技术问题，除了国家拨款、东部地区支援外，利用外资是一个很好的途径。要更好地吸引和利用外资，必须改善投资环境、确定引资的重点、依托自身的优势、采取多种融资方式。

## 0435 试论现代远程教育的发展趋向

发表时间及载体:《社科纵横》2010 年第 4 期

作　者:张亚君

简　　介：现代远程教育的发展趋向是：成为构筑知识经济时代全民终身学习体系的重要平台，引领我国教育改革发展之路，走规模发展、质量为本的可持续发展之路。

## 0436 莫高窟第 322 窟图像的胡风因素——兼谈洞窟功德主的粟特九姓胡人属性

发表时间及载体：《故宫博物院院刊》（CSSCI）2011 年第 3 期

作　　者：沙武田

简　　介：敦煌莫高窟第 322 窟是初唐时期的代表洞窟，保存完好。本文从已有研究的手执绵羊、山羊的人非人图像入手，结合洞窟营建的历史背景加以考察，分析了龛内彩塑造像的胡貌特征及其"原创性"意义。同时，作者结合对窟内包括葡萄纹样在内的中亚西域特征装饰艺术、部分反映东传粟特美术特征的画样与图像的研究，揭示出洞窟图像受粟特美术影响的特征。此外，本文还结合供养人画像与工匠题名反映出的粟特人属性，指出该洞窟功德主有可能是流寓敦煌的中亚粟特九姓胡人。

## 0437 公平是分配制度建构的理性基础

发表时间及载体：《甘肃理论学刊》2006 年第 3 期

作　　者：张建君　马昀

简　　介：活劳动是创造价值的源泉，财产是价值创造的物质条件。社会劳动成果在劳动者和财产所有权之间如何实现分配，如何认识劳动的社会正义和财产所有权的保护是建构社会分配制度的基础。社会分配制度的核心是公平与效率的统一，但公平是社会分配制度建构的理性基础，脱离了社会公平分配理念的分配制度就是对一切现行人类社会制度的彻底否定。

## 0438 我国外汇储备激增的原因及对策探析

发表时间及载体：《甘肃理论学刊》2008 年第 6 期

作　　者：李硕

简　　介：我国外汇储备的高速增长对国民经济发展的负面影响日益凸显，经济发展对出口的过度依赖、引资政策的不完善等制度性缺陷是造成这一问题的主要原因。调整外贸、引资政策，深化外汇管理制度改革是化解当前经济运行矛盾的必然选择。

## 0439 建构主义理论指导下的中小学教师信息技术培训

发表时间及载体：《电化教育研究》2003 年第 3 期

作　　者：李建珍

简　　介：本文通过对建构主义学习理论与信息技术的概述，从建构主义学习环境下教师的地位和作用的变化出发，以我国中小学教师信息技术培训的现状为依据，分析论证了实施信息技术基本培训的指导思想和有效途径。

## 0440 反倾销之规避与反规避制度研究

发表时间及载体：《甘肃高师学报》2011 年第 1 期

作　　者：孙健

简　　介：反倾销（anti-dumping）之规避（circumvention）是国际竞争手段更加隐蔽、竞争形势更加激烈的产物，而反规避（anti-circumvention）制度是国家加强对外贸易管理、维护国家利益的体现。本文在深入分析欧美反规避制度立法与实践的基础之上，探讨了建立世界贸易组织体制之下统一反规避制度的可行性，并结合我国实际讨论完善我国反规避制度及如何应对外国反倾销主管机构针对我国企业发起的反规避调查的相关问题。

## 0441 20世纪敦煌藏经洞封闭时间及原因研究的回顾

发表时间及载体：《敦煌研究》2000年第2期

作　　者：刘进宝

简　　介：本文对近百年来国内外学者关于敦煌藏经洞封闭时间及原因的研究进行了全面回顾介绍。藏经洞的封闭原因有三说，即避难说、废弃说和书库改造说。其中避难说又有宋初避西夏之乱说、宋绍圣说、避黑韩王朝说、宋皇之后说、曹氏封闭说、元初说和元明之际说。这些论点虽然都有一定的理由，但还没有一种观点具有确凿的资料支持，能为国内外学术界所公认。

## 0442 眉公思想之探究

发表时间及载体：《甘肃联合大学学报：社会科学版》2011年第27卷第6期

作　　者：包建强

简　　介：眉公没有专门的思想论著，但其思想从其著作中有所体现。本文深入其著作，从其作品所反映的主题入手，结合其年谱及其他史料记载，全面探究其思想，力图对这位长期以来颇受争议、亦儒亦僧亦道的山人做出全面的思想认识。

## 0443 西部贫困地区农村基层党组织实践"三个代表"的思路

发表时间及载体：《甘肃理论学刊》2001年第4期

作　　者：刘永哲 黄明

简　　介：按照"三个代表"的要求，进一步加强和改进西部贫困地区农村基层党组织建设，必须从领导班子建设、干部队伍建设和党员队伍建设上进行机制创新，必须以农村经济发展为主题，创新促进农村经济发展的机制。

## 0444 西部民族经济区特色优势产业发展问题研究

发表时间及载体：《地域研究与开发》2010年第29卷第2期

作　　者：高新才

简　　介：本文针对西部民族经济区特色优势产业如何发展的问题，从特色优势产业的界定、甄别和战略导向3个方面入手，逐层展开研究。结果表明：在西部民族经济区特色优势产业的识别上，要侧重于"特色"＋"优势"耦合过程中两者作用层面的不同；在西部民族经济区特色优势产业的选择上，设计了特色优势产业选择流程图，通过定性和定量分析相结合的方法，分析解决了西部民族经济区特色优势产业的选择问题；在政策导向上，根据潜在优势向现实优势转化的路径，提出了两类基于产业选择的产业战略导向。

## 0445 浅谈物质鉴别与提纯题的类型和解题策略

发表时间及载体：《试题与研究：初中版》2014年第5期

作　　者：李建国

简　　介：物质的鉴别和提纯（即除杂）题是历年来中考化学的常见题型，也是热点题型，具有内涵丰富、题型多样、思维容量大、综合性强的特点。

## 0446 西部地区承接产业转移问题研究框架——一个文献梳理的总结

发表时间及载体：《甘肃社会科学》2012年第4期

作　　者：高新才

简　　介：产业转移在国内外是个普遍性的

经济现象，也是实现区域协调发展所关注的焦点问题，产业转移问题因此成为区域经济学和经济地理学等相关学科的前沿理论问题。系统考察国内外产业转移问题研究文献，从中找出指导我国产业转移的理论指导依据，既对调整我国区域经济格局、实现产业合理布局的有利机会和促进区域协调发展具有重要借鉴意义，同时可以为研究西部地区承接产业转移问题提供新的研究视角，为研究我国区际间产业转移的问题提供新的政策应用框架。

## 0447 从主体间性的角度认识信息化教育

发表时间及载体：《电化教育研究》（CSSCI）2011 年第 1 期

作　　者：甄暾

简　　介：技术既具有物质性，也具有精神性，但技术的本质是精神性的。信息化教育中，信息化的物质环境占有举足轻重的地位，但教育技术在其中所展示出的核心本质依然是精神性的。由此，我们得出以下结论：教育技术也具有主体性。通过对信息化教育的四个要素——教育者、受教育者、教育内容和教育技术之间关系的分析，我们认识到，这四个要素都具有主体性。教育的过程，就是这四个主体之间的互动。这其间，虽然离不开物质因素的参与，但其核心本质上，依然是主体与主体的互动，是人的因素与人的因素的互动。

## 0448 孙建江儿童文学研究之研究

发表时间及载体：《中国出版》2014 年第 11 期

作　　者：李利芳

简　　介：孙建江对新时期以来我国儿童文学事业的整体推进是意义特殊而重要的。他属于新时期成长起来的儿童文学理论批评工作者中个性鲜明、成就独特的"这一个"。这不仅仅是因为他儿童文学研究气度、理念与成绩的"唯一性"，同时还有其"文化身份"的个别性。

## 0449 传统皮影艺术产生及传播的价值——以西北地区为例

发表时间及载体：《雕塑》2012 年第 1 期

作　　者：闫宏伟

简　　介：皮影是广泛流传于中国民间的一种古老而独具特色的民间戏曲艺术，又是富于浓郁地方特色的民间美术品。本文在分析我国西北陕甘地区皮影的产生、地方流派及特点、民俗观念与民俗价值等的基础上，指出了作为传统文化重要基石之一的中国皮影对构建新型和谐社会的重要性。

## 0450 牢固树立科学发展观促进全面小康社会建设

发表时间及载体：《兰州商学院学报》2005 年第 21 卷第 1 期

作　　者：陈富荣

简　　介：所谓科学发展观，其本质的要求就是坚持以人为本，树立全面、协调、可持续的发展意识。从当前经济社会发展的实际情况看，贯彻落实科学发展观要着重把握好以下几点：一是要进一步转变发展观念，二是要转变政府职能，加强社会服务和环境建设，三是要进一步转变经济体制，四是要进一步转变经济增长方式，大力推进经济增长方式向集约型转变，走新型工业化道路，五是要扩大对外开放，用好国内外两种资源、两个市场，六是要突出工作重点，实现人民群众的根本利益。

## 0451 美国体适能的学科发展对中国体质健康测评体系的启示

发表时间及载体：《广州体育学院学报》（CSSCI）2011 年第 31 卷第 1 期

作　　者：余志琪 潘红霞 董静梅

简　　介："体适能评定理论与方法"是对体育范畴内身体综合能力及有关因素进行测量与价值判断的一门新兴应用学科。为适应现代社会的发展需要，满足人们日益增长的健康需求，更好地提高体质水平和体育修养，人们对健康与体适能关系的认识逐步深入，近二十年美国在学校体适能测评理论与方法课程的发展得到长足的发展和提高。本文通过查阅资料法、问卷调查法、统计分析等方法，就美国体适能理论与方法的发展历史、目前的现状特点及理论体系与测评方法等进行透析，并向我国学校体质健康课程的发展水平进行比较，目的在于促进我国体适能测评理论与方法的学科发展并理性地指明我国体质健康测评体系的构架及该学科的未来发展。

## 0452 反思与祛魅：我国刑事附带民事诉讼制度重构论

发表时间及载体：《甘肃政法学院学报》2011 年第 2 期

作　　者：郑天锋

简　　介：我国刑事诉讼法中的刑事附带民事诉讼制度与现代司法理念——司法效率和司法公正有着明显的价值冲突。在附带民事诉讼制度重构过程中，如何满足现代司法制度基本要求和实现公正与效率的协调与平衡，本文认为，从我国附带民事诉讼的长期实践看，在体现其注重司法效率、效益价值的同时，应当重视刑事诉讼与民事诉讼各自公正、正义价值的实现。基于刑事附带民事诉讼具有公法属性，但本质上更多地体现为私法属性的特点，适应社会发展、变化要求，在刑事诉讼法再修订时，应当在立法上尽量缩小可以适用刑事附带民事诉讼的范围。同时，赋予诉讼当事人以选择权，通过鼓励刑事被害人提起独立民事诉讼，从而协调两大诉讼交叉适用上的关系，完善犯罪行为侵害民事权利的司法救济途径。

## 0453 绘画艺术的"感觉"与"理性"

发表时间及载体：《社科纵横》2010 年第 6 期

作　　者：冷建军

简　　介：绘画艺术是人类文化灿烂的一页，是人类文化"理性"的结晶，具有明确的"技术"特征和"训练"特性。然而，绘画艺术却十分重视"感性"因素，通常称之为"感觉"。但是，"感觉"依然不是绘画艺术最终的决定因素，能够将"感觉"建立在"理性"之上，实现"感性"向"理性"的转化即为决定因素。一切离开"理性"而妄谈"感性"都是片面的，一切离开"技术"意义而妄谈"感觉"都只是"纸上谈兵"。

## 0454 论审稿中如何增强政治意识和把关能力

发表时间及载体：《兰州学刊》2010 年第 10 期

作　　者：党晨飞

简　　介：编辑出版作为一种文化活动，具有很强的政治性。编辑在审稿过程中，要有明确的政治意识与把关意识，从某种意义上来说，编辑的政治意识对一个国家的文化形态与文化属性起着决定性作用。编辑除了具备政治意识之外，还要熟悉相关的法律法规并具备相关领域的专业知识，还必须严格遵守送审规定和编校制度，并要有高度的责任意识，严格审稿，这样才会尽可能地提高审稿中的把关能力。

## 0455 也论河西地区在历史上的地位和贡献

发表时间及载体：《甘肃社会科学》2012 年第 5 期

作　　者：张克非

简　　介：甘肃河西地区早在史前时期就有人类的活动、迁徙和青铜冶炼技术的出现及东传。历史上，自汉代武帝设四郡始，河西即成为拱卫秦陇、经营西域的战略枢纽，对有效抵御并最终解除北方游牧政权的威胁起了关键作用。作为丝绸之路必经的咽喉要道，河西也历来是众多民族和东西方多种文化融合的舞台，对丰富、存续华夏文明，做出过极为重要的贡献。河西还曾创造出先进的农、牧、商复合型区域经济、绿洲灌溉农业等，成为盛唐时期最富庶、发达的地区之一。20 世纪河西再度崛起，在许多方面重新发挥着不可替代的重要作用。认识、开发河西深厚的文化资源，对继承民族传统，复兴民族文化具有独特价值。

## 0456 发挥评价的导向功能，培养学生的综合素质——遗传学实验课学习评价系统的建构和实施

发表时间及载体：《电化教育研究》2003 年第 10 期

作　　者：陈军 黄爱仑

简　　介：为了对遗传学实验教学进行改革，推进素质教育，提高教学质量，本文作者建构并实施"遗传学实验课学习评价系统"，发挥评价系统的导向，取得了良好的教学效果。本文就是对建构和实施这一评价系统的科学总结。

## 0457 论行政强制法上的比例原则

发表时间及载体：《甘肃理论学刊》2006 年第 5 期

作　　者：屠建学

简　　介：比例原则是行政法中的一项重要原则，但在我国已有的行政立法中。并没有对比例原则做出明确规定。去年出台的《行政强制法草案》在我国行政立法中首次明确规定了比例原则。何谓比例原则？该原则的基本内容有哪些？本文将通过对比例原则的涵义、法律渊源、基本内容等的分析来了解该原则，以期在实践中正确运用。

## 0458 新中国的宪法 新中国的审计——为庆祝新中国成立六十周年而作

发表时间及载体：《中国审计》2009 年第 19 期

作　　者：杨肃昌

简　　介：六十年前一句响彻全球的"中国人民从此站起来了"，不仅标志着一个伟大的新中国从此屹立在世界的东方，而且还预示着新中国宪法将会毫无悬念地把中国人民确定为新中国的主人。于是，当五年后"中华人民共和国的一切权力属于人民"醒目地出现在新中国第一部宪法的总纲时，便从法理上确立了新中国的主人，并由此说明了新中国的权力渊源和国家宗旨。

## 0459 环县六十年人口总量的变动探析

发表时间及载体：《社科纵横》2010 年第 10 期

作　　者：马宁

简　　介：文章通过环县六十年人口发展的五个阶段，论述不同时期人口发展的特点及人口和计划生育工作在其中的作用，分析了人口总量变动的特征，影响人口总量变动的因素。对全县少数民族人口的现状与特点做

了分析。

## 0460 儿童社会化过程中的亲子关系探析——以甘肃穆斯林家庭为例

发表时间及载体：《西北民族研究》（CSSCI）2007 年第 1 期

作　　者：苏依拉

简　　介：亲子关系是家庭中与夫妻关系并列的一个重要的派生型关系。在传统的中国家庭中纵向的亲子关系往往重于横向的夫妻关系。因而，亲子关系对儿童的社会化影响较大。本文从文化的角度、人格发展的角度、社会结构的角度三个研究视角，以甘肃省穆斯林民族家庭为例，探析儿童社会化过程中的亲子关系。

## 0461 精神文明建设三题——对"一手软"问题的哲学思考

发表时间及载体：《甘肃社会科学》1999 年第 6 期

作　　者：于维民

简　　介：对"两个文明"建设的辩证关系缺乏正确认识和把握，是精神文明建设"一手软"问题长期得不到根本解决的思想根源。本文通过剖析三种较有代表性的错误观点，力图廓清是非，促进"两个文明"建设协调发展。

## 0462 普通话使用者英语辅音构音简论

发表时间及载体：《西北民族大学学报：哲学社会科学版》2010 年第 5 期

作　　者：吴汉

简　　介：汉语普通话辅音系统和英语辅音系统存在较大差别，两个系统混淆会造成汉语普通话使用者的英语辅音后加音和辅音替换错误。比较两个辅音系统，通过厘清清浊、送气与否等概念，辅以语音波形图和语谱图

呈现的音长和嗓音起始时间等重要的辅音特征，有助于完善对英语辅音的认识，也有益于汉语普通话使用者英语辅音的正确习得。

## 0463 论教育技术态度及其培养

发表时间及载体：《电化教育研究》（CSSCI）2001 年第 9 期

作　　者：化得元

简　　介：教育技术态度，已成为在教育教学实践过程中影响中小学教师选择运用教育技术各种媒体、手段的主要因素，它直接决定着政府及各级教育部门在教育技术方面的投资效果，并直接影响中小学教育教学的效果和水平以及学生的素质培养。我们应重视对中小学教师教育技术态度的研究和培养，以确保教育技术优化教学功能、素质教育功能的落实和发挥，适应教育现代化、教育信息化的潮流和趋势。

## 0464 祁连、焉支山在新疆辨疑（上）

发表时间及载体：《敦煌研究》2009 年第 5 期

作　　者：戴春阳

简　　介：近年地名搬家成为学界时尚，有学者提出祁连山为新疆东天山，还有学者通过语言比较学的方法提出祁连山为巴里坤山，焉支山即哈尔里克山。本文首先对其研究方法提出质疑，认为上述观点与史实不符，并以霍去病两次出击匈奴战于祁连、焉支山为线索，从由此引发的浑邪王降汉、汉开河西四郡和经营西域等一系列汉匈战略格局改变的雪球效应的角度，阐释了文献和相关简牍记载的祁连、焉支山的地望是明确、可信的。

## 0465 关于民族教育学的几个理论问题

发表时间及载体：《西北师大学报：社会科学版》2005 年第 1 期

作　　者：王鉴

简　　介：本文分析了作为一门学科的民族教育学的形成过程，并对民族教育学的研究对象、学科性质等民族教育学界存有争议的几个学科的原点问题进行了重新厘定，在此基础上探讨了民族教育学内含的学科内容及应遵循的研究方法。

## 0466　风险环境下产学研结合技术创新 GERT 仿真分析及控制

发表时间及载体：《科技管理研究》（CSSCI）2009 年第 7 期

作　　者：任世科 包国宪

简　　介：国家自然科学基金项目（70673031，70702013）。本文研究风险环境下产学研结合技术创新控制问题。首先识别产学研结合技术创新风险因素并界定其所处的风险环境，随后借助 GERT 对技术创新项目进行仿真分析并据此制订控制措施。

## 0467　省直管县财政体制条件下审计组织方式差异化研究——以甘肃省为例

发表时间及载体：《兰州商学院学报》2014 年第 4 期

作　　者：贾明春 任晓勇

简　　介：通过省直管县财政体制改革以激发县域经济发展的活力，是国家推动现代化进程的必然选择，也是新时期解决"三农"问题的根本途径，同时还是解决我国客观存在的多级财政体制效率缺失问题的基本路径。鉴于此，审计部门如何转变工作思路和方法，如何揭示省直管县财政体制改革中出现的新矛盾、新问题，如何进一步改进、创新审计组织方式，发挥改革的助推器作用，是一个亟待解决的全新课题。本文在探讨省直管县财政体制改革以及在甘肃省现状分析的基础上，对新形势下审计服务省直管县财

政体制改革与县域经济协同发展中面临的问题与挑战进行了实证分析，并进一步对省直管县财政体制条件下地方政府审计组织方式差异化进行了多方位的研究，以期为优化及改进审计组织方式提供路径选择。

## 0468　利率产品定价与利率期限结构关系分析

发表时间及载体：《数量经济技术经济研究》（CSSCI）2005 年第 2 期

作　　者：田澍

简　　介：利率期限结构是利率产品定价的基本工具。在对横截面利率期限结构和利率期限结构的动力学模型进行论述的基础上，本文对普通债券和利率衍生产品定价的内在机理进行了阐述。

## 0469　高师"运动生理学"网络课程设计的探讨

发表时间及载体：《电化教育研究》（CSSCI）2005 年第 12 期

作　　者：李洁

简　　介：以高师"运动生理学"网络课程为例，针对体育院系"运动生理学"课程的教学特点，对网络环境下的教学设计、系统设计、教学支撑环境设计等相关问题进行探讨，为完善"运动生理学"网络课程提供参考。

## 0470　信息技术基础教法初探

发表时间及载体：《电化教育研究》（CSSCI）2005 年第 3 期

作　　者：鲁亚玲

简　　介：论述了信息技术基础部分的教学方法——"探究式"教学方法及这种教学方法的具体设计过程，并阐明了这种教学方法可以激发学生的主动创新能力，建构学生良好的知识结构，同时可以逐步完成"培养和

提升学生的信息能力"的教学目标。

## 0471 甘肃农村人力资源现状分析与教育开发研究

发表时间及载体:《甘肃社会科学》2011 年第 3 期

作　　者:朱彩萍

简　　介:甘肃是中国西部欠发达省份的典型代表,占人口绝大多数的农民素质相对较低,大力开发农村人力资源是实现农村经济社会又好又快发展的战略性选择。该文首先深入分析了甘肃农村人力资源的现状,并通过成因的剖析,提出了全面振兴农村教育、开发农村人力资源的对策措施。

## 0472 商务英语课程学习中的自我效能感研究

发表时间及载体:《社科纵横》2010 年第 10 期

作　　者:王晓红

简　　介:本文以班杜拉的自我效能理论为基础,分析了自我效能感对商务英语课程的学习行为、动机、学习成就和情感调动的作用和影响。进而提出教师应注重培养学生的自我效能感,以促进学生更有效地进行自主学习。

## 0473 "人类性"要素与 20 世纪中国文学的价值定位

发表时间及载体:《南开学报:哲学社会科学版》2003 年第 6 期

作　　者:程金城 冯欣

简　　介:人类性要素是 20 世纪中国文学研究中一个仍被遮蔽的层面。这直接影响到对其特质和精神意蕴的全面认识和理解,也制约着现代中国文学被真正纳入"人类"的文学视野平等看待。这种现象的产生既有

人所共知的社会文化背景的原因,也有研究者的思维定式、研究模式和受"西方视角"影响等方面的深层原因。并不是只有那些所谓边缘作家的作品才具备人类性,相反,那些所谓中国现代主流文学,其所表现的现代中国人的不屈不挠的奋斗精神和自由精神、为了民族利益牺牲个体的献身精神、对中国传统文明的历史性整体反省和自我批判精神等等,与人类普遍的积极精神和人性追求是相通的,也具备丰富的人类性。而新时期以来,特别是 20 世纪 80 年代中期以后的中国文学,其最深刻的变化和最深远的历史意义就是作家主体归属意识中的"人类性"意识的增强和作品对"人类性"追求的强化。因此,从人类性的视角才能真正认识 20 世纪中国文学的世界意义,也才能认识其利弊得失。

## 0474 探究社会化自然风险的形成——以兰州市一个多民族社区的地质灾害为个案

发表时间及载体:《甘肃社会科学》2012 年第 3 期

作　　者:谢立宏

简　　介:在我国现代化的进程中,追求经济增长的同时相对忽视了生态环境的保护,风险不断涌现,由人为因素造成的地质灾害频繁发生也是社会风险的表现之一。以兰州市一个微型社区的地质灾害风险为剖面进行调查和研究,探讨这一多民族聚居社区本已存在的地质灾害易发的危险环境在加入了诸多社会动因之后,如何转变成了极具人为性和不确定性的风险环境。

## 0475 应用信息技术促进学生数学学习的正迁移

发表时间及载体:《电化教育研究》(CSSCI)

2006 年第 11 期

作　　者：孙名符 魏兴民

简　　介：数学是基础教育的一门重要课程，也是学生相对来说比较难学的一门课程。随着信息技术进入数学教育且发挥着越来越重要的作用，本文从数学学习的角度分析如何应用信息技术促进学生数学学习的正迁移。

## 0476 论行政诉讼的证据规则

发表时间及载体：《甘肃行政学院学报》2005 年第 4 期

作　　者：丁明湖

简　　介：为了制约行政机关在实体法律关系中的行政权力，保证法律关系主体间的平等关系，我国《行政诉讼法》在证据问题上做出了严格的规定。本文试图围绕行政诉讼证据的规则与行政诉讼证据规则的特殊性等问题进行较为深入的探讨和分析，并适当提出进一步完善我国行政诉讼证据规则的建议。

## 0477 马克思主义人文精神的内涵及现实意义

发表时间及载体：《西北师大学报：社会科学版》2003 年第 2 期

作　　者：陈力军 张学军

简　　介：人文主义思潮提出以人为本，这是人文精神的集中体现，马克思主义对它做了历史唯物主义阐述。人文精神的一个重要体现，就是人权，我们党和国家用生存权和发展权重新阐释了人权，也为人权的实现找到了现实的道路。人文精神的另一个重要体现，是社会最高价值目标的确定，马克思提出人的自由而全面发展，为社会主义社会确立了最高价值目标，江泽民同志用"三个代表"思想发展了马克思主义的学说。

## 0478 大学生网络成瘾问题及防治策略

发表时间及载体：《电化教育研究》（CSSCI）2008 年第 2 期

作　　者：王文昇

简　　介：大学生网络成瘾问题已经引起社会各界的广泛关注。这些网络成瘾者长期脱离现实生活，性格变异，情感迷失，道德失范，判断力下降，学风浮躁，成绩下滑，严重影响了自身正常的学习、生活和人际交往。本文从学校工作的实际出发，提出建立防治大学生网络成瘾的网德教育机制、目标干预机制、行为介入机制和文化活动机制，以期预防和治疗大学生网络成瘾，使他们从一个"虚拟人"转化为一个"现实人"。

## 0479 产业集群合作创新中信任关系的演化博弈分析

发表时间及载体：《科技管理研究》（CSSCI）2011 年第 2 期

作　　者：柴国荣 龚琳玲 李振超

简　　介：我国的产业集群内企业间信任水平不高，导致企业间的交易成本高，知识流动的速度慢，进而影响了集群的创新，制约了产业集群的发展。本文从博弈参与者的有限理性出发，分析了产业集群合作创新。

## 0480 指称与涵义关系探析——语言意义理论讨论之二

发表时间及载体：《西北师大学报：社会科学版》1999 年第 3 期

作　　者：张智学

简　　介：语言意义问题的核心，是指称与涵义的关系问题。指称关系是由人、语言、世界（所指）这三大因素交互作用而形成的，人在其中起主导作用。指称关系是所指与意义得以表现的直接来源，当语言使用者在指称关系框架内对其所认识世界的知识信息进行表达的同时，其语言表达式也就获得了涵义。

## 0481 论新城市群建设

发表时间及载体：《甘肃联合大学学报：社会科学版》2008 年第 24 卷第 2 期

作　　者：张贡生

简　　介：如果我们将城市群界定为被高速交通轴缩短了时空距离的大城市空间，那么，未来中国将形成 23 个新的城市群。但并不能因为地缘相近就称其为城市群或城市圈，相反，需要打破行政边界，逐步建立区域经济系统；完善基础设施建设机制，建立立体交通体系；建立开放型的城市经济系统，强化城市之间的经济联系；实行资源节约型的城市群发展战略，力促新城市群形成，带动中国步入现代化行列。

## 0482 西部地区金融抑制的制度分析

发表时间及载体：《改革》（CSSCI）2005 年第 4 期

作　　者：高新才

简　　介：本文简要疏理和评述近年来我国区域金融与经济发展关系的实证研究现状，重点对 1997 年亚洲金融危机后我国金融市场化改革进入新的阶段，西部地区普遍存在的独特金融抑制形式和影响进行制度分析，透析了我国现行的金融市场化改革与西部经济中相关配套制度供给不足而带来高额的交易成本，并基于上述分析提出了西部地区金融改革的路径选择和制度创新的思路，尝试构建适合西部经济发展的金融制度和组织结构。

## 0483 论加强西北地区农村学前教育教师队伍建设的有效策略

发表时间及载体：《兰州学刊》2011 年第 6 期

作　　者：谢秀莲

简　　介：《国家中长期教育改革和发展规划纲要（2010—2020）》特别提出要"重点发展农村学前教育"。发展农村学前教育的关键因素之一是师资问题。西北地区农村幼儿教师队伍主要存在待遇低、专业素质不高及教师队伍不稳定等方面的问题。政府应从确立农村幼儿教师身份、修订教师编制标准及加强教师职业培训等方面促进西北地区幼儿教师队伍的稳定及专业水平的提高。

## 0484 《唐诗解》之成书与《唐诗品汇》的渊源关系

发表时间及载体：《江西师范大学学报：哲学社会科学版》2011 年第 44 卷第 5 期

作　　者：雷恩海 薛宝生

简　　介：高棅《唐诗品汇》是明代最有影响力的唐诗选本，对明代之诗歌创作和唐诗选本影响巨大。唐汝询自幼目盲，借助父兄子侄而"听读"至于博学，编选《唐诗解》一书。文章从编选体例、唐诗分期、作品选录等方面，以详明的数据和具体的分析，比较深入细致地论析《唐诗解》一书与《唐诗品汇》之间的传承与创变。《唐诗解》以《唐诗品汇》为选录渊薮，参酌《唐诗正声》、李攀龙《唐诗选》，而勒成体现唐汝询自身选录眼光的诗歌选本，在唐诗学史上具有一定的价值。

## 0485 《史记·孔子世家》"内容有不确处"探析

发表时间及载体：《高等理科教育》2004 年第 Z1 期

作　者：乔建

简　介：《史记》是一部伟大的历史著作，但在内容的可靠性方面《孔子世家》却是个例外。本文对《史记·孔子世家》的内容有不确处做了分析，并归纳其原因。

## 0486 甘肃省文化产业发展与区域经济发展的战略思考

发表时间及载体：《陇东学院学报》2012年第23卷第6期

作　者：高雅

简　介：在"十二五"期间，文化产业已成为各地区高度重视发展的新兴产业，甘肃省拥有丰富的文化历史资源，文化产业虽初具规模，但对于带动区域经济的发展却显"乏力"。本文针对甘肃省文化产业发展如何带动区域经济发展在战略层面进行了探索，提出甘肃因地制宜发展文化产业可能选择的路径和可供选择的模式。

## 0487 新兴古典视角：区域差距问题的再思考

发表时间及载体：《兰州商学院学报》2005年第21卷第5期

作　者：赵亚明

简　介：本文重拾古典分工思想，在新兴古典经济学的分析框架下，对区域差距问题进行重新思考，提出区域经济发展差距源于不同区域间交易效率和分工水平差异的看法，认为交易效率的改进能够提高落后地区的专业化分工水平和总合生产力，有助于区域间经济发展差距的逐步缩小。

## 0488 从新疆剿匪斗争看中国共产党的民族政策

发表时间及载体：《西北民族研究》（CSSCI）2004年第1期

作　者：刘湘娟 孟楠

简　介：本文着重对20世纪50年代初期新疆剿匪斗争中我党的民族政策问题进行分析和研究。当时新疆的匪患主要是一些封建牧主、部落头人，他们胁迫许多不明真相的少数民族群众，利用宗教作为掩护，具有很强的蒙蔽性。人民解放军在剿匪斗争中，根据新疆匪患的特点，正确运用党的民族政策，使剿匪斗争取得了最后的胜利，并为党在新疆实行一系列社会改革打下了良好的基础。

## 0489 提升甘肃装备制造业技术创新能力的对策选择

发表时间及载体：《社科纵横》2009年第5期

作　者：张树平

简　介：甘肃装备制造业整体水平低、自主创新能力弱，既是经济发展滞后的结果，又是长期以来忽视技术创新对装备制造业推动作用的必然结果。为此必须尽快提升技术创新能力，以实现甘肃装备制造业的振兴。

## 0490 魏晋南北朝史学接受述论

发表时间及载体：《北方论丛》2010年第3期

作　者：朱慈恩

简　介：魏晋南北朝时期，史学发展成为一门独立的学科。这一时期史学传播，主要通过学校中的历史教学以及社会上各种形式的历史知识普及。史书的阅读和接受成为了普遍的社会现象，以历代正史为主的史书被广泛地阅读。这一时期的史学接受，体现出广泛性、多样性和复杂性等特征。接受的效果在专业研究领域、日常生活领域以及国家政治活动中均有所反映。

## 0491 决策权配置与企业组织效率

发表时间及载体：《兰州大学学报：社会科学版》2001 年第 29 卷第 2 期

作　　者：蔡继荣

简　　介：企业组织的效率受到决策形成和决策执行过程中所需的知识的限制，而决策权的不同配置方式影响着组织的知识水平，并由此对组织效率产生影响。企业组织面临着分配决策权与由此带来的协调成本之间的两难抉择，组织结构的优化过程就是在知识成本和协调成本之间均衡的过程。

## 0492 清代幕府研究述评

发表时间及载体：《西北师大学报：社会科学版》2011 年第 3 期

作　　者：张兵

简　　介：有清一代幕府盛行，对社会各个方面影响深远，它既是一种政治现象，也是一种社会文化现象。对于清代幕府的研究，海内外学者颇为关注，自 20 世纪 30 年代开始，清代幕府即进入了学者的研究视野。截至目前，对清代幕府的研究大致经历了两个阶段：起步阶段 (1930—1978 年 ) 和发展阶段 (1979—现今 )，每个阶段都体现出不同的研究特征。对清代幕府的研究已经取得了可喜的成就，但也存在一些需要在今后的研究中加强和改进的问题。

## 0493 集团化、网络化、国际化——德国出版业发展的重要趋势

发表时间及载体：《大学出版》2002 年第 1 期

作　　者：张克非

简　　介：在中国即将入世，出版业亦将面临激烈的国际竞争的情况下，我有幸参加中国大学版协组织的代表团，前往德国参加第 53 届法兰克福书展。虽然行程短促，往返不足两周时间，但在走马观花中，仍对德国出版业有了一些初步的感受。

## 0494 流浪叙事中的历史反思、人性救赎和意义探寻——评赵光鸣的小说

发表时间及载体：《新疆师范大学学报：哲学社会科学版》（CSSCI）2012 年第 33 卷第 2 期

作　　者：权绘锦

简　　介：在当代中国西部文学中，赵光鸣的小说风格独标。一方面，在对"盲流"人生苦难的叙写中，熔铸着深刻的历史反思、社会批判、"国民性"审视和人性救赎，另一方面，通过知识分子精神流浪的展示，探寻生命存在的意义和价值，为西部小说乃至中国当代文学增添了独特而又丰美的神采。

## 0495 甘肃张掖市马蹄寺千佛洞凉州瑞像再考

发表时间及载体：《四川文物》2009 年第 3 期

作　　者：张善庆

简　　介：凉州瑞像信仰盛于北朝隋唐五代宋时期，其遗迹遍及今天山西、甘肃、新疆乃至四川地区。马蹄寺千佛洞隋唐洞窟第 6 窟主尊原为凉州瑞像，但是经过 1963 年至 1992 年之间的重修之后，主尊题材转变成阿弥陀佛，从而造成了学术界对其定名的分歧。此文以实地考察为基础，首次揭示这次重修活动所造成的影响，并在前贤研究的基础上对其内容进行详细再考。

## 0496 意趣情趣理趣——苏轼与酒

发表时间及载体：《兰州大学学报：社会科学版》2005 年第 33 卷第 5 期

作　　者：张崇琛

简　　介：苏轼一生与酒结下了不解之缘。他所追求的酒中趣即意趣、情趣与理趣，不但使人格与酒格完美结合，创造出绝妙的境界，丰富了中国酒文化的内涵，同时也成为后世许多知识分子身处逆境时的重要精神支柱。

## 0497 对教育技术学专业本科生实践创新能力培养的探析——以西北师范大学教育技术学专业为例

发表时间及载体：《电化教育研究》（CSSCI）2009 年第 7 期

作　　者：贾志斌

简　　介：目前，教育技术学专业本科生从招生到就业出现了前所未有的困境，其原因之一在于学生实践创新能力不足。提高学生的实践创新能力，正是专业建设的需要，也是社会对教育技术学人才的要求。针对这一情况，西北师范大学教育技术学专业从课程体系建设、实验教学改革、学生实践创新平台搭建等方面，采取了一些有益的做法，取得了初步成效。

## 0498 "现代性"教育学的批判与反思

发表时间及载体：《西北师大学报：社会科学版》2007 年第 4 期

作　　者：刘旭东

简　　介：教育学独立以来，以服务于现代工业生产和构建严密的逻辑体系为旨趣。在获得数量和效率的同时，却逐渐失去了它原本具有的生活性和文化批判的品格。这主要表现在教育学在学科建设上仅仅关注学科逻辑的合理性和可操作性，漠视多彩的教育现实。教育学应恢复它的文化批判本性，走向实践，关注生命。

## 0499 基于社会团结的包容性社会——关于当前中国社会管理的若干理论与实践问题

发表时间及载体：《甘肃行政学院学报》2011 年第 5 期

作　　者：包晓霞

简　　介：创新社会管理体制，建设更具包容性的社会，是当前中国社会管理改革的核心议题。本文从社会学的视角，诠释了当前中国社会管理的目标选择，并系统分析了改革所面临的挑战。社会形态学认为，社会是一个物理心理过程，其物理部分是由人口和社会资源分配形成的社会结构，心理部分则是社会联结的纽带。社会管理就是社会管理者通过调整社会资源的供应和分配，操控人口的流动和社会成员的心态，增强社会的联结纽带，不断塑造变化着的社会形态的过程，社会学对理解这一过程提供了系统的理论知识和分析工具，国外关于社会管理的战略及其实践给我们提供了一些可资借鉴的经验。综合分析表明，当前中国迫切需要在加强社会团结的基础上发展社会的包容性。

## 0500 可持续发展道路是西北经济的必然选择

发表时间及载体：《西北师大学报：社会科学版》2000 年第 2 期

作　　者：高燕平

简　　介：西北，作为中国的不发达地区之一，在以往的经济开发中，付出过高昂的资源、环境与生态代价，也造成了人口膨胀、贫困、城乡对立等一系列社会经济问题。痛定思痛，可持续发展是西北经济的必然选择。虽然面临重重困难，但社会主义政治制度特别是市场经济体制的建立已为这一选择开辟了广阔前景。西北初具规模的国民经济体系也为其提供了物质保障。

## 0501 民间商会与当代中国政府职能转变探析

发表时间及载体:《社科纵横》2008 年第 3 期

作　　者:张铁军 李会英

简　　介:民间商会是市场经济的产物,民间性与自律性是商会的基本性质与职能,民间商会在中国政府职能转变中具有独特的地位与作用,政府职能转变要以体现民间商会的基本性质与职能为标准。

## 0502 西部大开发中的软投入制约

发表时间及载体:《数量经济技术经济研究》(CSSCI)2002 年第 1 期

作　　者:李国璋

简　　介:本文认为,由于西部地区体制、政策、观念、政府行为、科技和教育等软投入要素质量较低,对西部大开发起到制约的作用。西部大开发取得成功,最重要的保障条件是克服西部软投入的制约,提高西部软投入的质量,主要是提高西部体制、政策、观念、政府行为等非科技型软投入的质量。

## 0503 中国农业经济增长的水土资源"尾效"研究

发表时间及载体:《统计与决策》(CSSCI)2011 年第 15 期

作　　者:聂华林 杨福霞 杨冕

简　　介:国家社科基金重大项目(04-ZD018),国家自然科学基金资助项目(40871061)。文章研究了中国水土资源对农业经济的增长的约束力。基于 Romer 假说,探讨了由于单位劳动力资源占有量降低给经济增长带来阻滞的作用机理。

## 0504 中国农村土地制度及改革研究——基于对"土地社会保障功能"的思考

发表时间及载体:《兰州商学院学报》2012 年第 3 期

作　　者:柳建平 闫然

简　　介:"农地保障功能"是近几年学术界讨论的焦点之一。文章在简要回顾主要观点及对其进行评析的基础上,就改革开放以来我国农地制度功能"异化"的原因进行了分析,并提出了相应的变革措施。本文认为:在当代中国农村,农地沦为农民社会保障的"事实",不仅严重阻碍了农地制度的进一步变革,而且直接和间接地弱化了农地经济功能的正常发挥。因而,解决这一问题的根本就是加快农村社会保障制度建设步伐,同时在当前农村社会保障制度建设取得初步成效的条件下,应不失时机地推进农地产权制度改革,提高农地生产要素功能,充分发挥市场对土地资源的基础配置作用,提高农地利用及配置效率。

## 0505 中日法定继承制度的比较研究

发表时间及载体:《甘肃行政学院学报》2003 年第 2 期

作　　者:孟波 陈超远

简　　介:本文主要论述了中日继承法中关于法定继承的不同之处的比较。进而,为我国的继承法的修订提出一些可行性的建议。其主要问题集中在配偶在继承中的顺序,代位继承权的性质,丧偶儿媳或女婿的继承顺序等方面。希望它们的提出和讨论能够有利于我国民法典的早日制定。

## 0506 产业转移理论与实践认识的两个误区

发表时间及载体:《兰州大学学报:社会科

学版》2001年第29卷第1期

作　　者：苏华

简　　介：东南沿海地区由于产业结构调整而出现的产业转移趋势，为西部地区缩小差距，加快发展提供了难得的历史机遇。本文旨在澄清一些模糊认识，认为产业转移是一国经济发展过程中发生的一种必然现象。同时产业转移是包括资金、技术、设备等各种生产要素的转移，并在区域资源、要素配置、产业结构、技术和管理等方面引起一系列积极效应，会产生发展机会的传播，使国家经济总体发展水平得到逐步提高。

## 0507 欠发达地区农村信用社的地位和优势——以甘肃为例

发表时间及载体：《社科纵横》2010年第12期

作　　者：徐媛媛

简　　介：本文以欠发达地区农村金融的需求与供给为视角，探析了欠发达地区——甘肃省农村信用社在农村金融中的地位和优势，指出欠发达地区农村信用社坚持合作制的必要性。

## 0508 静为逸民之宗，动为元凯之表——葛洪人生理想管窥

发表时间及载体：《甘肃理论学刊》2007年第5期

作　　者：梁上燕 丁宏武

简　　介：葛洪一生时出时入，仕隐不定。始则治身治国兼顾，终于弃人事而求长生，是出处两得的一生，也是出处两难的一生。葛洪之所以选择这种人生道路，是他隐显任时的人生态度、"静为逸民之宗，动为元凯之表"的人生理想以及两晋之交风云变幻的政局共同作用的结果。

## 0509 新世纪民族意识研究新动向新观点述评

发表时间及载体：《西北民族研究》(CSSCI)2010年第1期

作　　者：贾东海

简　　介：本文对20世纪80年代以来民族意识理论研究的主要成果，尤其是金炳镐先生的主要观点进行了总结性介绍，对新世纪以来民族意识研究的新动向、新观点、代表性的作品进行了梳理和评述，最后指出了当前民族意识研究中的不足和误区。

## 0510 西部经济发展的人文因素刍议——与西部发展相关的几个经济人类学问题

发表时间及载体：《开发研究》2010年第1期

作　　者：房艳丽 刘文江

简　　介：西部大开发必须有超前的思考，才能在未来的发展中占据有利的地位。本文从人文的角度思考经济问题，分别就人口素质、资源的流动以及市场经济基本面的培养等方面，提出了在目前西部经济发展中需要关注的三个问题。同时，本文也在宏观方面论述了全球化趋势和西部村落经济的关系，并依据"长波"理论对西部发展的历史机遇做出了展望。

## 0511 南宋陕西籍武将群体述论

发表时间及载体：《西北师大学报：社会科学版》2009年第5期

作　　者：何玉红

简　　介：南宋时，陕西籍武将大量涌现，在抗击金蒙进攻中发挥了极大的作用，在当时的政治和军事舞台上扮演着重要角色。陕西籍武将具有骁勇善战与家族性强两大特征，陕西籍将士的南迁、尚武民风的熏陶、

边陲战争生活的洗礼等是陕西籍武将涌现的重要原因。

## 0512 地缘视角下的兰渝铁路——兼论甘川渝地区的地缘战略意义

发表时间及载体：《社科纵横》2010 年第 7 期

作　　者：马云志 刘华荣

简　　介：兰渝铁路是连接甘川渝三省市的西北西南大通道铁路工程，正线全长 820 公里，国铁Ⅰ级，双向电气化，速度目标值 160 公里／小时，估算总投资 736 亿元。该工程虽历经波折，但因为新时期下国家战略发展的需要而得以百年梦圆。一方面兰渝铁路对地方经济、社会的发展将产生巨大带动作用，另一方面，甘川渝地区地缘战略价值将直接影响铁路的战略价值，二者相辅相成，互为因果，会进一步提升和丰富铁路及所处之地区的战略价值。如何使铁路的积极意义得以充分发挥也是需要地方各级政府认真思考并加以科学践行的重要课题。

## 0513 论外商直接投资对中国东、中、西部地区经济增长作用机制的差异——1990—2004 年地区数据的实证检验

发表时间及载体：《南开经济研究》（CSSCI）2008 年第 1 期

作　　者：郭志仪

简　　介：本文基于一个外商直接投资（FDI）对经济增长作用的内生框架，分析了 FDI 对中国东、中、西部地区经济增长作用机制的差异。利用 1990—2004 年省际数据，发现 FDI 在中国各地区发挥的作用存在明显差别。FDI 作为一种资本形式，对东部地区经济增长作用显著，对中部地区边际作用较大但不明显，对西部地区作用甚微；FDI 在东部地区具有显著的技术外溢和资本挤入效应，对中部地区经济增长的作用主要表现为挤入效应而不是技术外溢效应，在西部地区，资本挤入和技术外溢效应均不明显。东、中部地区的经济增长有助于吸引 FDI 进入，而西部地区的经济增长并不能显著提高 FDI 的吸收规模。人力资本的提高对于西部地区吸引 FDI 的进入和地区经济效率的提升具有更为重要的意义。

## 0514 唐末台阁诗人的生存状态与其诗歌主题关系的考察——以韩偓濮州之贬前后的创作为中心

发表时间及载体：《西北师大学报：社会科学版》2010 年第 5 期

作　　者：周蓉

简　　介：唐末台阁诗人仕途的升降浮沉，不仅导致其社会地位和生存状态发生变化，而且强烈地冲击着他们的情感心态，从而对文学创作产生深刻的影响。韩偓一生中因处于不同的生存状态，其诗歌主题的变化非常显著：早年蹭蹬科场，受咸、乾淫靡浮薄士风的影响，诗酒放浪，纵情冶游，写了大量的香奁诗；中年仕途通达，直接参与了军国大事的决策，目睹了战火纷飞、生灵涂炭的乱世景象，其时政诗对唐末时局做了客观的描述，始末历然如镜，可补史传之缺；晚年贬官沦落，又遭鼎革，其流寓诗感慨时事，哀悼故国，情感沉郁，风骨遒劲，达到了他一生的创作高峰。

## 0515 转变经济发展方式进程中的市场经济体制改革研究

发表时间及载体：《甘肃理论学刊》2010 年第 6 期

作　　者：吴立贤

简　　介：转变经济发展方式为完善市场经

济体制机制指明了方向，提出了要求。切实转变经济发展方式必须遵循市场经济规律，客观上要求健全现代市场体系。因此，有利于完善社会主义市场经济体制；同时，不断完善社会主义市场经济体制，不断改革阻碍市场经济发展的体制和机制，有助于实现资源合理配置和高效利用，从而促进经济发展方式的转变。

## 0516 农村中小学现代远程教育若干理论问题探析

发表时间及载体：《电化教育研究》（CSSCI）2008 年第 1 期

作　　者：杨晓宏 吴长城 贾巍

简　　介：本文从农村中小学现代远程教育的内涵、基本构成、目的、基本特征、研究内容和实施动力等六个方面对农村中小学现代远程教育进行了全面论述。

## 0517 从甘博藏《报父母恩重经变》看唐、宋洗儿风俗

发表时间及载体：《西藏大学学报》（CSSCI）2008 年第 3 期

作　　者：刘再聪

简　　介："三日洗儿"是我国育儿风俗之一，包含洗浴、赠赏、宴乐等内容，主要是为小儿祈福，保健因素较多，对于体质弱小的婴儿来说，则是一种考验。

## 0518 网络时代高校思想政治课的新审视

发表时间及载体：《电化教育研究》（CSSCI）2008 年第 11 期

作　　者：李刚 彭伟

简　　介：以互联网为代表的信息技术的迅猛发展，给高校思想政治教育带来前所未有的机遇和挑战。网络环境的开放性和交互性

提高了思想政治课教学的针对性，网络文化的多元性凸显了思想政治课价值观导向的重要性，网络世界的隐蔽性增加了师生沟通的实效性，网络信息的快捷性加强了思想政治课教学的时代性。然而，网络环境的复杂性涣散了大学生的主流意识形态，网络虚拟环境导致部分大学生主体性迷失、人格异化和行为失范。因此，要重建思想政治教育中的主客体关系。发挥思想政治课教师对网络生态环境的治理作用，改革和创新思想政治课的教学方法，强化思想政治课的引领功能，促使网络时代高校思想政治课取得实效。

## 0519 控、辩平衡对律师辩护制度的要求

发表时间及载体：《兰州大学学报：社会科学版》2004 年第 32 卷第 1 期

作　　者：王宏璎

简　　介：控、辩平衡是保证法官兼听、实现诉讼公正的重要机制。立法以及司法实践中存在的对辩方权利的限制是控、辩失衡的现实原因。从立法入手限制控方的权利，保障并扩张辩方的权利以矫正现有的律师辩护制度，是诉讼程序正当性以及被告人人权保障的要求。具体说，就是要赋予辩护律师取证权、讯问时在场权、强化申请取证权、扩大阅卷范围等权利，并进一步完善法律援助制度，建立强制辩护制度。

## 0520 各美其美，蔚成大观——新时期以来甘肃诗坛概览

发表时间及载体：《西北师大学报：社会科学版》2005 年第 3 期

作　　者：彭金山

简　　介：新时期以来，甘肃诗坛在各美其

美、和而不同中迎来了今日的辉煌。李季、闻捷在甘肃工作，给甘肃诗歌打下了坚实的基础。新时期以来出现了诗歌创作的第二次高潮，这是一次本土意义上的甘肃诗歌的崛起，在西部诗、乡土诗、多民族色彩等方面呈现强劲的发展势头。诗人们坚持独立的审美追求，创作群体已经形成。甘肃日渐现出诗歌大省的气象。

## 0521 论欧阳修的茶利观

发表时间及载体：《西北师大学报：社会科学版》2003 年第 1 期

作　　者：刘建丽 铁爱花

简　　介：宋代专卖体制下茶叶经济的发展，对国计民生影响极大，围绕茶法、茶价诸问题有众多争论。欧阳修的茶利观主要体现在以下四方面：一是反对政府屡更茶法，主张与商共利，二是主张政府降低茶价，确保茶市正常运营，三是正确处理国家、大商人、小商贩三者之间的关系，四是重视茶利，深刻认识到茶利在国防中的重要性。

## 0522 邓小平南巡谈话对社会主义建设规律认识的深化

发表时间及载体：《兰州大学学报：社会科学版》2004 年第 32 卷第 4 期

作　　者：王维平 凌云飞

简　　介：分析了邓小平南方讲话的里程碑意义，对南方讲话的主要内容做了归纳，从五个方面论述了邓小平南方讲话对社会主义建设规律认识的深化，及其对建设中国特色社会主义的指导意义。

## 0523 西路军重要人物研究述评（上、下）

发表时间及载体：《甘肃社会科学》2011 年第 1、2 期

作　　者：董汉河

简　　介：西路军人物研究是西路军研究的一个重要方面，近三十多年来成绩显著，也存在明显的缺憾。研究内容大体可分为两个方面：一是重要人物研究，二是一般人物研究。重要人物主要指对西路军的行动和营救有重要影响的人物，包括中共中央领导人、西路军军政委员会的委员、军级干部及成绩显著的营救人员，一般人物包括师团级干部及其以下的各级指战员、流落各地的西路军老战士，也涉及极少的有变节行为者。

## 0524 甘青地区藏族的端午节传说研究

发表时间及载体：《西北民族大学学报：哲学社会科学版》2010 年第 5 期

作　　者：白晓霞

简　　介：生活在甘青地区的藏族人民将端午节传说中所纪念的人物进行了文化重构，从而生发出一种对民众进行德育教育的重要意义，集体性很强的公众节日生活民俗为这一意义的生成提供了鲜活的展演场域和说教平台。由此可见，少数民族对节俗纪念人物的地方化建构虽然疏离了汉族节俗文化的本来意义，但从更高的层面上实现了更为重要的构建族群传统价值观的目的。

## 0525 基于 Wiki 平台的网络图书协同创作——以《村落学习——技术环境手册》为例

发表时间及载体：《电化教育研究》（CSSCI）2011 年第 6 期

作　　者：吴长城 庄秀丽 杨晓宏

简　　介：本文通过案例研究，以 Wiki 平台为核心，分析网络图书协同创作的特点，详细阐述网络图书创作流程，架设网络图书编写技术支持环境，集结学习社区成员，形

成集体智慧。通过教育大发现学习社区图书《村落学习——技术环境手册》编写案例，深入探索网络图书编写模式，总结网络图书编写策略，展示社区集体智慧结晶，分享协同创作图书实践及体验。

## 0526 对资产减值准备明细表编制的一点思考

发表时间及载体：《兰州商学院学报》2005年第21卷第2期

作　　者：李海玉 刘振奎

简　　介：本文介绍了各项资产减值准备的计提模式与计提方法，以及各项资产减值准备的计提与转回时的账务处理，并对资产减值准备明细表编制进行了归纳。

## 0527 《黄庭内景经》的脑学说和心脑关系

发表时间及载体：《宗教学研究》（CSSCI）2005年第1期

作　　者：刘永明

简　　介：中国传统医学持心主神明说，至明清以后才提出脑主神明说，道教则在东晋以前出世的《黄庭内景经》中已经对脑主神明有了明确的认识。本文即剖析了《黄庭内景经》中的脑主神明说及与之密切相关的心脑关系问题，认为其中的脑主神明说主要体现为脑为精神之主宰、生命之根本两个方面，心脑关系则体现为脑主神明而为百神之宗主，心主神明而统帅五脏六腑一身之生理运行，脑神静、心神动，脑神无为、心神有为，脑主神明之体，心主神明之用，二者相辅相成，缺一不可。脑主神明说是道教炼养学的医学理论创造，需要大力开掘。

## 0528 如何营造干事创业的良好环境

发表时间及载体：《甘肃行政学院学报》

2002年第2期

作　　者：成克禄

简　　介：营造干事创业的环境是"三个环境"中的重要一条，必须做到。党委、政府的优惠政策，是干事创业环境的坚实基础。严格的法律是营造干事创业环境的根本保证。充分利用宣传舆论阵地，大力宣传干事光荣是营造干事创业环境的重要前提。经济保护是营造干事创业环境的重要环节。

## 0529 关于罗寄梅拍摄敦煌石窟图像资料

发表时间及载体：《文物世界》2010年第6期

作　　者：沙武田

简　　介：敦煌石窟作为世界文化遗产和人类文明的宝藏，历经中国中古时代之十六国、北朝、隋、唐、五代、宋、西夏、元等多个朝代，一千六百余年时间。在漫长的历史长河中，敦煌的艺术家和无名工匠们创造了无比辉煌灿烂的佛教艺术，计有800余所洞窟，壁画近50000余平方米，彩塑3000余身。

## 0530 论胡锦涛的民族发展观

发表时间及载体：《西北民族大学学报：哲学社会科学版》2010年第2期

作　　者：甄喜善

简　　介：胡锦涛在继承毛泽东、邓小平、江泽民关于发展思想的基础上，不仅提出了科学发展问题，还高度重视民族发展问题，并就民族发展问题提出了许多重要的思想和观点，突出强调了民族发展问题的重要地位和作用，形成了独具特色的民族发展观。胡锦涛的民族发展观突出强调了民族发展的重要意义、民族发展要以科学发展观来统领、基础是经济发展、核心是以人为本、重点是推动人口较少民族的发展、前提是正确处理改革发展稳定的关系等。

## 0531 论教学论知识的"合法化"问题

发表时间及载体：《西北师大学报：社会科学版》2000 年第 3 期

作　　者：王兆璟

简　　介：由于过分的思辨机制叙事的损害，也由于研究中"实用主义"式的误构，致使教学论研究的知识形态——教学论知识呈现出"非合法化"的状态。而要使之恢复常态，步入"合法化"的轨道，重构就成为自然之事。以"非合法化"叙事为参照，可解构出"立足现实，回顾过去，面向未来"的教学论知识"合法化"的范型。

## 0532 虚拟企业的利益分配与协调研究

发表时间及载体：《科技进步与对策》（CSSCI）2012 年第 24 期

作　　者：包国宪 王学军 柴国荣

简　　介：国家自然科学基金项目（71073074，70702013），兰州大学中央高校基本科研业务费项目（09LZUJBWZD003）。虚拟企业利益的合理分配是保证虚拟企业有效运转和增加合作伙伴信任程度的核心要素之一。

## 0533 中国地方政府绩效评估的可持续性问题研究——基于"甘肃模式"的理论反思

发表时间及载体：《公共管理学报》2012 年第 2 期

作　　者：何文盛 廖玲玲 王焱

简　　介：政府绩效评估作为一种创新性的政府管理工具，其科学性与可持续性成为推动政府绩效管理和政府能力建设的关键。然

而由于多种因素的影响，我国地方政府绩效评估的持续性开展面临着一系列的障碍。为了深入解析这些障碍并提出解决方法，文章运用文献研究法及模型分析法等，试图从既往文献的梳理入手，结合中国地方政府绩效评估的典型模式之一的甘肃模式，对该模式中出现的问题和面临的困境进行系统的理论分析，在此基础上分析总结出我国地方政府绩效评估可持续开展的重要影响因素：法律保障、政治支持、社会参与以及评估体系设计。在以往政府绩效评估理论研究的基础上，作者构建出一个新的理论分析模型，并据此模型对甘肃模式进行分析，提出促进地方政府绩效评估可持续性发展的若干建议。目前国内学者对于绩效评估可持续性问题的研究相对较少，因而本文中的相关结论与建议对于推动我国地方政府绩效评估的可持续性具有一定的理论指导意义与实践参考价值。

## 0534 中国回族文学与中亚华裔东干文学

发表时间及载体：《宁夏大学学报：人文社会科学版》2009 年第 31 卷第 2 期

作　　者：杨建军

简　　介：中国古代回族文学的发展在 20 世纪有两个不同向度：中亚华裔东干族文学和中国回族文学。解读两族文学中的共有意象和文学成长环境会发现，虽然两族文学同根同源，但在民族性建构方面，东干文学偏向中国汉文化色彩，回族文学注重伊斯兰文化特征。以互为参照系的方式观照两族文学，还会发现东干文学对弥补回族文学发展断裂性的民族文献价值，以及"寻亲文学""寻根文学"等两族文学发展的新动向。

## 0535 产业集聚：民营经济发展的理性选择

发表时间及载体：《兰州大学学报：社会科学版》2005 年第 33 卷 1 期

作　　者：张继英 曾潮洁 吕萍

简　　介：甘肃独特的地缘和资源状况使其担负着保护生态环境和发展区域经济的双重任务，基于甘肃实际，通过对发达地区民营经济发展的成功经验的总结和产业集聚的效应分析，提出以产业集聚的思路来发展民营经济，是甘肃实现经济发展和环境保护双赢目标的理性战略选择。

## 0536 利玛窦在华测绘经纬度地图及原因探析

发表时间及载体：《西北民族大学学报：哲学社会科学版》2010 年第 4 期

作　　者：黄兆宏

简　　介：明万历期间，意大利传教士利玛窦来到中国，在各种原因的驱动下，测绘了多幅中国经纬度地图。地图的绘制采用了西方的许多先进制图方法与技术，从而推动了中国测绘和地图科学的发展，对中国地图学的演进产生了深远的影响。

## 0537 少数民族双语教学中存在的问题及其对策——以东乡族为个案

发表时间及载体：《西北师大学报：社会科学版》2005 年第 1 期

作　　者：王嘉毅

简　　介：作为有语言无文字民族的东乡族基础教育中的双语教学存在着教学用语不便、作为第二语言的汉语过渡困难、教学效率低下、双语师资缺乏等问题，其原因在于缺乏对此类双语教学的研究，缺乏对学生学习汉语的有效指导等。必须对此类无文字民族辅助性双语教学中汉语学习的必要性、时间、途径、方式方法以及民族语的作用等问题进行深刻的理论思考和研究，探讨出尽快掌握汉语，以提高其双语教学水平及基础教育质量的策略和模式。

## 0538 唐代敦煌绿洲水系考——对《沙州都督府图经》等写卷的研究

发表时间及载体：《中国史研究》（CSSCI）1986 年第 1 期

作　　者：李并成

简　　介：绿洲是干旱荒漠地区人类活动的精华之域。绿洲上，水源为最宝贵的自然资源，是哺育绿洲文明、维系绿洲发展繁荣的命脉。本文恢复历史时期绿洲的水系状况，对比其古今的发展变化，揭示其变化。

## 0539 地下的精彩世界——甘肃古代墓室砖画艺术撷英

发表时间及载体：《美术研究》（CSSCI）2008 年第 3 期

作　　者：李怀顺

简　　介：甘肃境内发现的古代墓葬中，出土了丰富的砖画，河西地区的魏晋墓葬砖画有神兽祥瑞图、莲花和白象、神话故事、历史人物以及模仿现实生活等内容，唐墓出土胡商牵驼内容砖画，宋金墓葬出土二十四孝内容砖画。

## 0540 王稼祥对马克思主义中国化的探索和贡献

发表时间及载体：《唐山学院学报》2010 年第 4 期

作　　者：刘先春

简　　介：作为杰出的无产阶级革命家、伟大的马克思主义者以及中国共产党卓越领导人之一，王稼祥同志对马克思主义中国化的认识经历了曲折前进的过程。

## 0541 论法治社会中的警察权

发表时间及载体：《甘肃政法学院学报》
2003 年第 1 期

作　　者：梁晶蕊

简　　介：警察权在一个社会中的实际运作
状态，在相当程度上标志着这个社会文明的
发展水平。警察权力与公民权利在一定条件
下成反比例关系。依法治国，建设社会主义
法治国家，已成为我国一项基本的治国方略。
在法治条件下，为保障公民的权利，应以法
治的理念重新审视警察权，并应以法治的原
则和观念指导警察权的设立和行使。

## 0542 数字水印技术在网络教学中的应用研究

发表时间及载体：《电化教育研究》（CSSCI）
2005 年第 12 期

作　　者：李睿

简　　介：在网络教学日益盛行的今天，由
于教学模式的改变，网络教学中教师的教、
学生的学与传统教学相比都发生了较大的变
化。本文分析了网络教学内容在传递过程
中的真实性与完整性的保护问题，并提出
了用半脆弱性数字水印来解决这一问题的
实现方法。

## 0543 岂忘青梅竹马时——《卫风·芄兰》探赜

发表时间及载体：《古典文学知识》2012 年
第 3 期

作　　者：赵逵夫

简　　介：《卫风·芄兰》一诗，诗序说是
"刺惠公也。骄而无礼，大夫刺之"。三家
《诗》无异义。郑玄《笺》、孔颖达《正义》
从之。后世读《诗》者也多依此作解。近
人吴闿生《诗义会通》和陈子展《诗经直解》

《诗三百解题》也以为"毛苌说是"。但从
诗本文一点也看不出《诗序》所说的意思。
所以朱熹《诗集传》说："此诗不知所谓，
不敢强解。"戴震《毛诗补传》卷五云："《芄
兰》二章，诗义阙。余疑刺躁进也。世卿擅
权，则有童子急使之服成人之佩，以受高爵
厚禄者矣。贤才反辱于下而不得进，故曰'能
不我知''能不我甲'，疾之之辞也。"但
诗中"能不我知""能不我甲"是就童子而
言，故于戴说并不相合。方玉润《诗经原始》
以为"讽童子以守分也"。

## 0544 艺术的再生：敦煌艺术史研究的一个重要命题

发表时间及载体：《西北师大学报：社会科
学版》2009 年第 1 期

作　　者：穆纪光

简　　介：艺术起源、艺术流变、艺术终结
和艺术复兴等，是艺术史研究中的诸多重要
命题。它们不是艺术发展中的各种断裂的概
念，而是表达艺术再生的连绵过程的概念。
以希腊艺术为母体的西方艺术如此，敦煌艺
术亦然。

## 0545 论公众环境知情权及其法律保障

发表时间及载体：《甘肃政法学院学报》
2004 年第 2 期

作　　者：史玉成

简　　介：在我国，无论是环境立法还是环
境行政管理实践中，目前对公众环境知情权
的保障尚存在诸多不足。为此，需要进一步
拓展公众环境知情权的内容，建立信息公开
制度，促进民主行政建设，建立相应的程序
保障机制，使这一权利真正成为公民的实然
权利。

## 0546 基于专题学习网站探究式学习模式实践中的问题与对策

发表时间及载体:《电化教育研究》( CSSCI )
2007 年第 3 期

作　　者: 贾志斌 杨巧玉

简　　介: 在中等职业学校旅游专业历史课与信息技术整合教学实践中, 开展基于专题学习网站"丝绸之路陇上行"的探究式学习实践。通过三个阶段的教学实践和不断改进, 设计了基于专题学习网站的探究式学习模式, 并对教学实践中存在的问题进行反思和总结, 提出了解决问题的对策。

## 0547 浅谈讨论法在中学历史教学中的运用

发表时间及载体:《陕西教育》2012 年第 3 期

作　　者: 张娟

简　　介: 讨论法并非新的教学方法, 西欧于 17 世纪就开始采用, 20 世纪 50 年代我国的现代教育中开始使用讨论法。在新课程、新教材大力推广的今天, 它逐渐成为备受广大师生欢迎和接受的互动学习方法之一。其实质是在短期内激发积极思维、培养能力的集体思考方法, 学生的学习能处于积极的状态, 因此学生对问题的看法会从各个角度以不同的语言来揭示基本概念和基本规律的实质。

## 0548 西北落后农村初中英语教学评价现状与思考

发表时间及载体:《甘肃联合大学学报: 社会科学版》2009 年第 5 期

作　　者: 周雪 张进永

简　　介: 合理利用形成性评价能有效激发学生的学习兴趣和自主性学习的发展, 也能促使教师改进教学方法, 完成新课程目标, 提高教学质量。本文以问卷和访谈形式对西北落后农村一所中学的初中生进行了调查, 旨在了解西北落后农村初中英语教学评价现状。调查结果显示, 在评价目的、评价策略、评价主体、评价内容、评价形式等几个维度上终结性教学评价仍占据主导地位。据此, 笔者提出了几点改进建议。

## 0549 综合性大学艺术专业建设问题与发展策略

发表时间及载体:《西北师大学报: 社会科学版》2007 年第 6 期

作　　者: 刘桂珍

简　　介: 综合性大学办艺术专业是近年来中国高等教育领域出现的一个新现象, 也是高等教育研究中的一个热点问题。迄今为止, 对于综合性大学艺术专业的发展问题, 在理论上仍处于初级探讨阶段, 在实践上, 处于摸索之中。为此, 本文从艺术专业人才培养模式入手, 分析了综合性大学开办艺术专业的优势。在此基础上, 探讨了综合性大学艺术学科建设亟待重视的问题及发展策略。

## 0550 我国他物权制度之检讨及完善——一种经济分析思路的确立

发表时间及载体:《兰州大学学报: 社会科学版》2001 年第 29 卷第 4 期

作　　者: 王肃元 任尔昕

简　　介: 我国他物权制度存在着体系封闭、忽视权利的独立性及对权利的转让限制过多等缺陷, 相关研究方法及手段亦较为落后。从经济分析的角度看, 他物权的功能在于: 避免资源的闲置、浪费和人为性稀缺, 为社会提供比债权更为确定的预期。他物权不应被创设在公共物品上, 不允许在集合物上创设他物权会降低物之利用价值、增加权利创设成本。我国应吸收英美财产法的优点,将排他性和可转让性作为他物权的基本特征，并将他物权制度创设为一种借助交易来消除资源配置障碍的交易结构。

## 0551 文化程度之于城镇妇女再就业的实证研究——基于甘肃省三市的案例

发表时间及载体：《甘肃社会科学》2011年第1期

作　　者：江正平

简　　介：本文以甘肃省三市为案例，以问卷调查数据为基础，集中说明文化水平在妇女再就业过程中所起的积极作用，进而指出文化水平在解释妇女再就业情况上的限度问题。探讨了妇女再就业领域中广泛存在的客观结构性的制约因素，并为解决妇女再就业问题提出相关的政策建议。

## 0552 西北农村和牧区中小学英语信息化教育教学模式研究

发表时间及载体：《电化教育研究》（CSSCI）2008年第4期

作　　者：姜秋霞 刘全国

简　　介：西北农村和牧区中小学英语教育是我国中小学英语教育的重要组成部分。本文针对西北农村和牧区中小学英语教育的现状，提出了信息化环境下英语教育教学的四种模式——听说互动模式、读写整合模式、自主学习模式和教师发展模式，并对每种模式的内涵和运作机制进行了阐释，旨在为信息化环境下西北农村和牧区中小学英语教育的发展提供可资借鉴的教育教学模式。

## 0553 基于建构主义学习理论基础上的现代远程教育

发表时间及载体：《电化教育研究》2003年第5期

作　　者：李静 赵伟

简　　介：传统教育与现代远程教育是两种不同的教育模式，基于建构主义理论基础上的现代远程教育的出现使得两种教育模式发生碰撞。新的理论基础及新的教育模式对教育及教师提出了新的要求。本文试图对基于建构主义基础上的现代远程教育及其教师教学的适应问题进行初步探索。

## 0554 以人为本共享文明——社会主义核心价值观的一种可能表述

发表时间及载体：《甘肃社会科学》2012年第5期

作　　者：范鹏

简　　介："以人为本、共享文明"可以作为社会主义核心价值观的一种可能的概括和表述。因为，这一表述符合社会主义核心价值观概括必备的理论要素：社会主义的本质要求、价值追求与理想诉求，符合社会主义核心价值观概括已达成的基本共识：政党认同、国家认同与公民认同的一致，符合社会主义核心价值观概括应有的形式要求：体现本质、简要鲜明、易知可行。这一概括有助于全面推进社会主义核心价值体系建设。

## 0555 论少数民族地区旅游业发展对民族关系的影响

发表时间及载体：《青海民族研究》2005年第16卷第4期

作　　者：田俊迁

简　　介：本文主要探讨少数民族地区旅游业的发展对民族关系的正负面影响。认为少数民族旅游业的发展，从正面影响来看，促进了汉族与少数民族之间经济、文化及社会生活的交流与融合，从负面影响来看，少数民族传统文化生活面临变迁，旅游地少数民族成员与汉族游客之间因文化差异和资源利益分配产生纠纷。对于少数民族旅游地来说，保持传统文化与民族特色才能使旅游业得到可持续发展，和谐的民族关系是旅游业得以发展的基本人文条件。

## 0556 关于深化我国金融改革的若干思考

发表时间及载体：《兰州商学院学报》2005年第21卷第1期

作　　者：裘红霞

简　　介：我国金融体制改革的最终目标就是要建立一个与社会主义市场经济相适应的自由、开放、安全、高效的金融服务体系。从路径上讲，主要是加快国有银行制度创新和业务创新、资本市场制度创新、金融工具和金融技术创新，以及金融管理体制创新，全面提高金融业的运行效率。

## 0557 禁止篡夺公司机会规则的立法完善

发表时间及载体：《甘肃政法学院学报》2011年第4期

作　　者：王肃元

简　　介：2006年我国新修订的《公司法》正式引入了公司机会规则，但其规定过于笼统，表现在认定标准和义务主体不明确，禁止篡夺公司机会的例外规定不全面，救济措施存在一定的缺陷。对此需要在立法层面进行多方面的制度安排。

## 0558 西部开发中的农业和农村经济结构调整

发表时间及载体：《西北师大学报：社会科学版》2001年第1期

作　　者：张文礼

简　　介：农业和农村经济结构的战略性调整，应成为西部开发中农业和农村工作的中心任务。西部开发中农村经济结构调整的主要方向是实现优质化、区域化、多元化、产业化和城镇化。西部开发中要开拓农业开发思路：发展商品农业、灌溉农业、设施农业、科技农业、生态农业和荒漠农业。通过大力宣传教育，转变思想观念，完善农村市场体系建设，培育农副产品批发市场，强化政府的科学规划职能，增加对农业的投入，鼓励组织创新，提高农民组织化程度是实现西部农业和农村经济结构战略性调整的关键措施。

## 0559 用科学发展观指导高校教育改革与发展

发表时间及载体：《兰州大学学报：社会科学版》2005年第33卷第5期

作　　者：李正元

简　　介：本文根据科学发展观的要求，联系我国高等教育改革与发展的实际，对高校的教育改革与发展进行了深入思考。提出高校贯彻落实科学发展观的重点是：一要推进以学生发展为本的素质教育，二要大力推进教育改革与教育创新，三要坚持高校的全面、协调和可持续发展。

## 0560 新制度主义政治学视角下的制度有效性

发表时间及载体：《内蒙古社会科学》（CSSCI）2010年第1期

作　　者：霍春龙 包国宪

简　　介：国家自然科学基金项目（70673031），兰州大学人文社会科学学科建设基金项目（LZUGH08008）。本文比较已有的关于制度有效性涵义的理解，从新制度主义政治学角度界定制度有效性，即制度有效性指的是在特定环境下，制度因获得了制度相关人的认知和遵守而实现了其预期效果的制度状态。

## 0561 老舍的文化理想与《大地龙蛇》

发表时间及载体:《中国现代文学研究丛刊》（CSSCI）2006 年第 4 期

作　　者: 吴小美　冯欣

简　　介:《大地龙蛇》在老舍的作品中几乎是唯一没有受到研究界认真关注的，但却是最能反映老舍文化思想的作品，其底蕴内藏大有开掘的可能和必要，本文从立意、构思、写作等方面，对它进行全面探究。这是一部"受命文学"，老舍借抗战检讨中国文化，抒发自己的文化理想。这是一部"理念化"而非"概念化"的作品，老舍收获了民族的"精神庄稼"，至今仍富启示意义。剧中主要人物形象是有深意的。本文还披露了至今鲜为人知的某些史实，耐人寻味。

## 0562 从连破六起疑难命案谈犯罪心理测试技术的价值与应用

发表时间及载体:《甘肃政法学院学报》2010 年第 1 期

作　　者: 范刚

简　　介: 犯罪心理测试技术的正确应用对疑难案件的侦破具有重要的辅助作用。要保证其在疑难案件的侦查审理中发挥作用，就必须坚持科学态度，以心理科学理论为指导，遵循心理活动的规律，并充分认识影响测试因素的复杂性和多样性，同时，承认犯罪心理测试技术发展的阶段性及其存在的问题，从而对犯罪心理测试技术予以正确地研究，并对其予以准确地把握和慎重地应用，这是犯罪心理测试能否取得准确结论，从而为疑难案件的侦查发挥作用的关键。本文通过连续六起疑难命案的侦破，就犯罪心理测试技术的价值及科学应用问题，谈一些观点和看法。

## 0563 新世纪高校思想政治教育应关注什么

发表时间及载体:《西北成人教育学报》2004 年第 1 期

作　　者: 刘基

简　　介: 新世纪高校思想政治教育要关注全球化、互联网、高校改革的发展和大学生成才，抓住机遇，迎接挑战，不断开创高校思想政治教育工作的新局面。

## 0564 效率的本质——行政效率论之一

发表时间及载体:《甘肃行政学院学报》2002 年第 4 期

作　　者: 曹闻民

简　　介: 效率通常是被当作实现目的的手段来讨论的。本文通过考察、区分三种不同的效率概念，得出效率的本质是目的而不是手段的结论，从而为探讨行政效率判明了前提。

## 0565 史前洞窟阿尔塔米拉壁画微生物群落研究进展

发表时间及载体:《敦煌研究》2011 年第 6 期

作　　者: 马燕天

简　　介: 在世界各地广泛分布着人类各个发展时期的历史遗迹，这些遗迹是全人类共同的宝贵财富。然而，这些文化遗产自发现以来，遭受了严重的破坏。造成破坏的因素很多，微生物因素是其中一个重要的方面，对这种损害方式的研究正受到越来越多的关注。本文以西班牙的阿尔塔米拉洞窟（Cave of Altamira）壁画为例，综述其自发现以来的研究历程和主要成果，为我国的文物保护工作提供参考。

## 0566 继续推进西部大开发战略的制度创新

发表时间及载体：《开发研究》2012 年第 5 期

作　　者：姜安印

简　　介：本文探讨了继续推进西部大开发战略急需创新的制度安排。从绿色发展、主体功能区建设、地方政府职能回归的角度出发，分析了继续推进西部大开发需要完善并创新的资源环境税费制度、排污权交易制度、土地制度、户籍制度、财政转移支付制度以及政府绩效考核制度等六个关键制度。

## 0567 河州话语法——语言接触的结果

发表时间及载体：《西北师大学报：社会科学版》2004 年第 4 期

作　　者：雒鹏

简　　介：河州话是汉语西北方言的一支。河州话的语法在汉语方言中颇具特色，如语序是 SOV 型、名词有格等语法范畴，其成因是由于语言的接触。这种接触所形成的区域性特征具有一定的历史层次。河州话语法成因的讨论对研究语言接触影响在形式、结果等方面的特点具有重要的理论意义。

## 0568 基于可持续发展的陕西产业集群问题研究

发表时间及载体：《产业与科技论坛》2012 年第 10 期

作　　者：苏华 贺吟雪

简　　介：目前，产业集群逐步成为世界各国产业发展的主导模式，而陕西也制订了产业发展规划，走产业集群路线。但从总体上来讲，陕西产业集群的规模小，发展水平低，并且随着科技技术的进步和竞争的加剧，陕西比较优势逐渐消失，如何适应市场的变换，实现产业集群可持续性发展，仍然是一个急需解决的问题。本文对陕西产业集群的发展现状进行了详细的分析，找准了陕西产业集群发展所存在的问题，并针对这些问题，基于可持续发展的角度，提出了相关的政策建议。

## 0569 师范院校实施素质教育必须整体推进

发表时间及载体：《西北师大学报：社会科学版》2000 年第 5 期

作　　者：陈炳璋

简　　介：实施素质教育是用一种新的现代教育思想取代传统的教育思想，用一种新的科学的教育体系取代陈旧的、僵化的教育体系，用一种新的复合型的教育模式取代已不能适应现代社会发展的旧的教育模式。素质教育体系的建立要遵循教育规律，稳步整体推进。

## 0570 发展党内民主建设和谐有力的执政党

发表时间及载体：《甘肃理论学刊》2008 年第 2 期

作　　者：连珩 连振隆

简　　介：促进党内民主的和谐发展，须注重培育党员的民主素质，维护党内民主的程序，推进党内民主的制度创新，营造党内民主的发展环境。

## 0571 中英色彩文化语义比较

发表时间及载体：《甘肃行政学院学报》2002 年第 3 期

作　　者：姚文振

简　　介：由于地理位置、自然环境、种族渊源、历史变迁、宗教信仰、经济发展水平等因素的影响，每个民族的语言有它不同的民族特色和不同的表达方式，英汉两种语言也不例外。本文主要分析了英汉颜色词的本义和转义，并对英汉颜色词的抽象意义和具体意义做了比较，阐述了它们的不同文化信息，有助于提高跨文化交际能力。

## 0572 浅谈开征社会保障税的几个问题

发表时间及载体：《甘肃理论学刊》2005 年第 2 期

作　　者：傅萍

简　　介：随着我国经济体制改革特别是企业经营体制改革的不断深化，改革我国的社会保障制度，已经成为一项重要而紧迫的任务。建立一套科学、规范、适应我国国情的社会保障制度的关键在于选择一种合适的资金筹集方式。本文采用理论与实际相结合的方法，针对我现有国情，对社会保障税开征的必要性和可行性做了具体分析，认为开征社会保障税势在必行。

## 0573 论当代中国农民贫困新特点与民间组织参与式扶贫

发表时间及载体：《甘肃理论学刊》2007 年第 2 期

作　　者：庞庆明

简　　介：中国农村旧的贫困问题得到缓解的同时，新的贫困问题依然严重。用社会化的办法解决贫困问题是马克思主义的一个基本观点。为此，国家鼓励民间组织参与扶贫。针对农村贫困问题的症结在于农民缺乏外界支持，民间组织应努力完善各项功能，以提高农民利用外界条件的能力。

## 0574 唐玉门关究竟在哪里

发表时间及载体：《西北师大学报：社会科

学版》2001 年第 4 期

作　　者：李并成

简　　介：唐玉门关地理位置上具有如下特点：应位于瓠𬳿河（今疏勒河）南岸，置于遍设烽燧的山嶂间，关外西北应有沿线烽燧，关址设在汉长城昆仑塞址上，关城为伊吾路（莫贺延碛道、第五道）的起点，距隋唐晋昌城不远，且在敦煌以东三、四天行程处等。据此，可认定该关应位于今甘肃省安西县双塔堡一带。

## 0575 利益相关者视角的高等教育信息化发展策略研究

发表时间及载体：《电化教育研究》（CSSCI）2014 年第 35 卷第 11 期

作　　者：杨晓宏 杨方琦

简　　介：高等学校是一个典型的由不同利益相关者群体构成的非营利性组织，涉及教师、学生、管理人员、科研人员、财政拨款者（政府）、校友、科研经费提供者、产学研合作者、学生家长和社会公众等众多利益主体。本研究基于利益相关者理论视角，从分析高等学校利益相关者的概念、类型和特征入手，阐述不同利益相关者对高等教育信息化发展的利益诉求，在此基础上进一步构建促进我国高等教育信息化发展的有效策略，即服务为中心策略、大数据决策策略和生态化发展策略，以期为解决我国高等教育信息化发展过程中存在的深层次问题和促进我国高等教育信息化的又好又快发展提供理论借鉴和实践参考，从而全面实现高等学校人才培养、科学研究、社会服务和文化传承四大基本职能。

## 0576 论企业经济行为的伦理限度

发表时间及载体：《甘肃理论学刊》2007 年第 4 期

作　者：武玉芬

简　介：为建构与现代市场经济发展相适应的企业伦理理论和规范体系，正确确立企业社会责任，本文从求利—企业经济行为的内因驱动，求德—企业经济行为的外在规制，均衡—企业经济行为的理性抉择三方面进行了分析论述。

## 0577 论加拿大女作家艾丽丝·蒙罗及其笔下的女性形象

发表时间及载体：《兰州大学学报：社会科学版》2002年第30卷第6期

作　者：赵慧珍

简　介：本文对蒙罗及其作品做了简明扼要的评述，摘其代表作中的典型女性形象及其新特点进行了分析评论，指出其所反映的极具特色的强者不强、弱者不弱的主题寓意。

## 0578 对南国农先生电教科研思想的学习

发表时间及载体：《电化教育研究》2000年第10期

作　者：李玉斌 杨改学

简　介：科研是一门学科发展的内动力，电教科研是教育技术学科的重要组成部分。南国农先生是我国电化教育事业和学科的重要开拓者和奠基人之一，学习他的有关重要论述，对提高电教科研水平，促进电教事业发展，具有重要的学术理论价值和指导意义。

## 0579 美学敦煌——全球化背景下的敦煌艺术再生问题研究

发表时间及载体：《西北师大学报：社会科学版》2007年第2期

作　者：王建疆

简　介：敦煌艺术再生既是新的艺术品种和艺术流派的产生，又是经典艺术在新的时代背景下的价值增值。敦煌艺术再生，既是艺术的再创造和文化的自我增值，是民族文化在全球化背景下"化全球"的先声，同时也是经济文化发展的新的增长点。敦煌艺术的再生机制在于全球化背景下的民族艺术张力和人为的发掘提炼，以及市场运作。对敦煌艺术再生问题的研究应该从哲学、美学、宗教、门类艺术的不同角度，运用典型分析法展开。

## 0580 试论青春期性道德教育之功效

发表时间及载体：《社科纵横》2008年第8期

作　者：贺泉江 哈玉红

简　介：课题组对中国西北地区1000余名大学生的性道德问题进行了深入调查，结果显示97.6%的大学生在中学阶段主要从书刊杂志、网站、影视媒体及朋友处获取性知识，而很少从父母、学校处获得性知识，说明在中国西北地区青春期性科学教育尤其是性道德教育严重缺失，因此，加强青少年的性科学教育力度，并将青春期性科学教育与性道德教育、性心理教育、性生理教育、性法制教育等方面相结合进行全方位、多渠道的综合教育，才能体现出性道德教育独特的认识功效、调节功效和社会功效。

## 0581 论高校创先争优的实践经验

发表时间及载体：《高校理论战线》2011年第12期

作　者：刘基

简　介：总结高校创先争优的实践经验，可以归纳为"六个结合"：坚强领导与齐抓共管相结合、思想引领与舆论宣传相结合、党建创新与育人工作相结合、制度保障与文化建设相结合、典型示范与群众路线相结合、队伍培养与改革创新相结合。

## 0582 试论国家课程的作用与特点——以英格兰国家课程为例

发表时间及载体:《西北师大学报:社会科学版》2003 年第 2 期

作　者:许洁英

简　介:英格兰正在实施的新国家课程力求对国家课程自开始之日起就纠缠不清的几个问题进行梳理和明确,以使教育适应 21 世纪对自身提出的挑战。它给予我国正在进行的新一轮基础教育课程改革的启示在于,国家课程要想取得成功,必须使学校既能从长计议,形成和提升学生恒久性的价值观念,又能对现实中出现的经济和社会变迁积极应对,新的国家课程在形成过程中应有教师的高度参与,教师须持有清晰的课程理念,跨学科学习主题应在国家课程中有所体现。

## 0583 东乡族、保安族女性与民族发展

发表时间及载体:《西北民族研究》2008 年第 2 期

作　者:李育红

简　介:随着传统社会向现代社会的转型,东乡族、保安族女性逐步走出家庭,接受教育,积极参与社会经济、政治、文化等方面各项社会活动,并发挥了她们的重要作用。女性发展的程度是衡量一个民族能否得到全面发展的标志之一。

## 0584 1980—2010 年中国少数民族教育研究范式综述

发表时间及载体:《西北民族研究》2013 年第 3 期

作　者:陆春萍

简　介:从研究范式的角度看中国改革开放后 30 年来少数民族教育研究的图景,发现:马克思主义民族教育思想是中国民族教育政策制定的指导思想,强调国家统一和爱国主义;多元文化教育范式在中国体现为多元一体化教育;民族认同研究范式强调民族文化的传承;民族地区教育不均衡发展研究范式认为,在中国,地区差别、城乡差别和阶层差别所造成的教育不平等要远远显著于族群差别;民族地区学校教育质量研究范式从教育学的角度研究了中国少数民族教育面临的困难和存在的问题。这些研究范式充分反映了 30 年来少数民族教育的发展变化。少数民族教育越来越受到关注,国家在不断改进少数民族教育政策,旨在更好地促进少数民族教育发展。

## 0585 十五大对党的建设理论的发展与创新

发表时间及载体:《甘肃理论学刊》2003 年第 3 期

作　者:马雅伦

简　介:党的十五大对党的建设理论的发展与创新主要表现在两个方面,一是首次完整准确地提出和表述了党的建设面临的首要基本问题,二是从全新的视角设计构建了党的建设新的伟大工程的理论框架。党的十五大对党的建设理论的发展与创新,是"三个代表"重要思想形成的主要标志。

## 0586 人力资本结构对西北地区经济增长的影响——基于西北五省面板数据

发表时间及载体:《人口学刊》(CSSCI)2010 年第 6 期

作　者:郭志仪

简　介:针对西北地区人力资本研究过程中仅由受教育程度度量人力资本带来的问题,引入企业家人力资本,构建人力资本结构模型,并将其代入到人力资本外部性模型中,同时选取以往研究的人力资本外部性模

型，对两个模型进行实证分析。在引入人力资本结构模型后，西北地区人力资本对经济增长的影响变小，在人力资本结构内部，技能型人力资本对人力资本总量的影响远大于企业家人力资本的影响，企业家人力资本抑制了技能型人力资本对经济增长的影响。

## 0587 基于集聚经济的欠发达地区产业又好又快发展研究——以甘肃省为例

发表时间及载体：《科技管理研究》2009 年第 29 卷第 1 期

作　　者：郭志仪

简　　介：从促进经济快速发展，到经济又快又好发展，再到经济又好又快发展，体现了我国经济发展战略思想的重要转变。运用集聚经济理论，以欠发达地区甘肃省为例，分析了其产业集聚效应及其变化。最后，就欠发达地区如何通过产业集聚，形成具有持续竞争力的特色产业群落，推动欠发达地区产业又好又快发展，缩小区域经济发展差距以及经济社会协调发展等问题提出具体对策建议。

## 0588 论法治的社会支撑系统

发表时间及载体：《西北师大学报：社会科学版》2000 年第 3 期

作　　者：丁志刚

简　　介：法治社会的建立不是一个纯法律过程，而是包括经济、政治、文化建设在内的复杂、系统的社会工程。首先，经济方面，法治社会要求建立产权明晰、切实保障财产所有权的现代市场经济体制；其次，政治方面，法治社会要求推行宪政民主，确立宪法和法律在国家政治生活中至高无上的权威性，同时要解决好政府与市场的关系；最后，文化方面，法治社会要求培育与现代社会政治经济体制相适应的现代文化。中国要建立社会主义法治国家，必须要形成法治社会所赖以生存的社会支撑系统。

## 0589 以夏变夷和因俗而治：明代民族文教政策的一体两面

发表时间及载体：《广西民族研究》（CSSCI）2012 年第 3 期

作　　者：刘淑红

简　　介：明代民族文教政策表现为以夏变夷的民族儒化政策和因俗而治的民族文化政策两个方面，它们是明廷治理少数民族以巩固王朝统治的教育措施。二者在主要内涵、价值取向和实施效果方面呈现出不同的特点且互相补充，缺一不可。探析明代以夏变夷和因俗而治的民族文教政策有助于我国民族教育事业的进一步发展和完善。

## 0590 教育网站信息无障碍设计现状调查与分析

发表时间及载体：《电化教育研究》（CSSCI）2012 年第 5 期

作　　者：孙树志 刘永福

简　　介：教育信息化要求网站的建设特别是教育网站必须考虑面向特殊群体的学习需求。研究者通过对国内外 50 个教育类别网站各页面的 Bobby 测试，并采用问卷和实地观察的方法对有关残疾人网络学习中遇见的障碍进行了调查和分析。通过对比研究发现我国教育网站在网站内容呈现、网页结构布局、网站导航设计和辅助技术提供等方面缺乏无障碍设计的意识。针对存在的问题，研究者提出了构建无障碍网络教育环境的参考性建议，为教育网站无障碍设计提供相应的设计方法和范例，扩大教育网站用户的容纳性，提高资源获取的便捷性，最大限度地满足残疾人学习者学习的需求。

### 0591 通识教育理念与教师培养

发表时间及载体：《甘肃高师学报》2012 年第 3 期

作　　者：沈喜云

简　　介：通识教育既是大学的一种理念，也是一种人才培养模式。不同类型、不同层次的大学应该有不同的人才培养目标，需要采用不同的通识教育的基本模式。目前综合性研究型大学本科实施通识教育的尝试较多。实际上，在教师培养方面进行通识教育模式探索有很强的现实意义。

### 0592 对马克思恩格斯生态哲学思想的一点认识

发表时间及载体：《社科纵横》2012 年第 4 期

作　　者：沈天炜 李珂

简　　介：21 世纪是一个"环境的世纪"，人类面临着如何摆脱现实困境向人与自然和谐发展的道路转变的问题。向一种新的价值观过渡，迫切需要认清人类中心主义价值观的危害和误区。马克思恩格斯生态哲学思想，立足于人与自然的和谐统一，主张把制度变革和生态革命结合起来，强调以制度变革和科技进步相统一的原则来解决生态危机。马克思恩格斯生态哲学思想是建构科学的生态文明理论的思想基础，对明确生态文明的内涵，完善生态文明理论体系具有重大的现实意义。

### 0593 唐代爱情传奇与文人意识的觉醒

发表时间及载体：《西北师大学报：社会科学版》1999 年第 1 期

作　　者：刘洁

简　　介：唐代爱情传奇中生命的流动、才情的迸发和欲望的激荡，载寓着唐代文人对爱情、生命、社会乃至整个宇宙的独特感悟与思考，展现了他们在女性独立、爱情追求、婚姻自主及世俗享乐方面思想意识的觉醒和精神风貌的转变，进而使我们得以管窥唐代社会思想的发展与演变。

### 0594 敦煌佛教曲子词之调名源流考辨

发表时间及载体：《敦煌研究》2009 年第 3 期

作　　者：王志鹏

简　　介：本文对敦煌佛教曲子词的几种调名源流及其歌辞在敦煌写卷中的保存状况进行了比较详细的考辨，进而认为体制短小的民间曲子词并不适合传达佛教思想，这也是佛教很少直接引用曲子词调名的主要原因之一，并指出敦煌佛教曲子词的主体是拟调名和失调名者。

### 0595 兰州春节民俗的由来与内涵

发表时间及载体：《甘肃联合大学学报：社会科学版》2008 年第 24 卷第 4 期

作　　者：石莉萍

简　　介：兰州春节民俗中的"天涯望哭""打醋坛""太平鼓"等，具有鲜明的地方特色，在长期的发展中形成了厚重朴实、温婉柔美、丰富多彩的特点，表达了以祈福、团圆、安康、丰收、和谐为主的内涵，对地区经济、社会生活、城市建设有着积极的推动作用。

### 0596 《老子》流传的相关问题考论

发表时间及载体：《西北师大学报：社会科学版》2004 年第 2 期

作　　者：葛刚岩

简　　介：最初，《老子》一书并无专门书名，只用作者姓氏"老子"称之。西汉时，开始有人拟"六经"而称之为《老子经》。

东汉末年，道教兴起，许多道教团体纷纷以老子为宗，尊其为教主，其书《老子》亦为道教信徒附以宗教化、神秘化的色彩。魏晋之际，随着道、佛之争的激化，以梁谌、王浮为代表的楼观道为了抗衡佛教，以汉代流传的老子、尹喜"西升化胡说"为依据，大量造作经书。

## 0597 大足"释迦行孝、修行图"中的外道人物及其相关问题研究

发表时间及载体：《敦煌研究》2005 年第 6 期

作　　者：胡同庆

简　　介：本文首先对大足宝顶第 17 号龛全图重新定名，然后对图中的外道人物形象、地位和作用以及佛教与六师外道的关系、释迦出家苦行的本质原因等问题进行了比较全面的探讨。

## 0598 吸毒者孤独感与自尊水平的调查与分析

发表时间及载体：《西北师大学报：社会科学版》2006 年第 2 期

作　　者：杨玲　刘基　李丽丽

简　　介：采用自编背景资料问卷、感情与社会孤独量表和自尊量表，以 293 例吸毒人员为调查对象，探究吸毒者孤独感水平和自尊水平。结果表明：（1）不同吸毒次数者在感情孤独上没有显著差异，在社会孤独上差异显著；（2）婚姻与年龄、月收入分别在吸毒者的感情孤独和社会孤独上差异显著，工作的满意度影响感情孤独和社会孤独；（3）吸毒者的自尊水平比正常人群明显偏低；（4）吸毒者的自尊水平与社会孤独显著性相关，与感情孤独相关不显著，感情孤独与社会孤独显著性相关。

## 0599 《孙子兵法》探微两则

发表时间及载体：《西北师大学报：社会科学版》2002 年第 1 期

作　　者：钮国平

简　　介：对《孙子兵法》的"故善战者，其势险，其节短"与军事外交路线两个问题重新检讨，提出一些不同看法，企图探索其中更深一层的涵义。

## 0600 《楚辞》研究专题——屈原的名、字与《渔夫》《卜居》的作者、作时、作地问题

发表时间及载体：《兰州大学学报：社会科学版》2009 年第 1 期

作　　者：赵逵夫

简　　介：明代以来时有学者疑《卜居》《渔父》非屈原所作，以为篇首作"屈原既放"，不合古人自称不称字之习俗，其中叙事也有同当时历史不合之处。其实《史记》中"屈原者名平"，"名"乃"字"之误；屈原名原字平，南北朝以前人以至唐代一些人尚如此认识。此两篇也非顷襄王朝放于江南所作，而是怀王时被放汉北时所作。如此，则一些疑窦均可消除。至于有的学者以为此两篇中表现了道家思想，乃未能弄清文意所致。

## 0601 甘肃实现农业产业化的机遇与挑战

发表时间及载体：《甘肃社会科学》1998 年第 5 期

作　　者：张润君

简　　介：目前，国内对农业产业化认识多种多样，观点不一，但从农业产业化对促进农村经济由传统农业向现代农业转化，由农村计划经济体制向社会主义市场经济体制转变来看，农业产业化就是以市场为导向，以中介组织为依托，以社会化服务为手段，以

广大农户为基础，依据平均利润的组织原则，将农业再生产过程中的诸环节联结成一个完整的产业系统。甘肃省自 1993 年以来，农业经济在粮食、乡镇企业方面超常规高速发展，加之"科教兴农"战略的全面推广和农业基本条件的改善，为农业产业化的兴起和发展提供了新的契机，但是脆弱的农业基础和历史上已形成的差距，又极大地阻碍着甘肃省农业产业化的进程，实现农业产业化机遇与挑战并存。

## 0602 单位制度对审判程序公正之影响

发表时间及载体：《甘肃理论学刊》2002 年第 6 期

作　者：高琴 孙英 赵永红

简　介：随着改革在社会其他领域里的深化，产生于特定历史环境下的单位制度，其不合理的成分已逐步被抛弃。本文以单位制度对法院所产生的影响为切入点，根据它们各自所代表的社会价值和法律价值的差异，从制度化安排本身与程序化运作的冲突方面，对司法权配置、程序运作现状以及对执法主体的影响，做粗浅的探讨。

## 0603 甘肃黄河谷地城市与城郊生态功能区产业发展模式研究

发表时间及载体：《冰川冻土》2012 年第 34 卷第 2 期

作　者：董光前 高新才

简　介：国家层面对甘肃发展的总体定位是我国重要的生态屏障、经济走廊、战略通道、能源基地和文化源区，因此，甘肃黄河谷地城市与城郊生态功能区的发展对于我国西部地区乃至全国的经济社会发展具有举足轻重的作用。从分析目前甘肃黄河谷地城市与城郊生态功能区的发展现状入手，针对甘肃黄河谷地城市与城郊生态功能区主导产业

不明确的问题，提出了政府对于生态功能区的优惠政策应由向区域倾斜转变为向产业倾斜，并在此基础上积极培育和发展重点产业，通过提高环境标准、推进生态农业重建工程、促进现代物流业发展、加快产业优化、构筑立体旅游产业体系和发展新兴能源产业等措施构建全新的产业发展模式，重塑我国西部重要的现代工业基地，实现生态功能区的健康与和谐发展。

## 0604 2011 年吉尔吉斯斯坦大选背后的美俄较量

发表时间及载体：《云南社会主义学院学报》2012 年第 2 期

作　者：汪金国

简　介：本文以吉尔吉斯斯坦大选为切入点，从目标、手段以及影响等方面对美俄在吉尔吉斯斯坦的较量加以分析。

## 0605 全球化背景下人口较少民族非物质文化遗产保护问题研究——以裕固族为例

发表时间及载体：《甘肃社会科学》2010 年第 3 期

作　者：刘瑶瑶

简　介：全球化趋势下，人口较少民族非物质文化遗产的保护已经刻不容缓。文章以裕固族为例，分析和评估了人口较少民族非物质文化遗产的特色、功能及其传承结构，提出了保护非物质文化遗产的措施和建议。

## 0606 民勤小曲戏的历史变迁及发展

发表时间及载体：《兰州大学学报：社会科学版》2012 年第 40 卷第 3 期

作　者：杨若芳 项亮

简　介：通过分析民勤小曲戏的历史变迁、艺术特征和文化内涵，总结民勤小曲戏的美

学价值、文化承载及推陈出新的思路，探索我国城乡文化的创新发展道路。

## 0607 论法官的良知与司法公正

发表时间及载体：《甘肃行政学院学报》2008 年第 2 期

作　　者：周芳红 杜睿哲

简　　介：在现代文明社会，司法公正被公认为是实现社会正义的最后一道防线，而作为守护者的法官则是此防线的最后保障。法官是法治的核心要素之一，法律必须依靠法官来公正有效地适用，而在法官构成要素中，法官良知又是其灵魂，法官良知在很大程度上决定司法过程的结果，决定有无司法公正。

## 0608 我国东乡族人口规模与分布——以五次人口普查为基点的实证分析

发表时间及载体：《甘肃理论学刊》2005 年第 6 期

作　　者：马桂芬 赵国军

简　　介：东乡族是我国 55 个少数民族之一，也是甘肃省特有的少数民族之一。中华人民共和国成立后，东乡族人口有较大幅度的增长。从人口绝对数来看，仍是一个人口规模相对较小的民族。本文以 2000 年第五次人口普查为基础，根据历次人口普查统计资料，对东乡族人口规模与分布状况做了分析，试图探索其发展特征和分布特点。

## 0609 试论档案鉴定工作的正确定位

发表时间及载体：《甘肃联合大学学报：社会科学版》2008 年第 24 卷第 3 期

作　　者：金德才

简　　介：档案鉴定工作是一项十分严肃而重要的工作。长期以来，档案鉴定成为我国档案界研究的热点和难点，从理论到实践都展开了广泛研讨。无论是归档鉴定，还是进馆鉴定、存毁鉴定、开放利用鉴定，档案鉴定工作贯穿于档案业务工作的各个环节。随着电子文件档案的兴起，"大档案"的形成，"大鉴定"呼之欲出。这要求我们破除鉴定工作无足轻重、重藏轻鉴和等待观望等思想观念，把鉴定工作切实重视起来。

## 0610 西部城市大气污染支付意愿的实证分析——以兰州市为例

发表时间及载体：《社科纵横》2010 年第 9 期

作　　者：岳立 高新才 张钦智

简　　介：兰州市是中国西部地区大气污染比较严重的城市。本文利用国际上较为成熟的意愿调查价值评估法，对兰州城区居民的环境支付意愿进行了评估，得出居民对空气质量达到二级标准的平均支付意愿是 140.97 元 / 户 / 年（2009 年元）和城区内因大气污染每年产生的经济损失为 8066 万元的结论。

## 0611 主体功能区划背景下的甘肃省适度人口及人口再分布研究

发表时间及载体：《西北人口》2010 年第 1 期

作　　者：居玲华

简　　介：主体功能区划促进了人口迁移和人口再分布。文章在甘肃省主体功能区划背景下，分析了甘肃省人口数量变化和空间布局特征。并利用 P-E-R 模型计算了重点开发区适度人口容量。

## 0612 语文教育专业职业技能训练的目标要求及成效

发表时间及载体：《甘肃联合大学学报：社会科学版》2011 年第 27 卷第 4 期

作　　者：陈新民

简　　介：任何一个训练体系都必须包含训练的目标要求。为此，本文明确提出了语文教育专业每个层次各项职业技能训练的目标要求，并介绍了据此实施的情况及成效。

## 0613 科学发展观与民族法治建设关系研究

发表时间及载体：《西北民族大学学报：哲学社会科学版》2011 年第 4 期

作　　者：马玉祥

简　　介：科学发展观与民族法治建设具有共同的法理基础和价值追求。实践证明，在新的历史条件下，实施依法治国方略，加强法治建设，尤其是加强民族法治建设，具有十分重要的意义。民族法治是我国社会主义法治的重要内容和组成部分，符合我国人民代表大会制度和单一制国家结构的宪法精神和价值取向。民族法治确定并构筑了在法制统一性原则下，以现行宪法、法律为基本渊源，以丰富多彩而独具特色的多民族法文化及民族习惯法为特质，以建立完备的我国社会主义民族法律体系及其监督机制为目标的法的精神价值和治国方略。

## 0614 从生态视角看甘肃水资源的现实选择

发表时间及载体：《甘肃理论学刊》2007 年第 4 期

作　　者：王宏权

简　　介：水是基础性的自然资源和战略性的经济资源，是地球上所有生物的生存之本。甘肃地处祖国内陆腹地，东南远离海洋，西背紧靠"世界屋脊"，地形复杂多样，气候干燥，雨量稀少，水资源匮乏，是全国最干旱的省份之一。日益突出的水问题与严酷的自然条件和特殊的地理位置导致全省水土流失非常严重，生态系统十分脆弱，已成为甘肃经济社会可持续发展的重要制约因素。从生态视角研究甘肃水资源面临的主要问题和解决途径，是实现水资源可持续利用的战略选择。

## 0615 卢梭的儿童观对当前中国儿童教育的启示

发表时间及载体：《社科纵横》2008 年第 3 期

作　　者：海存福

简　　介：本文指出，当前中国儿童教育的主要缺陷及其根源，在于广大家长、学校教师和社会教育工作者科学的儿童教育观的缺失和错位。文章阐述了卢梭的儿童观，特别是卢梭的儿童教育思想对当前中国儿童教育的启示——在儿童教育设计及指导儿童的教育生活方面，要充分认识儿童天性，要以儿童的视角和发展需要来设计儿童教育，以儿童发展的观念、因材施教、因性施教的观念来实施儿童教育。

## 0616 治理信用状况恶化必须德治与法治并举

发表时间及载体：《甘肃金融》2002 年第 4 期

作　　者：成学真

简　　介：目前我国信用状况严重恶化：存在制售假冒伪劣商品、偷税漏税、骗税骗汇、走私贩私、虚假广告、编造假账、逃废债务、恶意透支、拖欠货款、虚报利润、豆腐渣工程、招投标黑箱操作、股市黑幕等现象。信用状况的恶化破坏了投资环境，影响到我国在世界市场上的整体形象。

## 0617 中国能源消费与经济增长的灰色关联分析

发表时间及载体：《求索》2009 年第 3 期

作　　者：高新才

简　　介：虽然能源是经济发展和社会进步的重要物质基础，但是当其发展无法满足国民经济增长要求的时候，又会成为阻碍经济高速增长的因素之一。本文以灰色关联分析为主要研究方法，对能源消费和经济发展进行分析。结果表明在能源消费中，煤炭对经济发展的影响最大，其他依次是天然气、石油、水电。文章最后对结果进行分析并提出了一些建议和对策。

## 0618 剖析一道数学题蕴含的数学思想

发表时间及载体：《甘肃高师学报》2012年第2期

作　　者：朱月珍

简　　介：数学题的求解过程是一个运用数学思想、方法的过程。而人们多注重解题的过程，忽视了其中蕴含的数学思想，淡化了对数学思想的认识，使数学思想的理论与实际脱节，反映了数学教学的不完善。数学思想是数学的精髓，它对数学问题的解决起着高层次的指导作用，是知识转化为能力的桥梁。数学教学中如能恰到好处地融入一些数学思想，不但会加深各科间的纵横联系，提高数学能力，而且还能激发学生学习的兴趣，调动学习的积极性，更好地开辟数学思维的空间。

## 0619 构建人本化审计管理体制的设想

发表时间及载体：《兰州商学院学报》2005年第21卷第4期

作　　者：王学龙

简　　介：以人为本的管理理念源于西方社会，并已得到实践的检验和人们的接受。将人本化思想移植到审计管理之中，使审计管理更具人性化，是现代审计发展的必然趋势。与传统的审计管理相比较，现代审计管理具有管理目标人本化、管理对象人格化、管理方式人性化以及管理理念人文化等特征。构建人本化审计管理体制，首先要构建以人为本的审计计划管理体制，同时，要构建人文化审计质量管理体制和人性化审计人事管理体制。最后，要构建人格化审计信息管理体制。

## 0620 基于多媒体与博客（圈）的交互式翻译教学模式探索

发表时间及载体：《电化教育研究》2012年第4期

作　　者：万兆元

简　　介：传统翻译教学具有诸多缺点，已不能满足信息时代培养翻译人才的需求，改革势在必行。目前，通过多媒体进行翻译教学逐渐成为常态，而利用教学平台、网页空间等网络手段辅助翻译教学的尝试正在开展，其中"零成本、零技术"的博客（圈）技术颇受青睐，但如何整合博客（圈）与多媒体技术并应用于整个翻译教学过程，尚需进一步探索。有鉴于此，笔者在建构主义学习理论的指导下设计了一个基于多媒体与博客（圈）的交互式翻译教学模式，并通过教学实践初步验证了这一模式的可行性和有效性。

## 0621 以人为本：中国共产党执政理念的根本价值取向

发表时间及载体：《甘肃理论学刊》2009年第5期

作　　者：刘亚军

简　　介：任何政党在其发展过程中都要为自己所代表的阶级做出最富有价值意义的选择，都要根据自身性质来确定符合本政党利益价值取向的目标，并在实践过程中不断地规范自己的行为，调整自己的目标，以追求最优价值。以人为本是中国共产党执政理念的根本价值取向。

## 0622 解体后俄罗斯爱国教育体系的重构及其特点

发表时间及载体：《西北师大学报：社会科学版》2008 年第 1 期

作　者：韩莉

简　介：苏联解体后，以马克思主义意识形态和政治理论为基础的传统价值体系随之崩溃，传统的爱国主义思想价值在俄罗斯遭遇了前所未有的贬值，公民道德基础被破坏，国民的整体素质下降，国家安全面临潜在的威胁。青年是国家的未来，是国家复兴大业的基础，建立健全的、现实可行的青年一代社会化机制势在必行，其中重构一个以爱国主义为核心的科学民主的思想教育体系尤为迫切和重要。与苏联的思想教育体系相比，新的体系在内容上更为科学和完善，在形式和方法上更为多样。

## 0623 宏观经济制度变迁对陕西省经济增长的贡献分析——基于1978~2004 年数据的实证研究

发表时间及载体：《兰州商学院学报》2008年第 24 卷第 1 期

作　者：龙霁月 常云昆

简　介：改革开放至今，陕西省的宏观经济制度在总体和细微方面发生了重大变化，这是推动当地经济发展的重要力量。文章在已有的研究成果和方法的基础上，首创性地对陕西省的宏观经济制度变迁进行测量，并通过加入制度变迁的新古典经济增长模型，衡量了制度变迁对经济增长的贡献，从而证实了陕西省在经济发展中的制度缺陷。

## 0624 洪毅然先生墨迹略赏

发表时间及载体：《西北师大学报：社会科学版》1998 年第 1 期

作　者：抗文生

简　介：洪毅然先生作为一位美学家、美术理论家和美术教育家，早有定评，而作为一位画家，也应该得到充分的肯定。他的中国画创作源于对生活的深切体验和对革命思想的热切追求，具有很强的时代性、进步性和深刻的思想内涵。高尚的审美追求和深刻的美学思辨是其中国画创作的灵魂。他师法传统，刻意求新，师古而不泥古，借鉴西画又不露痕迹，形成了自己独特的艺术风格。

## 0625 浅谈基于 Moodle 平台的机器人教学理论与实践

发表时间及载体：《社科纵横》2010 年第 5 期

作　者：赵加兴 杨改学

简　介：Moodle 是一款开源免费的课程管理系统（CMS），它能够为教师提供支持社会建构主义教学设计理念的多种课程活动。本文试将 Moodle 网络学习平台与机器人教育相结合，在概述了机器人教育现状和 Moodle 平台功能及优势的基础上，简述了基于 Moodle 平台的机器人教学理论和教学实践，以期能对机器人教育工作者和教育技术研究人员有一定的启示。

## 0626 外商直接投资对中国的技术溢出效应研究述评

发表时间及载体：《科技管理研究》2009 年第 10 期

作　者：高新才

简　介：随着中国成为吸引 FDI 最多的国家之一，近年来 FDI 对中国的技术溢出效应也成为研究热点，涌现了大量的研究文献。

这些文献有的研究 FDI 技术溢出的途径和机制；有的用计量的方法来测定 FDI 技术溢出的大小以及成立条件；有的讨论 FDI 对我国自主创新的影响。论文将围绕这三个研究方向，就近年来我国学界对 FDI 技术溢出的文献进行梳理总结，并提出一些政策建议。

## 0627 基于地区形象塑造的地区间税收竞争及规范

发表时间及载体：《西北师大学报：社会科学版》2008 年第 6 期

作　　者：张润君

简　　介：税收竞争作为地方政府行为的一个重要方面，对地区形象的塑造有着很大的影响。通过囚徒困境、Bertrand、智猪博弈等模型的分析表明，无序的地方政府间税收竞争可能会带来暂时的比较利益，但其边际效益是完全递减的，对地区形象的塑造有着很大的负面效应。通过立法规范、中央协调、负所得税机制、政府效能调整、"3R"外在约束等可以规范和引导地方政府间的税收竞争，从而塑造良好的地区形象。

## 0628 论西部欠发达地区新农村建设的模式和对策——以对甘肃省的分析为基础

发表时间及载体：《甘肃理论学刊》2006 年第 5 期

作　　者：李含琳

简　　介：本文以对甘肃省的情况分析为基础，对西部地区新农村建设的总体思路、规划设计成本核算和战略对策等关键性问题进行了研究，认为，我国西部欠发达地区的新农村建设必须坚持科学指导、规划在先、分类建设、阶段推进和政策扶持的战略思路和对策。

## 0629 拜金主义的过去与现在——对"一切向钱看"的透视

发表时间及载体：《党的建设》1990 年 2 月

作　　者：武文军

简　　介：人类社会的拜金主义是在劳动产品变成商品，而商品具有价值这一属性的情况下产生的。拜金主义的实质，就是人们像崇拜神一样地去崇拜作为交换价值形式的一般等价物，只因为在人类社会的商品交换中，金银变成了一般的固定的等价物，人们开始疯狂地神秘地追逐金银和聚敛金银，从而把这种迷信式的追求，冠上了拜金主义的名号。拜金主义自货币产生之后就出现了，而在资本主义社会，拜金主义达到了疯狂程度。人与人之间的关系变成了金钱关系。

## 0630 试论社会经济团体在经济法中的主体地位

发表时间及载体：《甘肃行政学院学报》2003 年第 4 期

作　　者：梁赟

简　　介：社会经济团体作为一种新兴的社会组织形式，其兴起具有一定的政治与经济背景；社会经济团体的兴起同时对传统法律关系的调整范围提出了新的课题，其独特的地位与功能需要法律对其予以规范与确认；经济法作为一种能够调整市民（经济）权利与国家权力之间关系的法，对社会经济团体的规制应负起责无旁贷的责任。

## 0631 消费需求的决定作用及几个相关问题

发表时间及载体：《兰州大学学报：社会科学版》2001 年第 29 卷第 2 期

作　　者：田秋生 邓智琦

简　　介：针对 1997 年后出现的通货紧缩，我国实施扩大国内需求、促使经济景气回升的积极的财政政策和稳健的货币政策，效果之所以不显著，可能与政策着力点选择上的偏差有关。最终消费需求不仅是总需求的构成部分，而且决定着投资需求，是总需求的基础，扩大总需求关键是扩大最终消费需求。投资支出具有需求和供给双重效应，因而不是克服由生产能力过剩所导致的通货紧缩的最佳途径，对付通货紧缩应以扩大最终消费为财政政策和货币政策的最基本的着力点。

## 0632 简论数字化图书馆建设中的几个实际问题

发表时间及载体：《甘肃行政学院学报》2003 年第 1 期

作 者：井虹

简 介：随着网络技术、信息技术和市场经济的发展，图书馆数字化已成为当今图书馆讨论的热门话题。本文就图书馆在变革时期遇到的几个实际问题进行探讨。

## 0633 论远程开放教育教学设计的原则与策略

发表时间及载体：《电化教育研究》2010 年第 5 期

作 者：张亚君

简 介：远程开放教育的教学设计要以学生为中心，关注学生个体差异，适应成人学生自主学习特点，营造学习环境，创设适宜的教学活动，注重优化教学效果。远程开放教育教学设计的着眼点在于如何帮助学生更好地学，其核心性环节是教学目标、教学材料、教学活动和教学评价的设计。

## 0634 甘肃特有民族文化遗产保护面临的问题

发表时间及载体：《甘肃联合大学学报：社会科学版》2008 年第 24 卷第 5 期

作 者：苏一星 高成军

简 介：作为中华民族成员的甘肃特有民族，其历史文化遗产是这些民族智慧、情感、个性以及凝聚力与亲和力的生动体现，是中华文化交融发展的历史见证，它的保护关系到中华文明的传承和发展。随着现代化进程的推进和外来信息传媒的冲击，加上法律的滞后、政府管理的不当、人们观念的缺失和经济的落后，这些民族的文化遗产正面临着严峻的生存危机。因此在现代化背景下如何建立更加适合这些民族情况的依法保护长效机制已成为我们迫在眉睫的任务。

## 0635 对英美新批评文论价值的再认识

发表时间及载体：《西北师大学报：社会科学版》2007 年第 3 期

作 者：李全福

简 介：从英美新批评文论的语言学——科学取向出发，阐述了新批评文学理论至今仍有参考价值的主要观点和对传统西方文论产生的重要影响及反拨推动作用。以二十世纪西方文论发展的内在逻辑和基本走势为导向，对这派理论已有的评价以及实践价值进行了重新审视和深入探究。以科学态度进行客观的评价，冷静的学习、借鉴新批评理论的合理内核，对新世纪拓展我们的理论视野，把握西方文论发展脉络，深入研究当代西方文论，海纳百川，多元共处，从而更新我们的思维模式，丰富我国文论建设，适当调整我们的批评定式，都有重要的现实意义。

## 0636 美国网络英语自主学习助学机制分析

发表时间及载体：《电化教育研究》2011 年第 6 期

作 者：张美玲

简　　介：文章选取"读写想"网站的英语课程教学为基本案例，从课程设计、学习工具和教学策略等方面剖析了国外语言教学的助学机制，对国内英语教学提出了几点建议。

## 0637 哲学与死亡

发表时间及载体：《西北师大学报：社会科学版》2002 年第 6 期

作　　者：惠松骐

简　　介：哲学历来处于危险的境地，这意味着哲学本身时时面临死亡的威胁。苏格拉底的临终哲学遗言确立了哲学与人的死亡不可分割的关系，后世哲学家对遗言的接受及对苏格拉底之死的思索，使哲学成为"死的哲学"。这种受死控制的哲学基于古希腊的死亡观。要使哲学摆脱死亡的控制，必须依据其他的死亡观，即基督教的死亡观。即使克服了死亡的控制，哲学本身的死亡也在所难免，因为哲学终究是极少数人的事情。

## 0638 社区青年生活质量研究

发表时间及载体：《兰州学刊》2003 年第 3 期

作　　者：韦惠兰

简　　介：本文以第一手资料揭示了甘肃省社区青年的物质生活状况和文化消费质量状况，分析了社区青年生活质量的特点，并对青年生活质量的未来及发展趋势进行了分析。

## 0639 浅论提高高校馆藏外文期刊的利用率

发表时间及载体：《甘肃联合大学学报：社会科学版》2010 年第 4 期

作　　者：李红玲

简　　介：外文期刊利用率低是高校图书馆普遍存在的问题。本文着重介绍了高校图书馆外文期刊入藏存在的问题，探讨了高校教师使用外文期刊应采取的方法，旨在提高高校教师阅读外文期刊的效率。

## 0640 高等教育实现跨越式发展的关键是坚持创新

发表时间及载体：《甘肃行政学院学报》2002 年第 4 期

作　　者：王忠智 李连成

简　　介：当前我国正处在发展的关键时期，我国的高等教育也迎来了一个难得的发展机遇。高等教育要适应国家现代化建设的需要，必须实施跨越式发展的战略。而跨越式发展的关键是坚持创新。创新是发展的生命线，是民族的灵魂，是国家兴旺发达的动力。创新必须从实际出发，面向未来，服务发展。

## 0641 新时期甘肃小说创作略论

发表时间及载体：《社科纵横》2010 年第 8 期

作　　者：叶淑媛

简　　介：新时期甘肃小说创作既取得了重要成就，又存在明显的缺失，本文从创作意识、学识修养和地域因素三个方面观照新时期甘肃小说创作的得失，为甘肃小说创作和文学批评提供一定的理论启发和参考，其作为一个带有普遍性意义的个案研究，也为当代小说创作提供借鉴，以促进当代小说创作和文学批评的健康发展。

## 0642 中俄经济体制改革比较研究：写在苏联解体十周年之际

发表时间及载体：《西北师大学报：社会科学版》2001 年第 5 期

作　　者：许信胜

简　　介：中、俄经济体制改革的区别主要表现在：不同的改革取向和目标、不同的改革模式、不同的改革进程和不同的改革结果。

由此总结出的经验教训是：改革必须有明确的制度约束和安排，改革的进程必须充分注意社会的承受能力，改革必须立足本国国情，改革必须处理好制度与体制的关系，把握好度。

## 0643 论理学对宋词的影响

发表时间及载体：《西北师大学报：社会科学版》2002 年第 4 期

作　　者：常言

简　　介：代表着圣人之道的理学，以诗教为标准，裁约着宋词的审美观念。无论是北宋时期理学家对词的摒弃，还是南宋时期理学家对词学的靠拢，都体现了这一尺度。朱子提出诗骚义理，使骚雅的精神成为宋词审美的最高标准。因此，在词学史上苏轼取代柳永，美成取代苏轼，最后白石取代美成，成为新的典范，实在是理所必然。

## 0644 农耕文化岁时节日仪式与敦煌文学

发表时间及载体：《甘肃理论学刊》2012 年第 5 期

作　　者：陈烁

简　　介：敦煌文学中保存了非常宝贵的与农耕文化相关的各类岁时节日材料，本文以这些材料作为基础，结合各类岁时节日的起源以及敦煌地区的历史状况，通过分析它们与相关敦煌文学作品题材、内容、风格等因素的关系，揭示这些文学作品的撰写背景、用途及其与相关仪式文化的关系问题。

## 0645 论裁判脱漏及其程序上的处理

发表时间及载体：《甘肃政法学院学报》2008 年第 3 期

作　　者：杜睿哲

简　　介：裁判脱漏是司法实践中常见的现象，由于我国立法的空白，理论研究的欠缺，司法实践中对裁判脱漏问题的处理存在诸多问题，意见难以统一。为此，本文借鉴国外的相关立法，对裁判脱漏的概念、裁判脱漏的范围与认定以及程序上应如何处理等问题做了初步的探讨，并提出了相关制度设计的建议，以期对完善我国民事诉讼立法和规范司法实践有所裨益。

## 0646 简析杜鲁门政府"遏制"战略下的东南亚政策

发表时间及载体：《中共福建省委党校学报》2008 年第 8 期

作　　者：王雅红 卢秀娥

简　　介：作为二战后美国的第一位总统，杜鲁门带领他的智囊团共同制定了体现美国称霸全球战略的一系列政策，奠定了冷战时期美国外交政策的基础。"遏制"战略成为杜鲁门政府外交战略的核心。东南亚原本并非杜鲁门政府考虑的重点。但是考虑到东南亚丰富的自然资源、重要的战略地位，同时，为了使美国的东南亚政策服务于美国在全球遏制苏联的战略，杜鲁门政府把触角伸向东南亚。

## 0647 铁路工程建设中自然保护区保护对策研究

发表时间及载体：《社科纵横》2008 年第 1 期

作　　者：李中慧

简　　介：本文在分析了中国自然保护区类型、结构和现状的基础上，结合铁路工程建设特点，提出铁路工程建设与自然保护区协调发展，铁路建设应采取选线绕避等各类防护措施，最大限度地减少对自然保护区的影响。

## 0648 社会主义价值系统的确立动因、演化进路和发展趋向

发表时间及载体：《社会主义研究》2013 年第 4 期

作　　者：王学俭

简　　介：对"实现什么样的社会主义"和"怎样建设社会主义"的求索和解答，必须探讨社会主义价值系统的相关问题。从本质上说，社会主义的社会形态或制度体系是社会主义价值系统的实体化和具体化。

## 0649 基于西北文化的西北人行为模式特征研究

发表时间及载体：《商业时代》2011 年第 1 期

作　　者：邵建平 邵千芸

简　　介：人的行为模式受到文化的影响而呈现各种特征。由于各种因素影响，西北地区的文化形成了特有的西北文化圈，其特征使西北地区人的行为模式也具有一定的特征。

## 0650 鲁迅《在酒楼上》结构的形式主义分析

发表时间及载体：《兰州大学学报：社会科学版》2001 年第 29 卷第 5 期

作　　者：古世仓

简　　介：《在酒楼上》的核心结构是锁闭式的对话结构，而其整体结构又具有开放式特征，并对理解小说的意蕴及其在鲁迅艺术创造中的意义更加重要。它实质是鲁迅精神困境的一种艺术展开形式，充分显示了鲁迅小说构思的巨匠特征。

## 0651 2006—2050 年西藏人口发展趋势预测

发表时间及载体：《西藏大学学报》2006 年第 21 卷第 4 期

作　　者：郭志仪

简　　介：人口是社会发展的主体，和谐社会应以和谐人口为基础，实现西藏人口和谐发展必须要认清西藏目前人口的现状，把握西藏人口未来的发展趋势。文章利用中国人口信息中心提供的人口预测软件 CPPS 对西藏 2006—2050 年人口发展趋势做出了预测，结果表明：（1）西藏人口将保持持续增长的态势，2006—2050 年将增加 150 万；（2）育龄妇女人数不断增长，2006—2050 年将增加 23 万，平均每 2 年增加 1 万；（3）2006—2050 年劳动适龄人口将增加 65 万，劳动力资源质量的高低对西藏未来经济的发展影响越来越大；（4）人口年龄结构从成年型向老年型转变，人口再生产类型由增加型过渡到稳定型进而过渡到减少型；（5）随着人口年龄结构的老化，西藏老年负担系数稳步上升，少儿负担系数缓慢下降，"人口红利"期将持续到 2030 年左右。

## 0652 西部新农村建设中的资金来源问题研究

发表时间及载体：《兰州商学院学报》2009 年第 25 卷第 6 期

作　　者：赵明霄

简　　介：对于西部经济发展滞后的原因有多种多样的解释，如果从经济发展有赖于投资的拉动和资金支持的角度来看，资金匮乏、投资不足无疑是其中一个重要原因，而西部资金严重流失又是导致资金匮乏、投资不足的一个重要诱因。本文就西部地区资金流失的类型和原因进行了较为深入分析，并就完善西部新农村建设资金供给机制，从发挥政策性金融的主导作用，完善商业银行资金反哺机制，建立健全多元化的竞争性金融机构体系，积极发挥非正规金融的作用等方面提出了相应的对策建议。

## 0653 外语教育中文化失衡现象诠释及重构

发表时间及载体：《甘肃高师学报》2012 年第 1 期

作　　者：苟丽梅

简　　介：在阐释外语教育中文化失衡现象的基础上，简要分析其产生的根源，强调了母语文化在提高学生跨文化交际能力及弘扬中国传统文化方面所起的重要作用，在此基础上提出了解决文化失衡的策略。

## 0654 民法法典化之反思

发表时间及载体：《甘肃政法学院学报》2005 年第 2 期

作　　者：冯乐坤

简　　介：目前，中国正准备使自己的民法法典化，无论学术界，还是立法界，绝大多数人都呼吁中国早日制定自己的民法典。在论及制定民法典的原因时，却往往忽视法律统一对其的影响。实际上，从大陆法系各主要国家制定颁布民法典的最直接、最现实的目的来看，都是基于对已有分散的法律进行统一的需要。然而，目前的中国不仅是一个政治统一的中央集权制国家，而且宪法也赋予了立法机关集中的立法权，从而确保了多年来所制定的民事单行法必然是统一的。基于此，笔者认为，虽然目前中国的民事单行法数量众多且冲突不断，但其在某一特定的民事领域仍是统一的，加之伴随着民法的调整范围日益扩大，传统的民法典体系亦不能包容一切的现实，因此，中国应维持目前的民事单行法现状，实无必要进行民法的法典化。

## 0655 西部经济与西部大开发新思路

发表时间及载体：《兰州大学学报：社会科学版》2001 年第 29 卷第 1 期

作　　者：石生仁 安成谋

简　　介：本文通过分析西部地区经济发展状况、国家战略西移，以及西部大开发中存在的问题，提出了进一步开发西部的新思路及建议。文章认为，建立良好的政策环境，加大生态建设的保护力度，调整产业结构，健全市场体制，加强基础设施建设，控制人口，提高人口素质是西部大开发中的重中之重。

## 0656 甘肃省城乡收入差距的测度与演变方式分析

发表时间及载体：《兰州商学院学报》2010 年第 26 卷第 4 期

作　　者：梁亚民 臧海明 朱晓静

简　　介：文章运用泰尔指数估计甘肃省的城乡收入差距，并利用非参数核密度函数揭示城乡收入差距的动态变化特征。结果显示，2000—2008 年间甘肃省城乡收入差距在不断扩大，且城乡收入差距已逐渐呈现两极化。进一步对经济增长与收入差距的关系进行分析，验证了倒 U 型曲线的存在，说明在社会经济发展到一个相对高级成熟的阶段时，甘肃省城乡收入差距存在缩小的可能。

## 0657 元代回鹘藏传佛教文献研究概况

发表时间及载体：《兰州大学学报：社会科学版》2001 年第 29 卷第 1 期

作　　者：杨建新 王红梅

简　　介：元代回鹘佛教文化依旧兴盛，但由于受到藏传佛教的影响，具有浓厚的藏密色彩。现今所刊布的文献大多出自吐鲁番地区，且多收藏在国外，因此国外对该领域的研究卓有成绩，国内研究相对薄弱。

## 0658 儿歌研究的多元走向——我国20世纪前期儿童文学理论研究综述

发表时间及载体:《湖南科技学院学报》2007年第28卷第2期

作　　者:李利芳

简　　介:20世纪前期,我国儿童文学理论文体研究中"诗歌"所纳的范围很宽,包含儿歌、民歌、童谣、谚语、旧诗、新诗、词曲、其他等,理论研究的重心在儿歌与童谣。1914年周作人的《儿歌之研究》、1923年冯国华的《儿歌的研究》、1926年褚东郊的《中国儿歌的研究》堪称这时期儿歌研究的三个标志成果。对这三个成果笔者另有专文论述,本文详细梳理论述的是除此之外的其他理论成果。

## 0659 《楚辞》研究与现代学术——赵逵夫先生访谈录

发表时间及载体:《甘肃社会科学》2006年第5期

作　　者:赵逵夫

简　　介:《楚辞》在中国文化中有着举足轻重的地位,然而长期以来,不论是对于屈原的身世,还是《楚辞》的文本,人们在认识上还都存在一些模糊与混乱。这不但影响到对《楚辞》的正确理解,而且也导致国内外不止一次地出现某种否定屈原存在的论调。在这种情况下,深入细致地考察屈原与他的时代,廓清人们认识中的混乱,就成为现代《楚辞》研究界的一项重要使命。本访谈约请著名《楚辞》研究专家赵逵夫教授,从自己的学术经历与学术发现出发,就相关问题做出了深入浅出的论说,同时也对古典文学与现代学术研究的关系发表了独到的见解。

## 0660 论公允价值在中国会计中的应用

发表时间及载体:《社科纵横》2010年第7期

作　　者:王景

简　　介:2006年我国颁布了新的会计准则,公允价值这一计量属性得到适度应用。但关于公允价值的讨论由来已久,尤其是随着国内外金融市场的动荡与起落,更引起了人们对公允价值的争议。通过分析公允价值在我国应用中存在的问题,提出应增强公允价值的可靠性,并在计量模式上采用双重计量。

## 0661 凤林山、凤林津有关问题辨正

发表时间及载体:《敦煌学辑刊》2012年第2期

作　　者:刘满 史志林

简　　介:本文考证了枹罕原、凤林川和凤林山的位置和范围,探讨了凤林津、凤林关和唐述山所在的州县。在《法苑珠林》一书中发现了一条重要记载:凤林津在唐河州西北五十里。这是凤林关在唐河州西北五十里的最佳旁证。

## 0662 敦煌壁画在当代中国画创作与教学中的意义

发表时间及载体:《科学、经济、社会》2011年第2期

作　　者:尹立峰

简　　介:敦煌壁画艺术集中体现了中国传统绘画艺术的精神和审美意趣,本文通过对敦煌壁画艺术的探索研究,从中审视中国艺术的精神灵脉,通过对空间、造型、色彩等艺术表现形式特色的分析,揭示敦煌壁画的艺术价值以及对当代中国画创作和教学的重要启示意义。

## 0663 甘肃土族生计结构变迁探析

发表时间及载体：《云南师范大学学报：哲学社会科学版》2011 年第 43 卷第 3 期

作　　者：田俊迁

简　　介：作为土族组成部分，甘肃甘南藏族自治州卓尼县杓哇乡的土族的生计方式在适应当地生态环境与藏汉民族社会环境的基础上，逐渐从逐水草而迁徙的游牧业向牧减农增过渡，并最终形成了以农为主、以牧为辅的生计结构。这种生计结构转变的基础来自土族居住的农牧交界带，动力来自农牧杂居带的人口增长，外因则来自于汉藏民族的互融。

## 0664 兰州市经济与环境协调发展评价与对策研究

发表时间及载体：《中国农学通报》2011 年第 27 卷第 32 期

作　　者：宋晓伟

简　　介：为了提升兰州市经济发展水平，改善兰州市环境质量，促进其经济与环境的协调发展，本文运用层次分析法从综合经济效益和综合环境效益 2 个方面构建指标体系，建立研究模型，利用协调发展的相关计算模型分析了兰州市 2000—2009 年经济与环境协调发展度的变化及其类型。结果表明，兰州市环境与经济发展的协调程度类型总体来看属于协调发展类型，并且发展水平逐年稳步上升，2000—2001 年为初级协调发展类型，2002—2005 年为中级协调发展类型，2006—2007 年为良好协调发展类型，2008—2009 年为优质协调发展类型。另外，2009 年经济发展水平高于环境发展水平，其余年份经济发展水平均滞后于环境发展水平。表明兰州市经济环境的协调发展整体水平比较合理，但是协调发展的背后问题依旧很多，必须从可持续发展角度促进兰州市整体实力

的提升。

## 0665 甘肃承接产业转移的必要性和制约因素分析

发表时间及载体：《兰州商学院学报》2010 年第 26 卷第 3 期

作　　者：刘宏霞 曹颖轶 谢宗棠

简　　介：文章首先从产业梯度、产业结构、劳动力就业和区域发展四方面分析了甘肃承接产业转移的现实意义和必要性。通过分析甘肃承接产业转移的现状，发现基础设施落后、产业集群缺乏、劳动力资源水平低、政府行政效率低等因素，严重制约了甘肃承接产业转移的进程，通过对这些问题的研究分析，提出了相应的对策建议。

## 0666 高寒牧区产业体系构建的思考——以甘南牧区为例

发表时间及载体：《西北师大学报：社会科学版》2008 年第 4 期

作　　者：赵海莉

简　　介：产业结构不合理是高寒牧区经济发展的瓶颈。本文在分析了甘南牧区产业体系现状的基础上，遵循产业演进规律，构建了新型的产业结构体系：第一产业向现代、绿色、高效的农牧业转型；第二产业向多元化、高端化、集群化演进；第三产业向高层次、宽领域发展。

## 0667 农民增收的制约因素及对策思考

发表时间及载体：《兰州大学学报：社会科学版》2002 年第 30 卷第 1 期

作　　者：李学春

简　　介：目前制约农民增收的主要因素有：农业和农村经济结构调整滞后，农村剩余劳动力转移困难，农村基础设施建设不足，城市化水平低，农民负担重，干部作风问题

削弱农民群众的生产积极性等。本文认为要坚持把增加农民收入作为经济工作的首要任务，走城乡协调发展的路子，加快农村城市化进程。

## 0668 《逸周书》中的句尾语气词"哉"及相关问题

发表时间及载体：《西北师大学报：社会科学版》2005 年第 4 期

作　　者：周玉秀

简　　介："哉"最初是一个主要运用于有告诫意味的对话体文章中的语气词，其作用主要是强调各种语气。《逸周书》中的"哉"基本保持了它的早期用法，具有强调祈使、肯定、可然性及感叹语气的作用，但与《尚书》相比，"哉"的一些用法（如表判断语气）已经消失，从中可以看出相关文献大致的创作时代。

## 0669 甘肃民族聚居区地缘文化安全问题刍议

发表时间及载体：《甘肃理论学刊》2008 年第 6 期

作　　者：张宏莉

简　　介：民族地缘文化安全问题，是指一个民族文化区的文化价值体系，特别是其主流文化价值体系受到来自内部和外部（异文化区）的各种文化因素的侵蚀而产生的问题。当前，全球化和市场经济、生态移民、国外思潮等内外因素都对甘肃民族聚居区的地缘文化安全带来了负面影响。为了减少和避免当前民族文化安全中所存在的问题，必须大力保护民族文化遗产，加强民族文化产业建设，重视少数民族各类人才的培养，鼓励少数民族学习和使用本民族语言，建立民族文化安全管理机制。

## 0670 陈云经济思想五十年纵论

发表时间及载体：《甘肃社会科学》2002 年第 6 期

作　　者：王杰

简　　介：陈云经济思想经三大发展阶段形成了计划与市场对立统一论及模式，由三个层次和四大支柱为核心架构了理论体系框架，实行高度集中的经济体制的根源是实施政府主导型赶超战略，资本原始积累未完成而进行大规模经济建设需要，绝非伟大人物的个人意愿。陈云经济思想拓展了社会主义经济理论的新领域，推动经济科学实验科学阶段纵深发展，率先探索社会主义市场经济，创新经济哲学，长期而又间断指导新中国经济建设，但仍然是社会主义经济思想史上一座划时代的里程碑。

## 0671 讨论式教学法及其在英语语法教学中的运用

发表时间及载体：《甘肃高师学报》2011 年第 1 期

作　　者：赵粉琴

简　　介：讨论式教学法在国内外都相当盛行，在教学法体系中占有重要地位。利用讨论式教学法组织教学，教师作为"导演"，对学生的思维加以引导和启发，学生在教师指导下进行有意识的思维探究活动。学生的学习始终处于"问题—思考—探—解答"的积极状态。这样的教学方法无疑体现"教师为主导，学生为主体"这一教学思想。本文就讨论式教学法的作用、基本条件、程序和在英语语法教学中的具体应用等方面做了系统的论述。

## 0672 中国地方公共品供给的逻辑：一个文献综述

发表时间及载体：《兰州商学院学报》2011

年第 27 卷第 1 期

作　　者：管新帅

简　　介：基于文献综述，中国地方公共品供给的逻辑可以归结为：市场化进程客观上要求重新界定市场行为与政府责任的边界，而政府履行责任的过程可以视同提供公共品的过程，中国式分权使得绝大多数公共品供给卸责给下级政府来承担，地方政府激励约束决定了地方公共品供给数量、结构与效率。此逻辑为解释中国经济转型中的市场与政府、中央与地方、增长与失衡、公平与发展这些重大问题提供了一个有益的分析视角。

## 0673 再论汤沈之争及王骥德的评价问题

发表时间及载体：《兰州大学学报：社会科学版》2004 年第 32 卷第 4 期

作　　者：司俊琴 赵建新

简　　介：汤沈之争是戏曲批评史上关于戏曲的文与律之关系最激烈的一次论争，汤显祖与沈璟围绕剧本内容与戏曲的音韵格律孰轻孰重的问题展开了论争，二者的理论主张互不相容。王骥德则将两家的主张辩证地统一了起来，纠正了他们的偏颇，提出了剧本内容与戏曲格律兼顾，即"必法与词两擅其极"的创作主张与辞、格俱妙的衡曲标准。

## 0674 论溢价机制与消费者福利

发表时间及载体：《西北师大学报：社会科学版》2004 年第 2 期

作　　者：把多勋

简　　介：均衡价格—质量模型为建立信誉企业的溢价机制提供了基本的理论框架。但其赖以建立的信誉形成理论是以最简单的信誉调节模式为立论基础，在实际应用中尚有疏漏。本文以此为依据，补充了两种信誉调节的情形，并由此部分修正了受其影响的均衡 $p(q)$ 模型，从理论上说明了信息技术改善及最低质量标准改变时的消费者福利状况。

## 0675 基于绩效培训的农村远程教育

发表时间及载体：《电化教育研究》2007 年第 5 期

作　　者：赵健 胡炬

简　　介：教师培训通常被看作是最主要和最经济有效的改进教育系统人力资源的手段，但实际上，教师培训已经成为农村中小学远程教育实施过程中的瓶颈性问题。针对这一问题，笔者提出绩效培训的方法和理念，并且介绍了在中欧甘肃基础教育项目的培训实践中取得的一定效果。

## 0676 市场有效性原理与中国产业结构评价的数量模型

发表时间及载体：《甘肃理论学刊》2004 年第 1 期

作　　者：李含琳

简　　介：本文对我国传统的产业结构评价方法进行了反思，用整体方法、比例方法和动态方法等概念进行了概括，同时提出了关于我国产业结构评价的一种新的思路，即市场有效性原理。

## 0677 信任的政治功能

发表时间及载体：《甘肃理论学刊》2005 年第 3 期

作　　者：雷鸣

简　　介：一个政治体系的维持需要依赖多种条件才能得以存在和延续，信任便是其中之一。理解和考量信任在社会生活中的功能具有多个角度，在政治社会学的视域中，信任是政治生活中不可或缺的社会资源，当它嵌入政治体系的结构之中并与其构成要素发生联系时，即发挥出了政治合法性、社会整合、社会控制和政治绩效等功能，正是这些功能维系着社会秩序的正常运行。

## 0678 易安词女性意识再评价

发表时间及载体：《西北师大学报：社会科学版》1999 年第 2 期

作　　者：王金寿

简　　介：中国古代文学中涌动着女性意识的潮流，它是正统文人们情爱理想在现实生活中失落后的回归的集体无意识的积淀。古典文学作家群体的男性化，以及中国正统文化对女性的排斥，决定了正统文人的正统诗文中很难有完整、系统、健康的女性意识。而真正较为完整系统地表现女性意识的就是李清照了。李清照涉足词坛，本身就是其独特的女性自我意识的体现；同时，其词作所体现的倜傥洒脱、自信乐观的"丈夫"气质，旷达超逸的隐士风度，崇尚独立人格的意识，以及"风神气格，冠绝一时"的卓然才气与独创精神均折射出易安独特的女性意识。

## 0679 关于企业税收筹划的探讨

发表时间及载体：《兰州商学院学报》2005 年第 21 卷第 1 期

作　　者：李萍

简　　介：企业财务制度的建设与完善需要税收筹划，当前企业所处的社会经济环境为企业进行税收筹划提供了可能性。为了充分发挥税收筹划在企业财务管理中的作用，企业进行税收筹划必须遵循服从于财务管理总体目标，服务于财务决策过程，依法性、综合衡量、事先筹划等原则，只有这样，才能真正做到节税增收。

## 0680 汉代长安地区自然环境与生态变迁对汉赋创作的影响

发表时间及载体：《文学评论》2010 年第 3 期

作　　者：韩高年

简　　介：经过秦汉两代的经营，汉代长安地区的自然环境与生态景观具有了独特的地域特色和得天独厚的优势，在此基础上形成了西汉盛世特有的长安京都文化和富于人文精神的生活方式，这对汉赋在状物写景、创作动机、审美特点等方面产生了重要影响。经过两汉之交的战乱，政治中心东移，长安地区的自然环境与生态发生了重大变化，东汉初年反映在辞赋创作中的定都之争，除了众所周知的原因外，还有生态恶化导致的环境危机。

## 0681 透视美国金融危机中的金融创新"蝴蝶效应"

发表时间及载体：《兰州商学院学报》2009 年第 25 卷第 4 期

作　　者：狄瑞鸿

简　　介：始于 2007 年夏的次贷危机很快发展成为美国金融危机，并蔓延全球，究其原因，金融创新是一个不容忽视的因素。由于抵押贷款创新的理念建立在房价不断上升的假设之上，使得抵押贷款创新及建立在其基础之上的证券化产品创新不具备可靠的基础资产。房价下跌使创新抵押贷款的风险暴露，金融创新的"蝴蝶效应"终于出现，所有金融机构陷入了一场前所未有的危机中。这给我国未来的金融创新提供了良好的启示。

## 0682 中国民俗中的错别字文化

发表时间及载体：《汉字文化》2013 年第 3 期

作　　者：张同胜

简　　介：在中国民俗中，存在着错别字文化之现象。虽然这一现象颇具民族特色且蕴含着丰富的文化信息，但却几乎尚未引起学人的注意，因此有探讨的必要性。

## 0683 后金融危机时代我国保险业治理体系重构初探

发表时间及载体：《甘肃社会科学》2012 年第 3 期

作　　者：石富覃

简　　介：全球金融危机表明传统保险监管模式亟待重构。公民社会的发展带来当代社会治道的变革和治理结构的变化，传统监管模式将被公共治理模式所取代；转型期市场经济阶段，在改善政府监管和市场调节机制的基础之上，需要公民和社会组织的治理参与；经济全球化和金融国际化趋势不可逆转，金融风险的传递明显加快，需要引入全球治理模式。后金融危机时代，提高保险治理体系有效性，需要构建政府、市场、社会、国际共同参与的多元治理模式。

## 0684 先秦卜居习俗对《离骚》构思的影响

发表时间及载体：《齐鲁学刊》2011 年第 6 期

作　　者：韩高年

简　　介：近年来随着文本中心论在文学研究中的兴起，文体问题一度被简单化为语言问题，而文体的创造者和接受者以及文体的创造与接受所赖以进行的社会文化背景都被挡在文体研究的视野之外。《离骚》文体的创造也与屈原所处时代的风俗对他的影响有密切的关系，《离骚》的构思主要围绕"去留"问题展开，这一构思受到卜居习俗及其心理的潜在影响。结合先秦卜居习俗来分析《离骚》文本，可以看到屈原在创作该诗时的内心矛盾冲突及其升华过程对诗体的影响。另外，对卜居习俗对当时人们的影响的梳理，也对正确理解"离骚"题义具有启发意义。

## 0685 中国西部资源型城市反锁定安排与接续产业的发展

发表时间及载体：《兰州大学学报：社会科学版》2004 年第 32 卷第 1 期

作　　者：戈银庆

简　　介：资源型城市因资源而生，在产业结构的选择上形成了所谓的产业锁定，如何超越其制度的可能性边界，突破资源型城市经济发展面临的困难，成为经济发展中必须解决的问题。本文就西部资源型城市的前景提出发展接续产业、实现反锁定安排的对策选择。

## 0686 基于 α 和 β 趋同检验的西北五省区产业结构趋同分析

发表时间及载体：《西北大学学报：哲学社会科学版》2012 年第 42 卷第 1 期

作　　者：高新才 周一欣

简　　介：选取西北五省区的 25 个行业为研究对象，基于中国工业经济年鉴的面板数据，将 α 趋同和 β 趋同两种检验方式引入运用到产业结构趋同检验当中，从具体的工业行业角度出发，测度 2000 年以来西北五省区产业结构的趋同效应，具体判断西北五省区各行业的产业结构关系。

## 0687 甘肃人才开发对策探讨

发表时间及载体：《甘肃理论学刊》2001 年第 6 期

作　　者：高化

简　　介：人才匮乏是制约西部大开发的关键因素，这已成为一种共识。本文依据翔实的资料对甘肃人才的现状进行了纵横比较分析，做出了客观判断，同时就如何依据现有条件开发和利用人才提出了方案和对策。

## 0688 宋代甘肃自然资源的开发

发表时间及载体：《甘肃联合大学学报：社会科学版》2007 年第 23 卷第 4 期

作　　者：刘建丽

简　　介：宋代的甘肃地区自然资源丰富，北宋王朝为了抗衡西夏，开发经营西北地区，对甘肃地区的水利、森林、矿产资源进行开发利用，并且设立市易司（务），建榷场，置牧监、马坊、坑冶铸钱。北宋王朝对甘肃自然资源的开发利用，有利于甘肃地区的经济发展。

## 0689 基于循环经济的中国西北民族聚集区可持续发展研究

发表时间及载体：《西北民族研究》2006 年第 4 期

作　　者：刘军 陈兴鹏

简　　介：文章分析了我国西北民族聚集区的社会经济和自然生态环境状况，对其经济发展与生态环境协调度进行了评价研究，并针对西北民族聚集区存在的不可持续的社会经济和生态环境问题，提出了发展循环经济的建议与具体实施思路。

## 0690 兰州都市圈中物流发展的对策选择

发表时间及载体：《甘肃高师学报》2012 年第 2 期

作　　者：冯婷婷

简　　介：现代物流是现代经济和科学技术发展到一定阶段的必然产物，是适应市场经济发展规律，并加速发展的专业化领域和新型化产业。先从物流综合实力、物流配送系统、物流经营模式分析兰州都市圈物流发展现状，针对存在的问题分析存在的原因主要是物流市场需求不足，服务管理水平偏低，基础设备落后，管理体制机制约束，物流专业人才短缺。最后从利用兰州都市圈的优势，发挥政府部门的调控作用，加强物流基础设施规划建设，培育第三方物流企业四方面提出建议。

## 0691 入世后非公有制经济健康发展的出路与对策

发表时间及载体：《甘肃行政学院学报》2002 年第 2 期

作　　者：董原 杜伟

简　　介：入世对中国各行各业既是机遇，又是挑战，对几十年在夹缝中生存和发展的非公有制经济来说，是千载难逢的大好机遇，中国的非公有制经济必将驶入快车道，与公有制经济站在同一起跑线上。那么非公有制经济如何发展，其根本出路何在，本文认为关键是提高国际竞争力。

## 0692 周作人的"自然"观与《文心雕龙》

发表时间及载体：《长春大学学报》2011 年第 21 卷第 7 期

作　　者：权绘锦

简　　介："自然"在周作人的文学批评中占据着核心位置。它既是对以《文心雕龙》为代表的传统文论的继承，又经过了具有现代意义和个性的改造。文章旨在厘清二者之间既有相同之处，又存在显著差异的复杂关系，阐明现代文学批评与传统文论之间割舍不断的历史连续性。

## 0693 读陆机赋札记

发表时间及载体：《文献》2013 年第 6 期

作　　者：赵逵夫

简　　介：明陆元大翻宋代徐民瞻刻《晋二俊文集》之《陆士衡文集》，原为重辑本，收辑不够全面。关于陆机的赋，不见于该书而见于《北堂书钞》、《艺文类聚》、《太平御览》及《文选》李善注等者也不少。明汪士贤《汉魏名家集》、张燮《七十二家集》、张溥《汉魏六朝百三家集》、清严可均《全晋文》皆有采录，然而看法并不完全一致。《全晋文》对一些佚文加以缀合。金涛声先生点校《陆机集》（中华书局 1982 年版）所用底本为《四部丛刊》影印陆元大翻本《陆士衡文集》，其在佚文的处理上对前人之说或取或不取，有的地方还值得进一步商定。

## 0694 对解决我国西部地区现代化进程中瓶颈问题的启示

发表时间及载体：《甘肃理论学刊》2009 年第 4 期

作　　者：陈增贤 张存刚

简　　介：生态现代化理论是现当代可持续发展理论中颇具影响力的思想，主要包括环境问题策略论，科学技术作用论和市场、政府与公众协作论等基本内容。生态现代化理论为实现我国西部地区现代化提供了新的思路和理论依据。西部现代化不仅仅体现在经济发展与社会进步方面，还应包括生态环境的优化和保护，降低生态环境脆弱性。当前，要实现西部地区现代化，首先要高度重视生态环境脆弱性对现代化进程的瓶颈制约和影响，在发展策略上，一要转变传统观念，树立生态意识；二要大力发展生态科技，保护生态环境；三要完善制度设计，建立生态利益补偿机制；四要促进多元化主体的参与，实现政府、市场和公众在生态现代化进程中的协作。

## 0695 卫拉特蒙古人的迁徙及其社会文化变迁

发表时间及载体：《西北民族研究》2008 年第 1 期

作　　者：文化

简　　介：卫拉特蒙古文化的时代性演进和地域性展开，与历史上卫拉特蒙古人规模性迁徙行为不无联系。其迁徙过程中受生态因素与其社会过程的影响，造就了其文化特征和社会属性。本文从移民与文化认同视角，对历史上卫拉特蒙古人的迁徙与社会文化变迁做了阐释。

## 0696 浅议古代女子旅游

发表时间及载体：《甘肃行政学院学报》2002 年第 2 期

作　　者：张冬林

简　　介：知古不知今，谓之陆沉，知今不知古，谓之盲闷。旅游在我国出现得很早，它是中国文化的重要组成部分，人们对其进行了几乎是全方位的研讨与运用。但是对古代女子旅游方面却几乎无人涉及，被传统礼教深深束缚的女子是否有出外旅游可能？本文通过对史书的梳理，力图通过对女子旅游的阐议，揭示出古代女子在社会生活中丰富多彩的一面。

## 0697 论庄子的语言哲学观

发表时间及载体：《社科纵横》2008 年第 5 期

作　　者：侯洪澜

简　　介：庄子以语言实践的方式对"道不可言""道不可不言"的人类思想困境的思考，也是当代西方语言哲学关注的问题，而庄子又以"诗性言说"的方式超越了这一语言困境，达到了"即言即道"的理想的自由境界，这是对中国诗性的文化传统的回归。

## 0698 对和谐社会政法文化建设的思考

发表时间及载体：《甘肃政法学院学报》2005年第6期

作　　者：王肃元

简　　介：加强政法文化建设，是构建社会主义和谐社会的主要内容之一。政法文化是一种与政法工作或行业相关的职业文化、职业精神，其核心内容包括追求正义的价值取向，遵从法律、维护秩序的职业准则，政法职业者良好的职业道德和职业素养等。在构建社会主义和谐社会的进程中，我们需要重塑政法职业精神，推进职业化建设，加强法学教育，完善法律制度。

## 0699 望社的形成与诗文化活动

发表时间及载体：《西北师大学报：社会科学版》2002年第6期

作　　者：张兵

简　　介：望社是清代初年出现在淮安的一个独具地域特色的大型文学社团。望社的崛起，以明清易代的政治变革为契机，淮安一地独特的地理位置与地域政治、经济、文化背景，使这一文学社团带有明显的遗民文化特征，成为淮扬遗民诗群的一个重要组成部分。望社的诗文化活动沿袭了宋元以来文社的一些固有特征，它对清初淮安诗学的勃兴、诗风的形成及考据学风的滋生至关重要。

## 0700 论洋务教育对中国教育近代化的贡献

发表时间及载体：《西北师大学报：社会科学版》1999年第6期

作　　者：王韵秋

简　　介：洋务教育对中国教育近代化的贡献主要表现于：洋务教育奉行的"中体西用"思想确立了近代教育改革的基本思想构架；其推行新学的结果，加速了旧教育体制的解体，加快了教育近代化的步伐；中译西书冲击和改变了旧的知识结构和教育体系，加速了课程内容一体化的进程；培养了一支近代化的师资队伍，形成了一股促进中国近代教育发展的雄劲东风；留学生制度的建立打破了封闭式的教育结构，形成了开放式的教育格局。

## 0701 转型经济中区域突破现象的制度解释

发表时间及载体：《中国软科学》2005年第8期

作　　者：高新才

简　　介：在中国经济的转型成长中，涌现出了许多具有鲜明区域特色的经济制度变迁和区域经济发展模式，我们把它称为区域突破现象。我们认为，只有理解了区域突破现象，才能更好地理解中国经济转型的基本经验。本文把这一现象理解为一种创新过程，并从中小企业成长的视角，在引入区位因素的基础上，对这一现象发生的制度基础提出了一个新的分析框架。

## 0702 我国电化教育理论研究重心的嬗变

发表时间及载体：《西北师大学报：社会科学版》2003年第4期

作　　者：甄暾

简　　介：从20世纪70年代末我国电化教育事业重新起步至今，我国电化教育的发展经历了三个阶段：（1）以媒体为核心的阶段；（2）人与媒体并重的阶段；（3）以人为核心的阶段。由重视物到人、物并重，再到重视人，以人为核心，这就是我国电化教育理论研究重心嬗变的轨迹。

## 0703 发展中国家对现代海洋法发展的贡献

发表时间及载体：《甘肃理论学刊》2003 年第 5 期

作　　者：冯学智

简　　介：海洋法是国际法中新兴而又古老的法律部门，在 20 世纪 30 年代以前，只有少数国家能够在各个方面利用和开发海洋，因此，海洋法就成了它们掠夺资源、行使海洋霸权的工具。20 世纪 30 年代以后，尤其是二战结束之后，随着广大发展中国家利用和开发海洋的能力和意识的不断增强，提出了许多顺应潮流的海洋法理论。为了使这些理论得以落实，广大发展中国家联合起来同少数发达国家展开了激烈的斗争，从而为现代海洋法的发展做出了重大贡献。

## 0704 知己之感知音之赏——苏轼妇女观散论

发表时间及载体：《乐山师范学院学报》2012 年第 27 卷第 4 期

作　　者：庆振轩 牛思仁

简　　介：苏轼在宦海升沉的人生旅途中，广泛结交，友情遍植，但由于政治斗争的复杂险恶以及人情冷暖变幻无常，他真正引为知己的朋友为数不多，而其中就有数位女性。苏轼在对王弗、朝云、柔奴、胡文柔的推重激赏中，流露了知己之感、知音之赏，显示了进步的妇女观。苏轼的妇女观源自于其心灵深处的平等意识，也基于其在纷纭复杂的人事纷争中对理想人格的追求，同时也与其家庭父母的影响有关。

## 0705 制度创新与西部民族地区的现代化

发表时间及载体：《兰州大学学报：社会科学版》2002 年第 30 卷第 4 期

作　　者：杨建新 李学春

简　　介：西部民族地区的现代化正处于由前现代化阶段向现代化阶段转变时期，这是介于传统社会和起飞阶段之中的一个承前启后的重要阶段。制度创新是西部民族地区克服后发展负面效应的关键途径。西部少数民族地区要依靠国家政权体系的力量，实现制度创新。

## 0706 从敦煌算经看我国唐宋时代的初级数学教育

发表时间及载体：《数学教学研究》1991 年第 1 期

作　　者：李并成

简　　介：敦煌遗书卷帙浩繁，内涵宏博，有关蒙学方面"算经"一类的写本据笔者不完全查检就有 12 部，包括《算经》（S.0019）、《算经》（S.06634）、《算经》（S.4760）、《九九乘法歌》等。

## 0707 基于多元智能理论的高校 MTI 翻译工作坊信息化教学实践研究——以 The Book of Magic 一书的汉译为例

发表时间及载体：《电化教育研究》2013 年第 34 卷第 4 期

作　　者：吕文澎 吕晓澎 孙丹丹

简　　介：本研究以 The Book of Magic（《魔术揭秘》）一书的汉译过程为例，考察将多元智能理论应用于高校 MTI 翻译工作坊信息化教学的有效性和可行性。研究结果表明，学生译者从初译到复译总评成绩提高显著，其语言文字、视觉空间和身体运动智能有所增强。以多元智能理论为指导的信息化翻译教学有助于提高 MTI 研究生的翻译水平，并促进其多元智能的发展。学生认为该教学模式富有新鲜感、趣味性和挑战性，对提高翻译能力和信息素养帮助较大。

## 0708 浅谈民间土地契约文书的开发利用

发表时间及载体：《丝绸之路》2013 年第 8 期

作　　者：李晓英

简　　介：本文介绍了土地契约文书的基本概况及其蕴含的信息资源，分析了土地契约文书的研究价值，并对其开发利用方式提出了相关建议。

## 0709 生态学马克思主义对马克思主义生态意蕴的建构、梳理和拓展

发表时间及载体：《兰州商学院学报》2014 年第 4 期

作　　者：陈增贤

简　　介：全球生态问题渐趋严重，生态学马克思主义在建构马克思历史唯物主义生态维度、梳理蕴含于辩证唯物主义哲学中的生态意蕴的同时，拓展了马克思主义生态思想。本文从制度、技术和消费三个维度对西方生态问题展开批判，认为资本主义制度是造成生态危机的根源，并主张要解决当代的生态危机，就应该实行制度和价值观的双重变革，走生态社会主义道路。生态学马克思主义探寻生态危机产生根源及解决路径的思路和方法为我们解决人类面临的日益严重的生态问题提供了崭新的视角。

## 0710 唐代粟特人与中原商业贸易产生的社会作用和影响

发表时间及载体：《西北民族研究》1995 年第 1 期

作　　者：王尚达

简　　介：很早以来，粟特人就以商业民族著称，他们是丝绸之路上一支最为活跃的力量。粟特人似具有天生的商业才能，其敏捷、勤勉、商业规模之大，令人惊叹。

## 0711 洪毅然美学思想中美感理论的演变轨迹

发表时间及载体：《西北师大学报：社会科学版》2006 年第 2 期

作　　者：包建新

简　　介：本文追寻洪毅然美感理论的演变轨迹，对其在"审美意识"、"美感和快感的关系"、"美感的产生与发展"、"美感的基本心理"以及"美感的种类"和"美感的相对性与复杂性"等领域的发展演变进行探讨。美感理论的发展演变，既是洪毅然美学思想演变轨迹的写照，也是其学术风格的体现，呈现出洪毅然美学的时代特征。

## 0712 高校校园网建设与构建和谐校园

发表时间及载体：《西北民族大学学报：哲学社会科学版》2011 年第 3 期

作　　者：刘彬

简　　介：20 世纪 90 年代以来，计算机网络在全世界迅猛发展，成为现代信息社会的重要标志之一。高校校园网络作为现代教育技术手段，是教育教学发展到信息时代的必然产物。根据中国互联网信息中心对网民特征结构的调查，青少年尤其是大学生成为网民结构中的主要成员。面对如此庞大且又特殊的受众群体，研究高校校园网建设对构建和谐校园具有重要的现实意义。

## 0713 论思想政治教育与民生问题的关系

发表时间及载体：《社科纵横》2009 年第 4 期

作　　者：李祥永 张翔宇

简　　介：在现代社会中，由于绝大数人基本的物质层面的问题已经得到了解决，民生问题在政治与精神层面的表现更加突出。随着社会的发展，民生问题必然呈现不同趋势，将会大大阻碍和谐社会的构建。而在此时，思想政治教育在调整各种关系，化解各种矛盾，维护稳定的社会生活秩序等方面显得尤为重要。因此，应提高思想政治教育的实效性、现代性，从而使其更好地在解决民生问题中发挥作用。

## 0714　国家与社会关系视域下的社区建设及政府角色定位

发表时间及载体：《西北师大学报：社会科学版》2009 年第 5 期

作　　者：岳天明 魏冰

简　　介：人类对于社区的不同认识阶段折射出人们对于社区建设的基本态度和理解。社区建设之所以成为一股世界潮流，其要旨在于解决工业化、城市化所带来的社会发展问题。而在我国，强调社会建设自有其独特的社会背景。社区建设的意蕴追求可以概括为：个体对公共友爱与精神家园的渴望和政府对社会秩序与有效管理的谋求。依据我国社区建设中政府角色存在的问题，在国家与社会关系视域下，政府角色应该在社区建设的新阶段做出新的定位。

## 0715　浅议"自下而上"式师资队伍管理的思维模式

发表时间及载体：《兰州商学院学报》2005 年第 21 卷第 5 期

作　　者：张皞昕

简　　介：本文试从"自下而上"式的思维模式来讨论高校师资队伍建设与管理的问题，其核心是高校管理者要从高校教师职业发展的角度考虑问题。

## 0716　循环经济下环境审计目标初探

发表时间及载体：《社科纵横》2010 年第 2 期

作　　者：杨荣美

简　　介：本文对环境审计的现状进行了分析，指出研究环境审计目标的重要性，同时，对环境审计目标的特点和体系进行了分析，并在此基础上对循环经济下环境审计目标进行了探讨。

## 0717　再论可持续发展理论及与可持续发展有关的立法

发表时间及载体：《甘肃政法学院学报》2004 年第 4 期

作　　者：何文杰

简　　介：可持续发展理论到底包含怎样的内涵呢？这个问题在目前学术界众说纷纭，与可持续发展有关的立法的范畴到底包括哪些，这个问题及可持续发展概念的科学界定问题还有待进一步探讨。本文运用比较分析的方法，结合当前法理学和哲学的最新理论成果对上述几个问题进行了探讨，并提出了新的观点，以期对我国可持续发展立法及其实施能有所贡献。

## 0718　资金时间价值解读——关于资金时间价值计算的归纳分析

发表时间及载体：《兰州商学院学报》2004 年第 20 卷第 3 期

作　　者：王廷科

简　　介：资金时间价值是现代财务管理的重要价值观念，因此，个人和公司的大部分财务决策都要考虑资金的时间价值。对于资金时间价值的计算，在财务管理教科书中虽然已做了讲解，但做进一步归纳分析仍有必要。本文正是在上述基础上，结合对财务管理的学习，尽可能地利用标有相关现金流量的时间轴对资金时间价值的计算予以归纳分析，描述虽不够完整，但希望对财务管理初学者有一点帮助。

## 0719 教育电视台演播室声光技术设计浅论

发表时间及载体：《电化教育研究》1996 年第 2 期

作　　者：崔亮

简　　介：我国的电视教育事业从 20 世纪 80 年代起步，经过近十年的奋斗，已经发展为以中国教育电视台为龙头，以全国 1200 多座地方教育电视台为骨干的世界上最大的教育电视传输网络。教育电视台的飞速发展，也加快了教育电视台演播室的建设，据有关资料显示，全国 70% 以上的教育电视台都建起了演播室。

## 0720 藏族文学对唐蕃和亲的表现初探

发表时间及载体：《西北民族研究》2013 年第 4 期

作　　者：刘洁

简　　介：唐蕃和亲是汉藏关系史上的大事，藏族的史诗典籍、故事传说、藏戏歌谣和碑铭散文等，生动反映出和亲所带来的民族融合与经济文化交流。它们不仅是铭记唐蕃和亲的宝贵资料，也是今天续写汉藏和谐友好新篇章的深厚基础。

## 0721 甘肃工业的"结构逆转"与比较优势原则的重新"归位"

发表时间及载体：《甘肃社会科学》1998 年第 6 期

作　　者：吴解生

简　　介：进入 20 世纪 90 年代以来，甘肃工业不仅继续在总量增长上慢于全国平均

水平（1990—1996 年，全国工业年均增长 21.71%，甘肃工业年均增长 14.85%），而且出现了部分技术密集程度较高，或劳动者技术熟练程度要求较高的部门比重下降的态势。

## 0722 论时代要求和社会科学发展的动力支持

发表时间及载体：《甘肃社会科学》2002 年第 4 期

作　　者：马振亚

简　　介：当代中国社会的发展进步，几乎一切方面和一切领域都离不开创新的科学理论的指导。发展社会科学研究事业、提高理论创新能力是当务之急。本文从八个主要方面论述了繁荣发展哲学社会科学研究事业的时代迫切性，并就当前解放社会科学科研生产力、促进理论创新发展提出了几点重要见解。

## 0723 苏蕙《回文璇玑图》的文化蕴含和社会学认识价值

发表时间及载体：《陕西师范大学学报：哲学社会科学版》1999 年第 4 期

作　　者：赵逵夫

简　　介：苏蕙《回文璇玑图》是中国文化史上一篇奇文，不仅集回文诗之大成，而且也反映了汉语及汉字的一些特殊功能。对《回文璇玑图》价值的认识，应从其创作背景、作者的创作心态等方面加以把握。

## 0724 国外思想政治教育的特点及其借鉴研究

发表时间及载体：《社科纵横》2009 年第 6 期

作　　者：张江波

简　　介：世界各国都高度重视本国的思想政治教育。并且有很多值得借鉴的经验和方

法。我们要积极借鉴国外的先进经验，创新我国思想政治教育体制，做好新时期社会主义市场经济条件下的思想政治教育工作。

## 0725 商业贿赂犯罪疑难问题的司法适用

发表时间及载体：《社科纵横》2010 年第 1 期

作　　者：郑高键 郜占川

简　　介：《关于办理商业贿赂刑事案件适用法律若干问题的意见》对"谋取不正当利益"做出明确规定，但由于实践中"谋取不正当利益"形式的多样性，该司法解释的规定仍然过于原则化，导致在具体案例适用中理解的差异，本文针对"谋取不正当利益"的规定提出细化适用的思考，即受贿人在接受行贿人财物后提供了违反法律、法规、规章、政策、行业规范规定的帮助，但行贿人没有提出要求的，不能认定为"谋取不正当利益"。同时，司法解释对医生构成商业贿赂犯罪在"为销售方谋取利益"方面的规定，与现行立法存在矛盾，降低了该罪的构成门槛，扩大了适用范围，值得商榷。

## 0726 浅论高校普通中年教师心理健康问题

发表时间及载体：《甘肃联合大学学报：社会科学版》2010 年第 3 期

作　　者：吴红骏

简　　介：高校普通中年教师这一特殊的职业群体的心理健康状况应当引起充分重视，这不仅关系到教师的工作和生活质量，而且关系到高校教育发展和教学质量，更重要的是会直接影响学生的心理健康。本文在探讨和分析高校普通中年教师心理健康问题及形成原因的基础上，探讨如何改善他们已形成的心理问题的解决之法，从而维护和增进他们的心理健康水平，提升这个群体的生命质量，促进他们的职业发展。

## 0727 论信息技术与课程整合

发表时间及载体：《电化教育研究》2002 年第 7 期

作　　者：郭绍青

简　　介：本文在对当前信息技术发展中的几种观念论述的基础上，提出了信息技术与课程的整合是和教与学过程中诸要素融合的观念，强调了信息技术与课程内容融合的意义。

## 0728 制度创新与西部民族地区的现代化

发表时间及载体：《兰州大学学报：社会科学版》2002 年第 4 期

作　　者：杨建新

简　　介：西部民族地区的现代化正处于由前现代化阶段向现代化阶段转变时期，这是介于传统社会和起飞阶段之中的一个承前启后的重要阶段。制度创新是西部民族地区克服后发展负面效应的关键途径。

## 0729 唐宋敦煌染料与紫服制度的被突破——以 P.3644 为中心

发表时间及载体：《南京师大学报：社会科学版》2010 年第 5 期

作　　者：刘再聪

简　　介：法藏敦煌文书 P.3644 中有店铺招徕叫卖诗两首，提及的商品包含药材、食品及果品类、调味品及衣服穿戴之属四类。进一步考察会发现，文书所列"白矾皂矾，紫草苏芳"当属于染料类。

## 0730 试析《读者》的品牌竞争优势

发表时间及载体:《甘肃行政学院学报》2005 年第 3 期

作　者:任蕾 张硕勋

简　介:本文用近年来备受关注的品牌竞争力理论分析《读者》杂志,认为《读者》在品牌核心力、品牌市场力和品牌忠诚力方面表现突出,已成为它的品牌竞争优势。文章从其品牌定位、品牌形象识别和品牌延伸几个方面进行了具体论述。

## 0731 论甘肃省人口老龄化实证分析

发表时间及载体:《西北人口》2010 年第 2 期

作　者:申社芳

简　介:为了解甘肃省人口老龄化的状况,利用 SPSS 软件对 2005 年我国 31 个地区的 65 岁及以上老年人口占总人口的比例做了聚类分析。

## 0732 面对入世,快速提升人力资源竞争力

发表时间及载体:《甘肃行政学院学报》2002 年第 2 期

作　者:申庆涛

简　介:随着我国加入世界贸易组织以及信息经济的飞速发展,企业愈发认识到创造发明技术的人的重要作用。全球知识经济时代的到来,使得今天的智力资本像过去财务资本一样受到企业高度重视。企业不再仅仅只关注资金、成本,人力资源必将成为企业关注的重中之重。

## 0733 对"国家及其财产豁免权原则"的历史考察

发表时间及载体:《兰州大学学报:社会科学版》2005 年第 33 卷第 3 期

作　者:胡晓红

简　介:国家及其财产豁免权原则作为国家主权原则的延伸,赋予了国家在对外交往中的特殊法律地位。但是,由于一些国家对该原则确立了新的标准,我国已有必要转变观念,重新审视我国对待该原则的立场和态度。

## 0734 吐蕃时期敦煌道及相关信仰习俗探析

发表时间及载体:《敦煌研究》2011 年第 3 期

作　者:刘永明

简　介:本文通过对 9 世纪前期的几份敦煌具注历日、《康再荣建宅文》、P. 2729v《太史杂占历》等文书的考察分析,认为吐蕃统治敦煌时期,汉民族依然能够在一定程度上保持和延续本民族的生产生活方式和信仰习俗。从信仰角度来看,传统的建宅发愿行为乃至传统的占卜术数及相关的信仰习俗依然存在,遭受吐蕃压制的道教也融合于这样的信仰习俗之中。《太史杂占历》出自熟知或亲历西北唐蕃战事的道教术士之手,而这种涉及两国交战、带有反抗吐蕃侵略和统治色彩的道教占卜及法术活动,则以隐蔽形式流传着。

## 0735 敦煌文献所见变文与变相之关系

发表时间及载体:《敦煌研究》1995 年第 2 期

作　者:[俄]孟列夫 文 杨富学 译

简　介:众所周知,所谓的变文在中国文学史上有着很重要的地位,它直接地或间接地与后来的文学,如戏曲、小说、口头文学等都有着很密切的联系。这些变文写本的初次发现是在 1900 年,随后有不少的研究著作相继发表。

## 0736 大学生认知风格、学习方式与学习策略的关系研究

发表时间及载体：《电化教育研究》2007 年第 8 期

作　　者：蔡旻君 张筱兰

简　　介：本文通过温斯坦标准化学习策略量表（LASSI）、镶嵌图形测验及学生学习方式问卷测试学生的学习策略水平、认知风格类型和学习方式，并将不同认知风格类型和不同学习方式的大学生的学习策略水平进行比较。结果发现，当前大学生学习动机水平普遍较低，大学生的学习方式以独立型、参与型与协作型为主，大学生的学习策略水平偏低且与其认知风格不相匹配，专业类型对大学生的学习策略水平有一定影响。

## 0737 建构青海少数民族地区健身模式主因素研究

发表时间及载体：《兰州大学学报：社会科学版》2001 年第 29 卷第 2 期

作　　者：李绍成 陈青

简　　介：青海城乡居民健身模式九个主要方面均表现出地域和民族特色，为职能部门和社会各界推动全民健身活动提供参考。

## 0738 夏河藏语中的汉借词与汉语西北方音

发表时间及载体：《中国藏学》2011 年第 2 期

作　　者：张建民

简　　介：夏河藏语是藏语安多方言的一个极具代表性的土语群。由于夏河地区的藏族人民与周边的汉族等其他民族长期群居杂处，语言互借的情况较多。文章从借用方式、发音、词序等方面论述了夏河藏语中汉借词的特点，在此基础上探讨夏河藏语中的汉借词与汉语西北方音的关系。

## 0739 世界人口城市化现状及存在的问题

发表时间及载体：《西北人口》2008 年第 29 卷第 6 期

作　　者：郭志仪

简　　介：本文参考联合国最新公布的统计资料，在分析了进入 21 世纪后世界人口城市化水平进一步提高的前提下，主要对发展中国家或地区出现城市化与工业化步调不一致、城市出现大量贫民、社会公共服务、城市交通及各国普遍存在能源消耗和环境等问题进行了分析。

## 0740 社会性法哲学思想的三种表现形式

发表时间及载体：《甘肃政法学院学报》2007 年第 6 期

作　　者：马进

简　　介：卡尔·马克思、马克斯·韦伯和艾米尔·迪尔克姆是公认的对法学最有影响的三位社会学家。他们的法哲学思想的共同特点可以用社会性来概括。这个社会性在卡尔·马克思那里表现为法的阶级性，在马克斯·韦伯那里表现为法的理性，在艾米尔·迪尔克姆那里表现为法的合同契约。卡尔·马克思从人类历史发展的规律方面揭示了法的阶级性共性。马克斯·韦伯从人类社会的制度完善和权力的制约方面揭示了法的理性共性。艾米尔·迪尔克姆从人类社会的发展模式方面揭示了法的合同契约共性。他们的法哲学思想反映了人类关于法的一般观念。可以通过他们的法哲学思想认识法的本质特点。

## 0741 论邓小平的实事求是辩证否定观

发表时间及载体：《甘肃理论学刊》2002 年

第 1 期

作　　者：唐秀华

简　　介：邓小平理论蕴含丰富的辩证法思想，尤其是他的实事求是辩证否定观，无论是对历史人物的评价，还是对社会主义建设经验和教训的总结，都采取了科学的实事求是的辩证否定观的态度。这对于我国面向 21 世纪，面对经济全球化时代的到来，建设好社会主义有着重要的指导作用。

## 0742 传统启蒙教材改编的成功尝试——李维臣《千家姓》序

发表时间及载体：《当代教育与文化》2012 年第 5 期

作　　者：赵逵夫

简　　介：《百家姓》为北宋初年钱塘一位老儒生所编，因其适应了在教育不普及情况下一些人希望认得姓名以满足最简单文字交往的需要，近一千年中成了启蒙教育中流传最广的教材之一。它只是用来认字，而没有传播文化与进行思想品德教育的功能，故记诵它毫无意义。明代初年重编的《皇明千家姓》和清代康熙年间所编《御制百家姓》探索用姓氏字联字成句表现一定的意思，但因旧本《百家姓》流传太广，终未能取代前者。今在旧的启蒙教材退出全国教育阵地大半个世纪之后重编《百家姓》，用常见姓氏字表现新的思想，传播文化知识，必能起到推陈出新、发挥传统启蒙教材积极因素的作用。

## 0743 从工会法律地位的演进看工业化时期英国政府劳资政策的嬗变（1799—1974）

发表时间及载体：《史学理论研究》2012 年第 2 期

作　　者：柴彬

简　　介：自 1799 年《反结社法》颁布至《1974 年工会和劳资关系法》出台的近两百年间，英国工会的法律地位经历了从非法状态到被有限承认再到享有法定特权的漫长历程，伴随着工会地位的这种转换，英国政府的劳资政策也相应发生了从立法打压到建立仲裁调解制度再到确立集体谈判制度的历史嬗变。

## 0744 外语教育中文化失衡现象诠释及重构

发表时间及载体：《甘肃高师学报》2012 年第 1 期

作　　者：苟丽梅

简　　介：在阐释外语教育中文化失衡现象的基础上，简要分析其产生的根源，强调了母语文化在提高学生跨文化交际能力及弘扬中国传统文化方面所起的重要作用，在此基础上提出了解决文化失衡的策略。

## 0745 社会发展理论的演变走向及其特征

发表时间及载体：《甘肃社会科学》1999 年第 3 期

作　　者：刘敏

简　　介：从一般意义上讲，人类自产生以来就面临着两种发展问题，一是"物"的发展，亦即经济发展；一是"人"的发展，亦即社会发展。但真正意义上的社会发展理论，却产生于 1838 年奥古斯特·孔德提出社会学这一新的学科概念之后，包括马克思主义的社会发展理论。我们所说的社会发展理论，是指对社会发展过程和规律系统化、规范化了的理性认识和抽象概括，它的形成和发展经历了漫长的演进过程。

## 0746 英、藏、汉语比喻文化内涵比较与翻译

发表时间及载体：《西北民族大学学报：哲学社会科学版》2010 年第 3 期

作　　者：才让草

简　　介：形象生动的比喻表达法是一种国际语言现象，是各民族在认识自然、认识自己的过程中共同创作的。通过对英、藏、汉语自然物比喻、动物比喻、人或事物比喻以及比喻思想文化内涵比较及翻译，可以看出英、藏、汉语比喻表达法具有的共性为人类文化的交流、发展和融合带来很多便利，而从思想深处认识语言之间所具有的共性是进一步促进各民族间交流和沟通的基础。

## 0747 谈多媒体在英语教学中的应用

发表时间及载体：《社科纵横》2011 年第 9 期

作　　者：颜睿莹

简　　介：本文拟就多媒体在英语教学中存在的必要性，其对素质教育产生的影响及多媒体在当前英语教学实践中的运用三方面说明多媒体对英语教学乃至整个教育事业具有强大的推动作用。

## 0748 基于 STIRPAT 模型分析社会经济因素对甘肃省环境压力的影响

发表时间及载体：《西北人口》2009 年第 6 期

作　　者：陈强强

简　　介：运用生态足迹理论分析了甘肃省环境可持续性动态变化特征，甘肃省环境可持续性状况随时间的变化呈现出显著的阶段性特征。

## 0749 企业经营规模适度性影响因素探析

发表时间及载体：《甘肃理论学刊》2004 年第 2 期

作　　者：崔治文

简　　介：扩大生产经营规模可以获得规模收益，但规模过大必然导致规模收益递减，甚至会出现规模不经济现象。本文通过对国家经济发展战略、企业资源状况、企业组织形式及所处地域环境等影响企业经营规模因素的分析，进而探索企业良性发展的适度经营规模区间。

## 0750 论宋元时期藏区经济发展的特点

发表时间及载体：《西北师大学报：社会科学版》2009 年第 4 期

作　　者：杨惠玲

简　　介：宋元时期藏区社会经济发展的水平比吐蕃时期有了很大的提高，牧、农、工、商等重要的经济部门都获得了发展。一方面由于藏区自然条件所限，一方面由于藏区领主庄园制和政教合一制的发展，宋元时期藏区经济发展极具特色，在经济部门、地区发展等方面呈不平衡性，产业结构单一，寺院经济兴起。

## 0751 谦抑与惩戒：检察实践视域下的宽严进路

发表时间及载体：《兰州学刊》2009 年第 3 期

作　　者：刘慧明

简　　介：宽严相济的刑事司法政策是我国现阶段惩治与预防犯罪的基本刑事政策，该政策具有丰富的辩证法蕴涵与多维度指向，"宽其所宽，严其所严"当为其旨趣，谦抑与惩戒的区别适用乃检察实践的应有之义。和谐社会语境下，刑法的谦抑性可在扩大相对不起诉范围、确立暂缓起诉制度、引进刑事和解制度、确立辩诉交易制度、慎重适

用逮捕措施以及积极谨慎地认定自首等层面得以彰显，而法治理念中刑法的惩戒功能则可从适用对象和适用方式等角度予以规制。

## 0752 农村党员干部现代远程教育学习支持服务探讨

发表时间及载体：《电化教育研究》2009年第7期

作　　者：杨晓宏 化方

简　　介：农村党员干部现代远程教育是我国在农村地区实施的又一重大现代远程教育项目。学习支持服务在保证和提高农村党员干部现代远程教育的质量和效果上发挥着重要作用。本文在回顾远程教育学习支持服务研究现状的基础上，分析了农村党员干部现代远程教育与院校远程教育的差异，阐述了远程教育学习支持服务系统的设计框架，并依照该框架论述了农村党员干部现代远程教育学习支持服务的系统构成，最后提出了建立完善的农村党员干部现代远程教育学习支持服务体系尚需进一步研究的一些问题。

## 0753 我国农村社会保障面临的挑战及对策

发表时间及载体：《兰州商学院学报》2004年第20卷第2期

作　　者：孟丽

简　　介：农村社会保障制度是社会保障体系的一个重要组成部分，而农村经济结构的调整，人口老龄化的到来，使中国农村社会保障面临严重的挑战，加快农村社会保障制度的建设是确保农村经济可持续发展的重要保证。本文针对我国目前农村社会保障面临的挑战进行了分析，就如何建立农村社会保障体系提出了对策建议。

## 0754 加快推进惩治和预防腐败体系建设的思考

发表时间及载体：《理论探讨》2011年第5期

作　　者：王学俭

简　　介："加快推进惩治和预防腐败体系建设"是全面推进党的建设新的伟大工程的一项重大而紧迫的任务。新形势下加快推进惩治和预防腐败体系建设必须以提高党的执政能力和先进性为出发点。

## 0755 网络课程设计与开发的实践探索

发表时间及载体：《电化教育研究》2004年第5期

作　　者：纪永毅 黄建军

简　　介：本文结合设计与开发网络课程的实践，阐述了网络课程设计应遵循的原则和教学设计模式，并介绍了自主学习的网络课程系统结构与开发技术。

## 0756 高本汉所记兰州声韵系统检讨

发表时间及载体：《西北师大学报：社会科学版》2006年第1期

作　　者：张文轩

简　　介：本文归纳了90年前高本汉所记兰州方言例字读音的声韵系统，指出了与今兰州方音的共同特征和明显差异，分析了造成这些差异的主客观原因。

## 0757 甘肃省少数民族地区征地制度问题研究

发表时间及载体：《社科纵横》2012年第1期

作　　者：吕蕾莉 张文政

简　　介：民族地区的城镇化进程必然催生一个庞大群体——失地农民，由于民族地区特殊的地域面貌和文化氛围，该地区的征地制度要更加讲究策略和实施的有效性，本文以甘肃少数民族地区为例，研究如何在民族地区推行有效的征地制度，有效推进城镇化和现代化进程。

## 0758 三产化的循环增值

发表时间及载体：《甘肃联合大学学报：社会科学版》2007年第23卷第4期

作　　者：贺有利 张仁陟

简　　介：本文在第三产业和三产化概念的基础上，分析了三产化的发展原因，提出了三产化的阶段，研究了三产化的作用，探讨了三产化的循环增值，揭示了第三产业产值和就业增长的原因。

## 0759 发挥比较优势建设旅游大省

发表时间及载体：《兰州商学院学报》2002年第18卷第5期

作　　者：张世俊 苏华

简　　介：本文以西部大开发为背景，对新时期甘肃旅游业重新进行了分析和审视，对加快甘肃旅游业发展的基础条件进行了客观的分析，并指出了制约旅游业发展的主要问题。在此基础上，提出了进一步加快甘肃旅游业发展的对策建议。加快旅游业发展是促进甘肃经济增长的必然选择，甘肃具备旅游业加快发展的客观条件，要通过加快基础设施建设、创立旅游品牌、调整旅游结构、提高旅游质量、重视人才培养等一系列政策措施，发挥比较优势，发展特色旅游，尽快把甘肃旅游业培育成支柱产业，把甘肃建成旅游大省。

## 0760 基于低碳经济理论的油气资源产业可持续发展分析

发表时间及载体：《工业技术经济》2011年第9期

作　　者：郭志仪

简　　介：发展低碳经济是我国适应国际趋势的战略选择，是实践科学发展观的现实选择。本文分析了低碳经济给油气资源产业带来的挑战和重要机遇，提出了基于技术创新、产业结构调整和制度创新实现可持续发展的对策。

## 0761 青海土族服饰中色彩语言的民俗符号解读

发表时间及载体：《西北民族研究》2004年第4期

作　　者：邢海燕

简　　介：本文以青海土族服饰中具有一定代表性的色彩作为研究对象，从民俗符号学和象征主义的理论角度对土族服饰中的色彩语言符号进行解读，从而对土族服饰所承担的深层的文化内涵做一探讨。这也是对土族服饰文化从描述性研究到理论探索的一种尝试。

## 0762 《感动中国》对舆论的引导

发表时间及载体：《新闻窗》2012年第6期

作　　者：杨楼 余岩波

简　　介：《感动中国》是中央电视台于2002年10月启动的一档精神品牌栏目。截至2012年2月3日已连续举办10年，每年一届，以评选出当年度有震撼人心、感动人心的事迹的人物为中心内容。

## 0763 网络协作教研的问题与对策研究

发表时间及载体：《电化教育研究》2011年第12期

作　　者：李华 赵鹏德 贺相春 常咏梅

简　　介：网络教研为教师专业发展和教研

活动提供了新空间，成为教师专业成长的一条重要途径。但是，目前网络教研也存在内容形式单一、管理引导机制缺失等一系列影响网络教研质量的问题，引起了人们的关注。文章从当前网络教研的现状入手，探讨了存在的问题与对策，论述了区域协作网络教研的基础优势，提出了网络协作教研三层信息架构以及以教研为核心的多分区内容框架体系。

## 0764 高举旗帜科学发展——学习贯彻党的十七大精神笔谈——高举中国特色社会主义伟大旗帜

发表时间及载体：《兰州大学学报：社会科学版》2008 年第 1 期

作　　者：刘先春

简　　介：党的十七大在思想理论方面提出了一系列重要的新思想、新观点、新判断，其中最引人注目也是最有指导性意义的，是高举中国特色社会主义伟大旗帜。这一点值得我们认真思考和深刻领会。

## 0765 杜甫罢官说

发表时间及载体：《兰州大学学报：社会科学版》2004 年第 32 卷第 2 期

作　　者：王勋成

简　　介：自宋以来，人们一直认为杜甫于唐乾元二年（759 年）秋由华州司功参军客秦州是主动弃官的，其弃官原因有关辅饥乱、政治绝望、房琯之党说。本文根据唐代的选举制度，认为这一说法有误，提出了罢官说，即考满罢秩说。这是唐代吏部铨选六品以下官员的一条制度，是缓解选人多而官阙少这一社会矛盾的一项措施。

## 0766 "温州模式"与信用经济

发表时间及载体：《西北人口》2002 年第 4 期

作　　者：郭志仪

简　　介：本文系统地论述了温州模式的本质和内涵，分析了温州模式不同的发展阶段及其特点，认为在新的世纪，温州人正在打造信用经济，走向全球竞争与合作的历史新阶段。

## 0767 传统书籍艺术对现代书籍装帧的启示

发表时间及载体：《西北民族大学学报：哲学社会科学版》2011 年第 1 期

作　　者：姚静萍

简　　介：古为今用不复古，是现代书籍装帧设计所提倡的原则。现代书籍设计非常强调民族性和传统特色。了解和研究书籍装帧艺术的历史发展过程，探索从传统到现代以至未来书籍构成的外在与内在、宏观与微观、文字传达与图形等，寻找最佳结合点，使传统形式与现代形式相互糅合、相互渗透、相互转化，从而不断丰富现代书籍装帧语言，为现代书籍装帧的创新、发展获得强有力的表现力和感染力。

## 0768 互动式大学英语分级写作教学的实证研究

发表时间及载体：《甘肃联合大学学报：社会科学版》2011 年第 27 卷第 4 期

作　　者：陈琪 张汉彬 张荣

简　　介：本研究探讨将"搜集资料→资源共享→独立写作→互动探求"的互动写作模式应用于民族院校大学英语分级写作的教学效果。研究结果表明，此模式适用于英语水平中等以上的大学生，且女生的表现优于男生。

## 0769 "看"的分野：20世纪中国散文的"自我"与"自然观"

发表时间及载体：《西北师大学报：社会科学版》2006年第5期

作　者：王明丽

简　介：历史潮流的激荡和中西文化的交汇催生了20世纪中国散文的第一次大潮。这一次散文大潮的勃兴，有赖于外国文化的输入，也有中国文学精神的传统底蕴。从"看"的分野，即20世纪中国散文的"自我"与"自然观"来考察，诚如郁达夫所说，现代散文的一大特征是人性、社会性与大自然的调和。在与大自然的互相注视中，中国现代散文将"自我"面对社会化的"青色"悲哀幻化成绮丽的文字之网，构成飘浮、荡漾在现代中国启蒙话语周围的另一种空气——稀薄而透明的审美之维；在与大自然的亲和中，自我由于自然本性的舒张而达致人的神性：不是被连根拔起，而是诗意地栖居在大地上。这种让人头痛的日常生活的诗情画意赋予中国现代散文情感与理知之美的合一。

## 0770 从Web标准看大学门户网站构建

发表时间及载体：《电化教育研究》2009年第10期

作　者：陈红红

简　介：本文在分析Web标准的基础上，对国内部分大学网站的Web标准化现状进行了分析，探讨了符合Web标准的大学门户网站的改进方向，旨在提高国内大学对门户网站服务性能的关注和重视程度，促进国内大学门户网站整体服务质量的提高。

## 0771 供应链中的信息共享激励：动态模型

发表时间及载体：《中国管理科学》2001年第1期

作　者：田澎

简　介：信息共享对促进整个供应链的绩效极为关键，但是供应链中的成员缺乏进行信息共享的激励。本文以一个两阶段的多任务委托—代理模型来研究供应链中的核心企业对其供应商进行供应活动和信息。

## 0772 出逃的艺术——思向"奔月"的絮语

发表时间及载体：《甘肃联合大学学报：社会科学版》2010年第6期

作　者：郭吉军

简　介：嫦娥的出逃营造出了特殊的生命事迹。无论是逃离羿，还是逃离大地，出逃本身都已经显露出了存在者往出逃处安顿生命的原始性踪迹。作品立足于此，从嫦娥"奔月"的美学画面当中，跟踪其之所以"出逃"的原情事迹，以此澄清"出逃"即在获取"安顿"的存在的事实。

## 0773 加入WTO对我国意识形态的挑战与影响

发表时间及载体：《甘肃社会科学》2003年第5期

作　者：丁志刚

简　介：加入世界贸易组织（WTO）对我国的影响是全方位的。本文探讨加入世界贸易组织对我国意识形态的挑战与影响。我们认为，讨论入世对我国意识形态的挑战与影响，首先要从理论上回答全球化对中国现实政治进程的影响，要弄清楚全球化背景下中国政治价值的总体走向。换言之，我国意识形态不能只是被动地面对入世的挑战，而应基于中国政治价值定位，根据意识形态的功能，创造性地面对入世现实。在这一前提下，文章分析了入世对我国意识形态的挑战与影响，提出了我国的应对策略。

## 0774 甘肃省社团组织发展改革研究

发表时间及载体：《甘肃理论学刊》2011 年第 5 期

作　　者：李亚平 黄霆 严华

简　　介：社团组织是社会系统中非常重要的组成部分，伴随着甘肃省改革开放进程，各类社团组织不断发展，如何加强社团组织管理成为当务之急。本文通过对甘肃省社团组织发展改革的研究，提出相关对策，以期更好地发挥其提供服务、反映诉求、规范行为的作用。

## 0775 论完玛央金笔下的甘南草原意象群

发表时间及载体：《甘肃联合大学学报：社会科学版》2008 年第 24 卷第 6 期

作　　者：张萱

简　　介：藏族女诗人完玛央金的诗歌创作以甘南草原作为主要的表现对象，具有鲜明的西部地域特征和民族特征。甘南草原上的自然意象和人文意象共同构成了具有地域特色和民族特色的甘南草原意象群，成为完玛央金诗歌创作的一大显著特征。

## 0776 藏汉双语教学模式研究

发表时间及载体：《西北师大学报：社会科学版》1999 年第 3 期

作　　者：王鉴

简　　介：藏汉双语教学模式是藏族地区中小学校长期探索的教学活动的固定类型。较之一般教学模式，藏汉双语教学模式由于双语文和两种文化系统的运作而显得尤为复杂。因而从分析影响藏汉双语教学模式的诸因素出发，探索民族教育实践中长期以来形成的西藏"藏语文授课型"双语教学模式和甘南"两个为主"双语教学模式的成功方法与经验，并从理论依据、教学目标、操作程序、操作策略等几个方面科学地加以表述，无疑有着十分重要的理论意义和实践价值。

## 0777 关于当前甘肃省发展农业和农村经济有关政策问题的探讨

发表时间及载体：《甘肃行政学院学报》2003 年第 3 期

作　　者：张高平

简　　介：实现党的十六大提出的全面建设小康社会的宏伟目标，重点和难点在于"三农"问题。研究农业和农村经济政策问题对于以农业为主的甘肃经济至关重要。本文通过对农村税费改革、财政支农、农村金融体制、农产品流通体制、农民外出打工、土地流转、退耕还林(草)、扶贫开发、农业产业化、农民组织化程度等问题的研究，深刻剖析了甘肃省农业和农村经济政策中存在的问题，并进一步提出了调整有关政策、深化农村改革、确保农民增收的若干建议。

## 0778 武则天至玄宗时代敦煌的三洞法师中岳先生述略

发表时间及载体：《敦煌研究》2003 年第 3 期

作　　者：杨森

简　　介：对敦煌文献有关中岳先生等资料的分析，知道道教的三洞法师等有被授予某某先生的惯例，先生称号多取自五岳之名中岳、北岳，西岳、南岳的鲜见。某某先生之称号，初期是由中央王朝颁发的，后来混乱使用，偏远的敦煌即有其例证。中原与各地区间、道教组织之间，有不少道经和人员等相互交流往来。中岳先生之称号，似首先出现在嵩山附近的道观，后来才流行到全国各地，道教徒间也相互模仿，如在敦煌、长安、嵩山等地均有此种称号。

## 0779 西部地区生态环境建设法律问题研究

发表时间及载体：《西北民族大学学报：哲学社会科学版》2010 年第 5 期

作　　者：闫艳

简　　介：在实施西部开发战略过程中，保护并逐步改善西部地区的生态环境，对于开发西部和实施西部地区的持续、健康发展至关重要。本文分析了西部地区目前所面临的水土流失严重、土地荒漠化加剧、草原资源退化加快、水资源匮乏等一系列生态环境问题，指出要加强和完善西部地区生态环境立法，规范和完善西部地区生态环境执法，加强西部地区生态环境司法，加大宣传力度，提高西部地区公众的环境法律意识，加强西部地区生态环境的法律监督。

## 0780 社会生活的常识、经验与规则及其思想史意义

发表时间及载体：《敦煌研究》2006 年第 4 期

作　　者：杨秀清

简　　介：本文利用敦煌文献考察了社会生活的经验与规则在唐宋时期对于敦煌大众的意义。对敦煌大众来说，社会生活的经验与规则既是常识，又是思想，更是一种秩序和制度，因此，知识不是思想的背景，而是与思想的统一。由此出发，通过对流行于敦煌地区的通俗读物的分析，并将其纳入思想史的视野，探讨在唐宋时期的社会生活中真正影响敦煌大众生活的知识与思想究竟是什么。

## 0781 国有企业建立现代企业制度的新课题和对策

发表时间及载体：《甘肃社会科学》2000 年第 1 期

作　　者：刘家声

简　　介：国有企业建立现代企业制度过程中出现了许多新问题值得注意，如企业内部职工持股、防范企业兼并中的风险及政企分开等。必须探索市场经济条件下国有企业建立现代企业制度的新途径。

## 0782 村民自治中权利的司法救济

发表时间及载体：《甘肃政法学院学报》2007 年第 5 期

作　　者：杨平

简　　介：在村民自治中实现对权利的司法救济具有重要的作用，然而，我国村民自治中权利的司法救济却面临困境，一方面是村民自治中权利的非司法救济途径表现出各种缺陷和局限性，另一方面是司法救济途径的尴尬和无可奈何。为此，必须构建我国村民自治中权利的司法救济制度，以保障村民自治中各项权利的实现和村民自治的健康发展。

## 0783 《莫高窟六字真言碣》研究

发表时间及载体：《敦煌研究》2005 年第 6 期

作　　者：敖特根

简　　介：本文对《莫高窟六字真言碣》进行了系统的考察，认为该碣石为以四臂观音为主尊刻制的平面坛场。立此碣首先是由佛教界人士参与的敦煌地区世俗社会的一次驱魔消灾的宗教崇拜行为，它是按照藏传佛教中的一些整齐而复杂的集体性仪轨来完成的。

## 0784 仪式与秩序建构——对青海省互助县土族村落背经转山的民族学考察

发表时间及载体：《西北民族研究》2013年第3期

作　　者：赵利生 钟静静

简　　介：背经转山是土族聚居区的传统仪式，其功能主要是农田祭祀与管理。在仪式中，多元信仰和民间组织的互动，建构了个人与个人、个人与村落、村落与村落之间内生的秩序。这种由传统资源建构的内生性秩序，为民族地区和谐社会的建设提供了有力保障。

## 0785 坚持和完善民族区域自治是实施西部大开发战略的政治基础和法律保证

发表时间及载体：《西北民族研究》2001年第2期

作　　者：马玉祥

简　　介：本文分析了完善民族区域自治制度和实施西部大开发战略之间的关系，坚持和完善民族区域自治制度是实施西部大开发战略的政治基础和法律保证，坚持和完善民族区域自治必须适应社会主义市场经济和西部大开发的要求。

## 0786 毒品案件言词证据收集的实证分析

发表时间及载体：《社科纵横》2011年第12期

作　　者：石永平 李波阳

简　　介：言词证据在毒品案件侦查中显得至关重要，通过对毒品案件证据特征的认识，依照两高对证据的最新规定，结合实际案例分析，论述毒品案件侦查中通过盘问检查时的询问，对嫌疑人的及时讯问，证人证言的收集，言词依托实物证据相互验证的方法收集应用言词证据。

## 0787 完善资本市场，推动国有企业资产重组

发表时间及载体：《科学、经济、社会》2000年第18卷第2期

作　　者：成学真

简　　介：资产重组是当前我国国有企业改革的主题。资产重组必须借助于成熟和完善的资本市场才能顺利进行，这是因为资本市场是企业实现资产重组的媒介，是企业通过资产重组走出高负债樊篱的重要载体，是促使资产重组企业转换经营机制、建立现代企业制度的推动器。

## 0788 李渔"重机趣"说与古典戏曲"本色"的探求

发表时间及载体：《宝鸡文理学院学报：社会科学版》2009年第29卷第1期

作　　者：宁俊红 刘士义

简　　介：明代"本色"论众说纷纭，且不能完全抓住实质，主要原因在于没有充分考虑到戏曲的舞台、观众、戏剧结构等问题，且多是就事论事，仅在曲辞风格的雅与俗等层面探讨曲辞的本色。李渔所提出"机趣"的"无断续痕""无道学气"，能把曲辞放在戏剧的大环境中，从戏曲的叙事性和舞台性等方面突出戏曲曲辞的本体特征。这是对明代以来"本色"论的开拓与总结。

## 0789 河西魏晋十六国壁画墓宴饮、出行图的类型及其演变

发表时间及载体：《考古与文物》2008年第3期

作　　者：郭永利

简　　介：在河西地区，发现了大量的魏晋

十六国时期的壁画墓。墓室内绘有庖厨、宴乐、出行、狩猎、耕作、屯营、采桑、放牧、日、月、天象以及大量的升仙等题材壁画。其中宴乐和出行题材出现的频率较高，流行的时期较长，是河西这一时期壁画墓中的主要内容之一。宴饮题材的壁画墓有嘉峪关 M4、M5、M6、M7，酒泉西沟 M7、高闸沟壁画墓、丁家闸五号墓，高台骆驼城壁画墓、苦水口 M1、许三湾东南壁画墓等；出行图的墓葬有嘉峪关 M3、M5、M6、M7，酒泉西沟 M7、高闸沟壁画墓、苦水口 M1 等。

## 0790 以公共价值为基础的政府绩效治理——源起、架构与研究问题

发表时间及载体：《公共管理学报》2012 年第 2 期

作　　者：包国宪 王学军

简　　介：政府绩效管理兴起二十多年来，已由西方国家应对财政和信任危机、提高行政效率的工具拓展为各国政府改革和创新的重要内容，新公共管理的实践价值和理论优势在其中都得到了充分体现。但其理论缺陷和实践中的困惑，特别是在公共价值方面的冲突使学术界的探索从未停止过。本文通过对中国、美国、日本等国的实践案例考察，从制度变迁和公共行政学术史两个层面的质性研究，提出了以公共价值为基础的政府绩效治理理论体系框架。文章首先从公共性、合作生产和可持续三个方面对新公共管理背景下的政府绩效管理进行了反思，认为公共价值对政府绩效合法性具有本质的规定性。其次，初步论证了以公共价值为基础的政府绩效治理的两个基本命题——政府绩效是一种社会建构、产出即绩效，认为只有来源于社会的政府绩效才能获得合法性基础，也只有根植于社会的政府绩效才能产生其可持续提升的需要，这是政府绩效管理的根本动力，

而在政府绩效价值建构基础上的科学管理，才能保证政府产出与社会需求的高度一致，充分体现科学管理的价值。再次，从这两个基本命题出发，以价值管理和管理科学理论为基础，构建起了以公共价值为基础的政府绩效治理模型，并对模型中政府绩效的价值建构、组织管理和协同领导系统等主要内容进行了阐述。最后，从模型如何落地、政府绩效管理的价值分析和研究拓展等方面提出了未来的研究方向。

## 0791 地方政府制度创新中的偏差行为分析

发表时间及载体：《甘肃联合大学学报：社会科学版》2007 年第 23 卷第 2 期

作　　者：张义之

简　　介：地方政府制度创新在有效地推动经济发展的同时也阻碍了改革的进一步深化，与社会发展的目标出现了偏差。本文论述了地方政府创新主体地位的形成及在实践中存在的偏差行为，并进行了规范偏差行为的路径分析。

## 0792 基于生态学视角的西部地区教育信息化可持续发展研究

发表时间及载体：《甘肃高师学报》2012 年第 2 期

作　　者：王怀武 杨滨 赵国庆 邵帅

简　　介：为了加快实现西部地区教育信息化可持续发展目标，促进西部地区教育信息化发展中各因素和谐发展，本文从生态学视角分析了影响西部教育信息化发展的生态因子，提出了教育信息化发展的三个主生态因子及其所包含的各子生态因子，指出只有保持各生态因子协同发展，立足于可持续发展的战略角度，才能推进西部教育信息化的发展，实现系统动态平衡。提出了"以人为本"

的西部地区教育信息化可持续发展的生态路径。

## 0793 钱锺书论韩愈

发表时间及载体：《浙江工商大学学报》2012 年第 3 期

作　　者：刘顺

简　　介：韩愈为中古思想文化转型的重要人物，钱氏秉其"以变为常"之文学史观，于文本细读之中，推知昌黎之双向接受，并进而体察昌黎为诗文转折关捩原因之所在，同时秉同情了解之态度，于昌黎言行之不合处做平情之论。钱氏论韩出以札记形式，故而形式略觉零散，但细味之，则系统而有条理，与钱氏解诗之范式有本末并照之趣，可由此而知钱氏谈诗之"一以贯之"者，并可于钱氏之性情做玄想之体会。

## 0794 与时俱进 保持党的先进性

发表时间及载体：《兰州大学学报：社会科学版》2002 年第 30 卷第 5 期

作　　者：陈德文

简　　介：党的先进性直接关系到党的生死存亡。江泽民总书记在"七一"讲话中系统阐述了"三个代表"重要思想的科学内涵，其核心就是如何保持党的先进性。江总书记在"五三一"讲话中再次强调党的先进性是具体的历史的。本文从四个方面论述了党的先进性的科学内涵、党的先进性的历史发展以及保持党的先进性应采取的措施。

## 0795 智能语音系统在小学英语教学中的应用研究

发表时间及载体：《电化教育研究》2011 年第 12 期

作　　者：张筱兰 郝惠萍

简　　介：智能语音系统以其发音的标准性、资源的丰富性、使用的便捷性以及智能评测的特点，创设了良好的英语学习环境，学生在轻松、愉快的情境交互中学习到地道的英语。小学英语教学借助智能语音系统，让学生在标准的英语环境下参与有效的学习，激发了学生的听说兴趣，培养了学生学习英语的积极性和自信心。本文主要从智能语音系统功能的视角，结合具体案例，分析了教师在课堂中使用智能语音工具进行单词、句型和情境教学的应用方法。

## 0796 晚清时期贞女烈妇盛行的原因及状况——建立在《申报》（1899—1909）上的个案分析

发表时间及载体：《甘肃行政学院学报》2003 年第 3 期

作　　者：温文芳

简　　介：本文以《申报》（1899—1909）上的个案研究为依据，分析了晚清时期贞女烈妇盛行的状况及其原因，认为贞女烈妇的泛滥与社会伦理导向、家庭名誉关系甚大，是官方法律和民间习俗导致了社会悲剧。

## 0797 教育传播理论在信息化自主学习中的运用

发表时间及载体：《电化教育研究》2006 年第 7 期

作　　者：李建珍

简　　介：自主学习作为人类文化传承的途径与手段，随着个体终身学习和毕生发展的需要，越来越受到人们广泛的关注。当代知识观强调积极内化、主动生成、合作建构的知识获得观，教育传播理论如何体现这一观点并对信息化自主学习提供方法指导，本文进行了一些探索。

## 0798 睿哲惟宰 精理为文——郭晋稀先生国学学说及其探索之路

发表时间及载体：《甘肃社会科学》2014 年第 2 期

作　　者：赵逵夫

简　　介：郭晋稀（1916—1998），字君重，湖南省湘潭县株洲镇（今株洲市）人，1936 年毕业于湖南省立第一师范，赴湘潭新群学校任教；两年后考入国立师范学院中文系，后转学到湖南大学；1942 年 7 月毕业，任教于湖南第七师范；1944 年 3 月任教于国立师范学院，1945 年任教于国立桂林师范学院。

## 0799 高校外国文学教学的缺陷及改进策略

发表时间及载体：《甘肃联合大学学报：社会科学版》2008 年第 24 卷第 3 期

作　　者：于良红

简　　介：高校外国文学教学长期以来得不到学生的重视，原因很多。笔者从教材编写与整体的教育教学思想和方法的偏差这两个角度探讨分析了成因，并提出了正本清源的几点建议。

## 0800 网络在思想政治教育中的价值思考

发表时间及载体：《理论导刊》2010 年第 3 期

作　　者：王学俭

简　　介：网络的发展给思想政治教育带来了新的契机和新的途径。思想政治教育不应局限于传统意义上的价值诉求，而应该有效地利用网络载体，在公民意识的培养上寻突破，在民主理念的践行上求提高。

## 0801 甘肃省农村中小学教师信息化教学能力发展策略研究

发表时间及载体：《电化教育研究》2011 年第 7 期

作　　者：李娟 张家铭

简　　介：近几年，甘肃省农村教育信息化工作取得了可喜成绩，但同时还存在一系列问题，其中教师信息化教学能力不足已成为甘肃省农村基础教育质量提升的一个重大"瓶颈"问题。本文从信息化教学的认识及态度、信息化教学的基本理论、实施信息化教学的技能技巧、信息化教学过程及教学资源的获取与开发几个方面，通过问卷调查、实地考察等方法对甘肃省农村教师信息化教学能力发展现状进行调查研究，并且在调查研究的基础上对其阻碍因素进行了分析，探讨了甘肃省农村中小学教师信息化教学能力的发展策略。

## 0802 西部地区农民合作经济组织发展中的文化因素分析

发表时间及载体：《西北师大学报：社会科学版》2008 年第 6 期

作　　者：张永丽

简　　介：我国西部地区农村正处于社会经济结构的剧烈转型中，传统农业文化的惯性对农民经济行为和农民合作经济组织发展造成一定影响。要改变农民的价值观念和行为，应该彻底改变农民在政治、经济、社会参与中的边缘性倾向，改善农村的社会经济基础，逐步引导农民形成勤劳、自助、合作、自律等行为理念，建立农村生产生活新秩序。

## 0803 解缙的籍贯及家世述论

发表时间及载体：《甘肃行政学院学报》2003 年第 4 期

作　　者：穆永强 钟勇

简　　介：解缙是历仕明太祖朱元璋、"右文之主"建文帝和以藩王登基的明成祖的谏诤直臣，其两度被贬又曾贵极人臣最终身陷图圄的官宦生涯颇能发人深省，而其高才不达、忠君但不容于专制皇权的人生悲剧充分揭示了高度膨胀的独尊皇权扼杀不服训轨的知识分子的专制本质。本文指出，庐陵文化重视名节观念的独特内涵和解氏家族耿直的性格特征是构成解缙人生悲剧的重要原因。

## 0804 中国农村改革正在酝酿"第三次浪潮"

发表时间及载体：《甘肃理论学刊》2005 年第 5 期

作　　者：曹子坚

简　　介：中国农村改革的过程是二元结构弱化的过程。第一次农村改革浪潮，农民的行为抉择还仅仅局限于农业和农村本身，是独立于城市和工业经济而进行的。第二次农村改革浪潮，农民自发的创造性行为初步突破了农业和农村经济的限制，同城市工业经济之间既有联系又相对独立，可以说是半独立于城市工业经济而进行的。即将兴起的第三次农村改革浪潮，农民的自主行为必然要逻辑地彻底突破农业和农村经济的限制，最终实现同城市工业经济的真正融合。本文认为，第三次农村改革浪潮的核心内容，在于彻底打破传统户籍管理制度的枷锁，从根本上消除限制农村居民经济行为选择的各种歧视性制度。

## 0805 探索基于海洋政府管理的一部研究力作——《政府海洋管理研究》述评

发表时间及载体：《浙江海洋学院学报：人文科学版》2011 年第 1 期

作　　者：王学俭

简　　介：崔旺来的《政府海洋管理研究》是我国系统探寻基于海洋管理的一部基础研究的力作。该书选题新，观点新，层次清晰，结构完整，继承与发展相结合，理论与应用相融合。

## 0806 《诗经》与先秦崇玉习俗

发表时间及载体：《西北民族研究》2010 年第 3 期

作　　者：韩高年

简　　介：《诗经》通过日常生活和礼仪生活用玉的描写，生动地反映了先秦崇玉习俗的各个侧面。我们通过对这些材料的梳理，可以看出：玉是先秦时期沟通世俗与神圣的媒介，诗中的玉意象也折射出人们心灵世界的光芒。

## 0807 产业转移与政策保护

发表时间及载体：《发展》1999 年第 5 期

作　　者：苏华

简　　介：20 世纪 90 年代以来，中国进入了经济转换时期。特别是东南沿海地区，经济转型与产业结构的更新换代表现得更为强烈，由此出现了东南部地区不少产业开始向中西部地区迁移的趋势，预示着生产要素向中西部流动的时代之潮已开始到来。

## 0808 关于培养中学生数学"空间想象力"的思考

发表时间及载体：《西北成人教育学报》2011 年第 2 期

作　　者：陈洁

简　　介：本文对中学生数学想象力弱化的现象生成的原因进行了分析和研究，并提出了改进的措施以及多样化的培养模式，试图从基础教学这一根本上改变学生"高分低能"的现象。

## 0809 对话与倾听：教学理论研究的"合法化"理路

发表时间及载体：《西北师大学报：社会科学版》2004年第3期

作　　者：王兆璟

简　　介：作为一个重要的学术术语，对话既是理解教学理论研究基础的理论取向，也是探索教学理论研究合法化的重要研究方法。对话是两大知识群体——教学理论研究者与教学实践工作者的对话。对话构成了教学理论研究的理论背景与平台，敞开了教学理论或教学知识合法化的本质性状况。对话的达成有赖于教学理论研究者的倾听。在当前的情况下，倾听可使教学理论氤氲化生出新的生命力与能量。

## 0810 关于审美问题的非艺术性思考

发表时间及载体：《西北师大学报：社会科学版》2001年第5期

作　　者：黄怀璞

简　　介：传统美学观认为，审美现象只是艺术范畴内发生的特殊精神活动，人类的非精神活动领域并不存在审美，因而审美是不带有任何功利目的的。但从社会生活的发展变化看，人类所从事的一切活动都是一个创造的过程，它虽不同于纯艺术的精神创造，但同样具有审美性，这是由于艺术的精神性创造和非艺术的创造都根源于人们在社会生活中产生的社会心理，是在社会心理的中介性影响下进行的审美活动。因此，审美既属于艺术文明世界，也属于非艺术的物质文明世界，是精神和物质的复合性活动，同时又都负有特定的社会责任和义务，也即具有一定的功利目的。

## 0811 《堂吉诃德》中插入故事的传奇文体特征

发表时间及载体：《甘肃联合大学学报：社会科学版》2010年第4期

作　　者：杨洪敏

简　　介：《堂吉诃德》的插入故事与主干部分之间存在巨大矛盾。本文着重分析了插入故事的传奇特征，表现在传奇式爱情、传奇式人物、传奇式背景、传奇式情节、传奇式视角和传奇式行文等方面，进而分析了作者通过传奇文体传达出的传奇观念，即理想主义观念和封建传统观念。

## 0812 涉外侵权行为之债法律适用新发展

发表时间及载体：《甘肃行政学院学报》2003年第4期

作　　者：叶竹梅

简　　介：许多世纪以来，在国际私法中，侵权法是一个被长期忽视的课题，涉外侵权行为一般只适用侵权行为地法。进入20世纪后，由于现代科学技术的广泛运用及国际交通和运输行业的日益发达，传统的侵权行为法律适用规则已暴露出极大的局限性，许多新的规则应运而生，侵权法作为国际私法中的一个传统领域，正以最活跃的势头向前发展。

## 0813 中国古代俗文化与士文化视野中的两种悲剧观

发表时间及载体：《青海师专学报》2009年第29卷第2期

作　　者：宁俊红

简　　介：本文认为，中国古代在俗文化与士文化的视野中，形成了两种不同的悲剧观。在俗文化的视野中，悲剧主要指在"悲欢离合"结构下所演绎的悲离情境，使观众产生认同感，达到令人泪下的效果。悲离情境只是悲剧片段，"折子戏"的出现，使悲剧呈现出相对的完整。士文化视野中的悲剧观主要是以戏剧抒发不遇于时、于世的悲剧感，"长歌当哭"，更多表现的是士人内心的"哭泣"，在悲剧的精神指向上与西方悲剧有一致性。

## 0814 重新审视"渐进式改革"

发表时间及载体：《中国改革》2005 年第 8 期

作　　者：曹子坚

简　　介：中国的经济体制改革在促进经济高速增长、提高人民的生活水平、增强国家的综合国力和推动社会全面发展等方面取得了世人瞩目的成就。然而，随着改革的逐步深入，改革所面临的阻力也在逐步加大，出现了越来越多并且在一定程度上越来越严重的有悖于改革进一步深入的各种现象，例如：收入分配的扭曲、既得利益集团的形成、腐败现象的蔓延、竞争秩序的混乱、价值标准的缺位以及各种社会矛盾的激化等。国内外学者对这些现象的产生有着截然不同的认识。笔者认为，从一定程度上讲，正如市场经济中竞争不断产生阻碍竞争的垄断力量一样，中国的改革也内在地不断产生阻碍改革深化的"反改革"力量和因素。

## 0815 关于我国的法律位阶与立法权限范围——比较立法法颁布前后的内容变化

发表时间及载体：《西北师大学报：社会科学版》2001 年第 1 期

作　　者：杨涛

简　　介：《中华人民共和国立法法》明示性地规定了我国的立法主体、立法权和立法权限范围，总结了以往立法实践的经验和教训，充实了中央和地方分权立法的原则和内容，以概括与例举式相结合的方法规定了立法主体的立法权限范围，初步改变了以往行政立法主体侵犯权力机关立法主体立法权限的局面。

## 0816 完善我国社会保障制度若干问题的思考

发表时间及载体：《兰州大学学报：社会科学版》2001 年第 29 卷第 2 期

作　　者：雷晓云 汤红官

简　　介：社会保障制度是现代工业文明和市场经济发展的产物。建立符合中国国情的社会保障法律体系，必须突出社会保障制度的重点，明确改革目标。社会保障立法必须注意与经济发展水平相适应，将主体的普遍性与平等性相结合，坚持主体权利与义务相统一的原则。

## 0817 建国初期甘肃省的禁烟禁毒斗争——兼与国民政府时期的禁政对比分析

发表时间及载体：《西北民族大学学报：哲学社会科学版》2010 年第 2 期

作　　者：尚季芳

简　　介：近代甘肃省是中国西部毒品危害最为严重的省份之一，历届政府都不同程度地采取了禁毒举措，但成效不彰，未能彻底根绝毒祸。新中国成立之初，在短短的几年时间内就将百年毒祸涤荡净尽，体现了新生人民政权的高度责任心和历史使命感。其所采取的诸如彻底实施土改，减租减息，发动人民群众广泛参与，断绝以毒品谋利等措施标本兼治，决绝有力，为迅速禁绝毒祸打下了良好基础。若干措施对今天的禁毒仍有借鉴意义。

## 0818 我国全要素能源效率及其收敛性

发表时间及载体：《中国人口资源与环境》（CSSCI）2010 年第 1 期

作　　者：李国璋

简　　介：传统单要素能源效率测度指标，只是能源投入与产出之间的关系，无法测度其他的投入要素组合对于能源效率的影响，忽略了 GDP 产出是由能源与资本、劳动力等相互可替代的要素投入共同组合的结果，具有比较明显的缺陷。而 DEA 模型可以综合考虑能源、资本和劳动因素以测度我国能源效率。本文采用中国 29 个省市的面板数据，运用基于投入导向的规模报酬不变 DEA 模型，分析比较了 1995—2006 年各个省份、全国整体及三大区域的全要素能源效率。其结果表明我国地区全要素能源效率由西到东逐步提高，且全国和三大区域的能源效率在 1999—2002 年间有所波动，但总体均呈现出上升的趋势。通过进一步对全国整体及东中西三大区域进行全要素能源效率收敛性的分析，发现我国整体和东中部的能源效率呈现向一个稳态收敛的发展趋势，而西部则有微弱发散的趋势。

## 0819 东西方复调音乐的表现手法论析

发表时间及载体：《甘肃联合大学学报：社会科学版》2008 年第 24 卷第 3 期

作　　者：杨虎

简　　介：在古今中外的音乐文献中，复调作为多声音乐的一种写作思维和表现技巧，一方面它常常与主调音乐组织体相互渗透，呈现出灵活、多样的形态；另一方面它又具有相对的独立性，可用复调音乐形式和各种表现手法谱成独立的音乐作品，虽然我国音乐专业中的复调理论体系是从西方传入的，但是我们在进行复调音乐分析时，却不能不涉及我国传统音乐中蕴涵丰富的复调音乐形态。本文通过对比来认识东西方复调音乐的技术理论以及表现手法与各自的发展。

## 0820 西部地区中小企业网络营销发展研究

发表时间及载体：《甘肃理论学刊》2006 年第 5 期

作　　者：罗哲 李泉

简　　介：经济发展的实践表明，信息网络技术的发展和应用改变了企业经营理念、经营组织、经营方式和经营方法，不断促使企业飞速发展。网络营销作为一种全新的营销方式，是适应网络技术发展与信息网络社会变革的新事物。本文立足西部地区中小企业发展的特殊性，在简单分析其网络营销现状、面临主要问题的基础上，提出了欠发达区域中小企业如何利用网络营销促进自身较快健康发展的对策建议。

## 0821 论教学交往研究及其价值导向

发表时间及载体：《西北师大学报：社会科学版》1999 年第 6 期

作　　者：徐继存

简　　介：教学过程中存在着交往，但这种交往未必是主体间交往。主体间交往不是既定的，而是生成的。教学交往研究不能停留在形而上的所谓探寻"本质"的层面上，而应当探索教学交往的合理性观念，以此反观具体的教学实践活动，发现存在的问题并加以解决。教学交往研究只有引发教学研究方法论的变革，才具有教学论学科体系上的意义和价值。

## 0822 视觉时代的文化逻辑与文学生存

发表时间及载体：《厦门大学学报：哲学社会科学版》2012 年第 1 期

作　者：古世仓 魏庆培

简　介：视觉时代是针对后现代社会文化形态的一种指称。在后现代社会，当消费主义成为视觉时代的文化意识形态，其所培植的欲望与享乐也必然是视觉文化的逻辑构成。在此，以言说与倾听、书写与阅读为主导的文学运作模式让位于以仿真、观看为主宰的商品生产与消费模式，文学遭罹挤抑或被放逐，或走向视觉化，被文化工业整合设计为一种商品类型。面对视觉霸权的肆意扩张，应旌扬听觉文化来重塑整个社会文化结构与文学构境，让视听觉同谋共生，这样，文学定能重构自己的生存方式与美好未来。

## 0823 德化与刑罚之间——理学社会教育中德主刑辅策略的基础探析

发表时间及载体：《西北师大学报：社会科学版》2003 年第 6 期

作　者：张学强

简　介：宋明理学家普遍坚持德主刑辅的社会教育策略，这一社会教育策略是其德主刑辅治国策略的重要体现。它既是理学家对先秦以来儒家思想的继承，同时也是理学家对现实政治统治的反思以及理学思想体系特性的反映。由于理学社会教育中德主刑辅策略的提出有其现实性的基础，同时又有理学本体论与人性论的证明，因而也具有了不同于以往的新的内涵。

## 0824 现代消费行为理论研究述评

发表时间及载体：《兰州学刊》2010 年第 9 期

作　者：王学军

简　介：文章通过对国外消费行为理论的研究成果进行梳理，发现消费函数的理论研究和实证分析的发展演变基本上都遵循了这样的一条线索：由即期消费扩展到跨期消费，由确定性条件下的消费扩展到不确定性条件下的消费，由较宽松条件下的预算约束扩展到较严格条件下的预算约束。这些理论假说虽然对于分析转轨经济国家的消费有很强的理论启示作用，但还必须与中国所处的特殊时期联系起来，才能合理地解释像中国这样处于转轨经济下的居民消费者行为特征。

## 0825 参与国际贸易竞争的战略选择

发表时间及载体：《兰州学刊》1993 年 3 月

作　者：武文军

简　介：我国恢复关贸总协定缔约国地位的谈判工作，有了很大进展，1993 年可望"入关"。恢复关贸总协定缔约国地位之后，我国同世界经济的相互依存更加紧密，我国面临着广阔的、多元的国际大市场，面对这种情况我们必须从世界经济发展的大趋势出发，选择国际贸易发展战略，迎接新的机遇和挑战。

## 0826 段文杰先生的敦煌艺术研究

发表时间及载体：《敦煌研究》2011 年第 3 期

作　者：赵声良

简　介：段文杰先生在长期临摹壁画的基础上，从事敦煌石窟艺术的研究，从美学和美术史的角度剖析了敦煌艺术的主要成就，为人们揭示了相对完整的敦煌石窟艺术发展史，同时在中国传统艺术的背景下，分析了敦煌石窟作为中国传统艺术的巨大成就。段文杰先生对敦煌艺术史的研究具有开创意义，为我们今天的敦煌艺术研究奠定了基础。

## 0827 地勘单位矿业权管理及会计处理浅析

发表时间及载体：《社科纵横》2008年第7期

作　者：王建平

简　介：近几年来，随着原材料及有色金属价格上涨，矿业市场日趋火爆，多种资本流入矿业领域，对探矿权和采矿权的狂热追捧，使地勘单位矿业权经营和管理面临最为严重的考验。文章探讨了矿业权的内容以及矿业权管理和会计处理中应注意的问题。

## 0828 创新网络中的企业知识共享机理及其对策研究

发表时间及载体：《科学学研究》2010年第2期

作　者：柴国荣 宗胜亮 王璟珮

简　介：知识资源是企业重要的战略性资源，知识资源优势决定着企业的竞争力。该文考虑了企业创新网络中存在的溢出效应和协同效应，构建了创新网络中无保障措施以及有保障措施的企业知识共享模型。

## 0829 论《山海经》中的神灵复活机制

发表时间及载体：《西北师大学报：社会科学版》2002年第3期

作　者：王贵生

简　介：《山海经》中所载大批畸形之"尸"，并非一般"尸体"，当为复活后生气勃发的"尸神"。尸神复活的基本条件是巫术。巫为人神中介，通过施展神秘巫术，使尸神变形复活。正是基于原始巫术，形成尸神复活内在机制：祖灵观念的传承、生死意识的变革、尸祭制度的推动与阴阳哲学的潜化。

## 0830 大学生厌学现象的调查及分析——以2003年对兰州大学的调查为例

发表时间及载体：《兰州大学学报：社会科学版》2005年第33卷第1期

作　者：李静 何琦

简　介：学习是大学生的主要任务，他们的学习态度、行为直接关系到高校教学质量的改进，学生整体素质的提高和校园文化氛围的净化等重大问题。近年来各大学普遍出现了程度不同的厌学风，一定程度上反映了当前大学生学习心态中的一些负面因素。在问卷调查的基础上，从学校、社会及大学生自身等方面挖掘这种厌学现象的根源，对于克服大学生的厌学心态，端正其学习行为具有重要意义。

## 0831 历史回眸：中国共产党82年历程的昭示

发表时间及载体：《甘肃理论学刊》2003年第3期

作　者：张嘉选

简　介：探索中国特色的革命和建设道路、克服"左"和右的倾向，是中国共产党历史的两大主线。党的82年的历程表明，能否成功地走特色之路，能否有效地反"左"反右，其关键在于能否时时坚持实事求是的思想路线。而能否坚持党的思想路线，其关键在于中国共产党人是否具有解放思想、与时俱进的精神。解放思想、实事求是、与时俱进，既是党领导的革命事业获得成功，建设事业获得发展的法宝，也是中国共产党给当代、给后人创造的宝贵的思想理论财富。

## 0832 舍勒对羞感心理的现象学分析

发表时间及载体：《兰州大学学报：社会科学版》2005年第33卷第1期

作　　者：牛正兰 李朝东

简　　介：羞感是指人的精神意向在回首自己的身体时发现自己被束缚在一种动物性生存状态的心理情感体验和生存处境，它对伦理道德的形成和遵守具有基础性地位和作用。羞感分为身体羞感和精神羞感，身体羞感是廉耻之心的生命感觉基础，精神羞感则是一切道德律令有效的灵魂保证。

## 0833 新时期西部农业结构战略调整的目标导向与对策建议

发表时间及载体：《科技与经济》2010 年第 1 期

作　　者：李光全 聂华林

简　　介：国家社科基金重大项目"西部全面建设小康社会中的三农问题及对策研究"（项目编号 04-ZD018，项目负责人聂华林）成果之一。农业经济结构调整对于改善农业发展立地条件、增加农民收入、促进农产品竞争力的提升具有重要作用。

## 0834 "严肃"的《李尔王》——从人物分析到《诗学》之悲剧"严肃性"解读

发表时间及载体：《甘肃联合大学学报：社会科学版》2011 年第 27 卷第 5 期

作　　者：杨洪敏 马栋予

简　　介：本文通过对莎士比亚剧作《李尔王》的部分情节进行文本逻辑（包括人物性格逻辑、情节逻辑和语言表达逻辑）、生活经验逻辑等多角度的逻辑推理，对这部悲剧的"严肃性"根基进行建构，并在此基础上对亚里士多德《诗学》悲剧定义体系中的"严肃性"做出理解和分析，即"严肃性"既是悲剧的创作方法又反过来正是悲剧的思想理念本身。

## 0835 高瞻远瞩 穷原竟委 锲而不舍——颜廷亮研究员学术事迹

发表时间及载体：《甘肃社会科学》2012 年第 3 期

作　　者：巨虹

简　　介：追寻颜廷亮先生的文学、文化理论探索之路，我们以他对敦煌文学的研究作为切入点。敦煌文学是敦煌学领域里最早开展研究的学科之一。从 20 世纪 20 年代到 80 年代，第一流的中国文学史家，几乎没有人不涉足敦煌文学。他们推出了一大批敦煌文学的奠基经典之作，筚路蓝缕，影响极为深远。但是，由于这批学者主要是就随时得到的材料进行移录校勘和整理，在理论的探讨和宏观把握方面显得不足。颜廷亮先生是改革开放以后才涉足敦煌文学研究的，这个时候，敦煌文学研究的积累已相当丰厚，敦煌遗书的精华部分大都已经公布（通过图版或缩微照片），这为他从更高的层面研究敦煌文学提供了客观条件。

## 0836 后现代法学与马克思主义

发表时间及载体：《西北师大学报：社会科学版》2001 年第 4 期

作　　者：冯玉军

简　　介：本文重点评析了后现代主义法学对传统法律理论的挑战及其与马克思主义的关系，并就我们在依法治国，建设社会主义法治国家的伟大征程中如何扬弃西方法学理论，繁荣和发展中国特色社会主义法学研究提出几点看法。

## 0837 试论新疆地区非传统安全问题及其特点

发表时间及载体：《西北民族研究》2010 年第 3 期

作　　者：李正元

简　　介："东突"问题、跨国毒品犯罪、水资源短缺和土地荒漠化等问题是近年来新疆地区安全面临的主要非传统威胁（"东突"分裂势力同时也是传统安全领域的威胁），这些威胁在全球化和经济一体化背景下呈现出民族性、宗教性、跨国性、交织性和长期性、复杂性、艰巨性的特点。

### 0838 实施名牌战略发展甘肃经济

发表时间及载体：《甘肃行政学院学报》2000 年第 4 期

作　　者：李伟 傅晨

简　　介：西部大开发的机遇面前，地处祖国西北的甘肃企业如何在竞争中取胜，取决于许多因素，其中实施名牌战略是一项非常积极、至关重要的措施。本文首先从甘肃企业所处的环境入手，着重分析了甘肃企业在实施名牌战略的过程中存在的问题，并给出了相应的对策建议。

### 0839 论兰州乡镇基层政府行政效能建设

发表时间及载体：《现代商贸工业》2012 年第 24 卷第 15 期

作　　者：张慧 郑蓓媛 王莉莉

简　　介：乡镇基层政府行政效能的高低、人员素质都直接影响兰州市政府行政效能建设和各项决策目标的实现。当前兰州市政府坚持以科学发展观为指导，积极改善政府治理，改变工作作风，加强行政效能建设力度，取得了很大成绩，但乡镇基层政府行政效能建设仍然存在许多问题，已经严重妨害了人民群众的切身利益。通过对兰州市乡镇基层政府行政效能建设存在的问题分析，从行政效能的基本内涵出发，有针对性地提出提高乡镇基层政府行政效能的合理化建议。

### 0840 借鉴判例制度完善中国法律适用的必要性和可行性

发表时间及载体：《社科纵横》2010 年第 5 期

作　　者：耿龙玺

简　　介：我国是以制定法为主要法律渊源的国家，但制定法有僵化、滞后弊端，同时，随着社会的发展，新情况的不断涌现，法律漏洞不断出现，严重影响了我国法律的适用。为此，应借鉴我国历史上和英美法系国家判例制度的经验，构建我国的判例制度，消除制定法弊端，以健全我国的法律适用机制。

### 0841 加入 WTO 后我国银行业的发展与对策

发表时间及载体：《甘肃行政学院学报》2003 年第 1 期

作　　者：杨萍

简　　介：中国已正式加入世界贸易组织，中国的金融服务如何与世贸组织的《服务贸易总协定》接轨成为亟待解决的问题。本文从世贸组织基本原则的角度分析了我国银行业目前存在的问题，并提出解决的办法。

### 0842 论 20 世纪中国文学价值与真理的冲突

发表时间及载体：《文艺研究》2004 年第 3 期

作　　者：程金城 冯欣

简　　介：价值与真理的关系，是 20 世纪中国文学理论和创作实践中的深层问题，也是 21 世纪中国文学的现实难题。本文通过对现当代文学史上价值与真理冲突现象的回顾和反思，认为除了其他客观因素之外，二元对立、各执一端的思维方式是造成价值与真理冲突的重要原因；对文学真理性的根本怀疑，是当前文学价值根基被动摇和价值迷失的关键所在；对后现代主义真理观的片面理解则是对文学价值的"釜底抽薪"。本文提出，文学真理与文学价值的关系是文学实践中普遍的命题，因此，应该在新的基点上重新探讨和确立二者和谐统一的关系。

## 0843 多维空间视域下的思想政治教育研究

发表时间及载体：《马克思主义研究》2014年第4期

作　　者：王学俭 张哲

简　　介：本文系2012年度国家社科基金重点项目"社会主义价值与社会主义核心价值体系的内在关联研究"（12AKS005）的阶段性研究成果。对于思想政治教育方向性与复杂性的认识及其理解都要求具有一定的空间视域。思想政治教育空间既关涉思想政治理论课的教育教学运行空间，也关涉思想政治教育相关制度安排空间。

## 0844 《教款捷要》初探

发表时间及载体：《北方民族大学学报：哲学社会科学版》2012年第1期

作　　者：马娟

简　　介：明末清初以来，在回族内部掀起了中国伊斯兰教史上的第一次"新文化运动"，为后世留下了大批探讨伊斯兰哲学义理、仪礼典制方面的著作。关于前者，相关著述可谓丰富，但对于后者，则多有忽略。《教款捷要》是中国伊斯兰教史上问世最早的，由回族宗教学者翻译、编撰的有关伊斯兰教教法、教规及礼仪方面的作品之一。本文以《教款捷要》为研究对象，初步探讨了其主要版本、基本内容、引用经籍书目及其影响、评价等相关问题。

## 0845 21世纪知识经济的发展对我国会计教育的挑战

发表时间及载体：《西北师大学报：社会科学版》2001年第2期

作　　者：赵爱玲

简　　介：21世纪世界已步入知识经济社会，数字信息网络化、知识信息资本化、科学技术产业化将成为新兴的时代特征，并成为推动社会发展的主要力量。我国会计教育已面临新时代的更高要求。这就要求我们正视和重新审视我国的会计教育现状，重新设定合理的会计教育目标，探索性地改革现有的会计教育本体。

## 0846 我国城市化滞后的原因分析

发表时间及载体：《兰州大学学报：社会科学版》2005年第33卷第6期

作　　者：陶宏 郭三化

简　　介：大力推进城市化进程，是全面建设小康社会的重大战略举措。新中国成立以来，我国城市化虽然取得了很大成就，但城市化水平仍远低于世界平均水平。本文拟就造成这一现象的历史原因进行系统分析，以便为城市化的发展提供依据。

## 0847 城乡结合区域青少年宗教意识的人类学考察——以兰州市红古区回族为例

发表时间及载体：《西北师大学报：社会科学版》2010年第3期

作　　者：闪兰靖

简　　介：对城乡结合区域回族青少年宗教意识的考察表明，城乡结合区域青少年受观念变化与"文化圈"等方面的影响，宗教意识呈现弱化的趋势。这一方面反映了回族群众努力适应社会发展，另一方面也表明伊斯兰教的传统文化和精神受到挑战。如何保护传承优秀的伊斯兰文化成为迫切的任务。

## 0848 论《天使，望故乡》中的畸形情爱

发表时间及载体：《甘肃联合大学学报：社会科学版》2009 年第 5 期

作　　者：刘积源

简　　介：沃尔夫的长篇名作《天使，望故乡》是一部自传性很强的作品。作品中，甘特家的所有成员都无法以正常的方式爱其他人。他们的爱既不自然，也不正常。一方面，伊丽莎和甘特之间没有夫妻之爱；另一方面，他们身为父母很少关心自己的子女，而子女对父母亦心存怨恨。通过运用弗洛伊德关于"俄狄浦斯情结"的理论以及荣格关于"埃拉克特拉情结"（恋父情结）的理论，并结合父母与子女的关系，能较好地阐释作品中的畸形情感，剖析出人物的精神与心理状态，揭示 20 世纪初战后美国年轻一代的消极心理根源以及现代哲学和心理学思潮对作家创作的影响。

## 0849 和平与发展的新时代观——学习《邓小平文选》第三卷关于时代特征的论述

发表时间及载体：《兰州学刊》1994 年 1 月

作　　者：武文军

简　　介：我们所处的时代有什么基本特征，如何从世界形势的新变化出发，认识我们的时代，从而为我国制定正确的对外政策和发展国际合作的战略，为世界新秩序的形成提供理论依据，《邓小平文选》第三卷回答了这个问题，在这方面邓小平同志从理论到实践都做出了重大贡献。

## 0850 在中国信仰——对张承志回民题材小说创作的反思

发表时间及载体：《三峡大学学报：人文社会科学版》2010 年第 32 卷第 5 期

作　　者：杨建军

简　　介：文章把张承志作为当代文化语境中的一个文学现象，分析了他皈依宗教的原因在于回族血统的感情、英雄情结的共鸣、宗教道德的感召，探寻了他信仰道路上的流浪者形象和他对流浪者的情感，阐述了他在中国信仰的意义包括文化建构和人性关怀两个层面。

## 0851 南朝文学的形式美学倾向及其价值

发表时间及载体：《文学评论》2007 年第 2 期

作　　者：韩高年

简　　介：南朝时期以注重文学形式创新为特征的形式主义文学思潮，根源于当时哲学思维方式的转变引发的对语言价值的探索，玄学和佛教哲学的建构都倚重于语言策略（经典再诠释、清谈、译经、梵呗唱导等）。受其影响，当时文人形成了重视文学语言形式审美价值的文学本体观念，认为文学是"言之业"，文学创新的关键是语言形式的创新。这种形式主义美学倾向促进了诗的近体化与赋、文的骈化，以及文体研究的深入、形式批评范畴的形成，并促成了中国古代诗文创作与批评中的形式美学传统。

## 0852 完全学分制下农业院校大学生职业生涯规划现状探究

发表时间及载体：《社科纵横》2011 年第 4 期

作　　者：刘娟 杨富民 蒋玉梅 张珍 文杰

简　　介：本文通过问卷调查和数据分析，初步掌握了在完全学分制下的农业院校大学生职业生涯规划的基本状况和大学生对职业生涯规划的认知及需求情况，力求能够客观真实地反映在完全学分制下职业生涯规划工作在农业院校开展的基本情况，为科学做好大学生职业生涯规划工作提供参考依据。

## 0853 创新大学生的就业服务与指导体系——变革中的我国大学生就业问题探析

发表时间及载体：《甘肃联合大学学报：社会科学版》2007年第23卷第4期

作　　者：席明

简　　介：高校对大学生提供全程的、系统的、全方位的就业指导和服务具有十分重要的意义。创新就业服务与指导是社会发展的客观要求。创新大学生就业服务与指导体系的对策是提高大学生就业工作人员的素质和能力，构建完善的就业指导体系，重视对大学生开展创业教育，将就业指导纳入必修课。同时，政府要千方百计拉动各方面对高校毕业生的需求。

## 0854 龙神、龙人、龙文化

发表时间及载体：《西北师大学报：社会科学版》1998年第1期

作　　者：武文

简　　介：伟大的中华民族是龙的传人，龙文化源远流长。早在我国先民创造自己文化的过程中，就把民族群体、民族的理想和愿望同集体创造的龙结合起来，经过长期的积淀，形成一种龙文化。

## 0855 和谐共生——从中国老龄化社会看伊斯兰的孝理念

发表时间及载体：《西北民族大学学报：哲学社会科学版》2012年第2期

作　　者：马少彪

简　　介：人口老龄化作为21世纪人类社会发展的一个重要特征，已经引起全世界的关注。中国也面临着越来越严重的人口老龄化问题。缓解老龄化压力，保障老年人的权益，已成为刻不容缓的重要问题。在伊斯兰伦理体系中"孝"被赋予特殊的内涵和意义，并把"孝"提到信仰的高度，认为行孝不仅是人道的一种体现，也是接近天道的一种途径。在老龄化社会加速的中国，在构建和谐社会的今天，研究伊斯兰孝理念，有着积极的现实意义。

## 0856 个人所得税：政策目标与完善

发表时间及载体：《西北师大学报：社会科学版》2002年第6期

作　　者：周国良

简　　介：任何改革都是在一定的政策目标下进行的，从我国目前财政收入和分配差距拉大的现状来看，我们应把收入目标和调节目标做为我国现行个人所得税设计的政策依据。在税收实践中，是收入优先，还是调节优先，不存在一个永衡的规则，这要依各税各自的特征及社会经济发展的不同现状来加以选择。只要税制本身设计科学合理，这双重目标均可在同一税制下同时得以实现。基于此，我们应对我国现行个人所得税中的课税模式、费用扣除标准、税率结构、征管模式等方面的问题进行全方位的改革和完善。

## 0857 明清艳情小说创作心态论

发表时间及载体：《西北师大学报：社会科学版》2002年第5期

作　　者：刘书成

简　　介：从创作心态这一视角和切入点，探寻明清艳情小说家的心路历程和心灵轨迹，我们可以看出他们的创作由传统的劝诫述怀向娱人自娱转变，他们的人格由理性向非理性转移，他们的心灵由现实向宗教转化。

## 0858 唐代城主相关问题考——以敦煌吐鲁番出土文献为中心

发表时间及载体：《敦煌研究》2010年第2期

作　　者：邰朋飞

简　　介：在敦煌吐鲁番出土文献中，城主是一个非常特殊的问题，前人对此做了大量卓有成效的工作，本文就在此基础上，从城主的渊源、级别、属性和铨拟、执掌等，以新的角度去分析和总结唐代城主的实际内涵和具体职责。

## 0859 中级汉语阶段词语教学刍议

发表时间及载体：《西北师大学报：社会科学版》2000年第5期

作　　者：戴莉

简　　介：词语教学是对外汉语教学的一个重要环节，关系着对汉语的准确理解和使用。在中级阶段的词语教学中，教师应该通过有效的教学方法，恰当的释义方式帮助学生深入地掌握词义，扩大词汇量；同时还应使学生认识到不同语言中有对应关系的词语几乎都存在着一定程度的不等值性，要力戒母语的干扰。

## 0860 中国经济法与行政法的"混同"：现实图景及原因背景分析

发表时间及载体：《兰州大学学报：社会科学版》2005年第33卷第5期

作　　者：刘光华

简　　介：通过对现阶段中国经济法与行政法"混同"现象的经验概括与描述，并对其背后可能存在的原因背景，从国际、国内两个层面和经济、政治和文化等多个方面进行

了分析，认为：在中国的经济、政治和文化等现实背景下，经济法和行政法二者间的"混同"是客观存在的，而且，在造成二者"混同"的基本语境没有发生转换的情况下，试图从理论上对二者间的关系进行较清晰的界定，实际上存在内在障碍。

## 0861 试论转型时期我国农户经营方式的变迁

发表时间及载体：《甘肃行政学院学报》2001年第3期

作　　者：李旭

简　　介：本文论述了我国从传统农业生产阶段向现代农业生产阶段迈进的转型时期，我国农户经营方式变迁的规律，并阐述了农户经营方式的发展趋势。

## 0862 加强西部欠发达地区农村基层党组织建设的思考

发表时间及载体：《发展》2008年第7期

作　　者：王学俭

简　　介：西部欠发达地区农村自然条件恶劣，经济发展缓慢，在新农村建设中，首先应该加强基层党组织建设，为经济发展和新农村建设提供组织上的保障。

## 0863 信息技术背景下有效教学的特征及其策略

发表时间及载体：《电化教育研究》2009年第12期

作　　者：卢尚建

简　　介：信息技术背景下有效教学的特征包括：教学具有浓厚的民主氛围，教学促进学生的自主学习，教学彰显学生的个性，教学充满情境化，教学加强互动性。由此提出信息技术背景下有效教学的策略有：以目标为导向的激励策略，创造恰当的情境策略，

教学过程最优化策略和实施多元化教学评价策略。

## 0864 两汉凉州士人研究

发表时间及载体：《甘肃社会科学》2010年第5期

作　　者：汪受宽

简　　介：汉简和传世文献证明，两汉时期，凉州地区的学者，在哲学、史学、文学、文字学、天文历法学等方面独占鳌头，成绩卓著。特别是东汉后期反党锢斗争，以皇甫规为代表的凉州士人前仆后继，以死抗争，谱写了光辉的篇章。

## 0865 论商品房认购协议的认定及其法律效力

发表时间及载体：《社科纵横》2008年第4期

作　　者：李静

简　　介：商品房认购书是商品房买卖双方当事人在签订商品房买卖合同之前所签订的、对买卖商品房有关事宜进行初步法律确认的一种书面凭证，从法律性质上讲是一种预约，而非购房合同或其从合同，其与意向书、本约不同。若一方违反该协议，则另一方有权诉请法院强制其履行。对于违反认购协议的责任承担，笔者认为应区分不同的情况进行处理。

## 0866 中国经济转型与民族地区经济发展

发表时间及载体：《甘肃理论学刊》2007年第4期

作　　者：刘英

简　　介：转型经济学不只是指出转型的方向，更要分析转型的成本，寻求最低成本最小摩擦的转型，即在发展、和谐、合作中实现转型。中国正处于一个从计划经济到市场经济、初级市场经济到现代市场经济的转型关键期，目前改革领域正深入到政治、文化、教育等领域，改革的阻力进一步增强。中国少数民族地区经济发展及经济转型有其特殊性和复杂性。应该加强对宗教信仰的管理和引导，大力选拔和培养民族干部，大力发展非国有经济。

## 0867 甘肃省经济社会发展与国民体质关系研究

发表时间及载体：《兰州学刊》2010年第2期

作　　者：何步文 王世哲

简　　介：采用文献资料、数理统计及统计补漏法和逻辑推理等研究方法，探讨了甘肃省经济社会发展水平对甘肃省成年人体质发展的影响，提出了体质假说。结论认为经济社会发展对成年人体质（身体形态、机能和身体素质）有不同程度的影响，但对成年男女体质及体质各要素的影响程度不尽相同，而直接和间接地反映经济社会发展对成人体质的影响是通过后天因素实现的，假说得到了印证。

## 0868 几个复合型数值积分公式的内禀关联性

发表时间及载体：《甘肃高师学报》2012年第5期

作　　者：蒋德瀚 施树春

简　　介：在数值积分中，复合辛普森（Simpson）公式与复合梯形公式之间，复合辛普森公式与复合柯特斯（Cotes）公式之间，存在着内在的关联性，文中对这种关联性予以数学推导并辅以解说诠释。

## 0869 论不法经济行为中罪与非罪的界限

发表时间及载体：《甘肃理论学刊》2001 年第 5 期

作　　者：杨枢立

简　　介：本文阐述了不法经济存在的深刻社会原因、评判不法经济行为中罪与非罪界限的标准以及怎样在司法实践中区分不法经济行为中罪与非罪标准的适用。

## 0870 浅谈影视表演与戏剧表演的区别

发表时间及载体：《甘肃高师学报》2012 年第 6 期

作　　者：王力维

简　　介：电影表演与戏剧表演同属表演艺术，在创造人物形象上是一致的，在创作表演方法上存在着许多共同的规律性。这决定了戏剧演员与电影演员可相互流通人才。然而，电影表演和戏剧表演又从属于不同的艺术门类，它们受到电影和戏剧各自不同的艺术特性和美学原则的制约。无论电影还是戏剧，它们各自的艺术形式都为演员的表演提出了限定，演员只有遵循各自的艺术规律，掌握表演技巧，才能完成人物的塑造。

## 0871 不完全契约、资产专用性与虚拟企业稳定性

发表时间及载体：《统计与决策》2007 年第 18 期

作　　者：包国宪 张效功

简　　介：本文从不完全契约和资产专用性两个角度出发，探讨了虚拟企业的稳定性问题，认为虚拟企业稳定性比实体企业差，因此需要加强，并根据分析提出了如何增强虚拟企业稳定性的建议。

## 0872 CAI 课件的评价体系与 AHP 综合评价

发表时间及载体：《电化教育研究》2003 年第 7 期

作　　者：刘洪艳 王万军

简　　介：随着 CAI 在我国的发展，CAI 课件受到普遍重视，建立一套科学、合理、完整的 CAI 课件评价系统是完全有必要的。AHP 的思想是先按问题要求建立一个描述系统功能或特征的递阶层次结构，通过对两两比较因素的相对重要性阐述，结合专家意见，给出相应的比例标度，构建出上下层相关元素判断矩阵的相对重要性的序列，从而得出各因素的权重。

## 0873 中央领导集体"三农"思想的历史考察

发表时间及载体：《农业开发与装备》2007 年第 11 期

作　　者：李泉 聂华林

简　　介：国家社科基金重大项目"西部全面建设小康社会中的三农问题及对策研究"（04-ZD018）。如何有效促进现代农业建设和发展，适应我国农业发展资源禀赋的客观要求，真正推动新农村建设，是国民经济发展的重中之重，也是事关我国经济发展全局的首要问题和关键问题。

## 0874 民族院校人才培养理念的重构与教学管理制度的优化

发表时间及载体：《西北民族研究》2010 年第 2 期

作　　者：马德山 马青

简　　介：长期以来，民族院校为民族地区的民主改革、经济建设、改革开放、社会稳定，为维护我国的民族团结和国家统一，为繁荣和弘扬各民族优秀文化做出了重要贡献。民

族院校已经完成了自身的第一次跨越，即"正规化"——从非正规化的高等教育模式向普通高等教育模式转变，实现了由以干部培训为主向正规大学的跨越。目前，民族院校在新的形势下，如何实现第二次跨越，建设新型的现代化民族大学，显得尤为紧迫。本文重点论述了民族院校人才培养理念的重构与教学管理制度的优化两个关键问题。

## 0875 关联区域旅游产业竞争环境分析

发表时间及载体：《甘肃联合大学学报：社会科学版》2006 年第 22 卷第 3 期

作　　者：把多勋 张欢欢

简　　介：面对日益开放的市场和日益激烈的国际、国内竞争，区域旅游产业要想在竞争中取胜，求得生存和发展，唯有不断提升自身实力，在竞争中获得竞争优势。本文以美国著名学者波特的竞争环境分析模型为理论基础，结合旅游产业自身的特点，建立了关联区域旅游产业竞争环境分析的基本框架，对关联区域旅游产业竞争的现状进行了分析，并对区域旅游产业如何在竞争中取得竞争优势提出了策略。

## 0876 20 世纪前半叶汉语语法学的变换分析

发表时间及载体：《兰州大学学报：社会科学版》2002 年第 30 卷第 1 期

作　　者：谢晓安

简　　介：分析了汉语语法学兴起后 50 年间的变换分析方法，评论了语法学史著述中关于变换分析方法运用情况所做的表述。

## 0877 金融危机下再谈失地农民的再就业问题——以西安市为例

发表时间及载体：《新疆农垦经济》2009 年第 8 期

作　　者：汪慧玲

简　　介：金融危机对经济发展产生了巨大冲击，致使我国面临着严峻的经济增长放缓和就业问题突出的双重难题，其中失地农民的再就业问题已经更加突出并值得关注。本文以西安市为例，在新形势下着重探讨了制约失地农民再就业的多重因素，认为解决西安市失地农民再就业问题，应该对失地农民进行再就业培训和观念培养，制定切实政策，构建就业服务信息网络，科学规划产业布局和产业发展，扶持乡镇企业，做好失地农民劳务输出、自主创业以及社会保障等方面的工作。

## 0878 兰州—西宁经济区城市体系研究

发表时间及载体：《甘肃理论学刊》2011 年第 3 期

作　　者：贺有利 赵晗彬

简　　介：本文从兰州—西宁经济区可能包括的城市入手，利用断裂点模型通过计算首位城市断裂点距离、断裂点处场强以及各个城市辐射半径，界定兰州—西宁经济区的城市及其辐射层级结构，发现兰州—西宁经济区是双核心结构。在东部呈现出以兰州为核心，辐射白银、定西、临夏、红古等次核心圈层；在西部形成了以西宁—平安为核心，辐射乐都、湟源、民和等次核心圈层。通过位序—规模定律测度兰州—西宁经济区的城市体系结构，发现兰州—西宁经济区的城市结构体系发育水平相对较低，首位城市兰州的垄断地位较强，呈现出"孤岛型"特征。

## 0879 甘肃省中小企业融资结构的非均衡性分析

发表时间及载体：《西北师大学报：社会科学版》2007 年第 44 卷第 4 期

作　者：成学真

简　介：以研究中小企业的融资结构为视角，在实证分析了甘肃省中小企业融资结构非均衡现状及其成因的基础上，提出了优化甘肃省中小企业融资结构的思路与建议。

## 0880 论国际贸易的公平制度与中国的基本原则

发表时间及载体：《兰州商学院学报》2005年第21卷第4期

作　者：聂元贞

简　介：国际贸易的公平性反映在水平公平和垂直公平两个方面。不同发展水平国家在国际贸易中的地位不同，它们对公平贸易认识的外延角度不尽相同。与贸易自由化相结合的公平贸易理念的实现，依赖于公平贸易制度的成熟程度。国际贸易中的公平制度以全球贸易体制为载体主体，即使现存世界贸易组织体制蕴含的公平贸易制度尚不足以完全保障国际贸易的公平发展，但它毕竟构成了公平贸易制度框架的雏形，如果没有世界贸易组织体制蕴含的公平贸易制度，现实的国际贸易将会更加显失公平。世界贸易组织体制的公平贸易制度有待在各利益主体的相互博弈中逐步成熟，中国作为世界贸易组织的发展中成员，肩负着公平贸易制度建设的历史使命。

## 0881 党的意识形态建设是预防"和平演变"的重要基点

发表时间及载体：《兰州学刊》1991年第1期

作　者：武文军

简　介：东欧一些共产党已蜕变为资产阶级民主党。引起这些党变质的原因是多方面的，有经济的政治的原因，尤其有西方资本主义和平演变战略的作用。但是，本文认为东欧一些党重权力再分配而忽视意识形态的建设，是它们走向解体的重要因素。从东欧党的反面教训中，应当引起我们全党对意识形态建设的高度重视。

## 0882 申请再审事由审查阶段的程序保障——以新《民事诉讼法》为基础的分析

发表时间及载体：《甘肃联合大学学报：社会科学版》2009年第25卷第1期

作　者：杨雅妮 杨芳

简　介：由于受苏联和日本再审程序立法模式影响，我国原有的再审制度中没有法定的再审事由审查程序。立法上的缺失，不仅导致再审事由审查程序的神秘和灰色，而且造成实践中的审查程序不能统一和规范，直接威胁到司法权威的树立。尽管新《民事诉讼法》对再审事由审查阶段做了程序化的改造，但立法中仍存在诸多不足之处。由于再审事由审查程序是当事人申请再审案件最终能否被再审的关键环节，因此，构建一个符合当事人程序保障要求的申请再审事由审查程序显得尤为重要。

## 0883 3000万农村贫困人口如何从根本上摆脱贫困

发表时间及载体：《软科学》2002年第16卷第6期

作　者：李国璋

简　介：本文对全国2300多个县进行逐一筛选、分析，认为当前全国的3000万农村贫困人口，较集中地分布在6个省区的125个国家重点扶持的贫困县，而其中的61个县聚集着我国农村最贫困的大约为1500万的人口。在对其贫困原因进行分析的基础上，指出与一般贫困地区不同，这一特殊贫困地区需要具有创新性、高效性、长期性的扶贫措施。

## 0884 少数民族地区旅游开发条件比较研究——以甘肃省肃南县和贵州省黎平县为例

发表时间及载体：《西北民族研究》2004 年第 3 期

作　　者：陈玲 韩景卫

简　　介：文章通过特尔菲法建立少数民族地区旅游开发条件评价的指标体系，利用该指标体系对甘肃省肃南县和贵州省黎平县进行单项评分和综合评价，并依据分析结果对两地旅游业的发展提出建议。

## 0885 论 20 世纪初谭鑫培艺术文化之有效传播

发表时间及载体：《戏曲艺术》2011 年第 1 期

作　　者：王萍

简　　介：一种艺术穿越历史时空成为经典的构成因素是多方面而又复杂的，其中一个值得关注的方面就是社会的有效传播。谭鑫培艺术及其流派通过流行时尚的传播、票友的传播、大众传媒的传播等有效传播方式，不仅增强了传播效果，加大了传播范围，而且为最终形成影响巨大的谭派艺术文化奠定了基础，传播也成为构建谭派艺术文化的有机组成部分。

## 0886 毛泽东认识总规律公式再认识

发表时间及载体：《兰州大学学报：社会科学版》2001 年第 29 卷第 2 期

作　　者：王德存

简　　介：毛泽东的认识总规律公式科学揭示了认识的基本矛盾、基本过程、基本形态、基本任务、基本途径，蕴含着一个中国化的马克思主义认识论体系。它概括了人类实践过程的三条特殊规律，即客观规律、指导规律、行动规律，对于当代中国社会实践具有重要的认识论和方法论意义。

## 0887 敦煌吐鲁番文书中衣物量词例释

发表时间及载体：《兰州大学学报：社会科学版》2005 年第 33 卷第 4 期

作　　者：敏春芳

简　　介：量词是汉语的重要特征之一，大量的量词在魏晋南北朝时期产生，并且随着时间的推移和地域、阶层的不同，不断地发生变化。研究量词的语法功能及其形成的历史，在当今语言学界是一个热门课题，但对量词的历史发展研究尚有许多空白。在量词研究方面，中古及近代契约文书有着极高的语料价值，因为契约文书强调的是合同双方的数量问题，量词的使用非常广泛，而且用法灵活多样。我们主要以《中国历代契约会编考释》为基础材料，以敦煌、吐鲁番文书为参考文献，对其中的一些衣物量词做溯本求源的考释工作。

## 0888 教师教育专业化与高等学校教师职前培养专业化

发表时间及载体：《当代教师教育》2011 年第 4 期

作　　者：张海钟

简　　介：随着教师专业化思潮和理念的普及，大学教师职前培养中的教师专业教育问题越来越引起教育家的关注。要提高高等教育质量，或者说高等学校的人才培养质量，必须改革研究型大学以博士、硕士培养代替高等学校教师培养的模式。在研究型大学设立教师教育学院，为博士、硕士提供高等学校教师资格证书课程。高等学校引进教师首先应该有教师资格证书，而不是先进校任教，而后通过设立在各省、市、自治区的高等学校师资培训中心申请教师资格证书。这是高校教师专业化的必然要求，也是国家教师教育发展的新趋势。

## 0889 商业银行实行混业经营势在必行

发表时间及载体：《甘肃理论学刊》2004 年第 5 期

作　　者：岳世忠

简　　介：文章通过分析我国加入世界贸易组织后，外资银行的不断涌入、网络经济的冲击、国内证券业和保险业需要商业银行的支持等因素，指出我国商业银行实行混业经营势在必行。并进一步提出我国商业银行实行混业经营的模式包括建立银行控股公司和金融控股公司两个阶段。

## 0890 新形势下思想政治教育学科建设的问题与思考

发表时间及载体：《思想理论教育》2013 年第 7 期

作　　者：王学俭

简　　介：思想政治教育学科经过近 30 年的建设、研究和发展，理论体系日渐成熟。目前思想政治教育学科建设和发展的突出问题表现在：主张和重视学科意识形态性的同时，弱化了学科人文性、科学性研究等。

## 0891 西部少数民族地区双语教师新媒体素养现状调查研究——以甘肃省东乡族自治县双语教师为例

发表时间及载体：《电化教育研究》2014 年第 35 卷第 9 期

作　　者：焦道利 马永峰

简　　介：西部民族地区双语教师培训工作已经取得了阶段性成绩，但近几年伴随着网络、手机、博客、微博等新媒体的出现以及在民族地区教育领域应用中出现的问题，开展民族地区双语教师的新媒体素养培养研究和有效利用新媒体提高双语教学效果等方面的研究刻不容缓。本研究采用调查研究法，对甘肃省东乡族自治县中小学的双语教师进行问卷调查和访谈，通过研究该地区双语教师的新媒体素养现状及存在的问题，提出在中小学领域构建新媒体学习环境、开展教师新媒体素养县级培训和校本培训、创建新媒体应用平台、开展基于新媒体平台的城乡校际协作活动以及教学改革活动，为少数民族地区教师新媒体素养培养和运用新媒体提高双语教学质量提供参考。

## 0892 论甘肃企业的股市运作策略

发表时间及载体：《兰州大学学报：社会科学版》2002 年第 30 卷第 2 期

作　　者：赵平

简　　介：结合我国目前正在进行的股市制度变迁，分析了甘肃企业上市的现状、问题，及今后几年所面临的上市前景，在此基础上对已上市公司及拟上市企业分别提出了相应的运作策略。

## 0893 日常生活的诗意：丰子恺散文的生态批评

发表时间及载体：《西北师大学报：社会科学版》2007 年第 6 期

作　　者：王明丽

简　　介：丰子恺的言说中心是"人"，也即"仁"，是与生生不息的自然相生相映的"我"，却不是单纯的现代中国五四启蒙主义语境中的"个人"，也不是局促于中国传统艺术精神的尺幅之内的渺小和面目不清的名流士子，而是在近代以来中西文化的比较视野中，创生了具有生态整体主义意味的新的自然与人的关系维度；在他者即是自身，自身亦是他者的不隔和具有生态整体主义的现代性思想整和中扬弃了中国深厚的人文传统和西方现代性的人文精神，由日常性的生活形式本身发掘出"根"的生态意象，肯定了重新植根所包蕴的自然与人、自然与社会、人与社会和谐相处的生态伦理价值。

## 0894 现代信息技术环境下高校图书馆的读者服务探析

发表时间及载体：《社科纵横》2008年第5期

作　　者：王兆惠

简　　介：本文论述了高校图书馆在现代信息技术环境下读者服务模式的转变、服务途径的拓展以及所采取的措施。

## 0895 河西走廊古代少数民族收继婚初探——以乌孙、匈奴为例

发表时间及载体：《社科纵横》2011年第8期

作　　者：赵雨星

简　　介：本文通过《史记》《汉书》《后汉书》等史料中对乌孙、匈奴这两个少数民族风俗的描述以及他们与中原使者的对话、汉朝公主与其通婚情况的叙述等，简略分析河西走廊少数民族所盛行的收继婚风俗及其原因与影响。

## 0896 敦煌悬泉里程简地理考述

发表时间及载体：《敦煌研究》2000年第3期

作　　者：郝树声

简　　介：本文根据新近掘获的悬泉汉简里程简，辩驳旧说，创立己见，对两汉苍松、鸾鸟、张掖、姑臧和显美等县的具体位置进行了考述，提出了新的看法，认为：汉之姑臧县治即今之武威县城，张掖县治当在今武威市谢河乡武家寨子，鸾鸟县城当在今古浪县城以北之小桥堡一带，苍松县城当在今天祝藏族自治县的安远镇，显美县城当在今武威西北之丰乐堡。这些看法，或可更正中国历史地图集对上述各县的误标。

## 0897 经济全球化大背景下的中国古代文学研究（笔谈）

发表时间及载体：《郑州大学学报：哲学社会科学版》2003年第5期

作　　者：赵逵夫

简　　介：中国加入世界贸易组织，标志着中国的经济也融入世界大的经济交流与竞争场之中。在这种形势下中国古代文学的发展前途如何？这恐怕是所有古代文学研究工作者都在考虑的问题。

## 0898 内隐社会认知的理论建构

发表时间及载体：《西北师大学报：社会科学版》1999年第6期

作　　者：周爱保

简　　介：本文从内隐社会认知的加工阶段、加工对象，以及信息加工过程三个维度出发，建构了内隐社会认知的理论体系。

## 0899 引导农民工回乡创业促进农村长远发展

发表时间及载体：《甘肃行政学院学报》2010年第3期

作　　者：吕文广

简　　介：在劳动力向城市转移的过程中，农村出现了青壮年劳动力"空洞化"和自身发展缓慢化的现象，严重影响着农村的长远发展。近期，部分农民工在经历数年打工生涯后，利用打工习得的知识和积累的资本回乡创办实业发展农村经济，形成了"民工潮"

之后的"创业潮",为农民工就业及农村发展问题的解决提供了新思路。乡土情结、打工地高创业成本、回乡地优惠的创业政策及劳动密集型产业向中西部转移的政策背景是诱使农民工返乡的主要原因。农民工返乡创业不但有助于自身价值的实现,而且有助于破除农村发展的"空洞化"、解决农民工就业问题和促进新农村建设,对农村的长远发展具有十分重要的意义。

## 0900 甘肃企业管理信息化发展的思考

发表时间及载体:《甘肃理论学刊》2002年第6期

作　　者:巫江 史煜娟

简　　介:随着世界贸易组织及西部大开发战略的步步深入,用现代信息技术改造传统产业,提高管理水平已成为当务之急。本文通过分析甘肃企业管理信息化现状,指出目前存在的主要问题,并就如何加快发展甘肃省企业信息化提出了思考。

## 0901 高校和谐网络文化建设探析

发表时间及载体:《电化教育研究》2010年第10期

作　　者:彭舸珺

简　　介:随着高等教育信息化的逐步推进,高校网络文化逐渐成为网络传播学、社会学等多学科关注的热点领域。和谐的高校网络文化不仅可以满足广大师生工作、学习、生活的需要,也是建设健康、和谐、团结、奋进的校园文化的重要组成部分。但是,在高校和谐网络文化的建设过程中,也出现了一些障碍因素。文章通过对建设高校和谐网络文化障碍因素的剖析,提出了高校和谐网络文化建设的策略。

## 0902 西北干旱地区今天河流的水量较古代河流水量大大减少了吗?——以敦煌地区为中心的探讨

发表时间及载体:《陕西师范大学学报:哲学社会科学版》2007年第5期

作　　者:李并成

简　　介:在西北干旱地区历史地理的研究中,有人认为古代这里的自然环境曾经相当优越,远非今天这样干旱,其河流水量远较今日丰沛,如昔日烟波浩渺的罗布泊、居延泽等,今天已经干涸。

## 0903 解读公共造型艺术设计的关注点

发表时间及载体:《社科纵横》2010年第5期

作　　者:达林太

简　　介:公共造型艺术是公共性的,具有共享、民主、开放、交流精神的艺术。它可以采取各种形态方式来表现,比如建筑、壁画、园林景观、城市景观、公共设施,它也可以是地景艺术、装置艺术等等,包括以能表达公众意愿为主要功能的所有公共造型艺术。关注不同地区复杂的自然因素、精神因素、功能因素、乡土经验成为公共造型艺术设计的关注重点,将它在现代新的环境、新的技术条件下融于设计中,才能创作出适应自然环境与现代生活方式的公共艺术。这样的艺术是具有地域文化的艺术,是感人情怀的艺术,是世界性的作品。

## 0904 新加坡华语和中国普通话中叠词使用的异同

发表时间及载体:《甘肃联合大学学报:社会科学版》2009年第6期

作　　者:罗小品

简　　介:新加坡华语和普通话,是现代汉语在不同国家和区域的两种社会变体。二者在词汇和语法方面都存在着一些差异。本文重在探讨叠词在这两种语言变体中的差异，从构成、语法意义和语法功能三方面加以比较分析，找出其异同之处。希望通过这种描述，能为两地之间的交流和交际提供一点参考。

## 0905 论忽必烈称汗及蒙古统治集团内的斗争

发表时间及载体：《西北民族研究》1998 年第 1 期

作　　者：杨建新

简　　介：本文通过对忽必烈称汗前后蒙古统治集团内斗争诸因素的考察分析，认为忽必烈取得胜利有一定的历史必然性。同时论述了统治集团内斗争的性质——新旧势力斗争的反映，以及斗争的后果——导致大蒙古帝国的最终分裂及为适应中原文化创造了条件。

## 0906 东乡哈木则宗族形成与发展的考察研究

发表时间及载体：《西北民族研究》2003 年第 3 期

作　　者：马兆熙

简　　介：本文是对东乡哈木则宗族从产生到发展壮大，并最终形成东乡族最大的宗族之一的过程和发展脉络、人口分布状况的试探性研究，试图从哈木则宗族在其发展历程中经历的语言、民族、文化、信仰等方面的变迁与交融现象及其原因中，探究哈木则宗族形成和发展巩固的主客观原因，从一个微观的角度去探索整个东乡族族源、形成和发展。

## 0907 论精神损害赔偿诉讼的趋势及相关问题

发表时间及载体：《甘肃行政学院学报》2003 年第 4 期

作　　者：杨文慧

简　　介：精神损害赔偿是民法领域内的重要课题，所谓精神损害就是民事主体侵害在自然人、法人的民事权利，造成的自然人生理、心理上的精神活动和自然人、法人维护其精神利益的精神活动的破坏，最终导致精神痛苦和精神利益的丧失或减损。本文从分析目前精神损害赔偿诉讼的趋势和特点出发，力求对精神损害赔偿制度在违约责任中的扩张、诉讼程序、主体扩大、范围与标准的瓶颈和热点问题做一探讨。

## 0908 我国环境行政执法与司法衔接研究

发表时间及载体：《甘肃社会科学》2012 年第 3 期

作　　者：李清宇

简　　介：我国环境行政执法的无效、无力，司法保障中救济手段有限、强制执行效果不佳是当前环境污染案件频发的重要原因。环境行政执法与司法顺畅对接首先需要在立法中明确检察机关对行政执法活动的法律监督权，赋予行政执法活动中所获材料的刑事证据地位。当行政执法无效时司法程序应及时启动，通过放宽对原告主体资格的要求来扩展环境公益诉讼受案范围，并应强化检察机关对环境监管人员渎职的责任追究。行政执法无力的状况则需通过增加法院即时执行制度以及重视对环境污染受害人的司法救济予以解决。

## 0909 超越理性主义：实践的教育理论的发展路径

发表时间及载体：《西北师大学报：社会科学版》2012 年第 3 期

作　　者：刘旭东 吴银银

简　　介：理性主义是对教育理论和实践有

重要影响的思想方法。它把教育视为思辨和演绎推理的活动，致使教育与社会、与生活的关系被割裂，教育活动的丰富多彩性被消解。教育是实践着的活动，教育现象千变万化，任何用某种既定的模式来解说教育的想法之于教育都是无益的。要在实践的立场上看教育，使教育理论在诠释和解说实践的路径上得到更好的发展。

## 0910 杂赋与乐府诗的关系

发表时间及载体：《西北师大学报：社会科学版》2007 年第 2 期

作　　者：伏俊琏

简　　介：汉代的杂赋包括民间流传的寓言故事赋，也包括箴言类的杂记作品以及描写日常动植物而无关讽谏的小赋。杂赋是后世讲唱文学的源头之一。汉代的一些杂赋，本以韵诵的方式流行于下层，后被采入乐府，进行歌辞协律的工作，成为乐府诗的一部分。

## 0911 企业理论及其在转型经济中的拓展

发表时间及载体：《开发研究》2006 年第 6 期

作　　者：姜安印

简　　介：经济转型的主要特征在于其成长性，企业理论中既有要素论的静态分析方法，也有能力论的动态分析方法。通过对企业理论的梳理及其在转型经济中的发展，本文提出了企业理论进一步拓展的方向。

## 0912 2010 民族宗教问题高层论坛观点综述

发表时间及载体：《西北民族大学学报：哲学社会科学版》2010 年第 5 期

作　　者：梁皓然

简　　介：2010 年 6 月 29—30 日，由甘肃省委统战部、西北民族大学、中国宗教学会和中国统一战线理论研究会民族宗教理论甘肃研究基地联合举办的以"当代中国宗教若干重大理论与政策问题研究"为主题的 2010 民族宗教问题高层论坛暨中国宗教学会年会在兰州召开。本次论坛共收到 70 篇论文，其中专家学者论文 47 篇，研究生论文 23 篇。来自中国社会科学院、中央党校、中央社会主义学院、北京大学、复旦大学、中央民族大学等单位的专家学者和甘肃、河南、新疆等省（区）党委统战部有关领导近百人围绕论坛主题，进行了广泛、深入的探讨交流，提出了许多有针对性、操作性、可行性的意见建议，形成了一批有分量、有价值的重要学术成果。

## 0913 甘肃转型跨越的战略对策研究

发表时间及载体：《开发研究》2012 年第 4 期

作　　者：刘进军

简　　介：甘肃既处于黄金发展期、难得机遇期与负重爬坡期，也面临着观念转变期、利益调整期和矛盾凸显期。经济社会发展正处于罗斯托经济成长阶段的第四个阶段——成熟阶段，这个阶段是一个"十字路口"，也是一个非常关键和特殊的阶段，必须通过转型来促进跨越式发展，在向新型工业阶段的转型跨越、结构优化与产业转型、新型城市化战略、突破甘肃交通难题、水利基础设施建设、省域内区域经济合作与开发等一系列方面都要寻求新突破，实现新跨越。

## 0914 税收概念的内涵与外延研究

发表时间及载体：《社科纵横》2011 年第 12 期

作　　者：李发展

简　　介：国家为了履行其满足社会公共需

要的职能，就要求有与之相应的财政收入作为后盾，而税收就是国家取得财政收入的主要形式和重要工具。税收的概念问题，是税收基础理论中的首要问题。长期以来，专家和学者对税收概念的界定可以说是大同小异、存在分歧的。笔者认为，税收是国家为了实现其职能，凭借政治权力，按照税法预先规定的标准，无偿参与国民收入分配，以取得财政收入的一种特定分配形式。明确税收概念的内涵与外延，是全面理解和准确把握税收概念的关键所在。

## 0915 我国暂缓判决制度的完善

发表时间及载体：《甘肃政法学院学报》2011 年第 1 期

作　　者：张建军

简　　介：作为我国未成年人司法审判制度改革的探索和尝试，暂缓判决将定罪和量刑相分离，通过设定考验期最终决定给被告人何种处罚结果，体现了对未成年人的宽容和关怀。暂缓判决不仅体现了刑罚社会化、个别化、经济性、最后手段性的要求，而且避免了未成年被告人重返社会的困难。因此，为顺应缓刑制度发展的世界潮流，需要在立法上确立使原罪刑宣告丧失效力的暂缓判决制度，建立科学的考察工作机制，以期使该项制度趋于完善。

## 0916 甘肃省阿克塞哈萨克族民俗活动中的养生健身行为研究

发表时间及载体：《西北民族研究》2004 年第 2 期

作　　者：张建华 王润平 陈青 李顺庆 任涵

简　　介：宗教民俗活动中的某些礼仪礼俗，包含着对人体有益的养生健身行为，这些行为对全民健身有推动作用。本课题通过实地调查，探寻存在于甘肃省阿克塞哈萨克族民俗活动中的养生健身成分，并提出开发模式，为实施全民健身工程，构建面向民族聚居区的全民健身服务体系提供理论支持。

## 0917 关于提高监狱人民警察角色意识的几点思考

发表时间及载体：《甘肃行政学院学报》2001 年第 2 期

作　　者：严军

简　　介：目前，监狱警察职业的重要性已受到了社会的广泛关注。人们不仅仅关心监狱警察是否看住了罪犯，更关心监狱警察是否改造了罪犯，以及监狱警察是用怎样的方式来改造和教育罪犯的。为此，社会对监狱警察职业素质的要求也越来越严格，许多旨在制约和规范监狱警察职业素质的要求也越来越严格，许多旨在制约和规范监狱警察行为的法律、法规相继出台或不断得到完善。笔者认为，在规范监狱警察执法行为的同时，也应提高和增强监狱警察的主观角色意识。本文就监狱警察的角色意识的内容及其意义进行了探析，认为只有不断培养和完善监狱警察的角色意识，才能真正提高监狱警察的执法水平，实现监狱管理的高效能。

## 0918 甘肃人力资本、物质资本与经济增长关系的实证研究

发表时间及载体：《甘肃理论学刊》2012 年第 6 期

作　　者：李兴江 高亚存

简　　介：通过分析甘肃 1990—2010 年人力资本、物质资本与经济增长的变化趋势，运用协整检验、格兰杰因果关系检验来研究三者之间存在的因果关系；并建立 VEC 和 VAR 模型，通过脉冲响应分析和方差分解的方法，来研究三者的长期动态关系。结果表明：甘肃 1990—2010 年人力资本、物质

資本与经济增长互为因果关系，短期内物质资本对经济增长的拉动作用显著，长期内人力资本对经济增长的带动效应显著，并提出三者协调发展的对策建议。

## 0919 论公允价值在中国会计中的应用

发表时间及载体：《社科纵横》2010 年第 7 期

作　　者：王景

简　　介：2006 年我国颁布了新的会计准则，公允价值这一计量属性得到适度应用。但关于公允价值的讨论由来已久，尤其是随着国内外金融市场的动荡与起落，更引起了人们对公允价值的争议。通过分析公允价值在我国应用中存在的问题，提出应增强公允价值的可靠性，并在计量模式上采用双重计量。

## 0920 英语专业课堂研究中问卷调查表的效度、信度及可操作性

发表时间及载体：《甘肃联合大学学报：社会科学版》2009 年第 25 卷第 1 期

作　　者：李延林

简　　介：问卷调查作为一种方法与采集数据的工具，有望在第二语言教学与研究中受到愈来愈广泛的使用。问卷调查的设计准备工作牵扯到问卷调查表本身，包括哪些相关问题、问题的形式和种类及排列顺序，问卷调查表的数量、印刷质量、成本以及调查表的发放、回收及后期数据的整理等。然而在问卷调查表设计的始终，我们都应当关注设计标准，关注问卷调查表在效度、信度及可操作性三大设计标准方面的具体体现。

## 0921 甘肃省新型农村合作医疗法制化意义研究

发表时间及载体：《兰州学刊》2010 年第 5 期

作　　者：李清宇 蔡秉坤

简　　介：新型农村合作医疗是我国政府解决农民"看病难、看病贵"问题的一项社会保障制度。从 2003 年运行以来，成效十分显著。甘肃省于 2007 年即提前一年完成新农合全省覆盖的目标，实施效果可圈可点。但是，仅依据政策文件对新农合制度进行管理，存在规定过于原则化、缺乏责任追究及监督方式空泛等问题。文章通过研究政策文件规制新农合制度的缺陷，探析了甘肃新农合立法的必要性和可行性。

## 0922 比较优势与甘肃县域经济发展路径——以通渭县为例

发表时间及载体：《甘肃行政学院学报》2008 年第 2 期

作　　者：周克全

简　　介：甘肃县域经济发展无论在水平还是速度方面都与全国有一定差距，对比较优势的认识及其选择上的失当影响了甘肃县域经济发展。正确选择比较优势，是确定发展路径的前提条件，文章以通渭县为例，在利用 SWOT 等方法对其比较优势进行分析基础上，提出三大比较优势。

## 0923 青少年网络行为特征及其与网络认知的相关性研究

发表时间及载体：《兰州大学学报：社会科学版》2005 年第 33 卷第 4 期

作　　者：王海明 任娟娟 黄少华

简　　介：基于对浙江、湖南和甘肃三省六市 1884 名青少年网络行为调查数据的量化分析，文章对青少年网络社会生活介入程度、网络行为特征及主要影响因素、对网络的认知及其与网络行为的相关性等问题，进行了初步的梳理和探讨。研究发现，目前青少年的网络社会生活介入程度总体适度，网络行为取向主要集中在工具性行为与情感性行

为，性别、文化程度与地域因素对工具性网络行为的影响程度要大于对情感性网络行为的影响，青少年的网络认知与网络行为间表现出较强的相关性。

## 0924 现代信息技术与高校职业指导教学整合实践探讨

发表时间及载体：《电化教育研究》2009 年第 4 期

作　　者：刘燕华

简　　介：现代信息技术与高校职业指导教学的整合，实现了职业指导的网络化、信息化，提高了教与学的效率，为高校毕业生职业生涯规划指导提供了超时空的信息和多维的思考视角。本文根据笔者使用信息多媒体从事大学生职业指导教学的体会，总结实践教学经验，提出在遵循建构主义学习理论下利用信息技术优化职业指导教学的方法，探讨了如何进行信息技术与职业指导整合的改革对策。

## 0925 三声调方言秦安话的两字组连读变调

发表时间及载体：《汉字文化》2011 年第 5 期

作　　者：邓文靖

简　　介：秦安县位于甘肃省东南部，渭河支流葫芦河下游，东接张家川回族自治县、清水县，西邻通渭县、甘谷县，南与天水市接壤，北与静宁县、庄浪县毗邻。其方言属于中原官话陇中片，是三声调方言。秦安话的声韵及单字调详情见另文，本文集中讨论秦安方言的两字组连读变调情况。

## 0926 基于 ELES 方法的甘肃农村贫困线测定分析

发表时间及载体：《甘肃联合大学学报：社会科学版》2011 年第 27 卷第 5 期

作　　者：汪晓文 马凌云 李玉洁

简　　介：通过对 1982—2008 年间甘肃农村贫困人口及贫困发生率的研究发现，国家"一刀切"的贫困线标准会直接影响政府对贫困状况的评估，甚至国家扶贫政策的决策。在充分考虑甘肃经济发展实际的基础上，以国家统计局甘肃调查总队 2007—2009 年对甘肃农村居民收入与支出的调查结果为原始数据，引入扩展线性支出模型方法进行测算，得到近三年甘肃农村贫困线标准，并将结果与甘肃现行贫困线进行比较，发现甘肃现行的贫困线标准较低，最后提出相应的政策建议。

## 0927 甘肃省基础教育信息化发展现状与策略研究

发表时间及载体：《电化教育研究》2009 年第 4 期

作　　者：帅群英 杨晓健

简　　介：本文通过对近几年甘肃省中小学教育信息化基本情况的分析，针对甘肃省中小学教育信息化发展现状和发展中出现的主要问题提出了相应的解决策略。

## 0928 敦煌莫高窟第 158 窟与粟特人关系试考（上）

发表时间及载体：《艺术设计研究》2010 年第 1 期

作　　者：沙武田

简　　介：本文通过对莫高窟中唐第 158 窟内诸多现象，包括如各国王子举哀图的民族属性、波斯萨珊风格的联珠雁衔珠纹、两件粟特纳骨瓮的文化意义、洞窟建筑形制与入华粟特人的丧葬习俗、涅槃变图像的再解读、金光明最胜王经变图像的选择意义、洞窟营建的历史背景即吐蕃统治时期敦煌的粟特人、供养人画像、与邻窟张议潮功德窟的历史关联、敦煌粟特安氏的佛教信仰等问题的详细分析，论证表明该洞窟作为敦煌粟特九姓胡人功德窟的可能性。

## 0929 新中国翻译文论的话语模式及其启示

发表时间及载体：《黑龙江社会科学》2010年第1期

作　　者：张进

简　　介：中国语境中的西方文论属于"翻译文论"，相关研究要直面翻译文论话语本身。在新中国翻译文论话语中，隐喻、换喻、提喻和讽喻四种模式的历史存在及其分布状况表明，文论研究需要保持对多种话语模式的开放性和包容性，避免某一模式的霸权，克服中西二元对立的思维局限，以四重式思维追求四种话语之间的共生共成，实现"所说"研究与"所做"研究之间的互补互证。

## 0930 敦煌早期壁画中中原式人物造型

发表时间及载体：《敦煌研究》2008年第3期

作　　者：赵声良

简　　介：本文分析了敦煌早期壁画中中原式人物画的发展，指出中原式人物造型有三个阶段，一是来自汉晋以来的传统艺术，一是在北魏末到西魏初传入敦煌的新型风格，一是在北周以后对中原式与西域式画法的融合。对不同绘画样式的源流进行探讨，指出了不同时期来自中原影响的变化，以及对敦煌这一特殊地方形成的与中原不完全相同的绘画特征。

## 0931 藏传佛教慈悲伦理与生态保护

发表时间及载体：《西北民族研究》2007年第4期

作　　者：才让

简　　介："慈爱众生""利乐有情"是藏传佛教伦理思想的纲要。"慈爱众生"的伦理观具有生态道德的价值，也是佛教生态伦理的重要内容。挖掘和梳理藏传佛教的生态伦理及其实践的同时，要进一步推动藏传佛教传统生态伦理的现代转换。

## 0932 浅析马克思主义社会冲突理论的时代命题

发表时间及载体：《社科纵横》2012年第3期

作　　者：云立新

简　　介：本文通过对马克思主义社会冲突理论的当代反思，立足中国社会顺利转型的现实关怀，探讨把"促进和谐"作为马克思主义社会冲突理论新的研究视域和时代命题，以回应当前中国的社会冲突化解，实现经济社会全面与可持续发展的实际要求。

## 0933 特色现代农业是我国西部农业现代化的基本取向

发表时间及载体：《农业现代化研究》2009年第5期

作　　者：聂华林 杨敬宇

简　　介：国家社科基金重大项目"西部全面建设小康社会中的三农问题及对策研究"（04-ZD018）。本文在概述了现代农业基本内涵和特征的基础上，指出以传统农业中滋生出来的特色农业为突破口和战略重点是西部农业现代化的基本取向。

## 0934 受益群体的置换与持续推进改革

发表时间及载体：《改革》2005年第7期

作　　者：曹子坚

简　　介：改革受益群体分布的均衡程度，

是在不同改革阶段中改革动力和改革效果等存在重大差别的基本原因所在。保持改革的持续性动力，保护全社会的改革热情，就必须使更多的社会群体从改革中获取实实在在的经济利益，使更多的社会成员分享改革与发展的成果。为此，要采取有效措施，适度抑制前期改革的受益群体收入水平的增长速度。特别是铲除既得利益的滋生土壤，并建立促进利益受损群体收入水平增长的长期机制，对利益受损者进行合理补偿。

## 0935 WTO 争端解决机制探析

发表时间及载体：《社科纵横》2009 年第 6 期

作　　者：吴玲琍 雷俊华

简　　介：世界贸易组织争端解决机制是现代国际法中一种独特的、崭新的、强有力的和平解决国际争端的机制。包括解决争端的基本原则、管辖范围、规划、程序以及效力等内容，其核心是争端解决程序。中国从 2001 年起成为世界贸易组织的正式成员，并开始利用其争端解决机制解决与其他成员的贸易纠纷。这将对我国经济产生空前的影响，因此，加强对世界贸易组织争端解决机制的研究具有重要的现实意义。

## 0936 从许浑送别诗看中晚唐送别诗创作模式的形成

发表时间及载体：《西北师大学报：社会科学版》2003 年第 6 期

作　　者：周蓉

简　　介：许浑的送别诗约占其今存诗作的五分之一，是其诗歌创作的重要组成部分。许浑送别诗的写作特点，反映了中晚唐送别诗创作模仿的形成，也是他的诗作为后世模仿的主要原因之一。中晚唐送别诗在其结构模式化的同时，诗情则由壮大浓郁转为平和

散淡。

## 0937 多元文化教育的两种模式："西方马赛克"与"中国大花园"

发表时间及载体：《西北师大学报：社会科学版》2005 年第 6 期

作　　者：王鉴

简　　介：少数民族的文化与教育问题是世界上任何一个多民族国家都十分关注的问题。事实上由一个单一民族构成的国家的神话已经一去不复返了，从这个意义上说，少数民族的文化与教育问题已经成了一个世界性的问题。然而在这个问题上，东西方国家之间的沟通与交流还存在着明显的不足，多元文化与少数民族教育的研究领域也缺乏相应的对话。在西方多元文化教育的学者话语与研究中缺失对东方传统多元文化教育的研究与吸纳，东方国家的研究者又以西方多元文化教育乃西方移民社会的产物为借口而不积极关注。中国古人所讲的他山之石也就难以攻玉了。

## 0938 甘肃河西魏晋十六国墓葬壁画中的"矩形"、"圆圈"图像考释

发表时间及载体：《四川文物》2007 年第 1 期

作　　者：郭永利

简　　介：甘肃河西魏晋十六国墓葬的中室、后室大量地绘"矩形""圆圈"图像，本文对其进行了考释，并讨论了此类图像的意义。

## 0939 敦煌相书残卷 S.3395、S.9987 B1V 考论

发表时间及载体：《兰州大学学报：社会科学版》2004 年第 32 卷第 4 期

作　　者：王晶波

简　　介：敦煌相书残卷 S.3395、S.9987B1V 是同一写本的两个残片，可以拼合。通过对此残卷的篇目划分、语言、内容解说的分析考察，比较了它与敦煌许负系统相书的异同，认为它是在许负等传统相书基础上，汇录当时的各种相书及流行相法，重新编纂而成的一部新的相书，是居许负相书与传世相书之间的一种具有过渡性质的相书，反映了唐代相术发展的实际情况。

## 0940 "封建社会"与"地主经济"

发表时间及载体：《甘肃理论学刊》2007 年第 5 期

作　　者：张林祥

简　　介：封建主义或封建社会的涵义虽然有一个演变的过程，但土地的分层占有制、以私人契约为基础的普遍的人身依附关系和统治权的分散等，是其基本特征，为一般学者所公认。中国战国或秦以后的社会制度，显然与此不相符合，因而不宜称为封建社会。至于中国学者提出的"地主封建制"理论，虽然大体不违史实，但最多证明中国古代社会不具有资本主义的性质，而不能证明它是封建社会。导致这种定性错位的原因是将人类历史上的特例误判为普遍的历史规律。

## 0941 敦煌石窟中的佛座图像研究之一——须弥座

发表时间及载体：《敦煌研究》2008 年第 2 期

作　　者：杨森

简　　介：通过对敦煌石窟几大类佛座的系统整理，看敦煌石窟塑、画的佛座与中原等地的异同及其规律。须弥座等佛座可能是影响我国由席地跽坐变垂足倚坐坐姿的重要因素。

## 0942 贫困地区农村小学远程教育教学资源建设与应用的调查研究——以甘肃省榆中县乡镇农村小学为例

发表时间及载体：《电化教育研究》2009 年第 1 期

作　　者：焦道利　张新贤

简　　介：本文以甘肃省榆中县乡镇农村小学为调研对象，对贫困地区农村小学现代远程教育教学资源建设和应用的实际情况进行了调研，分析了当前远教资源建设与应用中存在的问题及成因，并结合调研对象的实际状况，提出了改进的措施和建议。

## 0943 角色管理对服务质量影响的实证研究

发表时间及载体：《华东经济管理》2010 年第 4 期

作　　者：董雅丽　马园

简　　介：国家社科基金资助项目（08BZX011）。文章从员工角色理论出发，提出从角色冲突、角色模糊、角色负荷三个维度来衡量角色管理对员工服务质量的影响作用，并提出相关假设及验证假设的理论模型。

## 0944 对俄汉语词汇教学中的文化解读

发表时间及载体：《甘肃高师学报》2011 年第 16 卷第 1 期

作　　者：张军民　王骁勇

简　　介：汉字是中国文化的基因，汉语词汇是中国文化的载体。我们可以从一个个具体的语词中分析一些具体的文化因素，也可以从一组组语词中揭示出某些文化现象。俄罗斯学生对汉语亲属词所包含的文化内容、汉语词汇中的禁忌文化现象以及汉语数量词的文化内涵的理解、词汇超常搭配的文化新意的理解都存在着较大困难。结合本人的对俄汉语教学实践，着重分析汉语词汇教学中存在的几个值得关注的文化解读问题。

## 0945 我国城市规划与管理相关问题透视

发表时间及载体：《西北师大学报：社会科学版》2005 年第 6 期

作　　者：张志斌 宋瑜

简　　介：针对我国城市规划与管理实践中暴露出的问题，从城市规划的行为特征出发，从机构设置、编制体系、政策法规和运行机制四个方面进行了系统梳理和总结，力图揭示出导致问题产生的原因所在，以期对处于发展加速期和结构转型期的我国城市规划与管理提供有益的参考。

## 0946 绿色产品的供需困境及对策

发表时间及载体：《兰州大学学报：社会科学版》2002 年第 30 卷第 3 期

作　　者：秦陇一 管新帅

简　　介：随着人类环保意识的增强，绿色产品的生产和消费就显得越来越重要，然而这不等于说绿色产品的生产和消费就必然会付诸行动并行之有效，这主要是因为绿色产品的供给和需求方面存在着先天性的困境。

## 0947 全面实施"质量工程" 提高人才培养质量

发表时间及载体：《社科纵横》2011 年第 4 期

作　　者：陈映江 张新虎 魏彦明 白文苑 曾翠萍

简　　介："质量工程"是继"211 工程"、"985 工程"和"国家示范性高等职业院校建设计划"之后，国家在高等教育领域实施的又一项重要工程，是新时期深化本科教学改革、提高本科教学质量的重大举措。甘肃农业大学立足校情，把握机遇，通过规范管理，全面实施，扎实推进质量工程。通过几年的探索与实践，学校办学条件明显改善，教学改革不断深化，教学质量显著提升，为学校的可持续发展奠定了坚实基础。

## 0948 我国住房消费信贷与房地产业资产证券化研究

发表时间及载体：《消费经济》2008 年第 24 卷第 2 期

作　　者：郭志仪

简　　介：文章对住房消费信贷与房地产业资产证券化之间的关联性进行了分析，并对目前我国房地产业开展资产证券化业务的可行性及对策进行了探讨。

## 0949 浅议北宋士人学识与能力的矛盾

发表时间及载体：《甘肃行政学院学报》2001 年第 2 期

作　　者：冯小琴

简　　介：北宋士人普遍存在学识和实际能力方面的矛盾现象，这对北宋整个社会产生了直接的影响，成为导致北宋社会颓废不振的一个重要因素。本文集中对这一矛盾的表现及其对北宋社会政治带来的不良影响做一概要论述。

## 0950 基于循环经济理念的农村价值观思考

发表时间及载体：《青海社会科学》2010 年第 6 期

作　　者：刘先春

简　　介：循环经济在我国农村全面建设小康社会和构建和谐社会的战略进程中，不仅具有重要的经济价值和生态价值，更是树立健康科学的农村价值观的重要保证。

## 0951 浅析平行进口中的知识产权保护

发表时间及载体：《甘肃政法学院学报》2005 年第 4 期

作　　者：吴玲琍

简　　介：知识产权产品的流通使得平行进口的情况越来越多，平行进口是否会侵犯知识产权，成为国际知识产权保护中探讨的热点问题。本文从平行进口涉及的基本问题入手，对平行进口中的知识产权保护问题进行分析和研究，并结合国情对我国在国际贸易中面对平行进口应采取的知识产权保护措施及其法律构建提出了自己的建议。

## 0952 高新技术和科技创新体系互动发展——推进新型工业化的动态模型

发表时间及载体：《科学文化评论》2007 年第 4 期

作　　者：汪慧玲

简　　介：进入 21 世纪，面对我国经济发展出现的新问题，党的十六大明确提出走新型工业化的道路，即通过高新技术和科技创新体系的良性互动发展来推进新型工业化的发展，反过来又通过新型工业化推动高新技术的发展和科技创新体系的不断完善，形成不断升级、不断循环的互动发展机制。这是推进新型工业化道路的一条现实的途径。

## 0953 Thinkfinity 网络教育资源的组织及开发模式研究

发表时间及载体：《电化教育研究》2012 年第 12 期

作　　者：蒋银健 郭绍青

简　　介：Thinkfinity 是由美国 Verizon 基金会与其合作伙伴秉承"为学习创造无限机会"的理念、基于学习理论和学科教学标准而开发的开源教育资源网站，由于其规范性、适用性和可持续发展的特点，在国际教育资源应用领域享有很高的知名度和影响力。文章通过研究和分析 Thinkfinity 网络教育资源的组织结构、内容特点以及网站运作模式，总结 Thinkfinity 网络教育资源开发的经验和规律，为我国优质网络教育资源的开发与建设提供有价值的参考和借鉴。

## 0954 甘肃省服务业就业效应研究

发表时间及载体：《兰州学刊》2010 年第 12 期

作　　者：付强

简　　介：文章从甘肃省当前服务业就业现状出发，通过弹性分析、协整分析等定量分析方法，考察甘肃省服务业就业效应的特征和规律。

## 0955 西部生态治理及其本土性制度资源——立足甘青特有民族生态文化的初步探索

发表时间及载体：《西北民族研究》2002 年第 4 期

作　　者：王勇

简　　介：文章对当下环境法治建设中颇为流行的"唯理论建构主义"倾向进行了反思，认为在目前西部环境法治建设中"进化论理性主义"的维度是不可忽视的。在此理路下，通过阐释和梳理甘青特有民族的生态文化后得出结论：甘青特有民族的生态文化是西部生态法治建设中可资借鉴的本土性制度资源。充分发掘和利用类似的本土性制度资源，将有利于西部开发中环境治理目标的顺利实现。

## 0956 《敦煌艺术十讲》评介

发表时间及载体：《敦煌研究》2008 年第 2 期

作　　者：卢秀文

简　　介：2007 年 7 月，上海古籍出版社出版了敦煌研究院研究员赵声良博士的敦煌学专著《敦煌艺术十讲》，该书从多角度、多层面研究和探讨了敦煌艺术，内容涉及敦煌石窟壁画、彩塑艺术以及敦煌写本书法艺术等方面，极大地丰富了学界对敦煌艺术的认识理解，并以敦煌与中国文化交融的视角，阐述了敦煌艺术与中国传统文化的关系。作者将敦煌艺术、中国文化艺术与史迹交替呈现，为读者理清了敦煌艺术与中国传统绘画的脉络及界定。

## 0957 空间价值二元化：区域发展的空间演进特征

发表时间及载体：《西北师大学报：社会科学版》2010 年第 1 期

作　　者：姜安印 谢先树

简　　介：空间结构优化是一个在空间约束与限制下的空间选择问题，空间选择是自然选择和人为选择的共同结果。已有的空间理论一般都以空间要素的流动性、替代性为出发点，对空间要素的不可流动性和不可替代性与空间结构优化之间的关系重视不足，这两点恰好是发展对空间功能分割的现实依据。本文从中国发展的区域实践出发，提出了以空间价值二元化为基础的空间价值二元论，并在此基础上构建了空间结构优化分析框架。

## 0958 试论新进期公务员行政道德建设

发表时间及载体：《甘肃行政学院学报》2003 年第 3 期

作　　者：张巧艳

简　　介：随着政治体制改革的深入，行政道德必然引起关注。在新时期，行政道德具有政治性、示范性和服务性的特点。中国传统文化和行政活动本身的性质决定了加强行政道德建设的必要性。

## 0959 2005 年敦煌学论著目录

发表时间及载体：《敦煌学辑刊》2006 年第 1 期

作　　者：张善庆

简　　介：本文对 2005 年敦煌学论著进行搜集整理集成索引。本索引分为论著和论文两个部分，其中论文部分分为专著、敦煌文献、敦煌石窟考古与艺术、敦煌社会与史地、敦煌宗教文化、敦煌文学与语言文字、敦煌学史、书评、数字敦煌与石窟保护、学术研究及动态等九个方面，以供学术界参考和查询。

## 0960 王仁裕《开元天宝遗事》思想艺术初探

发表时间及载体：《西北民族大学学报：哲学社会科学版》2010 年第 1 期

作　　者：杨文新

简　　介：长期以来，研究者们关注更多的是王仁裕的笔记小说《玉堂闲话》，而对《开元天宝遗事》的思想艺术价值却少有涉及。对唐五代笔记小说题材的流变及开《元天宝遗事》的内容和艺术性进行分析研究，有助于从整体上把握王仁裕作品的思想艺术价值。

## 0961 甘肃省少数民族地区小城镇居民体育健身发展制约因素剖析

发表时间及载体：《甘肃高师学报》2011 年第 16 卷第 2 期

作　　者：张惠芳 范海荣 罗睿 李广英

简　　介：从经济条件落后，宣传、重视程度不够，缺乏组织等方面，对影响甘肃省少数民族地区小城镇居民体育健身发展的制约因素进行了多角度、多层面的分析，在理论分析的基础上，结合甘肃省少数民族地区小城镇的实际情况，提出了适宜甘肃省少数民族地区小城镇居民体育健身的建议，旨在为决策部门研究少数民族地区群众体育，制定少数民族体育发展对策提供依据。

## 0962 走中国特色城市化道路的历史必然性

发表时间及载体：《生产力研究》2010年第1期

作　　者：高新才

简　　介：中国特色城市化是内生型现代化道路的根本标志，是党的四代领导集体从国情出发科学发展的战略决策，是社会主义初级阶段和必经阶段以及第三步发展战略的科学选择，是"三农"非农化转移、决定亿万农民最终命运、消除二元结构、解决结构性矛盾的的必由之路和城乡融合的有效载体，是建设和谐社会、实现社会公平的核心工程，为产业结构调整升级创造广阔的发展空间，是经济可持续发展的动力源泉和解决就业问题的基础。

## 0963 郑《笺》、孔《疏》与朱熹《诗集传》"兴"论略析

发表时间及载体：《广西社会科学》2012年第2期

作　　者：刘顺

简　　介：郑《笺》、孔《疏》与朱熹《诗集传》"兴"论的不同，与儒学发展变化的特定历史语境有着重要关联。在显层的"兴"论阐述中，暗含诗学阐释方式的变化与情、志（性）关系的不同思考，以及此思考所得以可能的儒学核心问题的变化。大体言之，郑《笺》"以志统情"，强调"兴者，喻"的结构模式与"求诗意于言辞之外"的经典阐释方式；孔《疏》以"情志一也"，强调"兴必取象"；朱《传》以情为用、性为体，由情明性，强调读诗者的深入涵咏。

## 0964 优化地方高校国防教育效能的对策思考

发表时间及载体：《国防》2011年第6期

作　　者：董小云

简　　介：地方高校国防教育历经多年发展，已初具规模，有了统一的教学大纲、统编的教材、规范的教学内容，但在学科建设方面还处于探索发展阶段，需要对教学内容、教学模式、教学力量等要素加以优化，使之发挥更加突出的作用。

## 0965 从文化角度探讨心理咨询理论的本土化

发表时间及载体：《甘肃联合大学学报：社会科学版》2008年第1期

作　　者：夏瑞雪

简　　介：心理咨询是一种特殊的服务，服务对象是具有心理疾患的人。每个人的心理行为与他所生活的国家、民族的文明方式和文化模式相契合。因此，文化便成为影响心理咨询理论的重要因素。本文从本土化研究面临的困境和如何进行本土化研究两方面入手，围绕中国传统文化与当前心理咨询理论的关系进行探讨，以期研究结果能对当前的心理咨询提供指导。

## 0966 城市土地产权论纲

发表时间及载体：《甘肃理论学刊》2005年第3期

作　　者：聂华林 任海军

简　　介：始于20世纪80年代末的城市土地经营，为我国市场经济的建立健全、城镇

化的发展、增加地方财政收入等方面做出了重大贡献，但同时也出现了土地所有权主体虚位，土地市场多头供应，生地出让，形象、政绩工程泛滥，城市化吞噬耕地，双轨模式滋生的灰色土地市场、新圈地运动、权力寻租、暗箱操作等问题。如果这些问题不及时从土地产权的制度根源上得到解决，很有可能在今后十年内引发新的职务犯罪和经济犯罪的高峰，从而危害社会的稳定，最终影响我国全面建设小康社会目标的实现。对此，我们对城市土地经营的源头——我国城市土地产权制度的形成与演进过程及城市土地上的权利群，进行了分析和论证，并对其在城市土地经营中的完善提出了设想。

## 0967 略论封建王朝治边政策对宗教传播过程的影响——以藏传佛教在肃南地区的传播为例

发表时间及载体：《西北民族研究》（CSSCI）1999 年第 2 期

作　　者：阎天灵 钟福国

简　　介：肃南地区的藏传佛教形成全民信教局面，本文就其形成的根源——封建王朝治边政策对其的支持做了认真的研析。

## 0968 论网络环境下高校图书馆员的素质培养

发表时间及载体：《甘肃联合大学学报：社会科学版》2007 年第 23 卷第 5 期

作　　者：宋兰安

简　　介：本文论述了网络环境下高校图书馆员为了适应时代发展和科技进步的需要，能够在读者与信息资源之间真正起到桥梁与纽带作用而必须具备的素质，进而提出了高校图书馆员素质培养的几个途径。

## 0969 伊斯兰教浸染下的回族商业伦理精神

发表时间及载体：《甘肃联合大学学报：社会科学版》2009 年第 25 卷第 1 期

作　　者：牛海桢

简　　介：任何一个民族，经济的发展都深受文化的影响。回族作为全民族信仰伊斯兰教的民族，其文化中深深地渗透了商业精神。在伊斯兰教的经典经济思想的整体内容中，有关商业经济、商业道德的论述占有相当的分量，它鼓励人们开展商业活动，积极发展商品经济。伊斯兰教的重商观念不仅表现在抽象的教义学说体系中，而且表现在商业行为的规范方面，进而形成了自成体系的商业伦理，成为伊斯兰经济伦理的核心内容。这与中国封建社会的历代统治者奉为圭臬的、一再强调执行的"重本抑末"的政策和由此形成的中国传统社会广大汉族重农抑商的传统形成了鲜明的对比。

## 0970 唐宋敦煌岁时佛俗——八月至十二月

发表时间及载体：《敦煌研究》2001 年第 2 期

作　　者：谭蝉雪

简　　介：岁时佛俗指岁时活动中的佛俗。岁时本是民间一年四季的常规性活动，带有浓厚的传统民俗色彩，但随着佛教的传入，佛俗亦与我国的岁时活动相互交融，或佛教行我国的民俗，或佛俗演变为我国的岁时。本文介绍唐宋时期敦煌地区八月至十二月的岁时佛俗。

## 0971 石羊河下游绿洲早在唐代中期就已演变成了"第二个楼兰"

发表时间及载体：《开发研究》2007 年第 2 期

作　　者：李并成

简　　介：石羊河下游绿洲早在汉唐时期就已经发生沙漠化，迨及唐代中期使得整个绿洲遭到毁灭，变成了"第二个楼兰"。今天该绿洲又再次面临着沙害肆虐、绿洲毁灭的极其严峻的生态问题。

## 0972　论刑事和解与刑罚目的

发表时间及载体：《甘肃联合大学学报：社会科学版》2011 年第 27 卷第 2 期

作　　者：屈耀伦

简　　介：刑事和解作为一种全新的犯罪处理方式实现了对传统刑事司法的突破，在恢复被破坏的社会关系，保护被害人利益方面显示了其优势。同时，对刑罚目的的实现也具有重要的意义。本文否定了对刑事和解能够实现刑罚目的的质疑，对刑事和解能够实现特殊预防、一般预防和报应刑罚目的进行了探讨。

## 0973　设立甘青川藏族经济开发区的构想

发表时间及载体：《西北师大学报：社会科学版》2002 年第 2 期

作　　者：师守祥

简　　介：加快藏区的发展是 21 世纪我国必须面对的重大课题之一，从甘青川藏区发展对整个藏区发展的影响来看，藏区的开发应实施非均衡发展战略，优先发展藏族经济核心地区，建立内地与藏区经济有效交流传承的平台。具体而言，应对区位与资源条件优越、藏汉交流便捷和经济基础较好的合作市优先开发，通过实施适合藏民族地区特点的优惠政策，使合作市尽快成长为甘青川藏区经济发展的增长极，通过它衔接内地、辐射藏区的特殊地缘文化优势，带动甘青川藏区的发展，为省际边缘民族地区的开发和整个藏区的发展做出应有的贡献。

## 0974　唐代官方佛经抄写制度述论

发表时间及载体：《敦煌研究》2009 年第 3 期

作　　者：陆庆夫

简　　介：唐代佛教盛行，官方佛经抄写活动频繁，与官方佛经抄写制度关系密切。通过研究表明：唐代官方佛经的抄写有专门的组织，由官方寺院及僧人、官方抄经机构及地方政府完成。官方佛经在进行抄写时，有一整套严密的抄写流程，并由专职政府官员对其流程加以监督，同时政府有完善的后勤供给措施来保障佛经的顺利抄写。总之，唐代官方佛经抄写制度具有严密、完善、规范的鲜明特点。

## 0975　《后汉书·赵壹传》标点漫议

发表时间及载体：《天水师范学院学报》2012 年第 3 期

作　　者：赵逵夫

简　　介：古代文献的整理以往重在断句，今用新式标点校点，应该在标点符号的提示上更细致一些，尽可能充分地发挥它在揭示原文意思、方便读者理解上的作用。目前中华书局正在组织二十四史的重新整理工作，我以为在这方面可以特别予以关注。这对以后的翻译工作（现代汉语翻译、外文翻译）可以奠定更好的基础，对于中国典籍的世界化也有一定意义。今以中华书局 1965 年出版校点本《后汉书·文苑传·赵壹传》为例，谈一点自己的看法。

## 0976　浅谈高校思想政治工作者的素质修养

发表时间及载体：《科教文汇》2012 年第 27 期

作　　者：杨文珺

简　　介：高校思想政治教育主要是靠高校思想政治工作者进行的。高校思想政治工作者自身素质的高低、修养的好坏，对于能否掌握科学的思想政治教育方法，搞好新时期的思想政治教育起着决定性的作用。因此，对高校思想政治工作者的自身素质和修养的提高及其途径的研究，是思想政治教育艺术的基本问题之一。

## 0977　企业间相互借贷现象的制度分析

发表时间及载体：《兰州大学学报：社会科学版》2001年第29卷第1期

作　　者：刘光华

简　　介：信贷集中于国家和银行是现代国家的一般金融政策和法律原则，非金融机构的企业间的相互借贷弊端甚多。要解决企业间的相互借贷这一问题，既要正确把握其存在的现实社会基础，又要理性地看待其社会经济功能。企业间的相互借贷有其存在的合理性，单纯地依法宣告其为非法或加以明令禁止对于这一问题的解决并无实效。相反，改造相应的社会基础，并适度、适量地允许企业间的相互借贷，对以国家和银行为中心的信贷制度加以补充才是有益的政策选择与制度安排。

## 0978　网络环境下学科馆员角色的分析与培养

发表时间及载体：《电化教育研究》（CSSCI）2007年第7期

作　　者：任涵

简　　介：随着网络环境的发展，图书馆读者的需求也呈现出了多元化，为了适应这种变化，"学科馆员"应运而生，加强了用户、图书馆之间的沟通与交流，提高了网络环境

下资源的利用率。针对"学科馆员"在当前网络环境下对于改善和促进图书馆系统资源的有效传播的积极作用，本文重点分析了当前"学科馆员"角色、能力要求，并就如何培养"学科馆员"所需要掌握的基本素质和能力，提出了若干项培养方法和策略。

## 0979　公路职工教育现状分析及对策——基于甘肃省公路系统制度体系下职工教育现状的思考与讨论

发表时间及载体：《社科纵横》2011年第2期

作　　者：李希珍

简　　介：本文针对甘肃省公路职工教育存在的现状问题，提出职工教育的人力资源开发战略思想，确立教育进取的价值体系，从方法论上介入人格测验和职业能力测量与评价，以及建立职业生涯管理体系的手段，思考职工目标实现与现实可行的匹配机会，维护职工的成长与发展。强调以整合公路教育资源，重构管理机制，创新思想政治工作来解决公路职工教育的深层次问题。

## 0980　近代甘肃工商业发展的困境浅析

发表时间及载体：《社科纵横》2010年第7期

作　　者：吴晓军　张希君

简　　介：近代甘肃经济社会落后与工商业不发达有密切的关系。分析这一问题，就会发现在特定的历史背景下甘肃工商业发展的内外条件十分不利，在经济、政治、社会、生态各方面所遭遇的发展困境具体表现：缺乏人才、技术和市场，战乱给工商业的生存发展造成极大破坏，政治的腐败与各种苛捐杂税使企业难以生存，省内度量衡不统一，兵匪横行，国外商品的冲击，自然灾害也产

生了明显的束缚作用。

## 0981 从释迦、弥勒到阿弥陀，从无量寿到阿弥陀——北魏至唐的变化

发表时间及载体：《敦煌研究》2004 年第 5 期

作　　者：塚本善隆

简　　介：无量寿佛与阿弥陀佛为同一佛名的不同译名，六朝时流行意译的无量寿而唐代流行音译的阿弥陀，从中反映了隋唐佛教信仰的一些发展变化，这些史实通过龙门石窟等的雕刻表现出来。

## 0982 物质文明与精神文明的协调发展

发表时间及载体：《兰州学刊》1996 年 6 月

作　　者：武文军

简　　介：改革开放以来，邓小平同志经常强调要把物质文明和精神文明放在同等重要的地位，坚持两手抓、两手都要硬，中共十四届六中全会通过的决议进一步强调"两个文明"都不能偏废，要同时并进，"相互促进、协调发展"。

## 0983 大学理念之探讨

发表时间及载体：《兰州商学院学报》2004 年第 20 卷第 3 期

作　　者：马保平

简　　介：本文首先回顾了学界关于大学理念的论述，其次，对于当今大学的本质属性、目标定位及其发展方向给予了概括。

## 0984 农村劳动力转移与新农村建设：统筹发展中的问题与建议——基于甘肃农村的调查

发表时间及载体：《西北人口》2010 年第 5 期

作　　者：杨肃昌

简　　介：本文分析了劳动力转移对新农村建设的综合影响以及农村劳动力资源培育的现实情况，认为在农村劳动力向非农产业和城镇转移这个不可逆转的趋势下，必须确保农业和农村经济发展对劳动力资源的有效需求，以保持劳动力转移和新农村建设协调、稳步和持续的发展。为此，本文以中共十七届三中全会精神为指导，探讨和提出了农村劳动力转移与新农村建设统筹发展的思路和建议。

## 0985 电影、"作者论"与希区柯克

发表时间及载体：《中国图书评论》（CSSCI）2008 年第 9 期

作　　者：刘文江

简　　介：荷马只向缪斯祷告灵感。与诗不同，电影是工业社会的宁馨儿。电影不仅仅依靠九位缪斯，同时它还是赫尔墨斯的门徒。因此尽管在 1919 年，一位意大利的文艺批评家里乔托·卡努杜率先提出了"第七艺术"的概念，可在这之后的 30 多年里，电影和文艺女神的关系仍然是模糊不清的，电影界没有出现为世人所公认的荷马。

## 0986 论青藏高原特色经济发展

发表时间及载体：《西北第二民族学院学报：哲学社会科学版》2007 年第 1 期

作　　者：高新才

简　　介：青藏高原具备发展特色经济的一定经济基础，发展特色经济是青藏高原经济结构优化升级、快速发展的切实需要。文章提出了青藏高原发展特色经济的基本思路、战略重点、特色产业的选择与定位等总体构想，以及积极争取国家政策资金支持、进行体制和科技创新、开发人力资源、加强地区经贸合作、加大对外开放等特色经济发展的

政策措施。

## 0987 况周颐《蕙风词话》词学创作论

发表时间及载体：《甘肃联合大学学报：社会科学版》2010 年第 5 期

作　　者：张毓洲

简　　介：况周颐《蕙风词话》是清末民初著名的词学理论和批评著作。况周颐在《词话》中辨正了词的"诗余"说，认为词具有相对独立性，与诗没有依附关系，用"诗余"称呼词，则歪曲了词的本质。同时，他阐释了王鹏运提出的作为词的艺术特征和创作原则的"重、拙、大"三要，指出应力避刻意为曲折和词意忌重复等作词之忌以及提出了作词要语意不晦涩、不可作寒酸语、造句要自然、真为词骨等创作方法与见解。

## 0988 浅析上古神话与积石山得名、迁徙及其分化的关系

发表时间及载体：《西北师大学报：社会科学版》1998 年第 1 期

作　　者：贾海生

简　　介：积石山是见诸中国上古神话的名山。它不仅在《尚书》《吕氏春秋》《淮南子》《山海经》等不少古代典籍中有着大量的记载，而且与此相关的神话传说也在民间广泛流传。正因为如此，人们对它的得名、迁徙及其分化过程的认识反倒存在种种分歧。所以，结合上古神话传说和种种古籍的记载，认真进行分析和比较，才能认清它的本来面目。

## 0989 论民族文化与民族关系的互动影响

发表时间及载体：《西北师大学报：社会科学版》2005 年第 2 期

作　　者：徐黎丽

简　　介：民族文化与民族关系的互动影响是多方面的。民族文化是民族之间进行交流的一项重要内容。民族文化的发展与进步离不开民族间的交流与吸收，民族关系的友好与冲突会影响民族文化的交流与合作。

## 0990 甘肃能源资源保护的法律问题研究

发表时间及载体：《开发研究》2011 年第 2 期

作　　者：柴晓宇

简　　介：甘肃在能源资源开发利用及保护方面存在供需矛盾日趋突出、能源消费结构及能源品种消费不尽合理、能源利用效率较低等问题。有效保护甘肃能源资源，应当理顺能源管理体系，完善地方性法规，加大制度供给，从而为甘肃经济社会发展提供可持续的能源保障。

## 0991 对知识经济时代人力资源管理的探索

发表时间及载体：《甘肃行政学院学报》2003 年第 3 期

作　　者：牛素兰

简　　介：知识经济时代的到来改变了企业的生存方式和发展模式。面对科学技术的进步，面对国内外企业尤其是国际知名企业所带来的挑战，能否吸引、激励和保留高素质的人才队伍，成为决定企业能否成功的关键因素。只有充分认识知识经济时代人力资源管理的重要性，只有调整传统的人事管理方式，支持企业的创新和变革，力争为员工提供高效的、优质的服务，发现、吸引、培训、保留一批优秀的人才，才能使企业在知识经济时代从容面对国内外企业所带来的竞争和挑战。

## 0992 企业创新决策：一个社会资本的视角

发表时间及载体：《中国科技论坛》（CSSCI）2008 年第 3 期

作　　者：高新才

简　　介：基于创新是过程的思想，构造企业创新决策四阶段模型，提出了模仿创新与自主创新、高创新与低创新、独立创新与联合创新、垄断技术与转让技术四组选择，分析了三类社会资本在企业创新决策中对不同选择的主导作用。

## 0993 完善制度操作到位解决下岗职工再就业问题

发表时间及载体：《甘肃行政学院学报》2000 年第 1 期

作　　者：邱红梅

简　　介：随着社会主义市场经济的不断发展和国有企业改革力度的不断加大，我国下岗职工和城镇登记失业人员已达 1500 万人左右。经过艰苦的再就业工作，到 1998 年底，还有 892.1 万下岗职工，571 万登记失业人员。两项之和约占城镇劳动力的 7%。庞大的下岗职工队伍，无论从经济的角度，还是从社会的角度，对政府都是一个难题。本文就如何解决这一社会性问题做一粗浅的论述，基本思路是：要在全社会进一步正确认识下岗现象的同时，从完善制度入手，将下岗职工再就业作为一个社会问题，齐抓共管，做到标本兼治。

## 0994 多体系统差异度测量与系统引力

发表时间及载体：《沈阳师范大学学报：自然科学版》（CAS）2011 年第 29 卷第 4 期

作　　者：汪慧玲

简　　介：当前学者认为共度更多的是系统内部特征，差异度更多的是系统外部特征，系统基于共性才得以组建，系统因为差异度太多而引致分裂。本文根据同基同构的要素无法生成系统，即一个稳定系统内的子系统需在其组成要素的成分、量、三维构型以及其在系统中的空间位序和功能方面存在差异，参照同一知识元胞被越少子系统共享则其携带的差异度也就越大的原则，设计了衡量系统差异性的指标，在对含时系统测度过程中，提出学习引致差异度品质变差的观点，即学习的过程是知识共享的过程，同时在分析差异度引致子系统团聚中引入系统引力的概念，即把系统引力表征为差异度的函数。

## 0995 文学起源新论

发表时间及载体：《甘肃社会科学》2002 年第 4 期

作　　者：解光穆

简　　介：对文学起源于生产劳动的传统观点需重新认识。本文认为劳动与文学都源于人类生存发展之需要，二者虽有先后关系却无从属关系。与文学密切相关的语言源于交际需要，文学则是在此需要基础上发展起来的一种更高级的交际工具，作为文学最早形式的诗歌，其摹声又拟形、反复嗟咏之特征，也与人类生存需要有密切联系。

## 0996 民族迁徙是解读我国民族关系格局的重要因素

发表时间及载体：《烟台大学学报：哲学社会科学版》（CSSCI）2006 年第 1 期

作　　者：杨建新

简　　介：历史上中国少数民族的迁徙，不仅是认识和解读我国各民族自身发展的重要因素，也是认识和解读我国多民族格局形成、发展以及我国民族关系发展的重要因素。

## 0997 中国 20 世纪 80 至 90 年代家族小说的历史情结

发表时间及载体：《西北师大学报：社会科学版》2009 年第 5 期

作　者：刘新慧

简　介：20 世纪 80—90 年代是中国经济、政治和意识形态由改革开放的剧变动荡到稳定发展的阶段，习惯了计划经济的文人们在各种思潮的影响下、在市场经济和中央集权的辩证关系中经历着茫然、失落、焦虑和重新定位的历练。这一时期出现的家族小说热不能不说是这种心态的反映。以重大历史事件为背景、以几代人的悲欢离合为主线、以个性化的视角为叙述平台的家族小说既回避了正史的严肃又迎合了"寻根"和"以史为鉴"的民族心态，是这一历史时期值得关注的文学形态。

## 0998 罪过与责任——社会生物学视野中的"休谟之叉"及其解决

发表时间及载体：《西北师大学报：社会科学版》2010 年第 1 期

作　者：王勇

简　介：休谟之叉的实质在于挑战已成为我们思维惯性的所谓必然性与偶然性之间的辩证关系图式，置疑违法责任的主观方面要件（基于自由意志而产生的"过错"或"罪过"）的理论，提出了自由意志或违法的主观方面何以可能的问题。尝试将"休谟之叉"纳入社会生物学的视野之中，通过吸收人类基因组工程计划的最新研究成果，进一步探讨基因与环境之间的复杂互动关系，进而对现有的罪过（guilt）及其责任（responsibility）理论进行一种法理学上的重构，以期进一步引起法学界对这一问题的关注。

## 0999 政府行政成本与绩效管理探析

发表时间及载体：《甘肃理论学刊》2007 年第 3 期

作　者：张埭

简　介：政府绩效的评价与管理日益成为行政管理改革的焦点问题，而对于政府行政成本的研究应该为其提供基础的理论框架。本文从确立政府行政成本基本概念的内涵入手，针对我国目前的行政成本现状进行成因分析，初步探讨了政府绩效与政府成本之间的关系，并试图通过相关制度框架的建立，结合政府绩效管理，研究控制我国政府行政成本的有效方法。

## 1000 高校贫困大学生心理问题成因探析

发表时间及载体：《甘肃联合大学学报：社会科学版》2008 年第 24 卷第 3 期

作　者：谢文涛

简　介：本文由大学生贫困问题存在的现状引发一系列探讨：引发贫困生出现的原因，贫困生的心理现状，导致高校贫困生出现异常心理的原因及对贫困生的心理救助措施。

## 1001 论精神生产的特征及其科学管理

发表时间及载体：《兰州学刊》1983 年 2 月

作　者：武文军

简　介：精神生产是同物质生产相对而言的。物质生产是指劳动者同生产资料相结合创造物质产品的过程，精神生产是脑力劳动者通过自己的智慧，运用一定的手段，创造精神产品的过程。这两种生产之间有许多共同点，例如，二者都是在一定的社会关系中进行，都要借助于一定资料和物质条件，都要遵循生产过程的自然规律和社会规律。然而，精神生产有许多不同于物质生产的特点，研究精神生产的特点，根据这些特点，搞好精神生产的科学管理，这是四化建设给我们提出的迫在眉睫的任务。

## 1002 改革电教专业课程培养未来人才

发表时间及载体:《电化教育研究》（CSSCI）1996 年第 1 期

作　　者：郭绍青

简　　介：我国电化教育工作在历经十多年发展的今天，电教专业从无到有、从小到大，形成了从专科、本科到研究生教育的专业体系结构，电教专业得到了迅速发展。目前，电教专业所培养的各级各类电教人员，在电教科研、教材制作、电化教学、电教管理的各个方面，在电教的各行各业中发挥着积极的作用。

## 1003 以新材料产业带动西部经济发展

发表时间及载体:《贵州社会科学》（CSSCI）2005 年第 4 期

作　　者：聂华林 吴婕

简　　介：我国西部地区资源禀赋较高，以资源为依托的材料产业在西部地区工业经济中占据重要地位。随着工业化进程的推进，依托西部大开发的契机，西部地区以发展新材料产业带动区域经济发展具有重要意义。

## 1004 社会文化变迁视野中的"民族"——兼论中国历史上的民族观

发表时间及载体:《西北师大学报：社会科学版》2007 年第 5 期

作　　者：路宪民 赵利生

简　　介：民族呈现为二重性的存在，它既是一种社会实体，又表现为一种文化观念。作为社会实体，民族的形成发展伴随着漫长历史过程中社会各领域关系的扩展，是人类超越血缘在更大的范围内结构社会的产物。

与社会的这一变迁相适应，民族观也经过了一个由传统的族类观念向现代意义上的文化民族的转化过程，民族就是在社会、文化的这一流变中形成的，其本质寓于社会的现代性之中，是人类步入近现代后用文化整合社会的产物。

## 1005 晴空一鹤排云上——记"全国先进基层党组织"鹤壁市山城区鹿楼乡故县村

发表时间及载体:《决策探索》2006 年第 07A 期

作　　者：王学俭

简　　介：在豫北鹤壁市的 800 多个村庄里，山城区鹿楼乡的故县村近年来声名鹊起，不仅在全市率先跨入了小康村的先进行列，还先后荣获了"全国绿化千佳村""河南省康居示范村试点"。

## 1006 藏语音素音位系统的功能负担计算

发表时间及载体:《兰州学刊》2010 年第 10 期

作　　者：杨阳蕊 周一心 于洪志

简　　介：文章通过引入传统语言学中"音位功能负担"的研究思路，以藏语的音素音位系统为研究对象，对拉萨话和夏河话的元音、辅音及声调的音位功能负担进行了量化研究，结果表明夏河话和拉萨话元音的音位功能负担差别不大，拉萨话辅音和声调音位功能负担的总和与夏河话辅音非常接近。夏河话复辅音中前置复音和部分辅音韵尾的脱落所造成的信息量的损失转移到声调上去，从而为历史语言中关于方言分化和声调产生理论提供了参考基础。

## 1007 《颜氏家训》对古代个体品德培育基本道德规范的具体化

发表时间及载体：《甘肃社会科学》2011 年第 6 期

作　　者：符得团

简　　介：《颜氏家训》是中国家训之祖，古代家庭道德教育之所以有效，就在于以其为代表的古代家训作为将一般道德规范和价值原则渡向个体品德的逻辑和实践中介，通过采取与人们的日常生活密切相关的生活化、生动化和形象化文化表达方式，成功地实现了对以儒家思想为指导的个体品德培育基本道德规范的具体化。

## 1008 共产主义是人类追求的最高目标

发表时间及载体：《甘肃理论学刊》2002 年第 4 期

作　　者：杨建毅

简　　介：马克思主义自由观有着极其深刻的内容，它具体包括生产解放、社会解放、思想解放三个层面和人类的解放——共产主义社会这样一个统一的外在表现。如此理解这个问题有其深刻的理论基础和严密的逻辑推理。

## 1009 明代对西域的经营及中西经济文化一体化交流

发表时间及载体：《甘肃理论学刊》2004 年第 3 期

作　　者：关连吉

简　　介：明代前期的开放与进取，确保了丝路畅通，后期由于消极保守中西交往逐渐疏远，经济文化一体化交流随之阻隔。

## 1010 唐宋敦煌岁时佛俗——正月

发表时间及载体：《敦煌研究》2000 年第 4 期

作　　者：谭蝉雪

简　　介：岁时佛俗指岁时活动中的佛俗。岁时本是民间一年四季的常规性活动，带有浓厚的传统民俗色彩，但随着佛教的传入，佛俗亦与我国的岁时活动相互交融，或佛教行我国的民俗，或佛俗演变为我国的岁时。本文首先介绍唐宋时期敦煌地区正月的岁时佛俗。

## 1011 新一轮体育课程改革：理想与现实的对立

发表时间及载体：《体育学刊》（CSSCI）2010 年第 17 卷第 10 期

作　　者：党玮玺 张学忠

简　　介：以现代课程论思维观和方法论为依据，结合现实，对新一轮体育课程改革进行研究，认为体育新课程改革存在理想与现实的对立，主要体现在：体育新课程改革理论基础不适用于我国教学实际，集权制课程管理体制下形成的较为稳定的课程思维惯性不能及时适应三级管理体制，理想化的课程权力分享造成现实中课程主体在行使权力中的"无能"和"滥用"，相对滞后的体育师资培养和培训体系无法满足新课改对师资队伍的较高要求。提出了正确认识理想与现实对立现象，寻求借鉴、继承、发展的平衡点以及建立课程实施的监控机制等建议。

## 1012 由杜少卿形象解读吴敬梓

发表时间及载体：《社科纵横》2008 年第 9 期

作　　者：宋运娜

简　　介：《儒林外史》是中国古代讽刺文学中最杰出的代表作，作品中塑造了许多典型人物，其中理想人物杜少卿对我们了解吴敬梓具有非常重要的参考价值。金和在其为《儒林外史》写的跋中明确指出："书中杜少卿乃先生（按：指吴敬梓）自况。"鲁迅在《中国小说史略》中也提出："《儒林外史》所传人物，大都实有其人"，"杜少卿为作者自况"。由此我们了解杜少卿这一形象是解读吴敬梓的关键所在，笔者拟由杜少卿形象解读吴敬梓。

### 1013 新发现的敦煌隋代弥勒图像

发表时间及载体：《敦煌研究》2012 年第 2 期

作　　者：杨郁如

简　　介：莫高窟隋代洞窟里出现较多的弥勒图像，本文在前人的基础上考察发现第262 窟弥勒上生经变、第419 窟弥勒经变中的七宝供养榜题和来自《法华经》的榜题，丰富了我们对敦煌隋代弥勒图像的认识。文中还分析了隋代弥勒经变中对称分布的树下思惟、摩顶授记的图像来源，并指出第314窟西壁龛外两侧下方的树下思惟、摩顶授记图像也是脱胎于弥勒经变。

### 1014 我国女童教育研究的文献计量分析——以女童教育研究为个案透视我国教育研究存在的普遍问题

发表时间及载体：《西北师大学报：社会科学版》2006 年第 5 期

作　　者：万明钢

简　　介：女童问题不仅是教育问题，也是一个政治和人权问题，女童教育是我国贫困地区普及义务教育的难点。自 20 世纪 80 年代以来，女童教育吸引了国内外众多学者的关注，政府和非政府组织也投入了大量的资金，展开了多领域和多视野的研究工作。本文运用文献计量法，对 1994 年至 2005 年 12 年间发表在国内主要学术期刊的女童教育研究文献进行了分析。以女童教育为个案，以期了解我国女童教育研究的发展轨迹和存在的问题，以及我国教育研究中存在的普遍问题。

### 1015 西部地区工业污染治理效率评价研究——基于 DEA 和 Malmquist 指数的实证分析

发表时间及载体：《开发研究》2010 年第 4 期

作　　者：聂华林 陈绍俭

简　　介：本文基于 2001—2008 年西部 11 省（自治区、直辖市）的面板数据，利用 DEA 方法和 Malmquist 生产率指数测算了西部地区工业污染治理的静态效率和跨期动态效率变化。

### 1016 庄子认识论新探——兼论庄子认识论并非相对主义

发表时间及载体：《甘肃理论学刊》2006 年第 1 期

作　　者：杜志强

简　　介：本文从认识的相对性出发，探讨庄子认识论的特色。认为庄子认识论具有相对性，但并非相对主义。庄子认识论产生于特定的历史条件，其最大特色即是凌轹百家，独标新价值。庄子并不是历史倒退论者、不可知论者，其思想也并不完全是唯心主义。《庄子·内篇》里不见庄子彻底否定文化知识的片言只语，拿外篇、杂篇来给庄子认识论定位并不十分可靠。

### 1017 甘肃民族地区社会发展实践探析

发表时间及载体：《社科纵横》2011 年第 9 期

作　　者：陈永胜 程永峰

简　　介：本文总结了改革开放以来我党扶持甘肃民族地区社会发展取得的主要成就以及实践中面临的主要挑战，在此基础上提出了进一步推进民族地区社会发展的对策措施，以期为完善中国特色民族政策提供现实依据。

## 1018 评柯尔施的"总体性"理论

发表时间及载体：《西北师大学报：社会科学版》2003 年第 1 期

作　　者：张和平

简　　介：柯尔施是西方马克思主义的亚圣，他在总体性理论中系统地阐发了认识论、历史观、意识形态、理论与实践关系的理论，这一理论有着合理的成分，但也存在着不少的问题。我们理应吸收其合理的成分，批判其有问题的部分，为现实的理论与实践服务。实事求是地研究柯尔施的总体性理论，不仅对于我们的理论建设有着重要的意义，而且对于西方马克思主义的研究也有着重要的学术价值。

## 1019 对甘肃民族地区文化产业开发问题的思考

发表时间及载体：《西北师大学报：社会科学版》2003 年第 3 期

作　　者：张利洁 赵泽斌

简　　介：文化产业是 21 世纪的朝阳产业。对于经济发展相对落后、生存环境相对恶劣的甘肃省民族地区而言，只有大力发展文化产业，并使之成为支柱产业，才能彻底摆脱贫困，走上可持续的良性发展之路。

## 1020 基础教育阶段交互式电子白板教学应用现状及发展研究

发表时间及载体：《电化教育研究》（CSSCI）2014 年第 35 卷第 6 期

作　　者：杨滨 任新英

简　　介：交互式电子白板以其强大的交互功能、灵活的学科工具引发了新一轮基础教育课程改革的理论与实践研究。文章从甘肃省中小学"新课程教学创新"交互式电子白板应用大赛入手，深入剖析了基础教育阶段交互式电子白板教学的应用现状，归纳总结了交互式电子白板教学应用的三个层次。研究提出了六项交互式电子白板应用改革策略，这将有助于提高基础教育阶段电子白板教学应用水平，深化基础教育信息化改革。

## 1021 高职教育必须重视人文素质培养

发表时间及载体：《甘肃联合大学学报：社会科学版》2008 年第 24 卷第 5 期

作　　者：颜鲁信

简　　介：高职院校在实现人才培养目标中，需要正确认识和处理职业技术教育与人文素质教育的关系，既要根据客观实际重视职业技能教育，又要从人才素质结构、全面发展出发重视人文素质培养。为此，要改革课程体系，创建人文素质教育环境，并把人文素质教育与专业教学、社会实践活动结合起来，培养出适合社会需要的具有较高综合素质的技能型人才。

## 1022 庆阳方言从他亲属称谓语探析

发表时间及载体：《甘肃高师学报》2012 年第 1 期

作　　者：范丽荣

简　　介：亲属称谓语反映着婚姻、家庭中人与人之间的社会关系，从他亲属称谓语则是亲属称谓语中比较独特的构成部分，庆阳方言从他亲属称谓语呈现出浓郁的地域色彩。本文主要探析庆阳方言从他亲属称谓语的类型、特点和语用功能。

## 1023 贫困地区农业技术推广中不同利益主体的行为分析——以甘肃省部分贫困县的个案调查为例

发表时间及载体：《兰州商学院学报》2008年第24卷第1期

作　　者：王生林 马丁丑 马丽荣

简　　介：本文以甘肃省部分贫困县的实地调查为例，对农民的农业技术选择行为、农技推广人员的行为和地方政府行为进行了分析，最后从缩小各利益主体行为差异的角度提出推进贫困地区农业技术推广的一些建议，即：建立和完善农民信息反馈制度；多渠道开展农民技术培训，提高劳动者的科技文化素质；推广技术的简易化处理；建立和完善"小区域农业技术推广户"，带动农民采用新技术；引入有效激励机制，制定科学合理的农技推广人员考核制度等。

## 1024 水权与水权交易体制的理论分析

发表时间及载体：《甘肃政法学院学报》2004年第1期

作　　者：李珂

简　　介：水权由水资源所有权派生而来。为解决用水冲突、节约用水和提高用水效率，进行水权分配和建立水市场是一种有效的经济手段。本文重点研究了水权的产权特性，水权的分类，水权的交易形式及原则等，为水权交易及水市场的建立提出了一些有益的建议。

## 1025 中国西部地区的自然资源转化战略

发表时间及载体：《甘肃理论学刊》2001年第6期

作　　者：王成勇

简　　介：自然资源是中国西部地区的比较优势之所在，西部大开发就是要把自然资源优势转化为经济优势。因此，西部地区应实施包括市场化战略、产业化战略、区域组合战略、创新战略和可持续发展战略在内的自然资源转化战略。

## 1026 服务外包产业转移概念的理解与界定

发表时间及载体：《管理现代化》2012年第2期

作　　者：苏华

简　　介：伴随着全球产业转移浪潮的加剧，服务外包成为第三次国际产业转移的新特征和趋势。本文将通过对服务外包相关概念的梳理，说明服务外包与产业转移的关系，并对服务外包产业转移的概念进行界定和诠释，作为研究服务外包产业转移这一现实问题的理论准备。

## 1027 西北地区承接东南沿海产业转移的产业对接

发表时间及载体：《经济视角：下》2012年第5期

作　　者：苏华 王玫琳

简　　介：在产业转移新浪潮的推动下，东部企业不断往中西部地区转移。因此，为了西北地区经济的长期健康发展，选择该地区适宜承接的产业成为现今一个需要迫切解决的问题。本文通过运用专业化系数、市场份额等指标，探寻西北地区具有产业承接比较优势的行业，再对东部地区具有转移趋势的产业进行分析，以产业对接为依据确定西北地区适宜承接的产业方向及具体行业。

## 1028 独立学院师资队伍建设初探

发表时间及载体：《社科纵横》2008年第9期

作　　者：宋芳

简　　介：近年来独立学院发展迅速，在国家高等教育的发展中发挥着非常重要的作用。在独立学院的发展过程中，建设一支素质优良、结构合理、相对稳定的教师队伍是独立学院持续健康发展的关键环节。本文分析了当前独立学院师资队伍的现状，论述了建立一支专职专任教师队伍的必要性和加强兼职教师管理的重要性，探索了适应独立学院特点的师资队伍建设的途径。

## 1029 谈我国违宪审查机构的科学设置

发表时间及载体：《甘肃行政学院学报》2001 年第 1 期

作　　者：杨春华

简　　介：违宪审查是我国宪法监督的具体体现，但因现行机构设置的不合理，我国的违宪审查不能真正贯彻。笔者认为真正落实此制度，必须建立科学的违宪审查机构，并对此做了相关的论述。

## 1030 试析《变形记》中所揭示的各类关系的全面异化

发表时间及载体：《社科纵横》2010 年第 5 期

作　　者：李佩芸

简　　介：《变形记》是奥地利作家弗兰兹·卡夫卡的代表作。《变形记》因为深刻地揭露了西方社会的"异化"现象而广受评论界关注。本文从表现主义入手，论述了"异化"现象，分析了《变形记》中所运用的艺术手法，揭示了人与社会之间，人与自我之间，以及人与人之间的各种关系的全面异化，生动而深刻地再现了资本主义社会中一幅冷漠的人间图画。

## 1031 重新思考日本的中亚外交战略

发表时间及载体：《社科纵横》2009 年第 4 期

作　　者：辛万翔

简　　介：中亚地区开始处于日本外交的边缘，之后日本逐渐将中亚地区作为其能源进口多元化的重要选择和展示其大国地位的舞台，但是收获很少。伴随日本的中亚外交逐渐从重视双边关系转向重视多边合作，很多分析家开始认为日本的中亚外交政策已经发展成为外交战略，但事实上，日本的中亚外交缺乏连续性，也没有整体性的全面的外交战略，并且追求具体的政策目的胜过战略目的。

## 1032 敦煌写本《天地开辟以来帝王纪》浅谈

发表时间及载体：《社科纵横》2008 年第 2 期

作　　者：马培洁

简　　介：敦煌写本《天地开辟以来帝王纪》在晋人的作品中未见引用，后人未见重视，《隋书·经籍志》中也未见著录，幸赖敦煌石室遗书的保存，才得以千年之后，重见天日。归义军统治时期，此通俗读物在敦煌广泛流传，体现了敦煌文化世俗化和庶民化的特点，反映了当时敦煌民众的知识构成。本文将从写卷的整理、形式、内容、性质、价值意义，以及与相关文献的比较等方面进行简短的论述。

## 1033 充满创新精神的马克思主义中国化的光辉文献

发表时间及载体：《甘肃理论学刊》2007 年第 6 期

作　　者：王福生

简　　介：十七大报告创造性地提出了中国特色社会主义理论体系，是对新时期我们党创新理论的科学整合，揭示了改革开放是决定我们国家民族未来的希望之路，使马克思主义中国化达到一个新的高度。以党的十七大为标志，中国特色社会主义事业处于一个新的历史起点。

## 1034 我国普通高校招生制度的地域差异分析——以甘肃省高等学校招生录取情况为例

发表时间及载体：《西北师大学报：社会科学版》2009 年第 6 期

作　　者：程跟锁 郭建东 高辉

简　　介：高等教育入学机会公平是教育公平的重要内容，而高校招生制度是保证入学机会公平的首要环节，其中招生录取制度的地域差异越来越成为社会关注的焦点。依据近年来甘肃省普通高校招生分数线和录取率现状，通过区域间的比较分析，探讨普通高校招生制度中的不公平现象及其原因。

## 1035 "新三元结构"与公民社会发展——从政府体制改革的视角分析

发表时间及载体：《湘潭大学学报：哲学社会科学版》（CSSCI）2007 年第 6 期

作　　者：包国宪 潘旭

简　　介：政府体制改革的过程实质上就是政府、市场和公民社会三者关系动态变化的博弈过程，我国政府体制改革的目标应该是建立稳定的、相对独立的、分工合作的"新三元结构"。

## 1036 克孜尔石窟第 17、123 窟中出现的化佛现象

发表时间及载体：《敦煌研究》2009 年第 2 期

作　　者：李瑞哲

简　　介：本文对新疆克孜尔石窟第 17 窟、123 窟立佛背光中绘满许多小化佛的现象，以及龟兹地区发现的两处卢舍那图像进行了分析考证，认为前者是小乘佛教法身思想在石窟内的表现，后者是公元 8 世纪后受到中原大乘佛教影响的结果。

## 1037 基于向量和统计的物流个性化信息服务模型

发表时间及载体：《开发研究》2011 年第 3 期

作　　者：刘奕君

简　　介：本文在分析目前第三方物流运作环境的基础上，提出了一种自动收集企业用户的习惯并生成个性化特征的模型，通过对用户浏览互联网的记录，计算用户感兴趣的领域，同时根据所浏览页面的链接价值加以综合，得到用户的个性化特征，从而可以给用户提供个性化服务以提高企业的综合竞争力。

## 1038 互联网时代的舆论监督形态探析

发表时间及载体：《甘肃联合大学学报：社会科学版》2009 年第 6 期

作　　者：鲜鹏

简　　介：文章分析了互联网的发展对政治生态特别是对舆论监督形态的影响，认为在互联网时代应该充分发挥和利用好网络舆论监督功能。为此，要加强党与网络媒体的联系和互动，利用网络媒体加强党的舆论监督工作，要培育和打造属于自己的主流网络媒体阵地，构筑新的网络舆论监督平台，要加强网络舆论的引导和控制，建立互联网舆情汇集与分析机制，要大力开展网络素质教育，引导网络媒体舆论监督的良性发展。

## 1039 事业单位资产预算改革研究

发表时间及载体：《开发研究》2010 年第 5
期

作　　者：江正平

简　　介：随着我国经济体制的转轨，许多事业单位由公益性机构变为营利性机构。事业单位公共资金的管理成为了当前人们关注的焦点。一方面，事业单位利用公共资产谋求部门利益和个人利益，另一方面，民众要求事业单位回归公益性。因此有必要对事业单位的国有资产进行监管，确保公共资金和资产用于公共服务和公共产品的提供。

## 1040 从思辨到行动：教育理论的时代转向

发表时间及载体：《西北师大学报：社会科学版》2014 年第 1 期

作　　者：焦炜

简　　介：课程批判理论是在西方社会批判思潮日渐兴起和相关理论蓬勃发展的背景下，课程研究领域对社会批判思潮的响应，是不同理论视域中课程批判思想的集成和发展。课程批判理论本身并非一种单一而统一的理论，不同理论基于不同视角和方法对课程研究领域不同问题的解析和批判，体现了课程批判理论不断丰富和发展的过程。加强课堂研究、建立知识和学习的批判现实主义新立场以及关注当代社会的辨识作用正在成为课程批判理论研究的新趋向。

## 1041 十九世纪末、廿世纪初日本人的进出甘肃

发表时间及载体：《敦煌研究》2011 年第 3
期

作　　者：高启安

简　　介：19 世纪末 20 世纪初，打着各种旗号的外国探险队、间谍纷至沓来，其中日

本人不在少数。除国人熟知的大谷探险队的橘瑞超、吉川小一郎外，在这之前还有数拨。最早来甘肃的是 1888 年的浦敬一和藤岛武彦等人，继之路过甘肃的主要还有大谷探险队的渡边哲信和堀贤雄，以及藤本强、林出贤次郎、波多野养作等。他们都或多或少地留下了一些关于当时甘肃的记载，成为日本人最早的反映甘肃情况的史料。

## 1042 虚拟企业激励方法初探

发表时间及载体：《青岛科技大学学报：社会科学版》2004 年第 4 期

作　　者：包国宪 李文强

简　　介：虚拟企业是一种全新的组织形式，虽然它以计算机网络为运营平台，但它仍然是人格化的组织，也同样需要激励。虚拟企业的激励方法有：目标激励、信任激励、虚拟企业文化激励、授权激励等。

## 1043 论张耒的诗

发表时间及载体：《西北师大学报：社会科学版》2004 年第 4 期

作　　者：尹占华

简　　介：本文主要论述张耒的诗在内容及艺术上的特征，并将其放在典型宋调的形成期进行考察，因而显现出他与苏轼、黄庭坚、陈师道在诗歌创作上不同的风格特色，成为元祐诗坛上的异调。张耒诗歌创作的特色在于此，他的局限也在于此。同时分析了张耒所受苏、黄的影响以及最终没有走向苏、黄创作道路的原因。张耒诗不是典型的宋调，但随着宋诗转型时期的到来，他的诗风却得到了部分的发扬。

## 1044 文书处理工作与档案工作的关系

发表时间及载体：《甘肃行政学院学报》

2003 年第 2 期

作　者：张军

简　介：档案是历史的见证、决策的依据、信息的源泉。社会越发展，科技越进步，档案的作用就越明显。档案本身具有潜在的利用价值，只有经过文书部门和档案部门认真地做好收集、整理、归纳、分类并积极地提供利用，才能充分体现出来。而要做好这项工作，文书工作必须和档案工作密切配合和协作。

## 1045 石羊河流域水资源可持续发展路径研究

发表时间及载体：《社科纵横》2009 年第 1 期

作　者：朱院利 陈炜

简　介：石羊河流域生态恶化引起各方关注，特别是流域下游民勤县湖泊萎缩，天然植被枯萎、死亡，土地沙漠化、盐渍化进程加快，地下水位下降，矿化度上升，等等，已经严重阻碍流域可持续发展。如何避免民勤成为"第二个罗布泊"，缓解生态压力，改善生态环境？本文对石羊河流域水资源问题产生的原因进行分析，并提出了水资源可持续发展路径。

## 1046 用分子蒸馏技术提高玫瑰油产量

发表时间及载体：《甘肃高师学报》2012 年第 2 期

作　者：施祺儒 施树春

简　介：玫瑰，又被称为刺玫瑰、徘徊花、刺客、穿心玫瑰。蔷薇科蔷薇属灌木。作为农作物，其花朵主要用于提炼香精玫瑰油，玫瑰油要比等重量黄金价值高，应用于化妆品、食品、精细化工等工业。玫瑰原产于亚洲中部和东部干燥地区，现在我国华北、西北和西南及日本、朝鲜、北非国家、墨西哥、印度均有分布，在其他许多国家也被广泛种植。玫瑰喜阳光，耐旱，耐涝，也能耐寒冷，适宜生长在较肥沃的沙质土壤中。从玫瑰花中提取的香料则是天然香料，使用玫瑰有益于身体健康。文章提供了用分子蒸馏技术提高玫瑰油产量的原理及工艺。

## 1047 运用现代教育技术优化高师院校"美学美育"课程教学

发表时间及载体：《电化教育研究》（CSSCI）2001 年第 1 期

作　者：卓杰 侯选明

简　介：从分析现代教育技术的优势入手，阐述了"美学美育"课程的性质、特点及教学要求，提出了运用现代教育技术优化该课程的一些做法。

## 1048 高校教学团队的组建及运行保障

发表时间及载体：《甘肃联合大学学报：社会科学版》2009 年第 5 期

作　者：王全胜

简　介：本文探讨了教学团队的概念、特征、建设内容、建设原则等有关理论问题，认为教学团队是高校基层教学组织的创新，是提高高校教学质量的有效途径。本文还从团队制度建设、团队精神培育、团队利益去向、薪酬激励、评价制度等方面构建了高校教学团队有效运行的保障机制。

## 1049 我国中小企业融资困境及对策分析

发表时间及载体：《兰州商学院学报》2011 年第 27 卷第 4 期

作　者：郭莲

简　介：近年来，我国中小企业发展迅速，成为我国国民经济的重要力量。然而，中小

甘肃省文化资源名录 第四十卷 社科研究Ⅱ 论文

204

企业在发展过程中所面临的融资困境已经成为制约其发展的首要难题。本文依据利益相关者理论，深刻剖析了中小企业融资难的成因，并结合我国国情和中小企业的实际特点，提出了破解这一难题的措施，从而为解决中小企业融资难问题提供了思路。

## 1050 引导农户进入市场促进民族地区经济发展

发表时间及载体：《兰州学刊》（CSSCI）1998 年第 6 期

作　　者：刘先春

简　　介：甘肃省少数民族地区自 20 世纪 80 年代初实行家庭联产承包责任制以来，取得了可喜的成绩，培育了农户市场主体，为农户走向市场经济道路打下了基础。

## 1051 族群认同的嵌入性——公共话语、社会空间、象征符号的作用——以肃南县明花区双海子村裕固族移民故事为例

发表时间及载体：《西北民族研究》（CSSCI）2009 年第 3 期

作　　者：赵利生 熊威 江波

简　　介：肃南县明花乡裕固族移民搬迁带来了裕固族文化的重大变迁，移民开始从牧民向农民转化。在这一变迁中，族群认同值得关注。认同具有社会性、建构性和多元性，公共话语、社会空间、象征符号都影响着族群认同，而裕固族文化传承中的一些问题令人担忧，我们应该给予积极的建设性回应。

## 1052 中亚东干文学与中国文化

发表时间及载体：《中央民族大学学报：哲学社会科学版》（CSSCI）2008 年第 4 期

作　　者：杨建军

简　　介：中亚东干文学是世界华文文学领

域的一座新岛屿。东干书面文学与中国文化有深刻的渊源关系，中国文化对东干书面文学的影响具体体现在华裔民间文化给养和恋华之情两个方面。由东干文学的发展我们也可以反观东干作家笔下独特的中国形象和中国农耕文明、口传文化所拥有的生命活力。

## 1053 自然保护模式转型的经济学分析

发表时间及载体：《生态经济》（CSSCI）2005 年第 2 期

作　　者：韦惠兰

简　　介：本文在系统分析我国自然保护模式特点及问题的基础上，探讨了我国自然保护模式的改革对策。市场经济为自然保护事业的更好发展注入了新的活力，同时也要求自然保护以改革的精神，主动适应国家建立社会主义市场经济体制的新形势，积极培育自然保护新机制，更好地调动全社会积极因素，吸引全社会力量广泛参与，促进自然保护工作深入发展，为国家实施可持续发展战略目标做出新贡献。

## 1054 丝绸之路跨文化传播中的媒介形态转向

发表时间及载体：《西北民族大学学报：哲学社会科学版》2010 年第 6 期

作　　者：马廷魁

简　　介：丝绸之路作为东西方交流的纽带，是典型的跨文化传播，它连接东方和西方，由各种不同的文化元素共同构筑而成。媒介是丝绸之路交往的载体，它的发展变化直接影响丝绸之路跨文化传播。本文置丝绸之路于跨文化传播视域下，通过描绘丝绸之路跨文化传播中媒介形态变化的历史图景，试图审视其时间偏向媒介式微和空间偏向媒介崛起的过程，并挖掘媒介形态消长对于传播机制的影响，从而梳理出媒介形态转向与

丝绸之路跨文化传播流变的关系。

### 1055 中国模式的转型挑战与国际影响

发表时间及载体：《甘肃理论学刊》2010 年第 6 期

作　　者：张建君

简　　介：中国经济的转型期，主要是指中国经济从计划经济转向市场经济的时期。中国 30 年的转型实践形成了一个崭新的转型经济发展模式，笔者概括为"双主题阶段转换式"的经济转型模式。"双主题"就是中国的转型经济始终坚持着经济增长与经济发展的主题，同时，又面对着体制改革与体制创新的主题。

### 1056 厉鹗扬州交游考略

发表时间及载体：《西北师大学报：社会科学版》2008 年第 3 期

作　　者：张兵

简　　介：浙派中期领袖厉鹗的文学活动极为密切地与他的交游联系在一起，构成其交游活动的一个极具特色的重要方面。厉鹗一生足迹主要集中在杭州、扬州两地，其中尤以扬州的交游与文学活动最有意义。厉鹗在扬州除与"扬州二马"等著名盐商频繁交往外，还与寓居或时常往来于扬州的"扬州八怪"、全祖望、杭世骏、陈章等著名文人，以及盐官卢见曾等联系密切。深入考辨厉鹗的扬州交游活动，不仅可以明晰厉鹗的生平和思想，而且可以更好地认识厉鹗及其浙派在清代文学史上的特殊地位。

### 1057 石羊河流域民勤绿洲生态补偿问题探讨

发表时间及载体：《农村经济与科技》2009 年第 6 期

作　　者：汪慧玲

简　　介：保护石羊河流域民勤绿洲的生态环境十分重要，其中能否建立起长效的生态补偿机制，是解决民勤绿洲生态环境问题的核心。在实地调研基础上，分析了民勤地区的生态补偿现状，对优化石羊河流域民勤绿洲生态补偿机制的对策建议进行了探讨。

### 1058 论教学智慧及其养成

发表时间及载体：《西北师大学报：社会科学版》2001 年第 1 期

作　　者：徐继存

简　　介：教学实践需要教学理论，更需要教学智慧。教学智慧不同于教学理论，既不可学习又不可传授，它又不像教学技能虽不能通过理论学习，却可以通过有意识的系统训练来形成。只有把教学理论的学习与教学实践的反思有机结合起来，才有可能不断趋向教学智慧的境界。所以，教学智慧非由外铄，只能由自身提高自身，通过提高教学智慧才能体味教学实践活动的幸福，这便是教师应有的生活。

### 1059 西北半干旱区农村经济可持续发展脆弱性的分析与测度

发表时间及载体：《干旱区资源与环境》（CSSCI、CSCD）2008 年第 22 卷第 11 期

作　　者：韦惠兰

简　　介：本文在从个人、家庭和社会三个层面，对西北半干旱区农村经济可持续发展存在的脆弱性进行分析的基础上，构建了测度西北半干旱区农村经济可持续发展脆弱性的指标体系，并以典型地区甘肃省榆中县中连川乡为例进行了实证研究，为实现农村经济可持续发展提供了另外一种视角。

## 1060 兰州市会展产业竞争力及其提升对策研究——基于"钻石模型"理论的分析

发表时间及载体：《甘肃联合大学学报：社会科学版》2012 年第 28 卷第 6 期

作　　者：孙董霞

简　　介：会展能为举办地区和城市带来巨大的社会和经济效益。会展经济具有极强的辐射性，可以全方位地拉动地方经济的发展。在许多会展发达的地区和城市，会展业已经成为新的经济增长点。兰州会展业在中国会展产业带上属于第三阶梯城市，会展正处于起步阶段。本文针对兰州会展业的发展现状，借助国际先进的产业竞争力理论，系统分析了兰州发展会展业的各种优势资源和不利因素，并针对具体问题提出了提升其会展产业竞争力的对策。

## 1061 游牧人口定居的模式选择——以甘南牧区为例

发表时间及载体：《经济经纬》（CSSCI）2008 年第 5 期

作　　者：高新才

简　　介：借助可持续发展阈值的概念，我们介绍了研究区域概况，并在分析草地类型和主导功能的基础上，结合草地退化现状、定居进展和各地经济发展水平等因素，提出多层次的游牧人口定居模式，提出甘南各地应立足实际，在完全定居、半定居和混合定居等三种模式中，进行适宜的定居模式选择。

## 1062 《朱克曼》三部曲的叙述学阐释

发表时间及载体：《西北师大学报：社会科学版》2005 年第 4 期

作　　者：张生庭

简　　介：从叙述学角度分析，菲利普·罗斯 20 世纪 80 年代的《被缚的朱克曼》三部曲的叙述结构存在着一个独特的循环式的特点。三部曲的各个部分之间从叙述时间、叙述视角和叙述对象上看都存在着一定的联系，从而证明，在叙述的内部机制上，该三部曲是一个有机的整体。

## 1063 电视文化建设中的五个辩证关系

发表时间及载体：《甘肃社会科学》2010 年第 5 期

作　　者：李曦珍

简　　介：电视是一种被授予一切优点的全球传播技术。批判者斥之为罪恶的潘多拉盒，而赞美者则誉之为通天的巴别塔。那么，电视究竟是"野兽"，还是"天使"呢？本文认为，这主要取决于人们能否在电视文化建设中辩证地处理好"一主多声""土洋结合""推陈出新""雅俗共赏""技艺相长"五对基本关系，从而使电视在促进社会发展中发挥其应有的积极作用。

## 1064 从消费需求的变化看我国企业产品营销观念的转变

发表时间及载体：《西北师大学报：社会科学版》1999 年第 1 期

作　　者：陈晓云

简　　介：消费需求的变化和企业管理体制、生产方式的变革是我国企业产品营销观念发生转变的根本原因。现代企业的竞争已不仅仅是产品的竞争，而是面向消费者的竞争。我国企业产品营销观念已从扩大销售型向满足消费者需求型转变。

### 1065 "回族传统道德教育"地方课程开发问题探析

发表时间及载体：《西北师大学报：社会科学版》2007 年第 6 期

作　　者：张学强 许可峰

简　　介："民族传统文化"地方课程的开发对于民族文化的传承和发展、学校文化建设和学生身心发展都具有重要意义。当前回族传统文化地方课程开发，内容主要集中在对回族节日、饮食、音乐、体育等民族文化的简单介绍层面，而对于形塑回族学生道德人格的传统道德文化这一深层文化内容，却较少涉及。本文就"回族传统道德教育"地方课程开发的理论基础、课程目的、开发意义、有利条件和需要注意的几个问题，进行了初步的探讨和分析。

### 1066 建立甘肃体育中介组织的构想

发表时间及载体：《兰州商学院学报》2005 年第 21 卷第 6 期

作　　者：杨忠

简　　介：甘肃省体育产业化进程相对缓慢，体育社会化程度较低，体育产业单位实力普遍较弱，缺乏市场竞争力。针对这一现状，本文提出建立甘肃体育中介组织的构想，旨在开发体育市场，推动甘肃体育事业的快速发展。

### 1067 甘肃省集体林权制度改革法律问题研究

发表时间及载体：《社科纵横》2011 年第 10 期

作　　者：尚凌晖

简　　介：我国集体林权制度改革已经历了四个历史阶段，但仍存在问题，实行集体林权制度改革对于增加有林地面积，提高林地质量，扩大森林资源，改善生态环境，保障生态安全，促进经济社会持续发展，实现人与自然和谐相处，具有十分重要的战略意义。本文在分析现有的集体林权制度的基础上，针对其存在的主要问题，提出了完善的对策及建议。

### 1068 新疆少数民族大学生汉语学习观念的调查研究

发表时间及载体：《西北民族大学学报：哲学社会科学版》2012 年第 1 期

作　　者：杨德明

简　　介：学习观念在第二语言学习中起着非常重要的作用，而关于少数民族学生汉语学习观念的成果却寥寥无几。我们借鉴相关文献中的研究方法，对新疆少数民族大学生的汉语学习观念进行了问卷调查，以考察少数民族大学生所持有的学习观念及其所产生的影响。

### 1069 论党的现代化

发表时间及载体：《甘肃理论学刊》2001 年第 5 期

作　　者：石仑山

简　　介：政党作为推动或领导社会现代化的政治组织，必须实现自身的现代化。中国共产党作为中国社会主义现代化事业的领导核心，同样也有一个党自身的现代化问题。"三个代表"的思想，深刻揭示了中国社会的现代化与党的建设的内在联系。按照"三个代表"的要求加强党的建设，全党就应以创新精神自觉推进党的现代化进程。

### 1070 甘肃省中小学教育信息化现状与发展研究

发表时间及载体：《电化教育研究》2003 年第 4 期

作　　者：郭绍青 姚军 李晶

简　　介：本文在对甘肃省教育信息化基本情况调查的基础上，提出了存在的问题和相应的工作对策，阐述了甘肃省教育信息化的发展框架。

## 1071 省悟·良知·爱——浅析王尔德《夜莺与玫瑰》的创作初衷

发表时间及载体：《兰州大学学报：社会科学版》2001 年第 29 卷第 3 期

作　　者：凌茜

简　　介：本文浅析王尔德《夜莺与玫瑰》这部作品的创作初衷、颖巧构思及其独特的表叙手法。作者用童话的方式，向社会呼唤省悟，呼唤良知，呼唤人类最需要的诚挚的爱。

## 1072 社会主义核心价值体系和"普世价值"比较研究

发表时间及载体：《甘肃联合大学学报：社会科学版》2012 年第 28 卷第 4 期

作　　者：高璐佳

简　　介：党的十六届六中全会提出的建设社会主义核心价值体系的战略任务是新时期我们党对当下社会发展规律和发展趋势的准确把握和构建和谐文化的根本。但是，当前西方和国内少数人却向中国民众宣扬所谓的"普世价值"以达到他们不可告人的目的。从具体内容、思想实质和目的动机层面对社会主义核心价值体系和"普世价值"比较分析，只有社会主义核心价值体系才是我们必须要坚持的价值选择。

## 1073 区域上市公司资本结构影响因素实证分析

发表时间及载体：《开发研究》2011 年第 6 期

作　　者：陈芳平

简　　介：区域经济发展的不平衡，使得我国东西部地区的经济发展差距仍然很大，经济区域具有地理环境相似、经济发展水平相当、制度体系建立基础相一致等特点，对区域上市公司资本结构的研究具有一定的现实意义。本文以甘青宁三省区作为研究的地域对象，采用后退逐步法对该区域的上市公司资本结构影响因素进行实证分析，并结合实证结论提出了发展西部区域资本市场的对策建议。

## 1074 曹丕和钟嵘对作家创作风格之品评态度的比较

发表时间及载体：《甘肃理论学刊》2009 年第 2 期

作　　者：吴茂明 郭丽芳

简　　介：曹丕和钟嵘对作家创作风格的品评态度不同。曹丕评风格长短，但反对区分其高下；而钟嵘着重按照品第对作家的风格进行了优劣高下的分析和批判。本文尝试从身世、身份的视角，分析二人对作家创作风格采取不同态度的缘由，以期对深入把握典论论文和诗品主旨有所助益。

## 1075 中国 2000 年城乡小康社会指标实证分析与比较

发表时间及载体：《甘肃理论学刊》2003 年第 2 期

作　　者：李含琳 魏奋子

简　　介：本文以中国国家统计局小康课题组制定的中国全国、城市和农村小康标准为依据，对中国 2000 年各省市自治区城乡小康实现程度做了实证分析与比较，目的是通过研究城乡之间、地区之间的小康实现程度的差距，为全面建设小康社会，促进城乡之间、地区之间经济协调发展，提出一些政策建议。

### 1076 中国共产党在近现代社会历史发展中的先进性

发表时间及载体：《甘肃理论学刊》2005 年第 6 期

作　　者：孙红英

简　　介：在中国近现代社会历史发展的进程中，中国共产党成为中国革命和建设的领导核心，它的理论主张代表了中国近代社会发展的客观要求和正确方向。在中国近现代社会历史发展中，中国共产党充分体现出了其具有的先进性。

### 1077 论"真"在抒情小说内容和视角上的独特体现

发表时间及载体：《甘肃理论学刊》（CSSCI）2006 年第 2 期

作　　者：冯欣

简　　介：对于文学之"真"的创作追求，写实叙事小说以反映客观现实的"真实性"为目标，抒情小说则以表现主观世界的"真实性"为己任。本文从抒情小说自诞生起所表现的主要内容和作家创作时所采取的独特视角两个方面，分别论述了抒情小说在内容和视角上所体现出来的不同于写实小说的一种真实性，并指出抒情小说内容上对"真自我""真性情"的抒写和叙事上所采用的"回忆"视角，不仅是形成抒情小说艺术风格的重要因素，也是创作主体建构抒情小说文学价值的独特、有效方式。

### 1078 按劳动力价值分配是实现"按劳分配为主体、多种分配方式并存"的有效方式

发表时间及载体：《甘肃理论学刊》2008 年第 6 期

作　　者：王克钧

简　　介：按劳分配为主，多种分配形式并存是我国的分配制度。按劳分配如果以按劳动成果分配，就会遇到理论上和实践中的困难。按劳动力价值分配可以和多种分配形式有机结合，更好地实现按劳分配。

### 1079 华夏上古传说史源头诸问题试探

发表时间及载体：《丝绸之路》2014 年第 14 期

作　　者：刘再聪

简　　介：有巢氏和燧人氏既是华夏上古传说史源头先民，又是华夏族始祖，他们生活在距今 7800 年以前的旧石器时代向新石器时代的过渡时期。

### 1080 树立和落实科学发展观 开创公务员培训工作新局面

发表时间及载体：《甘肃行政学院学报》2005 年第 4 期

作　　者：徐守盛

简　　介：2005 年是深入贯彻党的十六大和十六届三中、四中全会精神，落实"十五"规划，制定"十一五"规划的关键一年。在党中央、国务院的正确领导下，甘肃省坚持以科学发展观统领经济社会发展全局，围绕贯彻落实"两个高举、一个加强"和"两抓两放"的工作思路，紧紧抓住制约甘肃省加快发展的主要矛盾和薄弱环节，以开展先进性教育活动为动力，以项目建设、国有企业改革、劳务输出、县域经济和非公有制经济发展等工作为重点，采取了一系列重大措施，推动了经济社会的快速健康发展，全省上下形成了抓项目、抓改革、促发展的良好局面。

## 1081 为植物立传——评沈苇的生态散文集《植物传奇》

发表时间及载体：《宁夏师范学院学报》
2012 年第 4 期

作　　者：郭茂全

简　　介：沈苇是一位具有自觉生态意识的当代诗人、散文家，《植物传奇》就是其生态精神的集中体现，是当代生态散文的代表性作品之一。作品集中展示了西部各种植物的生态美，蕴含着作者敬畏生命、亲和自然、与万物和谐共生的生态理想。

## 1082 可持续发展是中国农业与农村经济跨世纪发展的必然选择

发表时间及载体：《甘肃行政学院学报》
1999 年第 3 期

作　　者：刘萍

简　　介：党的十一届三中全会以来，我国农业与农村经济取得了快速发展。当前我国农业与农村经济开始进入一个新的发展阶段，但也面临生态环境恶化、投入不足、基础设施落后、剩余劳动力就业问题突出等诸多问题。因此，跨世纪我国农业与农村经济的发展必须走可持续发展之路。本文探讨了跨世纪中国农业、农村经济可持续发展的政策措施。

## 1083 以法律为主导的宋代民族社会控制研究

发表时间及载体：《西北民族大学学报：哲学社会科学版》2011 年第 6 期

作　　者：高君智

简　　介：两宋时期，民族分布众多，民族关系错综复杂。宋中央政府根据时势之变迁，以法律为主导，充分发挥法律规范的关键性作用，逐步实现了对民族社会的有效管理和控制。其中包括蕃法调控和汉法调控两个体系，对宋、辽、夏、金、元时期民族之间的关系与互动以及促进民族社会稳定具有重要的意义。

## 1084 WTO 与绿色贸易壁垒

发表时间及载体：《甘肃行政学院学报》
2002 年第 3 期

作　　者：封延会

简　　介：随着世界各国环境保护的潮流越来越强劲，作为多边贸易体制法律保障的世界贸易组织法也不可避免地受到了来自环境保护的巨大冲击，环境保护也逐渐成为控制国际贸易的重要条件之一，并有形成绿色贸易壁垒的趋势。协调环境保护和自由贸易就成为世界贸易组织法所面临的新任务。对此本文提出了我国加入世界贸易组织应对绿色贸易壁垒采取的一些措施。

## 1085 证券商市场准入制度比较研究

发表时间及载体：《甘肃政法学院学报》
2004 年第 3 期

作　　者：李玉基

简　　介：证券商市场准入制度是证券法的主要制度之一，世界各国有关证券市场准入的程序要件、实体要件以及证券商的形态制度等方面的法律规定是有差异的。我国证券商的市场准入制度与美、日等发达国家的相关制度相比更是有一定的差距，借鉴这些国家的成功经验，完善我国证券商的市场准入制度是推动证券市场健康发展的基本条件。

## 1086 试论大众体育健身"轻松化"

发表时间及载体：《甘肃行政学院学报》
2003 年第 3 期

作　　者：张朝霞

简　　介：大众体育健身"轻松化"，是一种大众体育健身的新理念，它排除了传统体育健身的误区，引导人们科学健身，愉悦身心，提高生活质量。

## 1087 "污染避难所假说"在西部欠发达地区的现实考量

发表时间及载体：《中国社会科学院研究生院学报》（CSSCI）2009 年第 6 期

作　　者：汪晓文 刘欢欢

简　　介：将西部欠发达地区作为研究背景，以该地区承接污染产业转移的动因作为切入点，列举 1985—2006 年甘肃企业工业总产值与 FDI 企业工业生产总值及三废排放量的数据，对甘肃进行"污染避难所假说"的现实考量。证实部分污染产业吸收 FDI 使甘肃产生了更多的环境污染，即污染密集型产业通过 FDI 向甘肃转移，初步印证"污染避难所假说"。

## 1088 深入理解毛泽东关于正确处理人民内部矛盾的问题对解决当前人民内部矛盾的重大意义

发表时间及载体：《社科纵横》2010 年第 2 期

作　　者：董伟伟 连珩

简　　介：正确处理人民内部矛盾是新时期我国政治生活的主题，是构建社会主义和谐社会的前提。面对新时期人民内部矛盾的新情况与新问题，首先必须以科学的态度认识这些矛盾，才能形成解决这些问题的正确理念和方法。

## 1089 历史上维吾尔族与中央的密切交往

发表时间及载体：《人民论坛》2009 年第 14 期

作　　者：杨建新

简　　介：维吾尔族的主要先民——回鹘（回纥）于隋唐之际出现于蒙古高原。维吾尔族从其先民开始，就与各朝中央政府及中原地区有着十分密切的关系和交往。

## 1090 《唐五代佛寺辑考》再辑考——兼评《唐五代佛寺辑考》

发表时间及载体：《世界宗教研究》2010 年第 3 期

作　　者：陈双印

简　　介：从"唐代佛教寺院与文人及其创作的关联"入手，"按照地域区划，在尽可能的程度上呈现唐五代佛寺分布的历史风貌"，是李芳民的《唐五代佛寺辑考》一书的旨趣所在。"就这一课题的研究而言，其内容实际上已溢出了纯粹的文学研究的范围，而兼及历史、历史地理学乃至宗教史等内容。"

## 1091 论南宋中兴时期道学发展与道学诗人群体的形成

发表时间及载体：《西北师大学报：社会科学版》2012 年第 4 期

作　　者：曾维刚

简　　介：宋室南渡前后，道学南传，至南宋中兴时期获得进一步发展：在学理层面深入拓展，形成各具特色的学派，从理论与实践层面加强对释道思想的清理，进一步巩固道学地位，在政治层面加强与政治和帝王之学的联系，强化道学内圣外王双向发展的实学性质，在文献层面加强道学文本的整理与传播。在道学发展过程中，道学诗人围绕学术、政治和文学上的问题展开广泛深入的争鸣，形成密切的关系网络，促使道学诗人群体形成，为南宋中兴诗坛注入了新的活力，成为推动宋诗发展演进的重要因素。

## 1092 西北农业产业结构科技进步分析及调整对策

发表时间及载体：《科技进步与对策》（CSSCI）2005 年第 8 期

作　　者：包国宪 王蕾

简　　介：国家社科基金资助项目。为提升西北农业科技管理水平和科技决策的准确性，全面增强西北农业综合素质，对西北农业科技进步贡献率进行研究与测算，提出今后西北地区加强农业产业结构调整的建议。

## 1093 在高校历史课堂教学中加强学术训练

发表时间及载体：《历史教学问题》2014 年第 2 期

作　　者：姬庆红 王延庆

简　　介：大学是学术人才的摇篮。教师应有意识地在课堂教学中引导学生参与多种形式的科研活动，使他们尽早地掌握基本的科研理论与方法，并在实践中提高科研创新能力。

## 1094 政府行为对企业技术创新风险影响路径

发表时间及载体：《公共管理学报》（CSSCI）2010 年第 2 期

作　　者：包国宪 任世科

简　　介：国家自然科学基金资助项目（70673031）。采用实证方法研究了政府行为对企业技术创新风险的影响路径问题。以某高新技术开发区为实证对象验证结构方程模型，检验调查问卷结构效度及量表数据信度，应用多种拟合优度指标评价模型。

## 1095 西部民族地区毒品犯罪的经济学分析

发表时间及载体：《甘肃联合大学学报：社会科学版》2008 年第 24 卷第 4 期

作　　者：窦开龙

简　　介：西部民族地区毒品犯罪已经成为我国经济社会发展的一大危机。本文认为其特点和形成原因与"经济人"心理、成本一收益对比、西部民族地区区位、制度设计、人力资本素质等有关。

## 1096 S.P.76《观无量寿经变稿》析——敦煌壁画底稿研究之五

发表时间及载体：《敦煌研究》2001 年第 2 期

作　　者：沙武田

简　　介：作者对 S.P.76 白描稿经过详细分析说明并研究，表明其中的两小部分是敦煌壁画底稿《观无量寿经变稿》，并认为应是莫高窟第 55 窟《观无量寿经变》的壁画底稿。

## 1097 义务教育均衡发展与贫困地区学生就学资助的关联研究

发表时间及载体：《西北师大学报：社会科学版》2009 年第 6 期

作　　者：金东海 师玉生

简　　介：义务教育均衡发展应当是实现教育公平目标的重要基础。推进义务教育均衡发展的重要基础是义务教育资源配置的均衡。从促进义务教育目标实现和提供给贫困地区学生良好教育的需要考虑，国家都有义务和责任更努力地在经济发展滞后的农村地区和民族地区促进义务教育走向均衡。

## 1098 人类童年艺术的交响曲——古希腊文学艺术魅力永久之思考

发表时间及载体：《社科纵横》2008 年第 5 期

作　　者：于良红

简　　介：古希腊文学艺术何以魅力永存？几千年来，人们进行了许多思索。笔者认为古希腊神话所反映的自由奔放的感情生活给现代人贫乏苍白的心灵提供了一个憩息与飞翔之地。古希腊戏剧中的悲剧精神、英雄性格给现代人平庸的心灵以震撼与激荡，荷马史诗中英雄们的顽强拼搏、积极进取的人生态度，更让人们心灵振奋。它们构成了人类心灵的交响曲，因而古希腊文学艺术魅力永存。

## 1099 侵权行为法中公平责任的适用范围

发表时间及载体：《甘肃政法学院学报》2006 年第 1 期

作　　者：汪水伟

简　　介：侵权行为法中的公平责任是以衡量当事人之间的利益关系为主要理由来确定责任主体赔偿或补偿责任的一种责任认定方式，是对传统归责方法的一种矫正。公平责任受其特定的归责理由的限制，主要适用于监护人责任、雇主责任、紧急避险责任中某些特定的情况，也适用于受益人的补偿责任或责任分担和对赔偿数额的限制方面。从立法例和司法实践中准确把握公平责任适用范围，对正确认识和运用公平责任归责方法，具有重要司法实践意义。

## 1100 知识观的转变及其对知识教学的意义

发表时间及载体：《社科纵横》2010 年第 4 期

作　　者：吴红骏

简　　介：长期以来，支配学校知识教学的是关于知识的授受性、客观性、普遍性和中立性等观念。在后现代思潮的影响下，当代人们的知识观发生了深刻的变化，知识的生成性、平等性、个体性、价值性等已成为普遍接受的新的知识信念。这些关于知识性质的新观点，对于我们反思传统知识教学的目的、内容、过程和方法有重要的启发意义。

## 1101 网络传播对高校舆论引导的影响——基于对网络论坛（BBS）及 SNS 平台的调查研究

发表时间及载体：《兰州学刊》2010 年第 5 期

作　　者：汪汉 丁松虎 马颖

简　　介：随着 Web 2.0 时代的到来以及上网成本的降低，网络逐渐渗透到人们生活的各个部分。在高校舆论引导中，网络传播媒介，尤其是网络论坛（以下简称 BBS）以及 SNS 社区正发挥着什么样的作用，由 BBS 引起的校园话题或事件是如何发生、发展、解决的，高校管理者和大学生应该以什么样的态度对待 BBS 及 SNS 平台，得到这些问题的答案，有助于我们对高校 BBS 及 SNS 社区进行合理的管理，让它成为一个高校管理者与学生的信息交流平台，实现二者双赢。文章分析大学生使用 BBS 和 SNS 平台的特点，为高校网络舆论引导提供一些依据。

## 1102 新疆汉族移民学习维语的差异及特点

发表时间及载体：《中南民族大学学报：人文社会科学版》（CSSCI）2009 年第 2 期

作　　者：杨建新

简　　介：以新疆阿克苏地区园艺村和阔纳协海尔村作为研究个案，分析了新疆汉族移民学习维吾尔语的迁移时段差异、代际差异及民族构成的差异。

## 1103 商业银行个人住房抵押贷款信用风险防范

发表时间及载体：《大众商务：下半月》2009 年第 11 期

作　　者：苏华 张会菊

简　　介：本文通过个人住房抵押贷款概念界定、特点的分析，引出个人住房抵押贷款信用风险，阐述了我国商业银行个人住房抵押贷款发展状况及风险的显现，最后提出了商业银行个人住房抵押贷款风险防范的措施。

### 1104 "俏丫鬟抱屈夭风流"归根

发表时间及载体：《西北师大学报：社会科学版》2003年第4期

作　　者：侯兰笙 张雪莲

简　　介：晴雯遭难，"诽谤"起了极坏的作用，这是外因。内因是"风流灵巧招人怨"。这个"人"主要指王夫人。王夫人唯怕丫鬟们勾引宝玉。晴雯的风流灵巧，特别是"水蛇腰"，给王夫人留下"轻狂"的印象。

### 1105 以不断健全和完善党内监督体系发展党内民主

发表时间及载体：《甘肃理论学刊》2011年第2期

作　　者：王锐 刘永哲 曹殊

简　　介：健全和完善党内监督体系，是推进党内生活民主化、规范化、制度化的必然要求。新时期以来，甘肃对党内监督制度体系建设高度重视，大力推进党内民主制度建设，重点加强了对领导干部的监督，建立和完善了党内巡视制度，制定了党内监督的有关法规制度。今后有必要从做好制度设计的前期评估工作，深化党内监督制度改革，加强对权力运行的制约监督等途径，继续推进甘肃省党内监督体系建设。

### 1106 "免疫系统"核心是"权力制约机制"

发表时间及载体：《中国审计》2008年第22期

作　　者：杨肃昌

简　　介：2008年3月31日，在南京召开的中国审计学会五届三次理事会暨第二次理事论坛上，刘家义审计长全面系统地阐述了国家审计作为国家经济社会"免疫系统"的重要理论观点。这一观点准确把握住了审计的本质，树立了科学的审计理念，是对中国特色社会主义制度下国家审计的一次重新定位，对于进一步繁荣我国审计理论与推进审计实践发展，无疑具有极其重要的现实意义。

### 1107 大学生科研训练：创新人才培养的有效途径

发表时间及载体：《社科纵横》2011年第2期

作　　者：白文苑

简　　介：创新人才是决定一个国家综合国力的重要因素，教育特别是高等教育肩负着培养创新人才的重要使命。大学生科研训练是创新人才培养的有效途径和重要手段，甘肃农业大学从2005年起设立大学生科研训练项目，是学校教育教学改革的突破，通过几年的积极探索，形成了"2355"管理运行模式和一套行之有效的管理方法，使科研训练的组织管理更为科学化、规范化、制度化，极大地激发了学生创新意识和创造性思维，使其创新能力和综合素质有了显著提高。

### 1108 政府购买居家养老服务的绩效评价研究

发表时间及载体：《广东社会科学》2012年第2期

作　　者：包国宪

简　　介：政府购买居家养老服务是在养老服务中引入市场竞争机制的一种制度安排。文章在分析政府购买居家养老服务的绩效内涵及其过程的基础上，构建了绩效分析模型。该模型从政府购买居家养老服务的效率和消费者感知服务质量的双元维度视角探讨了居家养老服务的测评方法。

### 1109 网络大学挑战传统大学的优势

发表时间及载体:《电化教育研究》(CSSCI)
2001 年第 5 期

作　者:刘敏

简　介: 本文揭示网络大学具有虚拟化、软件教学、灵活的教学组织与管理、个性化与多样化的教育、充分利用现有教育资源、促进新的教育评价体系的形成等优势,提出传统大学的变革方向。

### 1110 "中国心灵"如何可能?——读胡晓明教授《文化的认同》

发表时间及载体:《安徽文学:下半月》
2009 年第 9 期

作　者:刘顺

简　介: 在经历传统文化、西方文化以及意识形态三方角力的分裂与撕扯之后,消费主义、市场万能更以其全球化的姿态及与意识形态合谋的强势,成为当下中国的主流大众话语,处此语境之下的国人与中国文化均有应对失措之感。胡晓明教授面对中国当下的文化问题,自其自身独特感受出发提出"中国心灵如何可能"的时代追问,这是作者在"个体经验"与"时代问题"之间经历切肤之痛与艰苦思索所建立的重要关联,在提出时代问题的同时,作者也提出了问题解决的具体路径,即个体文化心灵之重构与中国文化自主性之树立的双轮并行。

### 1111 软投入制约下产出的损失分析

发表时间及载体:《开发研究》2006 年第 3 期

作　者:李国璋

简　介: 本文主要依据现代经济增长理论和软投入理论,对我国经济增长问题,尤其是在非科技型软投入要素对中国经济增长制约的条件下进行了深入研究,并测算了软投入制约下的 GDP 损失。"二五"期间,我国 GDP 损失最高,占实际 GDP 的 19.78%。"八五"时期,GDP 损失最低,仅为实际 GDP 的 0.78%。"九五"时期,GDP 损失占实际 GDP 比例上升至 2.43%,而实际投入组合与最优投入组合之间的夹角也增加至 12.51°,这表明我国经济增长的质量有所下降。

### 1112 多媒体教学的回顾与思考

发表时间及载体:《电化教育研究》(CSSCI)
2004 年第 10 期

作　者:张军

简　介: 文章在回顾多媒体技术教学应用的基础上,透视了多媒体教学的现状及存在的问题,并提出相应的对策,即加强理论学习与研究,树立正确的多媒体教学观;正确处理多媒体教学与传统教学的关系;强化教学设计意识等。

### 1113 第一位出使俄国拜见俄皇的中国外交官托时

发表时间及载体:《中国边疆史地研究》
(CSSCI)2010 年第 4 期

作　者:王希隆

简　介: 托时,满洲佟佳氏族人,起自笔帖式,授理藩院主事,擢至仓场侍郎。清雍正年间,以理藩院侍郎奉使俄国。他灵活应变,实心任事,抵达俄都,拜见俄皇,完成使命。回国后历任刑部、工部、户部侍郎,迁漕运总督,为清前期名臣,也为历史上第一位拜见俄皇的我国外交官员。

### 1114 论政府绩效管理中的绩效沟通

发表时间及载体:《经济体制改革》(CSSCI)
2007 年第 1 期

作　者:包国宪 曹西安

简　介: 本文系国家自然科学基金项目

"中国地方政府绩效评价的组织模式及其管理研究"（70673031）成果之一。政府绩效管理是一个由许多环节组成的循环往复的系统，但在我国的政府绩效管理实践中，政府绩效沟通往往成为最容易被忽视的一个环节，这是一种本末倒置的做法。

## 1115 莎士比亚妇女观之人文主义说质疑

发表时间及载体：《西北师大学报：社会科学版》1998 年第 1 期

作　　者：肖锦龙

简　　介：关于莎士比亚的妇女观是新型的人文主义说，几乎已成公论。但是，无论是从他的戏剧作品中表现出来的关于家庭主妇的观念，还是关于寡妇以及少女的观念，都明显地反映出他那与基督教文化精神和教会世界观一脉相承的等级、秩序、和谐的思想观念，因此，莎士比亚的妇女观在本质上并不是人文主义的，而是传统的教会封建主义的。

## 1116 论领导干部必须具备的才能

发表时间及载体：《兰州学刊》1982 年 4 月

作　　者：陈德霞 武文军

简　　介：领导干部应当是德才兼备的。德，固然是领导干部搞好一切工作的主导因素，但是如果只有德而无才，领导工作仍然是不会搞好的。如果认为知识、才能对领导干部是可有可无的，那完全是对马克思主义的误解。因而可以说才能是领导者搞好一切工作的重要的必需的条件。历代政治家和学者在总结治国兴邦经验时，总把德与才作为选用治国栋梁的同等重要的条件。书经上有斯言："任官唯贤才。"古人这里指的贤主要是德的内容，才就是人们常说的才能、才干、本领。韩非子人主论中说："所兴者必有贤，所用者必有能，贤能之士进，则私门之请止矣。"

就是说国家要兴盛，必须有德行端庄而高洁的人，要使国家各职能部门起作用，必须重用有才能的人。

## 1117 俄藏敦煌文献中《阎罗王授记经》缀合研究

发表时间及载体：《敦煌研究》2007 年第 2 期

作　　者：党燕妮

简　　介：敦煌本《阎罗王授记经》（《佛说十王经》）显示了中古时期敦煌乃至中国十王信仰的盛行，是研究中古时期民众信仰及佛教本土化、民间化表现的重要资料。本文对俄藏敦煌文献中的 10 件《佛说阎罗王授记令四众逆修生七斋功德往生净土经》残卷进行了释录缀合，并对相关问题做了探讨。

## 1118 虚拟学习社区中少数民族大学生学习策略的调查与研究

发表时间及载体：《电化教育研究》（CSSCI）2010 年第 9 期

作　　者：刘洋 兰聪花

简　　介：在网络技术日新月异的今天，虚拟学习社区作为一种新兴的网络交互方式，是个性化学习的强大工具。而个性化学习最人的特点在于学习者的自觉性、主动性和创造性，强调学习者在学习过程中利用各种适合自身的学习策略进行知识的自我建构与自我更新，并通过学习者的思考和探索来独立完成学习任务。

## 1119 甘肃唐代涉藏金石目录提要

发表时间及载体：《西北民族大学学报：哲学社会科学版》2012 年第 3 期

作　　者：吴景山

简　　介：散布在甘肃境内涉关吐蕃往事的唐代钟铭及摩崖碑刻，对于研究吐蕃历史有着重要的学术价值。然而，在漫长的岁月里，它们并未引起人们的注意。现将这些碑铭资料做一简要介绍，以期引起学界的充分重视，从而使之在藏学研究中发挥应有的作用。

## 1120 关于环境经济学的方法论

发表时间及载体：《环境研究》1982 年 2 月

作　　者：武文军

简　　介：环境经济学是一门研究环境变化和经济发展的相互关系的学科。这门学科在世界上是一门年轻的学科，在我国，刚刚才开始研究。研究环境经济或环境经济学，不仅要了解研究的对象、研究的任务和研究的目的，而且要了解研究的方法。这里就个人的体会，概括地谈谈环境经济学的基本研究方法和具体研究方法，以求教于学术界的同行。

## 1121 社会表征理论视域下心理研究的人本主义回归

发表时间及载体：《西华大学学报：哲学社会科学版》2012 年第 5 期

作　　者：姜永志 张海钟

简　　介：社会表征理论是科学主义心理学陷入困境、心理学研究多元取向的背景下产生的研究群体心理的理论。该理论强调应将心理现象置于历史的、社会的、文化的宏观视野中加以研究，强调群体共享的社会认知结构对群体交往产生的影响，它回归了人本主义研究传统。文章通过对社会表征理论的产生背景、基本概念的梳理，进一步揭示它的人本主义回归的意义。

## 1122 "前修或未密，后出当转精"——评张兵、冉耀斌新著《李梦阳诗选》

发表时间及载体：《甘肃联合大学学报：社会科学版》2010 年第 1 期

作　　者：王小恒

简　　介：张兵、冉耀斌《李梦阳诗选》以其填补空白的努力、回归理性的学术追求，着眼于明清诗歌研究领域的诸种偏颇，以诗选一体"浓缩"《空同集》诗歌之整体状貌，还原一个本来意义的空同诗。《李梦阳诗选》选诗打破一隅之见，以求"展现其创作的整体面目"，注诗力求精谨准确，在文献上尊重原著，斥伪返本，评诗涉及空同其人其诗之诸多方面，体系完整，严格从文本出发，客观反映其诗学成就，突破了对空同诗评价问题上传统成见。凡此种种，足以启发后学，使之"后出"而愈"精"。

## 1123 乌兹别克人的迁徙及其社会文化变迁

发表时间及载体：《甘肃联合大学学报：社会科学版》2008 年第 1 期

作　　者：刘有安

简　　介：乌兹别克人从民族萌芽开始至今经历了长期的战争和艰难的民族迁徙。首先从钦察草原迁到中亚，又由中亚向四周扩散。在乌兹别克人民族迁徙过程中，其民族传统文化、社会生活也发生了显著的变化。本文探讨了乌兹别克人的迁徙历程，并对乌兹别克人迁入中亚和中国后的社会文化变迁做了研究。

## 1124 甘肃信贷扶贫项目管理运行机制分析

发表时间及载体：《甘肃社会科学》1998 年第 6 期

作　　者：李树基

简　　介：本文是甘肃信贷扶贫项目管理运行机制研究课题总体报告的一部分。总体报告共分四个部分：一、贫困地区加强信贷资金管理的理论依据；二、信贷扶贫的基本特征和投资效果；三、信贷扶贫项目管理运行机制分析；四、信贷扶贫项目管理的建议。

## 1125 试论 16 世纪英国议会的变化

发表时间及载体：《历史教学：高校版》
2012 年第 4 期

作　　者：刘鹏

简　　介：在经济和社会大变革的背景下，
16 世纪的英国议会发生了重大变化。首先，
随着封建贵族的没落和乡绅的兴起，上院开
始衰落，下院开始崛起，议会的内部格局由
此发生了颠覆性变化。其次，在宗教改革的
推动下，立法开始成为议会的主要职能，议
会由此成为社会各方关注的中心，在二者的
影响下，议会的性质也发生了深刻变化，成
为乡绅阶层反抗王权的阵地。议会的上述变
化为其在下个世纪取得英国革命的胜利奠定
了基础。

## 1126 论《伙计》的文体风格及其表现功能

发表时间及载体：《兰州大学学报：社会科
学版》2004 年第 32 卷第 6 期

作　　者：李志强

简　　介：在众多当代美国犹太作家当中，
马拉默德的作品有其独特的文体风格。代表
作《伙计》是一部能够充分体现其文体风格
的长篇小说。本文试图从该小说的叙述方式、
心理描写、英语与意第绪方言的巧妙结合及
具有"言外之意"的对话四个方面来阐述该
小说的文体特色，以揭示它们在表现主题、
塑造人物等方面的功能。

## 1127 论西部大开发中政府管制体系的解构与重构

发表时间及载体：《西部论丛》2001 年第 1 期

作　　者：高新才

简　　介：西部大开发是党和政府制定的跨
世纪的发展战略。在过去的二十多年里，东
部沿海地区的高速发展既得益于政策创新，
也得益于制度创新。党的十四大明确指出，
社会主义经济体制改革的目标是建立社会主
义市场经济体制，随着新体制的逐步成熟，
政策资源的功能日益递减。在此背景下的西
部大开发中，西部各省区政府的首要任务之
一，就是制度创新。

## 1128 论重视和加强党内民主制度建设问题

发表时间及载体：《甘肃理论学刊》2005 年
第 5 期

作　　者：杨怀生

简　　介：党内民主是党的生命，是党的生
机和活力的源泉。党内民主问题，历来是党
的建设中的一个重大问题。事实表明，没有
充分的党内民主，就不能正确实行民主集中
制，就不能充分调动全党的积极性、主动性、
创造性，就不能凝聚全党的意志和力量，也
就没有党的事业的兴旺发达。发展党内民主，
必须重视和加强党内民主制度建设。

## 1129 西部高校英语教学媒体的"最佳适用点"探索

发表时间及载体：《电化教育研究》（CSSCI）
2009 年第 12 期

作　　者：赵丽萍

简　　介：本文通过对传统大学英语教学的
分析，提出了合理利用现代信息技术创新大
学英语教学观，打破一味追崇高新技术媒体
的习惯认识，总结了不同教育技术媒体在大
学英语教学中的不同用处，即不同媒体在大
学英语教学中的"最佳适用点"。

## 1130 明武宗暴亡后江彬被捕原因探析

发表时间及载体：《西北师大学报：社会科学版》2006 年第 1 期

作　　者：田澍

简　　介：明正德十六年（1521 年）三月十四日，武宗暴卒，其生前宠臣江彬不久被捕，成为当时极具影响的一件大事。关于江彬被捕的原因，众说纷纭，其中以江彬因谋反被捕一说影响最大。事实上，杨廷和等人为确保京师安全而急速调兵设防，使京城居民误认为江彬密谋叛乱，杨廷和等人不得不借机拘捕江彬以平息舆情，稳定政局，这是江彬被捕的直接原因。而江彬与宦官阁臣之间所固有的矛盾是其率先受到打击的根本原因。

## 1131 远程教育·科技传播·西部开发

发表时间及载体：《电化教育研究》（CSSCI）2001 年第 8 期

作　　者：杨改学

简　　介：本文从科技传播对西部大开发所产生的作用，以及采用现代远程教育进行科学技术的传播，对人的文化素质、科技素质的提高在质量、效益和规模方面的影响进行了深入的论述。

## 1132 关于中国改革理论与实践的几点思考

发表时间及载体：《中国海洋大学学报：社会科学版》2000 年第 4 期

作　　者：刘先春

简　　介：本文结合我国社会主义改革理论与实践，着重论述了这场改革深刻体现了渐进性与激进性、改良性与革命性、理想性与现实性以及阶段性与长期性的辩证关系。

## 1133 甘肃实施区域发展战略的产业对策与保障措施

发表时间及载体：《开发研究》2011 年第 5 期

作　　者：关辉国

简　　介："推动产业发展、提升实体经济"在落实甘肃整个区域发展战略中担负着主导作用。本文将其划分为推动传统优势产业改造升级、培育发展战略性新兴产业、高水平建设国家循环经济示范区三大任务，并提出了一系列发展对策，最后针对三大任务的具体实施又提出了相应的保障措施。

## 1134 敦煌石窟于阗国王画像研究

发表时间及载体：《新疆师范大学学报：哲学社会科学版》2006 年第 27 卷第 4 期

作　　者：沙武田

简　　介：于阗国王供养人画像等形象作为一类独特的图像出现于敦煌石窟中，文章首先简略交代此类图像出现于敦煌石窟的社会历史背景，即与五代宋曹氏归义军时期沙州与于阗的特殊关系密不可分。接着从图像学角度对该类图像进行了解读，分别探讨了于阗画像的宗教象征意义和邈真写真特性。最后又分别从供养人盲像与洞窟窟主关系、洞窟新题材的出现及其相互关联两个方面就此类画像在洞窟中的性质与意义表明作者的观点。

## 1135 国际贸易理论的新发展：一个文献综述

发表时间及载体：《兰州商学院学报》2005 年第 21 卷第 6 期

作　　者：李锦 王必达

简　　介：国际贸易理论的发展经历了传统国际贸易理论和新国际贸易理论两个主要阶段。新国际贸易理论随经济学理论的发展而兴起，它不断将新的经济学概念引入国际贸易研究领域，从纵深角度解释了国际贸易产生和发展的原因，极大地促进了国际贸易理论研究的发展。

## 1136 人均生活能源消费、收入和碳排放的面板数据分析

发表时间及载体：《资源科学》2012 年第 6 期

作　　者：贺仁飞

简　　介：人均能源消费量是反映一个国家经济发展水平和人民生活质量的重要指标。作为终端能源消费，生活用能对总能源的消费结构、供求关系和节能减排具有重要影响。本文以中国 30 个省、市、自治区为研究单元，分城镇、农村两类消费群体，从面板格兰杰因果检验到面板模型的参数估计，分析人均生活用能、收入和生活能源碳排放之间的内在关联和变化趋势。结果表明，这三个变量之间存在长期均衡关系，在空间过程上显示出有规律的变化趋向。在东、中、西部三个地带之间和同一地带的城乡之间，变截距模型估计的能耗和碳排放的固定效应差异主要受居民人均收入的影响，低收入的西部地区能耗和碳排放的基数小，但对收入变动的反应敏感。南北方向的固定效应则主要反映了地理因素的影响，北方省区气候寒冷引起了较多的能源消费和碳排放。为应对气候变化，需要大力调整用能结构，在开发可再生的清洁能源时，实施全过程的环境影响评估和节能减排措施。

## 1137 敦煌契约文书中的保人、见人、口承人、同便人、同取人

发表时间及载体：《敦煌研究》2002 年第 6 期

作　　者：杨惠玲

简　　介：吐蕃归义军时期的敦煌民间私契很普遍，笔者以为契约中保人、口承人、同取人、同便人均为履约的担保人，保人年龄 8 岁至 60 岁，身份复杂，多为被保人之亲属，反映了当时浓厚的家族观念、宗法思想。契约中见人、知见人为契约的见证人，身份上有节度幕府职官，下有村、里、乡官和百姓。

## 1138 建立甘肃人才资源开发机制初探

发表时间及载体：《甘肃理论学刊》2003 年第 2 期

作　　者：彭宝珍

简　　介：人才匮乏是制约甘肃经济发展的关键因素。本文通过对甘肃人才资源开发现状及人才资源开发迟缓原因的分析，就建立健全甘肃人才资源开发机制提出了几点见解。

## 1139 地区差异与区域经济协调发展

发表时间及载体：《甘肃行政学院学报》2005 年第 4 期

作　　者：刘英

简　　介：地区经济发展差异过于悬殊，必然影响经济、社会稳定协调发展。按照国际社会认同的标准，中国地区间经济发展差异已经越过警戒线，从而引发一系列经济、社会问题，导致经济发展迟缓，社会矛盾加剧，不安定因素增加，影响政治稳定，成为我国全面建设小康社会，构建和谐社会，可持续协调发展的难题。运用均衡经济政策充分发挥政府在西部大开发中的主导作用。区域经济政策以系统化为指导，实行大战略、大思路、科学规划，科学决策，协调发展，充分运用财政杠杆，完善均衡政策体系，进一步推动西部开发可持续协调发展。

## 1140 甘肃发展循环经济中的金融支持及对策建议

发表时间及载体:《甘肃联合大学学报:社会科学版》2011 年第 27 卷第 1 期

作　　者: 汪晓文 武光

简　　介: 循环经济是以资源的高效利用和循环利用为核心的经济发展模式。发展循环经济要涉及多个学科领域, 技术更新速度快, 研发投入大, 对设备和原材料的要求高, 这些都需要大量的资金支持。在现代经济中, 经济活动与金融活动密不可分, 功能完善的金融体系可以有效地促进经济的发展, 而不健全的金融体系对经济的增长会造成很多不利的负面影响。2009 年 12 月 24 日, 国务院正式批复了甘肃省循环经济总体规划, 甘肃成为我国第一个由国家批复的区域循环经济发展示范区, 真正实现了循环经济由理论到实践的突破。本文拟从甘肃的现实情况出发, 对金融支持甘肃循环经济的发展进行分析研究并提出相应的对策建议。

## 1141 运用网络信息技术, 广泛开展社会科学研究工作

发表时间及载体:《电化教育研究》( CSSCI )2001 年第 11 期

作　　者: 甘德荣

简　　介: 网络信息技术的日益推广和普及, 必将会对社会科学研究工作产生极大的促进作用。本文试图通过对网络信息技术在人文社会科学研究和管理中的简单运用情况的介绍, 敦促广大的社会科学研究者尽快掌握和运用这一现代化的科学技术, 提高科学研究的改革, 以适应日益发展的社会科学研究形势。

## 1142 对我国劳动教养制度的法理分析

发表时间及载体:《甘肃政法学院学报》

2004 年第 5 期

作　　者: 刘玉兰

简　　介: 劳动教养制度是我国法律的独创, 但其在立法和执法上的种种弊端是对《宪法》精神和《刑法》罪刑法定原则的违背, 更有悖法治精神, 影响司法公正。本文从劳动教养制度的形成、发展和演变入手, 对劳教制度进行了法理分析, 将其与《宪法》《立法法》《行政处罚法》《刑法》等相关法律相比较, 探讨了我国劳动教养制度的立法体例, 进而提出与我国刑法相整合的建议。

## 1143 吐蕃统治时期敦煌僧官的几个问题

发表时间及载体:《敦煌研究》2005 年第 3 期

作　　者: 陆离

简　　介: 敦煌文书 P.3699《祈愿文》中的天下僧统触坚为公元 824 年以后的吐蕃佛教宗师; 吐蕃统治时期的敦煌都教授为当地最高僧官, 下属有若干寺院教授, 每个寺院教授具体负责管理敦煌僧团中某一方面的事务, 该做法应来自吐蕃本部, 为吐蕃僧官制度所特有。

## 1144 自然保护区生态效益计量及评估——以甘肃白水江自然保护区为例

发表时间及载体:《生态经济》( CSSCI )2004 年第 1 期

作　　者: 韦惠兰

简　　介: 生态效益是自然保护区保护效益的中心, 对生态效益进行评估是自然保护区研究的重要内容。本文在对自然保护区生态效益进行科学界定的基础上, 探讨了生态效益计量的理论方法, 并以甘肃白水江自然保护区为例, 具体计量和评估了其生态效益。

## 1145 运用多媒体技术优化高校音乐课堂教学的理论与方法

发表时间及载体:《电化教育研究》(CSSCI)2005 年第 5 期

作　者: 张亦军 陆洋

简　介: 多媒体技术被广泛应用于高校音乐课堂教学,并且显现出种种优势。为实现高校音乐课堂教学的最优化,必须恰当把握二者的结合点,寻求有效的优化策略。本文就此提出一些建议,从而对如何促进高校音乐课堂教学的进一步发展做出有益的探索。

## 1146 农民依托的农村合作经济组织——对永靖县百合协会的调查

发表时间及载体:《甘肃行政学院学报》2004 年第 3 期

作　者: 董显儒

简　介: 永靖县百合协会从特色百合、绿色百合、效益百合入手,遵循市场经济规律,将千家万户弱势群体和弱势产业组织起来,共同运作,共同对外,使协会真正成为农民能够依托的、政府信任的、"三农"中发挥重要作用的农村合作经济组织。

## 1147 英语网络教学与语言信息理论的整合

发表时间及载体:《电化教育研究》(CSSCI)2008 年第 2 期

作　者: 周爱保 张水云

简　介: 英语网络教学是以多媒体与互联网为平台的教学模式,是现代信息技术与语言教学相结合的产物。语言信息理论是篇章语言学理论之一。本文试图把语言信息分布的规律运用于英语网络教学,提高网络语言信息的处理能力,实现语言信息理论和英语网络教学情境的整合。

## 1148 意识形态批判与中国社会现代性成长

发表时间及载体:《理论导刊》2011 年第 1 期

作　者: 刘先春

简　介: 发轫于欧洲启蒙运动时期的现代性指引人类创造了伟大的现代文明。当今世界多数国家将现代化建设作为自己的战略任务和目标,追求现代性成长,表明现代性仍是人类未完成的谋划。

## 1149 西北民族地区牧民定居意愿调查研究——以甘肃省肃南县康乐乡为例

发表时间及载体:《西北民族大学学报:哲学社会科学版》2012 年第 5 期

作　者: 贺卫光

简　介: 为了调查牧民自身定居意愿的状况,研究困扰牧民定居的各种因素,本文运用问卷调查和个案访谈的方法,总结出牧民定居的总体意愿,并从经济、生活、文化、政策四个方面对影响牧民定居意愿的因素进行分析。研究发现,牧民的总体定居意愿不是很强烈,年龄、身体健康状况、经济来源、家庭年收入、语言的传承这些因素与定居意愿具有显著相关性,对牧民定居意愿的选择有较大影响,而性别、文化程度、家庭结构、生活便利状况、宗教与民俗文化的传承这些因素与定居意愿无显著相关性。牧民定居意愿是牧民在宏观经济、社会、生态、制度的变迁中,从自身和家庭的微观利益出发,综合考虑了多方因素做出的理性选择。

## 1150 加入世贸组织后西部农业结构的调整

发表时间及载体:《西北师大学报:社会科学版》2002 年第 1 期

作　者: 平惠敏

论 文

简　　介：中国加入世界贸易组织后，西部农业结构调整应从以下几方面进行：一、必须以国内外市场为导向，发展具有比较优势的特色农业和绿色食品产业，如水果业、无公害瓜类蔬菜业、花卉业、中药材业、杂粮杂豆业、籽种苗木业、生态旅游观光业等；二、要立足于资源优势，大力发展草业和畜牧业；三、要突出重点，积极发展农产品加工业。

## 1151 中国少数民族地区教育自治问题的法学研究

发表时间及载体：《社科纵横》2011 年第 2 期

作　　者：白津生

简　　介：民族自治地方教育的发展是各民族发展权益的重要组成部分，同时也是民族平等的重要内容。中国经过多年探究已建立起体现着文化多样和共同繁荣精神的民族区域教育自治制度。然而，随着法治及市场经济的发展，民族地区教育自治在运行过程中出现了一些问题。本文从甘肃省甘南藏族自治州的调研成果出发，揭示少数民族地区教育自治中存在的教育公平等问题，运用法哲学、法社会学、法经济学的方法进行法学分析，借鉴其他多民族国家处理相关问题的模式，提出解决问题的立法及政策建议，以实现教育公平、国家统一、社会主义市场经济协调发展、各民族文化共同繁荣。

## 1152 思想解放是当代中国改革开放最鲜明的特点

发表时间及载体：《社科纵横》2009 年第 6 期

作　　者：卫军利

简　　介：解放思想、实事求是是我们党的思想路线，是马列主义、毛泽东思想的精髓，也是邓小平理论的精髓。在新世纪继续解放思想，坚持改革开放，对促进社会和谐和全面建设小康社会都有重大的现实意义和理论意义。

## 1153 非正常危机境遇下人性善恶的反思

发表时间及载体：《甘肃理论学刊》2012 年第 3 期

作　　者：王振杰 魏小红

简　　介：人性善恶的问题是一个永恒的话题。各种学说在不断完善并且为后人对人性问题的研究奠定了基础。目前，我们进入社会转型时期，传统的魅力给现代化过程注入了很多活力因素，传统的力量显山显水，呈现出强劲的势头。

## 1154 甘肃特色晚间旅游产品开发模式研究

发表时间及载体：《甘肃联合大学学报：社会科学版》2011 年第 3 期

作　　者：陈伯平

简　　介：甘肃是个旅游资源大省，石窟、宫观、寺庙远近闻名，佛道文化底蕴深厚，民俗风情浓郁，大多数旅游资源具有向晚间旅游产品开发的便利性。随着近几年敦煌与邻省航线的开通，使得甘肃旅游过夜游客人数减少，愈加呈现出一种蜻蜓点水般到此一游、不过夜、不住宿的现状。因此，本文通过科学构思及实证论证，旨在借助特色晚间旅游产品的开发，吸引更多的游客过夜消费。本文阐述了甘肃特色晚间旅游产品开发的模式，旨在解决甘肃旅游过夜客人数减少、旅游时间变短、旅游收入降低等问题。

## 1155 走向跨界的妇女学和妇女史研究——杜芳琴先生学术贡献述略

发表时间及载体：《山东女子学院学报》

2012 年第 3 期

作　　者：铁爱花

简　　介：自 20 世纪 80 年代中期至今，杜芳琴先生在中国古代妇女、性别史、妇女学理论的本土探索与学科建设等领域进行了广泛深入的研究，取得了丰硕成果。考察杜芳琴先生的学术贡献，不仅可以窥见中国女性学者从事学术研究的艰辛、执着与收获，也可窥探中国妇女、性别史研究发展的历程，对于总结妇女、性别史研究中的利弊得失，展望妇女、性别史研究的未来也不无裨益。

## 1156　论缔约过失责任

发表时间及载体：《甘肃行政学院学报》2001 年第 3 期

作　　者：李洪萍

简　　介：缔约过失责任理论的建立，完善了债法体系，对传统的无合同无责任观念形成了强大冲击。在实践中研究缔约过失责任的适用具有重要的意义。本文即从其构成要件入手，探讨其在实践中的适用问题。

## 1157　简牍日书社会生活史研究述评

发表时间及载体：《甘肃高师学报》2011 年第 1 期

作　　者：孙占宇　张艳玲

简　　介：文章对二十多年来学界利用简牍日书材料研究战国秦汉社会生活史所取得的丰硕成果进行了较为全面的梳理。这些成果丰富了我们对于战国秦汉时期中下层民众日常生活的了解，深化了我们对于当时社会风貌的整体认识，在很大程度上弥补了史籍记载之不足，值得肯定。同时指出以日书为代表的数术文化曾对当时社会心理以及民众生活产生过深远的影响，以往研究成果在这方面的讨论稍嫌薄弱，有待进一步深入。

## 1158　加快西部地区交通运输业发展问题浅议

发表时间及载体：《甘肃理论学刊》2001 年第 5 期

作　　者：王海霞

简　　介：西部地区交通运输业落后，已成为制约经济发展的重要因素。未来国民经济的发展及西部大开发对西部地区的交通运输业有巨大的需求，提出了更高的要求。为了适应经济发展的需要，建立合理的交通运输体系，必须要采取有效的措施，加快西部地区交通运输业的发展。

## 1159　论网络行政伦理规约的制度安排

发表时间及载体：《甘肃理论学刊》2011 年第 1 期

作　　者：王亚强

简　　介：从网络行政伦理规约制度安排的必要性，厘清网络行政伦理规约中的"网络行政应然"与"网络行政实然"之辩，分析认为制度安排是连接"网络行政应然"与"网络行政实然"的中介。然后通过列举网络行政伦理规约过程中制度缺位的表现，对有关制度缺陷做了分析，最后从电子政务技术控制阶段研究了网络行政伦理规约的制度安排的实现路径。

## 1160　产业区位选择因素研究综述

发表时间及载体：《中国流通经济》（CSSCI）2009 年第 2 期

作　　者：高新才

简　　介：产业区位选择因素的研究文献相当丰富，大多集中于对新企业的区位选择不确定的影响方面，产业区位选择的关键因素包括交通运输、劳动力、原材料、市场、产业区位、公用事业、政府的态度、税制结构、气候、社会团体、国家的政治局势、全球竞争和生存、政府监管以及经济因素等 14 项因素，对这些关键因素的衡量必须考虑现代产业区位选择因素的尺度、产业区位的详细要素和现代国际产业区位选择因素等问题，并设计出一个系统的方案。我们可以使用工具对产业区位选择决策进行研究，通过对决策过程的研究得出较全面的结论。

## 1161 中国装备制造业空间集聚的实证研究

发表时间及载体：《经济问题》（CSSCI）2008 年第 7 期

作　者：高新才

简　介：产业集聚是现代产业发展中的重要趋势。利用产业集中指数和产业集中率指标，对 1994—2005 年中国装备制造业的集聚程度及其变动进行测度，发现中国装备制造业总体上空间集聚程度不断提高，集聚是中国装备制造业主要的变动方向和发展趋势。在此基础上，明确了中国装备制造业的主要聚集地区。

## 1162 甘肃装备制造业技术创新之理性选择

发表时间及载体：《甘肃理论学刊》2007 年第 6 期

作　者：丁国安

简　介：甘肃装备制造业整体水平低，自主创新能力弱，自主知识产权、自主设计的产品少，既是经济发展滞后的结果，又是长期以来忽视技术创新对装备制造业推动作用的必然结果。为此，必须尽快调整甘肃装备制造业技术创新存在的问题和障碍，以技术创新实现甘肃装备制造业的振兴。

## 1163 柳青、陈忠实的创作与外国文学

发表时间及载体：《甘肃社会科学》2012 年

第 1 期

作　者：李晓卫

简　介：学习和借鉴外来文学是中国现当代文学的一个传统，柳青和陈忠实作为中国当代文学不同发展阶段的代表作家，在创作上都具有注重对外国文学的学习和借鉴的倾向。然而，由于时代环境的不同和个人艺术见解的差异等主客观条件的影响，他们在对外国文学的学习和借鉴上表现出了明显的不同。柳青在对外国文学的学习和借鉴上更多的是从思想性考虑的。此外，他所接受的主要是俄苏文学的影响，具有那个时代的烙印。而陈忠实则更注重对外国文学艺术方法的学习和借鉴，他不仅注重对传统现实主义文学的学习和借鉴，也把目光转向了现代主义文学的艺术方法和表现技巧，体现了鲜明的时代特征。通过对两位作家的创作在这一问题上的比较，对于如何学习和借鉴外来文学具有有益的启示。

## 1164 中西方文化对汉英语言的影响

发表时间及载体：《甘肃理论学刊》2006 年第 5 期

作　者：马小麒

简　介：语言是文化的重要组成部分，是文化的载体。作为世界上使用人数最多的两大语种，汉英语言和东西方文化一样存在着相同性、相似性、相融性和相异性。同时两种语言都深受其各自文化背景，尤其是宗教、神话故事和文学典故的影响，因此我们在学习和应用英语的过程中要充分认识汉英两种语言的文化共性和文化个性，促进中西方文化的交流。

## 1165 高校思想政治理论课实践教学规律探索

发表时间及载体：《甘肃联合大学学报：社

会科学版》2011 年第 27 卷第 1 期

作　　者：费翔

简　　介：思想政治理论课实践教学是由学校认可的以学生思想道德素质发展为目的，在思想政治理论教师组织指导下，依据思想政治理论课的教学内容和要求，以有目的、有计划地组织和引导大学生主动参与实践活动为主要形式的一种教育教学环节和模式。强化实践教学对于提高高校思想政治理论课教学的实效性具有特别重要的意义。当前，实践教学分为课堂内和课堂外，课内实践教学是开展"思政课"实践教学的基础；课堂外的实践教学包括参观考察、暑期社会调查、各种志愿服务、教学基地的实践等，是课内实践教学的延伸。

## 1166 论柏拉图的相论辩证法

发表时间及载体：《西北师大学报：社会科学版》2001 年第 6 期

作　　者：李朝东

简　　介：柏拉图在区分认识及其对象的基础上详细讨论了存在、可感事物、不存在及其认识、意见和无知等重要的知识论问题，他对存在、动、静、同、异、非存在等范畴的对立统一关系的讨论形成的相论哲学是西方哲学史上最有创造性的思想，并对后世哲学产生了十分重要的影响，奠定了西方哲学运思的基本架构和思路。

## 1167 论公民社会视角下后国际金融危机时期政府与市场关系

发表时间及载体：《理论视野》（CSSCI）2011 年第 2 期

作　　者：王学俭

简　　介：此次国际金融危机对世界经济和政治产生了重大影响，在后国际金融危机时期必须进行反思和研究。新自由主义下政府与市场之间的关系，强调市场的自我调节，反对政府的调控干预。

## 1168 石羊河流域综合治理的趋势及建议

发表时间及载体：《社科纵横》2008 年第 2 期

作　　者：吕胜利 吕晓英

简　　介：实现水资源供需动态平衡是西北内陆河流域综合治理的核心问题和重要目标。本文以甘肃省石羊河流域武威市水资源供需状况为背景，建立了地表水和地下水相互转化及其与环境和经济社会相互影响、协调发展的大型系统动力学模型。

## 1169 循环经济与西部地区可持续发展的思考

发表时间及载体：《开发研究》2005 年第 2 期

作　　者：聂华林 王彩云

简　　介：对于在我国生态环境相对比较脆弱的西部地区而言，发展循环经济是打破旧有发展模式、实现资源永续利用、扩大就业的重大战略选择。

## 1170 唐诗中数词的语义模糊性及其英译

发表时间及载体：《甘肃联合大学学报：社会科学版》2009 年第 6 期

作　　者：秦小红

简　　介：模糊性是语言的基本属性。数词是语言科学中的一个特殊领域，是表示数量或顺序的词类。精确的数字能传达清晰、确切的语义信息，但在语言的实际运用中，尤其是在文学作品中，其语义由精确转变为模糊。本文着重分析了唐诗中数词的模糊性和修辞功能，并提出了一些模糊数字的翻译方法。

## 1171 光辉的历程宝贵的经验——纪念中国共产党成立 90 周年

发表时间及载体：《社科纵横》2011 年第 7 期

作　　者：桑维军 郑彦宏

简　　介：中国共产党经历了 90 年辉煌的历史，取得了举世瞩目的伟大成就，即实现了两次历史性飞跃，产生了两大理论成果，实现了三次伟大转变，开辟了三条道路，做了三件大事，积累了极其宝贵的经验。

## 1172 自然保护区生态补偿问题研究

发表时间及载体：《环境保护》（CAS、CSSCI）2008 年第 2 期

作　　者：韦惠兰

简　　介：自然保护区生态补偿实践在我国出现得比较早，但到目前为止理论研究却一直滞后于实践的发展，本文通过介绍国内外自然保护区生态补偿理论的研究现状，针对目前我国自然保护发展所面临的实际问题，通过对我国目前的补偿方法的分析，构造了自然保护区生态补偿的核算模型。为我国的保护区补偿理论在实践应用过程中提供了一种新的分析方法。

## 1173 简析阿尔里·阿尔布都小说中的男性人物形象

发表时间及载体：《社科纵横》2009 年第 4 期

作　　者：李洁

简　　介：本文通过中亚东干族著名小说家阿尔里·阿尔布都的将近五十篇汉译中短篇小说来分析文本中出现的各类男性人物形象——英雄形象、父辈（爷爷）形象、青年（少年）形象，来看待东干这一话语权力由男性所控制的民族的生存状态与风俗文化，

更进一步地了解阿尔布都对东干民族意识的肯定，对本民族社会生态环境的鲜活反映以及对中亚东干族深刻的文化反思。

## 1174 资产证券化：西部大开发基础设施建设融资的有效途径

发表时间及载体：《兰州大学学报：社会科学版》2001 年第 29 卷第 3 期

作　　者：聂华林 刘元蕊

简　　介：加快基础设施建设是实施西部大开发战略的一项重要内容。这需要多方面拓宽融资渠道，广泛筹集资金。资产证券化通过近几年在国际资本市场上的运作，逐渐显示出其为大型建设项目融资的优势。因此，本文从资产证券化自身特点谈起，结合对西部基础设施建设过程中的资金供求分析，认为资产证券化是解决西部大开发中基础建设融资的有效途径，并指出将资产证券化引入基础设施建设的具体操作过程中应注意的问题以及相关法律制度环境的构建。

## 1175 刑事诉讼法违法证据排除法则的分析

发表时间及载体：《兰州大学学报：社会科学版》2001 年第 29 卷第 1 期

作　　者：魏清沂 周二勇

简　　介：通过对违法证据排除法则的概念、英美法律中该法则发展状况的分析和论证，提出我国刑事诉讼法也应适用该规则，并应采用既注重内容、又兼顾形式的部分排除原则。

## 1176 陇海—兰新—北疆铁路沿线城市紧凑度及其影响因素研究

发表时间及载体：《经济地理》（CSSCI）2012 年第 32 卷第 7 期

作　　者：白永平

简　介：根据紧凑城市的核心内涵，从空间紧凑、结构良好、效率较高三个维度构建了城市紧凑度测度指标体系，运用主成分分析计算了 2009 年陇海—兰新—北疆铁路沿线 40 个城市紧凑度的综合得分，并将其划分为紧凑、较紧凑、一般紧凑和不紧凑四种类型。除个别城市外，从总体上来看，沿线城市紧凑度水平按照特大城市、大城市、中等城市、小城市的顺序呈现依次降低的变化规律。通过多元线性逐步回归分析了城市紧凑度的主要影响因素，结果表明目前影响沿线城市紧凑度的主要因素首先是经济增长弹性，其次是人口密度、基础设施建设和城市形态紧凑度等，对于不同规模的城市，城市紧凑度的主要影响因素亦有差异。

## 1177 共生理论对于建构西北城市回族社区的启示

发表时间及载体：《甘肃高师学报》2012 年第 3 期

作　者：马歆星 罗云平

简　介：共生（symbiosis）一词的概念源于生物科学，后被引入社会科学领域，并广泛运用，特别成为社会学界研究社会问题的独特视角和方法论。文章通过对共生理论的介绍，以西北城市回族社区为例，希望通过共生理论，寻找到适合于西北城市回族社区的建构方法，努力构建一个和谐、稳定、互惠共生的城市新社区。

## 1178 对甘肃实现经济社会跨越式发展的管见

发表时间及载体：《开发研究》2011 年第 3 期

作　者：张嘉选

简　介：中共甘肃省委在谋划"十二五"发展规划的同时提出了跨越式发展战略。笔者认为，跨越式发展战略的提出对于甘肃具有里程碑的意义。文章主要对贯彻实践这一战略过程中需要厘清的认识问题及应当注意克服的两种思想倾向提出了一些见解。

## 1179 吐鲁番出土唐前期给粮账初探

发表时间及载体：《天水师范学院学报》2003 年第 6 期

作　者：李并成

简　介：吐鲁番阿斯塔那 91 号墓出土的 10 件给粮账，为研究唐代给粮账及其制度提供了十分重要的文献资料。对给粮账的研究考证发现，该给粮账给粮对象可能是官奴婢、官户、营田户、杂户、刑徒等。

## 1180 基于网络的协同教研系统研究

发表时间及载体：《电化教育研究》（CSSCI）2012 年第 12 期

作　者：李华

简　介：网络教研是我国新时期基础教育发展中，网络技术支持教师专业发展的一种表现形态，是一项富有深刻内在价值和长远意义的探索性工作。但就目前网络教研研究的情况来看，对网络教研的系统性研究尚不足。文章提出了"网络协同教研系统"的概念并对其进行研究，提出了校本、校际、区域等三个不同层级的网络协同教研系统模型，对模型的形成、模型的运行流程进行了剖析，以期对网络协同教研活动的开展提供参考和借鉴。

## 1181 民族地区教师队伍建设的现状、问题与对策研究

发表时间及载体：《西北民族研究》（CSSCI）2012 年第 1 期

作　者：王嘉毅 赵明仁

简　介：在提高民族地区教育质量，促进

我国教育均衡发展的背景下，加强教师队伍建设是提高民族地区教育质量的前提条件和决定性因素。基于我国发展民族地区教育事业的历史经验，针对当前民族地区教师队伍建设中存在的突出问题，在科学发展观的指导下，本文提出如下加强民族地区教师队伍建设的政策建议：充分认识在新时期加强民族地区教师队伍建设的重大战略意义，提高民族地区教师待遇，创新民族地区教师资源配置机制，加大对口支援与城乡交流工作力度，大力开展双语教师的培养与培训，提高民族地区教师队伍管理水平，加强民族地区教师队伍建设的研究。

## 1182 谈段文杰先生的学术贡献

发表时间及载体：《敦煌研究》2011 年第 3 期

作　　者：贺世哲

简　　介：从时间上来说，在 1980 年以前，敦煌研究院的人写过的学术论文没有几篇，一方面是研究条件太差，一方面也与历史背景有关，学术刊物很少，发表文章很难。20 世纪 80 年代初，段文杰先生带头搞学术研究，那时集中了研究人员写的论文，编了一本论文集，就是《敦煌研究文集》（1982 年由甘肃人民出版社出版）。那是敦煌研究院历史上的第一本学术论文集，是段先生组织大家写的稿子。这本论文集有较高的学术水平，直到今天，学术界对它仍然评价很高。敦煌研究院能有今天学术繁荣局面，是与段先生密切相关的。

## 1183 李商隐无题诗的构思特征——兼论李商隐对李贺的继承

发表时间及载体：《甘肃联合大学学报：社会科学版》2009 年第 6 期

作　　者：孙婷

简　　介：李贺因其性格的偏狭，其诗过于重视对感官的刺激，在结构上的最大特点是断离。这种断离可以摆脱逻辑的束缚，随意创造不同的意象，从而获得更强的刺激。这是一种建立在不受逻辑约束之上的美丽，其代价则是牺牲诗歌的完整与含蓄。李商隐则是精心选择那些与所要表达的情感相通的或相似的最为美丽的事物精心塑造，使之成为自己情感的替代物或"虚拟物"，以引发自恋的哀伤与对生命的巅峰体验。这要求形象与情感保持一定的距离，但逻辑链条不能断离。

## 1184 丝绸之路对河西开发的影响

发表时间及载体：《甘肃理论学刊》2004 年第 5 期

作　　者：李春芳

简　　介：丝绸之路开通后，成为中西政治、经济、文化交流的主要通道，丝绸之路穿越了河西全境，河西独特的地理、人文环境是丝绸之路得以畅通的重要保证，而丝绸之路的繁荣也对河西的开发产生了重要影响。这一影响主要体现在政治、经济、贸易、文化、宗教等方面。

## 1185 建设小康社会是我们共同奋斗的目标

发表时间及载体：《甘肃行政学院学报》2003 年第 1 期

作　　者：火玉花

简　　介：党的十六大提出了全面建设小康社会的目标，这是中国特色社会主义政治、经济、文化全面发展的目标，符合我国国情和现代化建设的实际进程，是全国人民的根本利益所在，只要认真贯彻党的十六大精神，全面建设小康社会的宏伟目标一定能实现。

## 1186 藏族族源传说的佛教化及其宗教意义

发表时间及载体：《西南民族大学学报：人文社会科学版》2012 年第 7 期

作　　者：杨红伟

简　　介：佛教在藏区传播并融入藏族文化的过程中，为了获得生存和发展，将藏族族源传说作为重要的文化资源加以利用。通过附会、建构、整合等一系列努力，藏传佛教话语系统中的藏族族源传说，完成了佛教化的改造。藏族族源佛教"神话化"的过程，不仅与藏传佛教的形成同步，也是佛教在不同阶段建构文化权力策略的体现。从宗教的角度而言，藏族族源传说的佛教化具有重要的现实意义：它既是佛教在藏区传播过程中进行宗教竞争的工具，也是格鲁派在西藏创建政教合一制的意识形态工具。

## 1187 民族志

发表时间及载体：《国外理论动态》2006 年第 3 期

作　　者：张进

简　　介：民族志，也译作文化志，是 20世纪初期由文化人类学家所创立的一种研究方法，主要指人类学家对其研究的文化对象或目的物做田野调查，深入到其特殊的社区生活中去，从其内部着手，通过观察和认知，提供相关意义和行为的客观的民族学描写而形成民族志，然后再对这些民族志描述进行分析、比较，以期得到对此文化的基本概念。民族志是了解一种未知社会和文化形态的必要手段。

## 1188 敦煌壁画中的蒙古族供养人云肩研究

发表时间及载体：《敦煌研究》2011 年第 3期

作　　者：董晓荣

简　　介：文章结合元代与金代文献、图像、出土实物资料等，说明敦煌壁画中所绘蒙古族供养人所着云肩是元代流行的式样。其形制源于金代，但与金代云肩相比，制作工艺及服用范围皆发生了变化。

## 1189 研究性学习与当代学习理论——兼论研究性学习的心理学依据

发表时间及载体：《西北师大学报：社会科学版》2003 年第 3 期

作　　者：杨军

简　　介：研究性学习作为当前新教育改革的一项重要举措，已得到了广泛认同，并全面推广。但是作为一个新兴的领域，在其理论研究和具体实施中尚存在许多问题亟待解决。学习理论研究的新成果为我们全面深入地认识和理解研究性学习提供了丰富理论依据，有助于提高研究性学习的科学化水平。

## 1190 甘肃省社会保障制度建设的难点剖析

发表时间及载体：《甘肃理论学刊》2003 年第 4 期

作　　者：金文俊

简　　介：随着社会主义市场经济体制的建立和经济体制改革的深入，社会保障制度的作用越来越突出。当前甘肃省社会保障制度建设的难点在于老龄人口的不断增加，加重了社会保障的负担，稳定的社会保障资金筹措机制尚未建立，资金筹措渠道单一，改革的成本和风险对社会保障的影响将更加突出。

## 1191 浅谈中小企业的竞争情报工作

发表时间及载体：《湖南财经高等专科学校学报》2009 年第 25 卷第 3 期

作　　者：汪慧玲

简　　介：开展竞争情报工作有利于中小企业提高竞争决策的科学性，提升中小企业的核心竞争力。针对当前存在的竞争情报意识淡薄、工作体系不健全、人才短缺以及内部信息网络开发利用不足等突出问题，中小企业管理者应转变观念，增强企业竞争情报意识，利用企业内外部资源，多方式获取企业所需竞争情报，加强竞争情报人才的培养，完善人才使用机制和激励机制。

## 1192 甘肃农村贫困影响因素分析——基于灰色关联度的实证研究

发表时间及载体：《兰州大学学报：社会科学版》（CSSCI）2012年第40卷第4期

作　　者：汪晓文

简　　介：近年来，农村贫困问题受到广泛关注。本文以甘肃农村为例，分析得出了甘肃农村贫困的影响因素，主要包括自然条件、人口素质、生产资金、农民工就业、贫困文化五个方面；利用灰色关联度模型进行了各影响因素与贫困的关联度分析，确定各因素影响贫困的重要程度；根据分析所得结论，提出了解决甘肃农村贫困的对策建议，以期丰富农村贫困理论，为相关部门制定农村扶贫政策提供理论支撑和决策参考。

## 1193 现代信息技术与“概率统计”课程整合研究

发表时间及载体:《电化教育研究》（CSSCI）2007年第6期

作　　者：陶菊春

简　　介：本文介绍了现代信息技术与“概率统计”课程整合的实践教学经验，并针对21世纪我国高等教育改革中对实践教学的要求以及教育信息化发展的新趋势，结合“概率统计”课程的特点，探讨了通过现代信息技术优化“概率统计”课程教学，改革其教学方法和教学手段，提高教学效果和教学质量的有效途径和新型模式。

## 1194 游牧人口定居模式的应用研究——基于甘南牧区的调查分析

发表时间及载体：《西北民族大学学报：哲学社会科学版》2011年第1期

作　　者：王娟娟

简　　介：以适宜的模式引导游牧人口定居是修复生态系统的重要举措。本文在分析自然禀赋、草地类型与功能、生态现状及已有生态修复手段等的基础上，提出符合甘南实际的定居模式主要有完全定居型、半定居型和混合定居型三种，各牧区应当立足各种模式的特点，从行政区划和草地状况两方面选择定居模式。

## 1195 西部民营科技企业发展策略研究——以兰州地区为例

发表时间及载体：《兰州大学学报：社会科学版》2004年第32卷第2期

作　　者：汪慧玲

简　　介：基于对西部地区的区域特征和民营科技企业发展所面临的机遇与挑战的分析，提出民营科技企业发展的关键在于创新。创新应着力于企业和外部环境两方面的创新，具体有制度创新、技术创新、市场创新和以政府为创新主体的环境创新。通过民营科技企业和政府全方位的创新，形成双重主体的创新模式，促进西部地区民营科技企业健康、稳定、快速发展。

## 1196 公司治理结构的法律思考——以新公司法为例

发表时间及载体：《社科纵横》2009年第6期

作　　者：杨丽斌

简　　介：《公司法》作为经济法的重要组成部分，从1993年实施以来发挥了重要的积极作用。而且为了适应市场经济的变化，公司法先后进行了两次修改。文章以2005年修订通过的《公司法》为视角，主要阐述了新公司法对中国公司治理结构建立的积极作用，为进一步阐述公司治理结构继续完善提供建议。

## 1197 武威市博物馆藏敦煌藏文写本

发表时间及载体：《敦煌研究》2006年第3期

作　　者：勘措吉

简　　介：武威市博物馆收藏有敦煌藏文写本《十万般若颂》三页及《愿文》一份，其中，藏文《愿文》首尾完整，是研究吐蕃历史文化的重要资料。

## 1198 教育传播学视野下的电脑写作概念厘定

发表时间及载体：《电化教育研究》（CSSCI）2009年第9期

作　　者：丁松虎 马武林

简　　介：电脑写作与教育传播关系密切。本文运用教育传播学的视角与方法，对电脑写作概念加以厘定，并进一步探讨了电脑写作的特性、意义及其与现代教学设计的关联。

## 1199 电子图书馆及其构建模式的思考

发表时间及载体：《电化教育研究》（CSSCI）2000年第9期

作　　者：韩威 杜存纲

简　　介：本文介绍了图书馆的理论模型和技术基础，通过分析我国图书馆的现状及发展要求，提出构建电子图书馆的三种模式，

并对其可行性进行了探讨，特别指出广播电视大学构建电子图书馆的必要性及其可行性。

## 1200 回族先贤传说讲述活动的表演分析——以宁夏韦州海太师传说为例

发表时间及载体：《西北民族研究》（CSSCI）2013年第1期

作　　者：杨志新

简　　介：笔者从"表演"的视角出发，通过对宁夏韦州回族海太师传说的三个口头文本的民族志考察，展示了这一传说不同文本的动态形成过程，指出不同语境下讲述者与观众的互动最终塑造了形态各异的传说文本，讲述者的讲述倾向是造成传说文本变异的重要原因。在同一社区中，先贤传说的核心母题会保持稳定，它是传说得以被记忆并被再创造的语料库，传说口头文本的变异有一定的限度。

## 1201 敦煌李氏三碑研究综述

发表时间及载体：《敦煌研究》2000年第2期

作　　者：谢生保

简　　介：敦煌莫高窟现存碑刻中，唐代李氏三碑最为著名，近一个世纪来，不少学者对此三碑进行过研究。本文从莫高窟建窟史、唐代河西归义军史、中国李氏之源、敦煌李氏兴衰史等方面，对众多学者的观点和研究成果进行了综述，并提出了尚待解决的问题，以便学者们在前人研究的基础上，进一步深入研究。

## 1202 浙江温州与甘肃临夏非公有制经济发展的比较分析

发表时间及载体：《科学、经济、社会》（CSSCI）2001年第19卷第2期

作　者：苏华

简　介：本文通过对浙江温州与甘肃临夏非公有制经济发展历程和特点的比较，总结温州模式的成功经验，提出临夏非公有制经济的发展应该解放思想和进行制度创新，强化优势产业，拓展民间融资渠道，提高科技含量，实施品牌战略。

## 1203 公务员法的基本理念和规范特征

发表时间及载体：《甘肃行政学院学报》2000年第1期

作　者：裴婷婷 何立慧

简　介：随着我国诸项改革的深入和发展，政府效率的提高越来越成为进一步推动改革的直接动力。而政府效率的提高和政府职能的有效发挥，一定程度上取决于公务员制度立法的完善。基于我国特定的国情，加之政府在其行使执行权的过程中，在大众生活中高频度地出现，使政府行为更加深刻地影响着社会生活的方方面面。但政府归根是由公务员组成的，政府效能的初始和最终体现还是通过公务员来体现的。越高权力层次的公务员对社会的影响越大，而且直接影响着公务员整体。

## 1204 高校文化维稳：可能性、必要性与实现路径

发表时间及载体：《理论导刊》2013年第1期

作　者：刘先春

简　介：高校稳定关乎万千家庭，更关乎社会稳定与国家民族发展。以"高校文化—高校社会关系秩序"为分析框架，通过研究发现，高校文化建设每创新发展一次，高校社会稳定就前进一步。

## 1205 西北地区实际利用外国直接投资的实证分析——以甘肃为例

发表时间及载体：《开发研究》2006年第3期

作　者：汪晓文 张科举

简　介：投资是一个地区经济发展的重要内在动力之一。落后地区经济发展过程中往往面临着"资金瓶颈"问题，而外国直接投资可以有效地弥补这种"资金缺口"。本文首先回顾了西部大开发政策实施以来甘肃利用外国直接投资的历史，并通过甘肃实际利用外国直接投资的代表性指标和东、中、西部某些地区及全国相应指标的对比，较为深入地剖析了甘肃在利用外国直接投资方面的现状与不足，并提出了相应的对策和建议。

## 1206 浅析马克思主义认识论在侦查中的作用

发表时间及载体：《社科纵横》2010年第11期

作　者：赵亮

简　介：马克思主义认识论是辩证唯物主义的认识论，科学地揭示了关于自然、社会和人的思维发展的普遍规律，为一切社会科学提供了方法论指导，也为侦查活动提供了科学的思想基础、理论依据。在侦查实践中坚持马克思主义认识论和侦查方法论的科学指导，对于提高侦查活动的效率和减少侦查工作的失误都具有十分重要的意义。

## 1207 甘肃省新型农村合作医疗制度研究

发表时间及载体：《兰州学刊》2010年第12期

作　者：陈珍

简　介：甘肃省于2003年启动新型农村合作医疗试点工作，本着自愿参加、多方筹

资、以收定支、收支平衡、大病统筹、保障适度、规范运行、不断完善的原则，经过六年多的发展，已经提前实现新农合在全省的覆盖，有效地缓解了农民看病难、看病贵和因病致贫、因病返贫等问题。文章通过对甘肃新农合发展中的成绩和问题的总结与分析，提出相关的对策与建议，期望新农合能够在甘肃持续健康发展。

## 1208 少数民族大学生思想政治教育工作的研究及对策

发表时间及载体：《社科纵横》2011 年第 5 期

作　　者：高琪

简　　介：少数民族大学生是国家宝贵的人才资源。少数民族大学生的思想政治教育工作不仅关系到人才的培养，而且关系到少数民族地区经济建设、科技进步和社会发展，关系到民族的振兴和国家的长治久安。目前，少数民族大学生主要存在心理和文化上的显著特征，对其进行思想政治教育工作也主要存在着创新意识不足、忽视少数民族大学生思想政治教育的特殊性及解决实际问题的内容不足等问题。因此，应对存在的主要难点和问题进行分析，并积极探索少数民族大学生思想政治教育工作的有效途径。

## 1209 论刘辰翁"特以意高下"的词学观

发表时间及载体：《甘肃理论学刊》2008 年第 3 期

作　　者：单芳

简　　介：刘辰翁作为南宋词坛的一位重要词人，不仅有大量词作传世，还有迥然不同于传统词人的词学观。他对李清照"词'别是一家'"的著名词论予以反拨，高度赞扬辛弃疾"牵雅颂，入郑卫"的创作范型；主张词应具有与诗文一样的地位和功能，词的创作应不拘一格，以意之高下为先。这种独到见解对改变传统词论、提高词品具有深远影响。

## 1210 从运动到法治："严打"刑事政策的理性趋势

发表时间及载体：《甘肃政法学院学报》2004 年第 4 期

作　　者：衣家奇

简　　介："严打"是我国一项长期的刑事政策，在打击刑事犯罪，维护社会治安秩序，保障社会安定方面起到了积极作用。由于该政策从确立到成型再到发展至今，经历了我国刑事法律制度从不健全到基本健全的过程，因此，在该政策的形成与实践中不可避免地会存在一些与现代法治理念不相适应的问题，集中表现为"运动"模式的色彩过浓。但该政策的生命力是不应否认的，应当有所作为的是，将"严打"从"运动"引向"法治"轨道。

## 1211 甘肃省经济发展环境承载力研究

发表时间及载体：《兰州商学院学报》2011 年第 27 卷第 3 期

作　　者：王永瑜

简　　介：本文作者在《经济发展环境承载力理论与方法研究》一文中，以绿色经济思想为理论基础，将"环境承载力核算论"和"绿色 GDP 核算论"两大研究体系相结合，在不改变现行《国民经济核算体系（SNA）》的基础上，将一定时期内一个国家或地区的资源消耗量、资源价格、环境质量和国内生产总值等四个变量置于同一个系统，通过构建"绿色经济体系"测算经济发展的环境承载力。在该理论与方法研究的基础上，本文以甘肃省为对象进行实证分析，研究成果对甘肃省可持续发展政策的制定提供了实证依据。

## 1212 国内外产业转移对西部地区经济发展的影响

发表时间及载体：《价格月刊》2008 年第11 期

作　　者：苏华 杨三冠

简　　介：在国内外产业转移对比分析的基础上，研究了产业转移对我国西部地区产业要素积累、产业的示范带动作用、产业集群发展、区域产业创新和产业结构优化升级等五个方面的梯度影响。最后指出西部地区应主动承接东部地区的产业转移，形成国际产业—东部产业—西部产业的产业梯度转移链，实现西部经济的整体腾飞。

## 1213 唐代河西走廊交通道路考

发表时间及载体：《丝绸之路》2009 年第6期

作　　者：李并成

简　　介：河西走廊历史上曾是中原通往西域、中亚、西亚以至非洲、欧洲的必经孔道，是闻名于世的丝绸之路最重要的干线路段之一。本文通过敦煌文献，对唐代河西走廊交通道路加以考证。

## 1214 国外产业结构转型理论述评

发表时间及载体：《科技管理研究》（CSSCI）2008 年第 28 卷第 11 期

作　　者：李国璋

简　　介：产业结构与经济增长具有密切的双向因果关系。文章从需求和供给两个角度以及最新的进展方面对产业结构转型这一领域的研究进行了梳理。其中，需求角度的产

业结构转型主要是收入增长和多样化、专业化的需求导致的；供给角度的产业转型则基于农业和工业生产率的提高。政策、制度以及人力资本的积累会影响到产业转型。

## 1215 论古代甘宁区域文化的特点

发表时间及载体：《甘肃社会科学》（CSSCI）2002 年第 1 期

作　　者：杨建新

简　　介：甘宁地区独特的自然生态环境和古代各民族的状况，决定了古代甘宁区域文化的主要特点：多样性、边缘性和融合性。

## 1216 杂史杂传为体，地理博物为用——论《拾遗记》的文体特征

发表时间及载体：《西北师大学报：社会科学版》2009 年第 3 期

作　　者：王兴芬

简　　介：《拾遗记》结构上史的特征以及内容上的博杂，使其成为一部兼具杂史杂传与地理博物两种文体特征的典型的志怪小说。《拾遗记》这种一书兼综二体的文体特征，是魏晋南北朝多种体例的志怪小说在长期发展演变中由分离逐渐走向融合过程的体现，在中国古代小说发展史上是一个独特的存在。

## 1217 牢笼抑或舟船——20 世纪中国文学中"家"的形象演变

发表时间及载体：《西北师大学报：社会科学版》1999 年第 5 期

作　　者：邵宁宁

简　　介：20 世纪中国社会结构与文化思潮的演变，相当集中地投射在人们对"家"的看法与态度上，反映在文学中，就是"家"的隐喻形象的不断变换，牢笼、围城、革

命堡垒、封建阴影、舟船……本文在揭示出这一系列变换的同时，对其间涉及的社会、文化矛盾，做出了面向 21 世纪的辩证省思。

## 1218 村的起源及"村"概念的泛化——立足于唐以前的考察

发表时间及载体：《史学月刊》（CSSCI）2006 年第 12 期

作　　者：刘再聪

简　　介：依据文献记载，"村"字及具体村的名称最早见于东汉中后期。村的早期形态在先秦时已经存在，庐、丘、聚是村的三种主要来源形式。南北朝时期是"村"的名称泛化时期，村开始具备社会意义。

## 1219 初中生情绪对自尊与攻击性的中介作用

发表时间及载体：《健康研究》（CAS）2011 年第 31 卷第 1 期

作　　者：李娜 姜永志 张海钟

简　　介：本文的目的是探讨自尊、情绪和攻击性在初中生性别和是否为独生子女变量的主效应，自尊、情绪及攻击性三者的关系以及情绪在自尊与攻击性关系中的中介作用。方法为以 360 名初中生为被试，采用量表法收集数据。结果为：自尊在性别和是否为独生子女变量的主效应显著（P ＜ 0.05），且女生大于男生，独生子女大于非独生子女；正性情绪、负性情绪和攻击性在性别和是否为独生子女变量的主效应不显著（P ＞ 0.05）。结论：情绪是自尊与攻击性的中介变量，自尊通过情绪的部分中介效应和完全中介效应影响初中生的攻击性。

## 1220 略论甲骨文中的"邦"、"封"及相关问题

发表时间及载体：《考古与文物》（CSSCI）2010 年第 5 期

作　　者：李忠林

简　　介：甲骨文中有"邦""封"二字，分别从"田"从"土"，其字迹清晰可辨，判然有别。王国维《古籀疏证》云："案：古封、邦一字。"此说一出，学界认同者甚众。李实《甲骨文丛考·释封》云："古邦封一字，田土通作。"徐中舒主编的《甲骨文字典》说："王国维以为……古封邦为一字。按王说可从。"

## 1221 基于可持续发展的企业年度报告研究

发表时间及载体：《西北民族大学学报：哲学社会科学版》2012 年第 3 期

作　　者：张鲜华

简　　介：近年来，在全球范围内涌现出了一种将环境、社会、治理信息整合进企业年度财务报告中的综合报告模式。从总结和评述相关的理论研究成果和实践案例的角度，分析综合报告产生的背景，编制模式，将给企业带来的益处以及推行中所面临的挑战和未来发展趋势，以期为我国企业年度报告发展趋势的相关理论研究提供参考和借鉴。

## 1222 基于区域经济视角的西部高校发展战略研究

发表时间及载体：《甘肃联合大学学报：社会科学版》2009 年第 3 期

作　　者：高新才 赵丽萍

简　　介：文章从三次产业结构和人力资源配置结构方面比较分析了西部地区与东中部地区存在的区域经济差距。高校具有人才、科技聚集优势，根据西部高校的现况，指出

西部高校必须要面向区域经济发展加快改革的步伐，并提出了几点西部高校的发展战略。

## 1223 圣训的语言艺术与释教关系初探

发表时间及载体：《西北民族研究》（CSSCI）2009 年第 4 期

作　　者：潘世昌

简　　介：将圣训语言与宗教教义融为一体的交叉研究，无疑会为伊斯兰研究及伊斯兰审美带来一个新的视角。本文以穆罕默德传教的三个不同时期为经，以三个时期中最具有代表性的演讲、部分圣训和信函为纬，综合阐述圣训教义精髓与语言之美的关系。

## 1224 西北农村地区人与自然之间道德关系的现状及解析

发表时间及载体：《甘肃理论学刊》2012 年第 1 期

作　　者：张哲 王宏英

简　　介：环境问题说到底是人与自然的关系问题。西北农村地区既有农业区，也有牧区和林区，人与自然的关系问题复杂而多样。通过实地调查与客观评析，本文呈现了西北农村地区生态环境伦理的基本状貌，并提出建设性的思考。

## 1225 当前高校体育教师继续教育中存在的问题与对策研究

发表时间及载体：《社科纵横》2010 年第 1 期

作　　者：师德明

简　　介：针对适应素质教育的课程改革对高校体育教师继续教育提出的新要求，通过调查访问、文献资料和理论分析等方法，对继续教育中存在的问题进行理性分析，并提出了一些建设性的意见，以期为高校体育教师在继续教育中，贯彻"健康第一"的素质

教育思想，提高整体素质提供参考依据。

## 1226 对外贸易与中国产业竞争能力的动态分析

发表时间及载体：《社科纵横》2008 年第 4 期

作　　者：张唯实

简　　介：本文在分析论证对外贸易对中国经济发展有重要促进作用和中国各地区间经济发展不平衡日益加剧的基础上，运用理论与实证相结合的动态分析方法，提出发展对外贸易对提高中国产业竞争能力至关重要。在开放的经济条件下，充分发挥比较优势，把比较优势上升为动态竞争优势，培育中国产业的竞争能力，调整其产业结构向技术进步速度较高的制造业升级，是缩小与发达国家发展差距和培育动态竞争力的有效方法。

## 1227 "三宝崇拜"与敦煌藏经洞——莫高窟藏经洞的性质再探

发表时间及载体：《五邑大学学报：社会科学版》2008 年第 1 期

作　　者：李并成

简　　介：由敦煌藏经洞的藏品类别与中原佛寺的"三宝藏"基本一致可推断：藏经与佛教的"三宝崇拜"思想密切相关，藏经洞是供奉佛教"内藏"和"外藏"之处所，藏经的主体是供养经。

## 1228 对今后三十年中国农村发展战略的若干思考

发表时间及载体：《社科纵横》2010 年第 2 期

作　　者：宋圭武

简　　介：对待大寨和小岗村经验，我们应正确看待，不能以偏概全，既要看到其成功

的地方，也要看到其不足之处。今后三十年，农村发展在发展组织上，要加强各种合作组织的建设；在发展目标上，要更加体现人文关怀理念，坚持发展以人为本；在发展动力上，要注重外部力量的推动和拉动；在发展精神上，要特别重视诚信建设。

## 1229 中国地区循环经济发展的综合评价和特征分析

发表时间及载体：《甘肃社会科学》2011年第6期

作　　者：樊元

简　　介：基于"减量化、再循环、资源化"的原则，构建循环经济综合评价指标体系。从资源效率、污染减排、循环利用、环境保护、经济发展等方面对我国各地区循环经济发展水平进行综合评价和特征分析。为了进行不同地区之间的横向比较，运用客观的赋权法中的熵值法来确定指标的权重，参考已有国家标准和国际标准指标的标准值将指标划分为四个等级。主要结论为：我国循环经济发展不平衡，总体上成一个典型的橄榄型结构，传统经济强区和东南沿海的循环经济综合发展水平比较高，其次是中部地区，最后是西部地区。

## 1230 《孔子诗论》"邦风纳物"说与先秦诗学

发表时间及载体：《青海社会科学》（CSSCI）2010年第3期

作　　者：韩高年

简　　介：上博简《孔子诗论》第八章云："邦风纳物也博，观人俗焉，大敛材焉。其言文，其声善。"诸家考释多有未确。此简之"物"是礼、德、政的表征形式，"邦风纳物"说，则是在继承春秋时期"以物观礼、以物观德、以物观政"思想的基础上，结合

邦风作品的实际提出的一个重要的诗学命题。揭示这一命题的思想根源，可以帮助我们更好地理解先秦诗学相关命题。

## 1231 甘肃农垦集团农业产业化经营研究

发表时间及载体：《开发研究》2010年第6期

作　　者：郝希亮

简　　介：我国的农业产业化始于20世纪80年代后期。在当前我国工业化和城市化快速发展的时代，作为中国第一产业的农业，正处于从传统农业到现代农业转变的关键阶段，发展农业产业化经营是农业发展的重大课题，对于缩小我国城乡差距、解决我国"三农"问题和最终实现全面建设小康社会目标等都具有决定性意义。

## 1232 国内散藏敦煌遗书的调查随笔

发表时间及载体：《敦煌研究》2012年第5期

作　　者：马德

简　　介：山东博物馆、湖南省图书馆等单位收藏有一批敦煌遗书，也有少量社会文书，汉文写本之外还有藏文写本，大多为佛经，其中以重庆宝林博物馆所藏卷文长卷《大乘无量寿经》保存情况较为特殊。

## 1233 我国节能立法发展趋向研究——基于可持续发展战略的视角

发表时间及载体：《西北民族大学学报：哲学社会科学版》2011年第3期

作　　者：张志强

简　　介：改革开放以来，我国相继出台了一大批节能法律法规，一个由宪法、节能法律、节能行政法规和节能地方性法规等构成的节能立法体系初步形成。但是随着我国经济社会的快速发展，基于可持续发展战略的视角来审视，我国节能立法存在着一定的问

题。在全面分析我国节能立法的现状，明确我国节能立法存在的问题的基础上，提出提高节能立法效力等级、完善节能立法体系、完善节能立法内容，对可持续发展环境下我国节能立法的发展、完善我国节能立法十分必要。

## 1234 《春秋》经传与中国古代历史思想

发表时间及载体：《廊坊师范学院学报：社会科学版》2013 年第 1 期

作　　者：邱峰

简　　介：儒家文化典籍中的《春秋》经传因其与历史的紧密结合，包含了丰富的历史思想内容。主要表现在对治乱兴衰的考察、突出的人本主义精神和批判意识，以及丰富的历史变易思想等多个方面，对中国古代历史思想的形成与发展产生了很大的影响。

## 1235 教学研究中的学术道德建设

发表时间及载体：《西北师大学报：社会科学版》2004 年第 1 期

作　　者：李定仁

简　　介：教学研究中的学术道德问题亟待引起高度重视。教学研究是渗透着学术道德的科学研究活动，现实中教学研究的学术道德失范有着种种不同的表现，对之进行归因分析有助于找出问题的症结所在。教学研究中的学术道德建设需要从多方面做工作，以促使教学研究走向健康发展的道路。

## 1236 甘肃少数民族地区幼儿教师现状调研——以甘南州夏河拉卜楞幼儿园为例

发表时间及载体：《甘肃广播电视大学学报》

2011 年第 21 卷第 4 期

作　　者：蔡兆梅

简　　介：甘肃省少数民族地区多位于偏远山区，自然条件较差，幼儿教育相对滞后。研究少数民族地区幼儿教育的现状和存在的问题、探究改善和提高甘肃省少数民族地区幼儿教育的措施和对策对促进民族地区的经济、文化发展具有重要的意义。笔者采用调查问卷和访谈等研究方法，对甘南州幼儿园师资状况进行了调研，并在分析调研结果的基础上提出了改进少数民族地区幼儿教育的对策和建议。

## 1237 也谈文化对话的必要性——以元代伊斯兰教与基督教为例

发表时间及载体：《回族研究》2006 年第 1 期

作　　者：马娟

简　　介：本文在吸收前人研究成果的基础上，主要讨论元代伊斯兰教与基督教之间的关系，通过探讨二者在元代的发展与走向，并对其中的原因进行分析之后，指出文化之间的冲突不是永远的，对话与交流才是不同文化共同繁荣的有效途径，才是当今世界发展的主流趋势。

## 1238 近百年来甘肃汉唐方志整理研究综述

发表时间及载体：《中国地方志》（CSSCI）2011 年第 7 期

作　　者：屈直敏

简　　介：甘肃汉唐之际纂修的方志大多散佚，虽然仅有部分为传世文献引存，但却具有极其珍贵的史料价值和学术价值。近百年国内外有关甘肃汉唐散佚方志的研究取得了丰硕成果，主要表现在存目稽考、佚志辑校、综合研究等方面。遗憾的是，每方面都有不足之处：存目稽考仅为考订题名、撰者、卷帙存佚及成书年代之作，并非辑佚校释之著述；佚志辑校方面均有失考之处，且有的未进行校勘整理；综合研究方面比较欠缺，成果很少。因此，甘肃汉唐方志的整理研究亟待进一步加强。

## 1239 兰州市可持续发展能力分析——基于西部 11 座城市

发表时间及载体：《商场现代化》2009 年第 7 期

作　　者：成学真

简　　介：本文基于国内外关于可持续发展能力研究，通过建立指标体系，对兰州市和西部其他 11 座城市的可持续发展能力进行了量化处理，并分析兰州市可持续发展能力存在的问题，继而提出建议。

## 1240 罗密佐斯基双向传播模式对教育教学的启示

发表时间及载体：《电化教育研究》(CSSCI) 2012 年第 4 期

作　　者：崔向平 王海峰 杨小妮

简　　介：传播学者罗密佐斯基综合了工程学模式和心理学模式的优点，形成了一个比较适用于教育的双向传播模式。本文首次对该模式所反映的教育传播过程进行了解释，并通过对模式中各要素的分析，总结出该模式对教育教学的几点启示。

## 1241 《钟形罩》——一部"榜样缺失"的女性成长史

发表时间及载体：《社科纵横》2008 年第 1 期

作　　者：邵锋 陶晶 刘烨

简　　介：西尔维娅·普拉斯 (Sylvia Plath) 在其弃世前三周发表了自传《钟形罩》(The Bell Jar)，小说以作者早年生活经历为蓝本，叙述了 19 岁的大二女生埃斯特·格林伍德经历了充当某知名杂志社的客座编辑、参加写作班被拒、自杀未遂、接受心理治疗、重树自信期待返回社会、展开新生活的一系列过程。本文从榜样缺失的角度出发，结合当时美国的实际，探讨埃斯特作为女性，在其成长过程中、男性社会压抑下所产生的孤独、绝望与挣扎的心灵历程以及反抗的必然性。

## 1242 叶圣陶"听、说"教学思想初探

发表时间及载体：《西北师大学报：社会科学版》1999 年第 5 期

作　　者：魏长达

简　　介：在语文教学中，对学生读、写能力的培养，向来受到重视。叶圣陶第一次提出把听、说列为语文教学目标，同读、写一起构成语文基本素质教育的基本内容，使中国语文教育进入了新的阶段。

## 1243 论查慎行的仕宦诗

发表时间及载体：《西北师大学报：社会科学版》2006 年第 5 期

作　　者：孙京荣

简　　介：查慎行的仕宦诗，记录了诗人十年间的仕宦人生历程，抒发了诗人对宦海风波的切身体验和深刻感受，同时也对朝廷内部的政治斗争进行了艺术的纪实性的描述，艺术上笔法老辣，含蓄蕴藉，意境高远，语言精练而贴切生动，是清诗研究中不应忽视的重要内容。

## 1244 构建农业企业家创新机制问题研究

发表时间及载体：《社科纵横》2012 年第 2 期

作　　者：杜宁让

简　　介：企业家是企业创新活动的倡导者

和推动者，也是企业的核心组成要素。提高企业家的创新精神和创新能力，是企业实现可持续发展的根本动力，也是企业保证竞争优势的基本方略。不同于其他现有企业家问题的研究，文章通过追溯国外企业家理论发展的简要历程，特别是结合中国现代农业建设的特殊性，对农业产业化中的农业企业家缺位与培育问题做了探索性研究，认为农业企业家在中国农业产业化推进的不同阶段应有不同的培育重点，农业产业化能否向更高层次演进和发展的关键要素和重要力量本质上取决于农业企业家阶层的普遍生成。

## 1245 明清传奇中古代中医的文化转向

发表时间及载体：《甘肃联合大学学报：社会科学版》2012 年第 28 卷第 6 期

作　　者：包建强 杨玲

简　　介：古代中医是古典戏曲所反映的内容之一。宋金杂戏、南戏、北杂剧所反映的中医具有滑稽、诙谐的特征。明清传奇中的中医则改变了其在以往戏曲中的滑稽诙谐性质，转向严肃、典雅的美学风格。

## 1246 麦积山藏"报恩科仪"儒释孝子事迹考及相关问题

发表时间及载体：《敦煌学辑刊》2006 年第 3 期

作　　者：李晓红 魏文斌

简　　介："报恩科仪"是佛教报恩道场仪之一，融合儒、释孝道思想于一体，集佛教经典、儒学伦理孝道观而成，基于中国传统孝道思想，而宣扬佛教"大孝"思想，进而以做道场的方式宣传佛教，是中国佛教世俗化的产物。麦积山所藏的明代写本《报恩科仪》为目前所见最早的有关记载，对于研究佛教报恩思想的演变、南北佛教的交流以及麦积山周围佛教道场的情况具有非常重要的

价值。"科仪"中所提到的儒释孝子共 70 多个，选自不同的古代文献和佛教典籍。

## 1247 洮岷南路花儿现状调查报告——以坎铺塔为中心

发表时间及载体：《西北民族研究》（CSSCI）2008 年第 1 期

作　　者：戚晓萍

简　　介：2007 年夏末秋初，笔者以甘肃省岷县坎铺塔村为中心对洮岷南路花儿的现状进行了调查，目的在于搞清其当前原生态的存在状况，思考当地人如何借助花儿来表达自己。在当地文化生态背景下，花儿作为一个载体，负载着当地人们对自然、对社会、对生活的理解与表达。

## 1248 判别分析在医学建模中的应用

发表时间及载体：《兰州商学院学报》2005 年第 21 卷第 3 期

作　　者：李文杰

简　　介：判别分析是用于判别个体所属群体的一种统计方法。本文根据已获得的实验数据，运用多元统计中的距离判别分析方法，建立起一种诊断乳房肿瘤是良性还是恶性的方法。为了节省费用，还可以运用多元统计中的逐步判别分析方法建立模型。

## 1249 论人类和全球生态系统的精神关系

发表时间及载体：《甘肃联合大学学报：社会科学版》2006 年第 22 卷第 2 期

作　　者：叶知秋

简　　介：人类作为全球生态系统中的失控力量正在破坏整个生态系统，并威胁着自身的生存，犹如癌细胞侵害人体而危害自身的生存一样。全球生态系统与人类癌细胞的同一性主要表现在相对于其存在环境的自主性

上——相对于全球与系统意义上的自主性和相对于人类群体意义上的自主性。由于人口增加导致的生存竞争使全球生态系统遭到了严重的破坏。而人类在其发展的过程中，只注重人类与环境的生存关系而忽略了非常重要的精神关系，人类与全球生态系统在精神上的关系应是通畅、和谐、完满的精神关系。所以，人类在发展的过程中应从精神的意义上关照全球生态系统，构建自然生态中的和谐人类社会。

## 1250 交替传译中的口译笔记浅析

发表时间及载体：《社科纵横》2010 年第 8 期

作　者：李琼

简　介：由于交替传译中译员面临的压力和人脑短时记忆的有限性，口译笔记就起到了不可忽视的作用。译员可以借助笔记储存大量的信息，有效弥补大脑记忆的不足。本文从口译笔记的重要性出发，阐述了口译笔记的作用，指出当前口译笔记中存在的误区，对常见口译笔记方法进行了总结。

## 1251 浅谈企业期股制改革

发表时间及载体：《甘肃行政学院学报》2001 年第 1 期

作　者：郭全中

简　　介：我国国有企业改革已经走过了二十多年的历程，总结出了许多有益的经验和成功的改革模式。本文详细地探讨了期股制这一新的改革形式，得出了期股制改革对于小型企业比较适宜而对于大中型及特大型企业可能失效的结论。

## 1252 我国小学、初中语文课程标准的百年变迁

发表时间及载体：《甘肃联合大学学报：社会科学版》2008 年第 1 期

作　者：靳健

简　介：1950 年以前的语文课程标准体现出引领国语、国文课程向大众化、实用化、科学化、个性化的发展趋势，由于战乱频繁，先进的教育理念成了课程实践史上未能产生效能的一大遗憾。1950 年以后，以粉碎"四人帮"为分界岭，此前语文课程标准（大纲）主要体现出培养目标政治化、教学过程程式化等特点；此后语文课程理念出现了知识教育向素质教育变化，促进学生全面发展的目标逐渐回归语文课程标准，"工具性与人文性的统一"被确定为语文课程的基本特点，语文内容目标第一次退出课程标准。香港的语文课程标准建设还处在一个初始阶段，但它在教育理念方面所体现出来的先进性，在解释理论术语方面所体现出来的清晰性，在教学设计（案例）方面所体现出来的操作性，已经显示出了很高的境界。台湾语文课程标准在传承民族文化的一贯性、把握语文教育的规律性等方面的建树，也为我国语文课程标准的建设与发展铺垫着成功之路。

## 1253 丝绸之路申遗中国段旅游形象设计与推广策略——基于青海段的视角

发表时间及载体：《兰州商学院学报》2011 年第 27 卷第 2 期

作　者：李巧玲

简　　介：文章把丝路沿线 6 省区的 48 处申遗景点分为六大旅游区。在简述了丝绸之路申请世界文化遗产的过程的基础上，通过对青海段申遗景点、地方性、旅游者感知和旅游市场竞争替代的分析，确定了青海段旅游形象的总体定位，对旅游宣传口号、人—地感知形象、人—人感知形象进行了系统设计，并阐述了青海段旅游形象的推广策略。

## 1254 近代甘宁青回族商人关系网络探析——以羊毛贸易为中心的考察

发表时间及载体:《青海民族研究》(CSSCI)
2014 年第 2 期

作　者：李晓英

简　介：中国西北的甘宁青地区一直都是伊斯兰文化与回族发展过程中最具代表性的地区。回族穆斯林由于伊斯兰教的文化传统影响，善于和重视经商，是"围坊而居"的居住方式。

## 1255 陌生化——《梅丽迪安》的人物塑造

发表时间及载体:《社科纵横》2008 年第 5 期

作　者：水彩琴

简　介：通过对艾丽斯·沃克长篇小说《梅丽迪安》中主要人物形象的解读，探讨了作者对传统人物的反传统塑造带给小说的陌生化效果，为作品的进一步研究提供了一种新的审美视角。

## 1256 关于敦煌遗书羽字号中空缺诸卷去向的一件资料

发表时间及载体:《敦煌研究》2005 年第 2 期

作　者：颜廷亮

简　介：《敦煌劫馀录》著录的国家图书馆所藏敦煌遗书，有些卷子现在虽留有编号，却没有卷子实物。千字文编号中的羽字048—055 卷子就仅有编号而不见卷子实物。最近在翻检清末民初一些报纸时见到的一件资料使笔者想到，至少部分有编号而无实物的卷子的去向还是可以查明的，上述羽字048—055 卷子中有四个卷子就是如此。

## 1257 论甘肃经济发展的"哑铃战略"

发表时间及载体:《社科纵横》2003 年第 5期

作　者：路万青 聂华林

简　介：本文在分析甘肃省地形地貌特点和经济空间结构现状的基础上，首次从空间意义上提出了甘肃经济发展的"哑铃战略"，并对其政策含义进行了阐释。

## 1258 论《土生子》中的新黑人艺术形象

发表时间及载体:《西北师大学报：社会科学版》2003 年第 5 期

作　者：范桂兰

简　介：《土生子》是美国黑人文学家理查德·赖特 (1908—1960) 的代表作。此书之所以在美国文学或美国黑人文学中具有重要地位，一方面是由于这部小说主题的重大社会历史意义，即它以现实主义的方法揭露了美国社会存在的种族歧视和阶级压迫的严酷现实，另一方面就在于它成功塑造了"土生子"即小说主人公别格·托马斯这个黑人反抗、犯罪少年的典型艺术形象。黑人反抗、犯罪少年，这就是小说主人公别格这一艺术典型形象的根本特征，它体现了新一代黑人对种族歧视与阶级压迫的不满、反抗和斗争。它是对新一代黑人或者说潜伏着的黑人民族性格的深刻揭示。

## 1259 简论近代的甘川交通运输

发表时间及载体:《文史杂志》2002 年第 5 期

作　者：李建国

简　介：甘肃与四川虽地界相连，然因高山横阻，交通条件极为恶劣，"蜀道之难难于上青天"是甘川交通的真实写照。但自秦一统天下，置陇、蜀二郡到清代，两千年间甘川人民不畏险阻，克服重重困难，不断进取。

## 1260 浅析翻译中的逻辑问题

发表时间及载体：《西北民族大学学报：哲学社会科学版》2012 年第 3 期

作　　者：王杨

简　　介：翻译中的逻辑问题是最应引起译者重视，却又最易为译者所忽视的。抛开逻辑合理性的译文，何来可读性？在为数不少的翻译作品中，于理不合的案例俯拾皆是。本文所选取的例句皆来自业已出版发行的翻译作品。翻译中的逻辑问题是个大问题，寥寥千余字只可反映"冰山一角"，唯存"抛砖引玉"之意，愿这类问题引起翻译同行的重视。

## 1261 关于犯罪心理测试结论在诉讼实践中运用的理性思考

发表时间及载体：《甘肃高师学报》2011 年第 1 期

作　　者：严军

简　　介：犯罪心理测试在我国又称 CPS 多道心理测试，其测试结论是否具有诉讼证据资格，在学界尚存在不同观点，而我国目前在立法上，并未赋予其诉讼证据资格。对此，犯罪心理测试结论在诉讼实践中的运用，尚需科学地研究和论证。对于目前在刑事诉讼实践中应用犯罪心理测试技术的状况，我国应当从立法上加以规范；对于在民事诉讼中是否运用这一技术问题，持否定态度，认为在民事诉讼中运用这一技术弊大于利。

## 1262 物质性、地方意识与生态美学

发表时间及载体：《平顶山学院学报》2014 年第 29 卷第 1 期

作　　者：张进 张丹旸

简　　介：20 世纪中叶以来，迅猛发展的交通、通信和数字信息技术，对人们的地方意识构成了严重威胁，促生强烈的失位感和漂泊感，引发了人文社会科学的密切关注。"空间转向"运动通过强调空间的"物质性"而突显空间的社会生产品质，开拓出"活态空间"和"第三空间"的特殊领域，试图对"地方意识"进行呵护，文化地理学则区分出文化所标示出的空间（如洲际、国界）、文化所创造的"位置"或"景观"（如绿地、购物中心）以及充满文化意义的地方（如茶馆、咖啡屋）等不同空间，突显出主体间生活世界和"呵护之所"等"地方"的生命体验意义。这一系列富有新意的探索将物质与精神、现实与表征、空间与时间、地理与历史、地方意识与空间意识的关系问题"问题化"了，亟待生态美学做出会通和说明。本文旨在考察从"空间转向""活态空间"到"地方意识"的思想脉络，阐述"天气美学"作为生态审美的范式意义。

## 1263 吐鲁番出土回鹘文借贷文书概述

发表时间及载体：《敦煌研究》1990 年第 1 期

作　　者：杨富学

简　　介：19 世纪末以来，吐鲁番一带相继出土了一大批回鹘文献资料。除了为数甚多的宗教典籍、文学作品、历法医典、占卜辞书外，尚有数百件社会经济文书。这些经济文书内容十分广泛，真实地反映了宋元时代新疆畏兀儿地区的社会经济、土地制度、赋役制度、阶级关系、民族关系、借贷关系及日常生活。本文仅就回鹘文借贷文书及有关问题略做概述。

## 1264 敦煌写本《文明判集残卷》研究

发表时间及载体：《敦煌研究》2002 年第 3 期

作　　者：王斐弘

简　　介：敦煌写本《文明判集残卷》，使我们在解构作为裁判载体的唐代法律文书本身的结构格式、辞章、共同特点时，为我们以史为经对法律文书的递变做纵向研究支撑起无法替代的历史平台。它格调庄严、简约有致的风格，博大的哲学理念，鲜活的法、理、情的和谐统一，不难从中窥视中华法系中的法文化、法意识和法律制度，见证其与西方法律的殊途同归。

## 1265 现代市场经济与中国政府经济职能

发表时间及载体：《社科纵横》2009 年第 4 期

作　　者：刘书明

简　　介：现代市场经济的有效运行必须具备良好的条件，这些条件包括政府有效的宏观调控、完善的市场经济法律体系以及健全的社会保障体系。这些都是与政府经济职能相关的问题。因此，政府经济职能就成为市场经济体制的一个重要方面，也是市场经济体制健康运行的重要保证。在体制转轨和社会转型时期，科学合理地界定政府经济职能，正确处理政府与市场关系，对于完善市场经济体制及其运行机制具有重要意义。结合现代市场经济发展现状，从市场与政府相互关系入手全面分析了现代市场经济条件下中国政府经济职能定位问题。

## 1266 8 至 11 世纪敦煌僧人从政从军——敦煌世俗佛教系列研究之七

发表时间及载体：《敦煌研究》2008 年第 1 期

作　　者：李正宇

简　　介：佛教戒律禁止僧人参预政事、从军参战，但 8 至 11 世纪敦煌僧人却可以参预政事、从军征战。本文列举大量证据足以

证实。进而指出，此种局面的出现，乃因僧尼皆籍入乡司，悉为编民之故。既同为百姓，自一例授田、纳税、输赋、从役，为国效力。从而使僧尼日增，国家役、赋、兵源日蹙的历史性矛盾得到解决，终使佛教走上与社会和谐发展之路。

## 1267 防止腐败制度化

发表时间及载体：《兰州学刊》1996 年 2 月

作　　者：武文军

简　　介：腐败是当今世界刮遍全球的一股黑风，反腐倡廉成为世界各国公民注目的全球性问题。横向看，世界上不同制度的国家没有哪一个百分之百地铲除了腐败；纵向看，世界历史发展的各个阶段不是腐败有无的问题，而是腐败的泛滥形式和发展程度不同而已。可见，政治权力腐败和社会风气腐败，是自私有财产以来，经常存在的一种社会逆流现象，反腐败是人类社会的一个永恒主题。客观地看问题，一个国家及其制度的危险性不在于有腐败现象存在，而在于这个国家的权力机关是保护腐败的屏障还是进犯腐败的威慑机器。

## 1268 敦煌石窟中回鹘、西夏供养人服饰辨析

发表时间及载体：《敦煌研究》2007 年第 4 期

作　　者：谢静

简　　介：由于种种原因，国内大多数服饰论著和论文中都把沙州回鹘供养人服饰当作西夏供养人服饰研究。本文通过探讨造成这一错误的原因、沙州回鹘政权建立、沙州回鹘与高昌回鹘供养人服饰的对比、西夏服饰与回鹘服饰的对比等问题，进一步阐明了沙州回鹘和西夏供养人服饰的区别。

## 1269 论孔子仁学思想的实质

发表时间及载体：《中国石油大学学报：社会科学版》2010 年第 1 期

作　　者：张同胜

简　　介：从"仁"字的起源、本义，从孔子所生活年代即春秋时期"人"字的具体历史含义，从"爱人"当时的情境所指和阶级属性，结合《论语》中孔子关于"仁"的具体解释，可以看出孔子的"仁爱"是爱有差等，是受"礼"制约之下的"爱人"：不是爱所有人，而是爱"士大夫以上各阶层的人"，即爱贵族，爱"大臣、群臣"，爱"地方长官"。孔子的仁学思想是等级人学的思想，其实质乃是为了"复礼"而"克己"。

## 1270 民间立场与自由精神——论莫言对中国乡土小说的贡献

发表时间及载体：《甘肃联合大学学报：社会科学版》2010 年第 2 期

作　　者：张懿红

简　　介：莫言的创作基于乡土又超越乡土，具有人类学的超越性、包容性、宏观性，体现了乡土叙事的历史—文化大视野。莫言在 20 余年不断创新的变化轨迹中始终如一的因素是民间立场和自由精神。莫言民间立场的内涵包括内容与形式两个方面（也可以划分为民间立场和民间叙述两个方面）：首先，站在弱小生命和自由人性的立场上描写民间的苦难与抗争，摆脱国家意识形态和知识分子思想启蒙的双重制约，张扬个性自我；其次，自觉运用民间艺术资源，在小说的语言、故事、结构等方面全面复活民间文学、民间艺术的活力，追求文学的民族化、本土化。莫言创作的自由精神则体现为独创性、想象力和反叛精神三个层面。20 世纪 90 年代以后，莫言最重要的乡土小说是《丰乳肥臀》和《生死疲劳》。《丰乳肥臀》的成就在于超越意识形态规范性的民间立场，写实与象征完美结合的史诗风格和故事情节的丰富性、生动性、节奏感。《生死疲劳》运用创新性的轮回视角，塑造了蓝脸和蓝解放两位逆潮流而动的本色英雄。莫言使乡土小说插上了来自民间的自由想象的翅膀，这是他对乡土小说的最大贡献。

## 1271 中国外汇储备结构管理之探讨

发表时间及载体：《甘肃联合大学学报：社会科学版》2006 年第 6 期

作　　者：郭晓峰

简　　介：外汇储备是一国的宝贵财富，是金融实力的标志。目前我国外汇储备规模已雄居世界第一，但我国外汇储备的管理水平却相对滞后并存在诸多问题。本文分析了目前我国外汇储备结构管理中存在的问题，并适时地提出了解决思路。

## 1272 基督教在农村社区传播现状的调查与分析——以豫东 Z 县 X 基督教社区为例

发表时间及载体：《西北民族大学学报：哲学社会科学版》2010 年第 4 期

作　　者：王丽萍

简　　介：宗教是人类社会历史发展的产物，基督教在我国发生了很大变化，从帝国主义奴役中国人民的工具发展成为中国基督徒自办的事业。近几年，基督教在我国农村发展较快，本文以豫东农村的一个基督教社区为例，对基督教在我国农村传播与发展的现状、原因、影响等进行了初步调查与分析。

## 1273 哈贝马斯复合社会同一性理论的发展意义

发表时间及载体：《西北师大学报：社会科

学版》2011 年第 1 期

作　者：张和平

简　介：个体同一性与群体同一性在历史发展中相互适应。个体同一性与群体同一性的发展，是与人类学和社会学的发展相一致的，呈现出历史的形态。宗教的发展也影响着个体同一性与群体同一性的发展。立宪国家的理性同一性和主权国家的理性同一性，均受到了挑战，社会不仅要进步，而且要在全球同一性的基础上进步，因此，任何单一的民族和政党都不能承担起全球化进步的历史重任。在复合社会中，同一性是可以确立的。这一同一性立足于社会成员的学习过程，对传统持批判态度，但同时又汲取其合理成分。这一同一性产生于社会的交往过程，社会的政治系统并不能决定这一过程，相反，它要跟踪这一社会历史进程。

## 1274 区域中小企业创新体系的构建

发表时间及载体：《科技与经济》（CSSCI）2009 年第 22 卷第 5 期

作　者：汪慧玲

简　介：区域中小企业创新体系的构建，对于提升区域中小企业的创新能力、推动地区产业结构升级、转变经济增长方式以及优化区域资源配置具有重要意义，也是实现区域经济可持续发展和提高区域竞争力的战略选择。有鉴于此，在探讨当前阻碍中小企业创新能力提高的障碍性因素基础上，着重构建了一套涉及企业制度构建与优化、资本融资与运用、人才引进与培养等内部要素以及社会法制环境、社会服务体系等外部要素的区域中小企业创新体系。

## 1275 唐末诗人合称现象及其与科举制度的附生关系

发表时间及载体：《西北师大学报：社会科

学版》2011 年第 3 期

作　者：周蓉

简　介：唐末科场弊端丛生，"豪贵塞龙门之路，平人艺士十攻九败"的情况，注定了那些朝中无奥援、家中无厚积的文士往往久困科场。他们为求一第，或结为群体以诗名相吹嘘，以期博得主司的赏识，或奔走于权门大宅干谒请托，以求提携，因此诗坛上出现了许多与进士科密切相关的合称，如"咸通十哲""芳林十哲""九华四俊""三罗"，成为一种颇具唐末时代特征的文学现象和社会现象。对合称的来源、含义以及诗人之间的交往等问题进行考察，有助于我们对这些诗人群体及个体的深入研究。

## 1276 《圣经》中的生态观

发表时间及载体：《西北师大学报：社会科学版》2010 年第 2 期

作　者：杨士虎 王小博

简　介：许多西方生态学家将当今世界生态环境危机的历史文化根源归结为《圣经》中所体现出来的人类中心主义理念。然而，经过对《圣经》故事中所隐含的生态理念的全面分析，发现《圣经》中的上帝实际上是自然规律的拟人化形象，自然规律在《圣经》中就是上帝的诚命和意志。《圣经》中的生态观不但不是当今生态环境恶化的历史文化根源，而且非常符合现代生态保护理念。

## 1277 我国地方政府电子政务绩效评估的瓶颈分析与路径选择

发表时间及载体：《甘肃理论学刊》2010 年第 6 期

作　者：郭亮

简　介：政府网站是政府部门信息发布的平台，不仅是宣传政府形象、发布信息、服务社会的主要渠道，更是实现社会公众与政府沟通互动的载体和桥梁。本文以中国地方政府网站建设为研究对象，就电子政务绩效评估在中国的发展、存在等问题进行分析，提出了政府网站建设和绩效评估工作的完善路径。

## 1278 大学英语教学合作学习的理论探讨

发表时间及载体：《甘肃联合大学学报：社会科学版》2012 年第 28 卷第 3 期

作　　者：马小文

简　　介：合作学习是当今英语教学与学习的重要理论和方法。运用教学论相关理论的阐释，用其来指导大学英语教学法中的合作学习，并丰富合作学习的方法与理论，对改善和优化大学英语教学具有借鉴和指导意义。

## 1279 甘肃省就业人口文化素质的现状特点及其对经济增长的影响

发表时间及载体：《西北人口》2006 年第 2 期

作　　者：郭志仪

简　　介：以相关历史数据为基础，本文拟就甘肃省劳动就业人口文化素质构成的现状特点及其对经济增长的影响作用做一大概分析。

## 1280 邓小平共同富裕概念论析

发表时间及载体：《福州党校学报》2010 年第 4 期

作　　者：刘先春

简　　介：厘清共同富裕的概念是科学研究共同富裕的起点。科学、全面地定义共同富裕概念需要研究对共同富裕概念研究的梳理和共同富裕概念产生的历史考察，需要处理好目标本身的时代性和现实性。

## 1281 论政府经济政策的能力限度

发表时间及载体：《兰州商学院学报》2004 年第 20 卷第 2 期

作　　者：李爱伶

简　　介：经济政策能力是有限度的，经济政策能力受到来自政策领域外部因素的影响，以及经济政策运行规律的制约。经济政策作为调节社会经济关系的重要手段，既有一般公共政策的特点，又有自身的特征。

## 1282 厉鹗与浙西词派词学理论的建构

发表时间及载体：《西北师大学报：社会科学版》2007 年第 5 期

作　　者：张兵

简　　介：厉鹗是浙西词派中期的代表作家，也是一位具有承前启后意义的词学理论家。在他手中，浙西词派的词学理论体系更趋严密，词派建设意识更为自觉，创作内容更加丰富，词艺也更为精湛。他论词既推尊词体，宗法周邦彦、姜夔、张炎，倡导醇雅、清空词风，又强调寄托，注重词作的现实意义。厉鹗的词学理论既是浙西词派前期代表朱彝尊、汪森等人词学理论的总结和发展，又对浙西词派后期代表吴锡麒、郭唐等人的词学理论有所启发，在浙西词派词学理论发展史上具有明显的过渡性质。

## 1283 评阿拉善蒙古研究

发表时间及载体：《济南大学学报：社会科学版》2008 年第 18 卷第 1 期

作　　者：聂红萍

简　　介：我国是一个多民族聚居的国家，对各民族的历史及现状进行研究业已成为学术领域中的显学。其中，针对蒙古族的研究成果颇为丰厚，但对构成整体蒙古族的众多蒙古部落的研究却相对滞后，鲜有系统、深入的研究专著。

## 1284 马克思主义境域中"共同富裕"思想的历史发展脉络

发表时间及载体:《甘肃理论学刊》2010 年第 1 期

作　者: 宋立文

简　介: 作为人类孜孜以求的社会理想,共同富裕具有深厚的理论渊源。马克思恩格斯首次将共同富裕建立在唯物史观的基础上,通过现实论证使其由空想走向科学。苏联未能准确领会马克思主义共同富裕思想的精神实质,在探索实现共同富裕的过程中走错了路。中国探索共同富裕的过程中,邓小平在吸取毛泽东探索经验教训的基础上,将共同富裕纳入到社会主义本质论的历史视野当中,形成了逻辑严密、现实可行的理论体系。进入 21 世纪以来,"三个代表"重要思想进一步发展了共同富裕理论,和谐社会与科学发展观的提出,从实践基点、实践内涵和实践理念等方面深化了对共同富裕的认识,成为新时期中国特色社会主义理论体系的历史归宿。

## 1285 论出版物艺术插图的独立品格

发表时间及载体:《兰州大学学报:社会科学版》2004 年第 32 卷第 2 期

作　者: 由旭声

简　介: 艺术作品作为一种独立自足的实体,遵循其内在的逻辑结构。本文通过对艺术作品的内在结构、艺术插图的相关内容及属性的探讨,阐明了艺术插图的独立品格问题。

## 1286 扬州城"四面十八门"再考辨

发表时间及载体:《敦煌研究》2008 年第 5 期

作　者: 陈双印

简　介: 本文利用敦煌文书,结合考古资料和相关研究成果,对五代时期扬州城"四面十八门"进行了考证,指出五代时期的扬州城十八门为陆门之设,不包括水门。

## 1287 论民族的三个基本属性

发表时间及载体:《西北民族研究》(CSSCI) 2013 年第 4 期

作　者: 徐黎丽 钟鸣

简　介: 民族是人类不同群体生物性、文化性与建构性的三位统一体。生物性是指由血缘、地缘相结合的生物属性;文化性是指由生计方式、语言文字、社会制度、风俗习惯和宗教信仰组成的文化因子及其价值观的文化属性;建构性是在当代族群生存境遇受到挑战的背景下人类不同群体重新反思"民族"并由此建构民族身份的建构性。目前,随着全球经济社会一体化加速而带来的民族的生物性和文化性不断弱化、建构性强化时,民族这种共同体就已经走在衰落的路上。

## 1288 文化发展与消费水平的模型化分析

发表时间及载体:《甘肃社会科学》(CSSCI) 2011 年第 3 期

作　者: 郭志仪

简　介: 文化是一个国家不可或缺的国力的重要表现,先进文化可以促进经济发展已经成为学界共识。本文通过模型化分析手段,进一步阐述了文化发展与国民消费水平的关系及作用途径。本文研究发现,满足一定条件时,不同的文化形态对于人们的消费水平有重要的影响,当一种文化形态能够促进经济增长的时候,国民消费水平和居民效用会得到提高,整体社会福利会相应增加。

## 1289 经济学价值理论的两个维度——系统价值论初探

发表时间及载体:《甘肃理论学刊》2004 年第 3 期

作　　者:巩建华

简　　介:劳动价值论是关于生产关系的价值理论,西方价值理论是关于生产力的价值理论,二者都只是价值理论的一部分,而非价值理论的全部。价值是一个概念体系,而非一个单一的概念,价值理论是一个理论体系,而非某个单一的理论。本文分别从生产力和生产关系两个维度来界定价值概念,构建价值理论体系,初次尝试创建系统价值论,希望能够起到抛砖引玉的作用。

## 1290 政府监管与行业自律相结合的监管模式——由美国注册会计师行业监管模式引发的思考

发表时间及载体:《兰州商学院学报》2005 年第 21 卷第 5 期

作　　者:沈萍

简　　介:注册会计师行业采用哪种监管模式,主要取决于本国的经济体制以及历史文化背景。就我国目前会计市场的实际情况,应选择政府监管和行业自律相结合的监督模式,在这一模式下,以政府监管为主,行业自律为辅。

## 1291 "思想道德修养与法律基础"课程建设中道德与法律融合的基本思路

发表时间及载体:《社科纵横》2010 年第 6 期

作　　者:郭明霞

简　　介:"两课"改革后,在大部分院校的教学实践中遇到"思想道德修养"与"法律基础"两门课如何实现有机整合的问题。因此,对新的"思想道德修养与法律基础"课进行全面的课程建设势在必行。本文基于实践教学的视角,对课程建设中思想道德与法律知识融合的目标定位、基本原则以及课程体系的构建问题进行了探讨。

## 1292 应重新认识并重视地方审计体制改革中的"深圳模式"

发表时间及载体:《人大研究》2012 年第 1 期

作　　者:杨肃昌

简　　介:众所周知,审计体制作为一国政治体制的组成部分,它的任何变动从来都是与特定的政治环境紧密相联的。党的十七大之后,进一步推动政治体制改革曾一度摆上了中国改革决策层的议事日程。深圳作为中国经济体制改革的试验田和排头兵曾率先进行了很多成功的改革,似乎又将率先担当起地方政治改革的重任。

## 1293 对新监管体制下银行业监管统计的思考

发表时间及载体:《统计研究》(CSSCI)2005 年第 9 期

作　　者:郭志仪

简　　介:以银监会成立为标志,我国银行业监管体制发生了根本变化,中央银行不再履行银行业监管的职能,由银监会承担。银行业监管的各项职能随之调整和变化。2004 年 11 月颁布实施的《银行业监管统计管理暂行办法》以法律的形式明确界定了银行业监管中的统计职能,并对银行业监管统计工作的主要任务、基本原则和工作要求等多方面做出了明确规定。

## 1294 专家引领下的网络远程混合指导模式与策略研究

发表时间及载体:《电化教育研究》2014 年

第 35 卷第 8 期

作　　者：张绒 郭绍青

简　　介：文章以"应用型课题促进英特尔未来教育基础课程理念向教师教学能力迁移的实践研究"项目中专家团队的指导为研究点，对研究团队的指导设计与指导过程进行理论总结。实践证明，专家引领下的网络远程混合指导活动的开展在项目实施中起到了极其重要的作用，远程指导成为连接专家团队与项目学校的纽带，存在于教师网络学习、教研、实践、反思的方方面面，是项目取得成功的关键之一。文章期望该项目的指导模式与实施策略对同类型的指导活动能够起到一定的借鉴作用。

## 1295　英布战争新论——以军事中的新因素为视角

发表时间及载体：《历史教学问题》2011 年第 2 期

作　　者：王延庆

简　　介：英布战争是军事武器和战略战术发挥决定性作用的战争之一。它充分显示出当时世界最新式武器的强大威力，极大地冲击了西方传统的战略战术，并且开启了 20 世纪"总体战"的先声，因而对 20 世纪的现代军事装备技术的革新和军事理论的发展产生了深远的影响。

## 1296　悬泉汉简所见西汉效谷县的"里"名

发表时间及载体：《敦煌研究》2012 年第 6 期

作　　者：张俊民

简　　介："里"是汉代社会生活中最基层的行政组织形式，因为悬泉置与效谷县的独特关系，在悬泉汉简中保留和出现了很多属于效谷县的"里"名。通过对这些资料的整理，我们可以从现有的 45 个里名探讨效谷县的社会生活状况，为认识西汉边境小县的社会生活及其与丝路交通的关系提供重要的参考。

## 1297　依法治企论要

发表时间及载体：《甘肃高师学报》2012 年第 2 期

作　　者：李贵碧

简　　介：管理是影响企业效益水平、制约企业发展和构建和谐有序的企业文化的重要因素。随着依法治国方略的提出和市场经济体系的确立，企业发展与改革进程的加快，依法治企已成为企业树立科学发展观，进一步加强自身管理的必然选择。依法治企的本质是企业经营者在企业管理中体现出的法治精神。从管理理念和管理行为等各个方面都采取切实有效的办法和措施，并注意法与国家政策、法与企业规章制度的有机统一。实施依法治企，对企业自身的改革与发展、国家的整体经济水平和全面构建和谐社会都有重要意义。

## 1298　晚清文化嬗变与"偶像"崇拜论析

发表时间及载体：《西北师大学报：社会科学版》2010 年第 3 期

作　　者：王韵秋

简　　介：中国文化发展的历史实际上是一部"偶像"崇拜的历史。孔子作为"偶像"崇拜最顶级的人格化身，对其思想的认知异化致使中国文化发展史在不同时期产生了不同的"偶像"崇拜个体，形成了一种强势的"偶像"崇拜的文化现象。晚清文化嬗变的基本趋势是打破以儒家文化为核心的一元文化格局，形成儒学与诸子学、中学与西学并存的多元文化格局，动摇了以孔夫子为代表的传统"偶像"的至尊地位；晚清文化嬗变的特质是坚持民族主义的文化精神，强化了中学在近代文化学术建构中的价值地位，导致新一轮"偶像"崇拜现象的复现。文化嬗变与"偶像"崇拜的矛盾现象是民族国家社会发展中特有的精神现象，也是引人反思的魅惑所在。

## 1299 关于网络传播中视觉传达设计的研究

发表时间及载体:《电化教育研究》(CSSCI)2004年第10期

作　　者：杨伟

简　　介：随着网络传播中信息的泛滥，研究注意力的属性和特点、在众多的信息中赢得人们的注意力已成为一个至关重要的问题。科学研究证明，视觉是人们接受信息的主要通道。本文从视觉传达设计的角度，对网络传播的有效性进行了研究。

## 1300 哈贝马斯的"公共领域"及其现代启示

发表时间及载体:《西北师大学报：社会科学版》2002年第6期

作　　者：李怀

简　　介：哈贝马斯"资产阶级公共领域"的发生发展及其瓦解的过程，揭示了哈氏关于"公共领域"的基本内涵。借此反观当下中国社会"公共领域"的缺失状况，分析知识分子在构建中国社会"公共领域"中的主体性角色和存在的问题，"知识性"与"批判性"二者应不可或缺，并且是中国知识分子构建"公共领域"及对社会进步贡献创造性智慧的基本前提。

## 1301 概念获得之过渡性学习的研究综述及其启示

发表时间及载体:《西北师大学报：社会科

学版》2002年第1期

作　　者：王沛

简　　介：概念获得之过渡性学习是关于人类认知(尤其是人类学习)的起源及其发展规律的心理学研究领域。目前，国内外研究者以儿童为对象，以守恒概念及其变式——数学等值概念为研究中介，系统探讨了概念获得之过渡性学习者的认知特征。在此基础上，发现可资作为教育干预依据的心理机制和可行性思路，提出了数学教改的一些建议。

## 1302 审计体制与公共支出绩效审计

发表时间及载体:《财政监督：财会版》2012年第5期

作　　者：杨肃昌

简　　介：审计体制作为一国审计制度的核心，是制约审计职能发挥的决定性因素。现行审计体制与公共支出绩效审计的本质相矛盾，不仅大大制约了公共支出绩效审计的发展，而且也割断了公共支出绩效审计与人大预算监督之间的内在联系。只有审计体制改革，建立"立法审计"，公共支出绩效审计制约政府权力的本质才能凸现出来，而其自身也才能有突破性的发展。

## 1303 "常羊"之山与"商羊"之舞——从神话发生角度看宗教事象的形成

发表时间及载体:《西北民族研究》(CSSCI)2002年第3期

作　　者：王贵生

简　　介："常羊"本源于刑天神话，为古羌氏民族祭祀祖神之山，象征部族生存。"常羊"既是"帝"对刑天实施断首葬首巫术手段的凭借，也是刑天以无首之躯兴干戚巫舞的力量之源。基于此，在后世衍生出名为"商羊"的民间宗教舞蹈及相关文化事象。

## 1304 群体性事件与公民社会构建

发表时间及载体:《西安交通大学学报:社会科学版》(CSSCI)2010年第2期

作　　者:王学俭

简　　介:基于公民社会理论对群体性事件进行分析,认为群体性事件频发的基本原因是中国正处于社会转型矛盾凸显期,但根本原因在于中国公民社会不健全,公民组织的匮乏,民众与政府对话平台的缺失。

## 1305 远程教育卫星资源接收与利用

发表时间及载体:《电化教育研究》(CSSCI)2005年第6期

作　　者:李华

简　　介:"评价农村中小学现代远程教育工程成败与否,最重要的指标就是它的应用效益。"如何应用好卫星远程教育系统设备、利用好卫星远程教育资源,是一个核心问题。本文从卫星远程教育资源的节目类型、节目的内容、节目接收及节目管理利用四个方面进行了综述,给出了资源管理利用中需注意的几个问题和三种模式的扩展应用方案。希望能够帮助读者,特别是农村中小学教师全面了解卫星远程教育资源接收与利用的新知识、新技术,进而推动我国现代远程教育朝着健康、快速、效益显著的方向发展,使农村的中小学生能够及时地享受到优质的远程教育资源,尽快改变农村教育信息滞后的现状,实现教育的公平发展。

## 1306 继续推进改革开放的几个问题研究

发表时间及载体:《中共四川省委党校学报》2009年第1期

作　　者:刘先春

简　　介:改革开放是决定当代中国命运的关键抉择,赋予了中国特色社会主义旺盛的生命力,是实现中华民族伟大复兴的必由之路。在新的历史起点上,必须坚定信念,开拓创新。

## 1307 中国对美国的出口扩大了中美之间的经济差距

发表时间及载体:《兰州商学院学报》2009年第25卷第5期

作　　者:宋科然 史蓓蓉

简　　介:国际贸易对参与各方的经济促进作用都很大,但是贸易利益的分配在国家间是不均衡的。中国对美国出口不断增长的同时获得了很大的顺差值,中国和美国的经济总量都在增加,但是美国在利益分配上更具优势,这种优势地位使美国能够更多地获得贸易利益,并使得中美两国的经济差距不断扩大。

## 1308 论劣势区域开放远程高等教育的基本模式

发表时间及载体:《电化教育研究》(CSSCI)1999年第5期

作　　者:纪平

简　　介:不同经济区域有不同的开放远程高等教育办学模式。本文以现代教育技术给高等教育的教学、手段、方法带来的深刻变革为契机,分析了劣势区域或经济欠发达地区发展开放远程高等教育的互动机因,指出在这些地区实施开放远程高等教育达到的基本目标和追求多种媒体教学效果最优化的核心问题。通过对远程教育的实践提炼和理论提升,建构了以教学模式、学习模式和服务支持活动为基本内容的适应于劣势区域的远程高等教育基本模式。

## 1309 文化优先发展战略与西北民族地区现代化

发表时间及载体：《西北师大学报：社会科学版》2001 年第 6 期

作　　者：周蓉

简　　介：西北民族地区的现代化建设应该是社会的全面进步。实施文化优先发展战略能够全面提升人力资源素质，进而带动和支持本地区经济、社会的发展，能够引导民族文化与宗教文化中积极因素发挥其社会协调功能，确保社会的稳定发展和国家的战略安全利益，能够创造民族文化发展与经济发展的良性互动环境，促进民族文化产业化和经济发展。因此，通过实施文化优先发展战略推动社会的全面进步是一条符合西北民族地区实际的现代化发展途径。

## 1310 莫高窟"报恩吉祥窟"再考

发表时间及载体：《敦煌研究》2008 年第 2 期

作　　者：沙武田

简　　介：本文在前人研究的基础上，就 P.2991《报恩吉祥之窟记》所记僧镇国建"报恩吉祥窟"功德窟，结合写本所记洞窟基本信息，如洞窟的"报恩"思想、主尊彩塑一铺"卢舍那佛并八大菩萨像"、彩塑所在洞窟空间建筑"当阳"考辨，最终确认莫高窟第 234 窟极有可能即是此"报恩吉祥窟"。

## 1311 论体育文化的价值观

发表时间及载体：《甘肃理论学刊》2004 年第 2 期

作　　者：牛亚莉

简　　介：体育价值既是体育存在的社会前提，又是体育文化的核心内容。本文关于价值观的讨论，其目的在于树立一种新的体育观，使体育在人的全面发展和社会的文明进步中发挥更大的作用。

## 1312 中小民营企业融资中银行"惜贷"现象分析

发表时间及载体：《经济管理》（CSSCI）2003 年第 6 期

作　　者：成学真

简　　介：在一个银行经营活动厂商化模型的基础上，运用经济学的一般分析方法，深入分析了中小民营企业融资中银行"惜贷"现象产生的原因及解决途径。研究显示，解决中小民营企业贷款问题的有效手段在于改变中小民营企业贷款行为上的特征和银行经营活动所面临的其他外部条件。

## 1313 关于清末科阿分治问题的探讨

发表时间及载体：《烟台大学学报：哲学社会科学版》（CSSCI）2010 年第 2 期

作　　者：杜党军　王希隆

简　　介：鸦片战争后清朝国势日衰，北方强大的沙俄趁清朝西北边防松弛之机不断以各种手段侵占中国西北边疆领土。沙俄的扩张致使与其毗邻的清朝科布多参赞大臣辖地范围日趋缩小，阿尔泰段防务形势如同累卵。清光绪二十九年（1903 年），伊犁将军长庚力陈阿尔泰在加强西北边防方面的重要地位，奏请清廷于阿尔泰单独设官进行管理。光绪三十年（1904 年），清廷以科布多办事大臣专管阿尔泰事务，实行科阿分治。科阿分治的实行是清廷对科布多地区管理体制上的一次重大调整，它的实施使清朝强化了对阿尔泰地区的开发和军事防守，有效地遏制了沙俄企图通过阿尔泰继续南侵的阴谋，对以后新疆地区的变化产生了重要影响。

## 1314 敦煌莫高窟狭小空间内立体面摄影采集与图像处理

发表时间及载体:《敦煌研究》2012 年第 6 期

作　　者：余生吉

简　　介：随着数字敦煌的实施和推进，图像数字技术飞速发展，洞窟图像数字信息完整性进一步拓展。第 254 窟的狭小空间制约了立体面摄影采集，依据摄影数字技术和积累的经验，采用焦点堆栈技术有效解决了部分立体面摄影采集景深问题。焦点堆栈所采集的图像数据拼接完成后，需结合定位测量技术进行定位与纠正，最终实现符合数字敦煌档案的高品质数字图像。

## 1315 农村远程教育中教师的心理反应及调适

发表时间及载体:《电化教育研究》( CSSCI ) 2008 年第 9 期

作　　者：马光仲

简　　介：农村远程教育中教师的心理反应如何，是否积极、健康，直接关系到农村远程教育的良性发展。本文通过对农村远程教育中教师心理反应的问卷调查的数据资料分析，讨论了农村远程教育中教师心理反应调适的必要性与影响教师心理反应的有效变量，提出了对教师心理反应调适的策略和方法。

## 1316 论《醒世姻缘传》中的"诙谐"

发表时间及载体:《现代语文：上旬 . 文学研究》2010 年第 11 期

作　　者：张同胜

简　　介：《醒世姻缘传》中的诙谐，除了俚俗的民间广场语言的诙谐之外，还有它独有的在博学基础之上的掉书袋式的文人诙谐，其间的文人趣味主要体现在对典故的运用、隐字式歇后语的撰用、对通俗小说和戏曲的引用、拆字法的使用、姓名谐音的揶揄、诗歌的套用上，从而体现了小说作者西周生性情谐谑且博学多识。

## 1317 重释：敦煌书法在书法创作中的现代意义

发表时间及载体:《甘肃联合大学学报：社会科学版》2010 年第 3 期

作　　者：马国俊 马争朝

简　　介：敦煌书法是书法发展历史链条中不可或缺的环节，20 世纪末到 21 世际初的书法学科的设置和专业研究的深化，为敦煌书法与汉魏南北朝书法的书写真实性和艺术审美的多样性，创造了极大的联系空间和无比广阔的联想场景，为书法历史发展的真实性研究和审美多样性研究，构建了新型的研究领域和学术评价体系。以敦煌特殊的地域环境下所形成的特殊的文化书写现象和审美特征构成了一个新的研究视觉，这个新视觉所形成的新的研究成果，在书法创作中具有吸收文化精神和借鉴书法语言的现代意义。

## 1318 畤文化考论

发表时间及载体:《西北师大学报：社会科学版》2004 年第 5 期

作　　者：李清凌

简　　介：畤文化是秦王朝建立前后直到西汉时期中国文化史上的一个重要现象，它从一个侧面反映了那一时代的政治思想、礼仪制度和宗教取向，代表着中国古代郊祀制度的一个阶段和多样化倾向。不对畤文化有一个正确的了解和评价，就不能全面深入地认识先秦、秦汉文化。

## 1319 西部区域生态环境法治建设的现状与未来——兼论我国环境立法的完善

发表时间及载体：《甘肃政法学院学报》2007 年第 6 期

作　　者：史玉成

简　　介：西部区域生态环境对中国经济社会的发展有着全局性的重要意义。从地缘法律文化和国家立法的双重视角考察，西部区域生态环境法治建设面临的主要障碍因素是西部社会主体对法律的需求不足，国家环境立法尚不能完全适应西部地区经济社会发展的需要。为此，需要在可持续发展的旗帜下，全面重构我国环境立法，并着重解决好西部地区性差异对环境法律的特殊需求，充分关注西部环境习惯法文化的合理价值。

## 1320 中国全要素能源效率、收敛性及其影响因素——基于 1995—2006 年省际面板数据的实证分析

发表时间及载体：《经济评论》（CSSCI）2009 年第 6 期

作　　者：李国璋

简　　介：提高能源效率是实现经济可持续发展和减少污染排放的根本途径。基于跨期数据，运用数据包络方法对各个省份、三大区域及全国全要素能源效率的分析显示，中国地区全要素能源效率具有由西向东、由北向南逐步提高的梯级分布。全国和东中部能效均呈现向一个稳态收敛的发展趋势，而西部能效却没有表现出显著的收敛趋势。对各地区能效影响因素的分析发现，西部和其他区域主要影响因素的不同及这些因素水平的相对落后解释了西部能效最低且不能向更高能效收敛的原因。

## 1321 论甘肃省西向发展战略

发表时间及载体：《兰州商学院学报》2005 年第 21 卷第 4 期

作　　者：聂华林 李莹华

简　　介：本文通过对甘、青、藏、新四省区生产要素、工业结构状况和政策背景等进行的审时度势的分析，论述了甘肃省西向发展战略的定义及其战略重点，同时，通过对甘肃西向发展战略不利因素的分析，提出了相应的对策建议。

## 1322 《汉语大词典》引释《易林》词条校勘意见

发表时间及载体：《西北师大学报：社会科学版》2001 年第 4 期

作　　者：芮执俭

简　　介：西汉焦延寿《易林》是在易象分析的基础上，广泛运用赋、比、兴等表现手法的我国最早的一部大型诗歌总集。本文对《汉语大词典》引释《易林》词条中存在的问题提出锥指管见，供辞书研究者参考。

## 1323 教育硕士教学合格评估的目标选择与实现

发表时间及载体：《西北师大学报：社会科学版》2008 年第 4 期

作　　者：符得团 吕文英

简　　介：保证实现教育功效是教育硕士专业学位教学合格评估的目标选择。通过评估规范教育活动，提高试办院校培养质量，转变政府职能，统一社会公众认识，引导教育硕士的行为选择，为教育硕士教育转入正式举办后保证质量建立了长效机制。

## 1324 浅谈课件设计的标准化和规范化

发表时间及载体：《电化教育研究》（CSSCI）2005 年第 11 期

作　　者：赵更吉 赵海莉

简　　介：本文简要指出现时课件设计中存在的非标准、不规范问题，认为课件设计必须标准化和规范化。并就标准化和规范化的有关内容进行了简述或指明。

### 1325　時祭原始说

发表时间及载体：《兰州大学学报：社会科学版》2002 年第 30 卷第 5 期

作　　者：汪受宽

简　　介：時祭，是中华早期礼文化的重要内容。自西汉以来的学者都认为该祭是始自秦文公的天地之祭。本文从時字的结构，古文献记载的异同，早期時的位置及時坛形状，考证出時祭起源很早，是秦先民祈求农业丰收的祭祀，将五時之祭与五帝配合起来是汉初的事。

### 1326　浅论维文版《鹦鹉故事》的主要母题及其文化内涵

发表时间及载体：《西北民族大学学报：哲学社会科学版》2012 年第 5 期

作　　者：阿布都外力·克热木

简　　介：《鹦鹉故事》是一部历史悠久的连环穿插式的故事集，其在世界文学范围内被翻译为多种语言并广为流传。1992 年《鹦鹉故事》出现维吾尔文版，但并没有多少人对其进行研究。这一故事集源自印度的《鹦鹉故事 70 则》，对探究我国新疆与印度文化交流具有重要意义。本文从文学母题入手，对《鹦鹉故事》中的求子母题、复仇母题、背叛母题以及考验母题等母题类型进行了较为深入的论述，对其深层含义进一步剖析，提出了自己的理论思考与观点。

### 1327　二战时盟国处置德国政策研究

发表时间及载体：《中国青年政治学院学报》（CSSCI）2014 年第 5 期

作　　者：李怀顺

简　　介：二战时期，美国、英国、苏联三大国一度主张战后分裂德国，以便保障世界和平，并且积极磋商，寻找分裂德国的具体办法。但是雅尔塔会议后，大国改变初衷，倾向于将德国作为一个整体看待。

### 1328　以改革创新精神加强党的建设

发表时间及载体：《甘肃社会科学》2008 年第 1 期

作　　者：于维民

简　　介：世情、国情、党情的发展变化，决定了必须要以改革创新精神全面加强和改进党的建设。党的十七大用"两个始终"宣示党的建设目标和任务，回答了建设一个什么样的党的问题；针对当前党建工作存在三个主要方面的问题，党的十七大用"五个建设"全面系统地阐述怎么样建设党的问题，并提出许多党建理论与实践的新思路、新观点和新举措，为党建工作指明方向，提供可操作的措施。

### 1329　基于有效监管的我国商业银行信息披露改进

发表时间及载体：《甘肃理论学刊》2010 年第 2 期

作　　者：丁国安 王英

简　　介：本文以巴塞尔委员会商业银行信息披露框架为基础，结合我国商业银行信息披露现状，从法规制度、银行产权结构、信息市场、外部监管等方面提出改进信息披露的建议。

## 1330 基于经济产业结构与能源消费结构的能源利用效率分析——以甘肃省为例

发表时间及载体：《甘肃理论学刊》2011 年第 5 期

作　　者：宗鑫 陈艳霞

简　　介：能源作为一个国家或地区生产生活的重要资源，其利用效率的高低直接决定了能源与经济的互动关系。甘肃省作为一个能源大省，在能源开发、利用等方面仍存在不足，主要是煤炭、石油、天然气等能源对经济的贡献较低，加上重化工业对煤炭、石油等能源的严重依赖，企业整体上生产力水平较低，对能源的利用效率普遍不高。因此，在分析甘肃省能源利用效率问题时，就应从经济产业结构和能源消费结构两个层面进行分析，提高能源利用效率和优化经济产业结构，使能源与经济达到良性互动。

## 1331 走银校结合道路发展高教产业

发表时间及载体：《西北师大学报：社会科学版》2000 年第 5 期

作　　者：张如珍

简　　介：高等教育产业化是我国高教改革的重要内容。然而，长期以来，以政府投资为主的单一教育投资模式严重束缚了我国高等教育的发展。而要突破束缚我国高等教育发展的"瓶颈"，使我国高等教育向纵深发展，实施银校结合战略是一条合理的途径，银校结合是扩大高等教育投资来源的有效途径，是发展高教产业和深化教育体制改革的新突破。

## 1332 张承志小说的文化解读

发表时间及载体：《社科纵横》2008 年第 1 期

作　　者：杨小兰

简　　介：张承志是新时期最引人注目的作家之一。在汉文化、回文化（伊斯兰文化）、北方游牧文化的影响下，他的文学作品的文化内涵不断深化。在文学创作过程中，他不断构筑着自己的精神阵地，宣扬自己的清洁的精神，而抵抗流俗和坚守信念就是他的清洁的精神的内核。本文就张承志小说的内核——清洁的精神加以论述，主要涉及清洁的精神的形成及影响。

## 1333 宗教文明建设对甘肃少数民族地区文化发展的影响

发表时间及载体：《西北民族大学学报：哲学社会科学版》2011 年第 3 期

作　　者：范鹏

简　　介：现代中国社会宗教的文化属性日益突出，而少数民族地区是宗教文化比重较大的区域，宗教文化是少数民族地区文化构成的重要内容。宗教文化的健康发展对少数民族地区文化的发展与繁荣有着重要的促进作用。宗教文明是宗教文化的积极因素，现代宗教文明是立足当代、面向世界、服务人类的积极的宗教文化，宗教文明建设是少数民族地区文化建设一部分，开展宗教文明建设是直接提升宗教文化水准、提升宗教文明境界、推动少数民族地区文化发展的一个有益尝试和有效途径。

## 1334 浅谈高校工资制度改革面临的问题与对策

发表时间及载体：《社科纵横》2009 年第 6 期

作　　者：蒲宇

简　　介：本文对高校 1993 年工资制度与 2006 年工资制度进行了比较研究，指出了新旧工资制度在工资结构、增长机制方面具有的重大变化。高校工资制度改革是一项有重大社会影响的系统工程，应通过合理进行岗位设置与聘任工作、合理制定绩效工资制度、建立健全科学合理的绩效考核和人员评价体系、合并清理津贴补贴等方式，解决新工资制度改革面临的一系列问题。

## 1335 模因论对大学英语课堂教学模式设计理念的启示

发表时间及载体：《甘肃高师学报》2012 年第 6 期

作　　者：石林平

简　　介：模因论是语用学领域新兴的理论，它揭示了语言的发展、演变和传播的规律，为外语教学提供了一种新的思路。本文介绍了模因论概念和国内外的研究状况，提出了基于模因论的大学英语课堂教学模式设计理念。

## 1336 理性的农户与农村经济的可持续发展

发表时间及载体：《兰州大学学报：社会科学版》2001 年第 29 卷第 4 期

作　　者：陈其霆

简　　介：本文分析了农村经济发展中出现的问题，在点评农户经营行为的非理性命题的基础上，认为问题的根源在于农户经营的环境，而不在于农户本身，进而提出了实现农村经济可持续发展的建议。

## 1337 神秘的悬索关

发表时间及载体：《丝绸之路》1998 年第 3 期

作　　者：李并成

简　　介：悬索关为汉代在丝绸之路主干道河西走廊所设的四座关隘之一。这四座关隘即：玉门关、阳关、金关和悬索关。它们皆置于通驿大道要口，且靠近长城塞垣内侧。

## 1338 甘肃中东部石窟早期经变及佛教故事题材考述

发表时间及载体：《敦煌研究》2002 年第 3 期

作　　者：吴荭

简　　介：本文对甘肃中东部地区早期石窟中的经变画和佛传故事、佛本生故事、因缘故事画等进行了比较全面的考察。

## 1339 顾颉刚通俗读物出版活动述论

发表时间及载体：《江南大学学报：人文社会科学版》2009 年第 8 卷第 5 期

作　　者：朱慈恩

简　　介：顾颉刚的通俗读物出版活动，对传播历史知识、发扬广大人民群众的爱国主义精神起了积极的推动作用。顾颉刚的历史知识普及思想，是与其通俗读物出版的实践结合在一起的。《大众知识》杂志是历史知识普及比较成功的案例。

## 1340 个性与社会发展散论

发表时间及载体：《甘肃理论学刊》2003 年第 1 期

作　　者：袁凯

简　　介：个性的发展与社会的发展是统一的。要使我们的文明走向现代化，面向世界，面向未来，成为充分发展的有完整意义的现代文明，就必须积极地弘扬人的个性，恢复人的主体性，促进人的和谐发展，即个性与社会发展的内在同一，这可以说是人类社会进步与发展的一条"牛顿定律"。

## 1341 《米拉尕黑》的口头程式艺术

发表时间及载体：《甘肃联合大学学报：社会科学版》2008 年第 24 卷第 2 期

作　　者：刘丹

简　　介：《米拉尕黑》是融极强的艺术性和典型的叙事性于一体的东乡族叙事长诗。自产生以来一直在民间广为流传。经数代人的传演，明显地体现了民间文学的集体性、口头性、传承性、变异性等特点。具有较高的研究价值。为此，本文以帕里—洛德的口头程式理论为依据，就《米拉尕黑》的口头程式艺术进行分析研究。

## 1342　神话学二题

发表时间及载体：《西北民族研究》（CSSCI）2011 年第 3 期

作　　者：杨建军

简　　介：扶桑（扶木）释，扶桑是神话中的名树，见于《楚辞·九歌·东君》《山海经·海外东经》《淮南子·天文训》等，又叫扶木，见于《吕氏春秋·为欲》《山海经·大荒东经》《淮南子·墬形训》等。扶桑是怎么样的桑树，就看"扶"字为什么意思。

## 1343　简论清王朝的满蒙联姻政策

发表时间及载体：《甘肃联合大学学报：社会科学版》2007 年第 23 卷第 3 期

作　　者：牛海桢

简　　介：满蒙联姻政策是清朝民族政策的重要组成部分，这种联姻政策所形成的姻亲关系，对中国北方这两大尚武勇悍民族的长期和好、对清廷统辖与治理边疆蒙古地区乃至利用蒙古族的军事力量，起到了重要的作用。对于促进满蒙汉各族在政治、经济、风俗文化各方面的互相融合也起到了积极的作用。

## 1344　教师专业发展中校长的影响作用——以三个农村小学校长为个案

发表时间及载体：《西北师大学报：社会科学版》2008 年第 3 期

作　　者：王娟 王嘉毅

简　　介：教师专业发展既要有教师本人的努力，也要有外在环境的配合与助力，其中校长的管理风格是教师专业发展中重要的影响因素。本文以不同类型的校长对本校教师专业发展的影响进行个案分析，探讨校长对教师专业发展中教师的内在动机、专业态度、专业精神等因素的影响，以期引起人们对教师在职专业发展中校长管理风格及其影响的思考。

## 1345　敦煌俗别字新考（下）

发表时间及载体：《敦煌研究》2009 年第 2 期

作　　者：汪泛舟

简　　介：本文继《敦煌俗别字新考（上）》后，又从敦煌文献与石窟题记中续录一些：如"瞿、離（黎）""身（新）救（九、久）""報、保""際、濟""波（陂）岥（坡）""疆埸、壃长""逞（程）呈（程）"等 20 例，同时，还就敦煌文献校订中疑有异义的地方，如"遐（霞）换（唤）""祖、诅""魂、眃""恨、该（治）"等，重加考辨，借以引起学界的关注。

## 1346　中国可持续发展之路——区域可持续发展模式探讨

发表时间及载体：《兰州大学学报：社会科学版》2001 年第 29 卷第 3 期

作　　者：赵惠 张楠 南京福

简　　介：中国要有效实施可持续发展战略，必须走区域化可持续发展之路。本文从我国可持续发展面临的矛盾和问题出发，阐述了建立区域可持续发展模式的理论依据、现实基础和可行的途径与对策。

## 1347 唐代佛寺与城市休闲浅论

发表时间及载体：《新西部：下旬．理论》
2011 年第 10 期

作　　者：刘小平

简　　介：本文阐述了唐代佛教及寺院经济的发展，登高、纳凉、赏花、体育、娱乐等均在佛教寺院的空间中不断演绎，使得佛寺在当时人们的城市休闲生活与文化交流当中扮演了重要角色，为后世呈现出唐代别样的文化景观。

## 1348 论任弼时对马克思主义中国化的贡献

发表时间及载体：《重庆科技学院学报：社会科学版》2011 年第 14 期

作　　者：刘先春

简　　介：任弼时是伟大的马克思主义者和杰出的无产阶级革命家，为马克思主义中国化做了充足的理论宣传准备，为毛泽东思想的形成及其指导地位的确立做出了巨大的贡献。

## 1349 转型时期的中国古代文学研究——兼评《先秦两汉文学与文化》

发表时间及载体：《衡阳师范学院学报》
2006 年第 4 期

作　　者：赵逵夫

简　　介：就运用的理论和使用的方法而言，中国古代文学研究可划分为三个阶段：第一阶段是以自己固有的民族心理、审美意识和传统研究手法来从事研究；第二阶段主要是运用西方的理论和方法来研究中国古代文学；第三阶段是兼取中西理论和方法之所长，以中国自己的现代理论、方法、体系来进行研究。杨兴华的《先秦两汉文学与文化》一书，体现着古代文学研究由第二阶段向第三阶段转变的总体趋向，提出了一些很具启

发意义和参考价值的见解。

## 1350 西部开发与私权立法研究

发表时间及载体：《甘肃理论学刊》2002 年第 3 期

作　　者：吕志祥 辛万鹏

简　　介：西部大开发战略已正式开始实施，但"西部开发"并非中国之"专利"，很多国家都有"西部开发"史。所以，借鉴国外成功之经验，吸取国外失败之教训，将会使我国的"西部开发"顺利进行，少走弯路。通过比较中外"西部开发"之措施，作者发现，私权在"西部开发"中具有十分重要的作用。

## 1351 以个体发展为基础以社会进步为主导——关于我国素质教育价值取向的认识和思考

发表时间及载体：《西北师大学报：社会科学版》2007 年第 2 期

作　　者：蔡中宏

简　　介：在探讨教育对社会的作用及其主要表现的基础上，深入分析了我国素质教育的价值取向，提出在我国实施素质教育的过程中，应该坚持"以个体发展为基础，以社会进步为主导"的教育价值取向，这对于全面推进素质教育的实施具有重要意义。

## 1352 高校国有资产管理存在的问题及对策

发表时间及载体：《社科纵横》2010 年第 2 期

作　　者：郭建宏

简　　介：高校国有资产是发展高等教育、提高教学质量和科研水平的物质基础。加强高校国有资产管理，保证国有资产安全完整，促进高校国有资产合理配置和有效利用，对提高办学效益，保证教学、科研以

及各项工作的顺利进行，有着十分重要的意义。

## 1353 论国际环境法的发展与国家环境主权理念的确立

发表时间及载体：《甘肃政法学院学报》2003 年第 5 期

作　　者：吉敏丽

简　　介：环境问题的超越国界性使国际环境法得以产生，国际环境法的形成以及环境问题在国际关系中所处的至关重要的地位，不仅对国际法律秩序提出了挑战，也促使了国家环境主权理念的确立。

## 1354 如何提升远程教育院校的核心竞争力

发表时间及载体：《电化教育研究》（CSSCI）2008 年第 10 期

作　　者：查代春 杨廷干

简　　介：远程教育院校如何实现可持续发展，形成核心竞争力，是远程教育界关注的焦点。本文通过对我国远程教育两类主要院校——电大与网络学院的考察，提出远程教育院校核心竞争力的内涵，并就如何培育和发展提出了相关的思路和对策。

## 1355 《寻找替罪羊》的精神分析式阅读

发表时间及载体：《甘肃理论学刊》2004 年第 5 期

作　　者：任海云

简　　介：本文运用弗洛伊德精神分析学中的恋父情结、兄妹乱伦和人格心理结构理论，分析《寻找替罪羊》(Find a Victim) 中案件发生的悲剧根源，并认为希尔达 (Hilda) 的恋父情结与布兰德 (Brand) 的乱伦心理是安妮 (Anne) 悲剧的最主要原因。

## 1356 "小康"概念的历史考察及文化阐释

发表时间及载体：《甘肃理论学刊》2003 年第 4 期

作　　者：肖安鹿

简　　介：小康之说在中国历史上源远流长，影响极为广泛。邓小平同志对它的巧妙借用，给这一古老的历史概念注入了新的时代内容，成为对新时期里我们所追求的发展状态与奋斗目标的极富民族特色的形象表述。值得注意的是，古今小康概念的内容都不是单一的，它们都蕴含着丰富的人文关怀内容。了解这种相通性，有助于我们对全面小康目标的全面领会与理解。

## 1357 校地共建图书馆信息资源共享与知识产权保护的冲突及出路探析

发表时间及载体：《科技情报开发与经济》2014 年第 15 期

作　　者：杨鹏

简　　介：阐述了校地共建图书馆的发展现状，分析了阻碍校地共建图书馆发展的瓶颈，基于校地共建图书馆信息资源共享现状，探讨了信息资源共享与知识产权保护之间的冲突，并从多方争取边缘信息。

## 1358 敦煌俗别字新考（上）

发表时间及载体：《敦煌研究》2006 年第 1 期

作　　者：汪泛舟

简　　介：敦煌文献与石窟题记中，存有丰富的俗别字，亦见有学者校正。本文从僧诗、蒙书、愿文、题记等中又辑录一些，如"群、郡""接、妾""狩、罥（手）""翻、幡""受、寿""沙、涉""西、恶""享、烹""圣、政""唐、堂"等 40 余例，以作为对前文《敦煌俗别字补正》的姐妹篇。

### 1359 浅析现代管理中群体的高内聚力——高内聚力群体的整体优势效应及其产生的原因

发表时间及载体：《甘肃行政学院学报》2004 年第 4 期

作　者：杨进安

简　介：要使一个以领导（领导集体）为核心的群体产生超常规、理想式的高内聚力，并期望这个高内聚力在特定时期内产生轰动式整体优势效应，着力探究其成因颇为重要。本文通过对高内聚力群体的内涵、特征、结构及优势效应的思考，对一个群体高内聚力产生的重要原因进行了探讨。

### 1360 论服务型地方政府价值体系的构建

发表时间及载体：《社科纵横》2008 年第 10 期

作　者：乔娟

简　介：当前地方政府在努力构建服务型政府的过程中，不可避免地出现了各种各样的价值观念相互碰撞，因此，树立正确的价值观，构建科学的价值体系，对于我们的改革和建设，对于科学发展观的真正落实，对于服务型政府的构建都显得尤为迫切。本文从四个方面分别阐述了服务型地方政府价值体系构建的基础、纲领、目标以及需要树立的意识，作为对这一问题粗浅的探讨。

### 1361 盟书——春秋时代特殊的法律文书

发表时间及载体：《甘肃政法学院学报》2006 年第 1 期

作　者：董芬芬

简　介：盟书是我国古代的一种应用文体，随着会盟制度的兴盛而繁荣起来，其应用与创作在春秋时代达到了顶峰，从盟书的写定、结构、保存与援引来看，盟书是春秋时代的一种特殊的法律文书，具有规范行为、监督各方践履相关协约的作用。

### 1362 我国民间借贷的风险与防范——基于金融生态环境的视角

发表时间及载体：《甘肃理论学刊》2012 年第 6 期

作　者：任洁

简　介：由"温贷危机"引发的民间借贷风险与防范问题得到了前所未有的关注。本文从金融生态环境的视角分析了民间借贷的风险及其根源，认为我国民间借贷风险主要来自于包括金融体制、经济政策、法律制度、社会诚信状况等金融生态环境的失衡，因此通过建立普惠制金融体系、制定相关法律法规、完善监管机制、建立征信与担保体系和推动实体经济发展等手段优化金融生态环境是防范民间借贷风险与化解民间借贷危机的根本对策。

### 1363 企业集团财务公司如何应对面临的挑战

发表时间及载体：《兰州商学院学报》2005 年第 21 卷第 3 期

作　者：李彩莲

简　介：我国加入世界贸易组织后，财务公司将进一步对外开放。国内外金融市场竞争的双重压力使我国财务公司面临严峻的挑战。本文在分析了我国财务公司现状及面临的竞争压力的基础上，提出了其应对挑战的措施。

### 1364 唐代吐蕃与汉民族的融合

发表时间及载体：《西北师大学报：社会科学版》2001 年第 4 期

作　者：刘建丽

简　　介：公元 7 世纪，吐蕃崛起并逐渐兴盛，不断向四周进行军事扩张，对被征服地区进行统治与奴役，在这个过程中，吐蕃与其他民族也开始融合。大批汉人融入吐蕃，对吐蕃的发展、强盛具有重要意义。

## 1365 姜夔词的距离感

发表时间及载体：《西北师大学报：社会科学版》2007 年第 1 期

作　　者：尹占华

简　　介：姜夔词的风格是点到即可，留有余地，绝不和盘托出。他所写出来的内容（指文字的）与所写的事物或抒发的情感之间总有一种说远不远、说近不近的距离。这也是他向诗借鉴艺术表现手法的结果，即隐晦其旨，含蓄其意，不着一字，最得风流。本文以姜夔的写景抒情词、恋情词、咏物词三种题材的作品为例论述了姜夔词的距离感。

## 1366 唐后期及五代后梁、后唐时期襄州经济发展原因浅析

发表时间及载体：《中国经济史研究》2006 年第 2 期

作　　者：陈双印

简　　介：本文以敦煌文献为依据，结合史书记载以及后人的研究成果，探讨了唐后期以及五代后梁、后唐时期襄州经济发展原因，并指出这一时期襄州经济发展得益于其政治稳定、大运河淤塞、交通便捷以及唐后期人口迁移对襄州的影响。

## 1367 我国网络教育的发展与存在问题探析

发表时间及载体：《电化教育研究》（CSSCI）2009 年第 2 期

作　　者：郭朝明

简　　介：本文阐述了网络教育的概念、特点，分析了网络教育在我国基础教育、高等教育及社会教育中的兴起、发展以及出现的一些问题，指出要克服弊端，必须严抓质量、研究对策，才能推进网络教育的发展。

## 1368 论和谐精神与法的价值实现的内在统一性

发表时间及载体：《甘肃社会科学》2011 年第 6 期

作　　者：马陇平

简　　介：和谐作为一种理想社会的构架理念，其基本内涵经历了从自然哲学层面向精神哲学层面、再向社会哲学层面转变的过程。要将和谐的理念融入到整个社会主义法治建设中去，同时实现构建社会主义和谐社会的科学命题，就必须确定一种模式，即法治型和谐社会，而要落实这种模式，就要确定一个社会主义法治建设的最高目标——和谐精神的实现。

## 1369 试论电子合同的法律效力问题

发表时间及载体：《甘肃行政学院学报》2001 年第 4 期

作　　者：杜文学

简　　介：随着网络信息技术的不断发展，电子商务已经成为现代商业交往的一种重要手段，电子合同的签订我国也日益增多，我国合同法已将传统的书面合同形式扩大到数据电文形式。因而电子合同具有与传统合同同等的法律效力，但在认定效力时需注意一些问题。

## 1370 西部贫困地区农村劳动力转移的路径选择和法律对策

发表时间及载体：《甘肃联合大学学报：社会科学版》2011 年第 27 卷第 2 期

作　　者：史正保 王治

简　　介：本文通过对我国西部贫困地区农村劳动力富足这一现象的分析，提出两条西部贫困地区农村劳动力转移的路径，并提出相关的法律对策，以期实现人力资源优势向经济资源的转化。

## 1371 商法的语义、性质及功能

发表时间及载体：《兰州大学学报：社会科学版》2002 年第 30 卷第 2 期

作　　者：任尔昕

简　　介：在不同的语境下，商法有不同的语义，故仅把实行民商分立的大陆法系国家的近代商法作为商法的唯一表现形式和圭臬，并以此衡量其他国家是否存在商法的做法是不足取的，商法的公法化倾向是其在几百年的发展过程中为适应不断变化的社会经济环境而做出的自我调整，但公法化的倾向不能成为商法蜕变为经济法的理由，民法、商法和经济法在市场经济中各具独特功能，故有各自独立存在的必要。

## 1372 西部大开发税收优惠政策完善之探析

发表时间及载体：《兰州学刊》2011 年第 6 期

作　　者：史正保 孙丽君 王治

简　　介：我国西部大开发税收优惠政策由于存在诸多不足，在一定程度上影响了其作用的充分发挥，因此，有必要进一步完善西部大开发的税收优惠政策。本文在指出西部大开发税收优惠政策存在问题的同时，提出了相应的解决对策。

## 1373 多媒体在中小学应用的现状、问题与对策——以乌鲁木齐市三所学校为个案

发表时间及载体：《电化教育研究》（CSSCI）2008 年第 7 期

作　　者：王嘉毅 陈冰杰

简　　介：采用个案方法，调查了乌鲁木齐某小学和初、高中三所学校多媒体应用情况，结果表明多媒体硬件配置逐步增多，在教学中的使用逐步在普及，但设备的利用还不充分，对设备的管理不利于充分使用，缺乏适合教师的多媒体课件，教师怎样更好地使用多媒体需进一步改进。提出了如何加强现代教育技术在西部地区中小学应用的建议。

## 1374 魏晋诗赋结构与用韵关系初论

发表时间及载体：《甘肃理论学刊》2005 年第 3 期

作　　者：丁宏武

简　　介：本文通过对魏晋诗赋结构与用韵关系的初步探讨，认为魏晋诗赋的用韵不论是有规律的还是随意的，都与作品本身的内在结构有着不同程度的联系，都是作品有机整体不可或缺的一部分。在很多情况下，用韵的变化总是作品内在情感结构的外在表现。

## 1375 当前中国化马克思主义哲学研究的新动向

发表时间及载体：《江汉论坛》（CSSCI）2010 年第 5 期

作　　者：刘先春

简　　介：当前中国化马克思主义哲学研究的一个显著趋势是在坚持马克思主义哲学基本原理的大前提下，根据时代特征和现实生活，对当今世界尤其是中国发展过程中出现和暴露的新问题进行总结和反思。

## 1376 甘肃北石窟寺第 165 窟岩体稳定性分析研究

发表时间及载体：《敦煌研究》2011 年第 6 期

作　　者：王逢睿

简　　介：甘肃北石窟寺第 165 窟洞室跨度大，侧壁与顶板围岩厚度较薄且岩质疏松，在各种内外营力的长期作用下，洞窟岩体稳定逐渐降低，严重威胁着洞窟和文物的安全及耐久性。本文以第 165 窟为例，在对石窟洞室地质条件与各类影响因素分析的基础上，对大跨度薄顶洞窟岩体的稳定性进行研究。

## 1377 古代中亚的胡腾舞考释

发表时间及载体：《敦煌学辑刊》2010 年第 1 期

作　　者：林春 李金梅

简　　介：本文运用文献和墓葬壁画的资料，在以往学者研究的基础上，反复穷搜和比较、分析，界定了"胡腾舞"不同于"胡旋舞"，考释了胡腾舞的形态和竞技特征，由此使学界对胡腾舞有一个更全面真实的了解。

## 1378 甘肃省农村信用社小额信贷对农户收入影响的实证研究——基于农户调查问卷的分析

发表时间及载体：《新西部：理论版》2011 年第 8 期

作　　者：马雪彬 乔娟

简　　介：本文构建了农户小额信贷对农户收入影响模型，以调研数据为依据，从总体农户和不同收入水平农户两个角度实证分析了甘肃省农村信用社小额信贷对样本农户收入的影响。结果表明，农户小额信贷是促进农民增收的有效途径，但其对不同类型农户的收入效应存在差异，对中、低收入水平的农户收入影响最为显著，农户收入的影响因素之间互相依赖。

## 1379 影响高校多媒体教学效果的因素分析与建议

发表时间及载体：《电化教育研究》（CSSCI）2009 年第 5 期

作　　者：王娟

简　　介：高校多媒体教学还处于浅层次应用阶段，方式也较为单一。教师和学生对多媒体教学在态度上的满意度较高，而对教学效果的满意度却不高。影响高校多媒体教学效果的因素主要有：对多媒体教学的理解不到位，共享课程资源严重匮乏，教师的信息技术能力不高，多媒体教学模式单一，缺乏有效的多媒体教学质量评价机制。建议加强对多媒体教学的理论学习，对信息技术的学习，尽快建立课程资源库，强化多媒体教学评价。

## 1380 从"罗森塔尔效应"浅析英语教学

发表时间及载体：《社科纵横》2008 年第 4 期

作　　者：柴辉

简　　介：教学工作是一项复杂而又妙趣横生的工作，有科学性的一面，又有艺术性的一面，英语教学也是如此。它的成功与否直接影响着学生的品行、学业与前途，也直接影响着学校的地位声誉。这篇文章从如何利用罗森塔尔效应来指导英语教学工作出发，从建立积极的教师期待、真诚地热爱学生等方面来探析罗森塔尔效应对英语教师教学工作的启示作用。

## 1381 中亚地区的稳定及对我国西北地区经济发展的影响

发表时间及载体：《西北师大学报：社会科学版》2003 年第 5 期

作　　者：张玉霞

简　　介：目前，中亚地区存在着许多不稳定的因素，主要有两种：一种是直接的、现实的因素，即民族分裂主义、宗教极端主义和恐怖主义三股势力，另一种是潜在的因素，包括跨国犯罪、生态环境危机和外部势力的干预等。其中前者对中亚地区的稳定造成了严重的威胁。中亚对我国西北地区来说具有很大的相关度，主要表现在对西部大开发背景下的西北地区经济发展的影响。

## 1382　欠发达地区区域文化创新的意义及其发展对策探讨——以甘肃省为例

发表时间及载体：《甘肃理论学刊》2003年第1期

作　　者：武传震

简　　介：经济发展对环境的有序化要求越来越高，文化作为整合区域资源的重要手段，对其创新的研究就显得日益重要，本文对区域文化创新的发展战略对策进行了初步的探讨。

## 1383　清代文字狱的整体状况与清人的载述

发表时间及载体：《西北师大学报：社会科学版》2008年第6期

作　　者：张兵

简　　介：清代文字狱以次数多，规模大，惩处之残酷著称于世。从函可《变纪》案开始，清人就以各种各样的形式或明或暗地记录着这些形形色色的文字案狱。除《东华录》《永宪录》等一些史料汇编性质的著述外，在不少诗文和文人笔记类的记述中还或强或弱地表达着作者自己的看法，但真正意义上对清代文字狱的研究则从清代灭亡开始。

## 1384　甘肃省农村剩余劳动力供给形势分析

发表时间及载体：《西北人口》2008年第29卷第3期

作　　者：郭爱君

简　　介：准确测算农村剩余劳动力对于发展劳务经济意义重大。文章在将农村剩余劳动力分为农业剩余劳动力和非农产业转移劳动力剩余两部分的基础上，通过试算甘肃省农业劳动力供给和需求、耕地面积、农村劳动力供给、农村非农劳动力需求的时间序列模型以及城市化进程对劳动力转移吸纳模型的各种可能形式，得到各种模型的最优形式，进而估算未来几年内甘肃农村剩余劳动力的数量。

## 1385　权利意识：论城市新型住宅小区自治组织

发表时间及载体：《甘肃理论学刊》2007年第2期

作　　者：张姝

简　　介：现代权利理论起源于近代的社会契约论，其理论基础是个人有自我保护的权利和生存、自由与获取财产的权利。利益是权利的基本要素，在一个发达和成熟的公民社会里，中介组织与社会自治的发展对于民主政治的促进是不言而喻的。我国城市新型住宅小区中的自治组织业主委员会，对我国公民社会的发育及完善扮演了重要的角色，是维护业主合法权益的有力手段，也是社区居民自我管理、自我服务、自我教育的机构。

## 1386　高通胀下的民生保障问题

发表时间及载体：《西北师大学报：社会科学版》2008年第6期

作　　者：胡晓春

简　　介：防止经济过热，抑制通货膨胀，

关注民生问题，是 2008 年经济工作的重点。以相关国民经济统计数据为依据，阐述了通货膨胀对居民吃住养老等方面的影响，并从关注民生的视角提出了抑制通货膨胀的措施。

## 1387 从萧红的独特心态与个性解析"萧红体"的生成原因

发表时间及载体：《甘肃理论学刊》2007 年第 1 期

作　者：刘洁

简　介："萧红体"是人们评价萧红作品特殊文体时采用的概念。其特点是摒弃传统的"线"性叙述格局，依照作家的感受与思维抓取描述对象特点，突出重心，视角独特，语言明丽洒脱，常产生与众不同的艺术效果。笔者认为，"萧红体"的生成与作家独特心态、个性有密切的关系，而作家心态、个性的形成又有社会的，家族的和个人生活经历的影响。

## 1388 近年来中国农民教育问题研究述评

发表时间及载体：《社科纵横》2010 年第 2 期

作　者：史正宪 马振华

简　介：新中国成立后，农民教育问题一直是党和国家重视的问题，经过几十年的努力，取得了可喜的成就。但是，从我国经济社会的发展来看，农民教育仍然是关系社会主义现代化建设全局的大问题。本文对近年来学界有关农民教育的整体性研究与具体层面研究的成果，多角度地进行了梳理，同时就深化农民教育问题的研究，提出了几点思考。

## 1389 基于统计偏态分布的居民收入分配公平性研究——以甘肃省为例

发表时间及载体：《甘肃社会科学》2011 年第 2 期

作　者：张永

简　介：随着经济的高速发展，我国居民收入在总量日益增加的同时，差距也在不断扩大。本文以甘肃省居民收入为例，运用统计偏态分布的实证方法，从静态和动态两个方面分析 1994—2007 年的甘肃居民收入分配公平性状况，得出以下主要结论：除 1999 年甘肃居民收入分配相对公平以外，其他年份均处于不公平状态，并且自 2004 年以来居民收入分配不公平状态呈扩大趋势等。

## 1390 西部地区地方环境立法目标设置

发表时间及载体：《西北师大学报：社会科学版》2003 年第 2 期

作　者：赵海燕

简　介：环境立法是西部开发的重要法律保障。地方环境立法应选择可持续发展目标，这是环境时代的要求，有着充分的理论和实践依据。在实现立法目标时要重点解决三个问题：一是全国环境大法要先行修改，为地方环境立法创造制度条件，二是注意克服经济优先之倾向，使西部经济发展建立在生态得以保护的前提下，三是各个部门法应与环境法密切配合，共同体现环境立法目标。

## 1391 上古汉语声母的定纽及其演变——《春秋》三传异文研究之一

发表时间及载体：《西北师大学报：社会科学版》1999 年第 2 期

作　者：周玉秀

简　介：中古汉语声母中定母与澄、神、禅、喻四、邪母在上古的关系，前辈语言学家都提出过假定。《春秋》三传异文显示了上古汉语定母复杂多变的演化轨迹及定母与澄等五母之间关系的密切，更使我们倾向于认定喻四、邪两母古读定的正确；喻四在汉初已与定母分化；邪纽的分化应晚一些。

## 1392 东乡语单元音声学研究

发表时间及载体：《西北民族研究》（CSSCI）2010 年第 4 期

作　　者：金雅声 张瑞珊

简　　介：本文在传统语音学的基础上，采用实验语音学的方法，运用语音格局理论，进一步揭示东乡语单元音的语音特征。作者借助实验仪器设备和语音多功能分析软件 3700，着重对有争议的单元音进行研究，分析其语图和元音声学参数，对东乡语单元音音位进行验证；利用元音共振峰 F1、F2、F3 的频率，按发音人性别不同分别绘制共振峰模式图、元音声位图以及元音格局图；从声学角度对比东乡语、蒙古语以及汉语普通话的元音格局。

## 1393 《玉台新咏》所收"枚乘杂诗"作时新探

发表时间及载体：《西北师大学报：社会科学版》2010 年第 4 期

作　　者：赵逵夫

简　　介：《玉台新咏》所收"枚乘杂诗九首"有八首见于《古诗十九首》，这九首诗陆机都有拟作，称作"古诗"。九首中有六首无论从题材、内容、风格还是从篇幅看，都接近民歌，文献中又称其中几首为"乐府"或"枚乘乐府"，说明它们本是民间作品，后被收集入乐府，可能曾经过文人的润色。另外三首为文人之作，而从诗本身可以看出是西汉时作品。总体来说，《玉台新咏》所收"枚乘杂诗"应是西汉时文献所传，后来全被看成枚乘之作。

## 1394 榆林窟第 29 窟水月观音图部分内容新析

发表时间及载体：《敦煌研究》2009 年第 1 期

作　　者：刘玉权

简　　介：本文所言"部分内容"是指该窟水月观音图下部一度被判释为"玄奘取经图"的这部分内容。笔者依据近年来本院美术研究所整理复原的该水月观音图之白描图稿及相关佛典记载，对这部分内容做了一番辨析，提出了新的解释。

## 1395 敦煌壁画中的麈尾图像研究

发表时间及载体：《敦煌研究》2007 年第 6 期

作　　者：杨森

简　　介：敦煌壁画中的麈尾图像始见于北周，但数量较少，至唐、五代、宋图像数量大增，主要集中在"维摩诘经变"中，为研究麈尾史提供了很多形象资料，因此敦煌壁画中的麈尾图像研究既可增加对麈尾形象的深刻认识，又可补麈尾研究史的些许不足，因为敦煌艺术品中的一些麈尾形态在中原少见。敦煌壁画中麈尾图像的出现，比中原麈尾图像正式出现的时间要晚，但有它自身当地的特色，敦煌壁画中的麈尾和其他地区出现的麈尾受当时时尚影响很大，也与魏晋玄学的出现有密切的关系。

## 1396 对马克思主义法律经济分析理论的再认识

发表时间及载体：《甘肃理论学刊》2010 年第 5 期

作　　者：云立新

简　　介：历史唯物主义认为社会存在决定社会意识，人类社会一切现象包括规范在内都可由经济因素加以说明。马克思主义法律经济分析理论在关于经济与法律的关系问题上坚持经济基础决定法律，这种决定作用是从"归根到底""原始的""最终的"意义上而言。本文试图探析尽管该理论受到来自多方面的挑战，但实践证明，即使在当代历史条件下，上层建筑诸因素的独立性最终体现为经济决定作用的必然性，因此马克思主义法律经济分析理论仍然具有强大的生命力和当代价值。

## 1397 领导干部角色转换刍议

发表时间及载体：《人力资源管理》2012年第10期

作　　者：郭爱玲 常小莉

简　　介：岗位的更迭及其给新的领导者带来的挑战是一个由来已久的问题。准确定位角色、履行岗位职责、勇于听取批评，是领导干部角色转换应把握的关键，全力提升自己、培养良好的工作关系、整合结构体系、建设高效的工作团队，是领导干部成功进行角色转换的策略。

## 1398 西北地区人才资源开发与经济增长——面板数据的实证分析

发表时间及载体：《西北师大学报：社会科学版》2007年第3期

作　　者：荣志远

简　　介：人才资源日益成为知识经济时代的经济增长驱动力，但我国人才资源开发过程中的区域不平衡使得这种驱动力在国内各地区的表现差异巨大。为了分析人才资源对欠发达西北地区经济增长的促进作用，本文估算了该地区人才资本存量，建立了纳入人才资本的新古典增长函数，运用基于面板数据的多元回归分析发现，该地区人才资本存量与经济增长存在显著正相关。人才资源通过对生产的内生性、外生性作用对经济的长期增长产生重要作用。

## 1399 从债转股谈我国银企之间不良债权债务问题的解决

发表时间及载体：《甘肃行政学院学报》2001年第2期

作　　者：张永来 付泳

简　　介：银企之间不良债权债务问题的形成十分复杂，但归根结底都是体制性的根源所致。简单的债转股是在用一种较软的股权约束来代替较硬的债权约束，而且盲目扩大可能会引发一系列难题和道德风险。因此，债转股只是化解银企之间不良债权债务问题的应急之举，治本之策在于进一步深化体制改革和完善相关的法律制度。

## 1400 试析近代西北地区的晋商

发表时间及载体：《青海社会科学》（CSSCI）2008年第6期

作　　者：李建国

简　　介：晋商在西北有着悠久的历史，进入近代以后，晋商仍在西北有很大的势力，对近代西北商贸经济影响很大。晋商在长期的经营过程中，形成了自己独特的经营方式和理念。

## 1401 论良好师生关系建构的实践策略

发表时间及载体：《西北师大学报：社会科学版》2000年第6期

作　　者：李瑾瑜

简　　介：教育的世界应是师生的真情世界，教育的全部蕴念都包含在师生关系之中，正是师生关系的存在，人、教育、社会、文化才真正融为一体，然而，时代变迁对师生关系带来了诸多挑战和影响，良好师生关系的建构急需置于教育改革的重心，社会支持策略、家长参与策略、学校组织策略、师生共建策略是良好师生关系建构的实践策略。

## 1402 鲁迅是什么派

发表时间及载体：《西北师大学报：社会科学版》2002年第4期

作　者：张建生

简　介：对素材的文化特征的不同关注，显示着流派与传统和西方文化的不同组合关系。在素材处理上，鲁迅既不同于"人生派"的文学研究会，也不同于"为艺术"的创造社，而是独树一帜，自成一派。因此，把鲁迅划归"人生派"的观点是不确切的。

## 1403 电视构图艺术浅谈

发表时间及载体：《电化教育研究》（CSSCI）1994年第3期

作　者：李杰

简　介：电视的艺术形象，是在视听（画面和声音）的统一中，主要又是通过画面表现出来的。画面的造型质量直接影响着电视片（电视节目）的质量。

## 1404 基于区域联动视角的兰州—西宁经济区的崛起

发表时间及载体：《甘肃社会科学》2012年第1期

作　者：王海飞

简　介：文章以区域联动的视角，从兰州—西宁经济区崛起的战略意义出发，研究了兰州—西宁经济区崛起的制约因素，指出产业发展水平低、行政壁垒和城镇体系发展畸形是兰州—西宁经济区崛起的三大障碍。通过比较优势分析发现，兰州—西宁经济区崛起存在着区位优势独特、经济发展潜力大、自然资源丰富等有利条件，进而提出了区域联动视角下的兰州—西宁经济区崛起的战略构想，即强化双核战略、产业联动与整合战略、城市群战略，并为了保障经济区战略崛起的实施，提出了相关政策建议。

## 1405 试论西部经济在隋唐时期的地位与作用

发表时间及载体：《文山师范高等专科学校学报》2003年第16卷第3期

作　者：杨红伟 王颖

简　介：秦汉时期，西部地区拥有良好的自然环境，关中土壤膏腴，巴蜀沃野千里，陇右水草丰茂，构成了中国的基本经济区，为中国的形成与维系提供了物质基础。东汉末期以后，受长期战乱的影响，关中与陇右经济受到摧残，西部经济丧失了作为国家基本经济区的地位。但隋唐时期，西部经济仍然是我国统一多民族国家稳定与维持的重要支柱，是一个范围更大、面积更广的基本经济区的重要组成部分。

## 1406 农村社会变迁对西北农村体育公共服务发展的影响分析

发表时间及载体：《甘肃社会科学》2012年第5期

作　者：任莲香

简　介：农村社会变迁作为改革开放以来我国农村突出的社会特征，对我国西北农村体育公共服务的发展产生了很大的影响。在分别分析农村社会变迁对西北农村体育公共服务发展的基本特征、消费主体、消费需求和非正式组织影响基础上，提出西北农村体育公共服务的建设和发展应加强基础设施建设、加大财政投入力度、推进社会化过程和加强人才队伍建设的对策建议。

## 1407 农民增收的主要模式及增收趋势判断

发表时间及载体：《甘肃理论学刊》2005年第3期

作　者：王军锋 王晓芳

简　介：通过分析影响农民增收的因素，

总结出制度政策、非农产业、外出务工、农业产业化经营和农业科技进步、农村城镇化和城市化建设等五类农民增收模式，并对农民增收的趋势进行了基本判断和思考。

## 1408 民族性格的多维审视与叙事艺术的多样性探索——艾克拜尔·米吉提小说论

发表时间及载体：《石河子大学学报：哲学社会科学版》2012 年第 26 卷第 5 期

作　　者：权绘锦

简　　介：在当代中国民族作家中，艾克拜尔·米吉提有着重要意义。在对当代中国哈萨克民族性格的多维审视中，他的小说体现出鲜明的民族意识、历史意识和启蒙立场。同时，他在小说叙事艺术上的探索，为民族文学以及当代小说的发展提供了重要参照。

## 1409 从习惯到法律：一个古老定律的现代诠释——以青海藏族的民商事规则为例

发表时间及载体：《甘肃政法学院学报》2007 年第 4 期

作　　者：华热多杰

简　　介：从习俗、规则到法律，这是法律形成的一般路径。但是在现代社会，由于立法路径的拓宽，通过法律移植而建立起来的制定法系统，往往忽略了法律的本土资源，即忽略了对本国民间习俗、规则，乃至习惯法的重视。其直接后果是，在某些领域国家法的缺失带来了民间规范的介入。因此，重新审视民间规范和传统法律体系的价值成为必要。对藏族民商事规则的调研说明，在现实生活中，民间规则和制定法自有生存空间，各有价值，并且彼此呼应，相互补充。只有将法律移植和本土资源有机结合起来，才能实现法治的整体价值。

## 1410 "中国第一诗"——陶渊明《饮酒》（其五）价值新论

发表时间及载体：《西北师大学报：社会科学版》2007 年第 2 期

作　　者：高原

简　　介：陶渊明《饮酒》（其五）的价值在于它堪称"中国第一诗"。中国艺术与中国哲学思想的最高旨趣在根本精神上是相通的，就是表现或追求"天人合一"的人生境界，而陶渊明的这首诗也正是完美地表现了这一根本精神。纵览中国诗歌史，无论是李白、杜甫及苏东坡等这些站在巅峰的诗人的诗集中，还是其他人的诗作中，都找不出这样一首完美体现中国文化"极高明而道中庸"精神的有着"纯诗"品质的杰作。

## 1411 敦煌艺术哲学论要——从百年敦煌艺术研究的演变说起

发表时间及载体：《甘肃社会科学》1999 年第 3 期

作　　者：穆纪光

简　　介：19 世纪末，同人类面临着许多命运攸关的重大变革相比，发生在中国西部边陲的一桩事件，几乎是静悄悄地进行的。1900 年，那个在沙漠戈壁的包围中，长年寂寞地守护着莫高窟的道士王圆箓，由于偶然的原因，打开了当时不为任何人所知晓、封存已八百余年的藏经洞。四万五千余件绢画、麻布画、纸画、纺织品、木雕以及佛的、儒的、道的文献典籍尽现眼底。由于他的张扬（主要是将洞中文物向各级官员赠送），引起了国外有心人的注意。随后，俄国的勃奥鲁切夫（1905 年），英国的斯坦因（1907 年），法国的伯希和（1908 年），日本的橘瑞超、吉川小一郎以及美国等国的探险者，相继悄然潜入敦煌，藏经洞文物被盗窃得支离破碎。

## 1412 西部省会城市金融竞争力比较及评价

发表时间及载体:《价格月刊》2009 年第 2 期

作　　者:成学真

简　　介:以金融资源论为基础,从静态和动态两个方面对西部 11 个省会城市金融的现实竞争力和潜在竞争力进行评价,并将指标体系划分为金融体系竞争力指标和金融生态竞争力指标,对评价结果给出合理的解释,提出增强城市金融竞争力的基本方向和建议。

## 1413 甘肃人力资源结构优化对策研究

发表时间及载体:《甘肃社会科学》2011 年第 6 期

作　　者:邵建平

简　　介:人力资源结构问题是制约甘肃地区经济发展的关键。本文在分析甘肃面临的人才行业、地区分布不均衡,年龄结构老化,受教育程度高的人口流失严重等问题的基础上,提出建立分层激励制度、考虑贡献存量、实施与完善短期跨区域轮流工作制度、借鉴"移大树群"人才引进模式等对策以有效调整人才结构,更好地吸纳、维系和激励人才,增强甘肃的核心竞争优势。

## 1414 陆时雍与《楚辞疏》

发表时间及载体:《文献》2002 年第 3 期

作　　者:赵逵夫

简　　介:《楚辞疏》的作者陆时雍,是明代末年思想比较深刻、有一定独立见解的学者和诗论家。他的《楚辞疏》论诗谈艺,多所会心,是明代楚辞学著作中有特色的注本。

## 1415 欠发达地区区域经济发展的产业扩张与区域突破

发表时间及载体:《甘肃社会科学》2000 年第 1 期

作　　者:聂华林

简　　介:欠发达地区在产业培育、建设和发展上所存在的许多问题,原因显然是多方面的。有自然资源禀赋方面的,又有人为方面的;有传统体制遗留下来的,也有改革开放以后盲目发展选择不当而形成的。因此,欠发达地区为了追赶东部沿海地区经济发展的步伐,应当实施产业培育、建设与发展及其产业扩张和区域突破的有效结合,特别是要在产业扩张与区域突破上下功夫。

## 1416 鼎彝铭文:周代文学研究的新视界——评连秀丽博士《周代吉金文学研究》

发表时间及载体:《文艺评论》2014 年第 4 期

作　　者:宁俊红

简　　介:"金文"即刻在青铜器上的"铭文",目前已出土的青铜器上铸有铭文的约有七千余件,青铜器的铸造代表了一个时代的发展和文明程度,铸刻其上的铭文的价值也因此越来越显露出来。连秀丽博士的《周代吉金文学研究》即是对西周、春秋、战国时期青铜器铭文之文学价值和审美艺术展开的学术研究。

## 1417 老舍个性气质论——纪念老舍诞辰百周年

发表时间及载体:《文学评论》(CSSCI)1999 年第 1 期

作　　者:吴小美 古世仓

简　　介:本文主要分析老舍沉郁的个性气

质的生成、升华，及其表现的心理、行为特征和文化理想的忧患精神。个性气质在很大程度上既决定着作家老舍的生存方式，也决定着他的死亡形式。

## 1418 开放式基金的风险防范

发表时间及载体：《甘肃行政学院学报》2001 年第 3 期

作　　者：王克岭 邹莉嵘

简　　介：首家开放式基金——华安创新证券投资基金即将推出，开放式基金因其具有更高的流动性和更好的市场化的运作与管理机制，而成为目前国际基金市场的主流产品。开放式基金的推出，不仅有利于基金业的发展，同时也将对证券市场的资金结构和投资理念产生很大影响，然而开放式基金亦有风险，尤其是在我们这个尚不成熟的市场上。文章就开放式基金的主要风险及如何借鉴成熟市场的风险管理经验，规避和防范基金所面临的主要风险进行了阐述。

## 1419 教育技术学专业教育实习与专业实习改革的研究

发表时间及载体：《电化教育研究》2003 年第 1 期

作　　者：边燕春

简　　介：随着现代教育技术的深入发展，势必引起教育各个方面的重大变革。本文对目前教育技术学专业实习工作中存在的问题进行了分析，并提出了从实习模式、对象、内容等方面进行改革的设想和实践。选对培养一专多能的复合型教育技术高级专业人才具有一定的现实意义。

## 1420 我国职业技术教育规模结构效益分析

发表时间及载体：《兰州学刊》2010 年第 9

期

作　　者：杨琪 金梅

简　　介：文章在对我国的职业技术教育发展的规模、结构进行概述的基础上，利用灰色关联度分析方法，对职业技术教育的效益进行深入分析，探讨了我国职业技术教育的发展趋势，对促进我国经济发展、调整教育结构具有显见的意义。

## 1421 小城镇建设与甘肃农村经济发展

发表时间及载体：《兰州商学院学报》2003 年第 19 卷第 5 期

作　　者：成学真

简　　介：甘肃建设小城镇要努力寻找小城镇建设与农村经济发展的结合点，通过大力发展劳动密集型乡镇企业，尤其是以特色农副产品为原料和为农业、农村生产提供投入和消费要素的农工业以及农业技术推广、金融、保险等为农业生产服务的农村第三产业，促进农村的非农业化，提高农民收入，为改造传统农业打下基础。甘肃建设小城镇可以从三个方面推进：梯度转移战略、特色产业兴镇战略、"点—轴"式开发战略。

## 1422 纳斯尔教授的"圣道伊斯兰教"观初探

发表时间及载体：《西北民族研究》（CSSCI）2006 年第 1 期

作　　者：马效佩

简　　介：当代国际著名学者赛义德·侯赛因·纳斯尔（Seyyed Hossein Nasr）从比较宗教学的视角上，对伊斯兰教哲学与东西方哲学精神经过长期探索后，体认到"现代主义"观念对传统伊斯兰教本身所构成的挑战，从而提出"圣道伊斯兰教"观的宗教哲学概念。他并因此以其对传统苏菲思想和伊斯兰教哲学的挖掘和阐释而在伊斯兰教学者和西方学者中产生了巨大影响。其深刻的伊斯兰教"文化自觉"意义、和谐理念等积极因素对我们都有借鉴意义。他的"圣道伊斯兰教"观，国内尚无评介与探讨，本文从三个方面对其做了述评：1. 纳斯尔其人其学；2. "圣道伊斯兰教"观；3. 对"圣道伊斯兰教"观的一些思考。

### 1423 技术支持的批判性思维培养模型研究

发表时间及载体：《电化教育研究》（CSSCI）2014 年第 35 卷第 7 期

作　　者：郭炯 郭雨涵

简　　介：在信息化时代背景下，批判性思维的重要性日益凸显，但人们对批判性思维的认识并没有提高。在现行教育制度、升学压力等因素的影响下，学生缺乏基本的批判性思维能力。基于此，文章在文献研究的基础上，从批判性思维的核心本质出发，重新界定了批判性思维涵义及构成，并对批判性思维的具体过程和外显特征进行分析，构建了技术支持下批判性思维培养的一般模型，将批判性思维培养大致分为三个阶段：发现问题（或产生观点）阶段、收集处理信息阶段和问题解决（或观点论证）阶段。该模型的构建为技术支持下的批判性思维培养研究提供了实践依据。

### 1424 踏着时代的鼓点高歌猛进

发表时间及载体：《西北成人教育学报》2012 年第 5 期

作　　者：赵逮夫

简　　介：西北师范大学是北平师范大学在抗日战争中西迁秦陇后独立设置。当时称西北师范学院。西北师范学院学生在抗战时期极其艰苦的条件下，心怀祖国，为争取民族战争的胜利而高歌，解放战争时期又为争取自由民主、唤起人民投入伟大的革命洪流而书写心声，新中国成立以来历届在校学生与校友也同样踏着时代的鼓点前进，心怀祖国，关心人民事业，写下了一些感动人心的篇章。由西北师大历届学生与校友的诗作可以看到西北师大各个阶段的历史进程，看到我们国家独立、自强、走向繁荣的步伐，同时，也显示出西北师大学生重视诗歌创作的特点，尤其可以由之看到西北师大的传统校风。

### 1425 代际利益均衡与社会保障制度的完善

发表时间及载体：《西北人口》2012 年第 1 期

作　　者：庄三红 徐国冲

简　　介：本文认为分析代际利益均衡对于社会和谐具有重大意义，指出代际利益均衡是和谐社会的必然要求。代际利益均衡不能通过市场机制自发实现，只能通过社会保障制度来实现，因而代际利益均衡机制建设是社会保障制度建设的重要任务。最后分析了青少年、中青年及老年人三个代际间的利益均衡机制，从而推进社会保障制度的完善。

### 1426 网络教学平台支持的自主创新性学习研究——以英语专业"高级英语"课程为例

发表时间及载体：《电化教育研究》2014 年第 35 卷第 3 期

作　　者：赖红玲

简　　介：信息时代的学习要求从传统的维持性学习向未来的创新性学习转变，网络教学平台能够为自主创新性学习提供强大的平台支撑和技术保障。本研究结合现阶段我国高校英语专业课程"高级英语"的教学改革实践，提出了网络教学平台支持的"高级英语"自主创新性学习模式，实现教学实践任务化、教学方式导师化、教学成果展示网络化和教学过程信息化、互动化、动态化。良好的实践教学效果表明，该模式具有较强的可操作性和较好的教学效果，期望能为高校英语专业其他课程实现创新教学带来启发。

## 1427 基础教育课程改革中的信息技术与学科课程的整合：问题与对策

发表时间及载体：《电化教育研究》（CSSCI）2004 年第 12 期

作　　者：焦瑶光

简　　介：信息技术与学科课程的整合，逐步实现了教学内容的呈现方式、学生的学习方式、教师的教学方式和师生互动方式的变革，充分发挥了信息技术的优势，为学生的学习和发展提供了丰富多彩的教育环境和有力的学习工具，但在具体操作中也还存在一些不可忽视的问题。本文通过对兰州市部分中小学信息技术与学科课程整合现状的调查，在肯定成绩的同时，对存在的问题进行了分析，提出了相应的对策。

## 1428 论西部民族地区加强党的政治整合能力建设

发表时间及载体：《甘肃理论学刊》2011 年第 3 期

作　　者：丁志刚

简　　介：21 世纪以来，西部民族地区民族分裂主义势力抬头，不断制造分裂国家、分裂民族的事件，对国家统一和政治稳定产生了不利影响。西部民族地区应当不断加强党的政治整合能力建设，有效遏制民族分裂主义势力的活动和蔓延。

## 1429 两汉咏物小赋源流概论

发表时间及载体：《中国韵文学刊》2004 年第 2 期

作　　者：韩高年

简　　介：事实表明，西汉已出现了小赋这种赋体样式，它有抒情和咏物两类。前者主要是骚体赋，后者则主要以四言体为主。咏物小赋源于战国时期屈原、荀况及宋玉，在西汉贾谊、枚乘等人手中形成相对固定的咏物寄意的四言体式。到东汉，四言体咏物小赋逐渐发生了变异：四言咏物赋逐渐让步于骚体的咏物小赋，咏物寄意的方式也逐渐演变为借物抒情。这在句法形式和表现手法方面下启魏晋南北朝咏物赋，因而具有重要的价值。

## 1430 从"壹"到"道"——法家对绝对君主专制的追求

发表时间及载体：《甘肃联合大学学报：社会科学版》2008 年第 24 卷第 6 期

作　　者：杨玲

简　　介：作为先秦诸子中的一家，法家突出的特点是追求绝对君主专制。体现了前期法家代表人物商鞅思想的《商君书》重"壹"，集大成者先秦法家思想的《韩非子》尚"道"，而从"壹"到"道"正勾勒出法家追求绝对君主专制的轨迹。

## 1431 网络支持下的中小学教师校本培训研究与实践——以中央电教馆—联合国儿基会"灾区教师培训项目"为例

发表时间及载体：《电化教育研究》（CSSCI）2012 年第 1 期

作　　者：郭绍青 陈莹 张乐

简　　介：文章依托中央电教馆—联合国儿基会"灾区教师培训项目"，针对传统校本培训中的不足提出了网络支持下的校本培训体系，阐述了网络支持下的校本培训准备的三个环节，提出了网络支持下的校本培训实施过程和保障机制，并对其应用效果进行了论证。

## 1432 新农村建设背景下的基层党组织建设研究——以西部民族地区为例

发表时间及载体：《甘肃理论学刊》2011 年第 4 期

作　　者：董爱玲　刘先春

简　　介：社会主义新农村建设要求农村基层党组织切实转变发展理念，发展农村集体经济，夯实物质基础，不断增强农村党组织的凝聚力和战斗力，在统筹兼顾中发挥好党组织在发展农村集体经济和建设社会主义新农村的战斗堡垒作用和先锋模范作用。

## 1433 欠发达地区生产性服务业发展方式探索

发表时间及载体：《社会科学家》（CSSCI）2011 年第 9 期

作　　者：郭志仪

简　　介：生产性服务业对经济发展的贡献越来越大，成为区域经济发展新的增长极。欠发达地区与东部发达地区相比人力资源丰富，劳动生产率低，服务业比重不高，没有区位优势，利用外商投资相对困难。欠发达地区发展生产性服务业应积极探索以现有主导产业为基础形成区域产业集群，发展现代服务外包方式，基于产业动力机制，发挥产业群集成创新潜力。针对产业发展方式创新存在的困难，欠发达地区应建立健全产业创新的政策体系，处理好与本区域主导产业的关系，引导园区产业发展，建立区域创新网络，提高产业的市场化程度与劳动者的知识技能水平。

## 1434 负所得税：我国最低生活保障制度改革的方向

发表时间及载体：《甘肃理论学刊》2004 年第 5 期

作　　者：聂佃忠

简　　介：尽管经济学家对负所得税有种种反对意见，其在我国的具体实施也面临一些难题，但是在处理公平与效率、调动低收入者的积极性方面负所得税仍不失为一种较好的解决之道。我国政府应尽快实施负所得税政策来充实我国的最低生活保障制度。

## 1435 思想政治教育生态价值探略

发表时间及载体：《思想教育研究》（CSSCI）2013 年第 5 期

作　　者：王学俭

简　　介：思想政治教育生态价值是思想政治教育基于生态文明建设的现实回应和价值自觉，是思想政治教育对于协调人与自然之间关系的效用和意义，旨在通过思想政治教育的生态化创新，培育和建构"理性生态人"。

## 1436 "以诗为词"亦"隐栝"创作词调歌曲

发表时间及载体：《西北师大学报：社会科学版》2007 年第 1 期

作　　者：杨晓霭

简　　介：宋人改编诗为歌辞，采用了"以诗度曲""隐栝"等方式。"以诗为词"是"隐栝"的方法之一，最直接的目的是使"诗"合于歌唱。陈师道评论苏轼"以诗为词"，即着眼于其"隐栝"创作歌曲。李清照"句读不葺之诗"，当谓声诗。单纯从案头文学表现手法的角度阐释"以诗为词"有失全面。

## 1437 农民工刑事被害心理特征及被害救助与防范

发表时间及载体：《甘肃理论学刊》2005 年第 2 期

作　　者：罗屹峰　陈航

简　　介：农民工的弱势地位使得其更具有受害性，而其刑事被害问题远较工资被拖欠等危害大。本文首先分析了农民工刑事被害之前、之中、之后的心理特征，进而对其刑事被害的救助与防范从自救、社会救助、立法完善等方面进行了论述。

## 1438 甘州回鹘宗教信仰考

发表时间及载体：《敦煌研究》2011 年第 3 期

作　　者：杨富学

简　　介：摩尼教于 763 年传入漠北回鹘汗国以后，迅速发展成为回鹘国教，其影响渗透到汗国社会、经济、外交及文化的各个方面。9 世纪中叶，回鹘汗国崩溃，部众四散，其中迁入河西者以甘州为中心建立了甘州回鹘王国。由于受到当地流行的宗教文化的影响，回鹘宗教信仰发生了重大变化。原来被奉为国教的摩尼教虽继续流行，但势力越来越弱。在漠北时期并不流行的佛教，却异军突起，取代摩尼教而成为甘州回鹘国最为流行的宗教，同时萨满教遗俗继续存在。这些成为甘州回鹘宗教信仰的显著特点。

## 1439 《史记·秦始皇本纪》中李斯奏议与君主专制主义

发表时间及载体：《高等理科教育》2003 年第 S1 期

作　　者：乔建

简　　介：本文通过对《史记·秦始皇本纪》中李斯奏议的理解，分析了君主专制主义的

一些基本内容和基本特点，同时通过这一实例揭示一种历史文选教学深化的途径。

## 1440 会计信息化过程的信息悖论

发表时间及载体：《兰州商学院学报》2005 年第 21 卷第 5 期

作　　者：李希富

简　　介：随着社会信息化的浪潮，企业会计电算化正向会计信息化转变，但由于信息悖论现象的存在，会计信息化的效用并没有真正得到发挥。信息悖论的成因涉及技术、理念、管理、企业战略、绩效评价等多个方面，需要我们去认识和解决，从而促进企业信息化的发展。

## 1441 爱情从"神圣"回归"世俗"——《红字》与《S.》的比较研究

发表时间及载体：《甘肃联合大学学报：社会科学版》2009 年第 6 期

作　　者：贾鹤鸣

简　　介：《红字》是 19 世纪中期美国后期浪漫主义作家霍桑的代表作。《S.》是至今仍活跃在美国文坛的现实主义作家厄普代克的作品。厄普代克明确表示《S.》与《红字》存在着联系，且种种迹象表明《S.》对《红字》进行了戏拟，是后者的续作。本文对以上两部小说做了比较阅读及研究，分析两部小说在爱情主题的内涵上的异同及其意义，并以此为例，探讨了续作与原著之间的关系。

## 1442 敦煌壁画中蒙古族供养人半臂研究

发表时间及载体：《敦煌研究》2010 年第 3 期

作　　者：董晓荣

简　　介：通过对元代文献资料进行分析，

并结合元代传世画像、墓室壁画和出土实物资料等，探讨了敦煌壁画中所绘蒙古族供养人所着半臂的形制。

### 1443 试论我国刑事诉讼法律效用新取向

发表时间及载体：《兰州大学学报：社会科学版》2001 年第 29 卷第 3 期

作　　者：王亚莉

简　　介：我国刑事诉讼的价值应为控制犯罪与保障人权的统一，具体说就是实体真实与正当程序的统一。但是过去在我国司法实践中偏向于追求实体真实，而较少注重正当程序方面的内容，从而导致了对公民权利保障不力等问题。修改后的刑事诉讼法为我国的刑事诉讼指明了一个新的法律效用取向——追求实体真实与正当程序的统一。

### 1444 高等教育信息化发展中的几个热点问题研究

发表时间及载体：《电化教育研究》（CSSCI）2008 年第 5 期

作　　者：李华

简　　介：我国高等教育信息化，经过十几年的发展，成绩斐然。与此同时，在其发展进程中依然面临着诸多需要研究和解决的问题。本文就目前我国高等教育信息化发展中的资源建设与管理、教师教育信息化发展培训等热点问题进行研究，并提出了一些解决的建议与对策。

### 1445 20 世纪敦煌白画研究概述

发表时间及载体：《敦煌研究》2001 年第 1 期

作　　者：沙武田

简　　介：对近百年来敦煌白画研究各个方面的国内外专家学者们所做出的贡献做一简

介，并对其各自的优劣加以扼要述评，也提出了作者对敦煌白画研究的思路。文末附有敦煌遗画、敦煌白画整理与研究主要论著目录。

### 1446 一体化身份认同的现实语境探析——二十七年时期民族小说的文化身份研究

发表时间及载体：《西北民族大学学报：哲学社会科学版》2012 年第 2 期

作　　者：朱斌

简　　介：新的国家体制的建立，各类民族政策的实施，以及社会心理和社会文化方面的一体化改造，构成了二十七年时期一体化的现实语境，这导致了少数民族小说对当时主流文化身份的一体化认同。它对少数民族的文化身份建设既有积极意义又有消极影响。

### 1447 民国时期的边疆民族文物工作述论

发表时间及载体：《博物馆研究》2012 年第 3 期

作　　者：朱慈恩

简　　介：民国时期，许多从事边疆研究的专业工作者，征集相当数量的边疆文物，并将边疆文物征集与学术研究相结合，推动边疆研究的开展。通过举办展览，使人民得以认识边疆、了解边疆，很好地发扬了爱国主义精神。

### 1448 高校音乐课程实施多媒体教学的思考

发表时间及载体：《电化教育研究》2014 年第 35 卷第 2 期

作　　者：陈缨

简　　介：多媒体应用于高校音乐课程教学，

能够增加教学信息，丰富教学手段，扩充教育资源，激发学习兴趣，从而有效提高课程教学质量。高校音乐课程实施多媒体教学时，要紧密结合课程教学内容、教师教学经验和学生学习能力特点，遵循多媒体教学基本原则，充分发挥多媒体技术优势，同时也要注意一些细节问题。

## 1449 挑战与应对：中国行政管理学研究的发展方向

发表时间及载体：《甘肃社会科学》（CSSCI）2000 年第 2 期

作　　者：郭爱君

简　　介：本文分析了处于社会转型和世纪之交时期的中国行政管理学研究所面临的诸多挑战，并提出了迎接挑战的具体设想。

## 1450 自我体认与本土方位——关于甘肃民间美术地域文化生成的思考

发表时间及载体：《甘肃联合大学学报：社会科学版》2006 年第 5 期

作　　者：关维祥

简　　介：独特的地域环境和民族文化背景在甘肃原生态民间美术数千年的生存与发展中始终扮演着一个十分重要的角色。然而，在全球一体化进程中，这两大因素不同程度的蜕变使民间美术正面临着被逐渐同化甚至日益消亡的趋势。本文通过实证的方法，针对甘肃民间美术的地域生存环境和民族文化背景两方面因素，立足于民族文化的本土立场来思考当前甘肃民间美术在多元文化走向一体化的过程中如何实现自我体认和本土化定位从而维护自身的生存与发展。

## 1451 油气资源型城市（镇）人口问题与对策

发表时间及载体：《西北人口》2010 年第 4 期

作　　者：郭志仪

简　　介：人口问题是制约油气资源型城市（镇）全面协调可持续发展的重大问题，是影响经济社会发展的关键因素，涉及人口自身的发展以及人口与社会、人口与经济、人口与自然相互作用过程中所产生的各种问题。本文分析了油气资源型城市（镇）人口问题表现及成因，并提出以人为本解决人口问题的对策。

## 1452 地道中草药原产地名称保护——甘肃农业产业化提升的新路径

发表时间及载体：《社科纵横》2008 年第 3 期

作　　者：云立新 吴冰 吴俏燕

简　　介：作为中草药大省，甘肃要充分运用知识产权保护这个有力武器，从地道中草药原产地名称保护环节入手，赋予地道中草药提高含金量的新身份证，将甘肃省特产资源转化为商品优势，将地道中草药做成甘肃省农业产业化的龙头项目，促进农民增收和产业化水平提升。

## 1453 经济自由辨析——兼与杨帆商榷

发表时间及载体：《西北师大学报：社会科学版》2004 年第 1 期

作　　者：何俊林

简　　介：杨帆反对经济自由，但经济自由有利于资源的开发、收入分配的合理化。此外，实行经济自由还有其非经济的意蕴。基于此，我国不应限制经济自由，而应坚持实施经济自由。经济自由思想应与西方的经济自由主义区分开来。

## 1454 对在信息技术环境下开发学生多元智能的思考

发表时间及载体:《电化教育研究》（CSSCI）2004 年第 8 期

作　者: 樊晓红

简　介: 多元智能理论以其显著的多样性、差异性、独特性、情景性、社会文化性和创造性给现代教育提出了一个全新的课题。开发学生多元智能是信息时代、知识经济的需要，而信息技术又为学生多元智能的开发提供了实施的技术保障和促进条件。

## 1455 浅谈新课程教学过程中历史教学的实践

发表时间及载体:《社科纵横》2008 年第 7 期

作　者: 闫丽萍

简　介: 新一轮课改的一个突出特征是要大力加强人文化、开放式教育，要引导学生在人与人、人与社会、人与自然的关系中和谐相处。

## 1456 衡量中国现代化的指标和人的现代化

发表时间及载体:《甘肃联合大学学报: 社会科学版》2011 年第 27 卷第 4 期

作　者: 李晓英

简　介: 现代化研究是 20 世纪 50 年代末、60 年代中迅速兴起的一门社会科学的边缘学科，但是至于什么是现代化的指标问题却是众说纷纭。本文就此问题展开讨论，认为人的现代化是中国现代化中最为重要的指标。

## 1457 基于 VAR 模型的中国能源需求动态计量分析

发表时间及载体:《社会科学辑刊》（CSSCI）2012 年第 4 期

作　者: 杨肃昌

简　介: 运用向量自回归模型测算价格、经济增长、人口、产业结构、能源消费结构、城市化、技术进步和环境政策等因素对能源需求的影响程度和方式，将有助于更准确地把握能源系统的动态变化，为能源规划及政策的制定提供科学依据。脉冲响应分析结果表明: 经济增长、城市化对能源需求有正的冲击; 人口、产业结构对能源需求有负的冲击; 能源消费结构、技术进步对能源需求的冲击并不显著。而方差分解结果表明: 经济增长和产业结构对能源需求的贡献度最大，人口和城市化对能源需求的贡献度次之，能源消费结构和技术进步对能源需求的贡献度最小。可见，转变经济增长方式、调整产业结构和制定科学的城市化发展规划是实现中国节能目标的重要路径。

## 1458 也谈甘肃文化产业发展问题

发表时间及载体:《社科纵横》2010 年第 6 期

作　者: 张银

简　介: 甘肃的文化资源在全国具有优势，但文化产业发展却处于劣势。解决这一问题的关键是处理好经济发展的积累不够问题，完善有效的文化产业体制，对甘肃文化产业研究要全面、深入，正确处理好人才问题。

## 1459 杜甫、盛唐诗风与文学史规律

发表时间及载体:《西北师大学报: 社会科学版》2002 年第 4 期

作　者: 胡大浚

简　介: 近一个时期来，唐诗学界多有以杜诗为盛唐变体，故将杜甫别出于盛唐而归入中唐的见解。执此论者大都提到文学史的发展规律予以说明。本文以为: 杜甫集大成的诗歌、在诗史上承前启后的伟大功绩，是

盛唐所以为盛的最重要标志，杜甫底蕴厚重、气势磅礴的诗风，是盛唐诗风不可分割的重要组成部分，杜诗虽开启了中唐以下诗歌的新路，其诗风则与中唐、宋诗迥然有别。强将杜甫划入中唐有悖常理。

## 1460 近代甘青藏区度量衡制问题探析

发表时间及载体:《西藏研究》（CSSCI）2010 年第 5 期

作　者: 李建国

简　介: 在近代甘青藏区商贸活动中，所使用的度量衡器很复杂。造成这种状况的原因有当时社会经济水平方面的因素，有外来商帮的因素，也有官府方面的因素。

## 1461 人民公社低效率原因及中国农村合作问题探讨

发表时间及载体:《社科纵横》2012 年第 6 期

作　者: 宋圭武

简　介: 本文主要从偷懒和监督成本的角度来解释公社低效率是一个伪命题，或至少是一个无意义命题。公社低效率的主要原因是国家倾斜发展战略和政策不当所致，而公社本身应承担的责任则是次要的。如何推进中国农村合作建设，笔者认为一种思路是建立自治公社，另一种思路是在不改变当前现有乡镇体制格局的情况下，通过大力推进现有农村经济层面的合作，来逐步推进农村社会经济文化全面的合作化建设。

## 1462 民族地区学前双语教育的几个理论问题研究

发表时间及载体:《西北民族研究》（CSSCI）2012 年第 4 期

作　者: 龙红芝

简　介: 民族地区实施以母语为主的学前双语教育有十分重要的现实意义。我国民族地区学前双语教育在当地实际存在两种不同的模式。一种是民族地区县城、市区的幼儿园使用的教学语言主要是汉语，同时加授民族语文课；另一种是乡镇幼儿园以少数民族语言为主的教学语言，同时加授汉语语文。民族地区以母语为主的学前双语教育的主要依据包括政策依据、科学依据、实践依据等。民族地区双语学前教育的内容选择在坚持地方性、趣味性、活动性等原则的基础上，应以地方性知识为主，以游戏、故事、活动等形式来开发课程资源。

## 1463 网络犯罪刍议

发表时间及载体:《甘肃行政学院学报》2003 年第 1 期

作　者: 徐向素

简　介: 本文介绍了网络危害行为的主要表现，根据现有网络犯罪法律规定分析了网络犯罪行为所具有的侵害客体复杂、犯罪主体多元、犯罪手段多样、危害严重的客观表现以及主要出于故意心理等构成特点，并指出网络犯罪是行为人违反刑法规定，运用网络技术知识、网络工具或网络环境，对网络安全运行进行攻击与破坏或进行其他犯罪的总称。

## 1464 中国外资进入的十大效应分析

发表时间及载体:《青海师范大学学报：哲学社会科学版》1996 年第 4 期

作　者: 李含琳 曹子坚

简　介: 国外资本特别是国外直接投资是服从于国外投资者特定的目的的，这对于投资对象国的经济和社会发展产生了很大的影响。这些影响，有些同投资对象国吸引外资的目的相重合，是有利于这些国家的经济发展的，但有些则不然。

## 1465 初探敦煌壁画中的环境保护意识

发表时间及载体：《敦煌研究》2001 年第 2
期

作　　者：胡同庆

简　　介：环境问题是当今社会密切关注的
重大问题，然而中国古代环境保护及其思想
史方面的研究却很少，为此本文以敦煌壁
画为研究对象，从多角度探讨了一千多年
前古代敦煌人的环境保护意识，希望有助
于古代环保史研究和有助于当代公民环保
意识的提高。

## 1466 票据抗辩的法哲学分析

发表时间及载体：《甘肃政法学院学报》
2004 年 1 期

作　　者：李玉基

简　　介：票据法规定的票据抗辩权制度蕴
含着丰富的法哲学理念，这些理念集中体现
为安全与效率、公平与公正，体现为追求正
义的价值取向和利益最大化的目标。本文从
票据抗辩的法理念入手，从法哲学价值层面
和经济层面分析了票据抗辩的合理性，对加
深我们理解票据抗辩制度，充分利用票据资
源，实现票据的安全、高效和充分体现其经
济价值，有效保护票据债务人的合法权益具
有理论与现实意义。

## 1467 基于空间贫困视角的扶贫模式再选择——以甘肃为例

发表时间及载体：《甘肃社会科学》2012 年
第 6 期

作　　者：汪晓文

简　　介：贫困是困扰世界各国发展的全球
性难题，自然条件相对恶劣、经济社会发展
滞后、农村贫困人口比例较高的甘肃，则是
中国农村贫困程度最深的省份之一。近年来，
随着扶贫政策的不断深入，甘肃农村贫困的

原因和性质也在发生着变化，并且贫困在全
省范围内呈现出显著的空间差异性，即贫困
人口集中分布在甘肃的南部和中部地区，尤
其是"两州两市"地区。因此，基于空间贫
困的视角，构建新型扶贫模式，对正确认识
和有效解决甘肃农村贫困具有重要的理论意
义和现实意义。

## 1468 琐事颠覆男权：论《琐事》中的女权主义意识

发表时间及载体：《甘肃联合大学学报：社
会科学版》2010 年第 5 期

作　　者：王若兰

简　　介：美国著名剧作家苏珊·格莱斯佩
尔的独幕剧《琐事》展示了男人和女人在舞
台空间上的隔阂。本文从女权主义理论的角
度出发，解构两性语言行为的根本差异、两
性对话语权的操控差异以及两性之间自由与
压迫的对立这几个二元对立的关系，暴露出
男性信息交流方式的局限性和女性感情交流
的优点，剧中的两位女性正是通过关注男人
们所不齿的《琐事》与女主角无声的言说颠
覆了男性的权威。

## 1469 《水浒传》与元末红巾军

发表时间及载体：《内江师范学院学报》
2014 年第 29 卷第 5 期

作　　者：张同胜

简　　介：《水浒传》文本叙述中颇多关于
"红头子""红巾""红衣"等的描述和叙
事，这些细节表明《水浒传》与红巾军有着
内在的关联。而《太守江公蠲免两卫屯粮碑
记》则证明了"红头军"就是元末之红巾军，
亦即小说叙事中的"红头子"。通过对红巾
军起义历史的梳理，可知《水浒传》所反映
的是元末红巾军。元末起义军以红巾为其标
志的缘由主要有二：一、红色是汉人民族

身份的象征；二、领导和组织起义的白莲教使然。

## 1470 高科技企业组织模式探讨

发表时间及载体：《甘肃社会科学》1999年第4期

作　　者：王钦

简　　介：知识经济不仅给经济发展带来新的活力，同时也对企业的发展提出了新的要求。在飞速发展的今天，高科技企业更是处于信息化、知识化的环境包围之中，面对急剧增长的知识和信息，如何对知识资源更好地开发、利用和管理，通过开发、交流和利用知识，为企业创造更多的价值，成为企业管理的核心？而组织设计作为企业有效管理的杠杆力量，自然恰当的组织模式，将会促使企业在知识密集型经济中取得成功。默赫门和她的同事们，从对美国500家高科技企业管理工作的研究中得出结论："恰当的组织模式，能使一个企业决策更有效，学习更快和改变更容易。"因此，本文将着重探讨高科技企业管理过程组织模式的选择问题。

## 1471 30年来教育扩展与收入分配研究综述

发表时间及载体：《西北师大学报：社会科学版》2006年第1期

作　　者：孙百才

简　　介：教育扩展对收入分配具有重要的影响。大多数研究认为，教育扩展、教育分配的平等化有助于收入分配的改善，我们称之为教育平等论。也有部分研究认为，教育扩展、教育分配的平等化对收入分配的改善没有显著的作用或者具有反向的作用，我们称之为教育非平等论。至于教育扩展与收入分配的函数关系，大多数的研究认为二者是线形关系，而部分研究认为二者是一种类似

于库兹涅茨假设的倒U型关系。

## 1472 李渔"立主脑"说与古典戏曲理论观念的变革

发表时间及载体：《广西民族大学学报：哲学社会科学版》2009年第S1期

作　　者：宁俊红 孟丽霞

简　　介：梳理了学界对李渔"立主脑"的各种解释以及存在的问题，提出自己的看法，认为，"立主脑"就是把作家在创作构思时的"立意"通过与"立意"相契合的"一人一事"贯注于全篇的内容，使作品结构整体不仅有序，且有生机、活力。

## 1473 信息化是促进民族基础教育发展的最佳选择

发表时间及载体：《西北师大学报：社会科学版》2004年第6期

作　　者：杨改学 张军

简　　介：分析了影响我国民族教育发展的内外部因素，阐述了信息化对民族基础教育发展的促进作用，在此基础上探讨了民族教育信息化的模式选择。

## 1474 浅析甘肃省金融结构的现状和优化调整的策略

发表时间及载体：《社科纵横》2008年第6期

作　　者：张丰强

简　　介：金融结构不仅对于微观金融运作和宏观金融调控具有重大影响，而且还是金融业自身能否稳健发展并充分发挥积极作用的决定性因素，在经济和金融发展过程中，总量的增长和结构的协调具有同等重要性，金融结构的演进在一定程度上反映了金融与经济发展的层次和经济智能化的深度。本文立足于甘肃省金融结构的现状的分析，提出

了优化甘肃金融结构的若干政策建议。

## 1475 探究当代女性的生存意义——以池莉《生活秀》为例

发表时间及载体：《社科纵横》2010 年第 10 期

作　　者：王影 张晓琴

简　　介：池莉是新写实主义的代表性作家，她的小说主要反映的是底层市民在日常生活中的繁琐杂事，带有一种镜像式的描写，也可以说是生活"原生态"的表现。本文通过分析池莉小说《生活秀》中女主人公来双扬的女性形象，进而反映当代女性对于自我价值的寻求，进一步有力地凸显了女性的生存意义。像来双扬这样的当代女性，既传统又现代，她们的性格中具有冷静刚毅、务实耐劳、自立自强、注重实际的精神品质。她们能够在商品经济的浪潮中保持人格的独立和尊严，面对社会人生的种种艰辛磨难坦然视之，奋勇前进，为自己开创出一片崭新的天地。

## 1476 教育技术学本科毕业生社会适应性调查研究

发表时间及载体：《电化教育研究》（CSSCI）2007 年第 6 期

作　　者：沙景荣

简　　介：本文采用面对面访谈调研的方法，从四个方面对教育技术学本科毕业生的社会适应性和存在的问题进行调研和分析，以期为不断改进本科教育模式和处理好本科、硕士衔接问题，提供可供借鉴的实证性资料。

## 1477 兰州鼓子的方言民俗与生态环境略探

发表时间及载体：《西北民族研究》（CSSCI）2010

作　　者：张彦丽 闫新艳

简　　介：西北地区的兰州市所独有的曲艺兰州鼓子，历史悠久，文化底蕴深厚，是曲艺的典型代表，具有浓厚的方言特征和地域民俗显现，作为非物质文化遗产而被人们日益关注。

## 1478 吴国伦诗文集版本考释

发表时间及载体：《曲靖师范学院学报》2009 年第 28 卷第 1 期

作　　者：魏宏远

简　　介：吴国伦在后"七子"中享有盛名，其诗文集《甔甀洞稿》《甔甀洞续稿》曾多次刊刻，因卷数多，版本复杂，故历来述者或失之笼统，或失之讹误，故此，有必要对其诗文集版本情况予以考察。

## 1479 甘肃省城乡消费结构灰色关联度分析

发表时间及载体：《佳木斯教育学院学报》2012 年第 5 期

作　　者：寇凤梅 史建国 崔剑波

简　　介：本文依据《甘肃省发展年鉴》（2010）等资料，对甘肃省城乡居民消费结构进行了灰色关联度分析，为调整甘肃省城乡消费结构、缩小城乡消费差距和提高消费水平提供了对策建议。

## 1480 关于中国审计体制改革原则体系的问卷调查研究

发表时间及载体：《会计研究》（CSSCI）2010 年第 5 期

作　　者：杨肃昌

简　　介：中国现行的行政型审计体制自确立之日起就一直备受争议。在争议中人们提出了诸多不同的体制改革观点。为了有助于人们对这些改革观点进行比较、评价和选择，文章应用问卷调查法，提出了一套关于中国审计体制改革的原则体系并进行了检验。这套原则体系包括：改革应反映中国政治经济发展要求、应能够提高审计独立性和应具有现实可能性三方面内容。

## 1481 靖远法泉寺的历史变迁与当地民俗

发表时间及载体：《甘肃联合大学学报：社会科学版》2009 年第 6 期

作　　者：陶兴华

简　　介：靖远法泉寺乃陇上千年古刹，该寺集佛、道、儒于一寺，融建筑艺术、雕塑艺术、园林艺术、文学艺术于一体，自古以来就是人们朝觐、观赏、娱乐、游憩的好去处。靖远法泉寺曾被定为国家级文物保护单位，现为省级文物保护单位和省级森林公园，寺中景观既多且奇，美不胜收，其中法泉石窟群最具价值。靖远法泉寺石窟与敦煌莫高窟、天水麦积山石窟、永靖炳灵寺石窟等著名石窟在凿修时间、雕绘风格等方面具有许多惊人的相似之处，它们协同媲美陇上，相映溢彩塞北。靖远法泉寺具备诸多独具特色之处，是当地一处著名的自然人文景观，因之产生了众多历史文化名人和典故，这对当地民俗的形成与发展产生多方面的深远影响。

## 1482 贫困生资助体系存在问题及对策研究

发表时间及载体：《甘肃联合大学学报：社会科学版》2006 年第 5 期

作　　者：李振江

简　　介：我国高等教育大众化的进程中，贫困生和贫困生资助工作成为社会关注的焦点。尽管我国已经形成了以奖、贷、勤、助、免为主的贫困生资助体系，但贫困生资助工作仍存在许多不足。本文通过分析我国高等学校贫困生资助工作存在的问题，提出了完善高校贫困生资助工作的政策建议。

## 1483 行政公共信息公开与公民知情权的法律保护

发表时间及载体：《兰州商学院学报》2004 年第 20 卷第 2 期

作　　者：张桂芝

简　　介：行政公共信息公开是民主政治发展的时代要求，与公民权利息息相关。世界各国大都分别制定有信息公开法和行政程序法对之予以规范。我国目前尚未出台这方面的法律法规，因而行政行为中侵犯公民知情权的行为屡屡发生。因此，借鉴各国法律的一般规定，尽快制定我国相关的法律法规，是实现民主政治和保障公民基本权利的迫切需要。

## 1484 中国经济发展的环境效应分析——基于广义脉冲响应函数的实证检验

发表时间及载体：《财经研究》（CSSCI）2010 年第 5 期

作　　者：杨福霞 聂华林 杨冕

简　　介：文章在测度我国 1986—2007 年环境污染综合指数的基础上，采用基于 VEC 模型的广义脉冲响应函数分析方法，探索产业结构、环境政策、城市化水平与外商直接投资四个因素的变动。

## 1485 试论废名小说的晦涩美学

发表时间及载体：《三峡大学学报：人文社会科学版》2007 年第 29 卷第 3 期

作　　者：田光

简　　介：在中国现代小说家中，废名向来以作品晦涩难懂而著称。其晦涩主要表现在语言的简练含蓄和主题的含混模糊，原因主要有三：一是互文与反讽混合的修辞手法，二是文本的复调意味，三是作品中的禅道意蕴。晦涩作为废名小说的标志性特征，不仅仅是一个文本现象，而是上升到了诗学和美学的高度，体现了废名对小说美学的独特追求。废名在中国小说现代转型进程中的选择和努力，自有其独特的价值和意义。

## 1486 深圳市城市更新对西部地区城市更新的一些启示——以兰州市为例

发表时间及载体：《开发研究》2012 年第 5 期

作　　者：王睿霖

简　　介：作为改革开放示范窗口的深圳，其城市更新工作在政策体系，技术支撑等方面基本已经发展到国内较为先进水平。本文通过对深圳市城市更新的经验总结，提出兰州市在今后的城市更新工作中应借鉴的内容，为兰州市的城市更新工作方法提供参考意见。

## 1487 论沉默权的程序保障规则

发表时间及载体：《甘肃政法学院学报》2003 年第 1 期

作　　者：王宏璎

简　　介：从人权保障以及人类司法走向文明、民主的角度来看，在我国确立沉默权制度已成为必然。由于沉默权直接威胁到公权力的实施，因而极易受到司法人员的侵犯。因此，对沉默权的程序保障应当与确立沉默权制度本身一样重要。本文从现有国外立法入手，借鉴国外经验，认为应当在我国确立告知规则、放弃规则、排除规则以及律师参与规则以确保沉默权真正成为嫌疑人、被告人行为中的权利。

## 1488 信息条件下的城市运输规划方法

发表时间及载体：《中国管理科学》（CSSCI）2002 年第 1 期

作　　者：田澎

简　　介：交通网络中信息的引入，改变了以往人们的出行行为。常规的出行需求预测模型在信息条件下，需要进行合理改进。本文提出了将传统的出行产生模型与动态交通模拟模型集成进行信息条件下的城市运输规划研究的一种新的方法框架。

## 1489 石油重镇基尔库克归属问题及其影响

发表时间及载体：《阿拉伯世界研究》2010 年第 3 期

作　　者：敏敬

简　　介：石油重镇基尔库克对伊拉克政府和库尔德民族主义的关系产生重要影响。后复兴党时期，库尔德武装成功控制了基尔库克，并将其作为实现库尔德人长期利益和短期收益的重要工具。基尔库克的重要性已使该市的归属问题成为影响土耳其—伊拉克关系和伊拉克联邦制发展的重要因素。

## 1490 族群及其未来：我们如何面对——读哈罗德·伊罗生《群氓之族——群体认同与政治变迁》

发表时间及载体：《西北民族研究》（CSSCI）2010 年第 1 期

作　　者：刘永红

简　　介：在 20 世纪的百年中，特别是 50 年代以后，族群意识、族群认同、族群冲突以及与之相关的政治变迁成为学术界的焦点，一方面，族群（民族）问题成为当代国家政治和社会的最为棘手的难题，另一方面，不同的族群在国际关系、政治、经济、文化领域的竞争日趋激烈，冲突加剧。

## 1491 试论南梁政权对陕甘边革命根据地的建设

发表时间及载体：《社科纵横》2011 年第 8 期

作　者：李建国

简　介：南梁革命政权的建立，标志着陕甘边革命根据地的形成，其在中国人民革命斗争史上有着重要的意义。为了巩固和建设革命根据地，南梁政权在根据地进行了土地改革，还在经济、文化建设，以及发展革命武装力量方面，采取了一系列措施。这些措施体现了南梁政权是广大劳苦大众的政权，与人民群众的血肉关系，并有力地促进了根据地的巩固和发展。

## 1492 土尔扈特蒙古西迁后的经济状况及其对东归的影响

发表时间及载体：《中国边疆史地研究》（CSSCI）2010 年第 1 期

作　者：李金轲 王希隆

简　介：土尔扈特蒙古人西迁至伏尔加河流域后，其经济状况可以概括为：传统游牧经济由盛而衰；以互通有无为基础的对俄贸易往来不断；为俄国军事战役出兵助战获得战利品和报酬成为特殊的收入来源；突袭其他民族和控制贸易路线是增加财富的渠道之一；捕鱼成为相当一部分生活贫困的土尔扈特人赖以维持生计的重要方式。作者认为经济状况恶化是促使土尔扈特蒙古人东归的原因之一。

## 1493 规律、价值、思想——对公安学基础理论研究对象的思考

发表时间及载体：《甘肃行政学院学报》2002 年第 2 期

作　者：张淑红

简　介：运用规律、价值、思想原理对公安学基础理论的研究对象提出全新的观念。笔者认为，公安学基础理论的研究对象是由能够用哲学方法说明的警察现象为基本构成，是对带有普遍性和根本性的警察现象的一种认识，并探索归纳其中互相联系运动的基本规律，以及这些规律所应体现的价值因素和对这些问题的思考而形成的一种思想体系。

## 1494 隐形知识在管理中的作用

发表时间及载体：《甘肃理论学刊》2003 年第 4 期

作　者：孙键

简　介：在管理过程中，高层管理者们对重大决策问题的处理常常不喜欢基于理性分析，而是主要依赖于对需要决策的情境的直觉性判断，即隐性知识和直觉在战略决策制定中的价值极其重要。本文从哲学的角度分析了隐性知识与明确知识的区别及其相互转化，特别强调了隐性知识在管理中的作用。

## 1495 农村社区公共物品自主供给机制

发表时间及载体：《长安大学学报：社会科学版》2009 年第 11 卷第 3 期

作　者：曹子坚

简　介：为探讨居民自主供给对完善现行农村社区公共物品供给机制的作用，通过调研收集资料和数据，建构博弈模型，并运用相关理论分析社区公共物品居民自主供给机制形成的内在机理。分析认为，引入社会资本，将多次的孤立博弈转化为一个关联的重复博弈，促使居民一致行动能力的形成，从而实现农村社区公共物品的最优供给数量和参与居民的最优规模。

## 1496 华中抗日根据地的禁烟禁毒

发表时间及载体：《兰州学刊》2010 年第 11 期

作　　者：胡金野 齐磊 韩敬梓

简　　介：华中地区历史上就是鸦片烟毒泛滥的地区，抗战时期毒品的危害愈发深重。中国共产党领导的新四军在创建华中根据地的过程中，不仅公开表明了共产党禁绝烟毒的坚决态度，且自始至终有组织、有计划地采取措施禁烟禁毒，为正确处理烟毒问题进行了积极有益的尝试，取得了一定的成果。华中抗日根据地的禁烟毒斗争，对于抗战胜利产生了积极影响，并为新中国的禁毒运动积累了一些成功的经验，意义重大，值得总结和借鉴。

## 1497 贫困地区和谐社会建设中地方政府的职能分析

发表时间及载体：《甘肃理论学刊》2008 年第 1 期

作　　者：许尔忠

简　　介：贫困地区是矛盾和不和谐因素的集中区。当前存在的各种不和谐因素，经济发展不均衡、收入分配不平衡、人口环境压力、城乡差异等，主要集中在贫困地区。而且贫困地区自身生态脆弱，自然条件差；经济落后，基础薄弱；城乡居民收入低，贫困人口集中；处于初期开发建设时期，矛盾集中；政府财政困难，统筹能力有限；农村教育落后，农民素质低，是构建和谐的重点和难点所在。

## 1498 甘肃当代戏剧对本土文化形式的利用与创新

发表时间及载体：《当代戏剧》2012 年第 1 期

作　　者：朱忠元 刘朝霞

简　　介：对地域文化资源本身的艺术转化，对地域文化资源的文化精神、审美特质乃至艺术形式的转化，都属于地域文化资源的艺术化。甘肃当代戏剧注重文化资源的内在提升，不断地挖掘地域文化资源所负载的人文、地理信息，给文化资源不断赋予新的意义，这是内创新。

## 1499 试析自然和人文环境对西北近代商贸经济的影响

发表时间及载体：《中国边疆史地研究》（CSSCI）2012 年第 4 期

作　　者：李建国

简　　介：近代西北地区商贸活动与自然和人文环境有很大的关系。自然和人文环境的较大差异，使得西北与其他地区互通有无成为必然，为西北商贸发展提供了有利条件，造就了西北地区经济具有鲜明的特点。

## 1500 甘肃省财政收入与经济增长的实证分析

发表时间及载体：《西北师大学报：社会科学版》2009 年第 3 期

作　　者：吉亚辉 朱正取

简　　介：运用时间序列动态均衡法，对甘肃省 1978—2006 年间财政收入与经济增长的相关数据进行协整分析，建立了二者之间的误差修正模型，通过 Granger 因果关系检验分析两者的变动对各自的影响，揭示了甘肃省财政收入与经济增长的动态均衡关系。

## 1501 基于问题解决的协同发展学习设计

发表时间及载体：《电化教育研究》（CSSCI）2006 年第 5 期

作　　者：张筱兰

简 介：问题解决的学习是一种高级的学习，其教学有其自身的特点和规律，体现了以学为主、协同发展的理念，是教育领域一直关注的问题。我国在进行教育改革的过程中，大力提倡开展问题解决的教学，但在实践中也出现了一些问题，通过对这些问题的反思，发现在问题解决的教学中缺乏教学设计理论与方法的指导是产生问题的原因之一。基于问题解决的协同发展的学习模式，是一个体现建构主义的观点、针对结构不良问题的问题解决模式。

## 1502 近代甘宁青羊毛贸易中的回族商人及其贸易网络

发表时间及载体：《西北师大学报：社会科学版》2008 年第 4 期

作 者：李晓英

简 介：甘宁青地区的回族大多沿中原农区和青藏、内蒙两大牧区的过渡相嵌地带分布，以其善经商的本领，通农牧之有无。近代以后，由于西北地区的羊毛大量出口，甘宁青的回族商人更是发挥了这种商业贸易优势，并且利用其特有的穆斯林社会网络资源，在很大程度上垄断了当时的羊毛贸易。

## 1503 丝绸之路申报世界遗产的理论与实践

发表时间及载体：《西北师大学报：社会科学版》2007 年第 6 期

作 者：邓华陵

简 介：在文献调研的基础上，本文将丝绸之路申报世界遗产的过程划分为理论探索阶段（从 20 世纪 80 年代末到 2005 年 10 月）和实施阶段（从 2005 年 11 月起）。从三个方面总结了理论探索阶段的工作：1.丝绸之路的传统研究、非物质文化遗产研究和环境研究；2.文化路线的研究；3.丝绸之路申遗

的方法学研究。实施阶段从 2005 年 11 月开始，作为系列申报的第一个群集，我们乐观地期望丝绸之路中国和中亚段的文化遗产能于 2010 年列入世界遗产名录。

## 1504 关于我国教育技术学学科建设的思考

发表时间及载体：《电化教育研究》2003 年第 9 期

作 者：沙景荣 周跃良

简 介：本文根据对全国 57 所高校的 66 名从事教育技术研究和教学的教师的调查，提出了在教育技术学学科定位，学科、课程和队伍建设过程中急需关注的一些问题。据此本文提出了从实践角度拓展学科建设思路的几个重要方面：加强技术环境下的学习心理研究，深入开展信息技术与课程整合的研究，更加重视学习活动的动态设计与支持，渗透知识管理的理念，加强教育技术与其他学科的联系、沟通与合作等。

## 1505 仙人崖石窟（下）

发表时间及载体：《敦煌研究》2004 年第 1 期

作 者：董玉祥

简 介：本文介绍了仙人崖石窟中的罗汉堂、梯子洞、燃灯阁、卧佛洞等窟的情况，并认为仙人崖石窟是一座佛、道、儒兼容并存的宗教道场。

## 1506 试论以整体语言观为指导的语法教学

发表时间及载体：《甘肃联合大学学报：社会科学版》2009 年第 6 期

作 者：邱建华

简 介：语法教学回归英语课堂教学已经成为必然，然而不是简单的回到传统。整体

语言教学观为语法教学注入了新元素。形式与意义的统一、语篇与情境的交融、任务中的交流与发展、师生与生生的互动合作，正是以整体语言教学观为指导的语法教学的核心所在。

## 1507 西部省会城市竞争力比较研究

发表时间及载体：《西北师大学报：社会科学版》2005年第3期

作　　者：赵海莉

简　　介：提升城市竞争力、发展城市经济是我国区域发展的重要途径。采用主成分分析的多指标综合评价方法，对西部11个主要城市的城市竞争力进行了排序和评价，并提出了一些有益的建议。

## 1508 大陆台湾夫妻财产制度比较及述评

发表时间及载体：《甘肃行政学院学报》2004年第3期

作　　者：周庆峰

简　　介：海峡两岸夫妻财产制度都有新的发展变化。从立法体系、法定、约定、特有夫妻财产制等方面对两岸新夫妻财产制进行比较，对我国正在进行的民法典婚姻家庭篇之制定具有借鉴意义。

## 1509 苏绰治理乱世的政治思想

发表时间及载体：《西北师大学报：社会科学版》2011年第2期

作　　者：李清凌

简　　介：西魏政治家、思想家苏绰不谋外扩，专治政权内部人心、吏治、经济、教化等政治生态环境，从而获得疆场屡扰而内亲外附的政治效果，其治理乱世的政治思想和实践理应获得较高的历史评价。

## 1510 高储蓄率对我国经济的影响

发表时间及载体：《西北师大学报：社会科学版》2009年第6期

作　　者：胡晓春

简　　介：高储蓄率在我国经济发展的初期阶段，对经济的发展起到了巨大的促进作用。但是随着全球经济的高速发展，高储蓄率又会导致企业融资渠道不畅、银行风险加大、抑制居民消费等阻碍经济发展的诸多问题。所以降低储蓄率，提高消费率，是我国目前经济发展中要重点解决的问题。

## 1511 新课标理念下语文阅读教学模式的创建

发表时间及载体：《社科纵横》2011年第10期

作　　者：冯岩

简　　介：在当前的语文阅读教学中存在着分析教学、肢解教学、表演教学，忽视了学生的主体体验与感受，忽略了阅读教学的本质，与新课标的理念相违背。本文根据新课标对高中语文阅读教学模式的要求，着重从现实背景意义认识、阅读教学模式的创建构想等方面进行论述。

## 1512 我国大学生就业能力研究述评

发表时间及载体：《甘肃高师学报》2012年第1期

作　　者：王爱兰 金戈 马文菊

简　　介：大学生就业能力的研究成为近年来我国学者关注的一个热点。本文从就业能力结构、就业能力对就业质量的影响以及大学生就业能力的干预研究三个方面对我国大学生就业能力研究现状进行了述评。同时，分析了当前大学生就业能力研究存在的问题，提出该领域今后的研究方向。

## 1513 充分发挥 MAI 在新世纪大学英语教学中的作用

发表时间及载体：《电化教育研究》2003 年第 1 期

作　　者：刘剑锋

简　　介：本文对 MAI（Multimedia Assisted Instruction 多媒体辅助教学）在新世纪大学英语教学中的各种作用进行了论述，充分展示了在大学英语教学中实施多媒体辅助教学的意义与必要性。

## 1514 信息技术与课程整合中的关注焦点——投入学习的研究

发表时间及载体：《电化教育研究》（CSSCI）2004 年第 12 期

作　　者：张筱兰

简　　介：信息技术与课程整合的目的是促进学生学习方式的转变。如何衡量学生的学习从被动型转向主动型？一个重要的标准就是学生是否积极地投入了学习。本文就投入学习的内涵与特征进行了论述，并对信息技术与课程整合中投入学习的形式及设计要素进行了探讨。

## 1515 和谐社会建设：党的先进性的必然要求和体现

发表时间及载体：《甘肃理论学刊》2008 年第 6 期

作　　者：赵辉

简　　介：保持党的先进性是马克思主义政党本质的必然要求，也是加强马克思主义政党自身建设的一个永恒的课题。构建和谐社会是新世纪新阶段党的先进性的必然要求和具体体现，加强党风廉政建设是保持党的先进性和构建和谐社会的重要保证。

## 1516 产业集群背景下产业转移对西部经济发展的影响

发表时间及载体：《财会研究》2011 年第 17 期

作　　者：郭爱君

简　　介：在当前科学技术迅猛发展、交通条件明显改善、各国各地区的工业化进程迅猛推进的新形势下，产业转移的速度在不断加快，转移的范围和规模在不断增加，出现了一种产业"集群式"的转移现象。于是，过去的产业转移理论的局限性也因形势的变化而表现得日益明显。本文结合我国国情，分析了在产业集群背景下的产业转移对西部经济发展的影响及应对策略。

## 1517 教学理论：从检验、评价到接受——关于教学理论与实践结合的方法论思考

发表时间及载体：《西北师大学报：社会科学版》1998 年第 1 期

作　　者：蔡宝来

简　　介：教学理论与教学实践的结合并非如人们通常认为的那样，是一个单向的直达和简单的选取过程，其中，既涉及理论本身的科学合理性，又涉及理论接受者的合理性选择；既涉及接受主体的工具合理性，又关涉接受主体的价值合理性。因此，从方法论的角度考虑，教学理论的形成，必须历经一个从检验、评价到接受的复杂过程。

## 1518 "千呼万唤始出来"——从"意见"的功能特点看其精神特质

发表时间及载体：《甘肃行政学院学报》2001 年第 4 期

作　　者：陈冠英

简　　介：从古到今，在中国行政机关的公文中没有"意见"这一文种，虽然意见的功能

包含在其他的文种之中。只有在今年开始实行的《国家行政机关公文处理办法》中，"意见"才作为正式文种出现，这打破了千古以来的文种局面，体现出我们时代的民主、法制、科学的本质特征。本文从"意见"的词义功能特点和文种功能特点出发，论证了"意见"的精神特质，表达了"意见"的时代特征。

## 1519 论经济法的基本原则

发表时间及载体：《兰州大学学报：社会科学版》2004 年第 32 卷第 2 期

作　　者：朱沛智 胡兰玲

简　　介：经济法的基本原则在经济法基础理论体系的构建中具有极其重要的地位。本文从经济法基本原则的概念、确立标准和经济法的调整对象等方面进行了探讨，认为经济法基本原则是维护公平竞争、宏观调控和维护国家经济安全，并对其进行了论述。

## 1520 提高高校思想政治理论课的教学效果

发表时间及载体：《社科纵横》2009 年第 1 期

作　　者：马进

简　　介：高校思想政治理论课的新方案实施后，必须采用新的教学模式与之配合，这是保证新的课程方案实施效果的重要措施。"学习·实践·创新·提高四要素"教学模式在教学中的运用，证明了思想政治理论课教学的效果是完全可以得到保证的，关键是要改革旧的教学观念、旧的教学方法和旧的教学模式。

## 1521 西部农村英语教师网络自我效能及其使用关系研究

发表时间及载体：《电化教育研究》（CSSCI）2012 年第 3 期

作　　者：王琦

简　　介：网络自我效能及其使用在外语教师在线学习中起着越来越重要的作用。本研究调查了西北农村地区 103 名英语教师的网络自我效能及其使用情况。调查发现，虽然教师的网络自我效能较高，但输出性和创造性活动的效能较低；网络使用率较低，且呈现两极化状态；男女教师网络自我效能和使用无显著差异；网络自我效能与其使用呈正相关关系。

## 1522 合并主管——企业并购大潮中的新型领导者

发表时间及载体：《领导科学》2002 年第 18 期

作　　者：包国宪 贾旭东

简　　介：在我国企业资产重组中，不同程度地存在着合并效率不高、人际关系紧张及文化整合失败等问题。比如被兼并企业常常认为自己是输家，而兼并企业则认为自己是赢家，他们同床异梦，相互设防。

## 1523 从秦穆公时期的政治外交政策看秦国对和谐思想的运用

发表时间及载体：《社科纵横》2008 年第 10 期

作　　者：延娟芹

简　　介：秦穆公是春秋五霸之一，穆公时期的秦国国力达到自封国以来的最高峰，这与穆公能够有效处理国君与国内卿大夫之间、秦国与其他诸侯国之间的关系，为秦国的崛起创造了和谐宽松的国内国际环境有重要关系。秦穆公对和谐理论的成功运用为我们今天加强国际之间、国内地区之间的交流合作提供了有益的借鉴。

## 1524 康有为"学与时异"教育观对其政治思想的影响

发表时间及载体:《西北师大学报:社会科学版》2003 年第 6 期

作　　者:王韵秋

简　　介:作为康有为教育理念和政治思想逻辑起点的"学与时异"观,左右了康氏一生的理论建构与政治行为,导致其一生始终坚持从"经世致用"的立场出发,本着"逆乎常纬"的宗旨,不仅对于世无用的经书文本给予怀疑和否定,并以强烈的批判精神向封建专制挑战,从时代政治的角度对传统的经世之学予以新的解释,将西方文化与中国传统文化做一嫁接,从而建构出一个以"公羊三世说"为核心的政治改良的理论蓝图,一度成为位列中国近代化前沿的政治巨人。但作为今文经学的传人,康有为无法彻底超越经世致用的藩篱,其一切政治宣传终究是以儒家文化为元点的,反对一切过激行为,以三世说为轨迹,导致其一切政治行为的出发点和终结点最终只有回到尊孔与保皇的底线上来,由此而决定了康有为一生只能兼具维新领袖与尊孔保皇势力代言人的双重身份。

## 1525 论甘肃早期文化同华夏文明的关系

发表时间及载体:《甘肃社会科学》2013 年第 4 期

作　　者:赵逵夫

简　　介:甘肃省极为重视文化建设,于 2012 年提出建设"华夏文明传承创新区"的战略方针,着力打造"一带""三区""十三板块"。甘肃的文化宣传研究和传承、创新建设过程中,有五个方面的文化要素应该重视:一是以伏羲文化、彩陶文化为代表的始祖文化,二是先周文化,三是早秦文化,四是丝绸之路文化,五是氏羌文化。我们要从整体性、系统性、源头性的角度对甘肃历史文化进行综合性的研究和努力。

## 1526 从《葛底斯堡演说》看演说辞的文体特征与语言魅力

发表时间及载体:《社科纵横》2008 年第 4 期

作　　者:邵峰 杨义玲

简　　介:演说辞作为一种特殊的文体,有着不同于其他文学文体的文体特征。本文以《葛底斯堡演说》为例,从多个方面分析了演说辞的文体特征。通过分析我们可以看出,演说辞这种文学文体具有铿锵有力、语义丰富、力量集中和说理有力等文体特征,是一种富有感染力的文学文体。

## 1527 形势与政策课应注意反映和突出民族政策与民族团结教育的主题

发表时间及载体:《社科纵横》2008 年第 1 期

作　　者:马进

简　　介:民族政策与民族团结的教育是形势与政策课的重要组成部分,也是中国特色社会主义理论体系的重要组成部分。不论党和国家所面临的形势和任务在不同时期、不同阶段出现什么样的变化,不论形势与政策课的内容与方法在不同时期、不同阶段怎样调整和改进,民族政策和民族团结都是最基本、最经常的教育。但是,目前的形势与政策教育存在着被忽视和淡化的倾向,解决的方法是在提高对民族政策与民族团结教育的重要性和紧迫性认识的同时,在内容和方法方面,注意把这方面的教育与中国特色社会主义理论体系的教育、与科学发展观的教育结合起来,这样的形势与政策课才是完整的、能够反映党和整个国家面貌的形势与政策课,也才能全面、完整地体现高校的思想政治理论课的政治优势与政治特色。

## 1528 社会主义核心价值体系引领西部少数民族政治文化建设探略

发表时间及载体：《西南民族大学学报：人文社会科学版》（CSSCI）2012 年第 8 期

作　　者：董洪乐 丁志刚

简　　介：政治文化是一个国家或民族在特定历史阶段的产物。我国是一个典型的现代多民族国家，西部少数民族的政治文化发展滞后，传统政治文化的影响力根深蒂固，其政治文化建设任重道远。

## 1529 贯彻"三个代表"重要思想，促进人的全面发展

发表时间及载体：《甘肃行政学院学报》2004 年第 2 期

作　　者：孟庆莉

简　　介：促进人的全面发展，是马克思主义的基本思想和理想目标。"三个代表"重要思想是马克思主义关于人的全面发展理论的当代体现，开拓了人的全面发展的现实途径。建设中国特色社会主义要促进人的全面发展，必须要大力发展先进生产力和先进文化，创造出高度发达的物质文明和精神文明，为人的全面发展提供可靠的物质保障和精神保障，进而使人民的根本利益从最高形式上得以实现。

## 1530 合作与不合作的政治经济学分析——我国农民经济组织发展中的国家、政府与市场

发表时间及载体：《西北师大学报：社会科学版》2006 年第 1 期

作　　者：张永丽

简　　介：农民经济组织是小农家庭进入市场的桥梁和纽带，是在农民与国家、政府、市场等多种力量的博弈中产生和发展起来的。农民经济组织演进的路径、组织形式、发展规模和速度受到并将继续受到市场激励与要求、政府约束与支持、农村制度安排与宏观社会经济环境等多种因素的影响。因此，农民经济组织的发展对进一步深化我国农村政治经济体制改革提出了新的要求。

## 1531 民族民间文学艺术类非物质文化遗产保护模式的法理分析

发表时间及载体：《甘肃政法学院学报》2012 年第 4 期

作　　者：魏清沂

简　　介：民族民间艺术在非物质文化遗产中占据重要地位，数量和表现形式也多种多样。民族民间文学艺术是一个国家传统文化的重要组成部分，为世界多样性的发展做出了巨大贡献。然而，为避免对民间文学艺术的歪曲和滥用，构建一套切实可行的民间文学艺术法律保护模式显得尤为重要。目前，我国相关法律的规定都过于概括和模糊，保护模式也不够清晰。本文基于民族民间文学的特性，对公、私法结合保护的优越性予以细述，阐述了目前公、私法保护的现状，并提出了公、私法保护模式的具体构建。

## 1532 关系性存在的考察与和谐"社会"的理解

发表时间及载体：《河南师范大学学报：哲学社会科学版》（CSSCI）2011 年第 38 卷第 4 期

作　　者：刘基

简　　介：马克思的社会概念是指一切社会关系的总和，它不是实体性存在而是关系性存在。通过考察广义的社会、狭义的社会、市民社会等概念的内涵及其演变，通过对和

谐社会出场语境、和谐的内在结构、经济基础与上层建筑的辩证关系等方面的分析，可知和谐社会中的"社会"概念是一种关系性的存在，和谐社会的重心在于各种社会关系的协调。只有从狭义的社会概念出发，才能科学、准确地理解和谐社会。

### 1533 论老舍"幽默"的主客体统一性

发表时间及载体：《文艺研究》（CSSCI）2005 年第 11 期

作　　者：古世仓 吴小美

简　　介：本文从主客体统一的角度，论述老舍的个性气质、认知方式、表现方式与对象特性、时代影响所构成的老舍幽默的特性及其价值。老舍是没有脱离政治、离开革命的学者和作家。因其个性气质的影响，他的认知方式与表现方式、他的幽默中都含有一层"伪饰"。老舍的幽默，实际是他与中国现代革命关系的折射或投影。

### 1534 对甘肃中职学校师资队伍建设的思考

发表时间及载体：《职业教育研究》2011 年第 12 期

作　　者：保承军 岳桂杰 王文卓

简　　介：针对甘肃中职学校师资队伍建设的现状，提出了全面提高教师素质、增加教师数量、引进优秀教师、培养"双师型"教师和集团化办学的建议。

### 1535 试论西夏的刑罚

发表时间及载体：《甘肃理论学刊》2006 年第 1 期

作　　者：陈永胜

简　　介：西夏刑罚是西夏法律制度的重要内容。本文在借鉴继承已有学术成果的基础上，认为西夏刑罚可分为主刑和附加刑。主刑形成了富有西夏特色的五刑制，附加刑的主要形式为财产刑和身体刑。

### 1536 浅议企业用人之道

发表时间及载体：《甘肃行政学院学报》2003 年第 2 期

作　　者：谢婧

简　　介：传统的人事制度已成为国有企业深化改革的瓶颈，必须进行全面、彻底的改革，向适应市场经济要求的人力资源管理方向转变。本文试就企业如何才能管好人和用好人的问题做一探讨。

### 1537 城乡一体化趋势下的西部农村生态环境保护

发表时间及载体：《长江大学学报：社会科学版》2011 年第 34 卷第 10 期

作　　者：马雪彬 王绍琴

简　　介：随着西部城乡一体化进程的不断推进，农村有了长足的发展。然而，农村的生态环境保护工作中仍然存在着一些问题有待改善。西部地区突出的问题是城乡二元经济结构导致生态环境越发脆弱，农村生态环境在城乡一体化进程中不断恶化，不利于西部农村的可持续发展。因此，探究有效的生态环境保护策略，改善城乡一体化进程中西部农村的生态环境问题就显得尤为重要。

### 1538 《全宋文》张镃残文一篇补正

发表时间及载体：《文献》（CSSCI）2009 年第 1 期

作　　者：曾维刚

简　　介：《全宋文》卷六五六五所收张镃《舍宅誓愿疏文》只存"大乘菩萨：戒弟子承事郎、直秘阁、新权通判临安府事兼管内劝农事张镃"至"昔相国曾闻口之建，今口在所未见"一段，并注明"已下原钞缺一页。《武林金石记》卷九。又见国家图书馆藏拓片·缪专二五三六"。

## 1539 元代的采金、金课与淘金户计

发表时间及载体：《西北师大学报：社会科学版》2005 年第 6 期

作　　者：胡小鹏 马芳

简　　介：元代在金的生产和征课方面与宋代有很大不同。元初以入场服役的劳役制生产形式为主，有专门的专业世袭户计，后逐渐向听民自行淘采，由地方官府依每岁征粮例，照元额征纳的形式过渡。元代金的产地大大超过宋代，金课也比宋代高很多，但由于相当一部分矿冶户计只是在减免租赋杂役的情况下，向官府虚输矿课，并不真正从事矿冶业生产，即使在从事淘采生产的金户中，随着岁额的提高或矿脉的枯竭，用钞买金以办官课的情况也日益普遍，所以元代矿冶淘采业的纳课数并不真实反映实际生产量。

## 1540 敦煌壁画的临摹工作——纪念段文杰先生

发表时间及载体：《敦煌研究》2011 年第 3 期

作　　者：关友惠

简　　介：段先生在改革开放以后，把敦煌学的局面打开，全国敦煌学界的人都在看着。那时人很少，研究人员难找，那个时代他能打开局面，可以说他是开山辟路。想到段先生，想谈三个问题。一是为什么要临摹，这不仅是谈段先生而是谈这件事，段先生是一面旗帜，是领头人。

## 1541 关于提高财经类专业学生的信息技术素质的探讨

发表时间及载体：《兰州商学院学报》2004 年第 20 卷第 2 期

作　　者：鹿民 田济民 周仲宁

简　　介：提高财经类专业学生的信息技术素质已经成为社会的普遍要求。本文探讨了培养和提高财经类专业学生的信息技术素质的必要性、方法和途径。

## 1542 唐末诗坛的追慕之风及其评价——以"贾岛格"诗人为例

发表时间及载体：《西北师大学报：社会科学版》2004 年第 6 期

作　　者：周蓉

简　　介：唐末诗坛追慕之风盛行，多数诗人都是前一时期某家诗风的追随者，他们大抵可被归为学白居易的通俗浅易、学贾岛的清奇僻苦、学李商隐的秾艳典丽三个大的群体。通过对"贾岛格"诗人及其创作这一个案的分析，可以看出唐末诗人对前人的诗作因袭多，创新少，重形式的模仿，轻精神内蕴的传承，因而没有大的创获，只是在艺术细节上有所发展。追慕之风盛行是导致唐末诗坛既没有出现开宗立派的大家，也没有形成领导潮流的诗派，整体创作呈现衰退之势的重要原因。

## 1543 消费主义文化的符号化特征与大众传播

发表时间及载体：《兰州大学学报：社会科学版》2003 年第 31 卷第 1 期

作　　者：杨魁

简　　介：消费主义作为 20 世纪西方出现的文化思潮和生活方式，不仅影响了西方的价值观念和生活形态，而且作为全球性文化进程中出现的文化现象正迅速进入中国媒体并产生影响。符号化消费扩展了消费的目的和意义，但这种由人所创造并赋予意义的消费方式也只有适合社会大众的需要，才能成为大众文化的一部分。

## 1544 德拉克洛瓦对色彩发展的贡献

发表时间及载体：《大众文艺：学术版》
2011 年第 21 期

作　　者：高宇琪

简　　介：德拉克洛瓦把支配颜色的奥秘告诉了色彩画家：既类似色的协调，对立色的类比。他向色彩画家证明了混合的以及均匀单一的色彩，对于用各种不同色素的组合来产生颤动的色彩来说，是低级的。他为色彩画家获得了视觉调和的方法，从而可以创造出许多新的色彩。

## 1545 初论邓小平的运思方式——兼议中国共产党的民族使命

发表时间及载体：《甘肃理论学刊》2002 年
第 2 期

作　　者：成兆文

简　　介：邓小平的运思方式可以概括为非概念化的本质思维，本质思维与非概念化思维各有优劣。马克思主义哲学、中国传统文化，及国际主义和民族主义之间的张力是影响邓小平运思的三大因素。邓小平理论的根本看似解答何为社会主义，实则是如何实现中华民族的伟大复兴，这与共产主义信念并不抵触。

## 1546 农村土地使用权转让制度初探

发表时间及载体：《兰州大学学报：社会科学版》2002 年第 30 卷第 2 期

作　　者：贾登勋 任海军

简　　介：农地使用权转让制度是中央为促进农村经济持续发展而进行的制度创新，但其与现存制度的冲突又成为制约其作用充分发挥的桎梏。有关部门、地方制定修订法律法规和经济政策时，应对农村土地使用权转让的具体运作制度予以高度重视，使之在微观层面上更具现实操作性。

## 1547 纳斯尔的伊斯兰哲学概观述评

发表时间及载体：《西北民族研究》（CSSCI）
2011 年第 2 期

作　　者：马效佩

简　　介：当代著名哲学家赛义德·侯赛因·纳斯尔在《伊斯兰哲学全书》《伊斯兰精神性全书》以及其他一些相关著述中多次论及伊斯兰哲学的一系列重大问题，旨在阐明伊斯兰哲学与自文艺复兴之后兴起的近现代西方"世俗哲学"之间的显著区别，解读在当今世界哲学普遍式微的状况下伊斯兰哲学依然保持鲜活的生命力的根本原因。本文试图通过纳斯尔对伊斯兰教语境中的哲学以及伊斯兰哲学的属性、特征、作用、体现板块等一些重大概念的梳理等方面，对其哲学思想概观做一简要述评。

## 1548 甘肃省农村学龄前儿童教育现状及对策

发表时间及载体：《社科纵横》2011 年第 6 期

作　　者：赵跟喜 杨建成

简　　介：农村学龄前儿童教育问题已成为一个重要的社会问题，也是今年"两会"代表们热议的重要话题。发展惠及所有适龄幼儿的学龄前教育事业，对于后继的小学教育甚至中学教育有着重要的基础性作用，同时对提高全体国民的整体素质也有着深远的意义。甘肃省人口绝大部分在农村，大力发展农村学龄前教育是提高甘肃省学龄前教育整体质量的重中之重。本项目组以甘肃省部分村镇为例，在实证调研的基础上，对甘肃省农村学龄前儿童教育现状进行了梳理，找出了存在的问题，并在宏观层面上提出若干对策建议，为农村学龄前儿童接受更好的教育提供理论上的依据。

### 1549 企业技术创新——持续增长的战略理念

发表时间及载体：《甘肃理论学刊》2003 年第 2 期

作　　者：宋清稳

简　　介：企业是技术创新的主体，是国家创新的基础。改革开放以来，我国经济年均增长 9% 左右，但应当看到我国经济的高速增长主要是依靠大量人力、物力和财力投入所取得的，在培育具有国际竞争力的大公司、大企业集团方面，却与发达国家相距甚远。在资源有限、单纯通过扩大规模和扩张数量求得经济高速增长已难以为继的情况下，只有依靠技术创新，才能推动经济快速、稳定、持续健康的发展。

### 1550 实施科教兴农战略 推进甘肃农业现代化进程

发表时间及载体：《甘肃社会科学》2000 年第 1 期

作　　者：李树基

简　　介：科教兴农战略是农业和农村经济工作落实科教兴国战略的具体体现。几年来，甘肃在实施科教兴农战略，推进农业现代化进程中取得了显著成效。

### 1551 外语教师在线反思：基于博客群的案例研究

发表时间及载体：《电化教育研究》2014 年第 35 卷第 2 期

作　　者：王琦 宁建花

简　　介：文章以外语教师博客群中参与反思的教师为研究对象，采用混合研究方法，探讨其在线反思的内容、水平及对用博客反思的认识。研究发现，教师反思主题丰富，以教学方法和策略内容居多；反思水平随主题变化而不同，以描述性书写和描述性反思为主；教师对博客反思持肯定认识。但整体反思水平较低，教学理论薄弱，缺乏积极反馈，互动不足。

### 1552 张轨铸钱说质疑——兼论前凉货币环境及"凉造新泉"铸造时代

发表时间及载体：《西北师大学报：社会科学版》2005 年第 2 期

作　　者：赵向群 张琳

简　　介：史书有关张轨在河西恢复五铢钱行用一事，是自然经济完全占统治地位时期的一件大事，但将张轨恢复五铢钱行用一事附会为张轨铸造了钱币，进而又与出土古钱"凉造新泉"相联系，则是臆测。张轨无须铸钱，因为张轨时期的河西存在着相当的货币经济环境。张轨只是通过措施将五铢钱的潜在信用发掘了出来，让它由静止转向流通。至于"凉造新泉"，则可能是北凉沮渠蒙逊所铸。

### 1553 妇女教育与消除贫困

发表时间及载体：《甘肃行政学院学报》2001 年第 4 期

作　　者：刘笑平 雷定安

简　　介：妇女贫困是贫困中的最突出、最显著的现象，它不仅对妇女自身，而且对家庭和整个社会都产生了极为有害的影响。因此，消除妇女贫困，对妇女解放和社会进步来说都是非常必要的。消除妇女贫困的方法有多种，本文认为发展妇女教育是消除妇女贫困的一条重要途径。

### 1554 甘肃省城镇化特征与发展战略选择

发表时间及载体：《甘肃社会科学》2010 年第 5 期

作　　者：张强

简　　介：关于中国的城镇化问题，国家在新时期提出了促进大中小城市和小城镇协调发展，走中国特色的城镇化道路。本文首先从自然条件、城镇体系现状、经济发展水平等方面分析了甘肃省城镇化发展的基础条件；其次，立足于空间、经济、城镇发展动力等层面，深入探索了甘肃省多年来城镇化进程中呈现出的特征，并分析了城镇化发展过程中的限制性因素；最后，对甘肃的城镇化战略选择进行了探讨。

## 1555 世界人口最新状况与未来发展

发表时间及载体：《西北人口》2009 年第 30 卷第 6 期

作　　者：郭志仪

简　　介：本文根据联合国公布的有关世界人口资料，详细介绍了世界人口的最新状况和未来发展趋势，包括世界人口的总量、分布、密度和城市化水平，以及不同的国家和地区在城市化水平、生活质量、生育水平和年龄构成等方面的特征和未来趋势。

## 1556 校读法的概念、范围与条件

发表时间及载体：《古籍整理研究学刊》2007 年第 3 期

作　　者：赵逵夫

简　　介：本文对八十多年来校读法作为一种治学方法的形成过程和学者们对这个名称的使用理解进行了深入细致的分析与探讨，认为 20 世纪 50 年代以前多同文献学、校勘学混同与重合，60 年代初彭铎发表《古籍校读法》，对校读法的概念、具体进行的方法、涉及的范围做了论述，70 年代末彭先生又发表《古籍校读法与语法学习》，对校读法的作用等做了深入的论述。彭铎继承陈钟凡、孙德谦之说而加以发展，确定了校读法的基本形式，使校读法作为一种学习与研究古文献、古汉语的方法同校勘学、文献学相辅相成，鼎足而三。

## 1557 略谈中国花鸟画的情趣美

发表时间及载体：《西北师大学报：社会科学版》2002 年第 5 期

作　　者：韦自强

简　　介：中国花鸟画创作所要达到的境界是情趣美，情趣美基本表现在三个方面，即借题发挥、直抒胸臆的抒情美，自然真率、趣味浓郁的生活美，烂漫多姿、山野花鸟的自然美。这三者之间，既有区别，又相互交错，是一个不可分割的统一整体。

## 1558 甘肃省现代物流业发展的体制性障碍因素分析及对策探析

发表时间及载体：《甘肃联合大学学报：社会科学版》2012 年第 28 卷第 4 期

作　　者：杨鼎新

简　　介：近年来，甘肃省物流业获得了长足的发展，阻碍物流业发展的障碍一个个地被解决，比如交通运输条件落后、信息产业落后等。但是，障碍甘肃省现代物流业发展的体制性障碍并没有从根本上得到解决。本文对阻碍甘肃省现代物流业发展的体制性障碍因素进行了深入剖析，并提出了一些根除上述障碍的对策建议。

## 1559 甘青宁少数民族地区乡村社会流动的文化后果分析

发表时间及载体：《西北民族研究》（CSSCI）2009 年第 4 期

作　　者：张文政

简　　介：当前，甘青宁少数民族地区乡村社会流动的主要途径和形式是劳动力外出务工、经商。本文通过田野调查的资料分析了社会流动的文化后果，指出，甘青宁少数民

族地区乡村社会流动对于文化的多元发展，对于形成社会成员更为开放的生活方式有着积极的作用。同时，因流动人员文化素质不高所带来的负面影响和流出地文化的长远发展是值得冷静思考应对的问题。

## 1560 超文本阅读中信息整合研究

发表时间及载体：《电化教育研究》（CSSCI）2009 年第 4 期

作　　者：张水云

简　　介：超文本阅读是将复杂的信息整合成连贯信息，其信息加工过程符合建构整合理论的主要观点。本文介绍了建构整合理论中情境模型理论的主要观点并分析了非线性、连接、已有知识和认知负荷特征对信息整合的实证性研究，并讨论了这些研究对教学的启示。

## 1561 协同与融合——电化教育在国外教育改革中的作用

发表时间及载体：《电化教育研究》（CSSCI）1995 年第 1 期

作　　者：李康

简　　介：教育改革在发达国家，尤其在美国的教育发展中一直扮演主角。在教育改革的浪潮中涌现出新的教育理论、思想、方法和技术，推动着教育的发展。可以说，国外教育发展既受益于现代教育理论和学习理论的成果，也得惠于现代教育技术和方法。后者相当于我国的电化教育范畴，本文暂且将两者视为相同概念。

## 1562 从《汤姆·索亚历险记》看马克·吐温的幽默手法

发表时间及载体：《甘肃联合大学学报：社会科学版》2009 年第 5 期

作　　者：黄江娜

简　　介：幽默是人类语言中最复杂的机制之一。在《汤姆·索亚历险记》这部小说中，幽默大师马克·吐温以幽默诙谐的笔调塑造了汤姆·索亚这一著名的文学形象，再现了当时美国的社会现实。作者幽默的语言特色在小说中发挥得淋漓尽致。本文从《汤姆·索亚历险记》出发，解读马克·吐温的幽默手法。

## 1563 近代甘宁青羊毛业述论

发表时间及载体：《宁夏社会科学》（CSSCI）2013 年第 2 期

作　　者：李晓英

简　　介：西北的甘宁青地区，自古以来就是我国重要的畜牧业生产基地，牧养着大量的羊，出产大量的羊毛。由于自然条件的差异，各地羊毛的产量、质量、种类有所不同。

## 1564 高等教育规模变化及其对高教质量的影响

发表时间及载体：《甘肃联合大学学报：社会科学版》2012 年第 28 卷第 3 期

作　　者：苏义林

简　　介：近年来，随着我国高等教育改革的不断深化，高等教育规模化呈现出了迅猛增长的局面。尽管高校扩招改革对我国高等教育的迅猛发展起到了较大的推动作用，但同时也给高等教育质量带来了巨大的冲击。文章分析了高校扩招、高等教育规模化对高等教育质量产生的影响，并在此基础上提出了如何提高高等教育质量的相关保障措施。

## 1565 农牧民关键自然资本的丧失对其收入的影响研究——基于少数民族地区的实地调查

发表时间及载体：《西北民族大学学报：哲学社会科学版》2011 年第 6 期

作　　者：万玛当知

简　　介：基于少数民族地区甘肃省甘南藏族自治州合作市的具体情况，分析农牧民关键自然资本的丧失程度与收入的关系。分析表明：关键自然资本的丧失，导致了部分失地农民收入及其收入来源受到影响。关键自然资本理论的应用，为我们解决少数民族地区失地农牧民的可持续生计问题提供了新思路。

## 1566 国际需求结构变化及其对中国经济发展的影响

发表时间及载体：《新疆大学学报：哲学·人文社会科学版》（CSSCI）2012 年第 40 卷第 4 期

作　　者：高新才

简　　介：中国是世界上消费率最低和投资率最高的国家，拉动中国经济增长的消费需求、投资需求和出口需求之间的比例严重失衡，已经影响到了中国经济的持续平稳增长。文章对比 2008 年国际金融危机爆发后西方发达国家和以"金砖四国"为代表的新兴经济体需求结构的新变化及其表现形式，具体分析了国际需求结构这种变化对中国经济发展的影响，对中国总需求结构的调整和转变提出了设想和建议。

## 1567 校园网络文化与高校和谐校园建设

发表时间及载体：《电化教育研究》（CSSCI）2010 年第 7 期

作　　者：王文昇

简　　介：构建高校和谐校园是构建社会主义和谐社会的重要组成部分，高等学校对于建设和谐社会的贡献和效用直接取决于其本身是否达到和谐运转的状态，这既是系统内部质的规定，更是时代对高等学校的必然要求。和谐校园建设是发展的过程，是一个需

要随着教学、科研和学校的发展而不断推进的过程。认真研究适应网络传播特征的构建途径和方法，使各要素之间在统一体内相互包容、协调运作，校园才能处于一个健康的、富有生机和活力的和谐状态。

## 1568 20 年来我国教育督导理论与实践的新探索

发表时间及载体：《西北师大学报：社会科学版》2001 年第 2 期

作　　者：杨军

简　　介：教育督导作为当代我国教育事业的重要组成部分，是依法治教、加强法制建设和对教育实行全面的科学管理的重大措施。经过 20 年来的实践和理论的探索，我国教育督导事业有了长足的发展，取得了巨大的成就。在世纪之交，对 20 年来教育督导的经验和教训进行必要的回顾和总结，有助于我们借鉴历史，立足现实，展望未来，使教育督导更加科学、健康地发展，同时为教育事业的发展发挥更大的作用。

## 1569 劳动者薪酬分配的未来设计

发表时间及载体：《社科纵横》2008 年第 6 期

作　　者：刘天瑞

简　　介：增加劳动者薪酬和做好分配设计，是全面建设小康社会的必然要求。劳动者报酬随经济社会的发展而大幅上升。但个人用于支配的薪酬却逐渐下降，社会和企业为劳动者提供的附加值不断在增加，国家用于薪酬的占比总量趋于低缓，发达国家的薪酬分配设计为中国提供了借鉴。为劳动者合理设计薪酬分配也是深入贯彻落实科学发展观和建设和谐社会的必然要求和具体体现。

### 1570 大学英语翻译教学的多元化研究

发表时间及载体:《兰州学刊》2011 年第 6 期

作　　者:姜燕

简　　介:翻译教学研究已成为当今翻译研究的一个重要组成部分。文章对国内外的翻译教学研究方法进行了分析与归纳,从理论与实践研究方面来探讨外语教学,以期为翻译教学搭建多维度、全面综合的研究框架提供一些依据。

### 1571 大学课堂有效提问研究——以公安学学科课堂教学为例

发表时间及载体:《甘肃联合大学学报:社会科学版》2009 年第 6 期

作　　者:王春梅 温建红

简　　介:大学课堂有效提问具有目的性、启发性、学科性、多样性和互动性等特征。而当前公安学学科课堂提问的目的性不明确,启发性不足,学科性不突出,样式不丰富,互动性不够。为了提高公安学学科课堂提问的有效性,就需要增强提问的目的性,做到有的放矢,提高提问的设计水平,切实启发学生思考,强化学科意识,凸显提问的学科性,丰富问题类型,灵活运用多种提问方式,增强课堂提问的互动性,发挥学生的主动性。

### 1572 古今《虬髯客传》研究反思

发表时间及载体:《西北师大学报:社会科学版》2000 年第 1 期

作　　者:刘志伟

简　　介:史料匮乏与研究方法的简单单一、相对落后,制约了对《虬髯客传》的突破性学术研究。在古今研究家所持的三大主要说解中,"文人游戏"说对历史真实与虚构真实辩证关系认识不足,并不成立的"侠义"说起了严重误导作用,"士"之政治人生追求说有待完善。应对古今《虬髯客传》研究进行深刻反思。

### 1573 政治认同的层次分析

发表时间及载体:《学习与探索》(CSSCI)2010 年第 5 期

作　　者:丁志刚 董洪乐

简　　介:政治认同是研究政治心理、政治文化的重要概念。政治认同的层次分析就是根据政治认同者的身份和政治认同的对象所做的分析。

### 1574 依托信息技术,实现政府创新

发表时间及载体:《甘肃行政学院学报》2004 年第 4 期

作　　者:牟凯

简　　介:为了适应时代发展的需要,政府部门的行政运作必须不断地进行改革与创新,特别是面对知识经济时代的挑战,这种改革与创新不仅必要而且十分迫切。在政府部门内部深入开展信息技术应用,无论是对行政人员,还是对行政方法、行政组织,都会产生更加积极的影响。

### 1575 当代中国哲学的活力之源与创新之路

发表时间及载体:《甘肃理论学刊》2004 年第 6 期

作　　者:李君才

简　　介:我们所处的时代是一个需要哲学创新并为哲学创新提供了难得机遇的时代,当代中国的哲学工作者应当顺应时代召唤,努力推动哲学创新。推动哲学创新需要准确定位哲学功能、面向生活立足实践、拓宽理论视野、善待传统资源、营造生动活泼的宽

松学术环境。

## 1576 禁毒工作的经济分析

发表时间及载体：《甘肃联合大学学报：社会科学版》2009 年第 6 期

作　　者：贺小军 李波阳

简　　介：基于成本与收益的理性行为模式，一国的禁毒工作必须以尽可能少的禁毒成本产生尽可能多的禁毒效益，对于经济相对落后的西部地区，关注成本与收益的经济分析尤为必要。对禁毒工作进行经济分析，有必要分成两类，一是禁毒工作中断绝毒品供给的经济分析，一是禁毒工作中消除毒品需求的经济分析。本文从断绝毒品供给和消除毒品需求的经济角度出发，有助于探索西部地区禁毒工作的制度建设。

## 1577 敦煌文献《咏廿四气诗》辑校

发表时间及载体：《敦煌研究》2005 年第 1 期

作　　者：包菁萍

简　　介：敦煌文献《咏廿四气诗》，是由二十四首诗组成的诗章。作者依据黄河流域的中原气候，并与物候、农事活动相结合，还辅以生活与民俗等内容，遂使其诗有着广阔的辐射面和极大的社会生活容量。这组由唐人撰写、经中原传入敦煌的《咏廿四气诗》由于其丰富的内容与别样的构思手法，成为同一题材中的上品。

## 1578 马克思主义时代化若干问题探析

发表时间及载体：《广西社会科学》（CSSCI）2010 年第 7 期

作　　者：刘先春

简　　介：马克思主义时代化是一个新名词，它所涵盖的意蕴是马克思主义理论本身的内在要求和当代中国发展的现实需要，马克思主义时代化的根本原因是理论的内在要求、实践的客观需要。

## 1579 德藏西域梵文写本：整理与研究回顾

发表时间及载体：《敦煌研究》1994 年第 2 期

作　　者：杨富学

简　　介：敦煌、西域出土梵文文献的收藏、研究情况，是人们所关心的问题。长期以来，这些写本一直深受国际学术界的重视，是西方敦煌学、西域佛教史、印度学和梵文研究的一项极为重要的内容、涌现出一批又一批的富有学术价值的研究成果。

## 1580 少数民族事业中长期发展的战略选择、主要思路和基本原则

发表时间及载体：《西北民族大学学报：哲学社会科学版》2012 年第 2 期

作　　者：马德山

简　　介：加快少数民族事业发展是我们党和国家的一项重要方针政策，也是全面建设小康社会与和谐社会的必要条件。依据少数民族事业的内涵、发展现状和未来要求，确立少数民族事业中长期科学发展的指导思想，选择合理的发展战略，明确发展思路和基本原则，既是贯彻落实科学发展观的基本要求，也是积极推动少数民族事业又好又快发展的基础性、全局性、前瞻性、战略性工作。

## 1581 面向西部经济发展的高层次专业人才培养——甘肃省专业学位教育质量评估初探

发表时间及载体：《西北师大学报：社会科学版》2003 年第 6 期

作　　者：孙名符 李玉泉

简　　介：专业学位研究生培养质量是专

业学位研究生教育的生命线。以规范甘肃省专业学位教育，提高专业学位培养质量为出发点，以教育质量评估的基本理论为基础，探讨了甘肃省专业学位评估的目的，并着力对专业学位教育质量评估在甘肃省学位与研究生教育中的作用以及甘肃省开展专业学位教育质量评估所应遵循的原则进行了深入分析。

## 1582 加入 WTO 对我国文化产业的影响及对策

发表时间及载体：《甘肃社会科学》2002 年第 1 期

作　　者：李俊霞

简　　介：加入世界贸易组织后加速了我国文化产业"国际化"的进程，从而要求我国文化产业的运作日益规范，并向国际惯例靠拢，原来我国各级政府对文化产业的各种保护性措施将逐渐取消，文化企业将遵循优胜劣汰的原则，进入全球化竞争，这必将对我国文化产业发展构成强大的威胁和冲击。转变观念、转变机制、制订文化产业发展战略规划、建立多渠道的投融资机制、推进法制建设等是入世后我国文化产业发展应对的主要对策。

## 1583 中国的第三方物流发展状况

发表时间及载体：《上海综合经济》2001 年第 9 期

作　　者：田澎

简　　介：第三方物流能够使企业在一定程度上摆脱物流的束缚，而将精力集中于其核心业务。根据美国田纳西州大学的一份研究报告，（在美国）大多数企业在使用第三方物流服务后可以获得好处。

## 1584 科教扶贫：西北贫困地区 21 世纪的正确抉择

发表时间及载体：《西北师大学报：社会科学版》1999 年第 3 期

作　　者：蔡宝来

简　　介：随着我国进入消灭贫困的攻坚阶段，西北地区消灭贫困的任务更加艰巨。西北绝对贫困地区致贫的深层原因是教育和科技的落后，因此，要脱贫致富奔小康，就必须高度重视教育和科技，大力推进教育事业的发展和科学技术的进步，认真实施科教扶贫战略。

## 1585 甘肃省实施旅游扶贫开发战略的若干思考

发表时间及载体：《海南师范学院学报：自然科学版》（CAS）2002 年第 3/4 期

作　　者：李并成

简　　介：旅游扶贫开发是一种崭新的集约型开发型的扶贫方式，甘肃省实施旅游扶贫开发的有利条件较多，可行性强，应积极组织，大力发展。

## 1586 区域经济一体化中区域人口管理机制构建与创新——以关中—天水经济区为例

发表时间及载体：《西北人口》2012 年第 5 期

作　　者：刘书明

简　　介：人口问题是统筹区域经济社会协调发展面临的主要问题之一，作为国家《西部大开发"十二五"规划》确定的十一个重点经济区之一，关中—天水经济区的人口分布，以沿河流域、交通干线和主要城镇呈现出明显的带状特征，具有集中、均匀与差异并存的多样性特点；区域人口的快速增长对于资源与环境形成巨大压力。随着区域经济一体化的推进和城市化水平的不断提高，区域人口流动加快，人口计生工作面临新问题；区域人口管理体制创新不够，组织协调区域人口发展面临诸多限制。为适应区域经济一体化的需要，地方政府应组建区域人口协调机构，构建区域人口信息共享机制、政策协调机制、生态环境补偿机制和流动人口管理协作机制。

## 1587 中国银行业环境信息披露水平及其影响因素——基于 16 家上市银行的实证分析

发表时间及载体：《金融论坛》2012 年第 3 期

作　　者：杨肃昌

简　　介：本文从环境报告的可信度、广泛度、客观度、重视度、表现度、便捷度六个方面衡量了银行业环境信息披露水平，并在此基础上重点对环境信息披露指数与银行营利能力、规模、财务杠杆、实际控股人属性之间的关联度进行了实证检验。研究结果表明：上市银行的环境信息披露水平总体上看近几年有较大提升，但各银行环境信息披露指数的差异很大，差异主要体现在信息披露的数量和可信度上，银行资产规模与环境信息披露水平之间存在显著的正相关关系，实际控股人属性也会对环境信息披露水平产生一定影响。因此，随着企业规模的不断提高，其环境信息披露水平也会相应提升。

## 1588 汉简所见两汉之交河西窦融集团的粮荒问题

发表时间及载体：《甘肃社会科学》2012 年第 5 期

作　　者：侯宗辉

简　　介：两汉之交窦融据守河西的初期，粮荒蔓延于整个河西地区。窦融集团因时制宜，先后采取核定吏员编制，缩减吏员廪食

数额；纠察隐藏私占瞒报现象，完善粮食支出核查制度，禁杀马牛，安置随军家属，增加农业劳动力；打击私铸钱币与掘冢贩卖衣物等扰乱市场秩序的不法行径，以及颁布以谷为俸的官俸新制等一系列举措，及时地解决了粮食危机。这为河西窦融集团成功地排解周边羌胡势力的夹击，保境安民，并支持光武帝消灭陇右隗嚣割据势力，平定巴蜀公孙述，完成全国统一战争具有重要的战略意义。

## 1589 中国共产党领导民生政治的逻辑进程与基本经验

发表时间及载体：《甘肃社会科学》2012 年第 1 期

作　　者：庞庆明

简　　介：民生政治的要义在于，满足人类自身的物质和精神生活的需要既是政治生活的基础和目的，又是政治体系的功能和职责所在。"民生—政治—民生"作为一条逻辑线索贯穿在中国共产党的每个历史进程之中。将马克思主义民生理论与中国民生实际相结合，顺应中国最广大人民的生活意愿，把党的领导、人民当家做主和依法治理民生问题有效结合起来并灵活运用统筹兼顾的策略方法，构成了中国共产党领导民生政治的基本经验。

## 1590 西北内陆干旱区的水资源合理配置及未来问题研究

发表时间及载体：《甘肃理论学刊》2010 年第 6 期

作　　者：张平军

简　　介：西北内陆干旱区的经济社会要发展，而有限的水资源却制约着该区域的发展，如何使有限的水资源能够保证未来经济社会可持续发展，这就要对内陆流域的有限水资

源进行合理配置。而其合理配置的核心就是要对未来水的承载力及其重要影响因素进行科学研究，为西北内陆干旱区的人与自然和谐可持续发展提供决策依据。

## 1591 从大漠敦煌到弘农华阴——汉末敦煌张氏的迁徙及其家风家学的演变

发表时间及载体：《甘肃社会科学》2011年第4期

作　者：丁宏武

简　介：汉末名臣张奂本为敦煌渊泉人，后因平定羌乱有功，朝廷恩准徙居弘农华阴，这是造成史籍关于张奂父子籍贯表述不一的根本原因。作为河陇士人的杰出代表，遭遇党锢之祸的张奂仍然固守着儒家传统的价值观念，但仕途的险恶以及汉末士人个体意识的日渐觉醒，使张芝、张昶等人毅然放弃了经学儒业，走进了书法艺术的神圣殿堂。张芝草书不仅引发了汉末士人学习草书的热潮，极大地促进了书法的艺术化进程，而且为士人寄托性情、张扬个性、实现人生价值开辟了新的通道，书法在中国文化传统中的地位和影响也因此大为改观。

## 1592 榆中青城古镇文化资源与旅游产业可持续开发

发表时间及载体：《甘肃联合大学学报：社会科学版》2012年第28卷第4期

作　者：牛海桢 常承明 许波

简　介：榆中青城做为中国历史文化名镇，具有丰富的旅游文化资源，但当地旅游发展的现状是规划完善，但建设滞后，宣传力度有限，品牌效益不明显，基础条件落后。其可持续的发展有待于品牌形象的确立，文化资源的深入挖掘，专业人才的培养和区域联合互动的开发。

## 1593 鲁迅与希伯来文化的两重关联

发表时间及载体：《西北师大学报：社会科学版》2007年第3期

作　者：刘青汉

简　介：鲁迅与希伯来文化信息的关联是人本立场和文化性质的。鲁迅对人性的态度充满矛盾，尊崇之，又怀疑之。鲁迅语境对人性阐释的重心不是善恶问题而是人性脆弱、易变和可塑的问题；希伯来文化中的人性是阶段性的，起源时候神圣，犯罪之后可怕，恩典之中完美。鲁迅精神因素与希伯来文化资源的关联对中国文化生态的良性建构卓有意义。

## 1594 关于社会主义政治文明建设的理论探析

发表时间及载体：《甘肃理论学刊》2003年第4期

作　者：邢文婷

简　介：党的十六大第一次明确地对建设社会主义政治文明做出部署，并将它与物质文明、精神文明一起确定为社会主义现代化建设的三大目标，这是对马克思主义理论的创新与发展，也丰富和深化了我们对中国特色社会主义的认识。

## 1595 论网络传播的伦理建构

发表时间及载体：《电化教育研究》（CSSCI）2006年第10期

作　者：温卫东 刘强

简　介：以计算机、信息和通信技术为基础的网络传播，由于高度的个性化和跨国界特点，必然要求新的技术伦理和社会规范。本文认为网络伦理的建构应以慎独和普遍伦理为核心价值，坚持真理原则和价值原则的统一，对使用者、技术开发者、管理者予以规范，从而保证其健康发展。

## 1596 加入 WTO 后中国西部民族地区经济发展战略研究

发表时间及载体：《兰州大学学报：社会科学版》2002 年第 30 卷第 6 期

作　　者：杨维军 杨毅

简　　介：对西部民族地区的经济发展现状及中国加入世界贸易组织后给西部民族地区带来的机遇和挑战进行了分析。建议以缘西边境国际经济带为重心，构建新的经济发展战略。提出了发展科教事业，加强企业、体制准备，转变观念，加速对外开放，开拓新兴产业，扩展国外市场，规范发展中介服务业，活化经营策略，加快与国际惯例接轨，加强对民族工业的自我保护等实施缘西边境国际经济开发战略的具体措施。

## 1597 论《周易》对中国古代数学思维模式的影响

发表时间及载体：《兰州大学学报：社会科学版》2001 年第 29 卷第 1 期

作　　者：王汝发 陈建兰

简　　介：从《周易》蕴含的思维特征和数学思想方法出发，论述了《周易》对中国古代数学思维方式的影响。从积极的方面讲，《周易》对中国古代数学特殊的思维方式的形成产生了巨大的影响，使古代数学研究者习惯于从整体性和辩证性等角度来思考问题，使中国古代数学取得了辉煌的成就。另一方面，由于《周易》思维方式的特殊性及其神秘主义色彩，导引着中国古代数学走上了与西方传统数学不同的发展道路。

## 1598 三中全会前我国在生产力问题上的失误

发表时间及载体：《兰州学刊》1988 年第 2 期

作　　者：武文军

简　　介：发展社会生产力这件事，在我国从理论到实践都有曲折的经历。十一届三中全会以前，马克思主义的生产力理论被从多方面予以曲解，生产力的发展在实践中受到多方面的阻碍、抑制和破坏。只是在十一届三中全会以后，马克思主义的生产力理论才有了突破性的发展，发展生产力这件事在实践上也放在了国家一切工作的中心地位。这里就社会生产力在我国从理论到实践的失误做一考察与分析。

## 1599 甘肃吸引外商直接投资的问题与对策

发表时间及载体：《兰州商学院学报》2005 年第 21 卷第 6 期

作　　者：向君

简　　介：为加大甘肃吸引外商直接投资的力度，推动甘肃外向型经济的发展，本文就甘肃吸收和利用外商直接投资的现状、存在的问题等进行了深入的分析，以寻求加快甘肃吸引外商直接投资的途径。

## 1600 求解整数规划的一种网格算法

发表时间及载体：《甘肃高师学报》2012 年第 5 期

作　　者：温大伟 陈莉

简　　介：借鉴求解 0-1 型整数规划的思路，构造以整数规划对应线性规划的最优解为中心的整数解集，并通过增加过滤条件，使得求解既简单又容易。

## 1601 关于艺术设计专业课程设置的认识与实践

发表时间及载体：《社科纵横》2008 年第 10 期

作　　者：何军

简　　介：通过对艺术设计专业课程设置的意义和现状分析，提出了现实情况下艺术设计课程设置的原则，介绍了对艺术设计课程设置的分类、结构体系、专业特色、主干核心课程及其地位作用的认识与实践，论述了课程设置评价体系的作用。

## 1602　荣格无意识理论的发展及其对艺术创作的影响

发表时间及载体：《甘肃理论学刊》2006年第2期

作　　者：呼宇

简　　介：荣格对无意识理论的发展在很多领域都产生了积极的影响。本文试图对其无意识理论的主要内容进行简要的论述和总结，以加强对无意识理论及其与艺术关系的认识和理解。

## 1603　论我国私营经济进一步发展的目标选择

发表时间及载体：《甘肃行政学院学报》2001年第1期

作　　者：林军

简　　介：私营经济在完成了原始积累之后，现正面临着进一步发展的挑战。选择合适的发展目标是关键。本文就私营经济的进一步发展的目标选择以及实现目标的条件进行了论证。

## 1604　甘肃省国有企业对各级政府服务有效性的评价和期望

发表时间及载体：《甘肃理论学刊》2005年第4期

作　　者：黄桂兰

简　　介：欠发达地区的服务型政府的建设问题是当前形势下面临的一个新课题。本文在对甘肃省国有企业进行抽样问卷调查的基础上，进行实证分析，以揭示出当前国有企业对甘肃省各级政府服务有效性的评价和期望，并将其中凸现出来的一些共性问题进行归纳。

## 1605　抗战时期陕甘宁边区私营工业的性质

发表时间及载体：《社科纵横》2009年第1期

作　　者：王晋林

简　　介：抗战时期陕甘宁边区在发展工业建设中，对边区私营工业采取保护和扶持其发展的政策与实施，是中国共产党在新民主主义经济建设中进行的成功实践。由于边区私营工业的性质，决定了边区私营工业是新民主主义经济的组成部分，有益于和促进了边区经济社会向前发展。边区私营工业对于配合公营工业的生产和建设，争取实现边区工业日用品的自给自足，促进边区经济建设的发展做出了贡献。

## 1606　我所描写的是我自己——90年代以来梁遇春散文中的想象性研究

发表时间及载体：《西北师大学报：社会科学版》2004年第5期

作　　者：王明丽

简　　介：梁遇春的散文是中国化的随笔(essay)，是传统的小品文所追求的短而隽和西方崇高精神以及浸染着现代意识的美学观，凭借汹涌流转的想象相融合而成的一个矛盾体，处处都有一个"我自己"在里面。梁遇春生命追求的游离特征也许在现代性的背景下才更能展示其灵魂的痛苦。

## 1607　元认知策略培训高中英语阅读的实证研究

发表时间及载体：《甘肃高师学报》2012年

第 2 期

作　　者：刘明霞

简　　介：由于阅读在外语语言基本技能中占有重要的地位，如何提高学生的阅读水平长期以来一直是研究人员和教师们共同关注的问题。而元认知理论的核心是强调学生个体的自我认识、自我调控，要求对自身认知过程的意识进行监控调整，从而达到自动化的程度。本研究采用实验组和对照组的方式，设计了为期一学期的实验。本研究的意义在于，以高中一年级学生作为研究对象，将元认知策略培训融入到日常英语阅读教学中，从而探索元认知策略培训对英语阅读的效果。

## 1608 企业环境信息披露影响因素研究

发表时间及载体：《求索》（CSSCI）2013年第 9 期

作　　者：田中禾 郭丽红

简　　介：本文在合法性理论的基础上，借助对中美有关环境信息披露法律法规的分析比较，探讨境外有关环境信息披露的规制对于境内企业环境信息披露水平的影响。

## 1609 教师培训项目的效果评估研究——以中国—UNICEF"灾区教师培训"项目为例

发表时间及载体：《电化教育研究》2014年第 35 卷第 5 期

作　　者：郑立海 石大维

简　　介：培训效果评估是保证培训质量的有效途径和提升培训管理水平的重要措施。文章分析了国内外培训评估模型和我国教师培训评估的现状，在此基础提出了教师培训项目的评估方案，并以中国—UNICEF"灾区教师培训"项目为例开展了评估活动，依

照评估结论对培训进行了改进。

## 1610 甘肃省景泰县农民专业合作社的调查与分析

发表时间及载体：《中国农民合作社》2011年第 11 期

作　　者：景喆 李新文 梁雅文

简　　介：自 2007 年以来，甘肃省农民专业合作社呈现较快的发展趋势。2009 年甘肃省财政调拨资金 2200 万元，扶持合作社 290个，带动合作社发展到 2000 家，较 2008 年年底增加了 619 个，增长了 47.8%。成员总数 6.9 万人，带动非成员农户 56.7 万户，一些成员的收入比当地未入社农户高 15% 以上。景泰县的合作社，是合作社发展一个较为典型的代表，透过对景泰县合作社现状及发展的深入剖析，可加深对目前欠发达地区合作社发展水平及特点的认识。

## 1611 创新是干部培训的不竭动力

发表时间及载体：《甘肃行政学院学报》2002 年第 4 期

作　　者：赵振声

简　　介：行政学院作为公务员培训基地，要在党的十六大精神指引下把创新作为发展动力，把提高干部的创新能力作为培训的重要职责和新的任务。干部培训的创新应体现在指导思想、理论研究、教学内容、教学方法和制度建设上，创新能力要体现在按照"三个代表"要求，结合实际，总结新经验，创造性地开展工作上，要有新观念、新精神、新措施和新成果。

## 1612 历史的整体性与世界性认识——西方史学家历史观念的一个共同趋向

发表时间及载体：《西北师大学报：社会科

学版》1999 年第 2 期

作　　者：张宗华

简　　介：从古典史学家到当代史学家，从希罗多德到斯塔夫里阿诺斯，西方历史学家编纂世界史的努力从未间断过。他们把已知的地理范围视为一个世界，把记述历史的范围扩大到已知的世界，他们为已知地理范围所写的历史表述了世界历史是在不断消除各民族的闭关自守状态中迈步的，是在不断摆脱各民族自我中心主义观念过程中前进的。这是西方历史学家认识世界历史的共同趋向。

## 1613　跨越卡夫丁峡谷是过程与阶段的统一

发表时间及载体：《西北师大学报：社会科学版》2000 年第 4 期

作　　者：张健

简　　介：跨越卡夫丁峡谷是马克思晚年提出的一个理论观点，从社会基本矛盾理论和中国革命的实践来分析，跨越卡夫丁峡谷是一个过程，该过程由"社会制度跨越"和"生产力补课"两个阶段构成，只有完成了两个阶段的跨越，才是实现了真正跨越卡夫丁峡谷的目标。"跨越过程论"论证了初级阶段的客观性、科学性及对建设中国特色社会主义实践的重要指导意义。

## 1614　晚清循化藏区的权力运作机制——以光绪十五年拉卜楞寺与隆务寺冲突为中心

发表时间及载体：《江汉论坛》（CSSCI）2008 年第 6 期

作　　者：杨红伟 张克非

简　　介：循化藏区是一个具有特殊性的区域社会。透过清光绪十五年（1889 年）发生在该区域内，分别以拉卜楞寺与隆务寺为首

的两大集团之间的冲突以及清代地方政府的介入与回应，我们可以清楚地观察到以强制力为基础的国家政治权力、以宗教资源为基础的寺院权力与以传统的部落制度为基础的社会权力之间形成的纽结，以及在这种纽结中所形成的特殊的权力运作机制。这对于我们理解循化藏区的社会构成及其维持与运行提供了一个有效的观察视角与途径，同时对于拓展关于我国区域社会研究的类型学谱系亦有重要意义。

## 1615　从审美的角度谈科学的歌唱方法

发表时间及载体：《甘肃高师学报》2012 年第 3 期

作　　者：郭洁

简　　介：声乐演唱是人类情感最为直接的表现形式，而这种表现形式要从四点来谈，这就是所谓的声、味、情、魂，同时探讨自身的学习对歌唱的表现力、艺术情感的表现力的体会，具有较强的说服力。

## 1616　教育信息化促进西部教育的变革与发展

发表时间及载体：《电化教育研究》（CSSCI）2008 年第 6 期

作　　者：杨改学 马志强

简　　介：2003—2007 年国务院实施农村中小学现代远程教育工程的五年中，西部地区教育信息化实施与应用情况如何？文章从教育信息化在西部的概念、教育信息化在西部地区的发展以及教育信息化使西部地区教育发生了哪些变化等三个方面进行了阐述，文章认为由于在西部地区实施了教育信息化和农村中小学现代远程教育工程，跨越性地促进了西部地区教育的变革。

## 1617 当代乡土小说研究的新范式——《缅想与徜徉：跨世纪乡土小说研究》序

发表时间及载体：《飞天》2010 年第 4 期

作　　者：程金城

简　　介：《缅想与徜徉：跨世纪乡土小说研究》是张懿红博士近年来专注于中国当代乡土小说研究的重要收获，连同发表的几十篇相关论文，显示了她在这一领域的研究已经达到了相当的深广度，产生了较大影响。

## 1618 建立健全质量体系与民营企业的可持续发展

发表时间及载体：《兰州大学学报：社会科学版》2001 年第 29 卷第 6 期

作　　者：黄怡 宣锋

简　　介：本文主要探讨了民营企业在加强内部管理中建立健全质量体系的问题。笔者认为，民营企业在运营中按照 ISO 9000 族标准建立健全质量体系，是加强企业内部管理的一种有效手段，可以逐步解决目前在发展中存在的许多问题，为民营企业保持可持续发展的活力，进一步上台阶提供组织与管理上的保证。

## 1619 新历史主义与语言论转向和历史转向

发表时间及载体：《甘肃社会科学》2002 年第 2 期

作　　者：张进

简　　介：新历史主义是在语言论转向之上和之后的历史转向，它表现为对语言论转向思想成果的积极汲取而非单纯背离，同时，在人文社会学科普遍的历史转向中，新历史主义有其关注的特殊转换层面，在这些层面上，新历史主义从传统历史主义的转离与向它的转向同时发生。因此，对语言论的文本性和历史主义的历史性来说，新历史主义具有双重意义，其历史转向是转向中的背离和背离中的转向。从某种意义上说，对新历史主义与语言论转向和历史转向之间复杂关系的历史化描述，就直接变成对新历史主义本质特征的揭示。

## 1620 农民专业合作组织发展研究——以甘肃为例

发表时间及载体：《开发研究》2011 年第 5 期

作　　者：汪晓文 李玉洁 马凌云

简　　介：近年来，甘肃农民专业合作组织发展快速，在促进农民增收、繁荣农村经济、推动社会主义新农村建设方面做出了巨大的贡献。本文结合有关的调查资料，对甘肃省农民专业合作组织的发展现状、作用进行了分析，并对其存在的不足和制约甘肃农民专业合作组织发展的因素进行深入剖析，根据甘肃省农合组织存在的问题，探索其发展的新途径，并尝试提出加快甘肃省农民专业合作组织健康发展的对策与建议。

## 1621 人口老龄化阶段我国农村养老保险的机制创新

发表时间及载体：《兰州学刊》2009 年第 4 期

作　　者：李玉虎 韩国珍

简　　介：人口老龄化是当前全球人口结构发展的基本趋势。面对人口老龄化带来的各种挑战，加快建立和完善我国农村养老保险制度是一项紧迫的任务。廓清我国农村养老保险制度的困境及其成因与变迁，分析其中存在的问题，是推进农村养老保险制度改革的重要内容。从我国农村人口老龄化的趋势和农村经济发展的实际出发，通过机制创新，建立农村养老保险制度创新机制，是完善农村养老保险的关键所在。

## 1622 哲学、政治与诗：西方世界两种文学传统的互动

发表时间及载体：《西北师大学报：社会科学版》2005 年第 5 期

作　　者：惠松骐

简　　介：两种最早的文学传统是诗和自然哲学，在政治哲学产生之后，文学传统的对立变成了诗性智慧与政治哲学的对立。文学传统的表层是文学旨趣，但其深层是政治意识。诗性传统恰恰不具有政治意识，以至于后来止步于"文化研究"，同时也失去了历史意识。文学问题实际上是一个政治问题。两种文学传统的对立并非你死我活的斗争，而是相互汲取对方的养料，共同支撑基于自然语言的学术，这就是文学。

## 1623 西北农村地区人际交往关系的嬗变探究

发表时间及载体：《甘肃理论学刊》2012 年第 1 期

作　　者：何瀚 马莉

简　　介：当前，中国社会的各个领域都发生了重大的变化，西北农村社会关系领域也表现出不同于以往的新特点，对农村社会和农民生活产生了重要的影响。本文基于对青海湟中县鲁沙尔镇的拉尔干村及其周围几个村庄的实地调查，来考察研究西北农村地区人际交往伦理的变化以及这种变化产生的原因与动力。

## 1624 与贸易有关的知识产权协议与甘肃工业强省战略

发表时间及载体：《甘肃理论学刊》2003 年第 1 期

作　　者：杨明前 陈永胜

简　　介：与贸易有关的知识产权协议的实施给甘肃工业强省战略提出了有力挑战，加强知识产权法律制度建设对于促进甘肃工业强省战略目标的实现至为关键。

## 1625 上古谏诤传统，献诗、采诗制度与诗歌讽谏论

发表时间及载体：《西北师大学报：社会科学版》2006 年第 6 期

作　　者：张克锋

简　　介：下臣进谏、天子纳谏是西周时期一项重要的政治制度，诗在这一制度中扮演着十分重要的角色，具体表现为献诗、采诗以讽谏王政，并在诗的编辑过程中，强调诗的讽谏功能，从而产生了《毛诗》首序以讽谏论诗的解诗方式。

## 1626 社会法调控机制创新论（下）

发表时间及载体：《兰州大学学报：社会科学版》2004 年第 32 卷第 4 期

作　　者：刘光华

简　　介：基于非典防治的特殊要求，尤其是为配合隔离措施的有效实施，我们从各个层面都制定了严格的规章制度，建立了公民个人"非典"期间的行为准则。

## 1627 伊斯兰教财产观与新时期西北穆斯林的慈善实践

发表时间及载体：《北方民族大学学报：哲学社会科学版》2009 年第 2 期

作　　者：敏敬

简　　介：伊斯兰教主张财产权利平等，追求道德和社会公正。改革开放为西北穆斯林实践其财产观念创造了宝贵的历史机遇，促使新时期穆斯林慈善事业有了巨大发展。研究伊斯兰财产观和穆斯林的慈善实践，对构建西北和谐社会有重要而深远的意义。

## 1628 庄郎族与庄浪县

发表时间及载体：《西北师大学报：社会科学版》1999年第6期

作　　者：陈秀实

简　　介：甘肃省平凉地区庄浪县，历史上称水洛城，金元之际才改名庄浪。其改名的原因说法不一，有"庄山浪水"之说，有源于藏语"野牛沟"之说，而从《续资治通鉴长编》等记载看，庄浪路或庄浪县应是由居住在河套东部的党项族系的庄郎族南迁至其地而得名。

## 1629 中国区域发展战略的嬗变与展望

发表时间及载体：《西部论丛》2007年第6期

作　　者：高新才

简　　介：纵观我国改革开放以来区域经济发展战略的演变，基本上经历了非均衡发展战略—协调发展战略—统筹发展战略三个阶段。区域发展战略的嬗变，既体现了作为发展战略必须具有的继承关系，反映了社会各界特别是决策层不断总结区域发展的经验教训，对区域发展内在规律认识的逐渐深入，也从一个特定的角度反映了我国人民对建设中国特色社会主义的探索过程。

## 1630 非物质文化遗产保护中传承人与政府的策略互动研究——以兰州鼓子为例

发表时间及载体：《丝绸之路》2012年第2期

作　　者：聂华林

简　　介：本文为中国华夏文化遗产基金会横向委托项目（2009PA001）、国家创新性实验计划支持项目（091073008）成果。兰州鼓子各方保护力量间因"政见不同"而表现的猜忌、矛盾和冲突行为使整个保护工作陷入困境。本文对兰州鼓子保护过程中各方力量的原始博弈及其原因进行分析。

## 1631 共同财产的双重悲剧及其治理

发表时间及载体：《甘肃理论学刊》（CSSCI）1993年第4期

作　　者：曹子坚

简　　介：共同财产问题是现代产权经济理论的重要组成部分，近年来日益被学术界所重视。这不但是因为共同财产问题是产权理论所研究的诸多经济矛盾的集中体现，而且也是由于共同财产问题的研究更具有实践意义。然而我们注意到，关于共同财产问题的研究迄今仍然基本停留在对其概念的阐释上，这显然是很不够的。本文拟结合我国经济实践，对该问题做些分析。

## 1632 孔子乐以成德的人生修养与审美境界

发表时间及载体：《西北师大学报：社会科学版》2001年第5期

作　　者：王建疆

简　　介：孔子以"仁"为核心的修养学，并非简单的道德修养学，而是在道德修养学基础上的审美修养学。孔子以"贫而乐""仁者无忧""乐而忘忧"的悦乐情怀去成就"仁"的德行，因而具有了超越道德的审美的性质。这种建立在道德修养基础上的人生境界，是一种独特的、内在的、个人的审美体验，是一种不具备大众性和可观性的精神创造。人生境界不一定通过艺术形象再现出来，但它远远高于艺术境界。用悦乐的情怀和审美的体验去成就个人道德，去实现政治理想，这就是孔子美学的精华和魅力所在。

## 1633 西夏古纸的检测和初步研究

发表时间及载体:《西北民族研究》（CSSCI）2014 年第 1 期

作　　者：李晓岑　贾建威

简　　介：为研究西夏古纸的制作技术，作者通过对部分样品的观察和实验分析，发现这批西夏时代的古纸有树皮纸和麻纸两种。这些纸打浆适度，用抄纸法生产，纸面经过施胶或涂料等加工处理，反映了西夏造纸技术的状况。一卷藏文刻经残卷，经过纤维分析，发现纸张原料为狼毒草韧皮部纤维，采用浇纸法生产，这是迄今藏族使用狼毒草造纸的最早事例，这卷刻经应是通过文化交流从藏族地区传入西夏的。本文对研究宋代中国纸和造纸术在西北地区的流传和演变有一定的意义。

## 1634 浅析黄宗羲的政治构想——以《明夷待访录》为切入点的历史考察

发表时间及载体:《西北民族大学学报：哲学社会科学版》2011 年第 5 期

作　　者：李素宁

简　　介：黄宗羲，明清之际的启蒙思想家，潜心著就《明夷待访录》，其目的是在总结历史教训的基础上，阐明封建帝王制度的弊端，设计出理想的政治制度。他具有反封建、反专制的民主启蒙性质的新民本思想。《明夷待访录》在批判旧世界的同时闪露着新思想的锋芒，堪称 17 世纪的中国人权宣言。尽管学界已对《明夷待访录》进行多方位和多视角的论述，但仍不全面，本文试就其政治构想进行简要梳理，以期引起进一步的探讨。

## 1635 苏菲主义的"神爱论"及其当代社会价值

发表时间及载体:《西北民族大学学报：哲学社会科学版》2011 年第 1 期

作　　者：潘世昌

简　　介："神爱论"是伊斯兰苏菲主义的一个重要标志，也是苏菲近主之道和爱主之道的一个重要因子。我国学界尽管对苏菲主义有详尽的研究，但对苏菲主义的"神爱论"介绍的并不多。"神爱论"不仅有深邃的哲学意蕴和浓郁的人文情结，其真挚和热烈的"爱"同样对当今和谐世界的构建与宗教对话的展开有诸多启示意义。

## 1636 近代甘宁青的皮筏运输——以羊毛贸易为中心的考察

发表时间及载体:《西北民族大学学报：哲学社会科学版》（CSSCI）2009 年第 5 期

作　　者：李晓英

简　　介：皮筏是西北甘宁青黄河上游地区特有的、具有时代特点的运输工具，分为牛皮和羊皮两种材质。近代以来，随着甘宁青地区羊毛的大量出口，以长途航运为主的皮筏运输达到了前所未有的繁荣。

## 1637 法律与道德关系浅析

发表时间及载体:《甘肃行政学院学报》2003 年第 1 期

作　　者：马洪雨

简　　介：法律和道德是调整社会行为的两种重要规范，从古到今对两者关系的争论从未停止。本文对历史上争论的不同观点进行了回顾与分析，试图探求法律与道德在社会主义市场经济条件下的统一，以求依法治国、以德治国的协调发展。

## 1638 论法律均衡

发表时间及载体:《西北师大学报：社会科学版》2000 年第 4 期

作　　者：冯玉军

简　　介：法律制度的生成、演化与创新既是一个自然历史过程，也是一个以相关制度资源的最佳配置为核心的动态平衡过程。在规范意义上，法律活动将均衡原则作为其最终协调机制和最高秩序依归。"帕累托最优"和"卡尔多—希克斯改进"是评价法律供求均衡的主要理论标准，从法律成本效益分析的角度，可以总结出多种法律均衡模型。但如果法律资源配置不当，就可能陷入"法律低效率"的制度怪圈。现实社会中，由于经济政治结构和意识形态等相关因素不断发展变化，法律的需求随之变动不居，法律的供求在非均衡—均衡—非均衡的循环过程中走向未来。

## 1639　甘肃大中城市贫困问题研究

发表时间及载体：《甘肃理论学刊》2003 年第 1 期

作　　者：刘进军

简　　介：本文为"九五"期间甘肃省哲学社会科学规划项目"甘肃大中城市贫困问题研究"的总报告。本文在深入分析甘肃省大中城市贫困的现状特征及生成原因的基础上，有针对性地提出了甘肃省大中城市反贫困的战略及对策建议。

## 1640　论教学制度

发表时间及载体：《西北师大学报：社会科学版》2002 年第 3 期

作　　者：安珑山

简　　介：教学制度是人们在长期的教学实践中形成和创立的整合教学系统结构、规范教学行为的具有普遍性、稳定性的规范体系，是教学系统中不可缺少的软件，是联系教学理论与实践的纽带。研究教学制度的特点、构成、类型及功能，对于认识教学制度的本质、确立教学制度在教学理论研究中的地位

具有重要的意义。

## 1641　《美丽中国》全案研究

发表时间及载体：《中国电视纪录》2012 年第 8 期

作　　者：冯欣

简　　介：《美丽中国》（英文名为 *Wild China*）是有关中国主题的系列人文自然类纪录片，包括"龙之心"（Heart of the Dragon）、"香格里拉"（Shangri-La）、"西藏"（Tibet）、"塞外风光"（Beyond the Great Wall）、"熊猫之地"（Land of the Panda）、"潮汐更迭"（Tides of Change）六集，主要向观众呈现了中国丰富的野生动植物资源以及多样的文化习俗和壮丽风光，同时也探讨了中国所面临的生态环境问题。

## 1642　英汉谚语文化特征之社会语言学分析

发表时间及载体：《兰州大学学报：社会科学版》2001 年第 29 卷第 5 期

作　　者：刘凤霞　何彦诚

简　　介：本文旨在应用社会语言学的理论与方法，对英汉谚语做对比分析，指出英汉两种语言在谚语这一特殊的语言表现形式上所反映的各自民族文化特征的深层内涵，有利于了解两种语言文化的异同。

## 1643　武威天梯山石窟文物的搬迁

发表时间及载体：《敦煌研究》2009 年第 1 期

作　　者：张立胜

简　　介：天梯山石窟是我国早期石窟之一，在我国石窟艺术史上占有重要的地位，其艺术价值得到史学界许多著名专家的充分肯定。由于水利工程建设等原因，20 世纪50 年代正式搬迁至甘肃省博物馆，后经专家呼吁，地方政府及文物部门通过努力，部分

文物已回归天梯山，并建立陈列馆展出，而石窟原址也得到初步修复保护，为天梯山石窟整体恢复奠定了坚实的基础。

### 1644 《左传》女性形象的士人气质

发表时间及载体：《甘肃联合大学学报：社会科学版》2011 年第 27 卷第 5 期

作　　者：孙董霞

简　　介：《左传》中的女性形象向来备受关注，就其形象研究著文甚多：或把她们分成妇女的若干类型，或探讨她们的历史命运，或分析她们不同于一般女性的才能、智慧等等。但这些研究大多倾向于以性别视角为出发点，在潜在的男女二元对立的传统视域之内，以女性特征为大前提，研究她们在共性中的特性。本文试从这些女性形象所生成的历史环境出发，探讨她们作为一个与男性同等的社会人在士阶层兴起并登上历史舞台之际所受到的士风潮流的影响，重温她们在深闺宫墙之内感受到的士人气质的巨大冲击。

### 1645 杨万里民本思想的核心内涵及现实意义

发表时间及载体：《甘肃社会科学》2012 年第 3 期

作　　者：马海音

简　　介：杨万里认为南宋内忧外患、积贫积弱的重要原因是统治者涸泽而渔式的牧民政策，由此他提出与先秦孔孟以来一脉相承的民本思想。其核心内涵是民为邦本，民众休养生息是为政的根本；国运在民，理民财、结民心是保国的根本大计。杨万里不仅在诗文中探讨弘扬民本思想，而且在漫长的为官生涯中身体力行实践仁政。杨万里对民本思想的探索和实践丰富了中国古代民本思想的论述，同时在科学发展、和谐社会建设中仍

有现实意义。

### 1646 地方高校与教育部直属高校科技投入产出比较研究

发表时间及载体：《甘肃高师学报》2012 年第 2 期

作　　者：张鲜华

简　　介：经过分析比较地方高校与教育部直属高校在科技人力、科研经费、开展国际交流以及科技成果等投入、产出方面情况，发现地方高校无论在科研投入，还是科技产出方面都落后于教育部直属院校。地方高校要改变现状，需要在打造科研团队，增加科研经费，提高课题申报能力等方面加大努力，才能从根本上提升自身的科技竞争实力。

### 1647 敦煌石窟所出仪礼与还愿织物的重要性（提要）

发表时间及载体：《敦煌研究》1995 年第 2 期

作　　者：杨富学

简　　介：敦煌佛窟发现的织物、丝绸和绘有画的纺织品残片一般都用于宗教仪礼之目的，代表了工艺发展史的一个关键阶段。这些织物技术先进，表明中国本土的机织技术已有高度发展。

### 1648 生态女性主义批评视野中的《黄绣球》

发表时间及载体：《西北师大学报：社会科学版》2010 年第 2 期

作　　者：王明丽

简　　介：女性形象的生态女性主义叙事出现在社会历史转型的危急时刻。颐琐的《黄绣球》作为政治小说，确也具有晚清新小说理想化、寓言化叙事的乌托邦性质。而从生态女性主义的叙事立场来看，女人

和男人一样是血—水—土地—家所构成的生命圈里,自然的人,文化的人和社会的人。女性知识论立场的宇宙观和生命观的确立,预示着晚清女性对于家国同构的天人合一的社会型构,合乎女性生存利益的生态主义意味的深沉审视。《黄绣球》亦成为生态女性主义批评视野中蜕旧变新的新女性的形象原型。

## 1649 管理学视野中的生态和谐人假设及其实现

发表时间及载体:《西北师大学报:社会科学版》2004 年第 5 期

作　　者:孙健

简　　介:人性假设是管理学的逻辑前提。在管理思想演变历史中,适应农业文明、工业文明的时代诉求,人性假设先后经历了经济人假设、社会人假设、文化人假设三个阶段。生态和谐人假设是适应生态文明时代的人性假设,其实质是组织要按生态文明时代的道德原理和伦理规范来进行管理。生态和谐人假设的提出和实现,意味着对传统的管理职能、管理体制、激励方式、组织文化等进行重新反思和深刻变革已显得非常必要。

## 1650 园林别业与宋人休闲雅集和文学活动——以杭州张镃南湖别业为中心的考察

发表时间及载体:《浙江学刊》(CSSCI)2012 年第 5 期

作　　者:曾维刚 铁爱花

简　　介:两宋时期私家园林别业发展兴盛,不仅拓展了宋人身心游憩的空间,也成为文学活动的重要场域,对宋代文学风貌的生成具有深刻影响。南宋杭州张镃南湖别业作为迄今保存资料最完整的宋代园林,规模庞大,造物精致,功能齐备,集中展现了宋人以园林别业为中心的丰富多样的休闲雅集活动,并在与园主张镃及当时文人士大夫发生密切关系的过程中,不断激发他们的艺术灵感和文学创作,从而形成一个具有丰富时代蕴涵与独特美学意味的文化场域和文学空间。以"园林"为核心空间意象的诗文创作,其走向精细和日常化的美学特征,体现了宋代诗文发展的一个重要趋向,具有独特文学史意义。

## 1651 可持续发展与西北回族地区贫困问题探析

发表时间及载体:《甘肃理论学刊》2005 年第 5 期

作　　者:丁汝俊 敏生兰

简　　介:可持续发展理论以发展的可持续性、协调性、公平性为核心内容,把经济发展与人口、资源、环境高度结合和统一起来,在实践上为解决贫困问题提出了重要的理论要求。西北回族大部分地处生态环境脆弱的地区,这是导致贫困最直接的客观因素。这一地区除了具备其他贫困地区的一般特征外,还具有自身明显的特点。贫困的根源既有自然环境、历史原因,又有经济发展、政策、思想观念和制度变迁等因素。要树立科学的发展观,运用可持续发展理论的视角,把反贫困对策选择的立足点放在发展经济这一要务上,并提出切合实际、可操纵性强的有效对策。

## 1652 王权与天道——释解老子与孔子的天道思想

发表时间及载体:《甘肃理论学刊》2005 年第 5 期

作　　者:成兆文

简　　介:天道是中国古代哲学的核心话语

之一，本文对天道在老子和孔子思想中的不同境遇进行了考察和分析。笔者认为，自从实现了"绝地天通"的神权垄断后，天道始终与王权纠缠在一起，论天道之动因在于给王权一个新支点，给现实一个新秩序。老子以天道来统领王权，开拓了人的涵义，他对天道的大胆探索，具有反偶像、反权威之重大意义。孔子服从于王权对天道的占领，对天道领地进行了小心回避，但这种沉默的态度本身表明了他对王权神授有所怀疑。

### 1653 学科组织的功能与结构关系研究

发表时间及载体：《社科纵横》2010 年第 4 期

作　　者：王克振 王瑞祥

简　　介：本文从学科组织的功能与结构关系视角出发，通过对中世纪的大学、德国大学改革运动、美国大学变革及现当代大学改革与建设等进行了系统分析与考察，指出大学的学科组织的功能决定结构，结构也在一定程度上促进或阻碍功能的发挥，只有当学科组织的功能与其结构相适应时，这一学科组织才能高效地完成相应的使命。

### 1654 2010 敦煌论坛：吐蕃时期敦煌石窟艺术国际研讨会综述

发表时间及载体：《艺术设计研究》2010 年第 3 期

作　　者：沙武田

简　　介：2010 年 7 月 21—24 日在莫高窟举办了由敦煌研究院主办的"2010 敦煌论坛：吐蕃时期敦煌石窟艺术国际研讨会"。本次会议分为十个专题：洞窟藏文题记以及吐蕃密教文献与洞窟思想研究、政治与样式、历史与艺术、石窟经变画、密教尊像研究、西藏考古与艺术、毗沙门天王像、莫高窟第

465 窟研究、图像专题研究、吐蕃文物文献研究。本文发表了与会专家学者报告的最新内容和观点，总结并评述了本次会议的学术成果。

### 1655 从《舌尖上的中国》看中国纪录片的品牌构建

发表时间及载体：《艺术评论》2012 年第 7 期

作　　者：冯欣 张同道

简　　介：2012 年 5 月 14 日，一部由央视纪录频道制作的 7 集电视纪录片——《舌尖上的中国》正式播出，随后立即红遍全国，在纪录片收视率上创下新高。如今这部讲述中国美食以及与此相关的中国文化、普通百姓的片子，在央视的滚动播出和网络遍地开花的评价下，迅速成为央视纪录频道制作水平、文化内涵、视听品质的代表之作。这是中国纪录片打造品牌的一次成功尝试。

### 1656 天津洋行、货栈与近代西北羊毛贸易——以满铁调查的支那羊毛为中心

发表时间及载体：《西北师大学报：社会科学版》（CSSCI）2012 年第 5 期

作　　者：李晓英

简　　介：1860 年天津开埠后，尽管区域性市场商品流通主要集中在华北地区，但是随着西方资本主义国家原料需求进一步增加，中国对外贸易的迅速发展，天津的商品流通范围远远超越了这一地区界限。

### 1657 单向度是西方文化工业的典型特质——霍克海默尔、阿多诺"欺骗启蒙"所展现的西方文化工业

发表时间及载体：《西北师大学报：社会科

学版》2010 年第 1 期

作　者：张和平

简　介：西方文化工业呈现出单向度性，而这一切都是由经济的尤其是社会的统治力量造成的。它变成了同一的文化，否定性的因素被消除殆尽。文化工业的审美专家，必须符合市场的法则，否则他将成为局外人。人们业余的娱乐活动也被净化，在自由、快乐的外表下，娱乐同样是单向度的。人们的反抗是徒劳的，人们沉湎在经验的泥淖里，而这正是统治所需要的。社会通过文化部门、文化产品塑造着道德形象，在这些形象的感召下，人们与这一社会实现了同一。在文化工业中，个性是虚假的，它是普遍制约下的个性。文化工业的商品化，也导致文化工业产品的虚假化、廉价化。文化工业也广告化了，就是人们的语言也已如此，"欺骗启蒙"正是通过这一广告化，实现着对人们的控制和操纵。

## 1658 浅论策划设计对西部大开发的重要性及其运用

发表时间及载体：《甘肃理论学刊》2002 年第 6 期

作　者：高兴

简　介：本文从一个全新的角度探讨了西部大开发战略研究当中的方法问题，主张研究西部大开发战略不仅要运用好传统的和规范的方法，还要运用策划和设计的方法，从而对西部大开发战略的研究有一个新的观点和新的思路。

## 1659 作为实践性体裁的传说、都市传说与谣言研究

发表时间及载体：《民俗研究》（CSSCI）2012 年第 2 期

作　者：刘文江

简　介：传说、都市传说与谣言在人们的口头叙事实践中，其形式表现出了极大的相似性，可以被看作是同一种实践性叙事体裁。在口头实践中，人们不仅通过内容的事实判断来相信叙事中的事件，也通过形式的认知来相信它们。传说的中心是一种传统性的确定性话语，而都市传说与谣言则正相反，其中心是非传统的材料。各种实践形式或亚体裁之间的平等关系使它们相互构成了一种否定性的、不稳定的交流模式。

## 1660 清华简《耆夜》与西周时期的"饮至"典礼

发表时间及载体：《西北师大学报：社会科学版》2011 年第 1 期

作　者：伏俊琏

简　介：清华简《耆夜》篇的出土，证明《尚书·西伯戡黎》中的"西伯"是周武王，"戡黎"的时间是在武王八年，即武王继位之明年（公元前 1049 年）。本篇还为我们生动地展现了戡黎凯旋后举行"饮至"典礼的盛况，周武王及开国元勋毕公、召公、周公、辛公、史逸、吕尚皆亲临宴会。武王和诸位功臣举爵酬饮，赋诗言志。简文记录了武王的 2 首诗和周公的 3 首诗，而保存下来了武王的 1 首、周公的 2 首残诗。这种情形和《穆天子传》中所记穆王和西王母瑶池宴咏很相近。

## 1661 《西游记》中量词使用的特点

发表时间及载体：《甘肃联合大学学报：社会科学版》2009 年第 3 期

作　者：于燕

简　介：本文对《西游记》中所使用的量词进行整理和分析，归纳出书中量词的使用

特点。《西游记》中已经有大量动量词的使用；物量词和名词的组合形式多样，且语义搭配关系复杂；量词"个"的使用泛化现象也已经有所表现。

## 1662 品牌传播的符号学解读

发表时间及载体：《大连理工大学学报：社会科学版》（CSSCI）2009年第2期

作　　者：包国宪 胡佳林

简　　介：符号负载信息，传达信息。符号是认识事物的一种简化手段，也是思维的主体。在信息多元化的今天，符号语言的应用对品牌传播和成长发挥着重要的作用。文章从符号学的角度对品牌进行了解读。

## 1663 国外移动学习应用发展综述

发表时间及载体：《电化教育研究》（CSSCI）2011年第5期

作　　者：郭绍青 黄建军 袁庆飞

简　　介：国外移动学习的应用领域已经涉及到了社会的各个层面，面对社会各种人群全面展开。本文梳理了近年来移动学习在国外的发展轨迹，分析了影响移动学习全面普及的主要因素，总结了移动学习系统资源开发的经验教训。他山之石，可以攻玉。我国应当充分借鉴国外移动学习项目形成的理论、模式和经验，开展适应我国国情和发展需要的移动学习。

## 1664 西北民族地区社会结构转型的特殊性

发表时间及载体：《西北师大学报：社会科学版》2003年第5期

作　　者：杨森

简　　介：社会结构转型是人类社会发展的必然结果，中国社会结构转型是社会主义制度的自我完善。西北民族地区由于历史及现实各种因素制约，社会整体发展滞后，转型速度慢，体现出我国社会结构转型过程中地区的差别性及特殊性。西北民族地区同我国中、东部比较，最大特殊性在于地理环境和人口因素。认识、分析并改变这些制约因素，将会促进西北民族地区的社会结构顺利转型。

## 1665 "答剌罕"与古代蒙古狩猎文化

发表时间及载体：《西北民族研究》（CSSCI）2011年第3期

作　　者：僧格

简　　介：本文基于国内外历史文献与蒙古突厥语词语，结合北方民族神话传说，对"答剌罕"一词及其相关意义做了较为全面的研究。

## 1666 战略联盟中关系资本管理体系的构建

发表时间及载体：《科技进步与对策》（CSSCI）2009年第17期

作　　者：董雅丽 薛磊

简　　介：教育部"985"工程特色研究方向项目（582635）。关系资本作为战略联盟成功的关键因素，是实现联盟潜在价值向现实价值转化的重要途径。本文从关系资本的内涵入手分析关系资本的形成过程。

## 1667 建构主义视域下的族群冲突——论1675年北美"菲利普王"战争的起源

发表时间及载体：《贵州社会科学》2011年第7期

作　　者：王雅红 曲江

简　　介："菲利普王"战争是1675年爆发于英国白人殖民者与新英格兰土著人之间

的一场战争。对这场战争的起源进行分析，有助于进一步研究美国早期史、美国国家特性和美国民族关系等问题，具有重要的理论和历史价值。根据建构主义理论分析，"菲利普王"战争的爆发是英国白人清教移民（WASP，即 White Anglo-Saxon Protestant）与新英格兰土著这两大族群在新英格兰地区共同构成的族际社会体系所建构的结果，该体系包括文化性因素、物质性因素和主体间互动这三个层面。

## 1668 论忽必烈称汗及蒙古统治集团内的斗争

发表时间及载体：《西北民族研究》（CSSCI）1998 年第 1 期

作　　者：杨建新

简　　介：本文通过对忽必烈称汗前后蒙古统治集团内斗争诸因素的考察分析，认为忽必烈取得胜利有一定的历史必然性。同时论述了统治集团内斗争的性质——新旧势力斗争的反映。

## 1669 政治文明的核心是政治的法治化

发表时间及载体：《甘肃理论学刊》2004 年第 2 期

作　　者：杨海燕

简　　介：依法治国是联系党的领导和人民民主的纽带。建设社会主义政治文明最根本的是把坚持党的领导、人民当家做主和依法治国有机统一起来。能否统一起来，关键在依法治国。坚持党的领导，就是党提出主张，全国人民和全国各项工作贯彻党的主张，而党的主张需要通过法定程序上升为国家意志即法律才具有普遍的约束力。人民当家做主也是如此，人民的意志只有通过法律才能集中，只有通过法律才能被普遍遵行。因此，无论是党的领导还是人民当家做主，都需要通过法治才能有效地体现和实现。

## 1670 群体结构中的民族

发表时间及载体：《西北师大学报：社会科学版》2004 年第 1 期

作　　者：赵利生

简　　介：从分析斯大林民族定义入手，运用社会学的视角，在区分民族与民族社会的基础上，将民族置于群体结构中加以探讨与分析，认为民族是在变动着的社会体系中，以文化区分的、具有自我认同的一种较为稳定的社会群体。民族是个人与社会沟通与互动的中介，是多维属性的统一。它是认同与认异的统一，主观与客观的统一，进而也是互争与互助的统一。

## 1671 TRIPS 对我国知识产权保护利弊影响之分析

发表时间及载体：《甘肃政法学院学报》2009 年 2 期

作　　者：张朝霞

简　　介：TRIPS 协议在我国健全知识产权法律保护体系、完善执法措施、规范市场竞争秩序、推动创新型国家建设、促进我国对外贸易发展方面有重要和积极的影响。但是，发达国家及其跨国公司借助其规则在我国构筑起强大的知识产权藩篱，也阻滞了先进技术在我国的普及和传播，恶化了我国知识产权弱势企业和行业的竞争环境，同时还对我国公众利益如健康等带来消极影响。该文通过研究 TRIPS 协议对我国正反两方面的影响，客观公正地评价其作用，并针对其负面影响提出了的对策研究。

## 1672 基于顾客偏好的企业成本控制的研究

发表时间及载体：《兰州商学院学报》2009年第2期

作　　者：苏程 黄志丹

简　　介：该文建立了基于顾客偏好的企业成本控制模型，并将矩阵对策理论引入到该模型中去，将顾客的偏好看成对策的一方，将各种费用的消耗、成本及损失看成另一方，将其组成对策矩阵，通过迭代法得到策略解，使企业能够在保证顾客偏好的基础上，把成本耗费降到最低，并且通过算例验证了该模型的有效性和合理性。

## 1673 敦煌占卜文献研究的问题与视野

发表时间及载体：《敦煌研究》2011年第3期

作　　者：王晶波

简　　介：敦煌占卜文献是敦煌文献的重要组成部分，对深入认识中古时期社会、历史、文化、思想有着独特的意义。经过近一个世纪的积累，目前的敦煌占卜文献研究正在进入一个取得全面收获的时期，但也面临许多问题。本文在充分吸纳前人成果的基础上，从文献、文本、文化三个层面入手，就敦煌占卜文献研究的历史、问题、方法和视野等进行了论述，力求总结经验，厘清概念，拓展视野，将敦煌占卜文献的研究推向深入。

## 1674 推进城乡一体化进程中的政府责任

发表时间及载体：《开发研究》2010年第6期

作　　者：王继荣

简　　介：推进城乡一体化是贯彻落实科学发展观，促进经济社会又好又快发展，完成现代化历史任务的重大社会系统工程。历史的经验和近年来的实践证明，在我国的现实条件下，推动这一工程健康顺利发展的主导力量是政府，强化政府责任，充分发挥政府在推进城乡一体化进程中的主导作用，是实现城乡一体化的根本保证。

## 1675 敦煌西夏石窟分期研究之思考

发表时间及载体：《西夏研究》2011年第2期

作　　者：沙武田

简　　介：一方面由于敦煌西夏洞窟和宋瓜沙曹氏归义军晚期、沙州回鹘洞窟在艺术特征上表现出较多的一致性关系，相互之间没有严格的界线和十分确切的区别，而且明显受到瓜沙曹氏地方绘画艺术传统的深刻影响，另一方面由于历史文献对瓜沙曹氏晚期、沙州回鹘、瓜沙西夏初期历史记载的含混不清，加之学术界对沙州回鹘、西夏有效占领沙州时间等历史问题的长期争论，因而对敦煌西夏洞窟的研究产生较多的歧误，比较混乱，即使是敦煌西夏洞窟的分期也有较多的不同意见。但综观学术界对敦煌西夏石窟艺术的介绍和研究，大多仍停留在敦煌文物研究所时期最初的分期意见，因此有必要做些陈述，以引起学界对此问题的正视和进一步的思考与研究。

## 1676 西部区域经济政策环境建设的必要性探析——地区经济差距的视角

发表时间及载体：《未来与发展》2005年第5期

作　　者：成学真

简　　介：区域经济政策是根据区域经济差异制定的促进资源的优化配置，实现区域经济发展战略的一系列政策的总和。适宜的区域经济政策环境是区域经济腾飞的重要保证。世界上一些主要国家，如美国、日本、德国在开发本国落后区域的过程中，都制定了相应的区域经济政策，而且取得了良好的经济效果。在我国东部沿海经济发展过程中，区域经济政策更是起到了重要的作用。大量的政策倾斜和政策优惠是现阶段我国东西部经济差距形成的原因之一。实践证明，在西部开发过程中区域经济政策环境的建设有其必要性和紧迫性。

## 1677 试论甘肃省产业集群的构建策略

发表时间及载体：《兰州大学学报：社会科学版》2004 年第 32 卷第 5 期

作　　者：金梅

简　　介：自十六大报告提出产业集群的概念后，有关产业集群对促进地方经济发展、提高地方经济竞争力的研究受到普遍关注。本文试图立足甘肃实际，指出甘肃产业集群的体系构建方式、区域构建方式、链条组合方式，并进一步阐明甘肃省产业集群的构建策略。

## 1678 语言学习认知心理与信息技术环境下的外语教学

发表时间及载体：《电化教育研究》（CSSCI）2004 年第 1 期

作　　者：王琦

简　　介：本文以语言学习认知心理为理论依据，通过揭示外语学习的认知过程及其对教学的启示，来探讨外语教学理论与信息技术的契合点，并尝试对信息技术支持下的中国外语教学环境进行探讨。

## 1679 汉魏六朝的诙谐咏物俗赋

发表时间及载体：《西北师大学报：社会科学版》2003 年第 5 期

作　　者：伏俊琏

简　　介：以调笑戏谑的态度描写动物或人本身的俗赋源远流长，东汉后期以来，时见载籍。这类俗赋或嘲笑人的形貌丑陋、举止荒唐，或描写动物的滑稽谐趣，用以游戏取乐或调笑讽刺他人，多题材狭小，怪诞，以四言韵语为主，语言通俗，风格诙谐，口诵的特征比较明显。

## 1680 敦煌契约文书所见织物研究

发表时间及载体：《西北民族研究》（CSSCI）2013 年第 1 期

作　　者：陈晓强

简　　介：敦煌契约文书对唐五代敦煌地区纺织物的研究有重要意义。敦煌契约文书所见织物中，有些织物的称谓《汉语大词典》等大型辞书尚未收录或尚未释义，有些织物的称谓内涵宽泛，需进一步分析归类，有些织物的质地属性或原料来源学界尚有争议。为此，本文通过敦煌契约文书内部语例的相互参照，对敦煌契约文书所见织物的称谓内涵、质地属性、原料来源等问题进行综合研究。

## 1681 甘肃省民生问题的类型、特点及解决路径

发表时间及载体：《甘肃社会科学》2011 年第 4 期

作　　者：李有发

简　　介：党的十七届五中全会指出，要把保障和改善民生作为加快转变经济发展方式的根本出发点和落脚点。甘肃省自然条件差，经济总量小，生态环境脆弱，社会事业基础薄弱，发展滞后，各种民生问题交织，叠加。从类型上看，甘肃省基础性民生问题突出，发展性民生问题普遍，福利性民生问题日益显现；从特点上看，甘肃省民生问题具有广

泛性、层次性、区域差异性和长期性等一系列特点。

## 1682 食品安全关键 CSR 议题的信息披露研究——基于食品行业上市公司网站的内容分析

发表时间及载体:《兰州商学院学报》2012年第1期

作　　者:张鲜华

简　　介:本研究对我国 A 股食品业上市公司的官方网站内容进行了分析,结果表明,该行业对关乎食品安全关键 CSR 议题的信息披露程度远未达到充分,存在着鲜见负面与安全事故应急机制信息、缺失与问题食品管理制度及供应链管理绩效相关信息等问题。文章建议:必须尽快设计符合本行业的 CSR 体系,定期披露食品安全信息,及时与各方利益相关者就问题产品召回、食品来源的可追溯性以及产品标签、广告的合规性等关键议题进行信息交流。

## 1683 跬步之积,小流之汇——也谈古汉语学习

发表时间及载体:《西北成人教育学报》2011年第1期

作　　者:达正岳 冯玉

简　　介:古汉语课是大学中文系的专业基础课,想要把它教好并不容易。本文作者根据自己的教学实践,在这方面做了有益的探索,并从思想认识、教材选择、教法创新、教师能力等方面提出了自己的看法,希望对古汉语教学有所帮助。

## 1684 如何用科学发展观引导和带动大学生健康成长

发表时间及载体:《社科纵横》2010年第10期

作　　者:尚明瑞

简　　介:青年是国家的未来,如何才能用科学发展观引导和带动大学生健康成长?首先,全面理解科学发展观的本质内涵是用科学发展观引导和带动大学生健康成长的前提基础;其次,正确把握科学发展观与青年大学生成长、成材的关系是用科学发展观引导和带动大学生健康成长的关键;最后,切实推进科学发展观"三进"工作是用科学发展观引导和带动大学生健康成长的重要举措。

## 1685 西部开发实施追赶战略应强调比较优势

发表时间及载体:《甘肃行政学院学报》2002年第2期

作　　者:刘天瑞

简　　介:西部开发应发挥本国产业优势,实施追赶战略,参与国际市场竞争。本文从分析西部开发的利弊入手,强调首先要解放思想,其次要重视人才,再次要引进资本,最后要克服不利因素。西部开发农业上的比较优势明显,商机无限,工业则要慎重发展,严防"垃圾企业"西进,应有自主的产业发展能力和科技创新体系,避免重复和走别人的老路。

## 1686 中国城市化进程中的居民家庭能源消费及碳排放研究

发表时间及载体:《中国软科学》2011年第9期

作　　者:张馨

简　　介:中国处于工业化快速发展阶段,能源消费和碳排放的增加是不可避免的。本文将居民家庭的能源消费分为直接和间接两部分,通过生活方式分析法测算了中国居民家庭的间接能源消费以及相应的碳排放量,

研究了城乡居民家庭两部分能源消费的结构和变化趋势以及相对应的碳排放。

## 1687 论三级课程管理体制中的学校课程管理

发表时间及载体:《西北师大学报:社会科学版》2004 年第 3 期

作　　者:金东海

简　　介:学校课程管理是指学校为实现基础教育培养目标而对国家课程、地方课程和校本课程进行的管理活动,基本任务是保证国家课程、地方课程和校本课程的实施。学校课程管理是学校管理的核心,取决于学校管理的自主性及教育教学活动的特殊性。构建学校课程管理体制,应建立健全学校课程的规划和决策管理系统、开发管理系统、实施管理系统、评价管理系统,并应加强制度和规章建设。

## 1688 民族社会控制系统分析

发表时间及载体:《甘肃政法学院学报》2003 年第 2 期

作　　者:赵利生

简　　介:民族社会控制是民族社会存在和发展的重要保障和前提,是一个系统的调控过程,民族社会控制主体是个体、群体、组织与国家的有机结合,而民族社会控制的对象是民族社会互动、社会结构、社会价值观念,民族社会控制的目标是民族社会秩序。它们与控制规范、控制手段共同构成了民族社会控制系统且处在不断的相互作用之中。

## 1689 浅议线条艺术的审美性

发表时间及载体:《社科纵横》2008 年第 3 期

作　　者:翟爱平

简　　介:线条作为美术造型中重要的手段之一,历来为美术大师们所钟爱。中国书法及中国绘画更赋予线条这种造型形式更深层次的表现力和生命价值。具有生命力的线条出自于艺术家们对生活长期的体验和感悟,并体现出他们的风采。这种古老而年轻的艺术形式,亦必将在现代和以后发挥它的审美功能。

## 1690 论城市党组织设置方式和党员管理模式的现代化

发表时间及载体:《西北师大学报:社会科学版》2003 年第 2 期

作　　者:谢俊春

简　　介:城市党的基层组织单位设置方式和以单位为重心上下垂直管理党员的模式,最早是适应党的地下斗争而建立起来的,在计划经济时代得到了强化,虽然曾经起到过整合中国社会的作用,但是造成的党政不分、以党代企、成本过高的弊端,影响了党的事业。随着社会主义市场经济体制的建立,我国社会结构发生了重大变化,党的基层组织单位设置方式和以单位为重心上下垂直管理党员的模式与经济组织之间的不协调越来越严重,要求党的基层组织设置方式和党员管理模式的创新。因此,必须实现党的基层组织设置方式和党员队伍管理模式的属地化,加强社区党的建设,巩固党的执政地位,推进党的现代化。

## 1691 区域教育研究的兴起和区域教育学的创建

发表时间及载体:《西北师大学报:社会科学版》2005 年第 2 期

作　　者:焦瑶光

简　　介:20 世纪的中国区域教育研究是适应经济体制改革而兴起的。20 世纪 80 年代，我国经济体制由计划经济向市场经济转轨，引发了教育体制的改革。为了使教育能适应我国不同地区政治、经济、文化等方面的发展，教育理论工作者自觉地服从和服务于区域的教育发展，以教育学、政治学、经济学、文化学等理论为基础，理论联系实际，研究教育和区域发展的关系，揭示区域教育发展的规律，经过 20 多年的理论研究和实践探索，逐步发展创立了一门新兴的边缘学科——区域教育学。

### 1692 传统道德榜样与现代道德榜样特点之比较

发表时间及载体：《社科纵横》2008 年第 6 期

作　　者：郭明霞 张江波

简　　介：在社会主义市场经济的新时代背景下，传统道德榜样的价值受到了社会的质疑。在摈除了传统道德高标准、轻人格、个人化、主观化、单向性、有限性的弱点，承启了大众化、人格化、实效性、科学化、双向性、无限性的特点后，道德榜样在当代必能体现出它的重要作用。

### 1693 论政治学研究的实证模式

发表时间及载体：《西北师大学报：社会科学版》1999 年第 3 期

作　　者：王宗礼

简　　介：政治学研究中的实证模式，实际上是近代实证主义哲学思潮在政治学领域中的反映。它试图将近代自然科学的研究方法移植到对政治现象之间的研究中来，从而建立起所谓科学的政治学。这种研究模式在 20 世纪 50 年代美国兴起的行为主义政治学中得到了系统运用。行为主义政治学打着使政治成为一门"纯科学"的旗号，坚持价值中立原则，主张用类似自然科学的方法来研究政治现象，借以发现政治现象之间的因果联系，提供对政治现象进行解释和预测的可靠知识。行为主义政治学在美国经历了短暂的辉煌之后即迅速走向衰落，但政治学研究中的实证模式并没有随之消失，相反，它在与释义模式的冲突中出现了相互渗透的趋势。

### 1694 同化或顺应：文学翻译中的认知图式过滤

发表时间及载体：《甘肃社会科学》2012 年第 3 期

作　　者：姜燕

简　　介：当译者的已有图式足以转换新信息时，其认知图式过滤为同化；当其已有图式不足以转换新信息时，需要通过图式调节补充说明相关知识，建立新图式以完成信息转换，此认知图式过滤为顺应。同化与顺应，都是文学翻译中必经的认知图式转换过程，它取决于信息转换的需要与译者翻译的需要。理清这一关系有利于译者翻译策略的把握与译文质量的控制。

### 1695 二等韵介音研究综述

发表时间及载体：《兰州大学学报：社会科学版》2001 年第 29 卷第 3 期

作　　者：张建民

简　　介：中古二等韵有无介音这个问题是近几年讨论的热门话题。本文从无介音说、介音消失说、有介音说及其何以成为可能、二等韵介音的上古来源和二等韵介音构拟的其他证据等五个方面评述了二等韵介音的研究状况。强调其研究必须与实验语音学、国外音系学的研究相结合，并加强研究的理论总结。

## 1696 "有效教学"课堂录像分析方法与工具研究

发表时间及载体:《电化教育研究》(CSSCI)2013 年第 34 卷第 1 期

作　者：郭绍青　张绒　马彦龙

简　介：为了科学、全面评价教师课堂教学情况，通过评价促进教师专业发展，文章在系统分析当前现有课堂教学评价方法与指标体系的基础上，提出适合"有效教学"课堂录像分析的混合式评价方法，即量化评价与质性评价相结合、课堂教学全貌评价与局部评价相结合的评价方法。并在借鉴国内外课堂教学录像分析工具的基础上，综合考虑混合式评价方法所涉及的因素，以模块化的思想为指导，设计开发了适合低技术水平的教学工作者使用的课堂教学录像分析软件。在课堂教学录像的评价过程中借助于该软件，对实现科学、全面、高效评价课堂教学录像起到了一定的辅助作用。

## 1697 中华农耕文化与古代文士的隐逸情趣

发表时间及载体:《西北民族大学学报：哲学社会科学版》2010 年第 1 期

作　者：卢晓河

简　介：在中国古代文学的历史长卷中，古代文士的隐逸之趣是其显著、生动的无尽主题。不管是归隐田园的隐士，还是身居庙堂的朝臣，山水田园都是他们心心向往的精神家园。究其原因，中华农耕文化是决定他们价值取向的主要缘由。农业作为古代中国主要的经济方式，影响深远。扎根于农业文化土壤上的中华农人与自然的亲和感根深蒂固。故此，中华士人无论现实中是否归隐，他们总会把田园山林当作心中最圣洁、最美好的乐土去追求。

## 1698 甘肃省人口婚姻意愿调查分析

发表时间及载体:《西北人口》2010 年第 6 期

作　者：郭志仪　杨琦玮

简　介：本文利用问卷调查数据，分析了甘肃省居民婚姻意愿现状，主要对择偶标准、期望初婚年龄、期望夫妻年龄差和期望婚居模式四个方面进行分析。

## 1699 汉简所见河西边郡"盗贼"考论

发表时间及载体:《敦煌研究》2012 年第 4 期

作　者：侯宗辉

简　介：本以防御匈奴为第一要务的汉塞戍吏却担负着"备盗贼"的治安职责，这缘于河西边塞的"盗贼"不仅包括匈奴，也有境内的叛逆者、盗窃者、贼燔者、边塞当地斗伤、贼杀人者，中原内地因犯罪而隐匿于此的亡命者，更有戍守边塞的吏卒兰越汉塞逃入匈奴者。河西边郡盗贼的活动空间广阔，分布地域广泛，复杂性、偶发性、不间断性和危害性极大是其突出特征。汉朝政府灵活调整策略，赋予戍边军吏"备盗贼"之职，凭依着汉塞整体性的军事防御构建，充分发挥汉塞既是抵御外族侵扰的最外围防线，又是汉朝境内维持社会治安的最后一道屏障的二重功用，使戍吏肩负起军事防御和境内治安管理的双重角色，有效地化解了边塞盗贼带来的国防隐患问题。

## 1700 近代中国知识分子的思想转型对早期现代化的影响

发表时间及载体:《西北师大学报：社会科学版》2002 年第 4 期

作　者：王韵秋

简　介：近代中国知识分子从传统到现代的思想转型，并未重复西欧知识分子以单纯的经济问题和奢侈的文化问题为核心的纯理性的文化批判路径，而是始终围绕着以反帝反封建为主线的救亡图存问题，以爱国的民族主义情结为依托，以政治责任感为动力来研究、探索中国的早期现代化。其现代化思想转型所历经的依附—批判—离异—回归的心理历程，影响并规定了中国早期现代化的理论建构、模式及进程。

## 1701 看严歌苓小说中的人性与情爱

发表时间及载体：《社科纵横》2011 年第 12 期

作　　者：吴玉珍

简　　介：本文对严歌苓小说中的人性与情爱进行了解读，挖掘其对人性与情爱本质的揭示。小说以独特的女性视角通过对现代社会人性的变迁及女性情感隐痛的细腻描写，体现了作家的价值取向和叙事伦理，也显示了严歌苓超越世俗的人文关怀。

## 1702 对被告人翻供案件证据认定的调查与思考

发表时间及载体：《甘肃政法学院学报》2009 年第 3 期

作　　者：郑高键

简　　介：我国刑事诉讼法将犯罪嫌疑人、被告人的口供（供述和辩解）规定为刑事诉讼的七种证据之一，但口供的特点又导致犯罪嫌疑人、被告人翻供在我国刑事审判实践中比较常见。这在一定程度上增大了司法实践中对口供及案件证据运用和认定的难度。理性分析翻供理由及认定与否理由，掌握被告人翻供案件证据认定中存在的主要问题和难点，才能有针对性地完善我国口供证据的保障制度，减少或预防翻供现象。

## 1703 甘肃地震灾区居民社会心态的调查及分析

发表时间及载体：《甘肃理论学刊》2010 年第 6 期

作　　者：徐秀玲

简　　介："5·12"大地震给甘肃省造成了重大的人员伤亡和财产损失，使受灾地区居民的心理遭受严重创伤。研究灾区居民在抗震救灾、灾后重建与社会恢复中社会心态的变化，有针对性地提出消除其消极社会心态的对策建议，对进一步搞好灾区灾后社会恢复、和谐发展具有重要意义。

## 1704 编辑应重视论文摘要的写作与规范

发表时间及载体：《西北民族大学学报：哲学社会科学版》2010 年第 6 期

作　　者：马倩

简　　介：阐述学术论文的摘要这一关键信息要素的重要作用以及在编辑过程中存在的问题，强调应当重视摘要的编辑修改加工整理规范工作。在具体编辑过程中：编辑应培养高尚的思想道德和健康的心理情感，认真修改文章，重视主题的分析，为进一步修改编辑规范好摘要做准备，逐字推敲，做到摘要内容完整、清晰、一目了然。

## 1705 管理的核心范畴——关系

发表时间及载体：《甘肃理论学刊》2004 年第 1 期

作　　者：安世民

简　　介：管理实践要求并推动着管理理论的突破与创新。从管理对象、管理职能的作用过程、管理的实质等角度考察，关系始终居于核心地位。它体现着管理对象之间的联系，与管理的本质相辅相承，是管理的核心范畴。管理过程就是建立、维持、调整和改善关系的过程。确立此认识有利于管理理论的合理与完善，有助于管理者把握与协调关系以提高管理效益。

## 1706 甘肃书院诸问题探讨

发表时间及载体：《甘肃联合大学学报：社会科学版》2006 年第 22 卷第 4 期

作　　者：黄兆宏

简　　介：书院作为我国封建社会特有的一种教育模式，从宋初至清末，存在了近千年之久。其在组织管理形式和教育制度、方法等方面，跟官立的太学、郡县的府学有所不同，它有许多显著的特点，对我国封建社会教育的发展产生过重要的影响。本文就甘肃书院的创建与发展、书院的教育管理与特点及著名的书院——兰山书院等问题试做初步的探讨。

## 1707 水资源短缺或将制约甘肃新能源产业中后期发展

发表时间及载体：《甘肃理论学刊》2012 年第 3 期

作　　者：朱占荣

简　　介：基于国际视野下水资源与新能源开发的密切关系，根据甘肃新能源开发实际，审时度势地考察了甘肃新能源产业中后期发展中与水资源的关系，提出创造性地开展水资源的优化配置，将是甘肃加快新能源开发、转变经济发展方式和促进自然与社会和谐稳定的迫切需要。

## 1708 我国居民消费行为的实证研究——基于包括隐性收入的城乡居民收入的分析

发表时间及载体：《创新》2010 年第 3 期

作　　者：曹子坚

简　　介：在全球经济普遍降温的背景下，稳定强健的内需是保持我国经济持续发展的关键性力量，而现期我国居民的生活却呈现出高储蓄、低消费的态势，消费严重滞后于投资的快速增长。与城镇居民相比，农村居民的消费行为具有明显的滞后性，这种滞后是由于农村社保体系的不完善引起的。提高城乡居民消费能力的关键是打破城乡二元结构。

## 1709 我国城乡居民收入差距测度指标述评

发表时间及载体：《兰州商学院学报》2009 年第 25 卷第 5 期

作　　者：聂华林 钱力

简　　介：近年来，国内学者提出了许多测度城乡居民收入差距的指标。在这些方法和指标中，一部分是由收入分配理论推导出来的，另一部分则是从相关学科例如统计学、物理学、福利经济学等引入和发展出来的。这些指标用来测算我国城乡居民收入差距存在一些缺陷，测算的结果并不能准确地反映实际情况。本文在对现有指标进行述评的基础上，介绍了某些指标调整和改进的方法，以期提高其适用性和科学性。

## 1710 宁夏地区农村中小学教师现代远程教育资源应用能力调查研究

发表时间及载体：《电化教育研究》（CSSCI）2010 年第 5 期

作　　者：梁丽 吴长城

简　　介：随着农村中小学现代远程教育工程建设的不断推进，教师的资源应用能力对农村中小学现代远程教育质量和效益的影响越来越突出。为此，我们对宁夏地区农村中小学教师的现代远程教育资源应用能力现状进行了调查，在调查分析的基础上，提出了提高农村中小学教师现代远程教育资源应用能力的具体措施。

## 1711 论近代戏曲批评观念的嬗变轨迹

发表时间及载体：《西北师大学报：社会科学版》2007 年第 6 期

作　　者：李占鹏

简　　介：近代戏曲批评是中国戏曲批评史上的一个重要阶段，它不仅比较全面地继承了中国古代戏曲学的进步思想和科学方法，而且以迥异于往昔的崭新视角观照、阐释中国传统戏曲，既对中国古代戏曲学的论述、著录进行了肯綮评价与充分总结，又对近现代戏曲学的启动、构建给予了积极思考与主动尝试，还自觉将中国传统戏曲置于亲身感受过的世界戏剧文化氛围，为现当代戏曲批评的发展壮大开辟了无与伦比的广阔道路。

## 1712 对我国职业足球市场失灵的经济学分析

发表时间及载体：《兰州商学院学报》2004 年第 20 卷第 3 期

作　　者：王岩

简　　介：目前，我国职业足球市场的发展遇到了许多问题，其中最突出的问题就是市场失灵，即我国职业足球市场在资源配置的效率方面出了问题，这同时亦表明我国职业足球市场的市场运行机制出了问题。而这一切都是由我国职业足球市场产权不清晰所造成的。由于产权不清晰，经营主体丧失了从市场本身追逐利润的动机，转而追逐因市场产生的外部利益，故要消除我国职业足球市场失灵，首要的任务是消除产生外部性的各种原因。

## 1713 平民视角下的感动——李开杰儿童文学创作论

发表时间及载体：《当代文坛》2006 年第 4 期

作　　者：李利芳

简　　介：四川儿童文学作家李开杰 20 世纪 90 年代以来在少年小说领域默默耕耘。深切的人文关怀与童年生命体验是他创作的主体内容，质朴的平民视角与此相辅相成。

## 1714 论多媒体技术与视觉传达设计教学的创新性发展

发表时间及载体：《电化教育研究》（CSSCI）2009 年第 4 期

作　　者：袁恩培 严富华 魏琼

简　　介：随着计算机与网络技术的不断发展，视觉传达设计的艺术表现方式也得到了史无前例的多元化发展，这使得视觉传达设计者们有了更多样的艺术表现载体，设计作品也因科技而拓宽了实践空间。其中，多媒体技术作为现代艺术设计视觉范畴的传播媒介，其应用在视觉传达设计教学环节中，有着对艺术符号语言进行重要的信息传递和沟通的作用，在设计教学的内容、模式、方法等方面也有不容忽视的客观影响。据此，本文对视觉传达设计教学在创新性发展过程中多媒体技术应用与视觉传达设计教育理论吻合，视觉传达设计教育主体的人文素质和技术素质协调统一，以及视觉传达设计教学方法的现代与传统的衔接统一进行了理性思考与分析。

## 1715 西北民族地区城市发展研究

发表时间及载体：《西北民族研究》（CSSCI）2002 年第 4 期

作　　者：刘晖

简　　介：本文通过对西北民族地区城市发

展的进程、动力、现状及制约条件的全面分析，认为西北民族地区城市的发展应采取"一个中心，两个重点"的战略，建设生态城和文化城，完善城镇体系的等级规模，建立城乡经济融合的中介层次，充分发挥城镇体系的综合功能，带动民族地区经济起飞。

## 1716 产业集群外部性的产权问题探析

发表时间及载体：《特区经济》2008年第9期

作　　者：苏华 石玉军

简　　介：本文将立足于集群经济的外部性进行考察，运用产权理论的内生交易费用和外生交易费用理论对其进行分析和初步研究探讨。产权清晰性或是模糊性的设定和安排的本质是一个费用问题，由于内生交易费用与外生交易费用的两难冲突，只有内生费用和外生费用的总和最小时，才是有效率的。最后，提出了产业集群的发展在清晰产权和模糊产权这两种制度安排的选择问题。

## 1717 埃及社会运动中的机会结构、水平网络与架构共鸣

发表时间及载体：《社会学研究》2011年第6期

作　　者：曾向红

简　　介：本文源于一个令人困惑的问题：埃及2005年与2011年发生的两次致力于推翻穆巴拉克政府的大规模社会运动——"受够了"运动与"一·二五"运动——为什么会带来不同的政治效应？本文以社会运动理论视角的分析发现，这两次社会运动在面临的政治机会结构、动员的水平网络方面没有明显区别，它们之间的差异主要体现在运动架构产生的共鸣程度不同。这种差异进而影响到动员能力，最终产生了不同的政治后果。

## 1718 甘肃省高校R＆D资源定量研究

发表时间及载体：《兰州商学院学报》2005年第21卷第3期

作　　者：王晶

简　　介：R&D资源的数量及其结构是衡量一个国家或地区科技竞争力的核心指标，本文基于1995—2000年甘肃省普通高等学校R&D资源清查暨科技统计年报资料，对全省高校R&D资源（即投入）的数量与构成、R&D活动的产出情况进行统计分析，为进一步加快全省高校R&D活动的开展提出对策建议。

## 1719 境外直接投资与发展中国家产业结构升级研究

发表时间及载体：《宏观经济研究》（CSSCI）2007年第8期

作　　者：郭志仪

简　　介：一国经济的增长不仅取决于资本、技术、劳动等生产要素投入的质量及使用效率，而且还取决于其产业结构对各种生产要素的配置和组合效率。"产业结构是诸产业按照社会再生产的投入产出关系有机结合起来的一种经济系统，这一系统在对外界的能量互换中，不断地改善着自身的状态。"（周振华，1996）在现代开放经济条件下，资本等生产要素的跨国流动趋势日益强化。

## 1720 人民主体性对中国社会发展价值体系的决定和选择研究

发表时间及载体：《社科纵横》2009年第1期

作　　者：张宝森

简　　介：人民主体性对中国社会发展价值

体系的决定和选择研究，是当代中国马克思主义所面临的重大现实问题，它既是一个理论问题又是一个实践问题。本文在主客体关系模式下揭示了人民主体性的具体内涵及表现，指出当前中国人民主体性的类本质要求是最广大人民的根本利益。本文以主客体关系的研究范式为线索，从当代中国社会人们的伦理关系、利益关系、法权关系，去论述人民主体性对当前中国社会发展的价值体系的决定和选择，从而揭示马克思主义这种具有人类普世价值观念体系的价值观，是中国社会主义核心价值体系的主体性的主导力量，以及新的历史时期中国马克思主义中国化构建的社会主义核心价值体系的丰富和发展。

## 1721 《西北经济史》序

发表时间及载体：《西北师大学报：社会科学版》1998 年第 2 期

作　　者：杨建新

简　　介：西北经济史是一个很大的、难写的而又具有现实意义的题目。《西北经济史》一书从西北经济的发展、经济结构、自然环境在经济发展中的作用、地理因素和民族关系等几个大方面，总结了西北经济发展的历史经验与教训，是对地方史研究的一项重要贡献。

## 1722 试论甘肃穆斯林家庭的人际关系

发表时间及载体：《西北民族研究》（CSSCI）2006 年第 4 期

作　　者：文化

简　　介：本文通过家庭内人际关系、家庭角色模式及亲属网络构成的社会资源三个视角，对甘肃穆斯林家庭的人际关系进行了初步的探析。甘肃穆斯林家庭的人际关系是在

以个体农业经济或畜牧业经济为基础、以家庭为生活和生产单位的自足自给农牧经济，本民族固有的文化与伊斯兰文化、汉文化的文化整合体制约与影响下形成的，体现了以伊斯兰伦理观念与"孝"为核心的家庭伦理观念，与小农经济和父权家庭相适应的"主从型"和谐共生的家庭关系。

## 1723 甘肃农业保险经营模式探讨

发表时间及载体：《社科纵横》2010 年第 7 期

作　　者：刘佳伟

简　　介：本文以农业保险的经济学理论为基础，比较了国内外农业保险经营模式的经验启示，针对甘肃农业保险发展的现状，对如何构建符合甘肃省省情的农业保险经营模式进行了探讨。

## 1724 陈云肯定西路军的历史原委及史实依据

发表时间及载体：《甘肃社会科学》2003 年第 5 期

作　　者：冯亚光

简　　介：陈云三次同李先念谈西路军问题，对西路军充分肯定。其原因和依据是：1. 陈云作为共产国际的代表，曾负责联系援助西路军武器弹药的事；2. 西路军是根据中央打通国际路线的决定而组织的；3. 西路军的失败不是因为张国焘路线，主要是因为对民族情绪，对马家军估计不足。

## 1725 释解天道——老子、孔子前的天道思想

发表时间及载体：《甘肃理论学刊》2006 年第 3 期

作　　者：成兆文

简　　介：本文通过对先秦典籍的梳理，勾

勒出老子和孔子前的天道思想发展的大致轮廓，对天道的不同境遇进行了考察和分析。笔者认为，自从实现了"绝地天通"的神权垄断后，天道始终与王权纠缠在一起，论天道之动因在于给王权一个新支点，给现实一个新秩序。对应着天的含义在自然与神灵之间的迂回，天道问题存在于树权威与反权威的张力之中。由于王权对人边界的封闭，每次王朝的更迭，王权的倾斜，都预示着天道思想发展的可能。

## 1726 作为身体实践的社会记忆——读《社会如何记忆》

发表时间及载体:《西北民族研究》（CSSCI）2010 年第 1 期

作　　者：马红艳

简　　介："身体实践"是保罗·康纳顿在《社会如何记忆》这本书中提出的重要概念。社会记忆（social memory）是社会学和人类学讨论集体记忆如何保持问题时的一个专有名词。既然存在一种叫社会记忆或集体记忆的东西，那么我们通常就会认为，"社会记忆"是人们对"过去"的记忆。

## 1727 张掖大佛寺及其佛教文物

发表时间及载体:《敦煌研究》2003 年第 5 期

作　　者：董彦文

简　　介：本文介绍了张掖大佛寺的历史、建筑及所藏佛教文物，分析了大佛寺与历代皇室的关系及其文物的重要历史价值。

## 1728 传统"心物论"的理论建树及其践行意义

发表时间及载体:《西北师大学报：社会科学版》2008 年第 2 期

作　　者：任遂虎

简　　介：传统"心物论"认为，"物"是情的诱发体及媒介体，居于基础的、优先的地位；而"心"是美感兴会以至艺术创作的中调器，按美的规律将物象加以裁剪、选择。艺术境界的生成与艺术作品的提炼，在心与物的主客互渗中完成。这种互渗理论，有利于说明审美活动的生理化育目的、心理愉悦目的及社会协调目的。传统的心物论具有指导创作践行的功能，体现在扩大认识广度、加强体验深度、提高取象灵度、获得表现力度等几个方面。它可启发现代艺术超越高技术背景下"虚拟空间"的局限，起到补偏救弊的作用。

## 1729 层次分析法在兰州经济结构评价中的应用

发表时间及载体:《西北师大学报：社会科学版》2001 年第 2 期

作　　者：刘军 姚军

简　　介：城市经济结构是城市的基础性结构。从国民经济全局出发，运用层次分析法对兰州经济结构进行评价分析，以科学的方法阐释城市经济结构差异的特征及其原因，对于促进兰州经济发展具有一定意义。

## 1730 基于决策者视角的统计改革建议改进方略

发表时间及载体:《甘肃理论学刊》2011 年第 4 期

作　　者：林勇

简　　介：探索改革或创新的理论研究及工作研究成果，不少以管理对策、政策建议、创新思路或改革方案等形式出现，可合称为"改革建议"。提出有影响力的改革建议的过程，本身就是建议者的自我管理控制过程。文章以政府统计为例，探讨如何让改革建议跟上改革需要，并分析了部分建议的五个缺陷及相应的九个改进方略。

## 1731 政府职能社会化的法制保障

发表时间及载体：《甘肃政法学院学报》2005 年第 3 期

作　　者：杨红

简　　介：政府职能的社会化是转变政府职能、解决官僚行政内在不足的根本出路。这一改革需要有宏观的法律制度，也必将引起政府行为方式的变化，而监督与救济机制的完善是各方主体法律权益得以实现的保障。

## 1732 邓小平的辩证治国方法

发表时间及载体：《兰州学刊》1997 年 5 月

作　　者：武文军

简　　介：邓小平参与领导了我国民主革命并取得了胜利，又领导了我国社会主义革命和建设事业，特别是他亲自设计和领导了我国改革开放的伟大事业。在邓小平从事领导工作的过程中，他对重大国际国内事务的处理，总是坚持唯物辩证法，他的治国方法就是辩证唯物主义和历史唯物主义的方法。

## 1733 甘肃馆藏佛教造像调查与研究（之一）

发表时间及载体：《敦煌研究》2012 年第 4 期

作　　者：文静

简　　介：甘肃省博物馆所藏佛教造像较多，时代从十六国至明清时期均有，多由甘肃省各地出土，系统地整理与研究尚未开展，部分精品造像不断被各种图录发表。从目前所发表的资料来看，对于其年代、真伪等方面的判断存在一些问题。本文选择十六国铜造像、西魏大统二年（536 年）造像塔、"太平真君二年"款铜菩萨像及出自麦积山石窟的泥塑造像等几件年代稍早的作品，结合其他资料对其年代及特点、来源等做必要的补充说明及辨识。

## 1734 确定民事证明标准的一般法理——基于当事人诉讼平等的思考

发表时间及载体：《西北师大学报：社会科学版》2010 年第 4 期

作　　者：杜睿哲

简　　介：在对抗制诉讼机制下，由一个中立的裁判者做出裁决时，证明责任及证明标准对诉讼结果将产生关键性影响。当事人诉讼平等是对抗制诉讼机制实现司法公正的理论前提，也应成为确定民事证明标准的法理基础。当事人诉讼能力平等是确定证明标准的前提，风险平等是确定证明标准的底线。合理的证明标准应使诉讼风险、错误裁判概率、错误裁判的潜在损失及成本在当事人之间平等分配。一般而言，低要求的证明标准较高要求的证明标准更有利于实现当事人诉讼平等。

## 1735 论我国图书馆立法的必要性与现实意义

发表时间及载体：《甘肃政法学院学报》2004 年第 4 期

作　　者：魏虎

简　　介：随着计算机信息网络的飞速发展，图书馆服务范围发生质的变化，传统的规章制度管理已难以适应图书馆自身的发展和市场经济的需要，图书馆立法成为时代趋势。立足我国图书馆现状和存在的问题，图书馆立法亟需进行，其必要性毋庸置疑。健全的图书馆立法对我国图书馆事业的发展将起到积极的推进作用。

## 1736 地球的孩子，自然的诗——邱易东儿童诗创作论

发表时间及载体：《当代文坛》2007 年第 4 期

作　　者：李利芳

简　　介：四川的邱易东从 20 世纪 80 年代以来致力于儿童诗的创作，在"童年与诗"的内在关联上用作品做出了自己的诠释。

## 1737 关于高校廉政建设的思考及对策研究

发表时间及载体：《社科纵横》2008 年第 8 期

作　　者：王基

简　　介：高等学校廉政建设，引起社会的普遍关注，在充分肯定高校反腐倡廉工作取得成绩的同时，还要清醒地看到当前高校廉政建设中存在的不足和问题。在健全制度、规范管理、加强监督、常抓不懈的同时，加强对高校领导干部的清正廉洁教育很有必要。

## 1738 大学生信息素养现状分析

发表时间及载体：《电化教育研究》（CSSCI）2011 年第 8 期

作　　者：常正霞

简　　介：信息素养是信息时代社会成员的必备素质，也是大学生毕业以后生存与发展不可缺少的基本能力。在信息技术高速发展的今天，具备一定的信息素养，成为信息社会对人才最基本的要求。本研究通过问卷调查的方式，以来自甘肃省内高校的 690 名大学生为样本展开实证研究，调查了当前阶段大学生信息素养的现状，并进行了相关的分析。在此基础上，进一步提出一些有针对性的建议，力求提升大学生的信息素养，并为提升大学生的培养质量提供一定的参考。

## 1739 从全祖望与杭郡赵氏两世交谊看其盛世"遗民"心态

发表时间及载体：《西北师大学报：社会科学版》2012 年第 6 期

作　　者：王小恒

简　　介：在清初遗民时代结束后，由于文化的惯性和特殊的家族环境氛围等多重因素的影响，遗民的心魂精神并未立即终止，而是以特殊的方式和载体在清中期得以延续和留存。全祖望以其特有的性格特征和治学个性，与杭郡赵氏家族建立了深厚的情谊。杭郡赵氏与明清鼎革之际举家以赴国难的山阴祁氏家族有姻亲关系，其小山堂藏书事业寄托着延续遗民心魂精神的深意。全祖望与赵氏两世交谊和对小山堂藏书事业内涵的深刻领会，在其《鲒埼亭集》中有着鲜明的体现。从另一角度言之，全祖望与杭郡赵氏兄弟父子的交谊本身，也体现了其本人在所谓盛世的"遗民"心态。同时，全祖望作为此期浙派的主要成员，赵氏小山堂作为接纳卜层寒士的重要平台，二者交谊体现出了特定的内涵，适足以成为考察这一时期浙派文化价值和人格特征的典型个案。

## 1740 韦伯论资本主义的动力机制

发表时间及载体：《甘肃理论学刊》2004 年第 6 期

作　　者：黄少华 尹小俊

简　　介：本文简要勾勒了韦伯对近代资本主义动力机制的社会学分析，澄清了国内学界对韦伯理论的若干误解，讨论了韦伯对资本主义动力机制的社会学分析的价值与局限。

## 1741 论抵押权次序的让与

发表时间及载体：《甘肃行政学院学报》2002 年第 2 期

作　　者：高晓春

简　　介：抵押权担保是实践中常见的一种防范债权风险、保障交易安全的债权担保方式。在运用过程中，它表现出了较大的灵活性和复杂的多变性。抵押权次序的让与即为抵押权担保中发生的一种特殊现象，对它的研究将对我国抵押权制度的完善起到积极的促进作用。

## 1742 西部农村中小学教师教育技术能力培训研究

发表时间及载体：《电化教育研究》（CSSCI）2009 年第 11 期

作　　者：李建珍

简　　介：农村中小学现代远程教育工程的实施，极大地推进了西部农村中小学的教育信息化，但我国西部地区地域辽阔，民族众多，不同地域、民族，因其地理、历史、语言等方面的原因，教育的差异性较大。教育技术如何适应西部不同地域和传统文化，并与当前正在实施的基础教育课程改革、素质教育相结合，本文从教师教育技术能力培训的角度进行了探讨。

## 1743 河西走廊历史时期气候干湿状况变迁考略

发表时间及载体：《西北师范大学学报：自然科学版》（CAS）1996 年第 4 期

作　　者：李并成

简　　介：检索整理了河西走廊史载以来的气候旱涝资料，采用湿润指数公式进行处理分析，探讨了该地区历史上气候干湿状况变迁的概貌。

## 1744 文化建设的困境与出路

发表时间及载体：《甘肃理论学刊》2005 年第 5 期

作　　者：邓海弟 刘晓玲

简　　介：文化建设是一项复杂的系统工程。在实践中，文化建设存在许多问题和困难，主要是文化虚无、文化缩水、文化破坏和短期行为、价值混乱、无所作为等问题。

这些问题使文化建设面临困境。文化建设要走出困境，根本的出路在于正视现实，正视危机，坚定指导思想，明确根本原则，探索科学方法，走出有中国特色的文化建设之路。

## 1745 政府职能的社会化及其保障机制研究

发表时间及载体：《兰州大学学报：社会科学版》2005 年第 33 卷第 3 期

作　　者：杨红

简　　介：《全面推进依法行政实施纲要》的出台，吹响了中国行政改革的号角，政府职能的转变将成为行政改革的重心。在充分肯定政府职能社会化的同时，我们必须要看到这一转变所面临的障碍和改革的风险，只有健全保障机制，才是根本所在。

## 1746 略论巴尔蒂斯和弗洛伊德及其作品

发表时间及载体：《西北师大学报：社会科学版》1999 年第 5 期

作　　者：张玉泉

简　　介：巴尔蒂斯和弗洛伊德是当今具象画派领域里独具风格的大家。他们将传统和现代巧妙地结合，创造出从内容到形式都表达 20 世纪人文精神的作品。学习他们的绘画艺术，首先应看到其作品形式后面的精神内涵，而不仅是吸取其表面技巧。

## 1747 论教师个体知识观及其对教师知识管理的启示

发表时间及载体：《电化教育研究》（CSSCI）2005 年第 11 期

作　　者：周福盛 王嘉毅

简　　介：教师个人所具有的知识不仅包括显性的理论性知识，也包括隐性的实践性知识。教师知识是个体性知识，其特点有整体性、实践性、建构性、动态性等。教师知识观的转变，对教师知识管理的目的、内容、方法等都有诸多启示。

## 1748 城市下岗、失业妇女非正规就业浅论

发表时间及载体：《甘肃理论学刊》2004 年第 5 期

作　　者：孙娟玲

简　　介：20 世纪 80 年代以来，我国城市出现了一种新的就业模式，即非正规就业部门的非正规就业。本文在界定非正规部门和非正规就业内涵的基础上，论述了目前我国城市下岗、失业妇女非正规就业中存在的主要问题，并提出了相关的对策建议。

## 1749 归义军时期敦煌县诸乡置废申论

发表时间及载体：《敦煌研究》2000 年第 3 期

作　　者：冯培红

简　　介：归义军政权建立伊始，即恢复敦煌等十乡，取消悬泉、寿昌、从化三乡，新建赤心乡，形成十一乡建制，持续到张承奉时代。曹氏归义军初期，沿袭十一乡建制规模。到 10 世纪 30 年代，归义军势力趋于鼎盛，建立通颊乡。但退浑是否设乡？尚缺乏直接材料。到曹元忠时期，则又废省通颊、玉关二乡，成十乡建制，直到归义军政权覆灭。

## 1750 敦煌"相扑"之管见

发表时间及载体：《敦煌研究》2004 年第 1 期

作　　者：郝招

简　　介：敦煌壁画中的"相扑"画面和敦煌文献中的"相扑"一词所展示的意义，是源于中国古代的一种用来欣赏和娱乐的乐舞表演形式，它与现代日本流行的相扑运动在性质意义等方面有一定的区别。

## 1751 内在统一与继承创新

发表时间及载体：《甘肃理论学刊》2009 年第 6 期

作　　者：何继龄

简　　介：马克思主义的生命力在于其实践性，它必须随着时代、实践和科学的发展而不断充实新的理论内容，必须适时地变换自己存在的理论形态，以各具特色的、具体的、历史的形式而存在。马克思主义基本原理同中国具体实际相结合产生的两大理论成果——毛泽东思想和中国特色社会主义理论体系，它们之间既存在着内在统一性，又存在着一定区别，表现为继承性发展与创新性发展。

## 1752 我国分税制财政体制与乡镇负债

发表时间及载体：《甘肃理论学刊》2004 年第 4 期

作　　者：刘金玲 张秀英

简　　介：巨额乡镇负债已直接危及我国基层政权的运转和社会安定，也影响了政府的形象。造成乡镇负债产生并急剧膨胀的原因很多，其中，改革不完善的分税制财政体制是造成乡镇负债的重要体制原因。

## 1753 加快甘肃非公有制经济发展必须实现思路的创新

发表时间及载体：《甘肃理论学刊》2007 年第 4 期

作　　者：赵羽翔

简　　介：甘肃作为西部重要的不发达省份，非公有制经济发展严重滞后。在现有的环境和条件下加快其发展的关键是必须从甘肃的实际出发，创新发展的思路。

## 1754 重读 20 世纪 50 年代小说经典

发表时间及载体:《兰州大学学报: 社会科学版》2001 年第 29 卷第 6 期

作　　者: 赵学勇 杨小兰

简　　介: 本文力图对 20 世纪 50 年代的经典小说做出新的解释和评价: 一方面是大多数作品文化精神的变异和审美意识的迷失, 另一方面是少量作品的边缘化姿态及个性坚守。作家们以鲜明的时代特色完成了对历史现状的认知与理解, 在同一文学背景下传达出不同的声音。

## 1755 我国城市化水平与区域经济增长差异实证研究

发表时间及载体:《城市问题》(CSSCI) 2012 年第 4 期

作　　者: 韩燕 聂华林

简　　介: 国家社科基金重大项目 (04-ZD018)。基于 1989—2009 年省级面板数据设定了协整模型, 分析了我国城市化水平与区域经济增长的长期关系。结果显示, 我国城市化水平与区域经济增长之间存在显著的正相关性。

## 1756 20 世纪早中期甘肃石窟的考察与研究综述

发表时间及载体:《敦煌学辑刊》2005 年第 1 期

作　　者: 魏文斌

简　　介: 甘肃石窟的发现与考察始于 1900 年敦煌藏经洞的发现, 之后不久甘肃其他重要的石窟, 如著名的麦积山、炳灵寺、南北石窟寺以及河西中小型石窟等众多石窟也先后被发现, 并且由于其价值的重要性, 引起了学界的高度重视。本文即对甘肃省境内除敦煌石窟以外的其他石窟在 20 世纪早中期的考察与研究做一简要的总结, 因为这一时期的工作很多都具有开拓性的意义, 许多新材料不断被公布, 成为我们现在及将来研究的十分重要的参考资料。

## 1757 当代大学生非制度性政治参与的行为特征及原因分析

发表时间及载体:《甘肃联合大学学报: 社会科学版》2008 年第 24 卷第 2 期

作　　者: 张建荣 李宏伟

简　　介: 随着我国改革开放的深化, 民主进程的不断推进, 要求大学生群体具有较高的政治参与意识和有效的行为投入。大学生非制度性参与属于大学生政治参与中的"非常态", 对于国家的稳定和社会发展有诸多消极影响, 对此问题进行分析和研究, 有助于我们更加全面地对当代大学生政治参与的现状及存在的问题进行理解和把握。

## 1758 中国的改革和社会主义的命运

发表时间及载体:《甘肃行政学院学报》2002 年第 2 期

作　　者: 张衍鲁

简　　介: 苏东的剧变使人们更关注中国的改革与社会主义在中国的命运, 社会主义必须改革, 改革的社会主义方向将使社会主义更具有生命力。

## 1759 洮岷"花儿"的戏谑事象与戏谑理论探讨

发表时间及载体:《西北民族研究》(CSSCI) 2002 年第 4 期

作　　者: 范剑

简　　介: 洮岷花儿以古朴的民歌样式和丰富的民俗文化的完美结合而显示其独特个性。花儿会是洮岷人民盛大的狂欢节日。田野资料进一步说明, "狂欢"是洮岷花儿的一般性格, 戏谑事象在民间生活中的广泛存在是这一性格的重要内容。对戏谑理论的探讨和建构是基于实地的田野材料。这些初步的理论也许对认识现实的民间文艺和文化现象中的戏谑事象会有一些借鉴意义。

## 1760 从美国公司监控制度看我国公司法

发表时间及载体：《甘肃行政学院学报》2002 年第 1 期

作　　者：魏浩征 高雁

简　　介：公司监事制度是现代公司法律制度中重要的监督手段。在我国，这一制度自 1992 年恢复以来发展很快，但是存在问题不少。本文选择美国现代的公司监控制度与我国的制度进行比较，以作为我国公司法制完善和入关之际进一步建立现代企业制度的参考。

## 1761 论当前我国国民收入的两次分配现状和政策建议

发表时间及载体：《甘肃理论学刊》2011 年第 1 期

作　　者：李含琳

简　　介：本文根据十七届五中全会《中共中央关于制定国民经济和社会发展第十二个五年规划的建议》的精神，全面分析了当前我国国民收入的初次分配和再分配领域的现状和存在的问题，笔者认为，要实现社会公平发展，不仅要改革分配制度，而且要考虑解决好资源公平、就业公平、劳动公平和消费公平等影响社会公平发展的其他关键性要素。

## 1762 多媒体网络环境下的教师角色定位

发表时间及载体：《电化教育研究》（CSSCI）2012 年第 4 期

作　　者：刘丽平

简　　介：随着 Internet 网络的出现，网络与多媒体相结合实现了网络信息传输的多媒体化。在教育领域中，由于多媒体网络技术能将语音、文本、图像及视频等多种媒体综合在一起，直接刺激人的多种感官，并且还能以超文本、超链接方式组织各种学科知识，提供一种新的教学模式。这种教学模式区别于传统的以"教"为中心的教学模式，它强调在教学过程中学生处于中心位置，教师围绕着学生的"学"而服务。对教师的角色需重新定位。

## 1763 政治制度的有效性与政府责任

发表时间及载体：《经济社会体制比较》（CSSCI）2009 年第 3 期

作　　者：霍春龙 包国宪

简　　介：本文受国家自然科学基金项目"中国地方政府绩效评价的组织模式及其管理研究"（70673031）以及兰州大学人文社会科学学科建设基金项目"政府治理的制度有效性研究"（LZUGH08008）的资助。新制度理论试图证明如下观点：在当前政治背景下，促进政治制度的有效性是政府的主要责任之一。政治制度有效性的实质是政治制度与其相关人之间的契合关系。

## 1764 我国高等教育管理法律规范体系的内容及完善

发表时间及载体：《行政与法》2012 年第 12 期

作　　者：党存红 许佩宁

简　　介：我国高等教育管理法律规范体系主要指《中华人民共和国教育法》《中华人民共和国高等教育法》等法律法规中调整高校与学生之间关系所涉及的高校的法律地位、高校的主要权利和义务、学生的主要权利和义务、学生权利的救济等方面内容的法律规范的总和。本文通过解读并分析其主要内容，探讨了我国高等教育管理法律规范体系在内容和形式方面的立法缺陷，提出了相应的完善对策，以期有利于保障高校依法治校。

### 1765 西北师范大学敦煌学教学史（一）

发表时间及载体：《丝绸之路》2012 年第 18 期

作　　者：刘再聪

简　　介：本文主要记述了 20 世纪前五六十年西北师范大学敦煌学教学情况。重点对陈垣、黄文弼、阎文儒、金宝祥、金少英、陈守忠、李鼎文、吕斯百、洪毅然、常书鸿等敦煌学大家的教学经历做了初步梳理。

### 1766 关于中国高等学校社会科学学报编排规范的一点看法

发表时间及载体：《兰州大学学报：社会科学版》2001 年第 29 卷第 1 期

作　　者：师迎祥 李向辉

简　　介：针对中国高等学校社会科学学报编排规范存在的一些问题，从汉语书写习惯、社会科学的特殊性以及尊重受众等三个方面，提出了一点看法。

### 1767 浅谈网络犯罪的防范对策

发表时间及载体：《社科纵横》2008 年第 2 期

作　　者：雷中坚

简　　介：近年来，随着网络信息技术的普及，网络犯罪案件的数量迅猛增加，犯罪案件的智能化水平也有较大提高，对社会带来的危害程度也在加大。与传统犯罪相比，网络犯罪具有智能化、多样化、隐蔽化、危害严重化等显著特点，这些都给公安机关侦破

案件带来很多困难。显然，网络犯罪一旦发生，公安机关的侦破成本是较高的。因此，在加大打击犯罪的同时，应最大限度地调动一切有利因素，采取有效措施积极预防，减少犯罪的发生。

### 1768 甘肃省农村剩余劳动力转移问题探析

发表时间及载体：《西北人口》2009 年第 4 期

作　　者：杨志龙

简　　介：农村剩余劳动力转移是解决"三农"问题的重要措施，也是实现社会主义新农村建设的主要途径。甘肃省由于经济发展落后，农村剩余劳动力转移问题更为突出。

### 1769 语文课程标准的理想境界

发表时间及载体：《西北师大学报：社会科学版》2003 年第 2 期

作　　者：靳健

简　　介："语文"应该叫"中文""华语"，或者恢复"国文""国语"的名称，这样既符合国际惯例，符合中国语文的特点，而且也体现了中文、华语课程应有的法律地位。中国语文课程标准的理念、目的和要求应当体现世界课程改革的发展趋势，体现中国语文课程的个性特点，追求真、善、美的理想境界，即追求最优化结构、多元性文明与创造性人格相融合的理想境界。

### 1770 关于麦积山石窟第 74、78 窟的建造年代

发表时间及载体：《敦煌研究》（CSSCI）2003 年第 6 期

作　　者：八木春生 何红岩

简　　介：本文通过对麦积山第 74、78 窟

装饰纹样及造像衣饰等方面的考察与云冈、莫高窟、河西金塔寺等石窟的对比研究，认为第74、78窟开凿于文成帝复法后的470年左右。

## 1771 少数人权利保障机制问题研究

发表时间及载体：《甘肃行政学院学报》2009年第2期

作　　者：岳海涌

简　　介：少数人作为人权主体的一分子，理应享有人之为人的基本权利。为了增进社会公平，促进社会稳定，使社会主义社会更加健康有序地运行，为和谐社会创造稳定的社会环境，使整个社会呈现和谐相处、生机活力的局面，我们必须切实解决少数人权利问题。保障少数人权利对构建和谐社会和多元文化具有重要的政治和社会意义。在我国，对少数人权利的保障必须以科学发展观为指导，以人为本，构建少数人权利的保障体系，采取综合手段和通过多种途径解决少数人权利的保障问题，发挥其机制作用。

## 1772 胡风与《文心雕龙》

发表时间及载体：《社科纵横》2008年第8期

作　　者：徐宏勋

简　　介：胡风文论与《文心雕龙》都受到传统整体思维的影响和制约，具体体现为创作论上的"天人合一"，作家论上的"内圣外王"和文艺本体论与功用论上的"体用合一"。本文旨在厘清二者之间既有差异又存在相同之处的复杂关系，证明现代文论与传统文论之间割舍不断的历史连续性。

## 1773 清凤雏音——浅议周恩来与中国共产主义青年团旅欧支部

发表时间及载体：《甘肃高师学报》2012年第1期

作　　者：张海亮

简　　介：本文介绍了周恩来赴法勤工俭学、逐渐信仰马克思主义的经过，中国共产主义青年团旅欧支部的创立，重点介绍了周恩来在中国共产主义青年团旅欧支部创立和发展过程中的作用与贡献。

## 1774 甘肃省临夏州小学心理健康教育策略探悉

发表时间及载体：《社科纵横》2010年第3期

作　　者：李兰芳 康静

简　　介：针对甘肃省临夏州小学儿童心理健康状况及小学心理健康教育的地区特点，提出一系列有效推进该地区小学心理健康教育工作的策略。文章认为，对于开展该地区小学心理健康教育工作而言，转变观念是首要前提，师资培训是必要条件，明确目标和内容是重要依据，选择方法和途径是有力保证，利用专业人员和民族宗教人士的作用是快速推进工作的突破口，重视个别教育是重要原则。

## 1775 基于世界文化遗产价值的世界文化遗产地的管理与监测

发表时间及载体：《敦煌研究》2008年第6期

作　　者：樊锦诗

简　　介：本文以敦煌莫高窟为例，围绕莫高窟遗产价值，重点阐述管理和监测在保护中的重要性，论述了莫高窟遗产管理方面的主要内容，系统阐述以环境、文物本体、安全防范、游客调查等为主要内容的莫高窟监测体系。莫高窟的管理和监测，对真实、全面地保存并延续莫高窟的历史信息和全部价值具有重要的作用。

## 1776 现代教育与国家安全

发表时间及载体：《西北师大学报：社会科学版》2003 年第 5 期

作　　者：蔡宝来

简　　介：世界正在走向科技革命主导下的全球一体化时代，我国在已经入世和全球化的时代背景下，国家安全问题日益凸显。文章阐述了全球化背景下的新国家安全观和我国国家安全的新形势，分析了现代教育与国家安全的关系，论证了教育在维护国家安全中的强大功能，认为教育是一项国家安全事业，并提出了国家安全战略中的教育对策。

## 1777 阿特巴赫发展中国家高水平大学建设思想及其中国意义

发表时间及载体：《西北师大学报：社会科学版》2012 年第 2 期

作　　者：王茜

简　　介：如何建成高水平大学并与世界学术系统对接，是发展中国家高等教育发展和促进综合国力提升的关键问题。美国学者、国际知名的比较高等教育学家菲利普·阿特巴赫有关发展中国家高水平大学建设的思想主要包括：基于多样化院校系统的创建来重点选择和发展高水平大学是全球化背景下发展中国家亟需解决的高等教育问题；正视历史与尊重本国现实和教育发展规律，在借鉴发达国家先进经验的同时致力于本土化创新与改造是发展中国家高水平大学建设的基本途径；研究经费不足、市场商业主义影响、学术自由受限以及学术腐败蔓延是当前阻碍发展中国家建设高水平大学的不利因素；通过提供稳定的政策支持、持续的财政保障，并在构建全职教师群体、保障其学术自由、确保其学术职业发展的前景和稳定性、消除学术腐败以及培育以竞争和科研生产率为特征的学术文化等方面做系统的筹划和安排是发展中国家高水平大学建设的基本策略。

## 1778 甘肃能源资源保护的法律问题研究

发表时间及载体：《开发研究》2011 年第 3 期

作　　者：柴晓宇

简　　介：甘肃在能源资源开发利用及保护方面存在供需矛盾日趋突出、能源消费结构及能源品种消费不尽合理、能源利用效率较低等问题。有效保护甘肃能源资源，应当理顺能源管理体系、完善地方性法规、加大制度供给，从而为甘肃经济社会发展提供可持续的能源保障。

## 1779 社会责任报告影响因素研究

发表时间及载体：《甘肃高师学报》2012 年第 5 期

作　　者：张鹏

简　　介：社会责任会计源于西方资本主义国家，却契合了我国以人为本、构建和谐社会的基本理念和战略意图。构建和谐社会是整个社会共同的任务。作为社会和经济重要组成部分的企业，不管属于什么性质、什么类别，都要通过履行自己的社会责任，为和谐社会建设做出应有的努力。改革开放以来，我国的企业取得很大的发展，为市场繁荣、经济增长和人民生活显著改善做出了巨大贡献，并通过税收等形式履行着社会责任。但同时，我们也看到，一些企业无视社会责任的行为造成了企业与员工之间、企业与消费者之间、企业与自然环境之间的不和谐，为我们构建和谐社会设置了障碍。正如联合国劳工署官员在 2004 年 4 月底参加中国国内论坛时所指出的：企业社会责任问题，对内将影响中国企业的可持续发展，对外将决定国际竞争力的高低。

## 1780 企业内部环境审计定义研究

发表时间及载体：《审计与经济研究》（CSSCI）2005年第20卷第6期

作　　者：杨肃昌

简　　介：本文分析了企业内部环境审计的目标、主体、对象、依据以及本质等内部环境审计定义的构成要素，并在此基础上提出了企业内部环境审计的定义。

## 1781 新形势下优化中国化马克思主义传播的媒介路径探究

发表时间及载体：《理论导刊》2012年第5期

作　　者：王学俭

简　　介：媒介通过构建社会话语体系，搭建公共舆论平台，塑造主导文化传播的共享意义等方式，不断使中国化马克思主义转化为社会个体的认知理念和价值共识，是中国化马克思主义传播的重要途径。

## 1782 伊斯兰银行业公司治理：理论与实践

发表时间及载体：《国际金融研究》（CSSCI）2011年第1期

作　　者：田中禾 马小军 张程

简　　介：伊斯兰银行业公司治理由于其自身不同的经营特点而与传统银行业治理存在较大的差异，其治理结构、代理关系较为复杂，成为英美、德日模式之外较具代表性的一种模式。

## 1783 从《楚辞·天问》与《圣经·约伯记》的比较中所想到的

发表时间及载体：《贵州社会科学》（CSSCI）1996年第2期

作　　者：韩高年

简　　介：《楚辞·天问》和屈原的其他作品相比，无论是从思想内容，还是从语言形式、构思方法方面看，都具有很大的差异，简单地说，《天问》所表现的，是诗人对他生活的时代所积淀下来的宇宙观、价值观及社会伦理、道德信念的彻底的反思和回顾。当然，这一伴随着痛苦的精神历程，是以作者坎坷的人生经历和丰富的情感世界为背景而展开的。这在屈原的其他作品里是较为少见的。从实质上讲，这也是春秋战国时代极具伦理色彩的思辨精神在文学中的体现。在《天问》里，理性的思索是与人生信念追求以及个人情感的抒发紧紧联系着的。其次，《天问》在构思上采取了"借天之问、以问为答"的特殊方式。这一特殊方式所蕴含的，实际上是屈原在个人理想惨遭破灭后寻求精神解脱的心理走向。在其作品不断地被传播、被阐释的过程之中，这一心理走向被升华了，屈原的个人悲剧也一跃而成为具有类同体验的文化典型。同时，这种以诘问谋篇的方式和忧愤感伤的基调，也哺育和影响了后代作家与文学。

## 1784 论"审美日常生活化"的"归来"意识

发表时间及载体：《甘肃联合大学学报：社会科学版》2009年第25卷第1期

作　　者：金生翠 蒋艳丽

简　　介：审美的话题愈来愈多，而"审美的日常生活化"作为一种审美现象重出江湖，既是时代的必然，也是当今学科领域扩容越界，寻求生活中真美的一种体现。但是，我们不能把它等同于现实生活中的普通人们的生活水平、消费水平，也不能视之为广大劳动人民的审美观。只有在这个前提下，或许才能寻求到真正意义的属于劳苦大众的生活中的美，以及他们对日常生活的审美。

## 1785 儿童教育电视节目制作之我见

发表时间及载体:《电化教育研究》(CSSCI)
2006 年第 11 期

作　　者：郑绍婷

简　　介：儿童教育电视节目会从不同的方面去影响儿童的知识结构和认知技能以及儿童日后的健康发展。对儿童教育电视节目的制作要坚持适度差异原则，根据儿童的认知特点，充分考虑学与玩的辩证关系，坚持寓教于乐的原则，创作和编制符合儿童认知水平的电视节目。

## 1786 论中西方文化差异及英语交际语言的得体性

发表时间及载体:《社科纵横》2010 年第 9 期

作　　者：刘娟 魏玉文

简　　介：言语得体是说话的根本原则，能否成功地用英语进行人际交流在很大程度上取决于说话者在表达过程中所使用的语言的得体性。本文首先论述了在用英语进行交际时，什么是言语得体，并分析了在英语学习中，造成英语口语表达不得体的原因。其次论述了如何使用得体的英语进行交际，并强调了培养跨文化交际能力是英语学习中必不可少的一环。最后指明在英语学习当中要注意英汉两种文化因素的差异性，了解语言学习和文化学习的关系，了解西方文化和中国文化的关系，从而使我们能够灵活自如地运用地道、得体的英语进行交际，提高跨文化交际能力，达到最佳的交际效果。

## 1787 甘肃省旅游产业中的市场成长问题研究

发表时间及载体:《甘肃联合大学学报：社会科学版》2006 年第 22 卷第 3 期

作　　者：彭睿娟

简　　介：本文在分析旅游市场成长路径的

一般规律的基础上，用定量和定性的分析方法，研究了甘肃省旅游市场成长的路径，指出甘肃省旅游市场的形成经历了四个阶段，认为资源开发程度低，促销手段落后是导致甘肃旅游市场发展缓慢的主要原因。因此甘肃旅游业的发展在遵循旅游市场成长、发展规律的前提下，必须针对自身不足采取有效措施促进甘肃旅游业的健康、持续发展。

## 1788 略论驰名商标的淡化

发表时间及载体:《甘肃行政学院学报》
2002 年第 4 期

作　　者：肖芳

简　　介：本文论述了淡化驰名商标的表现形式及危害，以及驰名商标淡化行为的构成要件，探讨了驰名商标的反淡化措施。

## 1789 今本《文子》的形成与流变

发表时间及载体:《中华文史论丛》2005 年第 80 期

作　　者：赵逵夫 葛刚岩

简　　介：《汉书·艺文志》云："《文子》九篇。老子弟子，与孔子并时，而称周平王问，似依托者也。"《隋书·经籍志》云："《文子》十二卷。文子，老子弟子。"此后，关于文子一书的著录多沿袭《隋书》的说法，记为十二卷或十二篇。

## 1790 西部特色文化产业集群发展战略研究

发表时间及载体:《兰州大学学报》2012 年第 5 期

作　　者：李俊霞

简　　介：本文立足西部的文化资源的现状，从实际出发，利用自身的文化优势，对西部文化资源的合理开发利用，促进西部地区的经济社会发展将产生一定的积极作用。西部产业基础薄弱，经济发展水平低，文化资源分散，发展模式单一等，没有形成具有规模效应和比较优势的特色文化产业集群，积极探索西部文化产业集群发展模式，充分发挥文化产业对西部经济社会的推动作用。

## 1791 马铃薯产业开发的价值链分析——以甘肃定西马铃薯为例

发表时间及载体：《开发研究》2011 年第 6 期

作　　者：吕萍

简　　介：甘肃定西是全国马铃薯三大主产区之一，被国内外专家一致认为是"全国乃至全世界范围内最好的马铃薯产区之一"，也是甘肃省农业经济发展的重要特色产业之一。基于此，本文选取具有代表性的定西地区为例，以调研所获的第一手资料为基础，对以马铃薯开发加工为核心的价值链进行分析，探寻马铃薯产业开发价值链运转过程中存在的不足之处，并提出延伸、优化定西马铃薯价值链相应的应对措施，从而带动甘肃乃至全国马铃薯产业的发展。

## 1792 西北地区生态环境建设的法律需求

发表时间及载体：《兰州大学学报：社会科学版》2004 年第 32 卷第 1 期

作　　者：汪振江宋志萍

简　　介：世界落后地区开发实践表明，法律制度提供了经济发展和生态重建的保证。多年来，生态环境法制建设有力地促进了西北地区的生态环境治理和重建，使生态环境趋于稳定。但生态环境脆弱的状态依然没有改变，呈现局部好转、整体恶化的趋势。通过考察表明，现行相关法律制度存在一定的滞后性和明显不足，进行法律制度创新是我们的必然选择。而相关法律制度创新的主要方面是注重运用经济手段，改变法律靠市场、环境靠政府的生态环境治理原则，建立排污权交易制度，转化政府的行政强制性治理模式，完善环境侵权的民事责任，建立生态效益补偿机制和加强执法监督。

## 1793 重话 20 世纪"红色经典"

发表时间及载体：《小说评论》（CSSCI）2003 年第 5 期

作　　者：赵学勇 梁颖 杨伦

简　　介：在现代中国文学的历史发展中，曾经深深影响中国人文化心理结构并且仍在继续发生精神效应的红色经典文本，成为众多学人近年来一直纷说不休的一个话题。

## 1794 当今市场竞争的核心——营销

发表时间及载体：《甘肃行政学院学报》2001 年第 2 期

作　　者：郭全中 傅晨

简　　介：在当今竞争日益激烈的市场中，营销观念对于一个企业来说至关重要。本文通过对几种竞争观念的比较和详细讨论，得出了当今市场竞争的核心是营销这一结论。

## 1795 《英藏敦煌社会历史文献释录》（第一卷）评介

发表时间及载体：《敦煌研究》2002 年第 1 期

作　　者：胡同庆

简　　介：这是由郝春文先生特地为学术界各学科一般研究者而策划、编著的一套极有价值的敦煌文献资料丛书之一。

## 1796 网络环境中西部地区情报信息资源建设

发表时间及载体：《甘肃行政学院学报》2005 年第 2 期

作　者：徐双定

简　介：在国家实施西部大开发战略，经济建设重点西移的形势下，西部地区各个情报机构应抓住机遇，迎接挑战，搞好信息资源建设工作，充分利用自身所搜集的情报资源特点和优势，积极为西部经济建设服务。

## 1797 论新世纪的知识经济与教育改革

发表时间及载体：《甘肃社会科学》2002 年第 6 期

作　者：支建强

简　介：面对汹涌而来的知识经济大潮，如何有效地发挥人的主观能动性、积极性、创造性，加强培养适应知识经济的人才，适应现代科技高速发展的人才已成为我国教育改革的一个重要课题。

## 1798 中国西部地区农村制度变迁特征分析

发表时间及载体：《西北师大学报：社会科学版》2000 年第 3 期

作　者：平惠敏

简　介：改革开放以来，西部农村制度变迁具有以下特征：一、西部农村蕴藏着巨大的制度变迁的能量，在农地制度改革中走在全国前列。因此，1979—1984 年间，在农村居民收入高速增长的同时，农村居民区域差异基本没有变化。二、西部农村制度变迁主要是通过两种方式实现的。一是以政府为主体的供给主导型制度变迁，二是需求主导型制度变迁。这两种方式都没能为西部农村制度创新提供更多机遇，致使东西部经济差距扩大。三、改革过程中，西部农村与东部相比表现出明显的制度资源短缺。这乃是西部农村贫困落后的真正根源。四、随着改革的深化，西部农村初级行为主体日趋活跃。初级行为主体将成为今后西部农村制度创新、改变家乡贫穷落后面貌的生力军。

## 1799 试论信息技术与数学教学论课程的整合

发表时间及载体：《电化教育研究》（CSSCI）2004 年第 4 期

作　者：傅敏

简　介：数学教学论课程是师范院校培养数学教师的核心课程。目前该课程应用信息技术的水平很低。创建良好的环境条件，转变观念，以信息技术为主线重组数学教学论课程，构建网络支持的学习环境，实现信息技术与数学教学论课程的整合，是信息社会与当前基础教育改革的共同要求。

## 1800 我国企业债券市场的波动特征及 SMP 范式的发展机制分析

发表时间及载体：《兰州学刊》2011 年第 3 期

作　者：姬新龙 陈芳平 杨世峰

简　介：文章采用 GARCH 族模型对我国上证企债指数的波动性特征进行了实证分析。结果表明企债市场中收益对风险的敏感度不强，说明企业债券市场是较好规避风险的投、融资场所，为我国大力发展企业债券市场，平滑金融系统风险提供了客观的理论依据。在此基础上，文章分析了 SMP 范式的企业债券市场发展机制，阐述了完善投资者结构、规范市场发展模式、实现市场绩效的对策建议。

## 1801 《文心雕龙·丽辞》读解

发表时间及载体：《中南民族大学学报：人文社会科学版》（CSSCI）2014 年第 3 期

作　　者：韩高年

简　　介：《文心雕龙·丽辞》是现存最早的骈文专论，刘勰在此文中探讨了骈文的起源、骈文文体的本质特征，并通过对骈文创作经验的总结树立了后世骈文的评价标准与批评模式。这标志着骈文在齐梁时期的文体自觉。

## 1802 用社会主义核心价值体系引领网络文化发展

发表时间及载体：《高校理论战线》2012 年第 5 期

作　　者：苏星鸿

简　　介：用社会主义核心价值体系引领网络文化发展是建设社会主义文化强国的时代课题。用社会主义核心价值体系引领网络文化必须使其内化为网民的自觉信仰，外化为网民的自觉行动。为此，在引领中要突出问题意识，体现引领的针对性，坚持正确导向，确保引领的科学性，建立长效机制，提高引领的整合力。

## 1803 新农村建设与深化农村金融体制改革——在首届甘肃金融论坛上的演讲

发表时间及载体：《甘肃金融》2006 年第 6 期

作　　者：高新才

简　　介：建设社会主义新农村是推进农业现代化的强大动力，是实现国民经济平稳较快发展的重要支撑，是构建社会主义和谐社会的必然要求，是全面建设小康社会的根本举措。建设社会主义新农村是我国经济社会发展过程中一项革命性的结构变革，是一个涉及改革和发展的综合性课题。体制改革和机制创新是扎实推进社会主义新农村建设的根本动力，包括城乡二元结构体制改革、农村土地流转机制改革、农村综合配套改革、农村金融体制改革等众多方面。其中，深化农村金融体制改革建立为推进农业现代化、提高农业综合生产能力与效益、增加农民收入提供长期稳定的投入保障机制，是建设社会主义新农村的重要内容。

## 1804 秦二世十二岁即位说

发表时间及载体：《西北师大学报：社会科学版》2005 年第 6 期

作　　者：李宝通

简　　介：秦二世即位之年龄，学界多谓二十一岁，然考之史实则似不符。《史记》引《秦记》原作十二岁即位；少子即幼子说不易推倒；胡亥缺乏起码的政治和生活常识，是非不分，甚至难辨鹿马；胡亥无淫乱记载，也未曾留下后代；胡亥童趣未泯，思路幼稚。诸多迹象表明，秦二世十二岁即位说应可成立。

## 1805 资源型企业产业转型的三个视角

发表时间及载体：《甘肃理论学刊》2006 年第 6 期

作　　者：杨子平

简　　介：本文从政府、企业家和职工三个角度分析了资源型企业在资源枯竭后产业转型所面对的问题，重点剖析了国家和各级政府应该承担的责任，强调了企业家的重要性，提出资源型企业产业转型要发挥职工的积极性和创造性。

## 1806 刑事和解理念的确立与检察权的配置

发表时间及载体：《甘肃政法学院学报》

2009 年第 4 期

作　　者：王宏璎

简　　介：传统的以监禁刑为中心的刑罚观念越来越多地被质疑，在对"无害的正义"追求过程中，刑事和解有着其独有的功效。在刑事和解制度构建中必然引起现有权力结构的重建，文章将从刑事和解的理论基础入手，通过刑事和解在检察机关使用现状的阐述，认为刑事和解是我国本土的产物，在我国有着深厚的文化基础，现今有权在诉讼过程中主持和解以及对诉讼外和解效力有权确认的机关是人民检察院。

### 1807 《逸周书》的异名与编辑

发表时间及载体：《西北师大学报：社会科学版》2001 年第 5 期

作　　者：罗家湘

简　　介：《逸周书》的异名《周志》《周书》《汲冢周书》在文献中被著录、引用的时间不同，说明《周志》是《逸周书》的底本，编成于春秋早期；《周书》编成于战国早期；《汲冢周书》编成于东晋时期。今本《逸周书》保留了《汲冢周书》的面貌。

### 1808 从民族关系视域论中华文化

发表时间及载体：《西北民族大学学报：哲学社会科学版》（CSSCI）2011 年第 4 期

作　　者：杨建新

简　　介：从民族关系的角度出发，中华文化既指中华各民族（包括历史上的各民族）丰富多彩、各具特色传统的和现代的文化，也指由中华各民族共同创建、普遍认同和共同享用的价值观体系。

### 1809 先周历史与《牛郎织女》传说的起源的校理、作者诸问题

发表时间及载体：《陇东学院学报》2008 年

第 1 期

作　　者：赵逵夫

简　　介：《牛郎织女》的两主人公分别来自周人和秦人的祖先，是我国从史前直至近代农业经济社会中男耕女织家庭的集中反映。牛女传说具有突出的反封建性，反映了广大劳动人民对幸福生活的不懈追求和对爱情的无限忠贞。《山海经·海内经》《山海经·大荒西经》《山海经·大荒北经》都有周祖叔均突出贡献的记载，《诗经》《史记·周本纪》中更有祭祀周田祖和先周历史的详细描述。周祖叔均发明了牛耕，是周民族历史上杰出的首领，也成了周民族的田祖。甘肃庆阳地区属于古代文献中所说的豳地的范围之中，是周人的发祥地和早期活动地区。《诗经·小雅》中的《甫田》《大田》是周人祭祀田祖叔均的诗篇，表现了周人对远古先祖的缅怀与崇敬。叔均应名"均"，"叔"是辈分的排序，不是周祖的长子，应有哥哥，这与牵牛（牛郎）有哥哥的情节相合。分析民国时期不同地区流传的六个主要采录本，再结合古代诗、词、赋、小说和戏曲来看，牛女故事也是最早流传于北方，应产生于西北。

### 1810 中国共产党 90 年与中国特色社会主义道路的开拓

发表时间及载体：《社科纵横》2011 年第 8 期

作　　者：刘务勇

简　　介：中国共产党成立以来，适应民族独立和国家繁荣富强的历史要求，在中国特色革命道路基础上，以毛泽东、邓小平、江泽民为核心的三代中央领导集体和胡锦涛为总书记的新的中央领导集体不断探索、发展而形成的中国特色社会主义道路，是中华民族繁荣富强之路，是实现社会主义现代化的

必由之路。

## 1811 试论影响中美关系转折的"苏越"因素

发表时间及载体：《青海师范大学学报：哲学社会科学版》2002 年第 4 期

作　　者：党庆兰

简　　介：20 世纪 70 年代末，中美两个对抗了 20 多年的大国实现了关系正常化。中美关系能在 20 世纪 70 年代实现根本性的转折，主要是因为苏联的崛起和扩张对美国的世界战略、中国的安全及世界和平构成了威胁。

## 1812 马克思主义中国化中的新与旧

发表时间及载体：《甘肃理论学刊》2011 年第 5 期

作　　者：李国红

简　　介：一般说来人们习惯上把马克思主义中国化的最新成果之新了解和想象为如市场上流行商品的新，是时髦、时兴的新，由这种了解，因为是最新故值得关注，也因为是最新，所以不值得尊重，因为很快会过时故。这就迫使我们思考一个问题：马克思主义中国化最新成果的经典性何在？这种最新成果凭什么值得我们思考和尊重？要回答这两个问题，我认为应回到马克思主义中国化本身，从它的马克思主义性着眼在理论上给予回答和解释。

## 1813 网络媒体对青少年道德素质的影响分析

发表时间及载体：《电化教育研究》（CSSCI）2008 年第 3 期

作　　者：贾志斌

简　　介：网络媒体作为"第四媒体"相比传统媒体具有互动性、开放性等优势，同时它也具有发布者身份及发布内容真实性难以界定等劣势，对青少年的成长和道德素质的形成具有很大的影响。本文系统全面地分析了网络媒体对青少年道德素质的正面影响和负面影响。

## 1814 敦煌愿文中的同素异序双音词

发表时间及载体：《敦煌研究》2007 年第 3 期

作　　者：敏春芳

简　　介：本文通过对"同素异序"双音词表意特征的训释，展现了敦煌愿文部分双音词的构成方式、表意特点及其对汉语词汇发展的影响。

## 1815 "本土建构"与中国教育学的"回乡"之路

发表时间及载体：《西北师大学报：社会科学版》2011 年第 3 期

作　　者：许可峰

简　　介："本土建构"概念的提出，反映了全球化时代中国教育学本土主义的发展困境和生存之道。这一概念能够比较清晰、准确、全面地概括出大多数教育学本土主义者既强调国家民族文化认同，又积极面对文化全球化的基本主张。在中国教育学的本土建构方面，鲁迅先生的小说《故乡》，能够给予我们许多有益的启迪。从某种意义上来说，中国教育学的"本土建构"之路，就是一种"回乡"之路。

## 1816 读者服务与育人为本——谈现刊阅览室管理

发表时间及载体：《社科纵横》2008 年第 4 期

作　　者：赵雯

简　　介：结合高校图书馆现刊阅览室的现

状特点，从五个方面阐述了馆员在读者服务工作中坚持育人为本的意义和重要性，并结合工作实践提出坚持育人为本、做好读者服务工作的一些想法。

## 1817 论网络文化环境下教学主客体关系的新趋向

发表时间及载体：《电化教育研究》（CSSCI）2009 年第 6 期

作　　者：金志远 陈婷

简　　介：随着互联网建设的蓬勃发展，网络文化环境成为当前开展教学活动的新的时代境遇。对于网络文化环境下教学中的主客体关系目前还没有统一的认识。因此，系统梳理和评析以往关于教学主客体关系的各类观点，分析和把握网络文化环境下教学主客体关系的变化和新趋向，对于认识和变革教学活动中教与学关系，尤其是对网络时代背景下教学理论与实践的改革与发展具有重要的价值。通过对网络文化环境的深入剖析，得出文化多元性、目的性、生成性和民主平等性是教学主客体关系在网络文化环境下的新变化。

## 1818 中、希史诗吟诵比较——以《诗经》史诗与《荷马史诗》为例

发表时间及载体：《中南民族大学学报：人文社会科学版》（CSSCI）2012 年第 32 卷第 4 期

作　　者：韩高年

简　　介：中国上古时期和古希腊都存在着史诗吟诵的制度和风俗，也有专门从事史诗吟诵的"诗人"和史诗演述的场所，并且二者在一定时段上均与图画密切相关。然而，因为中国古代历史意识和史官制度的早熟，从而使史诗吟诵者和史诗演述活动不同于古希腊而成为一种政治舆论和族群认同的方式，史诗的功能也不同于古希腊的重娱乐而偏向于政治化的实用功能，这种不同最终导致中国上古时期史诗具有为祭祀服务、文本简要、看图唱诵等形态特征。

## 1819 敦煌藏经洞封闭原因再探

发表时间及载体：《中国史研究》（CSSCI）2006 年第 3 期

作　　者：沙武田

简　　介：封闭藏经洞的外层壁画，即莫高窟第 16 窟千佛变所反映的是末法思想。辽代有 1052 年"末法住世"思潮，敦煌曹氏与辽有交往，发展到曹宗寿、曹贤顺初期二地更是关系密切，因此辽代的末法思潮便传到敦煌，与敦煌原有的末法思想相结合，在敦煌的佛教界产生了巨大的影响，于是敦煌佛教教团便采取了以绘画表示"末法度人"的千佛变、藏经洞"存经以备法灭"等一系列活动为代表的措施，表达了对末法的恐慌与"佛法即将灭尽"的忧虑。藏经洞可能封闭于曹贤顺初期（1014—1020 年）或稍后。

## 1820 从敦煌佛教歌辞看唐宋诗歌创作思想的转变

发表时间及载体：《兰州学刊》2011 年第 11 期

作　　者：王志鹏

简　　介：唐宋两代诗歌的繁荣呈现出两种风格迥异的特性和面貌。一般把宋代诗歌的议论化、散文化的创作倾向归于科举策试制度。从敦煌佛教歌辞来看，创作主旨十分明确，宗教宣传特征也很突出，其创作思想与唐宋间诗歌主理尚意的文学思想表现出很大的一致性。佛教为了广泛宣扬宗教思想，创作了大量佛教文学作品，同时十分注重对我国民间文学体式的吸收运用。而大量的佛教文学创作实践，一方面对民间文学作品有较

大的提升和改造，同时反过来对我国传统文学理论及文学创作也有较大的启发和影响。研究唐宋文学思想的转变，应当重视佛教和民间通俗文学作品的影响。

## 1821 西和乞巧歌辞探析

发表时间及载体：《社科纵横》2011 年第 9 期

作　　者：张银

简　　介：甘肃省西和县是中国的"乞巧文化之乡"之一，其原生态的民俗娱乐形式，尤其七天八夜的载歌载舞在全国独一无二。西和乞巧不但仪式完整而原始，而且乞巧歌辞丰富而繁多。西和的乞巧歌辞能反映出汉魏以来的七夕风俗中农耕意识、女红内容、男耕女织等特殊的文化底蕴，这对研究明清以来的七夕和乞巧风俗意义很重要。

## 1822 基于 ESDA 的区域经济空间差异分析——以兰新铁路辐射带为例

发表时间及载体：《经济地理》（CSSCI）2011 年第 31 卷第 7 期

作　　者：白永平

简　　介：以兰新铁路为辐射轴，以 100km 为辐射半径所形成的辐射范围内的县级行政单元为研究对象，选取 10 项经济指标，综合运用 SPSS、GeoDA 和 ARCGIS9.2，对于兰新铁路辐射带经济空间差异进行分析发现：经济实力在全区平均水平之下的占多数，相似区域在空间上呈集聚趋势，按照经济实力得分，把县级行政单元分为经济发达地区、经济较发达地区、经济中等地区、经济欠发达地区、经济不发达地区，从数量上看，县级行政单元经济发展等级基本呈现"金字塔型"，经济发展存在不均衡现象，经济实力在东南—西北方向呈现明显的"U"形，在西南向东北、东向西、北向南方向上都呈现递减趋势，但变化不明显，经济实力的热点区在乌鲁木齐市和兰州市，盲点区在兰新铁路辐射带甘肃段的东南部。最后，从自然地理条件、区位因素、发展战略、区域相互作用等方面分析了区域差异的原因。

## 1823 甘肃放马滩"秦简"中的养生与体育符号

发表时间及载体：《敦煌研究》2005 年第 6 期

作　　者：李重申

简　　介：本文通过对甘肃天水放马滩出土的"秦简"《日书》中有关史前养生符号所表达的象征意义和先民所创造的禹步特征、意义、价值等做了具体深入的分析和探究，从而为研究秦代社会的传统养生与体育提供了新的理论思考。

## 1824 钗符·艾虎·艾花——宋代端午簪饰论析

发表时间及载体：《甘肃联合大学学报：社会科学版》2008 年第 24 卷第 4 期

作　　者：张晓红

简　　介：我国的传统节日在宋代进入全面发展和繁荣时期，端午节也是如此。仅就端午饰品而言，就极其丰富，门类众多，有门饰，有佩饰，有臂饰，还有簪饰。其中簪饰主要有钗符、艾虎和艾花。它们名称不同。特点各异。这些簪饰也为后代的端午佩饰做出了示范。

## 1825 甘肃省未来人口发展的趋势预测

发表时间及载体：《西北人口》2004 年第 5 期

作　　者：郭志仪

简　　介：本文基于甘肃省第五次人口普查资料，运用相关人口预测软件，对甘肃省到

21 世纪中叶止的人口发展趋势进行了预测，对甘肃省人口总量及年龄构成等方面的变动状况进行了简要分析。

## 1826 我国工业的地区专业化程度

发表时间及载体：《经济管理》（CSSCI）2007 年第 15 期

作　　者：郭志仪

简　　介：地区专业化是区域经济学的重点研究领域。本文利用 24 个主要的两位数工业行业数据，根据克鲁格曼专业化指数对 1994—2005 年我国 31 个省区市工业专业化程度及其变化趋势进行实证分析。结果发现，我国工业的地区专业化程度普遍提高，但各地区专业化发展不均衡。结合区位商和绝对份额指标，本文进一步明确了各地区专业化工业行业，并对其分布特征进行了总结分析。

## 1827 构建高绩效知识型团队的策略

发表时间及载体：《中国软科学》（CSSCI）2010 年第 4 期

作　　者：包国宪 修卿善

简　　介：国家自然科学基金项目（70673031）。构建高绩效知识型团队是一种组织创新、制度创新和管理创新，其基础和前提在于厘清团队建设的相关问题，明晰团队建设的逻辑思路。本文重点分析了高绩效知识型团队及其成员的特点。

## 1828 新时期中国经济体制改革的突破口——观点评述与理性选择

发表时间及载体：《甘肃高师学报》2007 年第 12 卷第 2 期

作　　者：曹子坚

简　　介：在改革处于胶着状态的情况下，对下一步改革重点和突破口的选择，是影响改革进程和决定改革效果的一个非常关键性的问题。本文简单介绍和评价了国内学术界对这一问题的认识，论证了必须把收入分配体制改革作为目前阶段改革突破口的依据，并提出了相应的对策措施。

## 1829 地域认同度对核心人才流失影响的差异性研究

发表时间及载体：《开发研究》2012 年第 5 期

作　　者：邵建平

简　　介：前期相关的研究表明：欠发达地区地域认同度高低对核心人才流失有影响，其统计意义的消减误差比例达到 0.6，在核心人才流失的影响因素中排在第一位。在此基础上，我们认为地域认同度对核心人才流失的影响在一些因素上存在差异性。因此，本文首先运用社会统计学工具分析出性别、年龄、籍贯、职称及工作性质五个因素对核心人才流失与地域认同度相关关系的影响程度最高的是籍贯和年龄因素。在容忍误差的原则下，具体对年龄及籍贯两个因素进行差异性研究并分析了差异性存在的原因。

## 1830 马克思的级差地租理论与我国当前土地的合理利用

发表时间及载体：《兰州学刊》1983 年 3 月

作　　者：武文军

简　　介：马克思的级差地租理论主要"考察资本投入农业而产生的生产关系和交换关系"。然而，抛开资本主义地租所反映的特定社会形式，就土地级差会产生不同劳动生产率这一原理来说，对分析社会主义的农业劳动生产率和土地的使用都是适用的。本文就马克思揭示的有关级差地租的一般原理在各社会农业中普遍适应性问题进行探讨，并依据马克思的论述，对我国当前土地利用中的一些问题初步做些分析。

## 1831 西方管理理论演变与人力资源发展

发表时间及载体：《甘肃行政学院学报》2003 年第 1 期

作　　者：陈斌

简　　介：本文主要论述了物本管理理论与人力资源的萌芽，人本管理理论与人力资源的产生，以及能本管理理论与人力资源的发展。

## 1832 农村劳动力转移与新农村建设：统筹发展中的问题与建议——基于甘肃农村的调查

发表时间及载体：《西北人口》2010 年第 5 期

作　　者：杨肃昌

简　　介：本文分析了劳动力转移对新农村建设的综合影响以及农村劳动力资源培育的现实情况，认为在农村劳动力向非农产业和城镇转移这个不可逆转的趋势下，必须确保农业和农村经济发展对劳动力资源的供给。

## 1833 加拿大的经济发展与资源开发——兼论加拿大资源开发对我国西部开发的启示

发表时间及载体：《兰州大学学报：社会科学版》（CSSCI）1996 年第 2 期

作　　者：郭志仪

简　　介：本文论述了加拿大经济发展的主要特点和资源开发在加拿大经济发展中的特殊作用，以及加拿大资源开发对我国西部开发的启示。

## 1834 论数学对中西文化发展的影响

发表时间及载体：《西北师大学报：社会科学版》1999 年第 2 期

作　　者：张维忠

简　　介：中西数学发展的差异导致了中西不同的自然观。自然的"数学化"给西方文明带来了先进的科学技术和发达的生产力，但也给西方文化带来许多负面效应。而中国的文化传统不受"数学化"的限制，对于西方文化摆脱当前的精神危机具有重要意义。

## 1835 论宋代词学的"清空"

发表时间及载体：《西北师大学报：社会科学版》2004 年第 3 期

作　　者：郭锋

简　　介："清空"是宋代词学发展的一个趋向，表现为词在创作上由运用才学到化用才学为"清空"，词在理论上由无意为词到建立法度，然后再超越这些浅易的法度而走向"清空"。宋代词学实际上存在两种"清空"：一是苏轼突破法度行云流水式的"清空"，二是姜夔的那种蕴含着一定法度的"清空"。江湖词派所尊崇的姜夔式的"清空"，与吴文英的"质实"在词法上有疏密之分，但不存在整体风格上的矛盾，二者前后相继，取长补短，共同承载着骚雅的审美理想。

## 1836 旅行商问题（TSP）的模拟退火求解

发表时间及载体:《上海交通大学学报》（EI、CAS、CSCD）1995 年第 S1 期

作　　者：田澎

简　　介：提出了循环排序中 6 种不同的随机抽样方式，对旅行商问题（TSP）的模拟退火求解进行了进一步深入研究。理论分析证明，6 种抽样方式均满足模拟退火算法的全局收敛性条件。

## 1837 商贸流通与产业融合耦动——以临夏州为例

发表时间及载体：《西北民族研究》（CSSCI）

2012 年第 4 期

作　　者：苏芳

简　　介：主导产业的刺激和带动，是经济持续发展的动力，为商贸流通业的发展提供了较好的基础和平台。本文通过阐述产业培育与商贸流通业发展之间的关系，引入"区位熵"和"区位基尼系数"，分析了临夏州清真食品加工、民族用品加工、无公害蔬菜种植和旅游业这四种主导产业的区位分布。在此基础上，对清真食品和民族用品消费量做了预测，结果表明在四个主导产业中，民族用品加工产业的 Gc 值最大，无公害蔬菜种植的 Gc 值最小，预测到 2015 年全州清真食品的年消费量将突破 25.17 亿元，民族用品的年消费量将突破 7.24 亿元。这对促进临夏州发展地方主导产业、发展商贸流通业，具有一定的政策指导意义。

## 1838 论西部民族地区环境资源型产业扶贫模式的创建——以甘南藏族自治州为例

发表时间及载体：《西北民族大学学报：哲学社会科学版》2010 年第 3 期

作　　者：贡保草

简　　介：产业扶贫是新阶段扶贫开发"一主两翼"的主要内容，是西部民族地区贫困山区农民增收脱贫的重要途径。分析研究甘南藏族自治州发展资源环境产业的优势和相对成熟的模式，探讨西部民族地区环境资源产业的发展战略，对创建西部民族地区环境资源型产业扶贫模式具有重大现实意义。

## 1839 检察机关参与证券民事诉讼之必需性、可行性初探

发表时间及载体：《甘肃行政学院学报》2003 年第 4 期

作　　者：何文杰 龚志军

简　　介：本文从证券民事诉讼的重要性和特殊性入手，提出了解决证券民事诉讼司法实践所面临的尴尬局面的途径。即从检察机关参与证券民事诉讼的必要性、检察机关参与证券民事诉讼的可行性和检察机关参与证券民事诉讼的重要意义几个方面进行探讨，得出由检察机关参与证券民事诉讼不失为一个走出目前证券民事诉讼司法实践困境的方案的结论。

## 1840 高校跨文化管理中的协同与融合

发表时间及载体：《西北师大学报：社会科学版》2007 年第 6 期

作　　者：董光前

简　　介：高校在贯彻国际化办学理念和实施国际化管理过程中会遇到诸多的文化冲突问题，本文在借鉴跨文化组织管理理论和管理实践的基础上，就高校跨文化管理中的协同与融合，从文化识别、文化培训、控制冲突、协调"国际化"和"本土化"关系等方面提出了跨文化管理的具体策略，借此控制和化解冲突，发挥多元文化对高校管理的促进作用。

## 1841 敦煌卢舍那法界图像研究之一

发表时间及载体：《敦煌研究》2010 年第 4 期

作　　者：殷光明

简　　介：随着《华严经》的翻译和传播，我国从北朝始出现了一种法界卢舍那佛的图像。本文简述了敦煌卢舍那佛像的分布，探讨了敦煌卢舍那佛法界图像的内容及义理、艺术特点等。

## 1842 网络成瘾对青少年自我发展的影响

发表时间及载体：《电化教育研究》（CSSCI）

2003 年第 11 期

作　　者：杨玲 赵国军

简　　介：网络成瘾是因过度沉溺于网络而造成的上瘾行为。青少年时期是自我发展的关键时期，本文通过对网络特点的分析与精神分析理论中自我概念的阐述，探讨了网络成瘾对青少年自我发展的消极影响，并结合相关心理学理论阐述了网络成瘾症的预防及心理治疗的可行性。

## 1843　张孝嵩斩龙传说探微

发表时间及载体：《西北师大学报：社会科学版》2004 年第 1 期

作　　者：赵红 高启安

简　　介：敦煌文献 S.788《沙州志》、S.5448《敦煌录》、P.3721《瓜沙古事系年》记载了一个张孝嵩在玉女泉斩龙的传说。这个故事还收在唐人作品《宣室志》中。大量资料证明此传说原型是一个古老的人类同水害做斗争的故事。敦煌素有崇拜龙的传统、沙州多水害、地方官吏治水及对龙的祭祀等，使这个故事附会到了张孝嵩头上。而故事中的敕赐"龙舌张氏"及"子孙世袭沙州刺史"等情节均为虚妄附会之词。

## 1844　从《在地铁站上》看意象派诗歌的特色与成就

发表时间及载体：《兰州大学学报：社会科学版》2002 年第 30 卷第 6 期

作　　者：王晓莉

简　　介：意象派新诗运动虽然历时短暂但影响深远，很大程度上是由于意象派诗歌的特色和创作成就融入了现代文学最有影响的大潮流，在埃兹拉·庞德的诗作《在地铁站上》主要表现为：词语平实、表达精确、含义丰富、情感内蕴、东方情调以及审美过程的鲜明烙印等。

## 1845　甘肃省农业保险发展对策探讨

发表时间及载体：《社科纵横》2011 年第 8 期

作　　者：刘佳伟

简　　介：农业保险作为一种有效的风险分散机制和经济补偿制度，对推动农业防灾减灾以及可持续发展有着重要意义。甘肃作为一个自然灾害多发的地区，开展农业保险的推广对区域经济的稳定和发展发挥着重要作用。因此，从甘肃农业保险的现状入手，探讨了甘肃农业保险目前仍然存在的主要问题，从法律制度、财政支持、农民思想认识、收入水平以及保障机制等方面分析了阻碍农业保险发展的诸多因素，为甘肃农业保险的长期持续发展提供对策建议。

## 1846　论民族农村社区社会保障体系的建构

发表时间及载体：《西北民族研究》（CSSCI）2002 年第 4 期

作　　者：周林刚 王赤

简　　介：社会保障制度是社会主义市场经济体制的基本组成部分。近些年来，伴随着社会结构转型和经济体制转轨，国内的经济学界、法学界以及社会学界掀起一股社会保障的"研究热"。但是，就其研究对象来看，关注城市社区社会保障的多，而关注农村社区的少；关注发达农村社区的多，而关注民族地区和不发达农村社区的少。民族农村社区的社会保障问题几乎成了被人遗忘的角落。而实现"生有所靠、老有所养、病有所医"是当前少数民族农牧民群体的迫切愿望。本文从人文区位学、结构功能主义、社会系统论等理论视角出发，主要对民族农村社区的社会保障现状加以分析，并在此基础上对其模式的建构提出了一些个人的看法和主张。

### 1847 文化框架：心理学研究的文化取向辨析

发表时间及载体：《内蒙古师范大学学报：教育科学版》2011 年第 24 卷第 7 期

作　　者：王晓丽 姜永志 张海钟

简　　介：把心理学研究纳入文化框架中，是发掘心理学文化品性的必然选择。以文化为框架，将心理学研究的文化取向进行概括、整理和辨析，揭示文化心理学、本土心理学、跨文化心理学、区域心理学的文化内涵，对其差异性进行辨析，梳理四者的逻辑关系，最终将有利于心理学文化取向研究的文化统合。

### 1848 论电脑音乐制作技术在基础音乐教学活动中的作用

发表时间及载体：《甘肃高师学报》2012 年第 6 期

作　　者：吴学宇

简　　介：立足于基础音乐教育，阐述了电脑音乐制作技术在基础音乐课教学活动中的实施策略，论证了利用电脑音乐制作技术在音乐课堂教学及课外教学活动中的作用和取得的实效性。

### 1849 基于新产业区理论的区域园区一体化路径选择——以甘肃省酒泉、嘉峪关市为例

发表时间及载体：《工业技术经济》（CSSCI）2010 年第 29 卷第 9 期

作　　者：汪慧玲

简　　介：区域园区一体化的关键在于提升园区企业间的关联度，突出比较优势。本文根据新产业区理论，通过对酒泉、嘉峪关两市产业和园区发展现状进行分析，构建出具有网络化特征的园区一体化模型，并基于比较优势进行产业布局。就如何实现基于新产业区的园区一体化，提出了解决办法。

### 1850 转型期图书馆员的心理问题与心理调适

发表时间及载体：《甘肃行政学院学报》2002 年第 2 期

作　　者：冯翠珍

简　　介：转型期图书馆利益关系的变化，直接影响着图书馆员的心理和行为的变化，而馆员心理变化的状态则关系着图书馆事业的发展。本文通过对图书馆员存在的焦虑心理、受挫情绪、相对剥夺感问题及其影响的分析，提出了采用引导馆员自我调适、组织调适的思路，以解决图书馆员心理平衡危机，维护图书馆工作秩序的稳定。

### 1851 再论社会学的研究对象

发表时间及载体：《甘肃社会科学》1998 年第 1 期

作　　者：陈祖耀

简　　介：社会学的研究对象等重大理论问题，即将跨越两个世纪，至今仍无较统一的认识和结论。造成这种状况的原因是多方面的，但是，最主要的原因是，不少论者仅凭自己的感觉、理解、想象和表面现象去说明对象是什么和为什么这样的问题，而缺乏对研究对象内部的构成要素，以及这些要素之间的必然联系去进行分析和研究，其结果就造成了众说纷纭、莫衷一是的局面。

### 1852 对甘肃实现经济社会跨越式发展的管见

发表时间及载体：《开发研究》2011 年第 2 期

作　　者：张嘉选

简　　介：中共甘肃省委在谋划"十二五"发展规划的同时提出了跨越式发展战略。笔

者认为，跨越式发展战略的提出对于甘肃具有里程碑的意义。文章主要对贯彻实践这一战略过程中需要厘清的认识问题及应当注意克服的两种思想倾向提出了一些见解。

## 1853 生态批评在中国：17 年发展综述

发表时间及载体：《兰州大学学报：社会科学版》2005 年第 33 卷第 6 期

作　者：李洁

简　介：生态批评是新世纪文论界的一大显学，它把文学批评放在地球生态圈这一大语境下，以独特的生态批评视角和对全人类生存前景的终极关怀而充满生机和活力。本文从其兴起、理论及实践的发展等三方面，对中国 17 年来的生态批评研究进行了系统梳理和整体性的分析评述，肯定了生态批评的多声调为我们昭示了中国文艺学与时俱进的前景，指出了生态批评存在的问题。并对生态批评在中国的发展前景持积极态度，认为中国学界完全可以借此来参与国际学术争鸣。

## 1854 新农村建设视域下提升文化软实力的路径思考

发表时间及载体：《广西社会主义学院学报》2012 年第 2 期

作　者：刘先春

简　介：推动社会主义文化大发展大繁荣、提高国家文化软实力，既是我国提高综合国力、应对复杂国际国内新形势的当务之急，同时也是建设中国特色社会主义的长期任务。

## 1855 我国教育传播学研究缺失现象及原因分析

发表时间及载体：《电化教育研究》（CSSCI）2007 年第 6 期

作　者：汪颖

简　介：教育传播学是教育学的分支学科，在我国的研究开始于 20 世纪 80 年代初，在随后的十几年间出现了研究的热潮。奠定了我国教育传播学发展的基础。本文对《电化教育研究》和《中国电化教育》自创刊以来刊发的 88 篇教育传播学研究主题论文进行内容分析，对研究数量分布、研究主题、作者进行考察，找出我国教育传播学研究中存在的问题。美国 AECT'94 教育技术定义的引入，我国学者对建构主义研究的过度关注以及信息技术的迅速发展，使得人们更多地研究教育技术的开发研究，忽略了教育传播学的研究，是我国教育传播学研究缺失的主要原因。

## 1856 择偶：一个渗透着父母意志的过程

发表时间及载体：《甘肃社会科学》1998 年第 2 期

作　者：冯世平

简　介：择偶是构成婚姻发生过程的一个基本环节，择偶行为作为人的一种有意识的活动，它不是纯本能的，而是渗透着观念与意志的。这种渗透着的观念与意志是否是择偶者自身的观念与意志，既是影响择偶者的自我愿望能否得以实现的重要因素，也是衡量择偶者的配偶是否自由选择的基本尺度。在传统的中国家庭里，未婚男女的择偶是家庭的事，父母的态度和意见始终影响甚至决定着儿女的择偶过程。自 1949 年中华人民共和国成立以来，由于政府提倡婚姻自由，并以法律的形式强制执行，中国家庭里父母做主为子女择偶的状况已有根本性的转变。但在甘肃广大农村，由于自然生态环境的恶劣，加之交通不便、信息文化传播条件落后等原因，其经济发展的速度与文化形态的演变过程是较为缓慢的。相对贫困的经济生活加上富于传统的文化价值观念，使生长在这里的未婚男女们在择偶上仍就遵从着父母的意愿或意志。

## 1857 敦煌古藏文写本《吐谷浑（阿豺）纪年》残卷再探

发表时间及载体：《敦煌研究》2003 年第 1 期

作　　者：胡小鹏

简　　介：关于《吐谷浑（阿豺）纪年》残卷的研究一直存在着两种观点，并影响到对唐初吐谷浑与唐、吐蕃关系的看法，本文就此阐述了自己的看法。

## 1858 进一步加强高校图书馆员服务礼仪教育的思考

发表时间及载体：《社科纵横》2012 年第 3 期

作　　者：李万梅

简　　介：新时期，在倡导构建社会主义和谐社会的大背景下，加强高校图书馆员服务礼仪教育是提高服务质量、充分发挥图书馆作用的重要一环，对于进一步发挥图书馆职能作用，进一步促进文化发展具有十分重大的现实意义和历史意义。本文在分析当前高校图书馆员服务礼仪现状的基础上，阐述了加强高校图书馆员服务礼仪教育的重要意义，提出了进一步加强馆员服务礼仪教育的基本思路。

## 1859 论高校外语复合应用型人才培养模式的构建

发表时间及载体：《甘肃联合大学学报：社会科学版》2011 年第 27 卷第 6 期

作　　者：马晓晴

简　　介：人才培养要立足于社会需求。高

校外语人才培养应满足社会对复合应用型人才的需求。要实现这样的目标，必须对现行的教育模式、课程体系、教学手段与方法、教学管理机制等进行系统化重新构建，创建与培养目标相适应的人才培养模式。

## 1860 政治统治维持与蒙古文化扩张——元代百年蒙古新字教育运动考述

发表时间及载体：《西北师大学报：社会科学版》2011 年第 5 期

作　　者：张学强

简　　介：元代蒙古字学是元世祖出于政治统治意图及蒙古文化扩张目的而创设的一种新型民族语言文字学校。元代蒙古字的创制、推行及蒙古字学体系的建立不仅为元朝政府培养了大批能熟练运用蒙古新字的翻译人才，为巩固元代的统治起到了积极的作用，也使传统儒学教育独尊的地位被彻底打破，处于优势地位的少数民族贵族子弟开始在国子学系统——这一极具象征意义的教育场域中由配角转变为主角，占统治地位的少数民族语言文字教育开始与传统儒学教育并驾齐驱且有后来居上之态势，但由于缺少基本的文化积淀和基层社会生活交流的需要作为动力，在国家的统治主体和统治策略的调整下，蒙古新字及蒙古字学的消失便也在情理之中。元代蒙古新字教育运动无论是在中国教育史上还是在中国少数民族教育史上都是非常耐人寻味并值得研究的重要事件。

## 1861 吕思勉与中国早期民族史学科体系的构建

发表时间及载体：《西北民族研究》（CSSCI）2007 年第 2 期

作　　者：赵学东 王东

简　　介：20 世纪 30 年代前后，随着日本以及西方史学理论不断传入，中国学术界按照西方学科模式对各个学科进行重组。由于面临着严重的民族危机，关于民族史学的种种观点充斥国内，中国民族史学科处于刚刚起步阶段。在此期间，吕思勉先生从不同角度对中国民族史进行分析归纳，构建了他的关于中国民族史学科的新型框架。

## 1862 宋代吐蕃的商业贸易

发表时间及载体：《西北师大学报：社会科学版》1999 年第 2 期

作　　者：刘建丽

简　　介：宋代西北吐蕃部落通过贡赐贸易、边境贸易和城镇市场贸易等多种贸易形式，与内地及周边政权建立了密切的商业贸易关系，形成了相对稳定的共同市场，丰富了经济生活，推进了民族经济发展，西北藏区成为一个繁荣兴盛的商贸区域。

## 1863 压力测试框架内对信用风险结构性因素的分析与思考

发表时间及载体：《甘肃金融》2011 年第 2 期

作　　者：成学真

简　　介：2006 年银监会发布《商业银行压力测试指引》以来，各商业银行加大了对各类风险实施压力测试的工作力度。同时，为考察银行体系整体的稳定性，评估各类风险在系统性层面的薄弱环节和脆弱性，金融管理部门、研究机构对银行体系开展宏观压力测试的实践也在不断向前推进。作为银行业风险管理的重要领域，信用风险压力测试无疑受到了更多的关注，在理论研究和实践应用两个方面都最为广泛和深入。

## 1864 社会资本视角下的农村公共文化建设研究

发表时间及载体：《西北师大学报：社会科学版》2009 年第 6 期

作　　者：李少惠 王晓艳

简　　介：体现在以社会关系网络为载体的公民间的信任、互惠和合作等维度上的社会资本与农村公共文化建设有着千丝万缕的联系。关注社会资本对农村公共文化建设的重要影响，会在整体上推动农村公共文化的存续和发展。探讨在农村公共文化建设实践中，如何通过培育社会资本、提高农民文化主体意识和参与合作能力来促进农村公共文化内生机制的建立，有着一定的意义。

## 1865 周礼全四层次意义理论的方法与特色

发表时间及载体：《西北师大学报：社会科学版》2003 年第 5 期

作　　者：李敬国

简　　介：周礼全四层次意义理论运用了"从抽象上升到具体"这一反映人类思维认识进程的正确理论，合理地对复杂的自然语言意义做出了分层理解，创造性地把已有的意义理论运用于对不同层次的语言意义的分析和理解过程之中，丰富了关于自然语言理解的意义理论，是一个值得哲学界、逻辑学界和语言学界密切关注的重要的语言意义理论。

## 1866 论发展有中国特色、中国风格、中国气派社会主义文化的实践意义

发表时间及载体：《北京社会科学》（CSSCI）2012 年第 3 期

作　　者：刘先春

简　　介：推动社会主义文化大发展大繁荣，需要在推进中国特色社会主义建设事业的伟大进程中，深刻总结历史经验，准确分析当前形势，科学规划未来发展，大力发展具有中国特色、中国风格、中国气派的社会主义文化。

## 1867 互联网文化视域下的党内民主建设论析

发表时间及载体：《理论学刊》（CSSCI）2011 年第 9 期

作　　者：刘先春

简　　介：互联网文化创新了社会自由民主发展的条件，开创了党内民主建设新平台。当前我们应当充分利用互联网文化畅通党内信息网络化互通渠道，拓展网络民主平台，加强党内民主网络化管理。

## 1868 《爱玛》与《傲慢与偏见》中"她们"的教育

发表时间及载体：《甘肃高师学报》2012 年第 3 期

作　　者：李永霞

简　　介：作为一位女性作家，简·奥斯汀一直关注英国女性面临的婚姻、爱情、教育等问题，在《爱玛》和《傲慢与偏见》这两部小说中，奥斯汀以其敏锐的观察力和细致入微的描述向读者再现了 18 世纪英国中产阶级女性的教育状况。在男性统治的 18 世纪英国，中产阶级女性的社会定位是"好妻子、好母亲"，她们主要的出路是婚姻，她们接受教育的目的是为了获得体面的婚姻，她们接受教育的途径主要是家庭或寄宿学校，而她们所学的知识或技艺只是一种婚姻市场所需要的装饰品，既肤浅又无用。

## 1869 教育信息化区域性整体推进中引领团队的建设研究

发表时间及载体：《电化教育研究》（CSSCI）2009 年第 8 期

作　　者：杨彦军 郭绍青

简　　介：文章以"青海省城西区教育信息化深化发展项目"的实践经验总结为基础，在深入分析教育信息化内涵的基础上，提出教育信息化是一种创新传播的过程，进而从传播学的视角论述了区域教育信息化整体推进中引领团队的建设问题。认为应当在区域教育行政人员的牵头下，让教育技术专家给信息技术教师与学科骨干教师以科学的指导与帮助，使他们成为信息化教育的早期践行者，对其周围一线教师产生强大的影响，各类人员一起形成引领区域教育信息化发展的团队，然后采取以点带面、中心扩散的形式，最终实现教育信息化的区域性全面推进。

## 1870 办公自动化系统的层次模式及发展进程中应考虑的问题

发表时间及载体：《甘肃行政学院学报》2000 年第 1 期

作　　者：蒋宇峰

简　　介：通常意义下的办公有狭义和广义之别。狭义的办公是指：人们在办公室进行行政事务性工作。广义的办公不但包括处理行政性事务工作，还包括辅助判断和决策等工作。办公自动化则是要把人的各种办公业务活动不断物化于人以外的机器设备之中，使办公业务不断通过高质高效的人—机信息处理系统，较为完善、较为可靠地得到完成。正确认识办公自动化的层次模式，有利于在适应办公自动化进程中，对组织体系的改革，有利于对办公自动化体系的形成在整体上进行科学的规划和设计。

## 1871 承归正统与标异见奇——略论中国古代民族政权都城的特点

发表时间及载体：《周口师范学院学报》2005 年第 22 卷第 4 期

作　　者：王雅红

简　　介：中国历史上曾经出现过不少少数民族的政权组织，它们在保持本民族独有特色的同时，往往在政治、经济、文化等方面表现出对以汉族文化为代表的所谓"正统"制度的效仿和追随。都城的建设也不例外，在城市建设、城市文化等方面表现出了这种"正"与"奇"的交流与融合。文章试图从以汉族文化为核心的主流文化的继承和少数民族特有文化的发挥这两方面，探讨少数民族都城的特点和发展轨迹。

## 1872 改革 30 年来中国区域经济合作的回顾与展望

发表时间及载体：《西北大学学报：哲学社会科学版》（CSSCI）2008 年第 38 卷第 5 期

作　　者：高新才

简　　介：通过采用文献分析和历史分析等方法对中国改革 30 年来区域经济合作进行回顾与展望，认为随着经济体制改革的不断深入，中国区域经济合作历程中各个阶段的合作背景、期望目标、推动力量、合作形式、合作内容、合作广度和深度以及合作格局等也呈现出不同的特点。从自上而下的政府、行政主导型合作到自下而上的地方、企业主导型合作，从一厢情愿的被动合作到主动出击的多足鼎立，从各自为政的行政区合作到国家战略的主体功能区分工，从有名无实的单一物质合作到全方位、多层次的全面合作，从弥补制度缺陷、打破市场分割的应急之举到放眼全球、融入世界的大国战略，风雨兼程的中国区域经济合作走过的其实是一条公平与效率、政府与市场、中央与地方、官方与民间、传统与创新的长期博弈之路。

## 1873 一个卓别林式的喜剧诗人——论西部诗怪李老乡

发表时间及载体：《兰州大学学报：社会科学版》2004 年第 32 卷第 5 期

作　　者：常文昌 邹旭林

简　　介：从喜剧的角度切入，探讨了西部诗人李老乡在中国新诗戏剧化中的地位和其作品的喜剧风格、表现方式、精神内涵、非常规化的语言特点及其影响，从而展现出当代西部诗歌多元性存在的一面。

## 1874 对我国涉外仲裁司法监督取向的几点思考

发表时间及载体：《甘肃行政学院学报》2001 年第 3 期

作　　者：脱剑锋

简　　介：对涉外仲裁的司法监督问题，近些年来在学界和实务界展开了热烈的讨论。文章以我国仲裁立法现状为据，在介绍学术界讨论成果的基础上，主张取陈安教授的观点，并就其根据表达了自己的一些看法。

## 1875 新形势下民族地区基层党组织建设面临的挑战和对策研究

发表时间及载体：《四川行政学院学报》2011 年第 3 期

作　　者：刘先春

简　　介：民族地区基层党组织是党在民族地区全部工作和战斗力的基础，担负着将党的路线方针政策落实到民族地区的重任。

## 1876 药品与毒品——关于"宗教是人民的鸦片"

发表时间及载体：《甘肃行政学院学报》1999 年第 2 期

作　　者：谭湘

简　　介：仅用"鸦片论"概括马克思的宗教观是不够恰当的，马克思视鸦片为具有双重作用的药品，进入二十世纪后鸦片才被公认为毒品，宗教团体和信教徒是党的爱国主义统一战线的团结对象，宗教有复杂功能，正确执行党的宗教政策，引导宗教与社会主义社会相适应。

## 1877 第二届"陇籍法学家论坛"综述(上)

发表时间及载体:《甘肃政法学院学报》2012年第6期

作　　者:王存河

简　　介:2012年9月25日至26日,第二届"陇籍法学家论坛"在甘肃政法学院举行。论坛围绕"'卓越法律人才教育培养计划'背景下法学教育的发展与改革"以及"法学家社会责任与地方法治建设"两个主题展开研讨,并举办了9场学术报告会,取得了丰硕的成果。本次论坛上确定了"陇籍法学家论坛"的徽标,该论坛今后将步入常态化运作的轨道。

## 1878 白银黄河岩画

发表时间及载体:《丝绸之路》2002年第7期

作　　者:刘再聪

简　　介:白银岩画位于甘肃白银市大浪山东麓黄河西岸红山峡峡谷中,南距红山峡入口处黄湾下村约10公里,北距野马村约1公里。岩画被刻在河西岸一块约宽5米、高8米的岩石上,岩面平整。

## 1879 中国适应收入型增值税的探讨

发表时间及载体:《兰州大学学报:社会科学版》2002年第30卷第3期

作　　者:刘景兰

简　　介:通过对理论增值额的阐述,讨论了消费型增值税、收入型增值税、生产型增值税各自的特点,指出我国实行的生产型增值税是一种不彻底的增值税。认为应结合我国的国情,实行收入型增值税,并探讨了相关工作中的操作方法及账务处理形式。

## 1880 论佛教不同于其他宗教的几个重要特点

发表时间及载体:《西北民族研究》(CSSCI)2006年第2期

作　　者:多识

简　　介:对于流传了5000年的佛教来说,外界存在着很多误解,认为佛教是唯心主义,是反科学的、脱离现实的、维护神权的,其实这些误解都是由于对佛教没有进行客观、严谨的研究而造成的。历代名人、学者中都有研究佛教哲学颇为深入者,如果单纯以逃避现实视之,恐失真相。本文就佛教是否唯心主我、是否反科学、是否逃避现实等几个问题,展开辨析,希望可以让读者对佛教哲学的真正内涵有更加深入的认识。

## 1881 英国工党建设的成功经验及其对我党的启示

发表时间及载体:《甘肃理论学刊》2009年第1期

作　　者:刘永哲

简　　介:近年来,英国工党坚定不移地推进党的改革,加大决策体制改革的力度,切实加强党内外团结,不断加强党员队伍建设,下大力气抓反腐败的体制机制建设,正视舆论监督和议会质询的作用,在加强党的建设方面积累了成功经验,对我们加强党的建设具有重要的启示意义。我们必须按照党的建设的总体布局以改革创新精神全面加强党的建设,实现推进党内民主建设与尊重党员主体地位的有机统一,抓住质量建党这一党员队伍建设的核心问题,进一步密切党群关系,在坚持教育、预防、监督、惩处并重中抓好反腐败工作,积极而稳妥地推进党内监督制度的落实。

## 1882 浅谈复合型法律人才培养模式在中国的建构

发表时间及载体：《社科纵横》2008 年第 10 期

作　　者：梁文彩 刘晓霞

简　　介：法学是一门应用性极强的学科，随着我国市场经济的发展，特别是在我国加入世贸组织后，法制建设的步伐在不断加快，法律已渗透到社会生活的各个领域，培养复合型人才已经成为高等法律教育的主要方向。但是人们发现传统的单调刻板的理论框架式和学院式教学模式，已不能满足社会对复合型法律人才的需求。为此，各高校在实践中不断摸索，提出各种新的培养模式，但都存在这样或那样的缺陷。本文从中国法律教育现状出发，分析了目前各种培养模式的缺憾，并在此基础上提出了一种新的培养模式。

## 1883 社会法调控创新论（上）

发表时间及载体：《兰州大学学报：社会科学版》2004 年第 32 卷第 3 期

作　　者：刘光华

简　　介："非典"及其防治引发了对传统公、私法调控机制的挑战，同时，更提出了相应法律调控机制创新的理论和实践要求。立足于"非典"防治具体制度措施及其对传统公、私法调控机制所带来的挑战和机遇，结合（西方）现代社会结构变迁的基本特点及其与新的法律调控机制间的互动关系，将"非典"防治及其相关制度建设，嵌入中国社会自 1970 年代末开启的市场化取向改革与民主法制化进程，进行了细致的分析。在充分理解和认识问题复杂性的基础上，对"非典"防治及其引发的对传统公、私法调控机制的挑战，以及新兴社会法调控机制创新的可能对策选择及其基本方向进行思考。并最终论证了这样一个命题：中国社会的转型背景和共时性发展特征，决定了目前主流公、私法调控机制具有两面性和矛盾契合性，而且这一特性及其全面准确的把握，将深刻地影响和决定中国未来社会法调控机制的实际效果。

## 1884 甘肃抗旱减灾与可持续发展

发表时间及载体：《甘肃社会科学》1999 年第 5 期

作　　者：宋雪飞

简　　介：干旱是甘肃省最常见、危害最大的自然灾害。自古以来，就有"三年一小旱，十年一大旱""十年九旱"之说，尤其是 20 世纪以来，甘肃省干旱灾害更加频繁，其范围之广，强度之大，成灾之重为历史所罕见。据统计，1950—1989 年期间，甘肃省农田年平均受旱面积 832.6 万亩，占农田受灾面积的 55.2%；进入 90 年代以来，旱灾大有增长趋势，1990—1996 年，年平均受旱面积为 1357 万亩，占受灾面积的 58.4%。干旱不仅给甘肃省广大人民带来巨大的危害，而且成为甘肃省经济发展的重要制约因素。

## 1885 论张闻天发展生产力思想的价值定位——纪念张闻天诞辰 100 周年

发表时间及载体：《兰州大学学报：社会科学版》2001 年第 29 卷第 4 期

作　　者：何步兰

简　　介：本文以张闻天"发展生产力是社会主义建设中的首要任务"这一思想为切入点，分别从对科学社会主义理论真理性的捍卫、对邓小平社会主义本质观内涵深邃性的印证、对江泽民"三个代表"讲话科学性的映衬等三方面对其价值定位进行了论述。

### 1886 中国古代剧场文化探析

发表时间及载体：《甘肃联合大学学报：社会科学版》2010 年第 4 期

作　　者：刘忠

简　　介：中国古代的剧场，种类繁多，在不同的历史时期，有不同的样式、特点、建造规模。从最原始的演出场所，到庙宇戏楼、瓦肆勾栏、宅第府邸舞台、会馆戏楼、戏园等，都反映了中国戏曲昔日的辉煌。这些古代剧场不仅反映着东方戏剧文化的特色，也是世界戏剧史上的瑰宝。因此，本文就中国传统演剧场所的缘起、发展做一探析。

### 1887 论大学文化的基本特性

发表时间及载体：《西北师大学报：社会科学版》2010 年第 2 期

作　　者：丁虎生

简　　介：大学文化的基本特性是对大学文化共性特征的科学概括，是每一所大学建立鲜明个性特征的基础。是大学能够维持自己基本特性的核心价值体系。大学文化的基本特性体现在五个方面：大学文化是以精神文化为核心的整体性文化；大学文化是以高深学术为基础的高层次文化；大学文化是以学术自由为前提的创造性文化；大学文化是以自治自律为特征的自主性文化；大学文化是以人文品格为标志的涵养型文化。在不同的时代、不同的国家，大学在适应社会发展的过程中发展着，变化着，但它却始终维护着自身知识权威的地位，不断地继承着所有这些发展变化过程中积淀的优秀文化传统，在继承和坚守中丰富和发展着自己的文化特性与行为准则。

### 1888 和谐企业研究：要素、实现路径与测评

发表时间及载体：《社科纵横》2008 年第 4

期

作　　者：赵锋 柳建平 张效功

简　　介：企业和谐是社会和谐的基础，如何实现企业和谐呢？本文从企业和谐的要素、实现路径，以及企业和谐状况测评三个方面进行了探讨。认为企业和谐的要素包括环境、资源和利益人三个方面，提出了实现企业和谐的 ERP-3S 模型。设计了由环境、资源与利益人三个方面 16 个问题构成的定性化测评方法，并对企业和谐的定量化测评进行了初步的探讨。

### 1889 友爱使幸福更完善

发表时间及载体：《甘肃理论学刊》2007 年第 2 期

作　　者：米江霞 傅象喜

简　　介：幸福是德性地展现生命存在的一种活动，因此幸福在于活动，在于我们健康的生命功能趋向于完善的运用；而友爱或朋友最终属于我们生命正常健康的活动既不可或缺又为我们向往的外在的善，友爱使幸福更完善，使社会更和谐。

### 1890 兰州市装备制造业发展现状及对策研究

发表时间及载体：《社科纵横》2008 年第 10 期

作　　者：梁雯

简　　介：甘肃省是中国传统的工业基地，而兰州市作为甘肃省的工业中心，改革开放以来由于种种原因，其装备制造业存在着困扰其长期发展的诸多问题。本文在系统分析了兰州市装备制造业的发展现状及存在问题的基础上，结合其未来发展，提出了兰州市装备制造业发展所应具备的基本条件及对策思路。

## 1891 陇右方言的语言学价值

发表时间及载体：《甘肃高师学报》2011 年第 1 期

作　　者：申重实　莫超

简　　介：就《陇右方言》的语言学价值进行了探析，分析了《陇右方言》在体例上的特点，并认为《陇右方言》在训释方面有以下特色：1. 重视对方言本字的考订；2. 注意对方言词语语源的考察；3. 有些训释还揭示了方言词语的民俗文化内涵；4. 广泛征引各类文献资料对方言词语释义推源。

## 1892 法兰克福学派总体异化理论之探析

发表时间及载体：《社科纵横》2010 年第 2 期

作　　者：李淑娟

简　　介：法兰克福学派的理论家们继承并发展了马克思的异化思想与卢卡奇的物化思想，在二者的基础上形成了一种全新的异化观——总体异化。总体异化表现为政治的异化、文化的异化、消费的异化、心理的异化，人彻底成为商品拜物教的奴隶。

## 1893 新时期网上群众路线的价值与路径探析

发表时间及载体：《理论与改革》（CSSCI）2013 年第 3 期

作　　者：刘先春

简　　介：互联网时代的来临，深刻改变着人们的工作方式和生活方式，为民众参政议政提供了新的途径，也为中国共产党带来了新的契机和挑战。网上群众路线是互联网与政治生活结合形成的新生事物。

## 1894 跨国公司在华研发投资对我国区域创新体系的影响机制研究

发表时间及载体：《兰州商学院学报》2014 年第 4 期

作　　者：张永凯

简　　介：文章首先从全球创新网络视角阐释了研发全球化对东道国区域创新体系的影响；然后分析了跨国公司在华研发投资的现状及发展走势，并指出中国目前已经成为跨国公司海外研发投资的热土和重点区域，跻身于全球创新网络的关键节点和枢纽；最后，基于辩证逻辑思维分别从区域创新主体、创新要素及创新环境等几个层面，剖析跨国公司在华研发投资对我国区域创新体系的影响机制。

## 1895 少数民族高等教育优惠政策新论

发表时间及载体：《西北师大学报：社会科学版》2005 年第 6 期

作　　者：滕星

简　　介：党和政府一直对民族地区的教育事业采取优先发展、重点扶持的政策，其中包括民族高等教育的优惠政策。有学者根据近年来对这一问题的研究，指出了我国民族高等教育优惠政策面临的新问题及解决的对策。本文想用人类学的研究方法来谈少数民族高等教育的几个问题，谈这样三个问题：一是民族高等教育中的教育公正问题，二是高等教育中的预科问题，三是贫困地区大学生无力承担大学教育费用的问题。

## 1896 论丝绸之路沿线古城遗址旅游资源的开发

发表时间及载体：《地理学与国土研究》1998 年第 4 期

作　　者：李并成

简　　介：丝绸之路沿线是世界上少有的古代城址集中分布的区域，尤以我国西北地区分布最为集中。这是一类极为宝贵、旅游价值极高、急待开发的资源。

## 1897 浅谈校园网网络的故障诊断与排除

发表时间及载体：《甘肃高师学报》2011年第2期

作　　者：宏永锋 崔伟

简　　介：随着计算机技术、信息技术的高速发展，网络已成为各个单位自己获取资源、共享资源的最好工具，但也给许多企业和单位带来了极大的风险，网络诊断及修复是管好用好网络，使网络发挥最大作用的重要技术工作。本文首先介绍了网络故障诊断与排除的重要性，然后介绍了局域网网络常见故障因素以及故障排除与诊断的方法。

## 1898 从敦煌遗书看道教的医药学贡献——以《辅行诀》和《本草经集注》为核心

发表时间及载体：《中国道教》（CSSCI）2009年第2期

作　　者：刘永明

简　　介：中国传统医学与道家和道教有着密切的关系，道家和道教对传统医学做出过重要贡献，产生过巨大影响，这一点从总体上来说是比较明确的。但具体的情况十分复杂，需要多方面的深入探讨。本文以敦煌遗书中所发现的两种医药学抄卷为核心，拟就此问题做一初步探讨，抛砖引玉并祈方家指正。

## 1899 中国古代妇女眉妆与敦煌妇女眉妆——妆饰文化研究之一

发表时间及载体：《敦煌研究》2000年第3期

作　　者：卢秀文

简　　介：眉妆的发展、演变受一定的社会制度、生产方式、道德礼教的影响和制约。出现在壁画上的敦煌妇女的眉饰，不仅有现实依据，而且也随时代的发展而改变，受中原和西域风格的影响较深。阶级社会长期形成的贵贱、尊卑观念，也渗透到了敦煌妇女的眉妆当中。

## 1900 以可再生能源为支撑发展农业生态经济

发表时间及载体：《兰州大学学报：社会科学版》（CSSCI）2008年第36卷第1期

作　　者：万永坤 汪晓文

简　　介：通过对农村可再生能源开发和利用的经济效益、生态效益、社会和环卫效益的分析，揭示了在农村发展可再生能源，不仅可以改良土壤、增加农民收入，而且有利于水土保持和生态环境的改善，是建设社会主义新农村的重要途径，也是发展农业生态经济的必然选择，并针对目前农村可再生能源开发利用中存在的问题，提出了相应的解决办法。

## 1901 创新政协参与社会管理机制　完善多元化的社会管理模式

发表时间及载体：《中国政协理论研究》2013年第1期

作　　者：王学俭

简　　介：社会管理主导在政府，多方参与是关键。当前，在构建多元主体的社会管理格局过程中，充分发挥政协参与社会管理的优势，可以弥补政府社会管理覆盖不足的缺陷。

## 1902 财政资源配置与城乡二元结构的相关关系研究——以兰州市为例

发表时间及载体：《北方经济》2012 年第 4 期

作　　者：马雪彬 王丽娜

简　　介：改革开放后至农村税费改革前（1978—2000 年），在基础设施投资方面，兰州市财政主要用于城市，农村享受到的极少。农村修路、造桥、建校、改水等工程基本上由农村基层干部组织实施，并以向农民征收税费甚至罚款的形式筹资，农民税费负担日益加重。

## 1903 我国社会转型期思想意识变化问题探析

发表时间及载体：《甘肃理论学刊》2010 年第 6 期

作　　者：冯湖

简　　介：社会转型时期，人们思想活动的独立性、选择性、多变性和差异性不断增强，使马克思主义在意识形态领域的指导地位面临着新的挑战。认真研究我国社会转型期思想意识变化的新情况新问题，对于保持党的先进性、巩固党的执政地位有着极其重要的意义。文章系统阐述了我国社会转型期思想意识变化的主要特点，深入分析了影响我国社会转型期思想意识变化的主要因素，在此基础上对如何适应我国社会的深刻变化，牢牢掌握意识形态的主动权提出了对策建议。

## 1904 新时期现实主义小说流变

发表时间及载体：《西北师大学报：社会科学版》1999 年第 3 期

作　　者：彭岚嘉

简　　介：新时期以来，现实主义小说以前所未有的精神内涵和艺术特质，丰富和发展了现实主义理论。二十多年的现实主义小说，在不同的社会文化背景中，形成不同的主题取向和审美特质，大致可划分为人性复归、文化寻根、生存叙写和社会透视四个阶段。从总体上看，新时期现实主义小说仍呈推进和深化态势。现实在发展，现实主义文学理所当然也应发展。

## 1905 抗战时期陕甘宁边区私营商业发展的政策因素及原因

发表时间及载体：《社科纵横》2010 年第 1 期

作　　者：王晋林

简　　介：抗日战争时期，陕甘宁边区对私营商业实行扶持和帮助的政策，以及边区经济社会的发展，使边区私营商业得到迅速的发展和繁荣，对于保障边区日用品的供给，改善群众生活，发展边区经济，打破敌人对边区的经济封锁，发挥了重要的作用。

## 1906 论票据瑕疵的表现形态及法律后果

发表时间及载体：《甘肃政法学院学报》2004 年第 6 期

作　　者：刘为民

简　　介：票据瑕疵是票据法中一个重要问题，票据瑕疵既包括违法行为，也包括合法行为。票据伪造和变造是票据瑕疵的主要的两种表现形态，都属于违法行为，对于伪造和变造的法律后果，不能按照民商法的原则去处理。因此，研究票据瑕疵问题是十分必要的。

## 1907 政府替代选择的后果及其校正——对国有企业改革的反思

发表时间及载体：《科学、经济、社会》（CSSCI）2005 年第 23 卷第 2 期

作　　者：曹子坚

简　　介：国有企业在决定自身命运的改革过程中几乎没有任何选择的余地，从来都是在扮演一种相对被动的角色和处于从属的地位。这是国有企业改革陷入困境的根本原因所在。所以，必须彻底根治国有企业改革过程中的政府替代选择，给国有企业以自主改革的权利，让国有企业自己决定自己的命运。

### 1908 戴震对知识与道德关系的新诠释

发表时间及载体：《甘肃联合大学学报：社会科学版》2010 年第 1 期

作　　者：任万明 鞠龙克

简　　介：知识与道德的关系问题向来是儒学的主题之一。在原始儒家那里，二者的关系主要表现为知识如何服务于道德，知识本身并不具有独立的意义。在理学中，道问学总是服务于尊德性这一目标。由于脱离了知识从而失去了真理的内容，道德很容易降低为个人的意见。戴震认为，道德必须在认识论中才能取得它的可靠性和合法地位，否则必然导致独断论，还可能被权势利用，成为杀人的借口。他以道德知识化、知识道德化作为解决问题的方式，力图在此基础上实现仁与智的统一。

### 1909 甘肃省高等教育改革与发展的思考

发表时间及载体：《兰州大学学报：社会科学版》2001 年第 29 卷第 2 期

作　　者：马正学

简　　介：改革开放 20 年来，甘肃省高等教育事业取得长足发展，但也存在诸多困难和问题。对此，必须适应新世纪全省经济社会发展和西部大开发的新形势，进一步深化改革，革除弊端，加快发展，为甘肃在新世

纪的腾飞培养高素质创新人才。

### 1910 收入分配公平性偏态分布方法警戒标准研究

发表时间及载体：《统计与决策》（CSSCI）2011 年第 21 期

作　　者：邵建平

简　　介：度量和识别收入分配的公平性是追求公平分配的前提。文章在收入分配公平性偏态分布描述方法的基础上，根据现有分配公平性的研究做出了相对公平状态的理论假设，依据相关指标，得出了收入分配分布曲线公平范围的偏度峰度警戒标准，说明了该标准的合理性，并运用该方法对我国居民收入分配变化状况进行了描述，同时对该警戒标准进行了实证检验。

### 1911 关于西部开发未来政策调整的思考

发表时间及载体：《新西部》2009 年第 12 期

作　　者：高新才

简　　介：西部大开发是一个长期的过程，是一项系统工程，需要庞大的人力、物力和财力，这些投入仅靠中央政府和各级地方政府是远远不够的，需要政府改善社会经济发展的基础条件，创造良好的体制环境和政策环境，通过市场机制吸引广大民间的力量投入到西部，充分发挥民间力量促进经济发展的强大作用。

### 1912 民族区域经济协调发展及其法律对策

发表时间及载体：《西北民族研究》（CSSCI）2003 年第 3 期

作　　者：马玉祥

简　　介：民族区域经济协调发展是由中国

经济不平衡发展所决定的，是根据"非均衡发展"理论，结合民族区域经济不平衡发展的特点而提出的一项经济战略。民族区域经济协调发展必须符合面向21世纪中国经济发展战略和西部大开发战略的基本要求，是实现国民经济第三步战略目标，进一步推进社会主义现代化进程的必然选择。民族区域经济发展，应采取"反梯度推进"战略，并发挥"中心辐射""以线串点，以点带面，重点开发"战略作用。坚持依法治国，加强民族法制建设，为实施西部大开发战略和促进民族区域经济协调发展提供良好的法治环境，制定完善的民族法律法规体系及其监督机制。

## 1913 理身如理国：历代赋中的"言医"叙写

发表时间及载体：《名作欣赏：中旬》2014年第3期

作　　者：杨玲 包建强

简　　介："言医"是中医界非常有特色的一类医生，至今仍存在于民间。中国古典文学中，对"言医"的记录与描述以赋为多。文章以与"言医"相关的四篇赋作《晏子春秋·景公有疾》、汉代枚乘《七发》、唐代李华《言医》、明代黄省曾《射病赋》为例，分析了言医这一文学形象的形成，论述言医赋作"以理身喻理国"的特点及其文化成因，最后揭示"言医"在赋作中频繁出现体现了赋这一文体与中医的关系。

## 1914 刍议 WTO 争端解决机制及其运用

发表时间及载体：《甘肃行政学院学报》2003年第3期

作　　者：黄梅兰

简　　介：世界贸易组织贸易争端解决机制是世界贸易组织多边贸易协议有效执行以及国际贸易顺利发展的重要保障。本文目的在于探讨争端解决机制的运用及其应对措施对保护我国的经济利益的现实意义。

## 1915 从"私人领域"的视角认识陶渊明的"唯一性"

发表时间及载体：《甘肃社会科学》（CSSCI）2007年第1期

作　　者：乔建

简　　介：陶渊明将儒、道、玄学思想和历代高士等的精神、人格经其"熔铸"，形成了自己具有"唯一性"的思想和人格。从"私人领域"的视角来认识陶渊明，是把握其"唯一性"、进而深入理解其价值和意义的较为有效的方法。

## 1916 高等教育与城市发展的互动关系

发表时间及载体：《消费导刊》2011年第15期

作　　者：孙凤茹 张社平 卢嘉鑫 蔡文春

简　　介：城市是人类文明进步的标志，其中高等教育与城市发展的关系一直备受关注，高等教育具有融知识的创造、加工、传播和应用于一身的特点，是联系经济发展与科学研究和人才培养的桥梁，起着整合各个劳动部门的作用。在经济高速发展的今天，高等教育与城市发展的相协调更是至关重要。

## 1917 元明清三朝治理甘青民族地区的特点、成就和经验

发表时间及载体：《甘肃联合大学学报：社会科学版》2007年第23卷第4期

作　　者：李清凌

简　　介：本文系统地总结了元明清三朝治理甘青民族地区的思想特点、继承关系、治理成就、主要经验及失误，并对其进行了评

价。文章认为，元明清三朝治理甘青民族地区的一些做法，摸索到了国家与民族、中央与地方、政治与宗教关系的规律，具有超时代、超地域、超阶级的普适性，如国家屯牧制，土官、土司制，金瓶掣签制，灾荒应急制等都具有这一特点，可以在民族区域的治理中借鉴。

## 1918 中国企业应诉美国反倾销案的对策研究——以反倾销案中的替代国问题为中心

发表时间及载体：《兰州商学院学报》2005年第21卷第4期

作　　者：李珂

简　　介：世界经济好转和国际贸易回升为中国外贸提供了良好的需求环境。然而，与中国的进出口总值迅猛增长相伴随的，却是国际市场上对华反倾销案件的迅猛增长。美国是对中国启动反倾销调查最多的国家，由于仍然视中国为"非市场经济国家"，大多数情况下在"正常价值"问题上采用"替代国制度"，本文以替代国问题为对象，结合具体案例，为中国企业进行应诉提出了一些对策。

## 1919 论严可均《全上古三代文》之失与《全先秦文》的编辑体例

发表时间及载体：《西北师大学报：社会科学版》2004年第5期

作　　者：赵逵夫

简　　介：严可均《全上古三代秦汉三国六朝文》是我国现存隋以前经、史、子之外散文文献的总集。但今天看来，问题很多，而先秦一段问题最为突出。本文是正在编辑中《全先秦文》的编辑体例。该书对严书除补阙、删伪、正误之外，无论在收录时间上限、收录范围、编排顺序还是校勘、作者小传等方

面，都有大的改进，使之更加科学，能更好地反映先秦史、先秦文献、先秦文学研究的新成果。该书将完全以作者时代先后为序编排，一般以最早记载文本为底本，加以校勘，并对真伪、作者、时代等加以考订和说明。

## 1920 税收法制建设中的客观公正性问题分析

发表时间及载体：《兰州商学院学报》2005年第21卷第3期

作　　者：周国良

简　　介：税收作为政府参与国民收入分配的手段，其分配的直接依据就是税法，税收离不开法治，依法治税是税收分配活动的灵魂。但依法治税并不仅仅是一个简单的有法可依的问题，它更深刻的内在要求是税收客观公正性的凸显，它贯穿于税收立法、执法、司法的全过程。本文试图从税收立法、执法、司法等环节对税收的客观公正性问题做一探讨。

## 1921 关于完善公务员培训课程体系的几点思考

发表时间及载体：《社科纵横》2008年第4期

作　　者：王伟

简　　介：课程体系是行政学院培训目标和主要专业内容的具体体现。在现阶段公务员的培训中，科学的、完整的培训课程体系必须包括政治理论素养方面的知识，提高能力素质方面的知识，依法行政方面的知识，现代经济知识，本地区重大现实问题研究、公务员形象塑造等方面的知识。

## 1922 甘肃"工业强省"必须走新型工业化道路

发表时间及载体：《甘肃行政学院学报》2004年第1期

作　　者：李振佑

简　　介：实现"工业强省"的发展目标，是甘肃省"十五"时期以及今后一段时间经济发展的战略重点，"工业强省"必须走新型工业化道路。本文就"工业强省"如何走新型工业化道路，主要从总体思路和具体措施两方面做了分析。

## 1923 中等师范学校信息技术教学的思考

发表时间及载体：《电化教育研究》（CSSCI）2004 年第 3 期

作　　者：宋万女

简　　介：在中等师范学校现已广泛开设了信息技术课程，但开设的情况如何，怎样使这门课程的开设达到预期的目标？本文从课程现状、存在的问题以及解决问题的对策三个方面做了论述。

## 1924 论语言中词语的社会及文化意义

发表时间及载体：《兰州商学院学报》2004 年第 20 卷第 3 期

作　　者：冯蓉

简　　介：词语是语言的基本单位，是语言表述的基本要素。词语不仅含有语言符号本身赋予它的意义，而且更多地体现着一种社会及文化的意义。词语中新词的产生，旧词的消失，词语意思的变化与社会发展、文化背景有着密切的联系。因此，对词汇的学习和研究不应该把社会及文化因素排除在外。深入挖掘词语的社会及文化意义有助于我们打通文化交流的通道，增进对外来文化的了解，坦然迎接外来文化的冲击，并为全球化的到来提供文化交流的平台。

## 1925 论《联合国反腐败公约》在中国的适用

发表时间及载体：《社科纵横》2009 年第 4 期

作　　者：张丽娟

简　　介：中国批准《联合国反腐败公约》，意味着中国在国际法上承担接受该公约的约束，《公约》与现行国内法一样在中国法律体制内具有同等效力。《公约》在中国的适用应是以转化为主、纳入为辅的模式。

## 1926 乱后即位，亲和大臣——谈《小雅·鹿鸣》的背景与主题

发表时间及载体：《古典文学知识》2012 年第 5 期

作　　者：赵逵夫

简　　介：《鹿鸣》是周宣王继位之初写自己宴会宗族大臣的诗，其主旨在于亲和宗族。《诗序》说："《鹿鸣》，燕群臣嘉宾也。既饮食之，又实币帛筐筐，以将其厚意，然后忠臣嘉宾得尽其心矣。"郑玄《笺》、孔颖达《正义》也依《诗序》为说，皆以为君王之作，对诗的主题的把握也大体正确。《仪礼·乡饮酒》郑玄注也说："《鹿鸣》，君与臣下及四方之宾燕，讲道修政之乐歌也。"按之诗本文，与以上诸说相合。

## 1927 论依法治国与以德治国是先进文化的重要科学内涵

发表时间及载体：《甘肃理论学刊》2002 年第 4 期

作　　者：陈永胜

简　　介："三个代表"重要思想是新时期指导党的建设的伟大纲领，包含了极其丰富的科学内涵，依法治国与以德治国是先进文化的重要科学内涵，依法治国与以德治国的先进性表现在其指导理论、政治载体、经济基础等方面。

## 1928 张掖"黑水国"古绿洲沙漠化之调查研究

发表时间及载体:《中国历史地理论丛》
(CSSCI) 2003 年第 2 期

作　　者：李并成

简　　介：张掖"黑水国"古绿洲，遗存十分丰富，有北古城、南古城两座较大城址和周围七座较小城堡，有史前文化遗址、汉代建筑遗迹、古寺院遗址和民居遗址，有成片的古墓群、古耕地渠道遗迹等。

## 1929 我国少数民族教育跨越式发展战略研究

发表时间及载体:《西北师大学报：社会科学版》2004 年第 1 期

作　　者：王鉴

简　　介：我国民族教育传统的发展战略是追赶汉族模式，即"模仿或照搬内地发达地区的教育发展模式"。在西部大开发战略、科教兴国战略、可持续发展战略和全面建设小康社会等的新形势下，民族教育传统的发展战略开始向"以人为本和特色化发展"的跨越式发展战略转变。跨越式发展战略要以民族教育的优先发展、民族地区人才资源开发、民族教育特色化发展及其政策为保障。

## 1930 麦积山石窟几个问题的思考和认识

发表时间及载体:《敦煌研究》2003 年第 6 期

作　　者：魏文斌

简　　介：麦积山石窟的一些重要问题，学术界争论得很热烈，比如开凿年代、现存最早洞窟的判定，目前分歧较大。关于麦积山雕塑尤其是北朝雕塑所体现的佛教民间化倾向、第 127 窟的睒子本生壁画所表现的北朝绘画水平等，本文亦提出自己的一些认识，与大家共同探讨。

## 1931 摄像光源与电视系统的彩色重现

发表时间及载体:《电化教育研究》(CSSCI)
1996 年第 2 期

作　　者：杨晓宏

简　　介：实现正确的彩色重现是对电视系统的基本要求，也是设计电视系统的主要目的，目前的电视系统是根据人眼的视觉特性和三基色原理，采用相加混色的方式来重现彩色的。

## 1932 当前中国吸引外资面临的挑战与外资政策的选择

发表时间及载体:《甘肃理论学刊》2008 年第 2 期

作　　者：王霞

简　　介：本文认为，各国 FDI 政策竞争的加剧、中国低成本优势的逐步丧失、跨国公司分散投资风险的选择，使得我国在吸引 FDI 的过程中依然面临着压力与挑战。基于上述分析，本文对我国的外资政策选择提出了相应的政策建议。

## 1933 连续行为序列下信用水平的更新和测度——从贝叶斯迭代到泊松过程

发表时间及载体:《科学决策》2011 年第 10 期

作　　者：汪慧玲

简　　介：行为可以看作由一连串的欺骗和诚实行为构成。通过利用贝叶斯公式和迭代过程，在行为呼叫符合泊松过程情况下，分别建立和考察了经连续的欺骗、连续的诚实以及混合行为序列后，主体的信用水平的更新方程及信用水平的变化过程。在演绎的推理中，试图回答有关信用领域的"信用水平如何测度""诚实行为是否会使信用水平增加"等一系列问题。在某种程度上，这为个体信用的评级提供一理论指导，同时既丰富了人文学科中测度科学的发展，又为信用变量的研究做一数理基础。

## 1934 汉代"齿轮"研究

发表时间及载体：《兰州大学学报：社会科学版》2004 年第 32 卷第 5 期

作　　者：陈林

简　　介：中国古代"齿轮"最早出现在秦代或西汉初年。以陕西省西安东南郊千户村出土的完整"齿轮"为重点研究对象，通过实验，并结合全国各地出土的关于"齿轮"的资料，进行综合分析，推断其中有一类"齿轮"既不可能是饰物，也不可能是真正的齿轮，而是作为制动用的棘轮，同时还结合汉代的时代背景，对其用途进行了合理的推断。

## 1935 社会场域、仪式空间和表演语境——裕固族"杰里盖"（Jelige）的意义

发表时间及载体：《西北民族大学学报：哲学社会科学版》2012 年第 6 期

作　　者：李建宗

简　　介：曾经在一个特定的裕固族地区流行的一种宴席形式——"杰里盖"，它作为一个社会场域和仪式空间，同时还是一个表演语境。置身于社会场域中的"游戏规则"是控制整个宴席的策略。在这一空间中进行的"过渡仪式"向族群内部展示"个体身份"的变化，其中的"社会分层"也趋于明显。表演语境的创设使表演者通过修辞策略来烘托宴席的氛围。

## 1936 东京国家博物馆藏回鹘文木简

发表时间及载体：《敦煌研究》1990 年第 3 期

作　　者：杨富学

简　　介：众所周知，大谷探险队于 1902—1912 年间先后三次赴中亚探险，给日本带回了大量的资料。几易其手后，大谷资料的一部分于 1967 年为东京国家博物馆获得。这些资料已妥善保存，部分已公开展出。笔者将要分析的照片上有两行回鹘文字的木简就是这些藏品中的一件，其照片已刊登在《东京国家博物馆图版目录：大谷探险队中亚携归品编》中，和另外一块木制画板同被编为177 号。遗憾的是，至今尚无人对其进行研究。这促使我对其做了些研究，并用日文写了一篇短文《大谷探险队所获回鹘文木简》（载于《内陆亚细亚、西亚的社会与文化》，护雅夫主编，东京，1983 年，第 133—139页），即 1983 年在东京和京都召开的第 31届第 6 次亚洲、北非人类科学国际代表大会上所提交的论文概要。现在这篇论文就是在上文的基础上写成的。

## 1937 转型期我国社会信用体系的市场建构

发表时间及载体：《甘肃理论学刊》2009 年第 3 期

作　　者：徐秀玲

简　　介：建立我国社会信用体系要以当代中国社会转型的背景为出发点。传统社会是小型封闭简单的社会，人格信用与之相适应；现代社会是大型开放复杂的社会，抽象信用与之相耦合。市场经济取代了传统信用赖以建立和存续的小农经济和计划经济，但是难以在短时间内建立起适应市场经济的现代信用，由此带来了信用危机。信用危机的实质在于，信用在市场经济条件下成为了一种特殊商品，但是这种信用商品由于市场机制尚不健全而难以得到准确的市场定价，导致了信用市场的混乱并最终引发了信用危机。这一危机只能依靠市场经济的发展，在

逐步积累过程中得到清除。

## 1938 股票期权与所有者权益保障

发表时间及载体：《兰州大学学报：社会科学版》2003 年第 31 卷第 1 期

作　　者：唐振福

简　　介：股票期权是为提高公司经营绩效而针对公司经营者设计的中长期激励机制。笔者从分析所有权依据出发，结合此制度在国外的实践，对国内引入此项制度提出了相关建议。

## 1939 高校图书馆以创新服务营造人才培养的良好环境

发表时间及载体：《社科纵横》2008 年第 7 期

作　　者：杨小燕 李万梅

简　　介：高校图书馆如何应对信息革命的挑战，以资源优势，创新服务，在更高更广阔的领域里无缝介入大学教育，构建创新型人才成长的优良环境，是本文探索并研究的主要内容。

## 1940 "微罪免刑不起诉"之辨

发表时间及载体：《兰州大学学报：社会科学版》2001 年第 29 卷第 3 期

作　　者：陈航

简　　介：深刻理解现行刑诉法第 142 条第 2 款规定的不起诉类型，是正确认识不起诉制度的难点和关键所在。为此，本文对其称谓、适用条件，以及该不起诉类型与免予起诉证据不足不起诉的异同等问题进行了探讨。

## 1941 农村产业专业化过程中市场风险问题研究

发表时间及载体：《特区经济》2009 年第 3 期

作　　者：韦惠兰

简　　介：农村产业专业化过程中市场风险的大小直接关系着整个农业发展甚至国民经济的稳定。本文根据影响农村产业专业化过程中市场风险的各种因素，建立风险指标体系，利用模糊递阶层次分析模型确定风险程度并最终提出相应对策。

## 1942 落实科学发展观　构建社会主义和谐社会

发表时间及载体：《兰州学刊》2007 年第 3 期

作　　者：张玉斌

简　　介：科学发展观是全面建设小康社会和推进社会主义现代化建设始终要坚持的重要指导思想，构建社会主义和谐社会是全面建设小康社会的重要内容，科学发展观与构建社会主义和谐社会密切相关，是建设社会主义和谐社会的重要理论指导，这是由科学发展观的基本内容和本质规定所决定的。构建社会主义和谐社会必须树立和落实科学发展观，以科学发展观统领经济社会发展全局。

## 1943 "文山"奇观

发表时间及载体：《兰州学刊》1992 年 3 月

作　　者：武文军

简　　介：今日在我国社会生活中兴起的"文山"，其中"美景"不胜枚举，奥妙无穷，给我们的社会生活及工作带来了极大的危害。我们说的"文山"，并不是建筑在每一个公民、每一个工作人员的办公桌前，而是指一些部门、一些人的案头所存在的文字制品超分配现象。"文山"的分布是十分畸形的，有些部门是"山连山""峰靠峰"，而有些地方很难找到必要的文字制品，出现学习资料的真空带。

## 1944 西部地区县域人口规划分析与预测——以甘肃省成县为例

发表时间及载体：《开发研究》2011年6期

作　　者：黄新明

简　　介：在区域总体规划中，人口规模是决定城乡用地规模和基本建设规模的首要因素，正确预测区域人口规模，既是区域总体规划的目标，又是制定一系列具体技术指标与指导区域布局的依据。本文在综合考虑甘肃省成县人口发展的多种因素及未来发展趋势的基础上，运用年平均增长率法、逻辑斯蒂曲线（Logistic）模型、经济弹性系数法和劳动力需求法，对该区域2017、2027和2037年的总人口进行了预测。

## 1945 中国汉语伊斯兰教文学史发凡

发表时间及载体：《西北民族研究》（CSSCI）2013年第3期

作　　者：马梅萍

简　　介：本文为作者承担的"中国宗教文学史"编纂子项目"中国汉语伊斯兰教文学史"（暂名）的总体设计思路与框架。汉语伊斯兰教文学指的是中国使用汉语的穆斯林所创作的以汉语文为载体的文学作品及在其宗教实践活动中产生和使用的文学作品，具有文化互融性、本土化程度不高以及综合使用多种语文等特点。几乎与中国伊斯兰教的发展同步，汉语伊斯兰教文学经历了唐至明中前期的移植萌芽期、明中晚期至清末的繁荣鼎盛期、清末至民国的现代转型期、从新中国成立至今的当代发展期。在汉语伊斯兰教文学的发展过程中，陆续出现了碑铭文学、汉文译著、古兰经汉译、苏菲文学、诵念文学、劝教歌谣、楹联匾额文学、史传与游记文学、报刊文学、当代作家文学等重要类别。

## 1946 浅论刑事诉讼过程中的人权保障

发表时间及载体：《甘肃政法学院学报》2004年第5期

作　　者：沈天炜

简　　介：刑事诉讼中的人权保障同题，在我国具有越来越重要的意义。修改后的刑事诉讼法中，对刑事诉讼制度和司法制度做了重大改革，进一步增强了刑事诉讼的人权保障功能。但几十年来中国的人权保障事业存在着许多缺陷和问题。以人权保障为视角，可以折射出我国刑事诉讼过程中有关制度与观念方面的许多问题，同时也能够对一些争论不休的问题提供一种新的思考方法。

## 1947 20世纪中国文学价值系统与传统文学价值观

发表时间及载体：《科学、经济、社会》2006年第24卷第2期

作　　者：程金城

简　　介：20世纪中国文学，形成了以肩负历史和民族责任、追求文学参与历史过程因而突出文学对国民群体的精神重建的文学价值系统，与以追求个体的生命价值和个性自由因而追求文学超越意义的文学价值系统。这两大文学价值系统与传统文学观和文化精神有着深层的关联。文章较系统地论述了其在各个时期的具体特征，特别指出一些作家重蹈传统"自我中心主义"覆辙的价值取向。

## 1948 CET-SET测试效度研究

发表时间及载体：《甘肃高师学报》2012年第6期

作　　者：景恒伟 马丽玲

简　　介：本研究就CET-SET（大学英语四、六级口语考试）测试效度做了相应的实证研究，研究结果表明CET-SET测试任务类型的结构效度还不完善，不能完成测试目

的与测试结果的拟合（Hughes，1989），证明了 CET-SET 结构效度偏低的事实。针对研究结果，研究者提出了提升测试效度相关的建议和措施。

## 1949 境外文化产品的进入与当代中国文化安全

发表时间及载体：《甘肃理论学刊》2007 年第 1 期

作　　者：肖安鹿

简　　介：在全球化的背景下，如何做好对境外文化产品进入的管理，确保本国文化安全，这是当前各国政府都须认真对待的问题。文化产品的多重属性与综合功能，使这一问题显得相当复杂棘手。本文主要从对境外文化产品的进入应保持必要的警觉，境外文化产品对当前中国文化安全的影响，正确认识境外文化产品的作用、建立健全必要的管理体制、加强与促进健康良好的文化交流等方面对这一问题进行了初步的探讨。

## 1950 论直销农业是我国发展现代农业的高效模式

发表时间及载体：《甘肃理论学刊》2009 年第 5 期

作　　者：李含琳

简　　介：改革开放 30 年以来，我国农业的发展模式经历了农户农业、规模农业和定单农业等发展阶段，目前已经进入向直销农业转型的重要时期。直销农业是增加农民收入的高效形式，建议国家从战略高度定位和决策直销农业问题。

## 1951 "说参请"考释——"说参请"源流研究系列之一

发表时间及载体：《长江大学学报：社会科学版》2012 年第 35 卷第 2 期

作　　者：庆振轩

简　　介：对于宋代说话中的"说参请"，由于资料的缺失，历来聚讼纷纭。"说参请"由佛门禅堂说法问答而来，是带有宗教性的特种说书，旨在借佛门参禅悟道，劝俗化愚，弘扬佛法，《青琐高议》相关篇目可以为据。

## 1952 MBO：所有权与经营权分离的反叛

发表时间及载体：《甘肃理论学刊》2004 年第 2 期

作　　者：李振佑

简　　介：MBO，即管理者收购，是 20 世纪 70、80 年代流行于欧美国家的一种企业收购方式。从管理意义上说，它是对现代企业制度的批判继承。本文首先分析了 MBO 的积极意义和制度缺陷，接着提出 MBO 应因企而宜，最后就我国推行 MBO 存在的问题及如何成功实施 MBO 做了探讨。

## 1953 借外力强动力尽早实现赶超目标

发表时间及载体：《社科纵横》2010 年第 8 期

作　　者：蔡文浩

简　　介：《国办若干意见》是指导甘肃社会经济发展的纲领性文件，要实现目标必须转变观念，创新制度，扩大对内对外开放。

## 1954 18 世纪中后期俄国贵族等级的社会心理特征

发表时间及载体：《西北师大学报：社会科学版》2007 年第 6 期

作　　者：张宗华

简　　介：18 世纪改革的悖论性导致了俄国贵族等级社会心理的矛盾化：贵族个性的发展——君主、国家概念的混淆；与传统价值观的背离——绝对服从又怀疑否定；理想之路——嘲弄时政、离群索居；贵族对农奴制度的矛盾心理。这种病态的社会心理破坏了贵族等级的团结，延缓了俄国公民社会的形成，致使俄国现代化进程冲突迭起，步履艰难。

### 1955 《诗经·召南·野有死麇》释疑

发表时间及载体：《西北师大学报：社会科学版》1998 年第 1 期

作　　者：漆子杨

简　　介：《诗经·召南·野有死麇》一诗的内蕴一直是众说纷纭，从白茅束麇鹿为聘不合礼仪、帨非佩巾而是性别的象征、以朴漱比况女子、卧鹿所蕴含的生殖崇拜以及诗章结构五个方面来看，这是一首写一位已婚女子与她的相好幽会的诗。

### 1956 马克思主义社会意识理论与社会主义核心价值体系建设

发表时间及载体：《求实》（CSSCI）2013 年第 7 期

作　　者：王学俭

简　　介：社会主义核心价值体系是社会意识的高度凝练和升华，马克思主义社会意识理论对社会意识生成发展、结构层次和运作机理做了全面探索和科学阐释，为社会主义核心价值体系的建设提供了理论指引。

### 1957 《古筛勒苏菲论集》述评

发表时间及载体：《西北民族研究》（CSSCI）2011 年第 4 期

作　　者：潘世昌

简　　介：伊斯兰苏菲的原始面目，历来众说纷纭。无论如何，我们需要回到苏菲原典中去，回到真实的苏菲记载中去，否则，我们永远只能雾里看花。《古筛勒苏菲论集》是一本公允记载伊斯兰早期苏菲特征的书，它真实地记载了苏菲最初的、本质的面貌，但这本书并没有得到研究苏菲与指责苏菲的人士应有的重视。笔者不揣冒昧，对该书的大致内容做出述评，以期引起学界对该书的重视。

### 1958 马蹄寺千佛洞第 8 窟法华造像观世音菩萨图像考

发表时间及载体：《华夏考古》（CSSCI）2012 年第 3 期

作　　者：张善庆

简　　介：张掖马蹄寺石窟群千佛洞第 8 窟现存法华造像一铺，释迦佛、多宝佛以及右胁侍文殊菩萨皆有榜题，唯独左胁侍菩萨题记漶灭不清。此义根据其他石窟材料，将这身造像考订为观世音菩萨，并就图像模式来源和成立的义理基础做进一步论证。

### 1959 清代基层司法的价值追求及启示——以清代州县判牍为材料

发表时间及载体：《兰州大学学报：社会科学版》（CSSCI）2012 年第 40 卷第 6 期

作　　者：王新霞 任海涛

简　　介：司法的"价值追求"是指国家设置司法活动所希望实现的最终目标，也是决定司法活动的根本观念、理念和评价标准，对司法裁判依据的选择具有决定性作用。清代大量州县判牍体现了清代基层司法的价值追求是：重视调解、息讼是求，通过司法实行社会教化，追求实质正义。这一价值追求有着深远的历史文化因素，对于今天的司法改革和法治建设有一定的启发意义。

### 1960 科学发展观中"以人为本"的中国时代特色

发表时间及载体：《学术论坛》（CSSCI）2010 年第 8 期

作　　者：刘先春

简　　介：中外历史上的"以人为本"相关思想都有其时代意义，科学发展观中的"以人为本"与中外历史上的"以人为本"相关思想既有联系又有区别。

## 1961 《礼记》与现代精神文明

发表时间及载体：《西北师大学报：社会科学版》2008年第1期

作　　者：赵逵夫

简　　介：《礼记》是从先秦至西汉关于《仪礼》解说、发挥文字的汇集，是我国秦汉以前的社会生活史和生活习俗、礼仪制度、人生经验的总结。有些论述有很高的概括性，有相当的理论价值。它在今天除具有认识价值外，也可以使我们知道在家庭、社会交际和为人处世以至对待本职工作、处理同大自然的关系等方面有哪些优良传统应该继承和发扬。其中关于礼的原则的论述，对今天的精神文明建设和人类活动中一些具体问题的处理有着重要的借鉴意义。

## 1962 宪法学、行政法学研究综述

发表时间及载体：《甘肃政法学院学报》2005年第1期

作　　者：王宏英

简　　介：宪政是中华民族的一个百年梦想，但是"没有宪法知识传统，没有普遍的宪法文化，不可能建立真正的宪政"（强世功：《谁来解释宪法——从宪法文本看我国的二元违宪审查体制》，《中外法学》2003年第5期），甘肃法学工作者十年来（1991—2000年）在宪法、行政法方面所倾注的不懈努力无疑为甘肃本地的宪政文明的生成起到了助推器的作用。

## 1963 公共政策参与的障碍性因素分析

发表时间及载体：《西北师大学报：社会科学版》2010年第3期

作　　者：董光前

简　　介：公众参与公共政策制定是实现公共政策合法性、科学性的必然要求，也是社会主义政治文明的具体体现。公共政策制定过程中的公众参与并不是一个有条不紊、相互协调、运转准确的过程。文章从政策制定结构的历史和现实分析、政策制定主体和参与主体的强弱不对称关系等七个方面深入分析了公众参与公共政策制定过程的复杂性，以期促进我国公众政策参与的合理、有序和有效。

## 1964 新时期高校研究生德育工作探讨

发表时间及载体：《兰州大学学报：社会科学版》2001年第29卷第5期

作　　者：杨毅 景金生

简　　介：研究生的德育工作是高校学生思想教育工作的一个重要组成部分，也是目前高校德育工作的薄弱环节。本文分析了新时期高校研究生思想行为的特点以及德育工作的现状，并提出一些看法和对策。

## 1965 论邓小平理论在马克思主义体系中的地位

发表时间及载体：《西北民族大学学报：哲学社会科学版》2010年第4期

作　　者：罗先德

简　　介：邓小平理论是中国化的马克思主义，是建设中国特色社会主义的理论体系。"文化大革命"之后，邓小平在主持中央党政工作期间，立足中国，面向世界，认为只有把人类和世界发达国家一切文明成果作为中国发展的起点，第一步赶超中等发达国家，实现共同富裕，第二步赶超最发达国家，展

现社会主义的优越性；把中国作为发展中国家的"试验田"，揭示了发展中国家跨越式发展的捷径，迎来了发展的机遇；中国特色社会主义建设的成就和影响力，将推动第三世界特别是新兴国家的改革开放，促进人类社会向共产主义迈进。

## 1966 左宗棠的西北禁烟思想及其实践

发表时间及载体：《青海民族研究》（CSSCI）2011 年第 3 期

作　　者：赵维玺

简　　介：西北回民起义结束后，西北各地鸦片种植泛滥，严重影响社会经济的恢复和发展，而且对于西北的社会风化构成很大的威胁。为此，左宗棠基于鸦片对西北社会危害的深入分析，采取了严厉禁烟的举措，遏制了当时鸦片种植泛滥的趋势。但是由于政策缺乏连续性和地方官员的奉行不力，西北的鸦片种植仍然未能根本杜绝。本文拟以左宗棠的西北禁烟思想和实践为中心，对其掌控西北政坛时期的一系列禁烟活动进行了较为详细的述论。

## 1967 同与不同的悖论及其他——《庄子·齐物论》"辩"说刍论

发表时间及载体：《阴山学刊：社会科学版》2011 年第 24 卷第 4 期

作　　者：刘顺 安家琪

简　　介：《齐物论》的辩说在庄子的思想中是达成以辩止辩、以不齐为齐的有效手段。但庄周并未严格遵守辩说的内在逻辑，且有意忽视了"同"与"不同"在辩论中的对等地位。近代以来的《齐物论》接受史在推进理解深化的同时，以"齐物"论为解读焦点及解读话语上的诗性偏好，也暴露了中国学人轻逻辑推理重个体感悟的思维特点，"接着讲"的学术意识与当下之需尚差有间。

## 1968 知识型员工的特点与激励策略分析

发表时间及载体：《甘肃理论学刊》2004 年第 5 期

作　　者：陈治华

简　　介：随着知识经济时代的到来，知识型员工在整个企业发展过程中起着至关重要的作用。本文通过分析知识型员工的特点，探讨了如何对其进行有效激励的策略。

## 1969 荒漠化地区农户种植决策目标权重变化分析——基于农户多目标种植决策模型

发表时间及载体：《兰州学刊》2010 年第 10 期

作　　者：聂正彦

简　　介：基于农户多目标种植决策模型，运用刘莹、黄季焜提出的一阶条件校准法，估计了农户种植目标权重值，研究结果表明，农户种植目标权重发生了明显变化，利润目标仍具有决定性作用，风险目标权重有所下降，而灌溉用水目标权重明显上升。

## 1970 远程开放教育课程的教学内容及其文化属性研究

发表时间及载体：《社科纵横》2008 年第 8 期

作　　者：韩国莉

简　　介：远程开放教育课程的教学内容及其文化属性研究是现代远程开放教育课程文化研究的重要课题之一。开展远程开放教育课程的教学内容及其文化属性研究，既是现代远程开放教育的课程文化研究发展的需要，也是现代远程开放教育的课程文化研究建设的需要。本文就远程开放教育课程教学的具体内容展开论述，并指出了远程开放教育课程的教学内容及其文化属性研究有利于营造健康和谐的远程课程教育文化生态，有助于学生树立文化平等观念的课程内容，从而逐步形成一种日益成熟的自省能力机制和具有文化自我发展能力的课程体系。

## 1971 略述清末民初的兰州典当业

发表时间及载体：《甘肃行政学院学报》2002 年第 1 期

作　　者：李兴平

简　　介：典当业是一种在我国具有悠久历史的融通社会资金的独特行业。本文在概述中国典当业渊源的基础上，专门就清末民初兰州地区典当业的规模、概况、组织管理、业务经营及衰亡情况做了述略。

## 1972 论民族出版业的困境与发展对策

发表时间及载体：《甘肃社会科学》2012 年第 4 期

作　　者：刘新田

简　　介：本文从民族地区经济文化发展相对落后，民族出版市场发育不良，管理体制滞后，读者群日益缩小，民文图书品种少、印数少，发行网点稀少，民文出版成本高，民文图书价格相对偏高等八个方面论述了我国民族出版的困境，并从十个方面提出了促进民族出版事业发展、繁荣民族文化、巩固民族关系的措施，力求对我国民族出版业的发展对策进行有益探讨。

## 1973 师生关系：发展性主体际交往关系

发表时间及载体：《西北师大学报：社会科学版》2000 年第 2 期

作　　者：潘洪建

简　　介：师生关系是教育之存在和发展的基本关系。以往以狭义认识为方法论基础的教学理论难以对师生关系做出合理的阐释。取而代之的以现代广义认识论为方法论基础的教学理论对师生关系予以科学地阐释，认为师生关系首先是一种社会关系，是教育社会中教师和学生两主体间的交往关系。其次，师生主体际交往以课程为中介，围绕课程进行对话、交流。再次，师生主体际交往关系以学生素质的全面发展和人格完善为目标，具有发展的特征。

## 1974 我国非农产业对城市化贡献率的实证分析——基于 VAR 模型和方差分解

发表时间及载体：《山西农业大学学报：社会科学版》2012 年第 11 卷第 1 期

作　　者：郭志仪

简　　介：文章通过构建城镇化率和二、三产业从业人员比例的 VAR 模型，利用方差分解技术，实证分析非农产业对城镇化的贡献，结果发现三个变量之间存在长期动态协整关系，第二产业对城镇化的贡献率较低并且在长期内处于小幅度波动的状态，第三产业对城镇化的贡献在分析期内始终是增长的，但是增长缓慢，目前还没有成为城镇化发展的主体动力。

## 1975 资源枯竭型城市技术进步与就业的相关分析——基于甘肃省白银市的实证分析

发表时间及载体：《新疆财经》2006 年第 4 期

作　　者：高新才

简　　介：本文以白银市为例，分析技术进步对资源枯竭城市就业的影响，认为技术进步对就业带来的负效应更明显。资源枯竭型城市技术进步和结构调整往往局限于资源产业内部，技术进步对城市的就业带动辐射力较弱；而提高资源型主导产业的技术水平，会导致城市经济和城市就业对资源依赖更为加剧。因此，资源枯竭型城市必须改变单纯产业升级和高新技术产业化取向，而以扩大就业作为首要目标，尤其应充分重视中小企业、农村非农产业的发展。

## 1976 甘肃承接产业转移的路径研究——基于加快转变经济发展方式背景下的思考

发表时间及载体：《甘肃社会科学》2012 年第 5 期

作　　者：马继民

简　　介：加快经济发展方式转变是当前经济发展的主线，甘肃在承接产业转移过程中必须把握这根主线，改变以招商引资为重心，以总量扩张催生产业的传统路径，实施以可持续发展为基本原则，依托优势资源和产业，围绕重点产业大力发展产业集群，东西共建产业园区，打造承接载体，以各具特色的开发区为配套，建设重点产业承接区域新路径，做到科学有效承接。

## 1977 经济转型与中国的转型经济学

发表时间及载体：《甘肃理论学刊》2008 年第 5 期

作　　者：张建君

简　　介：本文探讨了中国经济转型模式研究的分析框架，梳理并界定了改革、转轨和转型的不同内涵及相应的改革经济学、转轨经济学和转型经济学的发展阶段，提出了中国转型经济的三个层次及中国转型经济学的研究主题。

## 1978 春秋卿大夫的文献整理及其文化意义——从元典生成看民族精神的确立

发表时间及载体：《西北师大学报：社会科学版》2009 年第 5 期

作　　者：韩高年

简　　介：春秋时期周室和列国的卿大夫对前代的书面文献进行搜集、考订与编纂，将口传文献书面化、系统化，并在政治文化实践中不断地引证和重新阐释，从而确立了其元典的地位。卿大夫的文献整理活动不仅改变了前代典籍行将散佚的厄运，而且还促成了元典的生成。这一过程客观上促进了中华文化精神与民族性格在春秋时期的定型，具有重要的文化意义。

## 1979 公安行政强制措施的外延研究

发表时间及载体：《甘肃行政学院学报》2008 年第 4 期

作　　者：颜军 段海龙

简　　介：行政强制措施主要存在于警察法当中，是现今警察执法中使用频率最高的行政执法方式，也是执法规范最乱、违法违纪问题最多的强制方法，并且使行政强制措施成为继行政处罚之后又一个灾害发生地。本文在研究公安行政强制措施的内涵的基础上，通过研究公安行政强制外延，进而对我国现行公安法律规范中的公安行政强制措施进行梳理和思考，旨在规范公安行政强制措施，完善执法手段，促进公安机关依法强制。

## 1980 敦煌归义军时期的道场司探析

发表时间及载体：《敦煌研究》2002 年第 2 期

作　　者：徐晓卉

简　　介：魏晋南北朝时期，佛教大乘具足戒已在敦煌地区流传，为受此戒而设的方等道场也已出现。晚唐、五代、宋初归义军时期，方等道场司作为专事方等道场的机构而出现。本文针对方等道场的设置时间、地点及其职责问题做一商榷性探讨，可资借鉴。

## 1981 如何在高考工作中促进教育公平

发表时间及载体：《社科纵横》2011 年第 11 期

作　　者：何鹏

简　　介：高考是高等教育选拔人才的一项制度。自高考制度建立以来，在取得巨大成就的同时，其弊端也不断出现。本文试图对中国高考的录取名额投放和录取参照标准所存在的"教育不公平"问题做一个初步探讨，从而为实现这两方面的教育公平提出一些对策建议。

## 1982 高等师范院校计算机基础课教学改革研究

发表时间及载体：《电化教育研究》（CSSCI）2007 年第 11 期

作　　者：姚军

简　　介：本文以基础教育信息化的快速发展对教师提出了更高的信息技术能力要求为基础，系统分析了当前高等师范院校中计算机基础类课程在课程目标、课程内容以及教学方法中存在的主要问题，并在此基础上提出了改革高等师范院校计算机基础类课程教学的几点建议。

## 1983 "怒放的生命，超越平凡的力量"——兰州地下摇滚乐的发展与现状研究

发表时间及载体：《兰州大学学报：社会科学版》（CSSCI）2012 年第 40 卷第 2 期

作　　者：陈缨

简　　介：在实地访谈、社会调查的基础上，对 1985 年以来兰州摇滚乐的发展进行了分析和梳理，认为改革开放以来的兰州摇滚乐先后经历了草创及发展时期、鼎盛时期和衰落时期。兰州地下摇滚乐队受西方乐队和本地文化等因素的影响，比较重视民族民间音乐元素的运用，其发展和存在影响着一代代年轻人，作品具有一定的原创性。同时也由于所在地区经济落后、乐队发展目标及乐队整合缺失等诸多因素的影响，兰州摇滚乐发展之路并不平坦。

## 1984 前秦苻氏家族文学简论

发表时间及载体：《甘肃理论学刊》2010 年第 3 期

作　　者：翟云

简　　介：五胡十六国时期，前秦政权的文学创作粲然可观。略阳临渭氏人苻氏家族，崇文好学，不仅非常重视汉化教育，而且出现了苻坚、苻融、苻朗等不少优秀的文人，堪称名实相符的文学家族。苻坚等当权者的大力提倡和躬亲创作，社会环境的催生和强烈的民族意识等，都极大地促进了苻氏家族文学的繁荣。

## 1985 重新认识大学英语语法教学

发表时间及载体：《甘肃行政学院学报》2003 年第 2 期

作　　者：马瑞雪

简　　介：本文针对大学英语教学中普遍出现的忽视语法教学的现象，通过对语法教学的评价指出加强语法教学对提高学生语言应用能力所起的重要作用，并对语法教学提出一些建议。

## 1986 社会历史视野中的媒介形态和功能

发表时间及载体:《电化教育研究》(CSSCI)2006 年第 2 期

作　　者: 路宪民

简　　介: 传播是社会存在和发展的基本机制, 而任何传播都离不开媒介, 由此决定了媒介和社会之间的密切关系。历史地看, 在以血缘、地域为纽带的狭小、封闭的传统社会里, 媒介是表意符号, 其功能取向是时间性的。而现代社会, 由于社会规模的空前扩大和结构的开放性, 决定了延伸主体的物理性媒介的主导地位和媒介功能上的空间取向。

## 1987 西部城市低碳发展研究

发表时间及载体:《社科纵横》2011 年第 2 期

作　　者: 刘扬 陈怀录

简　　介: 随着现代社会文明程度的提高, 人们越来越清楚地认识到, 必须寻求一条可持续发展道路, 要在工业化和城市化建设中, 实现社会、经济的发展与人口、资源、环境的协调, 从而保持社会和经济的持续健康发展, 走一条社会进步、经济发展永续不断的可持续发展之路。人类能否走可持续发展之路, 关键是能否协调好人与自然(环境)的协调发展。我国东部经济发展以及西部的开发中, 存在着经济发展的同时环境破坏的问题, 而由于历史等多方面的原因, 西部地区, 尤其是西北地区的生态环境十分恶劣, 已到了非治理不可的程度。因此, 在西部城市发展过程中, 要保持能源消耗和二氧化碳排放处于较低的水平。本文以低碳世界中的中国西部城市为研究对象, 探讨了低碳经济对中国西部城市发展的必要性, 指出低碳经济是中国西部城市化进程的必然选择, 并提出低碳城市发展的战略路径。

## 1988 现实主义的精髓——陈忠实与柳青创作的倾向观比较

发表时间及载体:《兰州学刊》2011 年第 12 期

作　　者: 李晓卫

简　　介: 作为中国当代文学不同发展时期的代表作家, 陈忠实和柳青的创作在对作品倾向性的理解和表现上存在着明显的不同。柳青尊奉紧密配合现实政治的倾向观, 重视对作品思想性直接、鲜明的表现, 陈忠实则没有以简单直接的方式去表现作品的倾向性, 而是通过对生活的深入体验和客观描写, 渗透着对民族命运的深刻反思和现实矛盾的独特思考, 使作品的倾向性得到了自然的呈现, 从而体现着现实主义文学创作的精髓。

## 1989 电子商务中商标侵权行为研究

发表时间及载体:《兰州商学院学报》2005 年第 21 卷第 5 期

作　　者: 李长兵 罗淼

简　　介: 网络技术和电子商务的飞速发展在丰富了商务活动的运行模式的同时, 也不可避免地带来一系列新的法律问题, 而其中又以知识产权领域的侵权行为最为突出。本文从电子商务发展的商标权制度的影响出发, 重点论述了电子商务中商标侵权行为的表现形式, 并分析了其归责原则、构成要件和法律责任。

## 1990 甘肃省节水型农业发展战略研究

发表时间及载体:《甘肃理论学刊》2011 年第 3 期

作　　者: 王悦

简　　介: 本文在进行充分的调查的基础上,

认真探讨了当前甘肃省节水型农业发展中的水资源条件、基本形式、成效和问题，并根据科学发展观的要求，提出了今后科学推进节水型农业发展的战略对策。

## 1991 关于进一步健全和完善财政分配运行机制的思考

发表时间及载体：《甘肃行政学院学报》1999年第1期

作　　者：李秉文

简　　介：财政分配是财政的重要职能。国家财政一直处于困顿状态，国民经济总体效益低，与财政分配机制存在的问题不无关系。本文试图通过对财政收入、财政支出分配机制两方面存在问题的分析，提出关于财政分配机制健全和完善的几点思考。

## 1992 浅析兰州传统民居的特征

发表时间及载体：《甘肃高师学报》2012年第2期

作　　者：陈颖

简　　介：民居作为一个地方的文化表现形式，有着其深厚的历史及文化背景。兰州作为西北地区重要的城市之一，汇集了多民族、多地域文化，进而形成了它独特的建筑形式，民居建筑特色尤为突出。从兰州的地理位置、历史文化背景以及兰州传统民居的特点等方面来说明形成兰州传统民居的特征与当时社会的经济、政治、文化和建筑艺术水平紧密相连。研究兰州传统民居特征有助于理解西北地域传统文化和建筑装饰艺术的精神内涵，对于完善西北的地域艺术资源体系，促进文化遗产的保护、开发均具有重要的意义。

## 1993 知识经济、企业竞争与名牌战略

发表时间及载体：《标准化报道》1998年第6期

作　　者：聂华林 高新才

简　　介：在知识经济到来时代，如何创立名牌和促进企业发展，本文提出了通过狠抓经营竞争，开展合作竞争，进行市场组装以及引入商业资本等，达到联合打出"品牌"和发挥"品牌"的优势的目的。

## 1994 知识产权法制与"李约瑟之谜"的破解——一个产权理论的分析框架

发表时间及载体：《西北师大学报：社会科学版》2003年第2期

作　　者：李玉壁

简　　介：15世纪以前中国的科学技术水平虽然一直保持世界领先地位，但中国却没有率先制定出促进科技文化发展和经济增长的知识产权法。知识产权制度的缺失是近代中国未能发生科技革命和工业革命进而造成近代经济衰落的极为重要的原因。从产权理论的视角分析这一问题，有助于我国建立科技、经济、法律协调发展的知识产权法律制度。

## 1995 也谈仰月、日月菩萨冠饰——以麦积山石窟为例展开

发表时间及载体：《敦煌学辑刊》2007年第4期

作　　者：魏文斌

简　　介：笔者对麦积山石窟初期洞窟的考察中，发现几个洞窟内的胁侍菩萨或交脚、半跏思惟菩萨的宝冠上装饰有仰月，这是来自波斯萨珊王朝的冠饰，在5世纪时影响到了中国的佛教造像。麦积山的这种冠饰可能受到云冈石窟反传的影响，不是直接来自于西域或中亚。本文即以麦积山石窟为例展开，对这一冠饰的演变进行研究。

## 1996 颠覆与建构——鲁迅与加缪悲剧观比较研究

发表时间及载体：《安徽广播电视大学学报》2006 年第 4 期

作　　者：韩小龙 程金城

简　　介：颠覆与建构是鲁迅与加缪悲剧创作的母题，由于两个人站立的哲学高度不同，其悲剧色彩存在较大的差异。颠覆悲剧，加缪关心形而上的人生终极意义，鲁迅关心形而下的现世意义。建构悲剧，加缪弘扬人类的生命意识，显得悲壮，鲁迅悲剧悲喜参半，荒诞滑稽。

## 1997 未成年人犯罪暂缓起诉制度在我国的实践及立法构想

发表时间及载体：《兰州学刊》2011 年第 6 期

作　　者：郜占川

简　　介：暂缓起诉制度在降低司法机关的诉讼压力，提高诉讼效率，预防犯罪等方面具有较好的实践效果。从我国检察机关关于暂缓起诉相关制度的实践状况及未成年人的身心特点而言，构建我国未成年人犯罪暂缓起诉制度既具必要性又具可行性。我国引入暂缓起诉制度，为未成年人营造良好的社会环境，符合刑罚人性化的刑事理论，有助于刑罚教育功能的实现，有利于实现与世界法治文明接轨。同时应通过立法完善相关的配套措施，避免可能出现的滥用公诉裁量权等流弊，以便实现暂缓起诉利益的最大化。

## 1998 对戊戌文化现代意识的理性思考

发表时间及载体：《西北师大学报：社会科学版》2005 年第 4 期

作　　者：王韵秋

简　　介：戊戌文化是存在于维新变法时期，以维新文化为核心内容，以突出救亡图存为主题的，可与当时居统治地位的儒家正统文化相对抗的具有资产阶级文化萌芽性质的一种新文化，属于中国文化由传统到现代的一种转型文化。作为转型文化，它的价值表现在：以西方文化为参照，完成了中国文化由传统的学术价值定位到社会政治价值定位的再造，采用激进的反传统手法，在变法图强的旗帜下推进中国新知识阶层的群体政治意识和权利意识的觉醒。但由于种种因素和原因，戊戌文化也存在着诸如粗陋与肤浅间杂、恋旧与求新并存、过重的尊君色彩等无法克服的缺憾。

## 1999 启蒙的合法性危机与思想政治教育的责任担当

发表时间及载体：《宁夏党校学报》2010 年第 12 卷第 6 期

作　　者：刘基

简　　介：当代中国启蒙面临后现代思潮、大众文化、复古主义等思潮的合法性质疑。思想政治教育应担负起新时期马克思主义启蒙的重任。思想政治教育从实践性、阶级性、教育性等方面都应承担起启蒙的责任。

## 2000 探析西方马克思主义与经典马克思主义的关系

发表时间及载体：《社科纵横》2008 年第 8 期

作　　者：陈艳 李祥永

简　　介：西方马克思主义和经典马克思主义由同源到分流，走上了不同的发展道路，在西方演变为一种社会思潮，在东方建立社会主义制度和社会主义社会。百年来二者之间存在着巨大的分歧和政治分裂，新世纪能否重构二者关系以实现二者的对话和交流，将是我们值得探讨的问题。

## 2001 从兰州大学的历史看西部高校与地方社会的关系

发表时间及载体:《科学、经济、社会》（CSSCI）2009 年第 3 期

作　　者: 张克非

简　　介: 兰州大学 100 年的历史证明，在经济欠发达的西部省区建设好的大学，离不开国家的支持，但高校与地方的关系也同样重要。改革开放以来，地区差距的拉大、缺少地方政府的大力支持，加剧了西部重点高校发展中的困难。只有在三个方面自强自为，西部重点高校才有可能密切与地方、企业的关系，形成互利双赢的良好局面。

## 2002 服务科学：概念架构、研究范式与未来主题

发表时间及载体:《科学学研究》（CSSCI）2011 年第 1 期

作　　者: 包国宪 王学军 柯卉

简　　介: 兰州大学 2009 年中央高校基本科研业务费项目（09LZUJBWZD003）。服务科学在全球服务业高速发展的背景下逐渐成为近几年学术界的研究热点，但其研究仍处于起步阶段。在梳理现有服务科学研究文献的基础上，对服务科学的概念架构和研究范式进行了述评。

## 2003 建国以来我国生态文明建设的历程及其启示

发表时间及载体:《林业经济》2010 年第 1 期

作　　者: 王学俭

简　　介: 生态文明是真正实现人与自然和谐的绿色发展道路。新中国成立 60 年来，我国生态文明建设开拓创新，成绩斐然，并最终形成了富有中国特色的社会主义生态文明理论。

## 2004 民族地区社会稳定与建立多元化纠纷解决机制

发表时间及载体:《西北民族大学学报: 哲学社会科学版》2010 年第 5 期

作　　者: 张谦元

简　　介: 随着我国民族地区经济社会事业的快速发展，各类社会矛盾凸显，建立多元化纠纷解决机制成为必然。因此为维护我国民族地区的社会稳定，建立多元化纠纷解决机制有其合理性和现实价值。构建多元化纠纷解决机制，要坚持依法治国背景下的诉讼纠纷解决机制和非诉纠纷解决机制的协调，注意发挥民族地区非诉纠纷解决机制的作用，借鉴西方国家的替代性纠纷解决机制的做法和经验，完善多元化纠纷解决机制的配套立法。

## 2005 将物流规划功能外包——第四方物流

发表时间及载体:《上海综合经济》2001 年第 10 期

作　　者: 田澎

简　　介: 如何提高物流效率，降低物流成本，一直是物流研究者与物流活动参与者所关注的焦点问题。在发达国家，物流成本一般占国民生产总值的 10% 左右，而中国的物流成本则占 15%—30%。

## 2006 活跃大学英语课堂气氛之浅见

发表时间及载体:《社科纵横》2010 年第 12 期

作　　者: 安杰

简　　介: 课堂是组织和实施教学活动的重要场所，课堂气氛的好坏直接影响到一堂课的成败，影响到该堂课教学目标的实现与否。因此，课堂气氛的活跃与否成为评价课堂有效教学不可或缺的一个重要方面。

## 2007 西部女性劳动力资源开发问题研究

发表时间及载体:《西北民族研究》（CSSCI）2010 年第 1 期

作　　者：肇英杰 李辉

简　　介：在我国广大的西部地区，妇女约占总人口的一半，是建设社会主义物质文明、政治文明、精神文明和构建社会主义和谐社会的重要力量。受经济和社会发展水平及原有体制、观念、社会文化等因素的制约，西部妇女人力资源开发仍然滞后，全面促进性别平等和妇女发展还面临许多新情况和新问题。研究西部妇女人力资源开发，对于在和谐社会建设中发挥妇女的潜能，调动妇女的积极性，促进西部妇女与男子平等参与、共同受益具有重要现实意义。

## 2008 甘肃省创新型人才资源开发的战略思考

发表时间及载体:《甘肃理论学刊》2011 年第 5 期

作　　者：陈治华 陈开雄 杨光

简　　介：创新型人才资源是人才中的高层次人才，对经济社会发展起着重要的引领作用。甘肃省开发创新型人才资源，必须在正视人才资源开发现状和创新型人才资源自身特点的基础上创新开发观念、思路和战略。

## 2009 所有制、股权集中度和经营业绩

发表时间及载体:《经济管理》（CSSCI）2003 年第 23 期

作　　者：成学真

简　　介：股权集中度与上市公司经营业绩之间存在着密切关系，但这种相关性在不同性质的企业里对公司业绩的影响方向却不一样。国有单位控股上市公司股权集中度与公司经营业绩负相关，而非国有控股上市公司股权集中度与公司经营业绩正相关。从全部上市公司来看，这种相关性则不甚明显。

## 2010 试论改革开放中的创造性——学习邓小平关于改革开放的体会

发表时间及载体:《甘肃行政学院学报》2001 年第 4 期

作　　者：高峰 赵雪梅

简　　介：改革开放是一种伟大的理论创造和社会实践，而创造性则是改革开放的灵魂。邓小平提出的改革开放理论和领导我们进行的改革开放伟大实践，已经充分证明，只有继续推进改革开放，只有继续在改革开放中提倡创造和创新精神，我们的社会主义现代化事业才能不断推向前进，我国的综合国力和人民生活水平才能不断得到提高。

## 2011 公共服务社会化对行政组织文化创新的影响

发表时间及载体:《西北师大学报：社会科学版》2006 年第 6 期

作　　者：包国宪 张塿

简　　介：在世界范围内的行政改革大环境影响下，公共服务社会化的理念和方法在我国行政改革进程中也得到了初步的借鉴与应用。通过阐述公共服务社会化的内涵及其对我国行政管理领域的影响，结合当前的行政组织文化特点，简要分析了其在我国行政组织文化创新中的作用。

## 2012 论甘肃生态环境保护新思路

发表时间及载体:《甘肃理论学刊》2004 年第 4 期

作　　者：吴晓军

简　　介：甘肃生态环境建设的新思路在于全面推进节水型社会的建设，研究国家水战略及南水北调工程中甘肃受益问题，搞好全

省自然保护区的提升和自养发展，将生态环境建设与21世纪甘肃反贫困战略有机结合，构建长期支撑甘肃生态环境建设投资的长效机制。

## 2013 "使用与满足"理论在广告运动中的应用

发表时间及载体：《西北师大学报：社会科学版》2000年第6期

作　　者：王锡苓

简　　介："使用与满足"模式的提出为传播学效果研究提供了一个新的视角，即传播关系中有一个活跃的接受者，在广告传播中，只有满足受传者的需要与欲求，才能取得满意的广告效果。

## 2014 论艾特玛托夫创作的象征意义

发表时间及载体：《兰州大学学报：社会科学版》2002年第30卷第4期

作　　者：徐家荣

简　　介：艾特玛托夫作品以当今世界普遍关注的重大问题为题材，在创作中成功地运用了象征手法。以拟人化赋予象征意义，将神话、传说和幻想交替使用，引进虚的成分，虚实交错，将神话与现实交织，形成了浪漫主义情调与现实主义内容和谐统一的艺术风格。

## 2015 赋之再发现暨元白的理论贡献

发表时间及载体：《西北师大学报：社会科学版》2006年第2期

作　　者：雷恩海

简　　介：赋本为《诗》"六义"之一，乃一种表现手法，衍变为文体之一种，在彼此之消长融会中，具有了直陈、铺叙、构篇的功能。至中唐，元白受乐府及新兴叙事文学——传奇之刺激，由杜甫转向写实而开其端的赋法，被元白重新发现，不但作为诗歌的表现手法，亦运用于篇章建构，使诗歌的叙事功能得到了很大的发展，委婉详备，曲尽事情，为诗歌的叙事说理、谈性论道开辟了途径，在一定程度上强化了诗歌的散文化倾向，实乃对于盛唐情韵浑融之诗境的反动。赋之再发现，其影响所及，遂开宋人诗风之先声。

## 2016 唐诗中的"临洮"意象与边塞情怀

发表时间及载体：《兰州学刊》2011年第5期

作　　者：马真明

简　　介：临洮在唐代具有突出的边防意义，唐朝诗人或以其实际经历，或以其想象中的临洮为意象，表达其边塞情怀。"临洮"在唐朝诗人的笔下，或是具体指陈"临洮"，或是以"临洮"为中心的洮河流域与吐蕃接壤的边地。从其独特的战略位置以及边地风物之于唐朝诗人的特殊感情，反映出诗人对安定"临洮"对于安定西北、乃至安定大唐的重要意义。文章将通过对唐诗中"临洮"意象的分析，解读唐代的边疆政治走向以及诗人复杂的边塞情怀。

## 2017 双重因素制约下的羊毛贸易（1894—1937年）——以甘宁青为中心的考察

发表时间及载体：《西北师大学报：社会科学版》2011年第5期

作　　者：李晓英

简　　介：羊毛出口在近代中国对外贸易中占据极其重要的地位。近代中国羊毛出口量在总体一直处于上升趋势，但这其中又多次出现起伏。以往史学界多从帝国主义国家的"原料供应地和商品倾销地"这一角度来探讨近代中国对外贸易发展，进而认为帝国主义国家对原料需求的变化直接决定着近代中国对外贸易的兴衰。如果以近代羊毛贸易为中心，以甘宁青地区为切入点，考察羊毛贸易发展过程的影响因素，可以发现，在以美国为主体的海外需求量的影响下，社会内部的诸多因素也直接制约了近代甘宁青羊毛贸易的正常发展。

## 2018 第一个得到藏经洞文书的外国人

发表时间及载体：《敦煌研究》2001 年第 1 期

作　　者：谢生保

简　　介：敦煌藏经洞发现之后，各国的盗窃骗买者，将藏经洞大部分文书劫往国外。第一个得到敦煌文书的外国人是谁，又是谁把藏经洞发现的消息传到新疆，各种著作众说不一。谢稚柳先生在《敦煌艺术叙录》中说是一位比利时人。这位比利时人，本文认为是曾给德国地理学家李希霍芬当过翻译和助手、并在中国做官的保尔·施普灵盖尔特。

## 2019 毛泽东关于中国社会主义建设的战略思想与和谐小康社会建设

发表时间及载体：《社科纵横》2008 年第 4 期

作　　者：董爱玲

简　　介：毛泽东关于中国社会主义社会建设的战略思想，是马克思列宁主义和中国实际相结合的理论成果。站在今天的历史坐标点上，与建设中国特色社会主义、建设和谐小康社会、科学发展观等理论结合，反观相关的战略思想，其理论的总括度、视角的广度和深度、观念的前瞻性、基础性地位等无不凸显，为中国特色社会主义社会建设理论的进一步完善和发展提供了丰富而宝贵的理论指导。毛泽东思想在新的历史条件下需要进一步充实、发展和调整侧重面。

## 2020 探寻城市公共空间造型艺术建设中存在的问题

发表时间及载体：《社科纵横》2010 年第 10 期

作　　者：徐海翔

简　　介：本文详细论述了我国城市公共空间造型建设中存在着缺乏对民族传统的尊重，缺乏整体统筹，政绩工程泛滥等问题。

## 2021 试论开拓敦煌研究的新领域

发表时间及载体：《敦煌研究》2008 年第 1 期

作　　者：马德

简　　介：本文从敦煌历史文化的价值意义研究、敦煌历史文化的借鉴与创新、设立敦煌预防医学研究体系和敦煌艺术设计学体系以及与新兴学科的接轨、敦煌石窟与学科交叉、对敦煌佛教文化的重新认识等方面，提出进一步开拓敦煌研究的新领域的设想。

## 2022 校园 BBS：大学生思想政治教育的重要阵地

发表时间及载体：《电化教育研究》（CSSCI）2007 年第 10 期

作　　者：张生勇

简　　介：在信息化校园中，探讨校园 BBS 的育人功能已成为当前思想政治教育亟待研究的重要课题。本文通过对 BBS 特点的分析，指出了 BBS 给大学生思想政治教育带来的新挑战。作为高校思想政治教育工作者，面对新形势下产生的新事物，应积极面对，不断接受新观念和开创新思路，充分利用 BBS 的特点，通过校园 BBS 建设，创新大学生思想政治教育工作途径和方法，建设富有时代特色的校园网络文化，构建和谐校园。

## 2023 我国 NGO 环保传播与公共领域的建构

发表时间及载体：《甘肃社会科学》2011 年第 6 期

作　　者：王芳

简　　介：在我国现实的体制下，大众传媒对公共领域的建构只能是在某些关系到全社会利益的特殊领域逐步拓展的过程。环境问题是一个具有公共性特征的问题，环保 NGO（非政府组织）与大众传媒在环境传播过程中，使环境问题成为了社会中典型的公共议题，提高我国公众环保意识，带动了公众的广泛参与、自由交流与民主监督，对政府决策进行了系统的批判的检验，环境公共领域也因此得以建构。

## 2024 论税的基本概念的重构——纳税人权利的视角

发表时间及载体：《甘肃政法学院学报》2006 年第 5 期

作　　者：张永忠

简　　介：税的观念、理论、制度由国家本位、义务本位向纳税人本位、权利本位的转型要求必须对税的基本概念重构。"租税"应为税的新名称，"租税是人民为享受公共产品而支付的价款"则应成为税的新概念，"受益性、法定性、强制性"应成为税的新特征，纳税人应为"税款的一切实际承担者"，而不能仅指"税法上规定的直接负有纳税义务的单位和个人"，税权仅仅是税的权利和权力的统称而不能将其复杂化，只有形成纳税人意识才可能真正形成纳税意识。

## 2025 论社会保障的伦理道德功能和意蕴

发表时间及载体：《西北师大学报：社会科学版》2006 年第 4 期

作　　者：岳天明

简　　介：我国学术界对社会保障的伦理道德功能的忽视并不意味着它不重要。把社会保障置于道德谱系中进行考察，从文化根源、对象和内容等方面去分析和强调社会保障的伦理道德功能和意蕴，会有助于提升我们对它的意义的认识层次。不断发掘人们心中的文化道德资源，才能不断构筑人们对它应有的理解层次的道德平台，社会个体也会因此而凸现在生命的存衍中所固有的尊严和本真意义，这必将有助于进一步促进我国社会保障工作的进行。

## 2026 解放思想 转变观念 推进学校工作科学发展

发表时间及载体：《兰州商学院学报》2009 年第 2 期

作　　者：廉志端

简　　介：改革开放的时代潮流迅速改变着中国的面貌、中国人民的面貌和中国共产党的面貌。改革开放的 30 年，就是思想解放、观念更新的 30 年。2008 年，是全面贯彻落实党的十七大精神的开局之年，也是纪念改革开放 30 周年的奋进之年，我们要解放思想，转变观念，推进学校各项工作科学发展。

## 2027 白马人的历史与文化

发表时间及载体：《天水师范学院学报》2013 年第 6 期

作　　者：赵逵夫

简　　介：为考察白马人民俗，1989 年笔者曾到四川平武县，到了平武的白马藏族寨子，看到当地的很多白马人青年已经不穿白马人的服装了，经济发达，文化普及，媒体传播迅速，加之交通便利多了，城乡之间不像以前那样阻隔。这个原来居住在偏僻山庄的少数民族，在服饰、生活方式上受汉族的同化很快。

## 2028 大学生心理咨询工作和心理健康教育存在问题成因分析

发表时间及载体：《社科纵横》2008 年第 1 期

作　者：梁恒 李发展

简　介：随着中国社会经济的发展、高等教育招生规模的扩大，大学生在学习、就业、经济和情感等方面的压力日益增加，心理问题日益突出，大力推进心理健康教育工作理论的探索与研究，对目前高校大学生心理咨询与心理健康教育中存在的问题及成因进行分析，对促进中国大学生心理健康教育的健康发展有着积极的意义。

## 2029 有关河西节度使几个问题的探析

发表时间及载体：《甘肃联合大学学报：社会科学版》2008 年第 24 卷第 4 期

作　者：黄兆宏

简　介：河西节度使设置于唐睿宗景云二年（711 年），统辖八军四守捉，共有军队七万三千人。他们主要由蕃汉两部分人组成。蕃军是河西节度使辖军的主体。其主要职责是从事军事防务；而汉人的军队除了军事防务之外，还担有屯田任务。他们都是在不同时期迁入河西地区的移民。

## 2030 农民工诚信公德意识及入城问题探析

发表时间及载体：《兰州商学院学报》2009 年第 25 卷第 4 期

作　者：董原 徐雪霞

简　介：我国农民由于长期接受中国传统文化的教育和熏陶，大多具有朴实无华、吃苦耐劳、勤俭节约等传统美德。但是在城市化建设的进程中，由于忽略了社会公德、职业道德和家庭美德的建设或者说建设的步伐相对滞后，在进城农民工身上尚存在着许多与市场经济发展和城市生活不相符合的观念和行为。本文认为，农民工的素质、诚信公德意识及技术水平的低下影响了城市化进程、经济建设和社会发展，这是当前亟待解决的首要问题。

## 2031 敦煌文献中的职官史料与唐五代藩镇官制研究

发表时间及载体：《敦煌研究》2001 年第 3 期

作　者：冯培红

简　介：敦煌文献和石窟题记中关于中古时代的职官史料极为丰富，唐代前期河西节度使、吐蕃占领时期瓜州节度使和晚唐五代归义军节度使的职官史料都有保存，尤其是唐五代归义军时期的职官文献更为集中，以节度使为首的文武幕职设置齐全，比较全面地展现了唐五代藩镇官制的体系与规模。本文以唐五代藩镇时期的敦煌职官史料为依据，结合唐制，阐述了敦煌文献中的职官史料对于唐五代藩镇官制研究的价值。

## 2032 兰州现代服务业发展的 SWOT 分析

发表时间及载体：《兰州学刊》2011 年第 11 期

作　者：李绚

简　介：加快服务业发展是转变经济发展方式，推动产业结构优化升级的必然选择。通过兰州现代服务业发展的内外环境优劣势、面临的机遇与挑战等方面进行 SWOT 分析，对现代服务业的发展提出了加快体制机制改革，拓宽投资渠道，促进服务业对外开放，积极培养或引进适应现代服务业发展的各类人才和提供服务业发展的政策保障措施等对策建议。

## 2033 关于"马克思主义中国化研究"学科建设的几点思考

发表时间及载体：《思想政治教育研究》2013 年第 1 期

作　　者：王学俭

简　　介："马克思主义中国化研究"二级学科设立八年来，已取得重大的发展，但是其中也存在一些亟须加强和改进的问题。

## 2034 中国当代文学的历史传统与现实处境

发表时间及载体：《兰州大学学报：社会科学版》2002 年第 30 卷第 3 期

作　　者：赵学勇 杨小兰

简　　介：通过对 20 世纪 50 年代文学创作的历史传统与现实处境的批判性审视，认为 50 年代文学创作的政治化、模式化绝不是个别时期内的个别现象，它受到了五四新文学以来的功利传统、国家政治、作家主体退位等多重因素的影响。

## 2035 教育信息化与教学基本要素的角色定位

发表时间及载体：《电化教育研究》2003 年第 5 期

作　　者：剡根会

简　　介：以教育信息显示多媒化、教育信息处理数字化、教学组织超文本化、教育信息存储光盘化为特征的教育信息化带动教育现代化已成为世界教育改革与发展的共同趋势。而教学构成的基本要素教师、学生、教学内容和教学媒体等必须找准位置，适应教育改革与发展的这种共同趋势。

## 2036 敦煌学研究的一个重要分支学科——敦煌文化研究漫议

发表时间及载体：《敦煌研究》2000 年第 2 期

作　　者：颜廷亮

简　　介：敦煌学博大精深，随着研究的深入，学科建设也在不断地细化。而敦煌文化研究这一综合性的分支学科虽有异军突起之势，但至今尚未正式定名并界定概念，因此有必要尽快确立这一分支学科，从文化的角度对整个敦煌文化进行总体的分析研究，这不论在理论思考上，还是在研究实践上都是可行的。

## 2037 政府和市场关系——东南亚金融危机的启示

发表时间及载体：《甘肃行政学院学报》2000 年第 4 期

作　　者：王瑞芬

简　　介：市场经济中，既要重视市场配置资源的基础性作用，又要重视政府的宏观调控与补充作用，二者缺一不可，各种理论都在于找出两者之间的最佳结合点，东南亚金融危机中市场定位对中国建立社会主义市场经济有重要启示。

## 2038 《劝导》对传统女性形象的颠覆

发表时间及载体：《长江大学学报：社会科学版》2012 年第 35 卷第 5 期

作　　者：李永霞

简　　介：在奥斯汀生活的时代，社会对于女性角色的定位是：愚昧无知，天生在智力和能力上低于男性，无法独立，一生只能局限在家庭，做一个谦卑、顺从的妻子或母亲。作为一位女作家，奥斯汀对这样的女性定位极其不满，在小说《劝导》中创造了独立、睿智、在婚姻中不依附丈夫的克劳福德夫人和安妮等女性形象，表达了她超越时代的女性意识。

## 2039 横向府际关系中的利益演化均衡

发表时间及载体：《改革与战略》2011 年第 27 卷第 12 期

作　　者：马雪彬 冉维波

简　　介：随着横向府际关系不断地调整和变迁，合作已经成为一种全球化趋势。文章从我国横向府际关系的演变历程出发，运用演化博弈论分析了我国地方政府间的竞合行为，并试图从外部监督协调机制的建设和地方政府间信任度的建立，来探寻实现地方政府间合作的利益均衡路径。

## 2040 新世纪中国文化软实力体系的要素评析

发表时间及载体：《当代世界与社会主义》（CSSCI）2009 年第 6 期

作　　者：汪金国

简　　介：全球化的深入发展，使世界各国真正进入了一个相互依存的时代。西方发达国家凭借其多方面的优势不断向其他国家和地区扩张，渗透，推行其文化价值和政治模式，谋求新的霸权。

## 2041 近二十年来中国城市地理学研究进展

发表时间及载体：《兰州大学学报：社会科学版》2001 年第 29 卷第 5 期

作　　者：杨永春

简　　介：综述了近二十年来中国城市地理学研究的新进展，概括了各领域研究的主要观点，主要包括城市化研究、城市体系研究、城市形态与空间结构研究、城市地貌与不同类型城市研究、城市发展研究等五个领域，并对中国城市地理学的发展做了评述和

展望。

## 2042 论外部性理论的内涵及意义

发表时间及载体：《西北师大学报：社会科学版》2002 年第 3 期

作　　者：刘笑平

简　　介：外部性理论是现代经济学，特别是新制度经济学的重要理论之一。本文主要对外部性理论的内涵及意义加以评析，并就外部性理论的今后研究提出一些思路。

## 2043 建国以来中国共产党人发展观的演变

发表时间及载体：《甘肃理论学刊》2004 年第 6 期

作　　者：康民

简　　介：对当代中国社会发展问题的认识，是一个前后相继、不断与时俱进的历程，从毛泽东、邓小平、江泽民再到以胡锦涛为总书记的新一代党中央，都进行了长期的艰辛探索，终于形成了适合中国国情、具有中国特色的科学发展观，标志着我们党对社会主义发展规律认识的不断深化。

## 2044 教育技术学专业计算机教育应用系列课程体系改革研究

发表时间及载体：《电化教育研究》（CSSCI）2001 年第 4 期

作　　者：边燕春 杨晓宏

简　　介：针对教育技术学专业计算机教育应用系列课程体系在课程结构、课程类型及教学内容等方面存在的缺失，在总体改革方案的指导下，提出了改革的基本原则和思路，构建了新的计算机教育应用系列课程体系。

## 2045 中国城市化特征描述、分析与评价

发表时间及载体：《甘肃社会科学》2010 年第 3 期

作　　者：周毅

简　　介：中国城市化面临新机遇、新挑战和新景观的"重要战略机遇期"。城市化发展理论不断深化，城市化主动力转向发展中国家，城市功能效应增大增强，城市化是中国社会结构转型的前提，是建设民本、民富、民主、民生的和谐社会与生态文明主要路径。走中国特色城镇化道路体现其历史必然性，是从国情出发的完整意义的主动式、内生型现代化道路的根本标志和逻辑归宿。城乡内生—外生城市化多元复合互动"推拉"过程形成城市化动力机制。工业化与城市化互为前提，相伴相随，共同构成中国经济社会可持续发展基本点。中国城市化与经济增长成正比，呈现高速发展趋势，但仍然滞后于世界平均水平 10 个百分点，应建立加快城市化进程的政策制度保障机制。

## 2046 浅议敦煌饮食的开发

发表时间及载体：《敦煌研究》2002 年第 6 期

作　　者：高启安

简　　介：敦煌饮食文化是中华民族传统文化的有机组成部分，也是前人留给甘肃的宝贵遗产。敦煌饮食有巨大开发价值。开发敦煌饮食，是振兴甘肃经济和西部大开发的迫切需要，是对敦煌文化的挖掘和继承。敦煌饮食应当成为敦煌文化产业化链条中重要的一环，成为甘肃的名牌和窗口。开发敦煌饮食，不能名不副实，一哄而上，要在文化上做文章，珍惜和保护好敦煌的牌子。

## 2047 士人文化心态对北朝诗赋文体的吁求

发表时间及载体：《辽东学院学报：社会科学版》2010 年第 1 期

作　　者：韩高年

简　　介：文体不是孤立的语言现象，在其话语体式的背后，有一个话语主体的心理—精神结构所指向的社会文化背景。作家创造的话语符号结构，与其精神、心理结构具有同构对应性。文体作为文学话语的结构模型，既受到文化的制约，也同样表征着文化。特定文化中主体的行为方式与精神结构，包括体验世界的心理图式，是文学文体话语体式演化的内在规律。南北朝时期，北朝文化往往以胡、汉文化，也即游牧文化与中原文化的冲突为表征。文化的整合形成北朝士人的特殊文化心态，如文化隔漠心态，畏祸心态与羁臣心态等。这是造成北朝诗赋凝重古奥的文体特点的内在原因。

## 2048 浅论亚里士多德"形而上学"之"本体"存在

发表时间及载体：《甘肃高师学报》2011 年第 1 期

作　　者：刘袁

简　　介："自然"，在亚里士多德看来，是自然之物的"本因"，而"物理学"和"形而上学"则被看作是对"本因"的探索之探索。亚里士多德正是从"本体论"的角度出发，以"爱智慧"超越"智慧"，企图用"爱智慧"同一"形而上学"。

## 2049 敦煌唐宋时期的"助供"

发表时间及载体：《敦煌研究》2006 年第 5 期

作　　者：杨森

简　　介：唐代敦煌寺院中的僧人为僧、尼等赠送物品所用词汇多用"助供""助"（吐蕃占领时期），而五代、宋时期不见用或少用，但这类形式依然存在于寺院和民间，形成一种民俗活动，展现了唐宋时期敦煌寺院内外的一些赠纳习俗和互助活动。

## 2050 论民事诉讼中的部分判决

发表时间及载体：《甘肃政法学院学报》2006 年第 5 期

作　　者：杜睿哲

简　　介：依据我国《民事诉讼法》第 139 条规定，司法实践中法院做出部分判决是常见的现象。然而。由于民事诉讼立法的原则、笼统，理论研究的欠缺，实践中存在诸多问题，意见难以统一。为此，本文对民事诉讼中部分判决的概念、意义，部分判决范围的认定，部分判决既判力的客观范围与剩余部分的程序处理及部分判决的上诉等问题进行了初步探讨，以期对完善民事诉讼立法有所裨益。

## 2051 段文杰对敦煌艺术史研究的贡献

发表时间及载体：《敦煌研究》2011 年第 3 期

作　　者：穆纪光

简　　介：段文杰先生是享誉海内外的敦煌学大家，对敦煌艺术发展的各重要时期，进行了开拓性的研究。现仅就他在艺术史方面取得的重要成就，以敬佩之心，做挂一漏万的回顾，以表达后学对先生深深的缅怀。

## 2052 美国教育技术学研究生培养：视点与方法——与刘余良教授的对话

发表时间及载体：《电化教育研究》（CSSCI）2014 年第 35 卷第 6 期

作　　者：王卫军　刘余良

简　　介：美国的教育技术发展脉络清晰完整，社会需求与专业方向有很强的关联性，每个方向的环境设施都为学生将来成为一名教育技术专家做好了准备。SIUE 的教育技术学主要培养面向社会，能够适应社会需求的问题解决型人才。SIUE 教育技术学硕士研究生主要开设三种类型的课程：第一类，教育类课程；第二类，教学技术基础类课程；第三类，专业技能类课程。在不同的招生方向以及不同的培养阶段，都有现场实践或设计坊方面的课程。

## 2053 唐代敦煌壁画供养人服饰与体型

发表时间及载体：《敦煌研究》2008 年第 1 期

作　　者：李波

简　　介：本文通过对敦煌壁画供养人服饰的分析与研究，探索了唐代服装款式、穿着方式、妆面流行与人体的关系。对唐代服装流行的成因寻找渊源。

## 2054 关于民族政策学研究的几个问题

发表时间及载体：《甘肃行政学院学报》2005 年第 1 期

作　　者：牛海桢

简　　介：民族政策学是一门民族学与政策科学之间的边缘学科。本文主要就民族政策学的性质、对象和特点，民族政策学的研究内容、体系和结构以及研究方法进行了初步探讨。

## 2055 1970 年以来吐鲁番敦煌回鹘文宗教文献的整理与研究

发表时间及载体：《敦煌研究》2000 年第 2 期

作　　者：茨默

简　　介：20 世纪初，德国先后向新疆派遗了四次探险队，于吐鲁番等地发现了大批出自敦煌、吐鲁番等地的古代遗物，其中有不少回鹘文文献。此外，俄、英、法、日本及中国也有大批回鹘文文献入藏，引起了各国学者的关注，涌现出大批研究成果，本文针对与宗教（包括佛教、摩尼教、景教）有关的研究成果进行了系统的总结、回顾。

## 2056 家族企业中人力资源开发与管理分析

发表时间及载体：《兰州商学院学报》2005年第21卷第3期

作　　者：赵玉田

简　　介：文章通过对家族企业现状的分析，总结了家族企业经营管理中的特点，并针对家族企业中人力资源机制存在的问题，提出了有效的解决对策。

## 2057 语言学家马建忠对英语教育的贡献研究

发表时间及载体：《兰台世界：上旬》2014年第10期

作　　者：杨鹏

简　　介：清朝晚期著名的语言学家马建忠对近代英语教育做出了巨大的贡献，其对中西文化交流、语言文字翻译都有独到的见解。本文对马建忠其人进行概述，并深入分析了马建忠的西学思想对英语教育的贡献。

## 2058 论知识产权的民事权利性质

发表时间及载体：《甘肃理论学刊》2008年第6期

作　　者：党存红 李龙江

简　　介：本文首先从现有知识产权基本理论出发，简单概括了知识产权概念的内涵和外延。然后运用实证分析方法，从知识产权法与民法的调整对象的性质和调整方法的比较、知识产权的基本特征和发展趋势三个方面论证分析了知识产权的性质。最后从实然和应然两个角度得出知识产权在本质上就是民事权利的结论。

## 2059 仍是机遇：需从澄源正本接力起——关于高校民俗学／民间文学课程与中国民俗学学科建设的一点思考与实践

发表时间及载体：《西北民族研究》（CSSCI）2002年第2期

作　　者：郝苏民

简　　介：本文以西部一所民族高校民俗学／民间文学教学与教学体制改革的实践为例，结合西部地区大开发阐述了目前民俗学／民间文学在我国某些高校中文系的教学现状与我国民俗学学科建设的迫切性。

## 2060 活态文化及其对文艺学的挑战

发表时间及载体：《探索与争鸣》2008年第9期

作　　者：张进

简　　介：在全球地方化背景下，活态文化日益活跃并逐渐凸显为一个重要的学术领域。它不仅作为当前文艺学的补充性附加要素而存在，而且对后者构成了严峻挑战，它迫切要求文艺学场域做出结构调整和范式转换。本文在勾勒活态文化概念的基础上，论述其在知识范式上的环境性、实践性和地方性等特征，剖析活态文化对当前文艺学的边缘之罔、历史之罔和载体之罔等思维盲区的挑战，以期为活态文化研究和保护以及文艺学的建设提供参照。

## 2061 西北农村公共体育服务的环境分析及对策研究

发表时间及载体：《甘肃理论学刊》2012 年第 5 期

作　　者：郝莹 任莲香

简　　介：我国西北农村公共体育服务发展问题众多，主要体现在经济投入不足和教育环境落后两个方面。经济条件落后、资金投入不足、基层领导不重视、农民观念落后是导致现有问题的主要原因。这些问题应通过加大国家专项投入、建立官员问责机制、发挥大学生"村官"作用等方式来解决。

## 2062 西部中小企业中层管理人员薪酬满意度研究

发表时间及载体：《理论与改革》（CSSCI）2012 年第 4 期

作　　者：邵建平 苏小敏

简　　介：满意的员工才能创造满意的产品和服务。影响员工满意度的因素中，薪酬无疑是当前中国企业的重要因素。本文以西部中小企业中层管理人员为研究对象，以实证方法探询其薪酬满意度现状及影响因素。

## 2063 中小板市场与甘肃中小企业融资——甘肃省中小企业融资难问题的金融透析（二）

发表时间及载体：《社科纵横》2008 年第 3 期

作　　者：张金霞 张令柏 张新平

简　　介：甘肃中小企业的发展已逐渐成为甘肃经济增长的重要力量，但融资问题已成为甘肃中小企业发展的"瓶颈"，融资难是甘肃中小企业发展过程中的主要问题之一。本文从中小板市场与甘肃中小企业融资方面进行了分析和论述。

## 2064 伊拉克库尔德自治的最新发展与影响

发表时间及载体：《国际论坛》2011 年第 1 期

作　　者：敏敬

简　　介：伊拉克战争后，伊拉克库尔德自治区政治上高度自主，经济迅速发展，军事力量不断壮大。由于受伊拉克库尔德问题影响，土耳其反分离主义的困难加大，伊朗库尔德反对派以建立联邦制作为新的政治目标和动员口号，标志中东库尔德问题开始进入新的发展阶段。库尔德自治也导致伊拉克民族矛盾从国家政治层面蔓延至民间层面，伊拉克库尔德人的地区影响力扩大，从而形成两伊、土耳其和伊拉克库尔德自治区"三国四方"的地区关系格局，进一步影响未来伊拉克和中东库尔德问题的发展进程。

## 2065 中国地区差距、生产率的分解及其收敛成因的转变

发表时间及载体：《经济科学》（CSSCI）2007 年第 5 期

作　　者：李国璋

简　　介：本文将劳动生产率的增长分解为技术进步、技术效率和资本深化的增长，并分析了我国劳动生产率的变异系数和劳动生产率及其成分的变动。在此基础上以 1993 为分界点，对我国各省区 1982—2005 年劳动生产率分成两个阶段进行了收敛检验，分析了各个成分在各阶段对其条件 β 收敛的作用，并进一步探讨了就业的增长、人力资本、市场化程度、对外开放程度、储蓄率等对地区劳动生产率增长影响。结论表明第一阶段技术效率是我国区域劳动生产率收敛的原因，第二阶段资本深化部分造成了我国区域劳动生产率的收敛。1993 年之后，只有东部和中部存在劳动生产率

的条件收敛。

## 2066 健康教育：高校体育教学改革的核心

发表时间及载体：《兰州大学学报：社会科学版》2001 年第 29 卷第 5 期

作　　者：毕研洁

简　　介：我国高校体育教学仍然存在着重技术和身体素质练习、轻科学健身能力培养的问题。从教学内容到课程设置以及成绩的评定，对体育教育进行全面改革，在体育教学过程中切实将增进学生的身心健康放在首位，才能适应素质教育的要求。

## 2067 语文教育专业"三字一话"训练的必要性及策略——语文教育专业职业技能之"三字一话"训练

发表时间及载体：《甘肃联合大学学报：社会科学版》2011 年第 27 卷第 4 期

作　　者：王金娥

简　　介：本文分析了当代社会汉字书写、汉语使用的现状，认为要从根本上提高人们书写汉字的能力和水平，加强汉语使用的规范性，就要从基础教育阶段语文教师的培养抓起，而培养优秀的、专业化的语文教师则是高等师范院校语文教育专业义不容辞的责任和义务，"三字一话"训练就是语文教育专业职业技能训练的重要内容。据此，文章讨论了语文教育专业"三字一话"训练的必要性，提出了具体可行的"三字一话"训练策略。

## 2068 人口较少民族地区新型农村养老保障制度建设探索——"肃南计划生育家庭优先模式"的调查

发表时间及载体：《甘肃社会科学》2010 年第 6 期

作　　者：郭志仪

简　　介：本文是在调研基础上对肃南裕固族自治县新型农村养老保障制度的理论思考，认为肃南计划生育家庭优先的农牧村养老保障制度建设理念现代，设计科学，标准较高，人口和计划生育利益导向突出。在突破城乡界限，体现对计划生育家庭的优先优惠方面具有很高的"标本价值"，可资"新农保"试点地区借鉴。

## 2069 兰州城区道路交通拥堵的成因及治理

发表时间及载体：《甘肃高师学报》2012 年第 17 卷第 2 期

作　　者：陈翔 张林燕 刘爽

简　　介：随着兰州市经济的高速发展和车辆保有量的急剧增加，兰州城区道路拥堵成为常态，给市民的出行和社会经济的正常运行带来了严重的影响。在研究兰州城区道路现状和路网特点的基础上，对兰州市区道路拥堵原因进行了分析，提出了城区道路交通治理的对策。

## 2070 基于角色典型活动分析的网络课程设计与开发——以面向中小学教师的"教育研究方法"课程为例

发表时间及载体：《电化教育研究》（CSSCI）2013 年第 34 卷第 4 期

作　　者：郭炯 杨慧玲

简　　介：文章介绍了基于角色典型活动分析的网络课程开发模式，并描述了利用此模式进行的面向中小学教师的"教育研究方法"课程的开发过程。在经过近一年的使用后，采用问卷调查的方法对该网络课程的应用效果进行了调查研究。以调查研究中发现的问题为依据对网络课程的修改和完善提出建议。最后，基于本网络课程的开发实践总结分析了基于角色典型活动分析的网络课程开发模式应用的关键点：（1）以扎实的角色分析和学习者特征分析做好需求分析；（2）以具有紧密逻辑关系的角色知识体系为依据构建内容框架，以相对松散的方式展现课程内容；（3）以"十字交叉形"的资源呈现方式表征复杂知识；（4）以良好的学习活动设计为桥梁建立知识与能力的连接。

## 2071 国际视野、本土行动：比较教育的功能及其实现

发表时间及载体：《西北师大学报：社会科学版》2010 年第 2 期

作　　者：姜峰

简　　介：比较教育要积极适应新的时代特征，以"国际视野"为背景，在追求"本土行动"的过程中及时对其功能进行恰当而合理的定位。由于我国当前的比较教育研究存在着功能缺失和定位模糊的问题，故需从比较教育的功能定位与研究范式转型两个角度，来对比较教育功能的实现路径进行探索。

## 2072 生态效率指标：环境业绩指标和财务业绩指标结合方法探讨

发表时间及载体：《兰州商学院学报》2005 年第 21 卷第 3 期

作　　者：周一虹

简　　介：企业的投资者和其他利害关系人通过生态效率指标评价企业的发展战略结果。生态效率指标既可在同一行业内的企业之间做比较，也可考核某一企业的业绩变化。企业通过在提高企业附加值的同时，降低对环境的负影响来提高生态效率。现有考核指标有环境指标和经济指标两大类，在环境危机和环境保护日益重要的形势下，它们均已暴露出不足和缺陷。因此，有必要选择适当的环境业绩指标和财务业绩指标，把它们很好地结合起来，以充分反映和恰当评价企业的环境效益和经济效益。生态效率指标是财务业绩指标和环境业绩指标实现结合的一种方法。

## 2073 采取有效措施，遏制个别产业过热势头——以钢铁产业为例

发表时间及载体：《民主》2004 年第 6 期

作　　者：李国璋

简　　介：过去几年，在世界经济低迷、我国国内市场需求不足的情况下，为了拉动内需，保持宏观经济有较高的增长速度，中央政府引导固定资产投资主要投向基础设施建设。这一举措，符合我国经济发展的实际，是正确的和必要的，过去几年，收到了积极的效果。大量的固定资产投资投向基础设施，必然促进钢铁、建材、电解铝等行业加快发展。

## 2074 高师音乐专业配器法课程改革探析

发表时间及载体：《西北师大学报：社会科学版》1998 年第 2 期

作　　者：李锦生

简　　介：多年以来，各地高师音乐系、科配器法课程的设置随意性很大，这种状况既不能适应社会音乐发展的需要，更不能适应由应试教育向素质教育转轨这一教育发展总趋势对全面音乐师资的需求。因此，配器法教学亟待加强，配器法课程改革势在必行。在修改现行配器法课程教学大纲的同时，对于教学目标的制定、课程的设置、教材的建设、教学方法的改革都亟待探讨和解决。

## 2075 《离骚》的结构、叙事与抒情

发表时间及载体：《天水行政学院学报》2000 年第 2 期

作　者：赵逵夫

简　介：《离骚》是一首充满激情的政治抒情诗，是现实主义与浪漫主义结合的艺术杰作。它运用诡异的手法，通过丰富的想象来抒发情感，并含蓄而概括地反映了诗人的半生经历，反映了当时楚国社会政治的基本色调。全诗从内部结构来说，写了两个世界，现实世界和由天界、神灵、往古人物及人格化了的日、月、风、雷、鸾凤鸟雀所组成的超现实世界。全诗贯穿着两条线索，情感的发展线索和或隐或现的叙事线索。写法上虚实相间，首尾照应。

## 2076 敦煌早期洞窟佛像的卍字相与如来心相

发表时间及载体：《敦煌研究》2012年第4期

作　者：雷蕾

简　介：佛有三十二相、八十种好，其中一些相好出现在佛教造像中，常见的有顶髻螺旋、胸有卍字、指间缦网、足底轮相等，本文对敦煌莫高窟早期洞窟中佛胸前的卍字相、心相及其佛经来源进行了考察。其中早期洞窟绘塑佛像的胸口有宝花图像，本文认为是"如来心相"，即对心脏的描述，不属于三十二相、八十种好的内容，而与《观佛三昧海经》密切相关，显示《观佛三昧海经》对早期洞窟造像的影响。

## 2077 论司马迁的悲悯情怀

发表时间及载体：《甘肃联合大学学报：社会科学版》2006年第22卷第2期

作　者：张克锋

简　介：司马迁与孔子、墨子一样，有一颗伟大的爱人之心，他怀着普世之爱，怀着人道主义的悲悯情怀，对人间的一切苦难和人生的种种悲剧，同情着，惋惜着，痛苦着，他不仅为受苦者、被害者、被压抑者、怀才不遇者、饮恨含冤者一掬同情之泪，也为那些残暴、昏庸、阴险、狡诈、贪婪、无耻、懦弱、欲害人而最终也躲不过悲惨命运的人深深地悲哀。他的爱是博大的，他的悲悯是深沉的，他的心中有着丰富的痛苦。

## 2078 现代企业金融资本结构理论述评

发表时间及载体：《西北师大学报：社会科学版》1999年第3期

作　者：魏晋宇

简　介：在当前中国企业重提股份制经营的形势下，从股份制的初始意义——共同基金定理出发，全面掌握西方现代企业金融资本结构理论，分析借鉴其内容，对企业做出自己的金融决策是大有裨益的。

## 2079 新疆突厥语族语言接触的定位与演变规律

发表时间及载体：《西北民族大学学报：哲学社会科学版》2012年第2期

作　者：贺群

简　介：新疆突厥语族语言接触后会产生同化、借用、融合和双语现象，这是语言兼用、转用、混合、竞争的结果。新疆突厥语族语言接触后总体演变方向是趋同，它接触的结果受语言功能的层级性影响——强势语言决定弱势语言。新疆突厥语族语言接触产生的变异是由浅入深发展的，从局部变异开始，发展成系统变异，再由系统变异转变为语言混合。

## 2080 敦煌讲唱文学对戏曲的影响探析

发表时间及载体：《甘肃联合大学学报：社会科学版》2008年第24卷第2期

作　者：刘清玄 刘再聪

简　介：敦煌讲唱文学的类型多种多样，

艺术形式丰富多彩，是唐五代时期在敦煌地区广为流行，能够表现普通民众的社会生活、思想感情、理想愿望，同时又采用了广大民众喜闻乐见的形式的通俗文学作品。敦煌讲唱文学在类型、体制诸方面富含戏剧因素，因而对其加以分类和探讨，对戏曲起源的研究将有所裨益。

## 2081 "辛派词人"称谓溯源

发表时间及载体：《甘肃联合大学学报：社会科学版》2009 年第 5 期

作　　者：单芳

简　　介："辛派词人"是词史上一个重要流派。此流派称谓从最早的稼轩词风格指称"稼轩体""辛体""稼轩风"，到之后的"苏辛派""辛派""辛派词人"，呈现出循序渐进的趋势。从指称的变化过程看，它一方面反映出由辛弃疾所开创的这一独特词风渐被同时代人及后人认可，并在创作上体现出有意的推崇和仿效，另一方面也折射出这一领域已愈来愈多地得到词学家的关注并在研究上取得成效。

## 2082 大力发展中小企业　积极解决下岗职工再就业

发表时间及载体：《甘肃行政学院学报》2000 年第 2 期

作　　者：申社芳

简　　介：我国国有企业改革进入攻坚阶段，下岗职工再就业是突出社会问题。借鉴各国经验，大力发展中小企业能提供大量新的工作岗位。发展中小企业，要为其提供更为公平、更为宽松的环境，中小企业自身也要做出积极努力。

## 2083 关于入世与我国农业的几点认识

发表时间及载体：《甘肃理论学刊》2002 年第 6 期

作　　者：杨军 马祺

简　　介：入世对我国农业的影响是全面和深远的，应对入世的措施也是多方面的。本文针对目前在入世大讨论中较为普遍存在的观点，就入世对我国农业的影响及对策问题谈几点自己的认识，特别认为应对入世挑战、从根本上解决我国农业竞争力低下的问题，必须从制度创新入手，加快提高农业产业化和农民组织化水平。

## 2084 网络环境下美术课程教学研究

发表时间及载体：《电化教育研究》（CSSCI）2009 年第 9 期

作　　者：赵喆 马志强

简　　介：网络学习环境下，美术课程面临着从传统课程到现代课程的转型。不仅是教学形式、教学过程的改变，更是教育思想、理念的革新。本文分析了网络环境下对美术教学影响的几个方面。通过分析，提出网络环境下美术教学的几点综合思考，来认识和把握网络环境下美术课程的发展。

## 2085 兰州市产业结构调整与就业弹性问题研究

发表时间及载体：《城市问题》（CSSCI）2007 年第 3 期

作　　者：成学真

简　　介：从产业结构调整对就业增长影响的角度，以兰州市各产业产值就业弹性为切入点进行数据统计分析，结果表明，兰州市三次产业的发展虽然保持着比较高的速度，但各产业产值就业弹性均在不断下降。过去十几年间，第一产业所能吸收的劳动力非常有限，第二产业产值的增长不仅不能促进就业增长，而且释放出大量失业工人，第三产业已经成为拉动就业的主要力量。为避免出现经济增长和失业并存的局面，有必要促进产业结构的转变以增加就业。

## 2086 "马克思主义中国化"概念再解读

发表时间及载体：《理论学刊》（CSSCI）2010 年第 10 期

作　　者：刘先春

简　　介："马克思主义中国化"概念有一个演变历程，正确理解马克思主义中国化应从马克思主义具体化、马克思主义民族化、马克思主义大众化、马克思主义时代化和马克思主义创新化五个方面来进一步认识与解读。

## 2087 南北朝赋创作的得失

发表时间及载体：《甘肃联合大学学报：社会科学版》2008 年第 24 卷第 4 期

作　　者：赵逵夫

简　　介：由于统治者对赋创作的引导，南朝赋创作题材狭隘，思想境界不高，多缺乏社会现实意义，但题材上有新的开拓。有些题材的开掘比前为深。山水赋、田园赋和反映社会变革及重大政治事件的作品，抒发作家个人情怀的作品都产生了成熟的具有代表性的佳作。南朝赋也与其抒情化、诗化的趋向相一致，在语言艺术方面达到了相当高的水平。北朝赋数量少，但南朝作家入北，南方的创作技巧和语言艺术上积累的经验与北方刚毅之气及作家之思乡情绪结合起来，便产生了一些具有较高的认识价值和深刻的社会内容的作品。从赋的总体发展趋向来说，整个南北朝时代，是一个逐渐抒情化的过程，也是一个逐渐诗化的过程。从艺术表现方面说，南北朝也是赋在形式上进一步美化的过程。南北朝赋在开拓和深掘题材、挖掘汉语艺术表现功能方面，在根据社会的发展变化

重新寻找自己的发展目标方面是取得了突出的成绩的。

## 2088 论诉讼继受

发表时间及载体：《西北师大学报：社会科学版》2005 年第 1 期

作　　者：杜睿哲

简　　介：诉讼继受分为一般诉讼继受和特定诉讼继受。我国现行民事诉讼法只规定了一般诉讼继受，而没有规定特定诉讼继受，这会引起司法实践的不统一。为此，本文运用比较研究的方法，考察了日本和德国民事诉讼法的有关规定，论述了特定诉讼继受的主要内容、立法政策、处理程序及与民事诉讼法相关制度的关系，以期对完善我国民事诉讼法有所裨益。

## 2089 当代中国马克思主义大众化的网络传播途径

发表时间及载体：《电化教育研究》（CSSCI）2011 年第 7 期

作　　者：刘基

简　　介：当代中国马克思主义大众化的关键是实现政治话语与生活话语的有效对接与积极转换，以及新媒介语境下公共参与意识激活的传播渠道创新，这客观上需要实现以下话语范畴的对话与统一：网络事件与价值导向，网络生态与多元话语，网络文化与制度建设，网络舆论与传播智慧。

## 2090 民主中国之路——对人民代表大会制度的思考

发表时间及载体：《甘肃行政学院学报》2001 年第 4 期

作　　者：闻民

简　　介：民主中国是中国现代化的重要目标。通往民主中国的重要政治途径与制度安

排是人民代表大会制度。选择人民代表大会制度就是选择了有中国特色的民主政体。人民代表大会制度发展的曲折经历昭示了民主中国之路的过去时。通过健全与完善人大制度发展有中国特色的宪政民主是民主中国未来的唯一选择。

## 2091 关于河西走廊多民族文化互动模式的分析——以阿克塞、肃北、天祝三县为例

发表时间及载体：《西北民族大学学报：哲学社会科学版》2011 年第 3 期

作　　者：李元元

简　　介：河西走廊是我国著名的民族走廊。多样性民族文化在同一空间地域内的互动与整合建构了以多元统一为主要特色的河西走廊地域文化。目前，学术界对河西走廊文化的历史建构进程及宏观文化结构的分析构成了对河西区域文化双维平面的认知特点。本文以民族学田野调查为主要研究方法，对河西走廊多民族文化互动的模式加以归纳与分析，试图以微观研究视角呈现河西走廊多元一体文化结构生成的理论逻辑，期以河西走廊为研究切片，为民族走廊的研究提供一条立体化的研究思路。

## 2092 略论人口结构学的研究

发表时间及载体：《西北人口》1980 年 1 月

作　　者：武文军

简　　介：人口学的知识体系中有许多分支学科，诸如人口经济学、人口社会学、人口统计学、人口生态学、人口史、人口思想史、人口理论和方法、人口系统工程学、人口地理学、民族人口学等等。近两年来，我国社会科学工作者和人口理论工作者以及一些自然科学工作者，对人口学各分支学科的研究已经取得了初步成果。但是，至今人们对于

人口学中的另一支分支学科人口结构学却还没有引起足够的重视。

## 2093 论西部地区软环境建设与优化

发表时间及载体：《甘肃省经济管理干部学院学报》2004 年第 17 卷第 1 期

作　　者：高新才

简　　介：投资环境可分为硬环境和软环境，前者主要是指以物质条件为主要形态的各种因素，包括自然资源、地理位置、气候条件、基础设施等方面，后者主要指以人为中心的诸多因素，包括政治条件、法律制度、思想文化、人力资源等方面。西部大开发以来，西部地区硬环境有了较大改善，但软环境建设相对滞后，已成为西部经济发展的桎梏。为此需对制约西部软环境建设与优化的原因做一分析，并提出相应的对策建议。

## 2094 查嗣庭文字狱案与海宁查氏文学世家的衰微

发表时间及载体：《西北师大学报：社会科学版》2011 年第 2 期

作　　者：张毓洲

简　　介：海宁查氏是明清两代的著姓望族、文学世家。他们在科举、仕宦、学术及文学方面都取得了引人瞩目的成就。尤其是查氏家族的诗歌创作成就，获得时人及后人的一致认可与称赞。查嗣庭案是发生在清雍正四年（1726 年）的文字狱大案，查氏家族遭受沉重打击，家产抄没，其族众或戮尸，或流放。案后，查氏族人的科举仕宦之路暂时中断，继续将家族发扬光大、推向兴旺繁荣的步伐受阻，查氏家族渐趋衰微。导致查氏家族非正常衰落的关键因素是清王朝对浙人及查氏家族的有意打压，同时也与查氏族众的心灵受到巨大伤害，以及查氏家族成员贪恋官位而不知检束等因素有关。

### 2095 城乡社会救助体系建设与公共服务均等化

发表时间及载体：《西北人口》2010 年第 3 期

作　　者：焦克源

简　　介：在和谐社会建设中，如何通过城乡统筹战略的实施构建覆盖城乡的社会救助体系，缩小城乡社会救助制度之间的差别，实现公共服务的均等化，已经成为社会救助体系建设所要解决的重要问题。

### 2096 新会计准则对水电企业财务管理的影响

发表时间及载体：《社科纵横》2010 年第 7 期

作　　者：尚怀锋

简　　介：如何应对新会计准则，完善企业财务管理水平，是水电企业的当务之急。本文首先简单地介绍了新会计准则对水电企业财务管理的影响，然后有针对性地提出了一些对策和建议。

### 2097 元代史学领域的"华夷"、"正统"观念

发表时间及载体：《兰州大学学报：社会科学版》2004 年第 32 卷第 6 期

作　　者：李淑华

简　　介：在对元代史学领域的"华夷""正统"观念进行梳理的基础上，进一步明确了"华夷一家"观念在元代中后期于思想领域所获取的主流地位，并分析了这种转变的原因。

### 2098 《楚辞·大招》与楚巫文化

发表时间及载体：《西北师大学报：社会科学版》2002 年第 1 期

作　　者：张兴武

简　　介：《楚辞·大招》，究竟属于巫觋歌词还是文人诗体的争论，从汉代持续至今，有关该篇产生时代的说法也不一而足。本文则着眼于《大招》本身，从饮食、乐舞及女色、建筑并苑囿以及美政等四个方面，进行了系统而具体的分类讨论，同时又以楚墓发掘的考古材料与篇中内容相互印证，并时时取屈原《招魂》对读比较，从而为上述问题的解决提供了许多新的启示。

### 2099 大力培育体育市场 加快我国体育产业发展

发表时间及载体：《兰州商学院学报》2004 年第 20 卷第 3 期

作　　者：张志云

简　　介：我国体育产业包括体育用品业和体育服务业两部分，发展我国体育产业有利于扩大产业链，有利于调整我国体育事业内部结构。据此，我们需要借鉴发达国家利用资本市场促进体育产业发展的经验和办法，走职业化道路，创造体育经济高效益。同时，加强法制，尽快制定适合我国体育产业发展的新法规。

### 2100 敦煌壁画中的杖具——锡杖考

发表时间及载体：《敦煌研究》2007 年第 4 期

作　　者：胡同庆

简　　介：本文在对敦煌壁画中锡杖图像进行全面考察基础上，与绢画、石刻、金铜器中的锡杖图像以及法门寺出土的锡杖实物等进行了比较，并结合佛教经典，就锡杖的造型、制作、功用以及与持杖人的关系等方面进行了考证。

## 2101 城市化进程中失地农民社会保障体系构建——基于兰州市南面滩社区的实证分析

发表时间及载体：《西北人口》2012 年第 5 期

作　　者：王明霞

简　　介：随着我国城市化工业化进程的加快，越来越多的农民失去了土地，实现着农民市民化的转变。在这个进程中，失地农民遇到了许多制度障碍，其中较为突出的方面则是社会保障制度。本文基于对兰州市南面滩社区的实证分析，讨论了发展集体经济对社会保障供给的积极作用。提出"政府主导与集体经济相结合"的社会保障模式，以作为当前背景下短期制度安排，来应对政府对于失地农民保障性的不足。要解决好失地农民的社会保障问题，最终还是要依靠城乡社会保障一体化的实现。

## 2102 虚拟企业可靠性及其理论评价模型研究

发表时间及载体：《科学学与科学技术管理》（CSSCI）2006 年第 5 期

作　　者：包国宪 顾波军

简　　介：综合虚拟企业及可靠性理论，在深入分析影响虚拟企业功能因素的基础上提出虚拟企业可靠性理论评价模型，为对虚拟企业及虚拟企业可靠性进行更加深入的研究打下了理论基础。

## 2103 知识产权战略实践价值初探

发表时间及载体：《西北师大学报：社会科学版》2004 年第 2 期

作　　者：李玉璧

简　　介：知识产权战略是一个跨法律、经济、科技、文化等学科的边缘性交叉课题。它是运用知识产权法律保护制度，为充分维护自身的合法权益，获得和保持竞争优势并遏制竞争对手，谋求最佳的经济效益而进行的全局性谋划和采取的重要策略与手段。知识产权战略的实施对调整企业产权结构、优化资源配置、转变经济增长方式、提升国家经济创造力与国际竞争力、振兴民族工业、保障国家经济安全等具有极为重要的意义。

## 2104 敦煌目连变文与戏曲研究

发表时间及载体：《敦煌研究》2000 年第 3 期

作　　者：李重申

简　　介：本文全面探讨了目连变文与戏曲形成之关系，钩稽了目连故事的演变轨迹，研究了目连变文的宗教性、民俗性及其思想内涵和艺术魅力。

## 2105 试论高职院校图书馆建设——以兰州职业技术学院图书馆为例

发表时间及载体：《社科纵横》2010 年第 3 期

作　　者：汪双英

简　　介：高职院校迅猛发展，已占据整个教育事业的半壁江山。作为支撑高职教育三大要素的图书馆，要跟上高职院校发展节拍，还有许多工作要做。文章根据多年图书馆工作经历，分析了目前高职院校图书馆发展现状及未来。

## 2106 浅议生育权

发表时间及载体：《甘肃行政学院学报》2002 年第 4 期

作　　者：叶竹梅

简　　介：生育权是婚姻法所调整的内容之一，是婚姻家庭关系中的一项基本权利。生育权属人身权，具体应为配偶权范畴，由夫妻双方平等享有，共同行使。我国现行法律对生育权的规定不甚明确,如何正确行使生育权,生育权受到侵权时又如何保护,有待进一步探讨和完善。

## 2107 论我国民族自治地方立法的指导思想

发表时间及载体:《西北民族大学学报:哲学社会科学版》2010 年第 5 期

作　　者:康耀坤

简　　介:民族自治地方立法的指导思想是立法中的灵魂和核心因素,准确把握其内涵和基本内容,明确指导思想间的逻辑关联,对我国民族自治地方立法具有重要指导作用。

## 2108 敦煌莫高窟第 465 窟断代研究综述

发表时间及载体:《敦煌研究》2003 年第 5 期

作　　者:敖特根

简　　介:关于敦煌莫高窟第 465 窟断代,目前有吐蕃窟、蒙元窟、西夏窟等三种说法,本文介绍和分析在学术界颇有影响的几种观点。

## 2109 张家山汉简所见西汉初期土地及赋税制度

发表时间及载体:《西北师大学报:社会科学版》2012 年第 4 期

作　　者:陈立正 孙占宇

简　　介:张家山汉简《二年律令》材料反映出西汉初期的土地及赋税制度的具体实施情况:当时的"名田宅"制度是按照爵位等级授予的,田宅的继承与转让有着严格的法律程序,女子也可继承田宅,当时刍稿税的缴纳标准按民户所受田亩来确定并可纳钱代物,当时盐铁等工矿业税种较多,征税标准

各异,对于促进工矿业的开发、增加财政收入等有一定积极作用。

## 2110 论中学语文教学中的能力培养

发表时间及载体:《西北师大学报:社会科学版》2000 年第 5 期

作　　者:赵跟喜

简　　介:在中学语文教学中,培养学生的理解运用能力、钻研能力、辨析能力、迁移能力以及独立思考的能力,是提高教学效率,减轻师生负担的根本保证,也是语文教学改革至为重要的课题。

## 2111 论附条件不起诉制度的构建——基于刑事诉讼法修正案的思考

发表时间及载体:《甘肃政法学院学报》2011 年第 6 期

作　　者:王宏璎

简　　介:制度层面附条件不起诉制度的构建,在嫌疑人权利保护以及实现良好社会效果方面起到了积极的作用。如果没有严格的制度规范与程序设计,附条件不起诉的适用极易具有侵害法律尊严与被害人权益的双重性,针对刑事诉讼法修正案,本文拟对附条件不起诉的案件范围、所附条件、适用程序等方面提出进一步构想,以便对附条件不起诉进行立法层面的完善。

## 2112 前景理论与开放式基金风险调整研究

发表时间及载体:《甘肃理论学刊》2012 年第 4 期

作　　者:胡凯 朱泽钢

简　　介:前景理论关于损失规避心理的描述认为投资者面对盈利时倾向规避风险,而面对亏损时倾向风险偏好。本文通过实证考察在盈亏不同状态下开放式基金的风险调

整行为，数据分析结果显示开放式基金的损失规避行为包括以下内涵：首先，开放式基金具有损失规避行为，其次，开放式基金的风险调整行为可能会迎合其委托人的风险偏好，从而使损失规避行为产生一定的偏离。

## 2113 信仰伦理

发表时间及载体：《甘肃理论学刊》2005 年第 2 期

作　　者：柳清华

简　　介：人类最根本的问题是物质与精神的关系问题，而集中解决它的，就是信仰。本文认为，信仰是人对未来的无限美好事物或境界的确信、向往和追求，是价值体系和人类生活的核心，是人的天性和存在的本质。信仰分为社会信仰和个人信仰，而历史的趋势是走出社会信仰，建立每个人自己的个人信仰，使个人真正独立自由。

## 2114 审美的另一世界探秘——对"内审美"新概念的再思考

发表时间及载体：《西北师大学报：社会科学版》2004 年第 3 期

作　　者：王建疆

简　　介：内审美是相对于建立在审美对象基础上的、以耳目视听为媒介的感官型审美的内在精神型审美。它包括在宗教或功夫密修中的内景呈现，内视、内照、内乐，在文艺创作中的联想和想象，由人生修养中的"无美而乐"所形成的无对象无形式的精神悦乐和静逸型的人生境界内审美。内审美跟文艺审美和生活审美的联系与区别，境界审美与其他内审美的联系与区别，都将展示审美的另一世界的奥秘。

## 2115 论政府自利性与法学研究的学术腐败

发表时间及载体：《社科纵横》2008 年第 10 期

作　　者：马陇平

简　　介：法学研究的学术腐败由于法学学科的特殊学科地位与作用，使得其危害性远远大于其他学科的学术腐败，而政府作为国家的执行机关，其自利性与法学研究者自我利益相结合产生的学术腐败，造成的危害性不但危害了法学研究的科学性，更重要的是会对我国法治建设进程造成重大危害。本文就政府自利性与法学研究学术腐败的相结合原因进行深入分析。

## 2116 在学习实践科学发展观中建立保障和促进科学发展

发表时间及载体：《甘肃理论学刊》2008 年第 6 期

作　　者：王福生

简　　介：在学习实践科学发展观中，解决观念、发展、体制和作风等四个方面的问题，落实以人为本、全面协调可持续发展、统筹兼顾的要求，最后都需要从解放思想中去想办法，从破除相应体制障碍中找出路。唯其如此，科学发展观才能真正落在实处。

## 2117 尼克松对华缓和政策与"均势"外交战略的构建

发表时间及载体：《兰州大学学报：社会科学版》2005 年第 33 卷第 3 期

作　　者：李玉君　舒泰峰

简　　介：将尼克松的对华缓和政策置于其"均势"战略总构想之下进行再探讨，指出尼克松之所以推行这一政策乃是为了构建两个外交三角，即"中美苏"外交大三角和"中美日"外交小三角，通过这两个外交三角的构建，最终实现其均势战略的总构想。

## 2118 "法天贵生"的历史昭示

发表时间及载体：《西北师大学报：社会科学版》2004年第2期

作　　者：任遂虎

简　　介：先哲体悟到"天"具有生"物"的职能，即发现"天"理的"生"理效应。他们对天的关注，本质上是对现实生命的关注。"法天"，意味着"贵生"。天德贵生与人德贵生处于两相对应的价值框架之中。对"天"职的崇敬转化为爱生节用的情操，即好生而养生，爱物而惜物，取之有时而用之有节。这一理论致思和行为操守既是情感的投射，又是理性的选择，既是为天地万物负责，也是为人类自身负责。诸如"律天时"的规律把握，自然"无为"的方法论，"忧天"和"补天"的体认，时空关系上的谐调，以及"为天地立心"的责任感等，都是法天贵生理论的分衍。它体现了理性与情感的统一，功利与审美的统一，目的与规律的统一，现世与超越的统一，主体人与客体物的统一，具有超越时代的恒常价值，可为当代人类社会带来冷峻而绵长的历史昭示和现实启发。

## 2119 权力祭坛上被释放的身体——评当代中国刑罚制度

发表时间及载体：《甘肃理论学刊》2007年第1期

作　　者：赵书文

简　　介：本文以身体—权力为主线，以历史比较的方法叙述了身体在人类历史上的受难和它在当代中国的处境及其与权力之间的关系。人类社会从身份走向契约。身体从权力的祭坛之上被释放，其自身的尊严得到了维护。刑罚的惩罚虽然对身体依然附着了苦痛，但这毕竟不是其所追求的目标。这是身体的喜剧，是人的尊严的回归。

## 2120 基于户籍制度视角的农村劳动力返流现象分析

发表时间及载体：《西北人口》2012年第1期

作　　者：郭志仪 郑周胜

简　　介：在城市化快速发展过程中，农村劳动力返流现象受到社会各界的关注。基于当前劳动力返流的现状，从户籍制度的视角分析我国劳动力返流的演进历程，建立农村劳动力返流的理论分析框架，并且解析户籍制度政策效应对农村劳动力返流的影响，最后从减少返流与安置两个角度提出应对我国农村劳动力返流的对策建议。

## 2121 公有中央银行与私有中央银行：中美之比较

发表时间及载体：《兰州商学院学报》2009年第25卷第3期

作　　者：刘光华 杨丽

简　　介：在现代社会中，不论是从某家（些）大的私人商业银行逐步发展演变而成的中央银行，还是由政府出面直接组建的中央银行，它们都具有"发行的银行""银行的银行""政府的银行"这三大基本属性。这也使大部分人想当然地认为，任何国家的中央银行都是国家所有的，都具有公有性质。其实不然，私人所有的国家中央银行长期存在，此点为我们的常识和国内法律人所长期忽视并形成了某种理论误解。本文基于中美为代表的公有央行和私有央行体制、功能的比较，试图揭示这一问题，进而为全面而准确地讨论中央银行的性质和功能打好基础。

## 2122 我国地方税立法权的归属决断

发表时间及载体：《甘肃政法学院学报》
2009 年第 5 期

作　　者：张永忠

简　　介：在我国地方税立法权的归属问题
上，理论和实践的回答截然相反。究其原因，
地方税的立法权不能归属地方，我们的理论
研究未能揭示税收立法权不可分割的属性，
而我国的税收立法实践一直不自觉地行进在
正确的道路上。

## 2123 意境理论的现代整合与内审美的视域超越

发表时间及载体：《西北师大学报：社会科
学版》2006 年第 1 期

作　　者：王建疆

简　　介：意境和意境论源自古人，但其解
释权却在今人手中；今人对意境和意境论的
解释又必须符合古人的原意。由于在这一悖
论的背后潜伏着古代意境论无通约性的尴
尬，因此，意境论的现代整合就不仅可能，
而且必须。从内审美的观点看境界、妙悟、
意象和意境，将另有一番境界。在意境研究
之内，会发现境界的本质和特点；在意境
研究之外，会发现意境生成和流变的中轴或
道枢。

## 2124 浅析现代行政制度的伦理缺失——由山西黑砖窑事件引发的思考

发表时间及载体：《甘肃行政学院学报》
2008 年第 2 期

作　　者：杜宏程

简　　介：行政制度为行政目标服务，追求
的是行政价值的充分体现，制度的伦理性体
现在解决个人理性和社会理性的矛盾冲突之
中，很难想象，一个缺乏伦理关怀的制度，
在以道德规范为基础的社会中，可以发挥什

么样的作用。而发生在山西的黑砖窑事件可
以说是现代行政制度伦理缺失的缩影。本文
将从加强基层组织的建设、转变基层组织职
能等方面，试图提出完善现代行政制度伦理
性的途径。

## 2125 贡本（塔尔寺）曼巴扎仓

发表时间及载体：《西北师大学报：社会科
学版》2011 年第 4 期

作　　者：端智

简　　介：曼巴扎仓是 17 世纪开始在藏传
佛教格鲁派寺院出现的专门研习藏蒙医学的
机构。相比于此前常见的父子传承和组织性
不强的师徒传承，曼巴扎仓的出现标志着藏
蒙医学开启了一种更有组织的体制化传承形
式。贡本（塔尔寺）作为安多地区最重要的
藏传佛教寺院之一，其曼巴扎仓的建立，对
藏医学在安多地区、蒙古地区的传播和发展
起到过巨大的作用。

## 2126 论我国民间资本创业投资法律制度的完善

发表时间及载体：《甘肃政法学院学报》
2011 年第 2 期

作　　者：孙晓娟

简　　介：本文从创业资本市场发展的内在
本质要求、全球创业资本市场发展趋势的外
在牵引、我国创业投资历史积淀的现实选择
三重视角分析了我国民间资本主导创业投资
之内在逻辑，并以《合伙企业法》《公司法》
等政策法规为背景，提出了完善我国民间资
本创业投资的基本法律制度体系和配套法律
制度体系的具体对策，以期为改善现行政府
主导的创业资本供给结构体系和推动我国民
间资本创业投资提供有益的思路。

## 2127 产业集群的另类解释——黑洞效应

发表时间及载体:《科技管理研究》(CSSCI)
2007 年第 27 卷第 11 期

作　　者:汪慧玲

简　　介:当今时代,产业集群已经成为引人瞩目的区域发展趋势,无论在发达国家还是在发展中国家,都对经济发展有巨大的贡献。产业集群的性质和特征决定了在其发展的过程中,隐含着自我崩溃的因子,如同天体物理学中的"黑洞",这种黑洞效应在一定程度上也有积极的方面。如果在产业集群的发展过程中能意识到这种黑洞效应,并正确引导产业集群的健康发展,产业集群将会有无限的生命力与可持续发展的源动力。

## 2128 藏牧区刑事和解初探——以甘南藏族自治州为例

发表时间及载体:《西北师大学报:社会科学版》2011 年第 6 期

作　　者:熊征

简　　介:在藏族牧区犯罪治理过程中,"赔命价""赔血价"等民间惯习常与刑事司法相互排斥。实践证明,这一问题并不能简单地通过一方对另一方的取代予以解决。刑事和解是我国正在倡导和试行的一种刑事纠纷解决方式。从牧民对传统调解的信任与依赖、传统刑事司法的"水土不服"以及刑事和解的契机与本土优势等三方面分析,在藏牧区建立刑事和解制度,有助于融通藏族传统调解与司法两种机制,改善刑事纠纷解决的整体效应。

## 2129 经济原则和道德原则关系的再认与重整

发表时间及载体:《甘肃社会科学》1999 年第 3 期

作　　者:董雅丽

简　　介:在我国实行社会主义市场经济的条件下,经济生活已成为人们社会生活的重要方面和主要内容,经济活动中的利益原则也就逐步被人们所接受。同时,由于人们传统的行为准则中没有经济原则、利益原则的位置,或者说用道德原则取代经济原则,一旦发现经济活动与其他社会活动的不同,特别是发现经济生活的重要时,经济原则便成了凌驾于一切之上的至高无上的东西,出现经济原则的泛化就是必然的。相应地,也必然会使远离经济的空洞的道德说教失去存在的余地和空间。应当说,对经济原则和道德原则的关系进行重新界定与重整的时期已经到来,而对经济原则和道德原则关系的再认识是对其关系进行重整的前提和基础。

## 2130 1981 年—2010 年青海省产业结构演进的偏离份额分析

发表时间及载体:《西北民族大学学报:哲学社会科学版》2012 年第 5 期

作　　者:曹颖轶

简　　介:改革开放以来,民族地区经济平稳快速增长,为了更好地说明民族地区经济增长的动力,本文研究自改革开放以来青海产业结构的演进过程,以其三大产业的生产总值作为基本数据,将青海产业结构演进过程分为 3 个阶段,即 1981—1990 年,1991—2000 年和 2001—2010 年。通过偏离份额模型进行计算,分析青海产业结构在演进过程中三大产业的结构优势和产业竞争力的问题。分析结果表明,青海这 30 年来产业结构不断地优化和提升,是青海整体经济实力明显提高的动力。

## 2131 西部大开发与扶持西部中小企业发展——对国外经验的借鉴

发表时间及载体：《兰州大学学报：社会科学版》2003 年第 31 卷第 1 期

作　　者：柴彬 王起亮

简　　介：国外许多国家都高度重视对中小企业的政策支持和宏观管理，并把发展中小企业作为缓和地区发展不平衡的重要手段，它们的经验值得我们借鉴。中小企业对振兴西部经济，营造西部自我造血机制，扩大就业，增加地方税收，保护生态环境，保持社会稳定具有重大意义。西部大开发中应加大对西部中小企业的政策扶持力度，推动西部中小企业的快速、健康发展。

## 2132 贯彻落实"三个代表"重要思想应关注的几个悖论

发表时间及载体：《甘肃理论学刊》2006 年第 5 期

作　　者：张嘉选

简　　介：学习贯彻"三个代表"重要思想重在实践。在目前的实践中尚存在一些与"三个代表"重要思想之要求不尽一致的现象。诸如经济与社会不能同步发展、精神文明与物质文明不能同步提升、坚持代表最广大人民的根本利益这一宗旨与不能满足人民群众的物质文化需求等等，均是我们党应密切关注并切实加以解决的悖论。

## 2133 表见代理制度中第三人信赖合理性的判断及弹性化机制的应用

发表时间及载体：《西北师大学报：社会科学版》2007 年第 3 期

作　　者：吴国喆

简　　介：表见代理制度中第三人的信赖合理性标准应界定为以合理错误为已足，而在具体判断时，则采用在斟酌具体情事的基础上比较一般理性行为人的行为方式来确定，因而具有法律判断的属性，这就必须综合多种因素，其结论必然是弹性化处理，这一方面体现在生活事实的法律判断本身具有适度的弹性，另一方面体现在信赖合理性与可归责性之间相互影响，因而需要通过一定的技术手段来调和。

## 2134 教师幸福感调查与分析——以兰州市为例

发表时间及载体：《西北人口》2012 年第 6 期

作　　者：陈亚玲

简　　介：从古至今，人们从未停止过对幸福的追寻，幸福感早已成为评定生活状态的重要标准之一。教师作为一个独特的群体，对幸福的体会，一定有其独特的感受。笔者以兰州市城关区为例，对教师的幸福感状况进行了调研，并对调研结果进行了理性思考与分析，最后提出提升教师幸福感的建议。

## 2135 试论乌古斯突厥蛮塞尔柱克人的联系与区别

发表时间及载体：《西北民族研究》（CSSCI）1996 年第 2 期

作　　者：敬东

简　　介：在亚洲中古时期的民族史中，常常会遇到乌古斯人、突厥蛮人、塞尔柱克人的称谓，这些人曾在亚洲广阔的历史舞台上纵横驰骋，其活动范围甚至超出了亚洲，对北非、东欧等地的历史都产生过影响。

## 2136 现代释义学视界下的《文赋》写作范式探微

发表时间及载体：《甘肃高师学报》2012 年第 6 期

作　　者：刘财德

简　　介：《文赋》是我国古代著名的文艺学理论著作，它对丰富我国文艺学的理论具有重要作用。同时，《文赋》还是一部著名的写作学著作。陆机在《文赋》中建构了一个充满能动性的写作范式：玄览颐情—叹时思物—咏诵文藻—援笔宣文。从现代释义学的视角来看，陆机构建的这个写作范式比较符合释义学的相关理论。同时，从现代教学论的角度看，这个写作范式对丰富我们现代语文写作教学也具有重要的指导作用。陆机构建的这个写作范式既不同于现代语文课堂"工匠式"的教学模式，也不同于舶来理论"大话式"的空洞说教，而是一个情景交融、温趣和谐、心灵开放、言语有声的学习情景。今天我们重温这个写作范式，觉得它还具有超前引领现代语文课堂写作教学的意义。

## 2137　论西北在中国边防与国家安全史上的地位与作用

发表时间及载体：《西北第二民族学院学报：哲学社会科学版》2005 年第 2 期

作　　者：杨红伟 高原

简　　介：一条农牧分界线绵延于中国西北地区，由这里将中国分隔成两个不同的经济区域：农耕经济区与游牧经济区。这里也就成了农耕文明与游牧文明接触与碰撞的交汇点，从而使西北地区对历代中原王朝具有非常重要的边防与国家安全的意义。从周朝开始，历秦、汉、隋、唐，各中原王朝为保障自身安全，在西北地区开疆拓土，遂使这里成为汉唐都畿与历代中原王朝的安全屏障。可以说，西北繁荣与否关乎天下，而西北安危亦于天下安危有莫大之影响。

## 2138　改革开放三十年专题——论中国特色社会主义理论体系的几个重要问题

发表时间及载体：《兰州大学学报：社会科学版》（CSSCI）2008 年第 6 期

作　　者：刘先春

简　　介：胡锦涛总书记在党的十七大报告中，创造性地提出并深刻阐述了中国特色社会主义理论体系，全面、正确认识和把握中国特色社会主义理论体系的形成过程。

## 2139　"十一五"期间少数民族事业取得的成就、存在的问题和挑战

发表时间及载体：《西北民族大学学报：哲学社会科学版》2012 年第 2 期

作　　者：才让加

简　　介："十一五"时期，我国少数民族事业在政治、经济、文化、生态、民生等诸多领域取得了举世瞩目的成绩，但随着国情的深刻变化，少数民族事业在民族间发展差距、乡村少数民族发展、移民社会事业、民族团结进步事业、公共服务事业均等化、基础设施建设、生态保护、公平分配资源、经济发展方式和调整经济结构、培养"发家致富型人才"等方面仍然面临着问题和挑战。

## 2140　上古授时仪式与农事诗——以《夏小正》、《七月》、彝族"根谱"为例

发表时间及载体：《西北师大学报：社会科学版》2006 年第 6 期

作　　者：韩高年

简　　介：古时期的农事与祭仪都有很严格的季节性，社会生活的外在表现为一幕幕与特定物候相对应的季节性仪式景观。《夏小正》以韵文的形式，依一年十二月分十二章，

借助每月中典型的季节性物候景观标示着相应的社会生活节奏，是早期敬授民时仪式的产物。它的传播，使季节性景观成为农事、祭祀等生活内容的重要表征形式。这从创作动机、文体特征、表现方式等多方面影响到农事类歌谣的文体特征。

## 2141 论河湟傩文化中的猴戏

发表时间及载体：《中州学刊》2014 年第 4 期

作　　者：胡颖

简　　介：河湟地区的傩舞戏以其古老的传统、不间断的传承、活态的存在形式，为我们探究猴子这种动物在古代蕴含的历时性文化信息提供了一般的文献所无法比拟的形象资料。河湟傩舞戏中的"猴戏"实际上是民间戏剧对该地区民族关系的一种观照，猴子形象从《变化赶鬼》《五将降猴》等反面被驱禳的对立角色到被传授庄稼技艺的《庄稼佬教猴》，再到《三回回》《五大民族》等剧目，形象地展现了古代各族人民从对立到友善、互助直至最终融入中华民族大家庭的发展线索。

## 2142 安徽省博物馆藏敦煌遗书《二娘子家书》

发表时间及载体：《敦煌研究》2001 年第 3 期

作　　者：李正宇

简　　介：《二娘子家书》，是安徽歙县许承尧自其宦陇时所得敦煌写经裱背纸中剥离揭出者。1951 年，安徽省博物馆自许承尧家征集收藏。该卷向被断为唐代写本、妇女手迹。本文则考定为宋太平兴国五年（980 年）六月二十一日写本，并揭示其价值意义，兼对所谓"妇女手迹"提出否定看法，认为当是敦煌文士代书者。

## 2143 嬴政青睐《韩非子·孤愤》和《五蠹》的原因——兼论秦始皇对法家思想的接受

发表时间及载体：《海南师范大学学报：社会科学版》2013 年第 26 卷第 7 期

作　　者：杨玲

简　　介：文章探讨了秦王嬴政所见韩非文章究竟是司马迁《史记》所记《孤愤》和《五蠹》，还是刘勰《文心雕龙》所说《储说》系列，在此基础上分析了嬴政对《韩非子》产生强烈共鸣的原因，即秦国政坛浓郁的法家氛围、嬴政在性格上与法家人物的契合、嬴政继承君位后所面临的紧迫局面，揭示了嬴政接受法家思想的原因及法家思想对嬴政的影响。

## 2144 汉魏六朝调笑戏谑类俗赋

发表时间及载体：《兰州大学学报：社会科学版》2005 年第 33 卷第 3 期

作　　者：伏俊琏

简　　介：对汉魏六朝时期调笑戏谑类俗赋和相近作品进行了钩稽，对其文体特征进行了分析。这类俗赋以论辩的形式展开，韵诵是其主要传播方式，文体上整齐的节奏、和谐的韵律是这种传播方式的反映。

## 2145 情事变更原则比较研究——关于我国情事变更原则立法的思考

发表时间及载体：《甘肃政法学院学报》2003 年第 3 期

作　　者：马育红

简　　介：本文通过对两大法系各代表国家的情事变更原则与相似制度的比较研究，阐述了情事变更原则在我国法律体系中存在的必要性，并对我国情事变更原则立法进行了分析与思考。

## 2146 西部传统文化的开发及其现代转型

发表时间及载体：《甘肃理论学刊》2003 年第 1 期

作　　者：马晓燕

简　　介：经济社会的发展除了受自然资源的影响之外，更与人类所创造的文化资源密切相关。中国西部地区在其长期的发展中形成了独特、深厚的文化底蕴。这种文化精神是逆向，或是顺向，从不同角度与现代社会相应和。西部开发需要从深层次挖掘其文化精神的现代潜质。

## 2147 西北少数民族妇女的教育与人力资源开发

发表时间及载体：《兰州大学学报：社会科学版》2004 年第 32 卷第 2 期

作　　者：刘曼元 陆春萍

简　　介：针对西北少数民族妇女受教育程度的现状，从成年妇女文盲率较高、女童辍学情况严重、妇女接受培训机会较少和妇女整体素质偏低等方面进行了分析，提出了开发西北少数民族妇女人力资源的具体对策。

## 2148 甘肃省高职高专大学生就业现状与问题分析研究

发表时间及载体：《社科纵横》2008 年第 6 期

作　　者：席明 李红梅 石光乾

简　　介：高职高专大学毕业生的就业现状与存在的问题是整个社会经济发展过程中的一部分，是实现中国由人口大国向人力资源强国迈进的一个关键环节。甘肃省高职高专大学生就业问题表现为就业结构性矛盾突出，学校整体办学定位与省内社会经济发展不相适应，对毕业生就业指导与服务工作的相对缺失，大学生就业观念普遍存在偏差等。

## 2149 社会主义历史进程与中国特色社会主义

发表时间及载体：《甘肃行政学院学报》2001 年第 4 期

作　　者：王栖梧

简　　介：在社会主义历史进程中，曾经历了三个时期和三次飞跃，这表明社会主义具有强大的战斗力和旺盛的生命力。然而，社会主义毕竟是新生事物，发展中难免遇到困难，甚至挫折、失败，社会主义总是在前进与曲折交替中发展。我们要用科学社会主义理论正确认识社会主义事业的长期性、艰巨性，坚定走建设中国特色社会主义道路的决心和信心。

## 2150 西北古代农田水利开发的类型投资者和基本经验

发表时间及载体：《西北师大学报：社会科学版》2006 年第 5 期

作　　者：李清凌

简　　介：西北古代的农田水利，有两个投资源支撑着两种类型的开发：一是私人投资的经济型开发，一是国家投资的军事型开发。两类开发的目的、力度和持续性各不相同，客观效果差别很大，但都为我们积累了丰富的水资源开发的历史经验。

## 2151 古代敦煌文物保护述略

发表时间及载体：《敦煌研究》2012 年第 2 期

作　　者：沙武田

简　　介：检阅藏经洞敦煌文献与莫高窟、榆林窟等石窟资料，发现其中有大量古代敦煌文物保护的事例，涉及敦煌历代祠庙寺观维修、崖面加固、洞窟维修、清沙扫窟、佛经修补等多个方面。另可探讨与古代敦煌文物保护工作相关的文物保护工作者，保护工作的招待活动、所需材料、工作场所及古代敦煌人的文物保护理念等诸多问题，均对我们今天的文物保护工作有一定的借鉴意义和参考价值。

## 2152 再论抗战时期的西北科学考察团

发表时间及载体：《敦煌研究》（CSSCI）2013 年第 6 期

作　　者：李怀顺

简　　介：文章依据新资料深入、多方面地论述了考察团的筹划、考察日程和主要收获，探讨了考察团成员对西北的认识和开发西北的看法，对于夏鼐的贡献予以更全面的分析。

## 2153 浅析离退休人员政治思想工作

发表时间及载体：《社科纵横》2009 年第 6 期

作　　者：李国鹏

简　　介：近年来，企业离退休人员队伍不断扩大，离退休人员的思想政治工作面临着许多新情况和新问题，如企业经济效益不断增长，如何进一步形成离退休人员生活待遇的正常增长机制，从而更好地体现共享改革发展成果的原则；企业改革发展力度不断加大，和谐社会建设不断推进，如何做好离退休人员的服务管理工作；在离退休人员政治、生活待遇基本落实的情况下，如何进一步开展文体活动和老年教育，更好地满足他们的精神文化生活需求等，这些问题都在一定程度上影响着离退休人员的思想状况。面对年龄参差不齐、人生经历各异的这样一个特殊群体，按照党的十七大的要求，如何进一步做好他们的思想政治工作，不仅直接关系离退休人员的切身利益和身心健康，而且关系改革发展稳定的大局。

## 2154 将甘肃民间美术元素引入艺术设计专业的创新教学

发表时间及载体：《甘肃高师学报》2012 年第 6 期

作　　者：张林燕 刘爽 张海燕

简　　介：艺术设计专业的课程设置改革势在必行，其中之一应该将当地民间美术纳入我们的教学体系，使学生通过在大学四年的系统学习，将内容丰富、形式多样的民间美术题材、图形、色彩以及内涵逐步消化和融入到现代设计之中。将甘肃民间美术引入艺术设计专业的创新教学，对于汲取民间美术之精华，办出高校艺术专业特色，培养新一代民族文化艺术的继承者和传播者具有重大的现实意义及深远的历史意义。

## 2155 媒介是人的进化式延伸——达尔文"进化论"视域下的麦克卢汉"延伸论"透视

发表时间及载体：《甘肃社会科学》2011 年第 4 期

作　　者：李曦珍

简　　介：在西方技术进化主义者看来，人类是一种独特的"肉体＋工具"结构的超生命物质形态，故人类的进化是一种不同于其他动物的新型进化，这种新型进化既体现在人类肉体的器官进化上，更体现在人体之外以工具为主体的技术进化上。麦克卢汉的媒介延伸论本身就是西方技术进化论的一个重要组成和诠释，它为人们理解所谓的人类"体外进化"提供了一把钥匙。在达尔文生物进化论的视域下，本文主要从进化论是延伸论的理论缘起、延伸论的进化思想和延伸论所揭示的媒介进化规律等三个方面，逐一对麦克卢汉的媒介延伸论进行分析透视。

## 2156 《论语》中的自然意象与圣贤品格

发表时间及载体：《甘肃社会科学》2012年第3期

作　　者：邓国均

简　　介：《论语》中的"松柏""山水""浮云""日月"等自然意象，从不同方面象征了孔子及其弟子所代表的"圣贤品格"的丰富内涵。"松柏"意象是坚心劲节、守正不阿的圣贤德性的象征；"山水"意象体现了体兼动静、且寿且乐的圣贤情怀；"浮云"意象则映衬了圣贤淡定悠闲、万事不磨的卓越心境；"日月"意象则预示了圣贤人生孤寂而永恒的不朽命运。"圣贤品格"对后世中国文学与文化产生了较大影响。

## 2157 河南省蒙古族的生存现状与民族认同心理

发表时间及载体：《西北民族研究》(CSSCI) 2003年第4期

作　　者：满珂

简　　介：本文介绍了河南省蒙古族的来源、历史、语言、风俗习惯和心理状态。在确定其生存现状与当地汉族没有本质差别的前提下，根据问卷、访谈的结果，密切联系中国的特殊国情，着力探讨这些河南省蒙古族人的民族认同心理，寻找他们的存在与意识不相协调的原因。从理论研究的角度提出了自己对其身份的看法，为国家制定有关政策提供了依据。

## 2158 经济承载力初探

发表时间及载体：《生态经济：学术版》2012年第2期

作　　者：韦惠兰

简　　介：在可持续发展的大趋势下，经济承载力作为经济发展与环境保护的一个平衡点，受到越来越多的关注。文章由承载力引出经济承载力的概念，初步阐述了经济承载力的构成要素及影响经济承载力的因素，并对提高经济承载力提出些许管见。

## 2159 北魏孝文宣武时期教育发展原因探析

发表时间及载体：《青海民族大学学报：社会科学版》2012年第1期

作　　者：黄祥深 王希隆

简　　介：北魏孝文宣武时期为了更好地统治中原地区，积极倡导学习汉文化，使教育得到了较好的发展。究其原因，主要是孝文帝和宣武帝重视学习汉文化以及地方官吏的积极支持，再加上有良好的重学氛围，因此，此阶段教育发展与北魏其他时期相比，取得了较为显著的成绩。

## 2160 《神曲》的结构模式解读

发表时间及载体：《甘肃理论学刊》2009年第4期

作　　者：雒庆娇

简　　介：《神曲》是写但丁自己的梦游，他历时地从头到尾地游历地狱、净界、天堂三个不同的空间，它打破了生活原始状态的自然逻辑，创造出一个人、神、鬼在变形中交融的世界。而这一世界是通过场景、意象、碎片故事、旧文本与新文本的并置来显现的，彼此之间的联系不再是时间意义上的先后因果逻辑，而是空间距离中的相关性。

## 2161 突破资源依赖型经济约束的转型研究——以辽宁省为例

发表时间及载体：《兰州学刊》2011年第9期

作　　者：李兴江 王璐

简　　介：基于DEA的Malmquist指数法，

通过辽宁省2000—2009年的统计数据得出经济发展的全要素生产率，并利用全要素生产率与自然资源丰裕度的关系对辽宁省资源依赖型经济进行了实证分析。结果发现，辽宁省经济的发展存在"资源诅咒"的现象，进而从自然资源丰裕对创新、制造业和人力资本的挤出等方面分析了自然资源对经济增长的约束机制，提出了相关政策意见。

## 2162 制度创新是国有企业走出困境的第一选择

发表时间及载体：《西北师大学报：社会科学版》1998年第1期

作　　者：许信胜

简　　介：随着社会主义市场经济体制选择的完成以及国有企业走向市场以来，国有企业陷入了运营的困境。要使国有企业走出困境，必须对国有企业改革的思路重新定向。实践表明，体制与制度的矛盾是制约国有企业发展的突出矛盾，因而制度创新应是国有企业走出困境的第一选择。这一改革思路有别于产权制度改革，它将为国有企业改革提供新的思路。

## 2163 民族地区乡镇基层党组织执政能力建设初探——以甘肃民族地区为例

发表时间及载体：《经济与社会发展》2011年第3期

作　　者：刘先春

简　　介：民族地区乡镇基层党组织是推动民族地区经济社会发展和维护地区稳定的关键所在，其执政能力水平对基层社会的稳定发展至关重要。

## 2164 学报的信息特点与学报编辑的信息素质

发表时间及载体：《甘肃联合大学学报：社会科学版》2009年第6期

作　　者：辛俊武

简　　介：信息是学报编辑工作的逻辑起点，它又贯穿于编辑工艺流程的全过程之中，最终以生成新的科学学术信息面世，成为人们瞩目的高层次科技学术信息源。学报编辑工作就是信息工作，学报期刊社是生产、传播信息的部门。如何运用信息的原理和方法，指导编辑工作实践，以便在对学报文稿的加工制作过程中，实现文献信息优化增值的办刊目标，编辑工作者良好的信息素质是至关重要的。

## 2165 高僧写真传统钩沉及相关问题研究

发表时间及载体：《敦煌学辑刊》2006年第3期

作　　者：张善庆

简　　介：敦煌莫高窟以及藏经洞出文书中含有一定数量的高僧写真作品，填补了美术史研究资料中的一个空白。本文首先对和高僧写真这一传统有关的文献、考古资料进行了梳理，其次对敦煌禅定高僧写真所特有的形制规范的源头和概况做了推论，最后论述了双履图在写真形成过程中角色的转变。

## 2166 《金瓶梅》中医者形象透视

发表时间及载体：《名作欣赏文学研究：下旬》2014年第3期

作　　者：李晓梅 杨玲

简　　介：《金瓶梅》中有许多关于医家的叙述，作者使用戏谑的手法较为详细地记录了这些从医人员治疗的成败和药物的功效。

对这些医者的描写进行整理有助于我们深刻体会作者对"医者不医"现象和"方士擅权"现状的深度忧虑以及作者对生命更加尊重和敬畏的生命信仰，从而找到作品深层的文化内核。

## 2167 地方政府绩效评估指标设计的研究进展与数据挖掘理论的应用

发表时间及载体：《甘肃行政学院学报》2012 年第 2 期

作　　者：尚虎平

简　　介：在中国这样的大国，各个地区之间在自然、地理、历史、社会等很多方面千差万别，由于这种异质性的存在，地方政府绩效评估指标的设计是一个噪音很多的系统工程，它会受到各方面因素的影响。实际上，解决绩效指标设计的最有效手段，就在于解决指标设计中所收集、采用的各种绩效信息。目前国内外的各种指标设计方法尽管取得了很大进展，解决了一系列理论与实践问题，但仍然不能有效解决从大量噪音指标中筛选有效指标的难题，其实这可以利用"未来十大技术"之三的数据挖掘技术作为工具，充分发掘这些信息中所隐含的地方政府绩效现实，并把它们融入到绩效指标的设计中去，这是解决地方政府绩效指标设计问题的治本之策。

## 2168 论孙中山梁启超对苏俄模式的否定

发表时间及载体：《甘肃行政学院学报》2002 年第 1 期

作　　者：谢亮

简　　介：孙中山梁启超有关"社会主义"和"苏俄模式"论争中，两人的主张、政治风格虽有区别，但都提出了自己的"社会主义"见解，也由于共同的时代背景或原因，又都对"苏俄模式"表现了一种否定。

## 2169 "集体备课"：内涵、问题与变革策略

发表时间及载体：《西北师大学报：社会科学版》2011 年第 6 期

作　　者：李瑾瑜

简　　介：集体备课强调教师之间基于合作探究而寻求教学真义，强调优秀教学资源与教学经验的共生共享，强调凝聚群体智慧生成和创造新的教学。从个体备课到集体备课的转型，实质上是实现教学从注重技术、技巧、方法的安排到注重科学、艺术和创造的融合，实现由"我的教学"向"我们的教学"的转变。但是，实践中集体备课存在着重"教"轻"研"、重"教"轻"学"、教师教学风格与教学个性的丧失、教师"坐而不合"和管理的过分标准化、形式化等问题。解决这些问题，从策略上需要学校关注教师学习文化和合作文化的建立，让集体备课真正成为校本教研活动，引导教师从关注和研究学生的学习，依据"好课"的理性理解不断追求集体备课的新价值，基于"教学设计"理念改革完善集体备课，增强对集体备课的专业引领等。

## 2170 美国藏学家柔克义的两次安多考察

发表时间及载体：《甘肃社会科学》2012 年第 1 期

作　　者：宗喀·漾正冈布

简　　介：被誉为是美国藏学研究开创者的柔克义于 19 世纪末对安多藏区进行了两次较深入的考察，对后世美国乃至世界藏学的研究影响深远。本文对他的这两次考察过程及其成果进行了系统的梳理和评述。

## 2171 创新社会管理：从政府强制拆迁到强制搬迁的嬗变

发表时间及载体：《兰州学刊》2012 年第 12 期

作　者：陈祎鸿

简　介：当前社会发展矛盾与机遇并存，各种矛盾集中凸显，给社会管理提出了新的挑战，加强和提高社会管理，创新社会管理，必须加快推进以保障和改善民生为重点的社会建设。在经济社会发展过程当中，一方面发展不平衡、不协调、不可持续的问题还比较突出，另外一个方面是人民群众需求结构发生重要变化，人民需求不断提高，而且现在权利的自我保护意识越来越强烈，代际之间、群体之间需求的差异性比较大。《国有土地上房屋征收与补偿条例》的出台是党和政府对发展理念的一次认真梳理。新条例在公共利益界定、被征收人权益保护、法律责任等方面都做出了明确规定，保证了征收补偿过程的公平与公正，解决了旧条例中无法解决的问题。征收程序的完善，监管力度的加强，征收过程中"权利寻租"行为的杜绝，实现了从政府强制拆迁到强制搬迁的嬗变。

## 2172 略论敦煌吐鲁番出土的东晋南朝文献

发表时间及载体：《东南文化》（CSSCI）2011 年第 2 期

作　者：冯培红 白雪

简　介：敦煌、吐鲁番出土了一批东晋、南朝时期的文献，它们大多为佛经，也有道经，以及儒家典籍、书札，其中佛道写经的发愿文题记均有纪年，且含有丰富的历史信息，学术价值极高。从发愿文题记可知，这些东晋、南朝文献大多抄写于南方，通过当时东南与西北之间的交通渠道，最终流入到敦煌、吐鲁番等西北地区。这一情况证实：在东晋十六国南北朝时期，西北与东南之间存在着交通往来以及宗教文化交流。

## 2173 试论邓小平新农村建设思想的时代价值

发表时间及载体：《内蒙古农业大学学报：社会科学版》2007 年第 5 期

作　者：刘先春

简　介：十六届五中全会提出了建设社会主义新农村的重大历史任务，这是党中央在我国总体上进入了"工业反哺农业、城市支持农村"的发展阶段后，为解决"三农"问题、统筹城乡发展和全面建设小康社会提供了重要的理论根据。

## 2174 国际反倾销与我国对外贸易

发表时间及载体：《西北师大学报：社会科学版》2000 年第 6 期

作　者：姚莉

简　介：国际反倾销与我国对外贸易的关系十分密切，我国对外贸易在国际反倾销中面临诸如正常价值确定、应诉难等问题，我国当在社会主义市场经济体制建设、反倾销诉讼、国际协调、跨国公司管制等方面采取有力措施，以应对国际反倾销的挑战。

## 2175 后现代诠释学对质性研究方法论的挑战

发表时间及载体：《西北民族研究》（CSSCI）2010 年第 2 期

作　者：马忠才

简　介：质性研究主要以诠释学（解释主义）为理论预设及方法论。然而，从古典诠释学到后现代诠释学并非一个连续统，后者甚至颠覆了前者的方法论立场，并通过破坏性解构对古典诠释学构成了严峻的挑战，使质性研究方法论的内部理论取向充满了张力。

## 2176 认定洗钱罪的若干问题探究

发表时间及载体：《甘肃理论学刊》2005 年第 6 期

作　者：刘慧明

简　介：洗钱罪位列 21 世纪十大国际性犯罪之首。本文以司法实务为基点，结合我国刑法典适用中所存的疑窦，针对不同犯罪的特点，从洗钱罪的犯罪对象、洗钱罪与原生罪是否构成共同犯罪、罪与非罪、一罪与数罪等四个方面对如何认定洗钱罪的问题做了剖析。

## 2177 基于 ELES 方法的甘肃农村贫困线测定分析

发表时间及载体：《甘肃联合大学学报：社会科学版》2011 年第 27 卷第 5 期

作　者：汪晓文 马凌云 李玉洁

简　介：通过对 1982—2008 年间甘肃农村贫困人口及贫困发生率的研究发现，国家"一刀切"的贫困线标准会直接影响政府对贫困状况的评估，甚至国家扶贫政策的决策。在充分考虑甘肃经济发展实际的基础上，以国家统计局甘肃调查总队 2007—2009 年对甘肃农村居民收入与支出的调查结果为原始数据，引入扩展线性支出模型方法进行测算，得到近三年甘肃农村贫困线标准，并将结果与甘肃现行贫困线进行比较，发现甘肃现行的贫困线标准较低，最后提出相应的政策建议。

## 2178 敦煌写本许负相书的系属与类别

发表时间及载体：《敦煌研究》2006 年第 5 期

作　者：王晶波

简　介：敦煌许负系统相书共有 5 个卷号，是现存最早的古代相书写本。本文从对这些残卷篇目、内容的分析入手，确定系属，考辨异同，为进一步研究此类相书的性质、内容及其意义，提供了一份可靠的依据。

## 2179 第三方政府绩效评价的实践探索与理论研究——甘肃模式的解析

发表时间及载体：《新华文摘》2010 年第 21 期

作　者：包国宪 董静 郎玫

简　介：2004 年底至 2005 年初，兰州大学中国地方政府绩效评价中心受甘肃省人民政府的委托对全省所辖 14 个市（州）政府和省政府 39 个职能部门的绩效进行了评价，并于 2005 年 3 月 9 日向社会公布了评价结果。

## 2180 甘肃省农村最低生活保障制度下的人数和资金测算

发表时间及载体：《兰州商学院学报》2008 年第 24 卷第 1 期

作　者：李淑华 刘红旭

简　介：资金供应是决定能否和如何建立农村最低生活保障制度体系的重要因素。本文基于全国目前的低保情况及甘肃省情，在横向和纵向两个方面描述的基础之上，对甘肃省建立和完善农村最低生活保障制度的人数和资金进行了测算，以期为政策制定和资金预算提供依据。

## 2181 人力资本与制度变迁对我国经济增长作用的实证分析——基于 1978—2007 年的宏观数据

发表时间及载体：《西北师大学报：社会科学版》2010 年第 1 期

作　　者：李国璋　周彩云

简　　介：以我国 1978—2007 年的宏观数据为基础，通过建立并估计检验包含人力资本与制度变迁的三个扩展 C-D 函数模型，分析了改革开放以来，人力资本与制度变迁对我国经济增长的影响，并计算了二者的贡献。研究发现，我国人力资本与制度变迁均具有外溢性的特点，而且人力资本的外溢性超过了制度变迁的外溢性；同时我们发现二者对经济增长的促进作用是非常明显的，并且制度变迁对我国 1978 年以来经济增长的贡献超过了人力资本，但是随着改革的不断深入，制度变迁对我国经济增长的贡献呈下降趋势。

## 2182 少数民族事业的内涵及其解读

发表时间及载体：《西北民族大学学报：哲学社会科学版》2012 年第 2 期

作　　者：李长亮

简　　介：少数民族事业既是少数民族自己的事业，也是党和国家以及全国各族人民的事业。少数民族事业是党和国家解决民族问题、维护国家统一、加强民族团结、建设和谐社会，努力实现少数民族和民族地区政治文明、经济发展、社会稳定、文化繁荣、生态环境优美、人民幸福安康的民族事务和民族工作的总称。正确认识少数民族事业有利于把握少数民族事业的主题、明确少数民族事业发展的战略定位、制定科学的符合少数民族意愿的发展规划。

## 2183 论社会资本再生产理论的科学性及其当代价值

发表时间及载体：《西北师大学报：社会科学版》2012 年第 4 期

作　　者：吴晓梅

简　　介：社会资本再生产理论的中国化是马克思主义经济学中国化的重要组成部分，理论的科学性是这一过程的基本前提。社会资本再生产理论揭示了关于市场经济和社会化大生产的普遍规律，为社会主义市场经济建设提供了理论指导，因而具有重要的当代价值。研究社会资本再生产理论及其当代价值，可以进一步推动马克思主义经济学的中国化进程。

## 2184 基于 ELES 模型的甘肃省农村居民消费结构分析

发表时间及载体：《兰州学刊》2010 年第 2 期

作　　者：段小红

简　　介：为分析农村居民消费结构的变动趋势。文章依据扩展线性支出系统 (expend linear expenditure system，ELES) 模型的基本理论，根据统计年鉴提供的数据，分别建立全国和甘肃省农村居民消费结构的 ELES 模型，对甘肃省农村居民消费结构的数量特征进行比较分析。结果表明，西部地区农村居民消费结构不合理，消费水平落后于全国平均水平。提示西部地区农村居民消费支出主要用于满足其基本生活需求，但消费潜力较大。

## 2185 非营利组织在社会保障体系中的功能和责任定位——以"合作主义"模式为研究视角

发表时间及载体：《社会主义研究》（CSSCI）2009 年第 6 期

作　　者：包国宪　胡佳林

简　　介：非营利组织以其独特的参与功能在促进建立科学的社会保障模式上扮演着重要的角色。本文从"合作主义"的视角论述非营利组织介入社会保障领域后，应如何发挥其功能。

## 2186 30年来教育研究中的意识形态问题

发表时间及载体：《西北师大学报：社会科学版》2012年第3期

作　　者：赵宗孝

简　　介：教育研究中的意识形态问题是20世纪教育三大问题之一。意识形态问题关乎合法性、权力冲突、辩论风格等问题。近30年的教育研究经历了政治化、科学化、多元化等不同研究取向，暴露出的意识形态问题包括学科独立意识淡薄、学术立场缺失、教育思想贫瘠以及对意识形态本身缺乏科学理解等。对这些问题的解决是教育学术疆域拓展必须面对的重大课题。

## 2187 网络环境下供应链采购道德风险的演化分析

发表时间及载体：《工业工程与管理》（CSSCI）2011年第6期

作　　者：柴国荣 赵雷

简　　介：供应链采购过程中的道德风险会严重影响企业采购预期目标的实现。基于采购行为的复杂性和多样性，对交易主体进行划分，构建了一次性采购和重复性采购的群体演化博弈模型。

## 2188 都市女性的精神镜像：吴景娅的散文世界

发表时间及载体：《当代文坛》（CSSCI）2010年第4期

作　　者：郭茂全

简　　介：吴景娅的散文集《镜中》《与谁共赴结局》《美人铺天盖地》是西部女性散文的代表作品。作家自我的镜像、都市女性的镜像、都市男性的镜像、"温柔西部"的镜像共同组成她丰富多彩的散文世界。作品在都市文化底蕴、女性情感、言说方式、抒情话语等方面深具特色。

## 2189 甘肃黄河谷地城市与城郊生态功能区健康发展研究

发表时间及载体：《城市发展研究》（CSSCI）2012年第2期

作　　者：董光前 高新才

简　　介：本文针对目前甘肃黄河谷地城市与城郊生态功能区产业化发展水平低下，资源环境脆弱，人口的快速增长和经济发展对资源和生态环境构成了巨大压力，生态系统不断恶化的现状，提出了政府对于生态功能区优惠政策的转移核心，在向产业倾斜的基础上，积极培育和发展重点产业，重塑我国西部重要的现代工业基地，实现生态功能区的健康发展。

## 2190 科技创新人才概念及统计对象界定研究——以甘肃为例

发表时间及载体：《西北人口》2010年第1期

作　　者：刘敏

简　　介：目前我国科技创新人才概念仍停留于政策层面，其内涵缺乏统一的界定，边界模糊，统计对象不明确，造成科技创新人才相关政策缺少针对性。本文界定了科技创新人才概念，明确了其统计对象。

## 2191 论高校思想政治教育（心理咨询方向）专业的实践价值与特色

发表时间及载体：《社会工作》2011年第14期

作　　者：张海钟 安容瑾 刘锦涛

简　　介：鉴于教育部普通本科专业目录中没有心理咨询专业，兰州城市学院创新性地设立了思想政治教育（心理咨询方向）专业，培养中小学思想品德教育教师兼心理咨询辅导师，2011年第一届毕业生即将毕业。有效解决了因为编制限制而造成的思想品德教师不能很好地适应课程内容心理学化需要和兼任心理咨询辅导师的问题。其毕业生既能提高中小学思想品德教育教师的教学质量，又能满足中小学思想品德教育教师兼任心理咨询辅导师的需要，解决编制限制问题。这一实验结果再次表明，高等学校专业特色的创建必须立足思想和实践的创新。

## 2192 清代河州契文中的土地买卖

发表时间及载体：《西北师大学报：社会科学版》2008 年第 4 期

作　者：武沐 王敬伟

简　介：《清河州契文汇编》收集了 588 件清朝嘉庆二十四年（1819 年）至宣统三年（1911 年），约百年间河州地方形成的契文。它为我们展现了清代河州土地买卖、土地典当的价格、交易规模等方面的历史原貌，反映出同治回族起义前后河州土地买卖呈现出极不相同的两个时期。这为我们进一步了解此时期河州历史提供了宝贵史料。

## 2193 敦煌飞天形体姿态的来源

发表时间及载体：《敦煌研究》2010 年第 4 期

作　者：谢生保

简　介：本文在前人论述的基础上，对敦煌飞天形体姿态来自百戏杂技、乐伎舞蹈、武术体育、猛兽飞禽的观点，列举大量实例进一步地论证探讨。

## 2194 中国半干旱地区农民的饮食结构与生态环境

发表时间及载体：《干旱区资源与环境》（CSSCI、CSCD）2001 年第 15 卷第 2 期

作　者：韦惠兰

简　介：本文从半干旱地区农民饮食结构的视角出发，初步探讨饮食结构与生态环境的内在联系，进而提出没有饮食结构的优化，就没有生态环境的根本改善。

## 2195 行人辞令与五凉文化积淀和流布

发表时间及载体：《北方论丛》2012 年第 1 期

作　者：庆振轩

简　介：五凉政权，偏居西北，与中原政权"东西隔塞，逾历年载"，且周邻强敌，和战不时，因此，五凉政权的外交活动尤显重要。五凉政权的外交活动主要表现在三个方面：一是与西晋、东晋的外交联系，即所谓"遥尊晋室"；二是与强邻的周旋，审时度势，待机而动；三是五凉嬗替，时而共存，五凉之间的外交活动。五凉时期，行人肩负国之荣辱兴亡的外交使命，五凉政权重视对外交人才的选拔和任用，重视外交手段的运用。五凉行人辞令显示出行人高超的外交才能，深厚的文化素养和高尚的人格精神。

## 2196 我国住房消费与经济增长的互动关系——基于计量模型的实证分析

发表时间及载体：《消费导刊》2009 年第 20 期

作　者：李国璋

简　介：居民消费已经成为我国国民经济进一步良性发展的重要瓶颈，其中，住房消费是我国居民消费的重要组成部分，加之住房消费与房地产市场、资本市场密切相关，使得住房消费与国民经济的互动关系引人关注。本文通过建立数量模型，刻画出两者之间的互动关系，通过其数量关系，尽可能地揭示两者之间的影响程度和规律。

## 2197 立法听证的宪政之维

发表时间及载体：《西北师大学报：社会科学版》2007 年第 2 期

作　者：李玉璧

简　介：立法听证是程序的正义诉求，它为实体正义的实现提供了正当性基础。立法听证充分体现了公民权利与国家权力平衡的宪政理念，是公民有序政治参与的一种创新和探索，是"无知之幕"宪政规则的深层体现，是社会组织表达自己利益诉求和弥补地域代表制不足的制度化安排，它为违宪审查权的行使提供了客观依据。立法听证与宪政具有高度的正相关性。因此，从宪政视域研究如何完善我国现行的立法听证制度具有极其重要的理论与实践价值。

## 2198 叔孙豹的辞令、诗学活动与美学精神

发表时间及载体：《文学评论》2007 年第 4 期

作　者：赵逵夫

简　介：行人辞令是先秦时代具有文体学意义的散文，对后代散文、辞赋的发展有较大影响。叔孙豹是春秋时行人的杰出代表，他的赋诗、诵诗、引诗、说诗活动全面地反映了春秋时代行人同诗学的关系。他对《诗》的理解、阐释是后来儒家诗教的源头之一，而在有些方面比起后来的孔丘等儒家学者来，更全面且更具积极意义。他也特别重视诗的刺、戒功能，不限于后来儒家所归纳的"兴观群怨"，也与后来儒家概括的"温柔敦厚"的精神不一致。他关于美的论述，表现了一种进步的诗学思想和美学精神。诗学史和音乐史上有名的季札观乐，实际上是叔孙豹同季札共同谈艺的结果。他所张扬的"三不朽"说对后来文人的思想言行产生了很大的影响。

## 2199 重新审视中国现行审计制度

发表时间及载体：《兰州商学院学报》2004 年第 20 卷第 2 期

作　者：杨肃昌

简　介：本文认为，应该将现行审计制度放在国家权力架构的现实选择与发展中，结合中国社会主义民主政治和政治制度的发展要求去重新审视。为此本文提出，应该从审计如何更好地为人民服务、提高审计独立性、推进法治建设进程、合理架构权力监督体系以及从完善程序法的角度来评价和改革现行审计制度，并通过立法型审计制度改革以完善人大制度和加强人大预算监督职能。

## 2200 论大学生法观念养成的外部障碍

发表时间及载体：《西北师大学报：社会科学版》2000 年第 6 期

作　者：孙健

简　介：法观念是人们在特定法文化背景下形成的，关于法的本质、属性、精神、历史演进及其对现实生活中一系列法现象相对定型化的映象和理解。大学生法观念的养成，需要良好外部环境的关注与支持，就目前我国现状而言，大学生法观念养成的外部环境不但比较缺乏，而且障碍性因素较多，主要有：人治传统和封建残余思想的历史性因素，重政策、轻法律的领导的体制性因素，法公正缺失的现实性因素，法观念培育非系统化的教育性因素。

## 2201 西北地区银行业成熟度的测定与提升

发表时间及载体：《开发研究》2012 年第 6 期

作　者：徐媛媛

简　介：西北地区银行业极大地支持了地

区经济的发展，拉动了地区经济增长，其自身实力和规模也壮大了。将"成熟度"这一概念引入银行业发展领域，形成银行业成熟度指标体系和测算方法，测算出西北地区银行业成熟度，确定其银行业的发展进程，对银行业成熟度的提升方案做出定量分析，探讨西北地区银行业发展的不平衡问题，提出相关的对策建议。

## 2202 电动轮椅的双轮毂无刷直流电机协调控制方法

发表时间及载体：《微电机》2014 年第 9 期

作　　者：杨鹏

简　　介：以双轮毂无刷直流电机驱动的电动轮椅驱动控制系统为研究对象，设计了一个低速低功率条件下切实可行的双电机协调控制方法。提出了一种联合制动模式，确保了速度闭环的有效性。

## 2203 区域消费文化观念的差异性：粤甘两省例证

发表时间及载体：《重庆社会科学》（CSSCI）2010 年第 6 期

作　　者：董雅丽 葛庆

简　　介：国家社科基金资助项目"新消费文化观念构建研究"（08BZX011）。相对稳定的消费文化观念会对消费行为产生特定作用。消费文化观念有个体差异性，更体现为一定的区域性群体特征。

## 2204 现阶段甘肃推进城乡一体化建设的思路、原则和对策

发表时间及载体：《甘肃行政学院学报》2012 年第 4 期

作　　者：杨晓锋

简　　介：甘肃经济社会发展到当前阶段，已经到了破解城乡一体化发展难题的关键时刻。应当找准症结、拓展思路、下大决心，加快推进城乡一体化进程。要紧紧围绕"与全国同步进入全面小康社会"的要求和建设经济转型跨越发展、社会和谐稳定发展、民族共同繁荣发展、生态绿色持续发展的幸福美好新甘肃的历史任务，统筹城乡规划和建设，统筹城乡人口和产业布局，统筹城乡配套改革，统筹城乡精神文明建设，促进城市基础设施向农村覆盖，促进城市公共服务向农村延伸，促进城市文明向农村辐射，等等，力争通过几十年的努力，使甘肃全省普遍实现城乡一体化。实现这一目标要遵循政府调控、城乡统筹规划、工业化带动和逐步推进的基本原则。应着力抓好统筹城乡经济社会发展规划的制订，城市对农村的带动辐射及制度建设等重点，改革创新有利于城乡一体化发展的体制机制，采取做大做强中心城市、加大农村公共财政投入、加强农村基础设施建设、加快农村公共事业和小城镇发展等措施，分区域分步骤推进城乡一体化建设与发展。

## 2205 略论曾济宽西北经济开发思想

发表时间及载体：《开发研究》2011 年第 4 期

作　　者：魏贤玲

简　　介：国民政府时期，在开发西北的呼声中，一大批有识之士纷纷投身于西北建设，曾济宽便是其中之一。曾济宽在筹办国立西北农林技艺专科学校并任校长期间，针对西北地区特别是甘肃省的实际经济状况，提出了诸多开发主张，其中不乏真知灼见。本文旨在通过探讨其有关交通建设、恢复农村经济、推广近代科学技术和提倡植树造林等方面的思想和主张，希望能为今天的西部开发提供有益的借鉴。

## 2206 中古敦煌《维摩诘经》的书写——以藏经洞维摩写卷为中心

发表时间及载体：《敦煌学辑刊》2012 年第 1 期

作　　者：邹清泉

简　　介：此文以对藏经洞约 1173 件维摩写卷遗存的考察为基础，就中古敦煌《维摩诘经》的翻译、书写、流传与庋藏情况做了初步研究。作为物化在确定时代和地区的经验官能的产物，佛教功德思想贯穿中古敦煌《维摩诘经》书写的始终，并主要呈现为课业或功德、供养或受持以及祈福禳灾三种形式，另有浩繁写经虽为经生应约所写，亦不离其宗。此文还对 S.2282、S.1864 号维摩写本的年代做了研究，并推断 S.2282 号《维摩经》应写于唐宣宗大中年间（847—859 年）或前后距之不远的晚唐时代，而 S.1864 号《维摩经》则应写于唐贞元十年（794 年），而非"甲戌"年（792 年）。

## 2207 交往实践视域下思想政治教育模式探究

发表时间及载体：《求实》（CSSCI）2013 年第 12 期

作　　者：刘基

简　　介：主体—客体二元对立的传统思想政治教育模式，束缚了受教育者主体性和创造性的发展。探究理论的创新，追求民主、平等和符合个性成长需要的思想政治教育模式是时代发展的趋势。从交往实践的角度来审视思想政治教育，既可以赋予思想政治教育新的内涵，实现思想政治教育理论研究范式的转换，又可以促进关怀、对话和参与等有效交往实践思想政治教育模式的构建，增强思想政治教育的实效性，具有重要的现实价值。

## 2208 解析《巴彦松》祝词的口头特征——以闹仁排力《巴彦松》祝词为个案

发表时间及载体：《西北民族研究》（CSSCI）2007 年第 4 期

作　　者：佟格勒格

简　　介：本文试图通过分析流传于甘肃、青海蒙古族中的《巴彦松》祝词的程式句法，证实《巴彦松》祝词的口头特征、程式化的传统结构、表演中的创作和创作的语境。

## 2209 家庭因素对贫困地区农村劳动力外出决策的影响——基于甘肃 10 个贫困村调查资料的实证分析

发表时间及载体：《兰州商学院学报》2009 年第 25 卷第 5 期

作　　者：柳建平

简　　介：已有研究表明，家庭因素是影响农村劳动力外出决策的重要因素，但在某些个别因素方面得出的结论却存在着较大差异，同时也存在着对一些重要因素的遗漏问题。本文利用对甘肃省 10 个贫困村的调查资料，运用 Logistic 回归方法，对影响贫困地区农村劳动力外出决策的家庭因素进行了实证分析。结果表明：农户家庭人口、劳力、耕地规模都对劳动力外出决策有着显著的正向影响，而家庭上学子女数却对劳动力外出决策有着显著而重要的反向影响。

## 2210 鲁迅：国民性批判源于传教士?

发表时间及载体：《甘肃社会科学》2002 年第 6 期

作　　者：王明科

简　　介：本文通过考察鲁迅改造国民劣根性思想形成的过程及原因，重新审视鲁迅该思想的源由和文化价值，对冯骥才先生的观点提出辩驳。

## 2211 现代教育技术在基础天文学教学中的应用探索

发表时间及载体：《电化教育研究》（CSSCI）2005 年第 1 期

作　　者：符彦飙 刘亚楠

简　　介：本文介绍了现代教育技术应用于基础天文教学的必要性、优越性，以及良好的教学效果。探讨了应用多媒体教学应注意的一些问题。

## 2212 历史追寻与生命对话的审美融合——论新时期西部散文的历史文化意蕴

发表时间及载体：《西安石油大学学报：社会科学版》2012 年第 21 卷第 2 期

作　　者：郭茂全

简　　介：西部历史文化散文以阅读、行走、想象为追寻方式，以人与城为主要追寻对象，以情感与理性的交流为对话途径，既展现了西部丰富的历史文化，又传达出西部作家独特的审美体验，是西部散文家历史追寻与生命对话的审美融合，具有深刻的文化意蕴。饱满的西部抒情者形象、苍茫的西部历史意象、独特的西部抒情话语，构成西部历史文化散文的美学特征。

## 2213 中国城市化历史进程审视

发表时间及载体：《学术交流》（CSSCI）2010 年第 1 期

作　　者：高新才

简　　介：英国工业革命以来，城市化成为广泛而复杂的全球转型过程，具有内在动力机制和演变共性。国情差异决定城市化模式多样性。中国城市化动力机制可从纵向和横向演变分析，主要表现在农村工业化推进、比较利益驱动、农业剩余贡献和制度变迁促进等方面。其进程可划分为改革开放前起步、大起大落和停滞阶段，改革开放后与计划经济转向市场经济同步，即城市化恢复、平稳和加速发展阶段。与国民经济发展同步，目前我国进入加速发展阶段，在较长时期仍将保持较高增速，城镇体系初步形成，城市化东中西区域发展不平衡。

## 2214 信息社会化给政府决策带来的机遇和挑战

发表时间及载体：《甘肃理论学刊》2001 年第 6 期

作　　者：李升

简　　介：本文对政府部门的决策结构与信息结构进行分析的基础上，阐述了社会的高度信息化使产业结构日益朝着技术密集与知识密集的方向发展。这种趋势使经济结构正逐步建立在以现代科学技术知识为基础的新的技术体系上。在以电子计算机为物质基础的新的经济结构中，信息社会化是社会逐步进入知识经济时代的外部特征。社会的高度信息化，使政府部门在决策方面所面临的是机遇和挑战并存的双重局面。

## 2215 榆林窟第 3 窟壁画中的亭、草堂、园石

发表时间及载体：《敦煌研究》2004 年第 1 期

作　　者：赵声良

简　　介：本文调查分析了榆林窟第 3 窟山水风景中所描绘的亭、草堂、园石，调查了古典文学作品中与亭、草堂、园石相关联的作品，分析其在古代文人生活中的作用。通过对中国古代园林艺术的调查，分析亭、草

堂和园石在唐宋以来文人园林或别墅中的作用。通过对唐宋时代绘画作品的调查，可知对亭、草堂、园石的描绘已成为山水画中流行的点景。基于这些调查分析指出亭、草堂、园石正是充满了文人意识的一种符号，壁画中这些符号反映出中国传统的文人思想。

## 2216 王世贞的晚年生活、趣尚及品格

发表时间及载体：《文史知识》2009 年第 10 期

作　者：魏宏远

简　介：王世贞晚年在日常生活、趣尚及性格等方面都发生了转变。由昔日好书、好酒、好文转为好蒲团；由昔日恃才放旷、桀骜不驯转为泛爱容众。晚年长期家居，弇园成为王世贞与东南文士诗酒唱和之所。

## 2217 僧肇"有无双遣"方法论的哲学超越及其局限性

发表时间及载体：《甘肃社会科学》2011 年第 2 期

作　者：靳健

简　介：僧肇是一位杰出的佛学思想家。他把印度龙树"非有非无""体用一如"的大乘空宗理论介绍给了中国。僧肇娴熟地运用"不落两边""有无双遣"的中观方法研究佛学，批判了当时流行的"格义之学"及其"有无相生""得意忘言"方法论，不仅使我国学者看到了一个前所未有的理论世界，而且为我国哲学方法论宝库增添了异彩。

## 2218 宪政在政治文明中的地位和作用

发表时间及载体：《甘肃政法学院学报》2004 年第 2 期

作　者：刘淑君

简　介：政治文明以民主政治制度为核心，以实施宪法、实行法治、制约权力为保障。宪政是以民主政治和法治为基础，是宪法规范及其实施并对具体的政治和社会生活产生现实影响的产物，是现代政治文明进步的结果和标志。宪政对政治文明具有保障民主政治的运行、建立和维护社会正常的政治秩序、制约政府权力、保护公民权利等方面的作用。树立宪政意识、实行法治和党的依法执政等是政治文明建设中急需完善的主要问题。

## 2219 李子坝村生产生活成本与收益分析

发表时间及载体：《创新》2010 年第 1 期

作　者：韦惠兰

简　介：李子坝村地处白水江国家级自然保护区内。独特的自然地理环境造就了李子坝村独特的生产生活特性。茶叶种植是村民的主要收入来源。但是产业结构的单一、种茶成本的日益上升以及茶叶价格的不断下跌给李子坝村民的生产生活带来新的冲击。

## 2220 宋前节序诗歌创作之嬗变

发表时间及载体：《西北师大学报：社会科学版》2011 年第 2 期

作　者：王艳花

简　介：先秦时期，节序在诗歌中仅为时间背景，是比兴抒怀的发端。汉魏六朝时期，节序题材意识逐渐确立，节序成为诗歌创作的客观对象，表现手法由感时兴怀拓展为赋陈描写。至唐代，节序已成为诗歌创作最普遍的题材之一，多姿多彩的节日风物景象和复杂深刻的节日情感以多种形态融合，呈现出多样的审美境界。

## 2221 网络时代教育电视发展趋势分析

发表时间及载体：《电化教育研究》（CSSCI）2004 年第 9 期

作　　者：王卫军

简　　介：我国自 20 世纪 80 年代以来，电视实现了媒介自身功能的扩展，由大众传播媒介的舆论宣传工具扩展到了社会教育、学校教育和远程开放教育等领域。电视媒介在解决我国当时教育资源短缺，尤其是教师资源短缺问题以及为我国的社会文化普及和科学文化知识的大规模传播方面发挥了很大的作用。然而，在网络时代，教育电视是否有发展的必要，该如何发展，本文在分析网络媒介将拓展教育电视发展空间的基础上，主要探讨了网络时代教育电视发展的趋势。

## 2222 人口普查队伍的组织和培训

发表时间及载体：《兰州学刊》1982 年 3 月

作　　者：武文军

简　　介：人口普查是一个国家规模最大的调查活动，必须组织和培训一批专业的普查队伍，这是由人口普查的任务和特点所决定的。世界各国的人口普查都要求高度的集中统一。为了使人口统计不重复不遗漏，达到准确无误，必须在统一的时间按统一的办法完成普查任务。人口普查的时间要求也很严格。为了避免因普查时间拖长，人口频繁变动，造成统计不准确的现象，必须在很短的时间内完成普查登记。同时，因为人口普查是从居民中直接取得第一手人口资料，这样形成了基层工作量大，任务重的情况。

## 2223 社会两种再生产理论的哲学透视——兼论我国两种再生产存在的矛盾及解决途径

发表时间及载体：《西北师大学报：社会科学版》2001 年第 6 期

作　　者：杨森

简　　介：两种再生产理论是马克思、恩格斯的一贯思想，是哲学历史唯物主义的重要原理。社会两种再生产应该适应和协调，相协调促进社会发展，不协调则制约进而阻碍社会发展。两种再生产不协调的根本原因，在于人既是生产者又是消费者矛盾的两重性所致。人们过多地看到了两者相统一的一面，而问题在于两者相对立的一面。要做到协调，就必须将两种再生产都纳入国民经济发展规划，在两者矛盾运动过程中，既把握物质生产的规律，致力于提高劳动生产率，又把握人口生产的规律，节制生育，提高人口质量，处理好两者协调的度和级，以推动社会全面发展。

## 2224 从法律的视角看现代政治文明的逻辑结果

发表时间及载体：《西北师大学报：社会科学版》2004 年第 5 期

作　　者：杨平

简　　介：政治文明的核心是民主政治，政治文明的基础是法治。民主和法治的必然要求是实行宪政，宪政是现代政治文明的必由之路。宪政的实现必须具备良好的宪法、完善的宪法保障制度、分权与限权的国家体制等基本要件。

## 2225 与童年对话——论儿童文学的主体间性

发表时间及载体：《兰州大学学报：社会科学版》2005 年第 33 卷第 1 期

作　　者：李利芳

简　　介：儿童文学具有主体间性之内在属性。因以童年作为审美发生的艺术视角与艺术表现对象，儿童文学产生了有别于成人文学的主体间性品格。本文从童年原生性的间性趋向、儿童文学活动就是与童年对话的过程以及经典儿童文学的主体间性意识三个方面论证了这一理论假设。在主体间性作为新近出现在文学研究领域中的前沿学术问题的背景下，本文将其引入儿童文学研究领域，彰显其方法论意义，以期对儿童文学研究范式的转换起到抛砖引玉的作用。

## 2226 现代政治文化与民族国家治理

发表时间及载体：《新疆社会科学》（CSSCI）2012 年第 1 期

作　　者：丁志刚 董洪乐

简　　介：本文得到兰州大学"中央高校基本科研业务费专项资金项目"的资助。现代政治文化具有世俗性、自主性、开放性与融合性。民族国家治理是国家公共权力控制和引导政治、社会活动的运作行为，政治文化现代化与民族国家治理之间存在互动关系。

## 2227 甘肃省少数民族地区职业妇女参与体育锻炼现状调查

发表时间及载体：《新西部理论》2012 年第 1 期

作　　者：张惠芳 尹雪娟 李宁

简　　介：本研究调查了甘肃少数民族地区职业妇女参加体育锻炼的情况，对她们参加体育锻炼的认知程度、体育消费、健身时间、项目、场所进行全面分析，并在此基础上提出可行性建议：转变观念，做好体育锻炼的宣传导向工作；建立妇女体育活动中心或体育辅导站；促进女性生活方式现代化。

## 2228 现当代中国农民分化型态分析

发表时间及载体：《甘肃理论学刊》2003 年第 4 期

作　　者：姚万禄

简　　介：21 世纪中国农村社会的变迁，必然沿着 20 世纪 80 年代以来分化的轨迹前进。这种分化是中国农村社会现代转型的必然产物。这种分化将推动中国农村真正社会意义上的从传统社会到现代社会的变革。

## 2229 近年国内河西回鹘研究综述

发表时间及载体：《敦煌研究》1992 年第 2 期

作　　者：杨富学

简　　介：河西回鹘是古代维吾尔族历史的一个重要组成部分，很早就引起国内外学术界的注目。早在 1911—1913 年间，法国学者伯希和、沙畹即著文对甘州回鹘的摩尼教做过考证。

## 2230 商品经济与商品经济意识

发表时间及载体：《兰州学刊》1987 年 2 月

作　　者：武文军

简　　介：商品经济这个字眼，在党的十一届三中全会以前成为一个被诅咒的字眼，把它同剥削、盗窃、抢劫几乎等同起来。一些人认为社会主义社会如果让商品经济任其发展，必然导致"两极分化"，必然导致资本主义。目前，人们的认识有了巨大进步，人们的观念起了巨大变化。商品经济这个字眼几乎家喻户晓起来，"无商不活"，"无工不富"几乎成为人们的口头禅。发展商品经济已成为不可阻挡之势。

## 2231 陆游科考被秦桧"显黜"考识

发表时间及载体：《西北大学学报：哲学社会科学版》2012 年第 42 卷第 1 期

作　　者：庆振轩

简　　介：陆游一生多次参加科举考试，宋绍兴二十三年（1153 年）应举再次失利。失利的原因，陆游"诗题"语焉不详，宋史本身与有关文献资料记载多有矛盾之处，后世著述纷纭其说。综合分析相关资料，陆游当年赴锁厅试，因与秦桧之孙同场竞技，被置末位；礼部试更由于秦桧党徒的周密安排，未入考官的法眼。

## 2232 浅谈引洮工程建设对甘肃中部地区经济社会发展的积极作用

发表时间及载体：《甘肃行政学院学报》2004 年第 3 期

作　者：李晓青

简　介：水资源的严重缺乏长期制约着以定西为代表的甘肃中部地区的经济社会发展。引洮工程的建成，将实现中部地区水资源的优化配置，从根本上解决当地水资源匮乏的问题，对改善生态环境和实现当地群众脱贫致富，促进该地区经济社会的可持续发展具有十分重要的意义。

## 2233 敦煌翟宗盈墓及其年代

发表时间及载体：《考古与文物》2007 年第 4 期

作　者：郭永利 杨惠福

简　介：1944 年 5 月，由历史语言研究所发起的西北科学考察团历史考古组，在敦煌等处进行考古发掘工作。由向达、夏鼐以及阎文儒等人在佛爷庙东区前后发掘了墓葬三十座。其中一座单室砖墓，墓门以上有高大的砖筑照墙，照墙上有艳丽的彩绘，因出土"翟宗盈"镇墓文陶罐，称为翟宗盈墓，现墓已不存。

## 2234 公安院校警体训练伤害事故的法律责任探析

发表时间及载体：《甘肃联合大学学报：社会科学版》2009 年第 6 期

作　者：张飞虎

简　介：警体训练伤害事故是公安院校教育训练中不可避免的一个事实，也是困扰警体教师、影响警训工作和教学秩序的严重问题。在对待警体训练伤害事故问题上，既要研究法律，明确学校和警体教师在伤害事故中的法律责任，又要重视预防处理，把伤害事故降到最低限度，切实维护学校、警体教师和学生的合法权益。训练是手段，健康是目的，警体训练伤害事故的有效预防，应是公安院校警训工作的重要组成部分，是警察体育教学改革和发展的基本要求，也是依法治校，依法执教的必然趋势。

## 2235 中国当代小说中的"江流儿"及其原型

发表时间及载体：《江西社会科学》2014 年第 3 期

作　者：彭岚嘉 孙胜杰

简　介："江流儿"源于古老神话，世代流传。孩子出生后，因为种种不得已的理由被抛弃于河流，最后被人捡拾，长大成人后往往成就一番事业。"江流儿"原型带给我们的是积极向上的精神激励，这种已经植根于民族精神血脉中的集体无意识，在历代文学作品中不断出现。通过对"江流儿"原型的阐释，打通神话和现代的界线，并且探究"江流儿"原型的当代状态，通过两者的契合点和象征性的置换变形，可以揭示出"江流儿"原型在当代文学中的深层含蕴、更具概括性的典型意义和深刻内涵。

## 2236 论词体生成与诗乐结合的文化传统

发表时间及载体：《兰州大学学报：社会科学版》2001 年第 29 卷第 2 期

作　者：汪聚应

简　介：探讨词体生成，是历来词学研究不可回避的问题，但诗源说和乐源说都有偏颇。本文在对四言、五言、七言诗体形成与音乐的关系以及隋唐燕乐歌辞发展的宏观观照中，得出词体确立是诗乐离合嬗变发展的产物，从而说明词主要是在音乐的带动和诗乐结合传统的滚动发展以及文人歌伎联手催生等一系列社会文化条件的综合作用下产生的，同时也力图对词的含义做出较为科学的界说，揭示出我国韵文学发展的某些特殊规律。

## 2237 甘肃省民族地区经济增长的特征：时间序列分析

发表时间及载体：《甘肃社会科学》2002 年第 3 期

作　　者：李兴江

简　　介：甘肃省少数民族地区经济经过几十年的发展，虽然已形成了农、工、建筑、交通运输、邮电通信、服务业等门类较为齐全的产业结构，但从时间序列角度分析，甘肃省民族地区经济增长的过程却表现出经济发展速度慢且波动幅度极大、在全省经济中的份额逐年下降和经济结构极不合理且演进缓慢三个明显的特征，这种经济增长特征在很大程度上限制了甘肃民族地区经济的进一步发展。

## 2238 略论抗日战争时期的西北交通运输业

发表时间及载体：《宁夏社会科学》（CSSCI）2014 年第 5 期

作　　者：李建国

简　　介：抗日战争时期西北地区交通运输业得到了很大的发展，在战时国家经济极端困难的情况下，国民政府在西北交通建设方面投入了相当大的人力和物力。

## 2239 香港回归与其经济发展

发表时间及载体：《兰州大学学报：社会科学版》（CSSCI）1997 年第 3 期

作　　者：郭志仪

简　　介：本文用翔实和最新的资料分析和研究了香港目前的经济状况。作为国际金融中心、贸易中心、航运中心和旅游中心，香港经济的繁荣和发展有其特殊的原因，例如得天独厚的地理位置、自由贸易和外汇制度、符合国际惯例的法律法规等，但其面向世界，背靠内地，长期得到祖国的大力支持，是其发展的关键性因素之一。香港与内地经济的互补与联动，既为香港的繁荣与发展创造了条件，也推动了内地的繁荣与发展。香港的回归，不仅对香港本身的发展、对港台和香港与内地的经贸关系产生重大影响，而且对亚太地区乃至整个世界都会产生重大影响。

## 2240 第二语言习得的关键期假说与学校英语教学

发表时间及载体：《甘肃联合大学学报：社会科学版》2008 年第 1 期

作　　者：苏云华

简　　介：年龄是外语语言学习中学习者个体差异的重要因素之一，本文简要介绍了语言习得的关键期假说的概念，及中外学者对年龄因素与二语习得的关系的研究分析，探讨了年龄对第二语言习得产生影响的理论依据，并在此基础上指出了语言习得关键期的研究对我国小学英语教育的启示。

## 2241 传统道德的兴衰与现代职业道德建设

发表时间及载体：《甘肃联合大学学报：社会科学版》2008 年第 24 卷第 6 期

作　　者：孙祖眉

简　　介：中国古代社会是一个道德至上的社会，为加强道德的力量，道德曾与政治联姻。道德被政治化，政治被道德化。道德承担了过多的责任而成为是非善恶的最高原则，在成为中华民族的精神支柱的同时也弱化了法律的力量，具有了一种霸气。随着社会结构与生活方式的变化，传统道德的不足之处开始显现。在市场经济时代，最为急迫的应该是建立职业道德。

## 2242 论"人生意义"的可能向度和道统

发表时间及载体：《甘肃理论学刊》2011年第6期

作　者：成兆文

简　介：本文直面"人生的意义"这个重大问题，对其可能的问题向度予以揭示，并对众多答案进行了批评性分析，指出此问题的实质在于澄清人与世界的关系，回答它既需要理论的澄清，更需要实践的介入，"自我—他者"是一个相互涵摄的共同体，其要旨在于为人生建立信念并由此开掘生命的创造激情。

## 2243 国有企业核心员工的差异化激励

发表时间及载体：《商业时代》2004年第8期

作　者：包国宪 毛义臣

简　介：针对我国国有企业对核心员工的激励不重视、不突出这一问题，本文提出通过对核心员工实行差别化激励予以解决。

## 2244 法律的"淡"政治问题探究

发表时间及载体：《兰州商学院学报》2009年第25卷第1期

作　者：何自荣

简　介：法律与政治密切相关，但法律更有其独立性，在法治社会里，法律不仅是实现政治统治的工具，更是解决社会问题和政治问题必不可少的手段，法律就是法律，它不应该成为政治的附庸而应该尽可能地"淡"化政治色彩，回归自己的本来面目，成为名副其实的法律。

## 2245 现代网络远程教育模式分析

发表时间及载体：《电化教育研究》（CSSCI）2000年第6期

作　者：李玉斌 麻秀成

简　介：由于计算机网络技术和多媒体技术的结合及其在教育领域的广泛应用，远程教育正朝着综合性，开放性和交互性方向发展，向第三代远程教育——现代网络远程教育迈进，其模式具有自身的很大特色。本文试把现代网络远程教育模式分为广播模式、协作模式和自学模式三大类，对其特征进行分析，并就其优化发展做初步探讨。

## 2246 现代公共精神的内涵及其网络化生成机制解析

发表时间及载体：《电化教育研究》（CSSCI）2012年第2期

作　者：郭明维 李迎新

简　介：现代意义上的公共精神是一种可以进行权力兑换或带来象征利润的资本形式，即布尔迪厄所谈到的社会资本。公共精神主要表现在两个方面，一是作为"理念"的公共精神，二是作为"能力"的公共精神。在新媒介语境下，网络公共事件成为公共精神得以被识别、被激活、被生产、被传播的非常有效的切入路径。"微文化"时代客观上呼吁借助多种微型化的文本形态对公共精神进行表征和传播，同时也需要借助一定的图像修辞策略对公共议题进行构造和争夺。

## 2247 近代西方的民主政治论析

发表时间及载体：《甘肃理论学刊》2002年第5期

作　　者：牛正兰 高化

简　　介：自由、民主、人权，这三个概念是历史的和具体的。其中，自由主要是作为哲学范畴出现的，民主和人权主要是作为政治范畴出现的。政权在民、民主共和与契约思想，是西方古代的民主思想，在近代西方反对封建专制主义的斗争中，资产阶级高举自由旗帜，宣扬天赋人权，提出了资产阶级的民主和人权思想，并最终建立了资本主义的民主制度，总的倾向是阶级调和、福利主义和参与主义，不对政治现象做阶级的或社会的分析，抹杀资本主义民主、人权与社会主义的民主、人权的本质区别。

## 2248 生态文学的发展生态论析

发表时间及载体：《甘肃社会科学》2008 年第 3 期

作　　者：温越

简　　介：生态文学日益成为文学界关注的热点。立足于我国生态文学的发展性，关注生态文学的发展生态，以利于推动它的发展，成为当前切要的问题。我国的生态文学表现出"五个结合"的特征，在生态思想、创作领域和社会精神文化建设诸方面取得了具有开拓意义的成就，但还存在创作规模和质量不够、研究条件和批评理论系统化不足的问题，需要在优化外部环境和内部机制方面做好应对。

## 2249 浅谈企业知识员工的特点及其管理

发表时间及载体：《甘肃行政学院学报》2002 年第 4 期

作　　者：张军

简　　介：财富来源于知识，科学技术是第一生产力。先进的科学技术掌握在知识员工手中。以人才竞争为显著特征的 21 世纪，人力资本是最主要的资本，企业竞争力水平往往取决于知识员工的产出质量和数量。因此，管理和激励知识员工，使人得其位，位适其人，人尽其才，才尽其用，才能使企业在激烈的市场竞争中立于不败之地。

## 2250 乡镇企业市场风险及其防范

发表时间及载体：《职业时空》1999 年第 2 期

作　　者：曹子坚

简　　介：每一个企业在其生产经营活动的各个环节中，都面临着各种各样的经营风险，从一定意义上来说，企业发展的过程就是一个不断防范与削减风险以保证经营活动稳定进行的过程。乡镇企业由于自身素质和外部环境等多种因素的影响，面临的市场风险相对更大。对有关风险的预测和防范，无疑是关系到乡镇企业生存和发展的一个极为重要的问题。

## 2251 牛郎织女传说情节的丰富变异性——《天牛郎配夫妻》与南方少数民族有关传说的比较

发表时间及载体：《西北民族研究》（CSSCI）2008 年第 2 期

作　　者：隆滟

简　　介：牛郎织女传说在流传过程中，由于地域、民族等方面的不同，故事情节也发生了变异。本文通过对内蒙古流传的《天牛郎配夫妻》与流传于南方少数民族的相关传说进行比较分析，说明一个民间传说在漫长的历史长河以及在不同民族间，在情节等方面的丰富变异性。

## 2252 学生学业不良的"教育成因"与对策分析——兼议新课程实施中教育观念的转变

发表时间及载体:《西北师大学报:社会科学版》2004年第2期

作　　者:王爱兰

简　　介:学生学业不良有不同的表现特点,其成因复杂多样。学校和教师的教育失误是产生学业不良学生的主要原因。本文通过分析,结合新课程倡导的理念提出,树立正确的学生观,改革不合理的学生评价机制,转变教师的教学行为,改变学生的学习方式。

## 2253 社会认知视野的自我参照效应相对性哲学辨析

发表时间及载体:《甘肃高师学报》2012年第3期

作　　者:张鹏英 张海钟

简　　介:通过对自我参照效应相关研究的分析和总结,探讨了个体、群体、本体自我三个层面的自我参照效应,包括自我参照效应的概念、研究范式、研究对象等。进而从对立统一规律的视角归纳出自我参照效应的相对性,指出了自我参照效应研究中的不足及其展望。

## 2254 王阳明心学及其宇宙论审美境界

发表时间及载体:《甘肃社会科学》2012年第3期

作　　者:靳健

简　　介:王阳明心学以心即理、知行合一、致良知为基本范畴,提倡体用不二,在自觉行为中肯定人生价值,认为人性需求即伦理规范。王学推崇的心无间隔体验实际上是一种宇宙论审美境界,表现为:远俗之美,不远辞章的审美实践;苦乐之美,采薪瓮水的审美至境;良知之美,主客一体的审美

历程。

## 2255 麦积山第100窟调查与年代研究

发表时间及载体:《中原文物》(CSSCI)2011年第1期

作　　者:魏文斌

简　　介:麦积山第100窟为麦积山石窟早期很重要的一个洞窟,该窟由于有过数次的重修,对之做系统的调查进而分析其始建年代与重修年代,有利于麦积山石窟成组洞窟及年代学的研究。本文在详细调查的基础上,认为该窟与第128窟等为北魏太和时期开凿,北魏晚期对该窟进行了重修,宋代再次重修。

## 2256 教学论观念辨析

发表时间及载体:《西北师大学报:社会科学版》1999年第1期

作　　者:徐继存

简　　介:教学论这门学科常被人误解,而遭受不应有的指责和贬低,大量非教学论或伪教学论"研究"的盛行和泛滥,更损害了教学论的声誉。如果对教学论的一些基本问题做出清楚明晰的解答,就有利于确定合理的教学论观念,消除人们在教学论上的误解和偏执,捍卫教学论的学术尊严,进而推动教学论的发展。

## 2257 土尔扈特人在伏尔加河时期的联姻状况述评

发表时间及载体:《新疆大学学报:哲学·人文社会科学版》(CSSCI)2009年第37卷第5期

作　　者:李金轲 王希隆

简　　介:土尔扈特蒙古西迁至伏尔加河流域后,与杜尔伯特、准噶尔、和硕特、喀尔喀、卡巴尔达之间发生过多次联姻。土尔扈特与杜尔伯特联姻是伏尔加河流域杜尔伯特部形

成的重要原因，是修复双方联盟关系的重要手段，也是导致杜尔伯特未随渥巴锡东归的关键原因。土尔扈特和准噶尔的联姻是双方联盟的纽带，可以促进部落间交流，增强彼此间团结互信，巩固联盟，壮大实力；但是，联姻的破裂对双方的内外政治环境都会产生长久而深刻的不利影响。

## 2258 对私营企业主入党问题的几点思考

发表时间及载体：《甘肃理论学刊》2002 年第 4 期

作　　者：谢增寿

简　　介：私营企业主中的优秀分子，带头致富，守法经营。虽然他们也占有雇工的剩余劳动，但他们在生活上只消费掉自己的劳动所得部分，而把税后利润主要用在扩大再生产和发展社会公益事业上。这样，既发展了生产，增加了社会财富和雇工收入，又加快了社会公益事业的发展，有利于社会全面进步。因此，把他们吸收到党内来，对加快社会主义现代化建设，对增强党的凝聚力、扩大党的群众基础都是非常必要的。

## 2259 世界城市化规律：文献综述

发表时间及载体：《兰州商学院学报》2005 年第 21 卷第 2 期

作　　者：张贡生

简　　介：深入研究世界城市化运动规律，不仅有助于加速中国的城市化进程，纠正理论上的偏差，更主要的是有助于加快中国经济发展的步伐，缩小中国与世界的差距。因此，这里就世界城市化运动规律问题做一综述。

## 2260 增加城乡居民收入：实现经济可持续发展的重要动力

发表时间及载体：《甘肃高师学报》2011 年第 16 卷第 6 期

作　　者：罗云平 张红岩

简　　介：增加城乡居民收入水平，是扩大内需，促进我国经济可持续繁荣发展的重要原动力之一。当前，我国居民总体收入水平低下，内需不足已成为阻碍我国经济发展持续发生的瓶颈之一。因此，如何增加居民收入水平，扩大内需已成为摆在我们面前急需解决的难题之一。

## 2261 论十六国时期前秦的文化措施

发表时间及载体：《甘肃联合大学学报：社会科学版》2009 年第 5 期

作　　者：翟云

简　　介：氐族是"五胡"之中受汉文化影响最深的一个。前秦的主要建立者和最高统治者都出自苻氏家族，以苻坚为代表的苻氏集团醉心于汉文化，崇儒，兴教，信佛，谈玄（论道）。因而。他们建立的前秦是一个儒、释、道（玄）等多种文化并存的政权。出现这种文化状况，其主要根源是苻氏家族乃至前秦的政治需要。

## 2262 西北地区都市圈现代化进程研究——以兰州都市圈为例

发表时间及载体：《兰州大学学报：社会科学版》2005 年第 33 卷第 2 期

作　　者：李娜 董晓峰

简　　介：以兰州都市圈为例，对西北地区都市圈现代化进程进行了研究。从都市圈现代化的内涵分析出发，结合西北都市圈经济社会发展状况，提出了适合内陆地区的都市圈现代化指标体系。并对兰州都市圈现代化水平进行了综合评价分析，提出了加快都市圈现代化进程的对策。

## 2263 小西北区域主导产业选择与制度创新

发表时间及载体：《青海社会科学》（CSSCI）2003 年第 2 期

作　　者：聂华林 高凯山

简　　介：近几年以来，大西北的陕、甘、青、宁、新五省区的区域经济发展不协调问题十分突出，小西北区域的甘、宁、青三省区经济发展显著落后于陕、新两省区，从而形成了小西北区域经济现象。

## 2264 从西北汉简看两汉河西边郡地区物价

发表时间及载体：《丝绸之路》2011 年第 20 期

作　　者：魏芳 孙占宇

简　　介：本文主要参考西北地区所出居延汉简、居延新简、敦煌汉简等资料，对两汉时期河西边郡地区的土地、粮食、肉食、马牛、布帛、衣物等多种物品的价格做了较为详尽的梳理，初步理清了这一时期物价波动的大致情况，以期对研究两汉经济史具有一些参考价值。

## 2265 试论和亲公主的外交使臣作用

发表时间及载体：《甘肃高师学报》2012 年第 3 期

作　　者：曹国宁

简　　介：中国古代历史上的和亲作为历代统治者处理民族关系的一种策略，旨在缓解民族矛盾、调解民族关系。和亲公主作为维护和平的使者，肩负国家的政治使命，在对外关系中起到了非常重要的作用。

## 2266 甘肃省农村中小学现代远程教育成本效益分析

发表时间及载体：《甘肃联合大学学报：社会科学版》2007 年第 23 卷第 6 期

作　　者：杨晓宏 孙新领 丁成

简　　介：本文在调查研究的基础上，分析总结了甘肃省农村中小学现代远程教育的成本及应用效益，探讨了降低成本和提高效益的有效途径。

## 2267 对羁束行政行为与自由裁量行政行为分类的逻辑思考

发表时间及载体：《西北师大学报：社会科学版》2011 年第 2 期

作　　者：刘志坚

简　　介：羁束行政行为与自由裁量行政行为是学界对行政行为所做的基本分类之一。从逻辑学原理及行政主体实施行政行为的实然状况来审视，学界关于该分类的主流观点存在明显的不当或逻辑错误，这影响了这一分类应有价值和作用的发挥。为使之更为科学合理，更为符合行政行为的实际，并能够在行政法制建设中发挥积极的理论引导与实际应用价值，应以行政主体在决定实施具体行政行为时有无自由或自主选择余地为标准来划分羁束行政行为和裁量行政行为。

## 2268 电子商务审计的挑战与对策

发表时间及载体：《社科纵横》2008 年第 4 期

作　　者：文明

简　　介：以 Internet 为核心的网络技术的发展与应用，使整个社会步入了全新的电子商务时代。网络审计正是基于这样一个时代环境应运而生的。受电子商务的发展程度的影响以及相关法规、技术及人才因素的制约，网络审计的全面应用和实施还有许多工作要做。网络审计取代传统审计是时代的必然，这既是审计向前发展的重要一步，也是电子商务健康有序发展的重要一步。

## 2269 论当事人的程序平等权

发表时间及载体：《甘肃理论学刊》2003 年第 2 期

作　　者：张芸

简　　介：文章论述了当事人程序平等权的内涵、程序意义，并从平等地接近法院、人道的程序保障、平等的主体利益及相当的诉讼能力等方面论述了对当事人程序平等权的保护。

## 2270 马克思是怎样解剖英国的——《资本论》创作史研究笔记

发表时间及载体：《兰大学报》1984 年 4 月

作　　者：武文军

简　　介：《资本论》是马克思研究资本主义经济运动规律的巨著。但是，社会形态和社会经济形态的演进都是一个逐渐发展的过程。在西欧的一些资本主义生产关系安家落户的国家，仍然有许多非资本主义的生产关系。这会干扰人们对纯粹资本主义经济运动规律的研究。比较起来，当时英国资本主义生产关系最为成熟。因而，马克思在写作《资本论》时，重点调查研究了英国，对此花费了巨大的精力和心血。一部《资本论》，从逻辑上活灵活现地显示了英国资本主义有机体的复杂结构。

## 2271 网络传播与青少年教育

发表时间及载体：《西北师大学报：社会科学版》2002 年第 6 期

作　　者：王亚炜

简　　介：互联网作为新兴媒体的崛起预示着网络传播时代的到来。网络传播以其巨大的优势吸引着越来越多的人，但也带来了许多社会问题。青少年是接触互联网最多的人群，对他们进行网络教育是当务之急。

## 2272 唐四镇地区基层行政治理研究——以于阗、龟兹两地村坊制度为中心的考察

发表时间及载体：《西域研究》（CSSCI）2008 年第 3 期

作　　者：刘再聪

简　　介：唐朝对安西四镇地区的基层行政治理是非常有效的。出土文书证明，乡里村坊名称出现于四镇地区。村、坊实施区域有明确的城野划分，村的命名采用"自名"原则。

## 2273 建构我国物权登记的效力体系

发表时间及载体：《西北师大学报：社会科学版》2000 年第 5 期

作　　者：吴国喆

简　　介：我国不动产物权登记的效力体系包括登记的权利正确性推定效力、预告登记的债权物权化效力和权利顺序性效力等，通过分析物权登记所产生的公信力的要件及其法律效果，可为我国立法中完善登记效力制度提供借鉴。

## 2274 在甘肃省社科界纪念建党 90 周年学术讨论会上的讲话

发表时间及载体：《社科纵横》2011 年第 7 期

作　　者：马成洋

简　　介：甘肃省社科界专家学者聚集一堂，隆重召开纪念中国共产党建党 90 周年学术讨论会。与会专家着重就党的根据地建设、特别是具有甘肃省突出特点的陕甘边根据地建设、与我们现实生活紧密相关的转变生活

方式与科学发展观的关系、中国特色社会主义道路的开拓以及还有帮助甘肃省少数民族地区发展的一些重大的问题发表了很好的见解，各位专家从各自的研究方向着手，发表了富有见地的观点，让我们分享了他们的研究成果，对于我们开拓和深化这些方面的研究大有裨益。

## 2275 对春秋贵族文化合理因素的理解与历史文选教学的深化

发表时间及载体：《兰州大学学报：社会科学版》2002 年第 30 卷第 6 期

作　　者：乔健

简　　介：本文以《历史文选》教材选自《左传》的若干篇章为分析对象，说明理解春秋贵族文化是全面深入地理解《左传》的重要前提，同时指出继承春秋贵族文化传统对现代社会的重大意义，以及大学在培养"精神贵族"方面所应承担的责任。

## 2276 高校信息化规划基本流程及其绩效评估分析

发表时间及载体：《电化教育研究》2014 年第 35 卷第 5 期

作　　者：胡晓玲

简　　介：高校信息化规划是以高校的发展目标和发展战略为指导，依据高校核心业务需求，构建高校信息化建设与发展蓝图的过程，其主要包括高校信息化战略规划、架构设计和实施规划三个基本流程。文章针对高校信息化规划及其三个基本流程进行阐述，研究对高校信息化规划绩效进行形成性评估与分析的思路，以确保高校信息化规划的科学性。

## 2277 经济环境与均田制的变化

发表时间及载体：《西北师大学报：社会科

学版》2003 年第 3 期

作　　者：赵向群 刘小平

简　　介：均田制是古代一项著名制度。史界对它研究由来已久。但研究的重点多放在均田制所包括的土地所有制形式、均田制的土地分配办法、均田制和租调、徭役制的关系等方面，至于其管理功能前后的变化谈论甚少。实际上，经济环境的变化才是均田制产生和变化的决定性条件，把均田制置于国家计划经济的基点上，通过对其管理功能的动态性考察，才能揭示其制度实质，弥补史界研究之不足。

## 2278 一种只有两个声调的汉语方言——兰州红古话的声韵调

发表时间及载体：《西北师大学报：社会科学版》1999 年第 6 期

作　　者：雒鹏

简　　介：汉语方言的声调系统各不相同。兰州红古话只有两个单字调，即"平去声调"和"上声调"。两个单字调的汉语方言，此前未见到过。红古话有 25 个声母，31 个韵母。"平去声调"相当于北京话的阴平、阳平、去声，"上声调"相当于北京话的上声。

## 2279 试论毛泽东对中国传统民本思想的超越

发表时间及载体：《甘肃理论学刊》2002 年第 4 期

作　　者：苟颖萍

简　　介：毛泽东以马克思主义唯物史观为指导，批判地继承和吸收了中国传统民本思想的精华，加以改造创新，形成了毛泽东群众路线的观点，毛泽东在扬弃和超越中延续了中国传统文化的生命力。

## 2280 甘肃两州五县民族区域自治法实施问题的调查和分析

发表时间及载体:《西北民族研究》(CSSCI)
1998 年第 2 期

作　者: 高永久 马方

简　介: 通过对《中华人民共和国民族区域自治法》在甘肃两州五县民族地区执行情况的调查研究,分析了甘肃民族地区在民族区域自治法执行过程中存在的诸多问题,并提出自己的看法。

## 2281 从悬泉汉简看两汉西域屯田及其意义

发表时间及载体:《敦煌研究》2001 年第 3 期

作　者: 张德芳

简　介: 两汉在西域的屯田是管理和经营西域的重要措施,它不仅在当时发挥了重大作用,而且对后世有多方面的借鉴意义。文中征引的悬泉汉简,是近年来地下出土的最新材料,很多方面弥补了文献记载之阙略,结合文献和汉简的研究,不仅可以揭示西域屯田的总体面貌,还可解决一些单靠文献所难以解决的问题。

## 2282 西北农村妇女政治地位的现状考察与出路选择——以甘肃省中川村为例

发表时间及载体:《社科纵横》2008 年第 2 期

作　者: 刘文玉

简　介: 农村妇女是农村经济社会发展的中坚力量,是村民自治的实践者、参与者和推动者。在西北农村,农业女性化已成为西北农业生产最大的特色,妇女的经济地位和家庭地位都有了很大的提高,而妇女的政治地位却与之大相径庭,不仅不利于农村妇女自身的解放和发展,而且也影响了村治民主化进程,影响到农村经济社会的健康发展和社会主义新农村的构建。

## 2283 试论抗日战争时期党的干部队伍建设

发表时间及载体:《兰州大学学报: 社会科学版》(CSSCI)1995 年第 3 期

作　者: 刘先春

简　介: 本文认为抗日战争时期是我们党的干部队伍大发展的一个时期,也是我们党的干部队伍建设理论得到系统概括、逐渐成熟的重要时期,本文从四个方面论述了干部队伍建设的重要性。

## 2284 唐五代敦煌牧羊业述论

发表时间及载体:《敦煌研究》2001 年第 1 期

作　者: 乜小红

简　介: 唐五代敦煌牧羊业较发达,有官营、寺营、私营。羊在敦煌社会生活中的用途是食用、赐人、祭祀牺牲,羊皮制作冬装,羊毛用于纺织。

## 2285 基于 Wiki 协作式写作系统的大学英语写作教学实证研究

发表时间及载体:《电化教育研究》(CSSCI)2010 年第 3 期

作　者: 俞婷

简　介: Wiki 作为一种面向社群的协作式写作系统,有助于实现大学英语写作教学的网络化、个性化和自主化。本文作者在创建了用于大学英语写作教学的 Wiki 写作系统的基础上,开展了写作教学实验。实验结果表明,Wiki 协作式写作有助于提高大学生英语写作能力,激发写作积极性,促进合作学习能力的发展。

## 2286 甘肃省企业专利管理的问题及对策

发表时间及载体：《兰州学刊》2011年第6期

作　　者：刘华

简　　介：中国加入世贸组织已有十年，其巨大的市场潜力吸引众多国外企业来华投资。这些企业靠专利、商标、商业秘密等知识产权争夺市场份额，使国内企业参与市场竞争的形势愈发严峻，而保护好企业专利，做好专利的开发、利用、监控等一系列管理工作，将是中国企业在知识竞争中取胜的头等大事。在资金、技术、人力资源极度匮乏的甘肃省，尽快树立专利管理意识，建立行而有效的专利管理体系，是省内企业完善企业管理工作的重要内容。文章通过分析甘肃省企业专利管理体系建立的障碍，试图提出适宜甘肃省企业发展现状的专利管理体系。

## 2287 从藏族对裕固族的影响看吐蕃与回鹘的文化交流

发表时间及载体：《西北民族大学学报：哲学社会科学版》2011年第2期

作　　者：阿布都外力·克热木

简　　介：回鹘是维吾尔族与裕固族的祖先。在历史上，回鹘与吐蕃在政治、经济、文化等诸方面发生过密切的联系。在历史上，藏族对裕固族的形成发展产生过深远的影响，今日裕固族中还包含了不少的藏族文化成分。藏族文化的影响在如今的河西回鹘——裕固族身上能够十分明显地得以考证。藏族语言、藏传佛教、民间文学及生活习俗对河西回鹘产生过较大的影响。

## 2288 由《荡寇志》反观小说的社会功用

发表时间及载体：《甘肃高师学报》2010年第15卷第6期

作　　者：宋运娜　杨惠芳

简　　介：对《水浒传》的续书——《荡寇志》，研究者往往从政治或道德的角度对它进行评论，笔者拟从小说的社会价值这个角度去观照《荡寇志》，它为小说的社会功用做了最好的反面证明。

## 2289 基于国家利益的中国企业境外投资的战略思考

发表时间及载体：《创新》2009年第4期

作　　者：郭志仪

简　　介：随着经济全球化速度的加快，国际直接投资正逐步成为推动全球经济持续增长的主导力量，世界经济日益成为投资主导型经济。由于战略性资源短缺、利用外资与境外投资比例失衡等诸多问题的困扰，突显中国企业境外直接投资的必要性与紧迫性。目前，中国企业境外直接投资虽然取得不小进展，但存在许多问题。基于国家利益的中国企业境外投资，必须明确中国境外投资的战略目标取向，选择与培育适合境外投资的主体，建立和完善统一高效的宏观管理组织机构及政策体系、服务体系，加强对境外投资企业的监管和保护。

## 2290 微博时代的高校马克思主义大众化传播策略

发表时间及载体：《电化教育研究》（CSSCI）2012年第9期

作　　者：苏星鸿

简　　介：微博带来了高校马克思主义大众化传播技术生态、政治生态、文化生态和社会生态等多层面的变革，给高校马克思主义大众化传播带来新的机遇和挑战。基于微博时代的高校马克思主义大众化传播实践，分析了微博时代的高校马克思主义大众化传播若干理论问题，并就高校利用微博推进马克思主义大众化传播的策略进行了探索。

## 2291 西部农村人力资本投资与"三农"问题的破解

发表时间及载体：《中国国情国力》2007 年第 11 期

作　　者：聂华林 李长亮

简　　介：本文为国家社科基金重大项目"西部全面建设小康社会中的三农问题及对策研究"（04-ZD018）阶段性成果之一。我国全面建设小康社会的难点不在东部而在西部，不在城市而在农村，特别是西部农村。事实上，西部的"三农"问题已成为我国全面建设小康社会的最大障碍和制约因素。

## 2292 《时令》、《时训》与《时训解》——《逸周书·时训》解探微

发表时间及载体：《兰州大学学报：社会科学版》2004 年第 32 卷第 4 期

作　　者：周玉秀

简　　介：《逸周书·时训》每节前半部分所记物候与《礼记·月令》等书相同，这是先秦传下来的时令。其后半部分则与汉代谶纬之学有密切关系，又"病""兵"等上古阳部字在《时训》中与耕部字相韵，这是汉代始有的语音特点。因此，这部分当是汉人的解说，是为《时训》。今传本《逸周书》此篇作《时训解》，"解"字当是孔晁以后人所加。

## 2293 公共危机管理视野下的政府形象塑造策略

发表时间及载体：《西北师大学报：社会科学版》2012 年第 3 期

作　　者：陆凤英

简　　介：社会在运行过程中不可避免地会发生不同程度的公共危机事件，而政府在防范并化解公共危机方面处在关键地位，政府危机管理的成败直接影响到政府在公众心目中的形象，所以建构有中国特色的公共危机管理体系对政府形象的塑造至关重要。公共危机管理中政府形象塑造策略可分为危机预防、危机预警、危机处理、危机善后等几个方面。

## 2294 论秦观的诗

发表时间及载体：《甘肃理论学刊》2005 年第 1 期

作　　者：尹占华

简　　介：秦观虽名列苏门四学士，在作诗上却是走自己的道路，是元祐诗风的别调。从思想内容上来看，他以诗写情事，写景工丽，咏物诗则讲究寄托。但境界较狭，风格纤弱。秦观的诗细丽，轻巧，也想学苏、黄之用事，但显然功夫不到家。他的七绝坚持唐人作绝句的方法，风格清新自然，虽有纤弱之嫌，却也是诗坛上不可或缺的一种风格。

## 2295 远程教育与中国高等教育的历史转型

发表时间及载体：《社科纵横》2011 年第 4 期

作　　者：张亚君

简　　介：国际现代远程教育的经验和国内远程教育的实践，为我国高等教育的改革创新提供了理论与现实基础。远程教育必将极大促进高等教育的战略转型，对提高中国高等教育的信息化水平具有举足轻重的作用，是中国普通高等教育教育模式整体改革的助推力。

## 2296 西方列强与《上海停战协定》

发表时间及载体：《西北师大学报：社会科学版》2003 年第 2 期

作　　者：李怀顺

简　　介："一·二八"事变爆发后，中国政府推行"一面抵抗，一面交涉"的政策，不断寻求西方列强的同情和支持，希望列强介入、干涉中日军事冲突，借助列强的力量对抗日本，列强也曾出现于事变的前前后后，起到了一定作用，但西方列强没有真正尊重中国的主权和领土完整，《上海停战协定》对中国来说仍然是不平等条约，半殖民地的中国依赖外国势力维护自己的权益是极其困难的。

## 2297 现代远程教育中的网络技术及安全性研究

发表时间及载体：《电化教育研究》2002 年第 7 期

作　　者：苟平章 倪志新

简　　介：本文分析了现代远程教育中的网络技术及其安全机制，针对 Windows NT 网络提出一些安全问题，并给出相应的安全策略。

## 2298 非均衡增长与"再造一个河西"的战略决策

发表时间及载体：《甘肃社会科学》1998 年第 3 期

作　　者：吕胜利

简　　介："再造一个河西"是以区域非均衡增长的优势带动甘肃经济快速发展的战略决策。面对 21 世纪决心缩小甘肃与全国发展的差距是其决策的省情背景。只有保持 10％的增长速度才能逐步缩小同全国的差距。只有打破均衡发展的格局，培育新的增长中心，才能推动全省经济的快速发展。

非均衡增长的区位指向和产业指向的识别证实，甘肃生产力的空间布局和产业优势，一是向省内重点工业城市集中，二是向河西地区集中。河西地区不仅具有发展第一产业的优势，是甘肃重要的商品粮食生产基地，而且第二、第三产业在全省也有较强的竞争力。河西地区经济增长速度完全可以达到 12％以上，大有希望在不到六年时间内实现全区经济总量翻一番的目标。

## 2299 甘肃省农村金融发展与农民收入关系实证研究

发表时间及载体：《开发研究》2012 年第 4 期

作　　者：李泉

简　　介：金融体系对于农业经济发展、农民收入提升和农村社会进步至关重要。利用 1990—2009 年相关金融统计数据通过实证分析发现，甘肃省农村金融发展与农民收入之间存在着长期稳定的协整关系，农村金融发展对农民收入存在长期性促进作用，农村金融信贷促进了农民收入的增长，而农村储蓄对于农民收入的增加具有负效应。因此，积极发展农村金融市场，拓宽农民投资渠道，并不断加大对农村小额信贷的政策支持，提高农村金融企业融资能力，优化农村金融发展结构，仍然是未来时期甘肃省和类似欠发达区域农村金融发展支持农民收入提升的必要之举。

## 2300 对中国金融业经营模式的思考

发表时间及载体：《现代妇女理论版》2010 年第 10 期

作　　者：何珊珊 汪晓文

简　　介：金融业是现代经济的核心，其业务经营方式也随着经济社会的发展经历了一系列的变化。随着金融危机的缓和，世界经

论文

济进入了一个相对平稳的时期——后危机时代，但是由于固有的矛盾没有或是不可能完全解决，因而危机过后的经济发展仍存在诸多不确定因素，特别是在金融领域，也不可避免地存在许多摩擦，关于金融业的经营模式也引起了一些新的讨论。本文对金融业经营模式的发展趋势进行了回顾和展望，在此基础上分析了分业、混业的争论热点问题，针对我国金融业发展现状，提出了较具现实性和可操作性的对策建议。

## 2301 论中国多党合作制的特色

发表时间及载体：《社科纵横》2010 年第 1 期

作　　者：杨仲航 马进

简　　介：中国共产党领导的多党合作和政治协商制度是我国一项基本政治制度，是在马克思主义经典作家关于政党合作的理论指导下形成的具有中国特色的政党制度。它具备有利于生产力的发展和社会的进步，有利于发扬社会主义民主，有利于社会稳定，有利于维护最广大人民的根本利益等一系列优越性。多党合作制是中国对于当代政治文明的重要贡献，对其他国家的政治文明进步有着积极的启迪意义。

## 2302 简论藏族题材电影中"硬汉"形象的类型化特征

发表时间及载体：《西藏民族学院学报：哲学社会科学版》2012 年第 1 期

作　　者：白晓霞

简　　介：20 世纪 60 年代至今，藏族题材电影中的"硬汉"形象在影片中的角色语境呈现出比较明显的代际嬗变，这一形象体现出导演对藏族题材电影审美立场的渐变性，也反映了观众对藏族题材电影期待心理、接受心理的变迁历程。同时也从一个侧面说明

了藏族文化在进入新的媒体形式——电影时的他者视角与自我定位之间的复杂关系。

## 2303 格尔木市流动人口调查报告

发表时间及载体：《西北民族研究》（CSSCI）2007 年第 4 期

作　　者：僧格 马宝龙

简　　介：随着西部大开发战略的深入推进，越来越多的外来流动人口涌入西部城镇。流动人口的涌入一定程度上推动了西部各城市的发展，但也加剧了当地就业市场的竞争，带来一系列管理方面的困境，流动人口也面临着与流入地群体、社会之间的互动协调问题。格尔木市作为青藏高原上第三大城市，随着资源的开发，城市的建设，外来人口也大规模进入。本文对 2005 年格尔木市流动人口的结构特征、生活就业状况及其社会互动关系等做了系统描述、归纳和分析。

## 2304 设计专题学习网站提升教师信息化教学能力

发表时间及载体：《电化教育研究》（CSSCI）2011 年第 1 期

作　　者：赵健 郭绍青

简　　介：教师信息化教学能力是信息时代的要求。本文从专题学习网站作为支持协同教学的资源型教学环境的视角出发，从中观教学设计的角度阐述了专题学习网站对信息化教学方法应用的支撑作用。在开展语文综合实践课的案例中利用专题学习网站提供资源环境，以不同信息化教学方法支持下的教学结构开展教学，在协作知识建构的基础上达到提高教师信息化教学能力的目的。

## 2305 《大夏》钩沉

发表时间及载体：《文献》（CSSCI）2010 年第 3 期

作　　者：韩高年

简　　介：《庄子·天下篇》云："舜有《大韶》，禹有《大夏》，汤有《大濩》，文王有《辟雍》之乐，武王、周公作《武》。"《吕氏春秋·古乐篇》亦云："禹立，勤劳天下，日夜不懈，通大川，决壅塞，凿龙门，降通潦水以导河，疏三江五湖，注之东海，以利黔首。于是命皋陶作为《夏籥》九成，以昭其功。"可见在夏代，为歌颂大禹治水之功，作有《大夏》之乐。

## 2306 试论违约责任中定金、违约金、赔偿损失的竞合与适用

发表时间及载体：《甘肃政法学院学报》2004 年第 1 期

作　　者：蔡永民

简　　介：从违约责任的一般理论入手，着重论述了违约责任中定金、违约金、赔偿损失责任形式之间的关系，旨在解决现实生活中三者如何具体运用、能否一并适用等法律问题，分析了在适用三者的过程中应注意的几个问题。

## 2307 人口因素在沙漠化历史过程中作用的考察——以甘肃省民勤县为例

发表时间及载体：《人文地理》（CSSCI）2005 年第 5 期

作　　者：李并成

简　　介：本文采用个案研究"解剖麻雀"的办法，以历史上沙漠化过程发生的典型地区甘肃省民勤县为例，就其清代以来的人口变动状况及其与土地沙漠化的关系，做了系统的剖析，从中可以得出若干具有规律性的科学认识。

## 2308 区域协调发展的广义梯度评价指标体系研究

发表时间及载体：《甘肃理论学刊》2011 年第 2 期

作　　者：李具恒

简　　介：以创新区域协调发展理论为目的，以认识传统梯度理论之梯度概念为突破口，整合区域经济理论，构建广义梯度理论，界说广义梯度范畴的内涵，提出了区域广义梯度评价指标体系，将区域广义梯度分解为自然要素梯度系统、经济梯度系统、社会梯度系统、人力资源梯度系统、生态环境梯度系统、制度梯度系统 6 个一级指标，且将一级指标细分为 24 项二级指标和 92 项三级具体指标。

## 2309 无为自然与反抗荒诞——试论许地山道家思想与加缪的存在主义

发表时间及载体：《甘肃理论学刊》2003 年第 3 期

作　　者：赵晓珊

简　　介：从分析具体文学作品入手，将我国现代文学史上的作家许地山和法国存在主义作家加缪的思想进行了对照。从中可以看到，两位作家在作品中都表述了对人生荒诞境遇的深刻体验，然而对待荒诞的态度却迥异：一为退守，一为进取。许地山受传统道家思想影响，强调以对苦难的忍受来超越现实，进而通过否认苦与乐的根本差异达到一种清静无为、自然而至的境界，而加缪则主张以"西绪福斯"式的无效无望，而又坚韧不拔的行动积极挑战荒诞，反抗荒诞，以完成人的"自我选择"。这一对比不但明确表现了两位作家不同的思想实质，也体现出东西方思维方式的差异。

## 2310 托塔天王与哪吒——兼谈敦煌毗沙门天王赴哪吒会图

发表时间及载体：《敦煌研究》2008 年第 3 期

作　　者：郭俊叶

简　　介：《西游记》《封神演义》中李靖以塔镇伏哪吒一节，在苏辙《哪吒诗》与敦煌毗沙门天王赴哪吒会图中可以找到一些因素。

## 2311 文学"真实性"级次辨析

发表时间及载体：《西北师大学报：社会科学版》2005 年第 6 期

作　　者：任遂虎

简　　介：文学真实性的维度相当宽泛，可包含客观之真，也可包含主观之真，可包含可然之真，也可包含超然之真。它分为三个级次，第一个级次是本事之真，即真相的再现，以符实度为标准；第二个级次是常理之真，即逼真的表现，以可信度为标准；第三个级次是情趣之真，即超世的展现，以性灵度为标准。本事之真与虚构概念相对立，要求按照生活原有的模样和形态写；常理之真与虚假概念对立，要求按照生活应有的常模和形态写；情趣之真与虚伪概念对立，要求按照审美的绮情异趣写。以符实度为基准的作品，就是纪实文学；以可信度为基准的作品，就是现实主义文学；以性灵度为基准的作品，就是浪漫主义文学。

## 2312 《诗经》时序主题的文化内涵及原型价值

发表时间及载体：《中国社会科学院研究生院学报》（CSSCI）2005 年第 1 期

作　　者：韩高年

简　　介：上古时期农事与祭礼都有很强的季节性，特定季节中的物候和仪式景观标示着相应的心理、情感和观念。《诗经》时序类主题即是此种对应关系的歌咏。这是中国古典诗歌时序主题的源头。时序主题歌谣中形成的特定物候、仪式与某种基于时序的心理意识的隐喻关系，促成古典诗歌意境的生成，因而具有重要的原型价值。

## 2313 汉译佛典对汉语词汇的影响初探

发表时间及载体：《甘肃高师学报》2012 年第 3 期

作　　者：许杰然

简　　介：佛教自东汉年间传入中国，对中国本土文化产生了深刻影响，尤其是在译经写经以及弘扬佛教教义的过程中与汉语进行了有机的结合，进而产生了许多汉语新词新字，许多衍生词汇中也带有了佛教色彩，在很大程度上丰富了汉语的词汇，促进了汉语词汇的发展，产生了诸如双音化、多音化趋向等语言现象，更为后世的翻译、不同语言互相交融树立了范本。佛源词汇的产生、发展有众多不同的方式，本文旨在从佛教汉传过程大致发展历程，尤其译经过程中的一些特点对佛源词汇进行探析。

## 2314 对我国诱导侦查法制化之思考——从侦查程序监督机制优化角度考察

发表时间及载体：《甘肃行政学院学报》2003 年第 4 期

作　　者：薛炳尧 马志鹏

简　　介：通过对诱导侦查概念的界定，对我国诱导侦查现状的分析，借鉴国外诱导侦查的理论与实践，阐述了我国诱导侦查的法制化问题。

## 2315 电视教材构图美的法则与实践

发表时间及载体:《电化教育研究》( CSSCI )
1998 年第 1 期

作　　者: 易明友 窦绍合

简　　介: 电视教材作为一种教学活动中的传播媒介,是以科学技术手段为载体,集声、像、文学为一体的综合性艺术作品,具有不同于一般教材的特殊性,它形象,直观,新颖,生动。

## 2316 对建设学习型党组织的几点思考

发表时间及载体:《兰州学刊》2011 年第 7期

作　　者: 李慧玲

简　　介: 建设学习型党组织,要准确把握建设学习型党组织的基本要求,把学习作为党组织建设的主要特征,把提高思想政治素养作为基本要求,把改革创新、提高能力作为不懈追求,把改进工作作风作为重要目标,把制度化、机制化作为根本保障,努力探索出一条具有中国特色的学习型党组织建设之路。

## 2317 RSS 在数字参考咨询服务中的应用

发表时间及载体:《社科纵横》2011 年第11 期

作　　者: 纪丽珍

简　　介: 文章分析介绍了 RSS 的含义、技术特点,以及在数字参考咨询中的应用,阐述了 RSS 与信息资源整合、BBS、email、FAQ 以及联合参考咨询的结合使用,提高图书馆信息资源使用效率和信息服务质量。

## 2318 贫困地区教师培训现状调查及远程培训策略研究

发表时间及载体:《电化教育研究》( CSSCI )
2005 年第 3 期

作　　者: 党小超 赵鸿章 李焱

简　　介: 远程教育是解决贫困地区农村中小学师资数量不足、质量不高、代课教师多、教育资源匮乏的最有效途径。本文通过对西部贫困地区中小学教师培训现状的调查研究,分析了当前教师培训存在的主要问题,并对利用远程教育开展教师培训的途径和策略进行了探讨。

## 2319 试论鬻熊、吕尚对范蠡思想的影响——范蠡思想渊源考论之一

发表时间及载体:《兰州大学学报:社会科学版》2001 年第 29 卷第 2 期

作　　者: 饶恒久

简　　介: 首先简述了近几十年来范蠡研究的总趋势,指出对其进行深入研究的必要性,然后对范蠡的籍贯、故乡予以考实,认为其籍贯为楚宛地三户邑,即古之丹阳,属于南阳郡。在此基础上,探求了南阳之地历史上最有影响的两位人物——楚始祖鬻熊及姜太公吕尚——对范蠡思想可能产生的影响,从而探明了范蠡思想深远的历史渊源,为探求黄老之学的产生、形成进行了初步尝试。

## 2320 学习型组织理论与图书馆的可持续发展

发表时间及载体:《甘肃理论学刊》2004 年第 5 期

作　　者: 戴慧英

简　　介: 学习型图书馆是 21 世纪图书馆的发展趋势。本文从学习型组织理论入手,阐述了将学习型组织理论实践于图书馆管理对图书馆事业发展的重要意义以及构建学习

型图书馆的具体措施等。

## 2321 三代史官传统与古史传述方式

发表时间及载体:《社会科学战线》(CSSCI)
2002 年第 4 期

作　　者：韩高年

简　　介：三代史官文化具有巫史合一、瞽史一体的传统,《尚书》的文体的记言及其巫祝色彩表明,瞽史巫祝的言语为后世各类文体的渊薮,而《尚书》篇章的韵文化现象,也揭示了三代"史""诗"形态重叠源于瞽史一体的传述方式。

## 2322 合作社在我国农村社会经济发展中的地位和作用

发表时间及载体:《兰州商学院学报》2005 年第 21 卷第 4 期

作　　者：张永丽

简　　介：合作社作为弱者的组织,源于个体劳动者经济联合的需要,是市场经济发展的必然产物。对于我国广大的农村来说,合作社是小农家庭进入市场的桥梁和纽带,是农业产业组织的主体,是农村参与发展模式的组织载体,是农村治理结构改革的组织基础,是提高农民社会经济地位的主要途径,是我国农村市场化进程中的必然选择。

## 2323 左翼文学精神与 20 世纪中国文学的现代化论纲(上)

发表时间及载体:《兰州大学学报：社会科学版》2003 年第 31 卷第 1 期

作　　者：赵学勇 李明

简　　介：中国文学的现代化,是传统中国社会进入现代社会以来,文学自身在中西文化交融冲突和继承民族本土文学传统的大背景中,追求能体现文学"现代性品格"的历史过程。左翼文学在中国现代史上的发生,

是多种因素交互作用的结果。以"左联"为中心的左翼文学思潮与创作,形成了新的文学传统和创作模式,对解放区文学、十七年文学、"文革"文学、新时期文学以及当下动态发展的中国文学产生了重大而深远的影响。左翼文学观念在不同的历史时期有不同的表现形态,展现出与中国文学现代化追求的复杂而曲折的关系。鲁迅、茅盾和一些对文学艺术本质有着精深把握的左翼理论家、创作家对左翼文学精神的理解及其创作,真正代表左翼文学全部内涵的现代文学意识,同一度造成当代文学发展之路窄化甚至停滞的极"左"文艺思潮、文学观念有本质区别。论文粗略勾勒了左翼文学精神对 20 世纪中国文学整体面貌和文学现代化的影响,概括总结了左翼文学精神及其影响下不同时期创作的得失和经验教训。

## 2324 现代奥林匹克运动与现代科学技术

发表时间及载体:《社科纵横》2008 年第 4 期

作　　者：孙辉 张洪滨

简　　介：用文献资料法和实例分析法,研究现代奥林匹克运动与现代科学技术之间的关系,并得出结论：科技成果在奥林匹克运动中的广泛应用,促进了奥林匹克运动的发展,同时,奥林匹克运动的发展带动了科学技术的进步,而科学技术的发展也对奥林匹克运动产生负面影响。

## 2325 论教育研究中的"文体"问题

发表时间及载体:《西北师大学报：社会科学版》2001 年第 5 期

作　　者：王兆瞡

简　　介：单一的文体形式——论著,不能完整地表达教育研究者的思想,并且它在相当意义上阻碍了教育研究者教育情怀的有效

实现。文体的单一也使教育研究者的文体语言平面化，丧失了个性化色彩。此外，在教育研究文体中还存在思想与文本的分离问题。这些都妨碍了教育研究事业的深入发展。基于以上三点理由，我们认为，扩展教育研究的文本形式，进行教育文体研究很有必要。

## 2326 关于我国高等教育竞争的理性思考——兼论信息社会电化教育的竞争与发展

发表时间及载体：《电化教育研究》2003 年第 5 期

作　　者：安心 赵巧琴

简　　介：竞争是市场经济的基本特征。在市场经济条件下，高等教育竞争不是禁区。文章分析了我国高等教育竞争的必要性，指出竞争不仅是高等教育发展不可回避的现实，而且也是信息社会电化教育无法逃避的挑战。据此，应建立高等教育竞争的监督和约束机制，打破教育垄断，规范我国高等教育的竞争市场。

## 2327 从"谢赫六法"诠释"文人画"艺术特色

发表时间及载体：《甘肃高师学报》2012 年第 6 期

作　　者：段森宇

简　　介：文人画以写意抒情性并以色彩之淡、水墨黑白之逸格虚灵性区别于青绿山水、重彩人物花鸟画的色彩样式而独具特色，并取代了青绿画在唐宋时期的重心地位成为中国封建后期绘画的主流。在中国哲学思想的影响下同样遵循"谢赫六法"的基本绘画理论体系，但同时积极地充实、拓展"六法"内涵，使中国画成为东方绘画中最炫耀的亮点。

## 2328 "批评工程论"——新历史主义批评理论的当代意义

发表时间及载体：《文艺理论研究》（CSSCI）2005 年第 1 期

作　　者：张进

简　　介：新历史主义在其批评实践过程中对批评本身做了深入反思，论证并实践了其批评工程论。它盘诘批评语境的合法性并将批评活动自身事件化，它考察批评划界活动参与社会能量流通过程所发挥的社会文化功能，强调批评活动构造和体验不同版本历史并从中实现横向超越的方法论意义。这些思考对我们在当代批评理论语境中进行批评定位具有一定的参考价值。

## 2329 论心理健康教育中青少年人格素质的培养

发表时间及载体：《甘肃联合大学学报：社会科学版》2008 年第 1 期

作　　者：傅涛

简　　介：人格是指一个人各种心理特征的总和，既包括一个人性格、气质、能力等方面的特质，也包括一个人知、情、意、行等道德品质方面的特质。一个人的人格素养不健全，其文化、智能，品德、劳动甚至生理等方面的素质便难以发展到一个较高的水平。因此，在当代提倡素质教育的新形式下，针对青少年学生的人格素质状况，有目的、有计划地注重青少年的心灵改造和品格构建，以促进青少年学生人格素质的培养和发展，既是现代学校优化人才素质的重要途径，也是落实应试教育向素质教育转轨的必要措施及当代心理健康教育的新理念。

## 2330 外资并购政策评析及建议

发表时间及载体：《甘肃理论学刊》2007 年第 5 期

作　　者：张晨

简　　介：外资并购对东道国的市场结构、产业升级、技术外溢甚至国家安全均会产生影响。外资并购国内企业正呈现不断增长趋势，政府如何在政策层面规范并购行为，规避相应风险，积极应对外资并购，成为政府面临的课题。

## 2331 甘肃省建设资源节约型、环境友好型社会方略研究

发表时间及载体：《社科纵横》2011 年第 2 期

作　　者：王雅琼 尚明瑞

简　　介：建设资源节约型、环境友好型社会是党的十六届五中全会明确提出的一项事关发展全局的战略决策，本文以甘肃省社会发展现状为切入点，分析了甘肃省建设两型社会面临的主要问题和瓶颈，据此提出合理建议，对甘肃省可持续发展具有重要的理论意义与现实意义。

## 2332 "人类性"要素与 20 世纪中国文学的价值定位

发表时间及载体：《南开学报：哲学社会科学版》2003 年第 6 期

作　　者：程金城 冯欣

简　　介：人类性要素是 20 世纪中国文学研究中一个仍被遮蔽的层面。这直接影响到对其特质和精神意蕴的全面认识和理解，也制约着现代中国文学被真正纳入"人类"的文学视野平等看待。这种现象的产生既有人所共知的社会文化背景的原因，也有研究者的思维定式、研究模式和受"西方视角"影响等方面的深层原因。并不是只有那些所谓边缘作家的作品才具备人类性，相反，那些所谓中国现代主流文学，其所表现的现代中国人的不屈不挠的奋斗精神和自由精神、为

了民族利益牺牲个体的献身精神、对中国传统文明的历史性整体反省和自我批判精神等等，与人类普遍的积极精神和人性追求是相通的，也具备丰富的人类性。而新时期以来，特别是 20 世纪 80 年代中期以后的中国文学，其最深刻的变化和最深远的历史意义就是作家主体归属意识中的"人类性"意识的增强和作品对"人类性"追求的强化。因此，从人类性的视角才能真正认识 20 世纪中国文学的世界意义，也才能认识其利弊得失。

## 2333 晚清绅士与近代报刊

发表时间及载体：《江西社会科学》(CSSCI) 2010 年第 3 期

作　　者：李晓英

简　　介：中国传统社会，绅士阶层既是官民之间的中介者，又是文化资本的拥有者，面对鸦片战争后中国社会的巨变，他们中的一部分逐渐认识到报刊的传媒功能和对社会民众的唤醒作用。

## 2334 制度变迁与小西北区域经济一体化研究

发表时间及载体：《改革与战略》2011 年第 27 卷第 5 期

作　　者：苏华 张学翠

简　　介：据制度经济学相关理论，结合小西北地区经济实际，文章认为，制度约束是该地区经济落后的重要原因。区域经济一体化是打破制度约束、促进经济发展的良策，但地方政府的阻碍提高了交易费用，使一体化进程缓慢。文章指出，通过地方政府主动改革打破自身对经济发展的阻碍，在诱致性制度变迁基础上适度推行强制性制度变迁，小西北区域经济一体化进程有望加快。同时中央政府须尽快完善地方政府的激励机制以促进区域经济一体化发展。

## 2335 教育价值取向的大众化及其思想流变

发表时间及载体：《敦煌研究》2011 年第 3 期

作　　者：黑晓佛

简　　介：通过对敦煌蒙书中道德规范与思想的考察，探讨了其大众化倾向的生成背景、思想的流变。在敦煌蒙书中，道德教育作为教育的一种内在的思想贯穿于整个教育之中，表现出极强的大众化的特质。日常社会生活作为道德的"基础事实"和道德教育的鲜活场景与道德"一体"存在于现实之中，并在这一过程中对当时的人们进行着道德规训和教化。

## 2336 以学生为中心的英语写作教学实验研究

发表时间及载体：《西北师大学报：社会科学版》2002 年第 6 期

作　　者：王琦

简　　介：针对中国大学英语写作教学中存在的问题，提出了以学生为中心的英语写作教学模式，并对相关的教学实验研究进行了分析，旨在寻找英语写作教学的新出路。

## 2337 论"空城计"之有无与西城的地望

发表时间及载体：《甘肃社会科学》2011 年第 6 期

作　　者：赵逵夫

简　　介：晋王隐的《蜀记》载西晋初年郭冲向司马骏所陈有关诸葛亮的五事中提到"空城计"，《三国演义》中关于空城计的描写基本据此，唯根据历史纠正了郭冲误记的时间与地点。但《三国志》未载此事，裴松之对此也表示了怀疑的态度。《三国志》未载，因书成于晋初，司马懿已被追封为"宣帝"，历代正史都对本朝君王及其祖先之事多加粉饰。当时的《赵云别传》中写有赵云演空城计让曹操上当的事，时在诸葛亮空城计之前，有可能是诸葛亮依样画葫芦，更可能是晋皇族及其御用文人有意造出来混淆视听。裴松之怀疑的理由，也是"料彼不料此"。清初学者魏禧及当代学者钱锺书都相信"空城计"之事是有的。关于西城的地望，应在汉代西县附近、祁山以南的峡口，为蜀国北出的门户。因在西县地而非西县城址，故不曰"西县"而曰西城。

## 2338 时尚中的突围——中国电视剧创作现状思考

发表时间及载体：《兰州大学学报：社会科学版》2004 年第 32 卷第 2 期

作　　者：董华峰

简　　介：电视艺术领域的平民化世俗化趋势，把中国电视剧创作带入了真实地再现现实生活的轨道。但与此同时，一味追求零距离地还原生活，又导致平庸琐碎的生活剧泛滥和艺术性在电视剧创作中的缺失。本文以李少红的电视剧作品为参照，认为在电视节目走向分众化的时代里，电视剧的表现方式也应该打破既定的创作规范，向多元化和艺术化方向发展。

## 2339 从政治学视角论国家审计是国家治理中的"免疫系统"

发表时间及载体：《审计研究》（CSSCI）2011 年第 6 期

作　　者：杨肃昌

简　　介：国家审计是国家治理中的"免疫系统"这一观点是国家审计研究与政治学相结合的产物。国家审计是国家治理中"免疫系统"的一个子系统，其实质是一种权力制约行为，其职责更多的是一种对受托经济责任的"检查与证明"。基于此，审计工作重心的确立应以政治发展为基础，包括：维护好人民群众根本利益、满足国家治理中各方面审计监督需求、以财政审计为基点并不断扩展审计领域、维护法治建设和发挥权力制约功能。

### 2340 "债转股"对各利益相关者的正确含义

发表时间及载体：《甘肃社会科学》2002 年第 2 期

作　　者：赵平

简　　介：本文分析了我国"债转股"所要实现的双层次目标以及此目标对国有银行、国有企业、资产管理公司各利益相关者的含义，并且提出了顺利实现"债转股"目标应遵循的若干原则。

### 2341 欠发达地区农民文化素质对契约农业需求的影响分析——以甘肃老贫地区的当归产销行为为例

发表时间及载体：《兰州商学院学报》2011 年第 27 卷第 3 期

作　　者：寇凤梅 蔡文春

简　　介：欠发达地区不同文化素质的农民对契约农业的认知与接受程度如何？本文以甘肃老贫地区当归产销行为为例，依据本区域样本县——漳县、岷县、渭源等三个县的农户问卷调查数据，对这一问题进行了统计分析。分析结果表明：农民文化素质对当归产销行为产生直接影响，并且文化素质越高参与契约农业的需求越旺盛，但是，绝大多数农户对合同违约时自己利益得不到赔偿有所担忧。为此，要有效推广契约农业，切实有效地保护、培育和壮大本区域具有特色与优势的精细、精品种植业，使其健康、协调和有序发展，在加强对契约农业的管理和规范、提高农民文化素质的同时，还要进一步加大契约农业宣传力度，提高农民对契约农业的认知程度并促使其积极参与。

### 2342 甘肃省图书馆的西北地方文献收藏

发表时间及载体：《甘肃行政学院学报》2005 年第 2 期

作　　者：陈淑霞

简　　介：地方文献收藏是省级公共图书馆的重要工作之一。甘肃省图书馆(以下简称甘图)的西北地方文献部，是甘图的一个重要部门，并且是最具特色的部门。本文就工作中碰到的一些问题，谈些个人看法。

### 2343 谈激励机制在高校人事管理工作中的运用

发表时间及载体：《兰州商学院学报》2005 年第 21 卷第 3 期

作　　者：李淑华

简　　介：本文论述了如何在高校建立健全激励机制，并正确认识和合理运用激励机制提高教师的工作积极性。

### 2344 关于人口问题的资料

发表时间及载体：《兰州学刊》1980 年 1 月

作　　者：武文军

简　　介：人口问题是关系国计民生的一个重大问题。根据人口发展的历史和现状，对人口增长做出科学的规划和预测，对国民经济的发展具有重大的指导意义。本文将一些报刊有关古今中外人口问题的资料汇集，供理论工作者和从事计划生育工作的同志参考。

## 2345 将甘肃设立为西部大开发生态文明试验区

发表时间及载体：《甘肃行政学院学报》2011年第1期

作　　者：石玉亭

简　　介：《国务院办公厅关于进一步支持甘肃经济社会发展的若干意见》中指出，甘肃是我国西北地区重要的生态屏障和战略通道，是黄河、长江的重要水源涵养区，是多民族交汇融合地区，是中原联系新疆、青海、宁夏、内蒙古的桥梁和纽带，对保障国家生态安全、促进西北地区民族团结、繁荣发展和边疆稳固，具有不可替代的重要作用，提出了将甘肃努力建设成为工业强省、文化大省和生态文明省的战略目标。因此，甘肃应按照党和国家建设生态文明的总体要求，抢抓国家进一步推进西部大开发的战略机遇和国家进一步支持甘肃经济社会发展的政策机遇，申请将甘肃设立为西部大开发生态文明试验区，并以此为载体，全面推动思维方式、生产方式、生活方式向生态化方向发展，走生产发展、生活富裕、生态良好的文明发展道路。

## 2346 坚持中国特色社会主义文化发展道路 建设社会主义文化强国

发表时间及载体：《甘肃理论学刊》2011年第6期

作　　者：王福生

简　　介：中国特色社会主义文化发展道路是我们党在不断探索、不断创新的历史实践过程中形成的。十七届六中全会决定确定的指导思想、奋斗目标和重要方针，为坚持中国特色社会主义文化发展道路提供了新的行动指南。实现建设文化强国目标，需要进一步解放思想，使探索的氛围更浓厚，改革的思维更活跃，创新的动力更强劲。

## 2347 宋代西和高僧海渊

发表时间及载体：《天水师范学院学报》2006年第1期

作　　者：赵逵夫

简　　介：北宋长道僧海渊，德行高迈，通于医术，又善于调度管理，在宋王朝收复熙、河、洮、岷、叠、宕等州，结束了这一带长达300年的分裂局面后，受命兴建广仁禅院，导羌汉及吐蕃、党项民众崇德向善，取义归仁，和睦相处，其功业卓著，名播于当时而彪炳史册。《陇右金石录》卷三收录有《广仁禅院记》，讲广仁禅院修建始末与海渊的功德。从碑文来看，以海渊在元丰元年（1078年）至郡主事计，至立碑时已经营广仁禅院七年之久，亦可谓费尽心血。

## 2348 解决银企债务问题思路新探

发表时间及载体：《甘肃社会科学》1998年第2期

作　　者：王关义

简　　介：近些年来，伴随着经济体制的改革银企债务问题日益突出，阻碍了银行和企业改革的顺利进行，并直接影响到社会主义市场经济体制的建立。银企债务问题表现为两个方面：一方面是银行不良资产大幅上升；另一方面是企业的资产负债率不断上升，债务负担严重困扰企业的正常经营。在我国，专业银行贷款的对象主要是国有企业，而我国国有企业债务的主要部分是银行贷款。因此，如何解决专业银行过多的不良资产问题，如何解决国有企业债务问题，是改革实践中提出的一个重大课题。

## 2349 刑法学、国际法学、环境与资源保护法学、公安学基础理论研究综述

发表时间及载体：《甘肃政法学院学报》

2005 年第 1 期

作　　者：史玉成

简　　介：本文主要对 1991—2000 年的 10 年间甘肃省刑法学、国际法学、环境与资源保护法学、公安学基础理论等学科的研究做一综合述评。

## 2350　美国地方政府绩效评价实践进展评述

发表时间及载体：《理论与改革》（CSSCI）2010 年第 4 期

作　　者：马佳铮 包国宪

简　　介：地方政府绩效评价是政府绩效评价体系的重要组成部分。本文通过案例研究，对近十年来美国地方政府绩效评价的进展予以总结，明确了美国地方政府绩效评价的组织框架、典型模式及研究热点。

## 2351　会话含义的认知心理解读

发表时间及载体：《甘肃高师学报》2012 年第 6 期

作　　者：刘晓环

简　　介：理想认知模型和相邻相似性作为语言理解中的重要加工机制，受到越来越多的重视。本文尝试揭示这三者在会话含义推导中的作用，并在此基础上提出会话含义推理的整合模式，以期能对会话含义的解读做出新的诠释。

## 2352　强化信息技术全面应用　推进教育跨越式发展

发表时间及载体：《电化教育研究》（CSSCI）2004 年第 12 期

作　　者：李廉 李晶

简　　介：甘肃省农村教育发展中存在着诸多的困难和问题，采取信息技术等现代化的手段全面提高教学质量和水平是实现教育跨越式发展的必由之路。本文论述了根据甘肃的特殊省情而推广的发展模式以及其实施的成效和意义。

## 2353　基于空间贫困视角的扶贫模式再选择——以甘肃为例

发表时间及载体：《甘肃社会科学》（CSSCI）2012 年第 6 期

作　　者：汪晓文 何明辉 李玉洁

简　　介：贫困是困扰世界各国发展的全球性难题，自然条件相对恶劣、经济社会发展滞后、农村贫困人口比例较高的甘肃，则是中国农村贫困程度最深的省份之一。近年来，随着扶贫政策的不断深入，甘肃农村贫困的原因和性质也在发生着变化，并且贫困在全省范围内呈现出显著的空间差异性，即贫困人口集中分布在甘肃的南部和中部地区，尤其是"两州两市"地区。因此，基于空间贫困的视角，构建新型扶贫模式，对正确认识和有效解决甘肃农村贫困具有重要的理论意义和现实意义。

## 2354　对文化全球化研究中几个问题的思考

发表时间及载体：《西北师大学报：社会科学版》2009 年第 3 期

作　　者：杨小兰

简　　介：全球化作为一个历史范畴已经成为世界各国普遍面临的现实文化语境，它正在全面地改变着中国文化的现状与功能，因此承认文化上出现的全球化现象乃是考察中国文化的一个理论前提。处于全球化语境下的文化的全球性与现代性之间存在着密不可分的内在联系：全球性为现代性提供了物质依托和现实内涵，全球性乃是现代性的世界性延伸。而文化的全球性与本土性之间也呈现出新的悖立与共生关系，"和而不同"将成为我们民族文化在文化全球化时代的本土化策略。

## 2355 我国社会变革中的大学生就业制度

发表时间及载体:《甘肃联合大学学报:社会科学版》2008 年第 24 卷第 4 期

作　　者:席明 李红梅

简　　介:中国大学生就业制度的改革经历了从计划经济体制下的"统包统分"到市场经济体制下的"双向选择,自主择业"这样一个过程。变革后的就业制度推动了高等教育的改革和发展,促进了人力资源的优化配制,引起了社会观念的转变。然而就整个大学生就业制度而言,和目前我国飞速发展的经济跃进和日趋严峻的就业前景还不完全相适应,还有待于进一步的研究完善和改进。

## 2356 我国法官制度变革思路之检讨

发表时间及载体:《甘肃政法学院学报》2003 年第 2 期

作　　者:余辉

简　　介:法官制度的现代化是中国法制现代化的必然要求。目前我国的法官制度改革尚存在一定不足,如渐进式的改革思路无法从根本上解决问题,法官等级化思维模式及外延性改革思路不利于建设高素质的法官队伍等。今后法官制度变革应该走出传统的思维模式,实现法官体制的创新。

## 2357 企业逃税成因及治理对策

发表时间及载体:《社科纵横》2010 年第 5 期

作　　者:字润兰

简　　介:逃税是纳税人通过非法途径减少其应纳税额的经济活动,在世界各国具有普遍性,造成大量的税收流失,给国家经济秩序及税法体制造成很大影响。本文分析了企业逃税的道德、经济和法律成本,指出了企业逃税的主客观原因及治理对策。

## 2358 西北地区民族信息资源理论研究述评

发表时间及载体:《甘肃联合大学学报:社会科学版》2009 年第 3 期

作　　者:吴冬梅 张晋平

简　　介:随着信息社会的快速发展,信息资源的开发发生了历史性变化,民族信息资源开发的理论研究逐步繁荣。这对指导实际工作的有效开展有着积极的意义。面对今天的信息膨胀时代(网络时代),在信息资源开发条件下如何构建西北少数民族信息资源开发理论架构的任务更为艰巨,责任更加重大。因此,对这一问题进行理论研究上的梳理,对我们加深思想认识,把握发展趋势有着积极的现实意义。

## 2359 敦厚儒雅与高淡简远——中国古代文艺批评的两种审美倾向

发表时间及载体:《甘肃社会科学》1998 年第 1 期

作　　者:穆纪光

简　　介:中国古代文艺批评有推崇敦厚儒雅的,有看重高淡简远的,这两种用来评判文艺作品品味的不同审美倾向,溯其源,得从儒、道之争说起。

## 2360 马克思主义实践观与社会主义和谐社会建设

发表时间及载体:《社科纵横》2010 年第 10 期

作　　者:马毓新

简　　介:通过对于马克思主义实践观的起源及其发展状况进行研究、总结,深刻理解

甘肃省文化资源名录

第四十卷

社科研究Ⅱ

论文

马克思实践哲学的涵义和特征，分析马克思主义实践观对于社会主义和谐社会建设所起到的历史性决定作用。社会主义和谐社会是中国共产党人在新时期提出的社会主义建设目标，必须深刻认识到马克思主义实践观对于社会主义和谐社会的积极作用，建设富强民主文明和谐的社会主义现代化国家，体现了全党全国各族人民的共同愿望，这是一个时代性、战略性的重大决策。深刻剖析马克思主义实践观，对于促进社会主义和谐社会的健康、持续、稳定发展具有重大的意义。

## 2361 小城镇社区体育发展现状及对策研究

发表时间及载体：《兰州学刊》2010年第5期

作　　者：任莲香 袁音

简　　介：采用文献资料、调查等方法对我国小城镇社区体育发展现状进行了分析，发现小城镇社区存在对体育认识不足、组织管理不健全、基础设施匮乏、指导队伍薄弱等问题。并针对问题提出了加强宣传，提高认识，健全小城镇社区体育组织体系，加强体育基础设施建设，营造良好的活动环境，以人为本，加强体育指导配置等对策建议，旨在为小城镇社区体育健康发展提供参考。

## 2362 略论我国出版社的版权输出现状及对策

发表时间及载体：《科学、经济、社会》（CSSCI）2007年第4期

作　　者：张克非 刘甲荣

简　　介：我国版权贸易经过近二十年的发展，取得了一定的成就，但也存在不少问题和不足之处。本文从对北京大学出版社对外汉语类图书的版权输出得失的分析入手，试图探讨我国出版社版权输出的对策，以期对我国出版社版权输出提供一些有益的思考和借鉴。

## 2363 创新网络中的企业知识共享研究

发表时间及载体：《科技管理研究》（CSSCI）2010年第5期

作　　者：柴国荣 宗胜亮

简　　介：国家自然科学基金资助项目（70702013），中国博士后科学基金资助项目（20070421116）。知识资源是企业重要的战略性资源，知识资源优势决定着企业的竞争力。本文考虑了企业创新网络中存在的溢出效应和协同效应，构建了创新网络中无保障措施以及有保障措施的企业知识共享模型。

## 2364 小城镇循环经济发展模式研究——以兰州市榆中县金崖镇为例

发表时间及载体：《开发研究》2011年第6期

作　　者：李珂

简　　介：循环经济是有别于传统经济发展模式的一种新型的、先进的经济模式。建立循环经济体系是小城镇持续健康发展的必由之路。通过对兰州市小城镇发展现状、类型及特点的分析总结，提出兰州市小城镇发展循环经济的一般模式，并以兰州市金崖镇为例，结合金崖镇小城镇建设和农村经济现状特点，构建金崖镇发展循环经济的具体模式。

## 2365 从思辨到行动：教育理论的时代转向

发表时间及载体：《西北师大学报：社会科学版》2014年第1期

作　　者：刘旭东

简　　介：深受本质主义和理性主义哲学的影响，传统教育理论视教育是在某种基点上、

458

由某种固有逻辑力量支配展开的活动。这种认识漠视了其中的复杂性、时间性等质性因素，难以对丰富多彩的教育现象和教育活动进行充分的解释，更谈不上彰显教育的文化批判性。为了克服传统教育理论的弊端，当代教育理论正在发生积极的时代转向，努力消解教育理论的抽象性和唯我性，改变预设论的教育思维方式，把目光投向更为丰富多彩的教育实践。为此，主体间性、实践、生活等成为当代教育理论关注的关键词。

## 2366 浅析用益权对英国社会经济生活的影响——以 13—16 世纪初土地的处分为例

发表时间及载体：《廊坊师范学院学报：社会科学版》2011 年第 27 卷第 6 期

作　　者：刁晓娟 柴彬

简　　介：作为现代信托制度之原形的用益权，曾被视为英国社会生活中的一种最有力的工具。13—16 世纪初，用益权通过干预土地的流转及再分配和破坏领主在土地上的封建附属权利的方式，造成了英国民众财产（主要是土地等不动产）处分方式的巨大变化，对当时乃至后世的英国社会经济生活产生了一定的影响。

## 2367 堕落、探求与拯救——《蝇王》原型主题之重释

发表时间及载体：《甘肃联合大学学报：社会科学版》2009 年第 25 卷第 1 期

作　　者：王晓梅 李晓灵

简　　介：《蝇王》是戈尔丁精心打造的具有现代神话特质的、典型的原型文本，其主题是学界至今依然关注的焦点之一，而其原型理论之下的主题阐释亦有多种。本文通过与希腊神话和圣经的原型比对，倾向于《蝇王》的真正主旨在于探寻人性堕落的缘由，

并探求人性和全人类最终的救赎之路。

## 2368 新农村建设视域下提升文化软实力的路径思考

发表时间及载体：《四川行政学院学报》2012 年第 3 期

作　　者：刘先春

简　　介：推动社会主义文化大发展大繁荣、提高国家文化软实力，既是我国提高综合国力、应对复杂国际国内新形势的当务之急，同时也是建设中国特色社会主义的长期任务。

## 2369 创业理论及其对甘肃项目建设的意义

发表时间及载体：《甘肃理论学刊》2007 年第 4 期

作　　者：陈福来 李宏源

简　　介：基于现代公司理论发展起来的创业理论，科学地划分了创业活动的几个阶段及其特征，并归纳出了各创业阶段的关键任务，从而在一定程度上指导了创业实践活动。目前甘肃省开展的项目建设实际是一个不同层次的创业活动，因而，创业理论对项目建设同样具有积极的指导作用。

## 2370 毛泽东与新闻工作

发表时间及载体：《兰州大学学报：社会科学版》（CSSCI）1993 年第 4 期

作　　者：刘先春

简　　介：本文从五个方面简要论述了毛泽东关于新闻工作的基本思想。新闻工作应以毛泽东同志的新闻思想为指导，研究新情况，解决新问题，使新闻工作更加适应党和人民的需要。

## 2371 敦煌写卷 P.2555《白云歌》再探

发表时间及载体:《敦煌研究》2004 年第 6 期

作　　者: 王志鹏

简　　介: 本文主要分两部分: 第一部分就前辈学者对 P.2555 的研究情况进行了梳理和辨析, 认为 P.2555 背的 12 首陷蕃诗与正面的 59 首陷蕃诗, 并非同一作者, 马云奇也不是陷蕃诗的作者。包括《白云歌》在内的 12 首陷蕃诗的作者是在唐朝和吐蕃战争中奉命出使而被拘系的另一位佚名僧人。第二部分认为《白云歌》之"白云"来源于大乘十喻之"浮云喻", 全诗借"白云"来演绎佛教义理, 主要表达了佛家无常及空的思想, 在诗题中也蕴含着唐五代时期敦煌地区"尚白"的风习。

## 2372 农业的家庭经营与规模

发表时间及载体:《甘肃行政学院学报》2001 年第 2 期

作　　者: 张志红 吴少龙

简　　介: 本文从家庭经营与规模经营的关系入手, 论述了在我国现阶段家庭经营存在的长期性, 以及从家庭经营到规模经营的不同实现形式。

## 2373 意象敦煌: 当代敦煌题材新诗评述

发表时间及载体:《西北民族大学学报: 哲学社会科学版》2011 年第 6 期

作　　者: 张懿红

简　　介: 当代敦煌题材新诗创作集中在 20 世纪 80 年代以后, 根据这类诗歌中敦煌意象 (指体现在诗歌中、由诗歌反映出来的敦煌形象) 的变化, 分为 80 年代初、80 年代中后期和 90 年代后 3 个阶段。从思想解放、人性复苏带来的美神再生, 到文化寻根切入敦煌历史文化和生命本源, 再到世俗化进程中凸显敦煌的宗教神圣感, 30 多年来, 敦煌题材新诗沿着自己的轨迹发展变化, 也体现了时代潮流的变化。

## 2374 浅谈伊斯兰法的法源理论

发表时间及载体:《甘肃政法学院学报》2003 年第 5 期

作　　者: 耿龙玺

简　　介: 伊斯兰法的法源理论是一个既传统又现代的问题。有关伊斯兰法本身的含义、伊斯兰法法源的含义、种类及其在近现代社会的状况问题, 引起了广泛讨论。本文从伊斯兰法的概念、重要意义、传统四大法源及其重要特征四方面阐析了这一问题。

## 2375 人格研究的三种传统及其整合

发表时间及载体:《西北师大学报: 社会科学版》2006 年第 2 期

作　　者: 豆宏健

简　　介: 在人格心理学的研究历史上存在三种主要的研究传统或取向: 临床研究、相关研究和实验研究, 每种研究取向都有潜在的优点和缺点。人格研究的历史及实例说明, 三种研究方式的并用和整合是必要的、可能的, 能够较好地满足人格科学研究关于效度和信度的要求。

## 2376 区域创新能力的分析及对策——以甘肃省为例

发表时间及载体:《特区经济》2008 年第 9 期

作　　者: 李国璋

简　　介: 本文根据区域创新能力评价指标横向分析甘肃省创新能力在全国的定位, 又对该省区域创新能力现状进行优、劣势分析,从而提出构建政府推动型区域创新系统的对策，并详细阐述每一子系统及其构建措施。

## 2377 论我国少儿电视动画片在儿童社会化中的不足

发表时间及载体：《电化教育研究》（CSSCI）1999年第4期

作　　者：赵金录

简　　介：由于我国少儿动画片制作者没有与少儿教育工作者很好合作，不懂少儿心理，制作的电视动画片在儿童社会化中有很多不足。本文试从内容题材、制作技术两个方面予以探讨。

## 2378 中古重纽韵系中舌齿音的归属研究述评

发表时间及载体：《西北成人教育学报》2010年第3期

作　　者：张建民

简　　介：重纽问题是进一步了解切韵音系结构的关键，对重纽问题的解答不仅成为衡量整个中古音研究成果的标尺，而且对上古音及近代音及等韵学理的研究也有重要意义。本文综述了前贤时哲对重纽韵系中舌齿音之归属的检讨，对今后该研究提出了一些思考。

## 2379 法尊与民国时期藏密在汉地的传播

发表时间及载体：《法音》2011年第9期

作　　者：杨红伟

简　　介：法尊法师（1902—1980），中国现代佛教史上的著名高僧，曾师从太虚法师与大勇法师学习法相、因明及密教。后赴藏区深入研修藏传佛教10余年，获甚深成就。返回内地后，在重庆汉藏教理院讲授和翻译藏传佛教经典。法尊法师一生笔耕不辍，译

介藏传佛教相关著述120余部（篇）。

## 2380 我国证券公司开展融资融券业务的风险控制

发表时间及载体：《特区经济》2009年第3期

作　　者：成学真

简　　介：随着我国融资融券业务的推出，我国证券公司在面临着机遇的同时也迎来了严峻的考验，应对证券公司开展融资融券业务而面临的各种风险，就必须加强证券公司的风险控制。

## 2381 网络社会学的基本议题

发表时间及载体：《兰州大学学报：社会科学版》2005年第33卷第4期

作　　者：黄少华

简　　介：互联网的崛起，不仅广泛影响着人们的社会生活，而且也是社会科学面临的一次重大挑战与机遇。作为一种回应互联网技术革命所导致的社会结构转型与社会行为模式重构的新知识形态，网络社会学不仅仅是社会学的一个分支学科，而是社会学的一个崭新的理论范式。其基本议题，包括网络空间的社会结构和社会行为、网络空间的社会问题，以及网络生活世界与现实生活世界的交互影响三个维度。

## 2382 庆阳方言从他亲属称谓语探析

发表时间及载体：《甘肃高师学报》2012年第1期

作　　者：范丽荣

简　　介：亲属称谓语反映着婚姻、家庭中人与人之间的社会关系，从他亲属称谓语则是亲属称谓语中比较独特的构成部分，庆阳方言从他亲属称谓语呈现出浓郁的地域色彩。本文主要探析庆阳方言从他亲属称谓语

的类型、特点和语用功能。

## 2383 甘肃省农村金融效率实证研究

发表时间及载体：《河南广播电视大学学报》
2010 年第 23 卷第 4 期

作　　者：李国璋

简　　介：本文基于杰弗里·瓦格勒（Jeffrey
Wurgler）直接考察资本配置效率的方法，
运用协整检验和 Granger 因果检验研究了甘
肃省农村金融效率。实证结果表明：1996—
2007 年甘肃省农村贷款配置效率整体较低，
其农村金融市场配置功能没有得到充分发
挥。优化制度环境，引入新的金融机构是提
高甘肃省农村金融效率的必由之路。

## 2384 加强党的执政能力建设的思考

发表时间及载体：《甘肃理论学刊》2003 年
第 4 期

作　　者：王晋林

简　　介：加强执政能力建设是党的建设的
一个全新的实践课题。按照"三个代表"的
要求，根据中国共产党在新世纪新阶段所面
临的新形势和新任务，在加强党的执政能力
建设上，必须从六个方面来提高执政能力。

## 2385 在科学发展观视角下完善粮食政策

发表时间及载体：《农村工作通讯》2005 年
第 5 期

作　　者：聂华林

简　　介：实施粮食生产支持政策，要统筹
好增长与保护的关系，即牢固树立和认真落
实科学发展观，切实完善粮食生产激励政策，
从政策的设计上要充分考虑发展粮食生产与
保护农村生态环境、节约农业资源的有机统
一。

## 2386 归义军押衙兼知他官略考

发表时间及载体：《敦煌研究》2001 年第 2
期

作　　者：赵贞

简　　介：归义军政权中，押衙可充任宰相、
大内支度使、鸿胪卿、都虞侯、都兵马使、
都押衙、镇遏使、都牢城使、游奕使、节院使、
都头、将头、归义军诸司押衙（直司、水司、
羊司、肉司、酒司、宴设司、柴场司、军资
库司、内宅司）、孔目官、州学博士、画匠
（绘画手）、县令、乡官（耆寿）、都指挥使、
玉门军使等官，押衙在归义军的军政、民事、
外交、文化、宗教等方面均扮演着极为重要
的角色，其主要职责覆盖了归义军内政外交
的方方面面。因此，押衙是归义军职官系统
的核心和基础。

## 2387 汉唐时期河西走廊的水利建设

发表时间及载体：《西北师大学报：社会科
学版》（CSSCI）1991 年第 2 期

作　　者：李并成

简　　介：位于甘肃省西部的河西走廊，历
史上不仅以地当国际交通干道丝绸之路闻名
中外，而且还曾有过令世人称羡的农业发展
成就，素享"金张掖""银武威"之誉，汉
唐时期水利事业的发展即是其农业发展史上
辉煌的一页。

## 2388 关于甘肃省社会弱势群体老龄化的特征、问题及对策

发表时间及载体：《甘肃社会科学》1999 年
第 6 期

作　　者：杨波

简　　介：社会弱势群体作为一个需要社会
援助和扶持的特殊困难群体，它的老龄化问
题尤为突出。本文从社会弱势群体的界定、
甘肃省社会弱势群体老龄化的特征和问题、

甘肃省社会弱势群体老龄化问题的对策三个方面进行阐述，为解决社会弱势群体老龄化问题提供一些根据和思路。

## 2389 党校思想库建设中的几个关键环节

发表时间及载体：《甘肃理论学刊》2011年第4期

作　　者：符晓波

简　　介：当今时代，经济发展和社会运行日益显现出复杂性、多层次性，思想库的作用越来越受到人们的重视。党校既是培训、轮训干部的主渠道，也是党的思想理论建设的重要阵地，在理论创新和学术发展方面肩负着重大的责任。党校思想库，必须要有正确的政治方向、鲜明的时代特征、丰富的实践性，要统筹与党委政府决策机制的协调发展，搭建起良性互动的信息支撑平台，要立足中国国情，反映时代趋势，创造学术精品，从理论与实践的结合上回答中国经济社会发展、运行和管理中的实际问题。

## 2390 论国际法与国内法的关系——以国际政治为视角

发表时间及载体：《甘肃社会科学》2003年第5期

作　　者：张兴平

简　　介：国际法集中反映了国际政治力量的对比关系，反映了国际政治的发展规律，反映了国际社会的良好愿望。国际法在维护在国际社会中占统治地位的大国利益的同时，也起着执行国际社会公共事务的作用。国际法与国内法是法这种特殊的社会现象的两个方面，是对立统一关系。而何者优先，则是由国家主权论定的。

## 2391 浅析我国"十五"期间的国际经济环境

发表时间及载体：《甘肃理论学刊》2002年第5期

作　　者：宋凌云

简　　介："十五"期间世界经济发展的特点是：总体走势继续看好，稳定度提高，以信息、通信、互联网技术为核心的高技术产业将成为世界经济增长的主导产业，世界经济由传统工业经济向知识经济转变，经济形态日趋知识化、高科技化，经济全球化速度加快，进一步推动世界经济的一体化进程，但南北差距拉大，经济区域化、集团化趋势更加明显，进一步推动世界经济的多极化，经济制度一体化、规范化程度提高，国际经济协调机制的作用将大大加强。

## 2392 西北少数民族地区公民权利的发展与保护

发表时间及载体：《西北师大学报：社会科学版》2008年第6期

作　　者：姜保红

简　　介：公民权是现代民主国家的一项基本制度，政府对公民权的保障在多民族国家中是非常重要的，特别是我国各方面发展相对滞后的西北少数民族地区，公民权利的发展经历了一个曲折的过程。在现代化的今天，公民权的保护显得尤为重要，研究西北少数民族地区公民权利的发展和保护，对新时期民族地区公民权的发展完善有着深远的历史意义。

## 2393 西部地区资源开发分析

发表时间及载体：《甘肃理论学刊》2001年第6期

作　　者：许峰

简　　介：资源开发是西部开发的一个重要

方面，这里的资源是广义的概念，不仅指自然物质资源，而应是物质资源、人力资源和信息资源的综合体。因此，西部地区资源开发，是物质资源、人力资源和信息资源的综合开发。

## 2394 社会主义的市场及供求平衡问题

发表时间及载体：《理论学习》1981 年 5 月

作　　者：武文军

简　　介：社会主义的商品生产是生产过程与流通过程的辩证统一。陈云同志始终是从生产与流通辩证统一的角度，全面分析和解决我国社会主义经济问题的。他对商品流通的各个环节同对商品生产的各个环节一样重视，尤其对商品流通的重要阵地——市场是十分关注的。陈云同志在指导经济工作的实践中，坚持了马克思主义关于生产决定市场，市场又反作用于生产的正确观点，并付诸实践。

## 2395 试论《红楼梦》意境营造的辩证艺术

发表时间及载体：《甘肃联合大学学报：社会科学版》2009 年第 4 期

作　　者：金艳霞

简　　介：意境是中国文艺创作与文艺批评中一个传统的美学范畴，是一种主客观水乳交融的艺术境界。《红楼梦》的意境营造既辅助了人物性格的塑造，又加强了整部作品的悲剧气氛，更提升了作品自身的美学价值。意与境谐，妙合无垠，达到了艺术的辩证统一。

## 2396 敦煌写本 P.2506、2810（a）、2810（b）、4073、2380 之研究

发表时间及载体：《敦煌研究》2010 年第 4 期

作　　者：盛朝晖

简　　介：敦煌写本 P.2506、2810（a）、2810（b）、4073、2380 正背两面书写《文子》《中晚唐大事记》。通过对这五件文书进行录文、研究，笔者认为，背面的可以完整拼接，实为唐开元、贞元间的"大事记"，具有较高的历史价值。正面基本上可视为同一内容的《文子》。

## 2397 论佛教占相内容对敦煌写本相书的影响

发表时间及载体：《敦煌研究》2004 年第 2 期

作　　者：王晶波

简　　介：佛教占相内容对中国传统相术的影响自魏晋南北朝时期就已开始，到唐五代之际，佛教占相不仅在思想基础方面，也在具体的内容方法上影响了中国相术。本文以保存于敦煌的写本相书为依据，就其中相图、占辞所反映出的相关内容，并结合其他文献所载，从具体表现与途径诸方面分析讨论了佛教占相内容对敦煌相术的影响。

## 2398 城市化与民族地区的区域经济发展

发表时间及载体：《兰州大学学报：社会科学版》2004 年第 32 卷第 4 期

作　　者：高永久

简　　介：城市化是民族地区实现现代化的必由之路，也是民族地区实现可持续发展的前提。本文从两个方面论述了城市化在民族区域经济发展中的重要作用，指出城市化是民族区域经济发展稳定增长的前提，又是民族地区城市空间扩散与集聚效应作用产生的保证。

## 2399 论赋的特质及其与汉语和中国文化之关系

发表时间及载体：《文史哲》2010 年第 2 期

作　　者：赵逵夫

简　　介：赋是中国特有的文体。它的体制与表现手法同汉语的特征和中国传统的哲学、美学思想，同中国古代的文化精神有关，故其产生仅迟于诗歌，而其创作一直延续至现代。赋的四种体式中以文赋为主体。文赋在各个历史阶段的新变或"复古"，同当时社会政治、经济、文化思潮等有关，同时也体现着超越前代的艺术追求。赋的发展史给中国文学将来的发展以深刻的启示。

## 2400 论中国构建法治政府的历史机遇

发表时间及载体：《甘肃理论学刊》2005 年第 6 期

作　　者：苏一星 张敏

简　　介：依法治国是我国的基本治国方略。建设法治国家，首先要致力于构建法治政府，这既是法治国家的实现手段，又是法治国家的重要组成部分。中国正面对有史以来最难得的构建法治政府的历史机遇。本文从法治政府的内涵、构建法治政府的内在动因、法治政府的标志和目标等入手，就中国构建法治政府的历史机遇进行了初步探讨。

## 2401 甘肃推进"生态立省"的战略构想笔谈

发表时间及载体：《甘肃行政学院学报》2010 年第 3 期

作　　者：石玉亭 马翠玲 吕文广

简　　介：甘肃的生态环境变化态势呈现稳中变好但改善缓慢，经济社会发展面临的生态环境约束矛盾明显。立足甘肃新战略实施过程中的多重生态环境与产业经济问题约束，本文以创新视角提出并阐释了甘肃推进"生态立省"战略的理论与实践构想，以期为促进区域经济社会协调可持续发展提供理论支撑与政策借鉴。

## 2402 中国西部少数民族地区经济增长与制度创新的特殊性研究

发表时间及载体：《兰州大学学报：社会科学版》2002 年第 30 卷第 4 期

作　　者：李泉

简　　介：从制度这一视角出发，重点分析了西部民族地区正式制度创新中的主要问题及非正式制度的约束特征，并有针对性地提出民族地区如何利用西部大开发的历史机遇，以制度创新促进新一轮经济增长的思路与对策。

## 2403 多元文化视角与中亚华裔东干文学

发表时间及载体：《西北第二民族学院学报：哲学社会科学版》2008 年第 4 期

作　　者：杨建军

简　　介：中亚东干文学是世界华裔文学艺苑中的一支奇葩，东干文学的多元文化色彩不但显示了其在世界华裔文坛中的独特性，还启发我们思考伊斯兰文化、中国文化、俄罗斯文化、东干亚文化与世界华裔文学的关系。深入研究中亚东干文学，对世界华裔文学研究具有拓展新领域和填补空白的学术价值。

## 2404 西北区域金融中心：兰州城市发展的战略选择

发表时间及载体：《甘肃金融》2007 年第 5 期

作　　者：高新才

简　　介：金融是现代经济的核心。金融中心是一个综合性的有机体。它通常以某一个中心城市为依托，在一定区域内，以其活跃的金融市场和全面高效的金融服务，实现该区域生产要素和劳动力的理想配置，成为影响面较大的经济枢纽。

## 2405 西部民族地区人力资源开发现状及对策研究

发表时间及载体：《西北民族研究》（CSSCI）2004 年第 1 期

作　　者：毛笑文

简　　介：西部大开发战略的实施为西部民族地区的发展提供了前所未有的历史机遇。由于历史与现实的诸多因素，长期以来西部民族地区一直是西部贫困程度最深、最边远落后的地区。使西部最贫困的民族地区尽快脱贫致富奔小康，是西部大开发战略成功实施的根本保证。本文以人力资本理论为依据，在分析西部民族地区的人力资源现状的基础上，探讨了在西部大开发中如何通过具体措施提高人力资本存量，从根本上提高西部民族地区整体竞争能力的对策。

## 2406 显与潜：试论社会资本功能的发挥与农村老年人的养老问题

发表时间及载体：《西北人口》2009 年第 5 期

作　　者：马小华

简　　介：本文通过对社会资本相关研究的回顾，以中国转型期为背景，以转型效应对乡村社会家庭造成的冲击为线索，分析了乡村老年人在家庭外部关系网络的流失和家庭内部关系网络出现危机的情形。

## 2407 甘肃省新型工业化发展的有效模式：集群化产业园

发表时间及载体：《社科纵横》2010 年第 7 期

作　　者：邓生菊

简　　介：甘肃省由于产业集群培育滞缓，园区优势发挥不足，造成产业结构层次低、产业关联度不高，整体市场竞争能力还不够高。本论文经分析研究认为集群化产业园是甘肃省新型工业化发展的有效模式。

## 2408 论高校哲学教学中的人文关怀

发表时间及载体：《甘肃联合大学学报：社会科学版》2008 年第 24 卷第 2 期

作　　者：倪娟芝

简　　介：马克思继承了西方人文主义的伟大传统，人文关怀构成了马克思主义哲学的一个根本性的维度，这也是马克思主义哲学教育题中应有之义。我国高校的马克思主义哲学教育在教材、教师、教学过程等诸多方面缺乏人文关怀，这在马克思主义哲学教学改革中应引起充分重视。然而，使启迪和增长智慧的哲学教学，符合哲学本性、富有人文关怀的哲学教学，不是很容易做到和做好的，但不管有多大的困难，我们总应该有这样一个努力的方向，不断提高自身的教学能力、教学水平和提高教学效果。

## 2409 《伍子胥变文》与《伍员吹箫》杂剧比较

发表时间及载体：《敦煌研究》2008 年第 5 期

作　　者：单芳

简　　介：伍员是中国古代久负盛名、影响深远的历史人物。春秋战国以来，载录伍员事迹的史传稗说代不乏籍，敷衍伍员故事的文学作品更是层出不穷，不胜枚举。《伍子胥变文》与杂剧《伍员吹箫》就是以伍员故事为题材创作的说唱和戏曲文学作品。《伍子胥变文》是唐代敦煌文学敷衍这一题材的唯一作品，《伍员吹箫》是谱叙这一题材最有深刻思想意蕴、最富艺术感染力的现存杂剧。这两部作品虽都以春秋时期楚国伍员替父兄报仇的历史事实为素材，却由于作品文本体式与作者思想倾向、艺术功力的不同，在创作方面也呈现出了显著区别与悬殊差异。比较它们的异同，对深入认识和准确评价中国俗文学在唐元时代的演变发展具有弥足珍贵的作用和不可忽视的意义。

## 2410 孔子的修养美学续谈

发表时间及载体：《西北师大学报：社会科学版》2002 年第 5 期

作　　者：王建疆

简　　介：建立在仁学基础上的孔子修养学由于自觉地把修仁与审美相联系，从而形成了孔子修养学的美学性质和孔子美学的修养学性质。正是这种修养美学，才使得孔子具有"乐以忘忧"的情怀和精神境界。同时，孔子关于"游于艺""成于乐"的思想更是明白无误地向人们展示了道德修养的审美途径以及音乐审美对道德修养的决定和引领作用。从而使审美与人生修养达到了完美的统一。

## 2411 养成教育定义考辨

发表时间及载体：《山西高等学校社会科学学报》2010 年第 22 卷第 6 期

作　　者：刘基

简　　介：当前的学界有多种不同的养成教育定义。在中国传统文化中，养成教育具有自我教育的生态学意义。从养成教育出场的背景看，赋予了道德要求和阶级要求于生活化的道德教育。养成教育中，习惯的养成不是强制的行为训练，自我教育不是放任自流。

## 2412 比较优势与后发优势理论的发展与融合

发表时间及载体：《学术交流》（CSSCI）2009 年第 6 期

作　　者：聂华林 杨坚

简　　介：传统比较优势和后发优势理论曾对发展中国家的经济发展产生过十分重要的影响，但两者在发展中国家的优势来源、所涉范围及作用机理的认识上存在差异。

## 2413 农民专业合作组织发展研究——以甘肃为例

发表时间及载体：《开发研究》2011 年第 5 期

作　　者：汪晓文

简　　介：近年来，甘肃农民专业合作组织发展快速，在促进农民增收、繁荣农村经济、推动社会主义新农村建设方面做出了巨大的贡献。本文结合有关的调查资料，对甘肃省农民专业合作组织的发展现状、作用进行了分析，并对其存在的不足和制约甘肃农民专业合作组织发展的因素进行深入剖析，根据甘肃省农合组织存在的问题，探索其发展的新途径，并尝试提出加快甘肃省农民专业合作组织健康发展的对策与建议。

## 2414 内陆河谷型都市圈构建及其升级问题研究

发表时间及载体：《西北师大学报：社会科学版》2008 年第 2 期

作　　者：魏丽莉

简　　介：中国城镇化进程中存在着众多特色鲜明的城市群形态，内陆河谷型都市圈是其中比较特殊的一种类型。基于对中国特色城镇化道路的整体考量，本文辨析了内陆河谷型都市圈的四个鲜明特性，从时间序列和空间圈层两个方面对其发展进行了合理定

甘肃省文化资源名录 第四十卷 社科研究Ⅱ

论文

467

位。认为，实现内陆河谷型都市圈的快速升级，必须在产业一体化、规则协调化、规划同城化三个方面实现重点突破。

## 2415 公司法人人格否认法理在跨国公司责任问题上的运用

发表时间及载体：《甘肃行政学院学报》2002 年第 2 期

作　　者：杨萍

简　　介：公司法人格独立和股东有限责任原则是公司法人制度的两大基石。但在跨国公司中，母公司如果出现滥用控制权、规避法律义务、不正当利用法人人格等情况，就有可能适用公司法人人格否认法理使母公司对子公司的债务直接承担责任。通过探讨其在英美法系、大陆法系中的运用，弄清该法理之本质，有助于中国公司法的完善。

## 2416 我国"公众新闻"的特征及其在公共政策中的作用

发表时间及载体：《甘肃联合大学学报：社会科学版》2008 年第 24 卷第 4 期

作　　者：刘国华

简　　介：公众新闻是建立在"公众"问题上的一个概念。公众新闻的任务是使新闻能不断滋养生机勃勃的民主，不只是作为一种新闻方式，而更是作为一种普通人自由而有尊严的生活方式。从美国发源的公众新闻理论，很快在我国大众传媒土壤上生长起来，这种以公众与民主政治的密切关系为核心的新闻实践在国内许多媒体的尝试下，结合民生新闻的做法，很快成为我国公共领域中重要的部分，对当地政府公共政策的制定和实施都起到重要影响。本文对比分析了公众新闻在我国的外部特征，并为其在公共政策中的作用做出了评价。

## 2417 宗教文化与法治秩序——兼论少数民族地区法治建设中的宗教因素

发表时间及载体：《西北师大学报：社会科学版》2011 年第 2 期

作　　者：马克林

简　　介：法律与宗教在历史上曾经交织在一起，而宗教观念总是制约着法律，并在古代国家政治生活中占据主导性地位。随着近代政教分离制度的广泛确立，宗教的传统影响力随之式微，法治成为世界各国的普遍选择，但宗教作为人类社会进程中带有普遍性的文化现象而仍具有特定的现实存在空间。在我国少数民族社会生活中，宗教文化一直具有深刻影响，因而在少数民族地区的法治建设中，需要在理论上厘清法律与宗教的关系，进而在实践中促进法律与宗教的良性互动。

## 2418 地方政府公司化行为解析

发表时间及载体：《经济与管理》（CSSCI）2011 年第 25 卷第 10 期

作　　者：马雪彬 马春花

简　　介：作为"经济理性人"的地方政府，为追求自身利益最大化，在其公共行为中表现出强烈的公司化行为。这种行为背后固然有它特殊的体制动因和角色动因，但随着该行为的变本加厉，它给社会带来了诸多的负外部成本，如资源浪费，环境破坏，滋生权力寻租和腐败等问题。应通过归位地方政府的公共行为，以法律形式明晰中央和地方两级政府各自的职责权限，深化财税体制改革和现有的人事考核体制。

## 2419 西部大开发的重点任务和政策空间

发表时间及载体：《改革》（CSSCI）2005 年第 1 期

作　　者：高新才

简　　介："十一五"规划时期西部大开发的重点任务应该包括：继续加大基础设施和生态环境建设力度，实现可持续发展，着力推进产业发展，重点发展优势产业和特色产业，培育经济增长的内生能力和内源动力，加大政策支持力度，推进重点地带重点开发转变经济增长方式，推广循环经济模式，确立生态效益补偿机制，实现人口、资源、环境的协调发展，改革政府管理体制。

## 2420 从《担保法》和《合同法》看法律关系的客体

发表时间及载体：《甘肃行政学院学报》2002 年第 1 期

作　　者：徐大泰

简　　介：《担保法》中的权利质押和权利抵押的规定，保证的规定，《合同法》中的合同转让制度，知识产权许可制度，均表明了民事法律关系的客体应包括权利、义务乃至于权利义务关系。

## 2421 基于网络的语料库及其在英语教学中的应用

发表时间及载体：《电化教育研究》2002 年第 10 期

作　　者：武和平 王秀秀

简　　介：本文概述了语料库的概念及其发展历程，着重讨论了基于网络的语料库在英语语法教学、词汇教学、错误分析及培养学生自主语言能力中的作用。语料库不仅在技术层面上丰富了外语教学的手段，而且使原来停留在理论和空想中的教学理念变为现实。

## 2422 基于虚拟化的云图书馆数据中心组织模式研究

发表时间及载体：《图书馆学研究》（CSSCI）2011 年第 10 期

作　　者：马晓亭

简　　介：文章结合云计算与虚拟化技术发展趋势，对云计算技术和虚拟化技术进行了研究。并根据其自身技术特点，提出了一种基于云计算环境下虚拟化数字图书馆数据中心的组织模式。该模式能够获得较高的资源利用率，并大幅度降低能耗，具有高效、可靠、灵活、安全、可用的特点。

## 2423 我国民族地区和谐文化建设发微

发表时间及载体：《甘肃高师学报》2011 年第 1 期

作　　者：张旭东

简　　介：文化是凝聚一个民族生生不息的强大意识形态和精神支柱。民族地区文化是否和谐对国家民族关系的和谐与发展至关重要。在民族地区建设和谐文化，要始终坚持以马克思主义为指导，树立和谐的民族价值观，挖掘和提升民族文化中的积极因素，充分利用和激活宗教的和谐因素，加强民族地区的立法工作等，从而为民族地区和谐文化建设提供有力支持。

## 2424 马克思主义视域下的中国传统文化及其综合创新探究

发表时间及载体：《社科纵横》2012 年第 6 期

作　　者：董爱玲

简　　介：马克思主义中国化的"两化"，即马克思主义中国化和中国经验马克思主义化，实现了西方文明与中华文明的完美结合，创造了社会文明的崭新样态。但是，中国模式需要进一步探究马克思主义文化和中国传统文化融合发展的方式和途径，需要进一步吸收和借鉴现代西方先进的社会管理方式和管理经验，将它们融汇贯通综合创新是我国文化和制度建设题中应有之义。

## 2425 从 1897 年全俄人口普查看俄罗斯帝国穆斯林的社会阶层状况

发表时间及载体：《世界民族》（CSSCI）2006 年第 1 期

作　　者：汪金国

简　　介：伊斯兰教是俄罗斯的传统宗教之一。在俄罗斯帝国领土不断扩张的过程中，越来越多的异域穆斯林成为其臣民。

## 2426 《倒锥壳水塔滑模施工》教学片的编制实践

发表时间及载体：《电化教育研究》（CSSCI）1994 年第 4 期

作　　者：王和平 侯正东 赵世英

简　　介：电视录像用于教学能够如实地传输二维或三维时空信息，因此远比其他任何大众传播工具，如录音、广播、印刷品等，更富有直观效果。

## 2427 离婚诉讼之反诉初探

发表时间及载体：《甘肃政法学院学报》2003 年第 1 期

作　　者：杨春华

简　　介：反诉制度在我国诉讼理论及实践中尚不完善，而对于其一分支离婚诉讼的反诉则更属空白地带，本文从诉权、诉讼标的、反诉的理论构成及司法实务方面阐述了设立离婚诉讼的必要，并在此基础上提出了一些完善设想。

## 2428 论意大利违宪审查制度

发表时间及载体：《甘肃政法学院学报》

2003 年第 4 期

作　　者：祁建平

简　　介：宪法法院是意大利专门的司宪保障机构，由国家元首、议会和司法机关任命的十五名法官组成，履行宪法赋予的违宪审查权。本文主要介绍了意大利宪法概况、违宪审查的法定机构及其组成、违宪审查的工作机理、违宪审查制度的特点及其对完善我国违宪审查制度的借鉴意义。

## 2429 重视和加强后勤改革中的思想政治工作

发表时间及载体：《甘肃行政学院学报》2001 年第 3 期

作　　者：李保福

简　　介：做好后勤改革中的思想政治工作，必须强化各级领导对后勤改革的重视和认识，对广大职工深入进行党的基本路线教育，把抓好后勤职工的思想政治工作作为重点。

## 2430 文化大发展大繁荣与我国综合性大学艺术专业的应对策略

发表时间及载体：《西北师大学报：社会科学版》2008 年第 6 期

作　　者：刘桂珍

简　　介：综合性大学艺术专业的开办既是我国高等教育发展的内在诉求，又是当前我国文化大发展大繁荣的时代呈现。在其发展上，存在着专业发展混乱与研究薄弱的内在矛盾，这不利于综合性大学艺术专业的和谐发展，也与文化大发展大繁荣的时代要求不相适应。为此，有必要深刻探讨文化大发展大繁荣时代综合性大学艺术专业的发展方略。

## 2431 利用外需扩大出口的策略选择

发表时间及载体：《西北师大学报：社会科

学版》2000 年第 2 期

作　　者：仲鑫

简　　介：在市场经济条件下，内需与外需都是一国经济的重要组成。扩大内需和利用外需不矛盾，更好地利用两个市场、两种资源，才能实现我国国民经济的较快增长。有效利用外需，能够促进经济结构调整，平衡国际收支，维护社会稳定。可以通过采取优化出口商品结构，向海外投资，加快实施市场多元化战略，政府推动以及促使外贸企业走实业化、集团化道路等策略达到利用外需扩大出口的目的，进而提高外经贸对国民经济增长的贡献度和拉动度。

## 2432 论"草原住宅"的空间设计

发表时间及载体：《甘肃联合大学学报：社会科学版》2009 年第 5 期

作　　者：伏虎

简　　介：美国现代建筑师弗兰克·赖特（Frank Lloyd Wright）一生中最为重要的"草原住宅"设计项目，以其强烈的个人的特征，富于想象的独特空间架构，树立了崭新的建筑设计理念。赖特对空间本质的认识与中国老子的思想之契合，为解读"草原住宅"（Prairie House）的空间设计拓展出新的视角。作者通过对其作品的具体空间分析可以反映出"草原住宅"的基本特征及其空间构成形式上的特点，进而解读流动空间的深层内涵和与自然整体和谐的设计体系。

## 2433 实现政务公开 推进政府廉政建设

发表时间及载体：《甘肃行政学院学报》2001 年第 1 期

作　　者：王增祥 张勤

简　　介：民主、廉洁、高效是现代政府确立行政理念的重要标志。政务公开是廉政建设的重要前提，是政府工作的一个重要变革，是推进政治体制改革、深化行政管理制度改革的一项重要措施。

## 2434 老庄"道"性之论的几个关键词

发表时间及载体：《甘肃联合大学学报：社会科学版》2009 年第 2 期

作　　者：侯洪澜 齐明

简　　介："道"是老庄思想体系的核心。是一个用逻辑理念难以界说的哲学概念，但其所内涵的本质特性，可以通过对老庄话语体系中"大""一""无"等关键词的分析研究概括出来——这就是超越界限的无限包容性、超越分别的整体性、超越现实的内隐潜藏性，从而实现了对"道"全方位、多层次、本质性的体认。这是中国哲学研究的重要内容，也是中国传统文化研究的重要内容。

## 2435 七所重点中小学心理辅导室建设和使用情况分析

发表时间及载体：《校园心理》2011 年第 9 卷第 4 期

作　　者：张玉堂 郑雪燕

简　　介：在全国中小学校普及心理健康教育的背景下，为了了解兰州市中小学校心理健康教育实施情况，我们课题组于 2007 年 9 月对位于兰州市安宁区、城关区、七里河区、西固区 4 区的 16 所中小学校从课程设置、师资队伍、心理辅导室建设及使用、实施途径、相关科研及经验交流等方面进行了一次问卷调查。在对 16 所被调查学校总体情况进行数据统计基础上，本研究重点对 16 所被调查学校中的 7 所重点中小学校在心理健康教育方面的心理辅导室建设、使用情况进行了分析。

## 2436 从硕士研究生培养方向看我国教育技术发展

发表时间及载体:《电化教育研究》(CSSCI)
2014 年第 35 卷第 5 期

作　　者: 杨方琦 杨晓宏

简　　介: 以教育信息化带动教育现代化,是我国加快从教育大国向教育强国迈进的重大战略决策,也是我国实现教育现代化宏伟目标不可或缺的动力与支撑。加快教育信息化进程,迫切需要大量的教育技术学专业高级专门人才提供智力保障和技术支撑。本研究依据学科建设和研究生教育辩证统一的教育内外部关系规律,从硕士点分布和培养方向两个维度对 2014 年全国教育技术学专业硕士研究生招生情况进行统计与分析,总结和归纳了我国教育技术学专业硕士研究生的培养现状和培养取向,不仅为硕士研究生培养改革和考生报考提供现实依据,也为培养更多优秀的教育技术学专业人才服务教育信息化提供经验参考。

## 2437 论 20 世纪 30 年代中国抒情小说的文体特色

发表时间及载体:《甘肃联合大学学报:社会科学版》2006 年第 22 卷第 3 期

作　　者: 冯欣

简　　介: 经过十年的发展,20 世纪 30 年代的中国抒情小说较之 20 年代的抒情小说在文体特点上已经有了明显的变化。本文通过对 20 世纪 30 年代抒情小说的整体梳理,在与 20 年代抒情小说的比较基础上,着重从抒情视角、人物类型分析和审美形式的稳定几个方面分析了 30 年代抒情小说的文体特征,总结了 20 世纪 30 年代中国抒情小说的艺术特点。

## 2438 再议 P.5032(9)《沙州阇梨保道致瓜州慕容郎阿姊书》的定年及相关问题

发表时间及载体:《敦煌研究》2007 年第 2 期

作　　者: 陈菊霞

简　　介: P.5032(9)《沙州阇梨保道致瓜州慕容郎阿姊书》的书写年代应该是开宝五年壬申岁,即公元 972 年。文书中的“长胜”人名又见于敦煌莫高窟第 61 窟的供养人题名,其系曹议金的外孙女,慕容归盈的孙女。此外,敦煌文献和莫高窟供养人题记中的慕容长永、慕容长政、慕容言长(长言)、慕容长喜、慕容长应、慕容长泰等皆系慕容归盈的孙辈或侄孙辈。

## 2439 清朝统一新疆进程中伯克阶层投清述论

发表时间及载体:《周口师范学院学报》2004 年第 21 卷第 3 期

作　　者: 聂红萍

简　　介: 清朝统一新疆进程中,南疆伯克阶层出于不同的原因在平准战争中、大小和卓叛乱前夕、平定大小和卓叛乱过程中纷纷投清,这对清朝迅速统一、安定新疆有积极作用,并且为清朝在南疆实行因俗而制的政策创造了条件。

## 2440 教学智慧研究的价值、进展与趋势

发表时间及载体:《西北师大学报:社会科学版》2010 年第 3 期

作　　者: 燕镇鸿

简　　介: 教学智慧研究有助于提升教师智慧,促进教师个体专业发展;让课堂充满生命的活力,促进学生发展;促进教师培训方式的转变;提高教学质量,促进新课程实施。

目前，教学智慧研究涵盖了教学智慧的内涵、特点、层次、构成要素、生成途径、影响因素。今后，教学智慧研究与教师个体专业发展研究的关系将更加紧密，将充分参考和借鉴相关领域研究的成果，研究视角与方法将多元化，综合化。

## 2441 对我国证券内幕交易行为规制的法律思考

发表时间及载体：《甘肃行政学院学报》2003 年第 4 期

作　者：张永来

简　介：证券内幕交易行为对股市整体运作和个体利益有很大的不良影响，而现行立法对受害人的民事救济不完善，对刑事责任主体未做限制性解释，应加强对民事责任的研究和规定一个积极的抗辩权。

## 2442 "用工荒"对我国劳动驱动型增长模式的冲击及其转型对策

发表时间及载体：《甘肃理论学刊》2011 年第 4 期

作　者：张希君

简　介：文章分析了我国"用工荒"现象的特点及产生的深层原因，说明了我国劳动力供求关系已经走向和逼近"刘易斯拐点"。进而分析了"用工荒"给我国传统经济增长方式带来了巨大的挑战，同时也可通过倒逼机制，对促进企业自主创新、转变经济发展方式、推进经济结构优化升级具有积极意义。提出了在"用工荒"冲击下实现经济发展方式向内生增长和创新驱动转变的对策建议。

## 2443 公民社会视角下的服务型政府构建：功能定位与路径选择

发表时间及载体：《社会科学家》（CSSCI）2011 年第 9 期

作　者：聂华林 王桂云

简　介：服务型政府是一种全新的政府治理模式，也是政府转型和行政体制改革的目标。公民社会在构建服务型政府中发挥着重要的推动作用。

## 2444 重新审视群体性事件

发表时间及载体：《甘肃理论学刊》2012 年第 1 期

作　者：王河

简　介：对群体性事件本身的认识是否全面，准确，直接关系到群体性事件的预防和治理。本文分别从"群体性事件"概念的由来、群体性事件与突发事件的区别以及群体性事件的理论基础等多个角度，提供了认识和分析群体性事件的新视野，进而提出"新群体性事件观"，这无论在群体性事件的理论研究还是现实治理方面都具有重要意义。

## 2445 突厥人的婚姻习俗述论

发表时间及载体：《西北民族研究》（CSSCI）1996 年第 1 期

作　者：吴景山

简　介：突厥人在六世纪中叶崛起于蒙古高原之后，他们跃马挥鞭，纵横驰骋，在前后长达二百年的岁月里，使大漠南北的许多民族几乎都曾受到过他们的控制与驾驭，在频繁的相互接触交往过程中，丰富的突厥文化内容给当时这些地区人民的社会生活带来了改变。

## 2446 论西部现代远程教育的发展模式

发表时间及载体：《西北师大学报：社会科学版》2005 年第 6 期

作　者：杨改学 王童

简　介：西部地区教育的发展，关系到西

部地区的经济发展和整个国家的繁荣与富强。由于西部地区特别是西北地区的地域环境等诸多因素的制约，使得这些地区的发展相对缓慢。在信息时代寻求促进贫困地区与少数民族地区教育发展的道路，现代远程教育应是最佳选择。

## 2447 坚持"三个代表"推进社会保障制度的建设

发表时间及载体：《甘肃行政学院学报》2004 年第 1 期

作　　者：马玉成

简　　介：建立完善社会保障制度，是实践"三个代表"，体现我党代表人民群众利益的重要课题。建立和完善社会保障制度是实现好维护好发展好最广大人民利益的内容要求，有利于社会问题和矛盾的解决，有利于提高社会生产力，是推进市场经济体制改革的主要手段，也是全面建设小康社会的必要结果。

## 2448 行政合同的功能及法律特征分析

发表时间及载体：《甘肃行政学院学报》2000 年第 1 期

作　　者：李海涛

简　　介：传统的政府职能的实现，主要借助于行政机关的行政强制手段来进行，但是伴随着民主法制的发展，随着社会经济政治的改革变革传统的行政管理模式和手段，将行政合同纳入行政管理的体系，并扩大其适用范围，已成为各国政府追求行政管理手段现代化和法治化的目标之一。本文就行政合同在行政管理中的作用和法律特征做一简单剖析。

## 2449 企业合作创新中知识共享的博弈分析

发表时间及载体：《科学管理研究》（CSSCI）2009 年第 5 期

作　　者：柴国荣 宗胜亮

简　　介：运用博弈论构建了企业合作创新中知识共享的博弈模型，分析表明合作创新中的知识共享水平与奖惩力度、合作次数及协同系数均呈负相关关系。其政策含义是征信体系、信誉机制及协同效应。

## 2450 我国山区少数民族贫困成因的框架分析——基于市场参与率的视角

发表时间及载体：《西南民族大学学报：人文社会科学版》（CSSCI）2009 年第 9 期

作　　者：郭志仪

简　　介：山区少数民族是我国贫困面最广，贫困程度最深的一类群体。文章认为，市场经济条件下，市场参与率是决定人们收入水平、是否贫困的直接原因。在实证分析山区、少数民族地区劳动参与率、受教育水平的基础上，以市场参与率为视角，从山区和少数民族两个维度分析了山区少数民族贫困的成因，认为在这两个因素的共同作用下形成了致贫因素的累积和叠加，使得山区少数民族人口市场参与率低，贫困率高，并在此基础上提出了相应的政策建议。

## 2451 抗战时期的移民潮对西北社会的影响

发表时间及载体：《西北师大学报：社会科学版》（CSSCI）2008 年第 1 期

作　　者：李建国

简　　介：抗日战争时期，大量的沦陷区人员西迁，形成了巨大的移民潮。当时大后方之一的西北地区，移民数量也很庞大。总体来看，这些移民的素质和层次相对较高，知

474

识阶层和各类技术人员众多。

## 2452  20 世纪上半叶进步理论期刊与马克思主义哲学的中国化

发表时间及载体：《甘肃联合大学学报：社会科学版》2007 年第 23 卷第 6 期

作　　者：谢晓春

简　　介：马克思主义哲学中国化的过程，就是马克思主义哲学在中国传播和运用的过程，就是马克思主义哲学与中国文化和中国实际相结合的过程，就是马克思主义哲学在中国发展与创新的过程。在马克思主义哲学中国化的历史进程中，20 世纪上半叶进步理论期刊起到了举足轻重的作用，具体表现在对马克思主义唯物史观的大量绍介、对马克思主义哲学理论的系统梳理及对马克思主义哲学中国化的推动等。

## 2453  《元曲选》宾白疑问代词考察——兼与《水浒全传》比较

发表时间及载体：《甘肃联合大学学报：社会科学版》2008 年第 24 卷第 3 期

作　　者：常萍

简　　介：《元曲选》宾白疑问句的疑问代词有 47 个之多，分属 8 系，表现出疑问代词在元明时期的复杂面貌。文章通过详细的定量分析，并与《水浒全传》的疑问代词做比较，展示元明时期口语的过渡性特征。

## 2454  中国西部发展中环保建设的决策选择

发表时间及载体：《甘肃理论学刊》2001 年第 6 期

作　　者：邢文婷

简　　介：本文从西部生态环境的现状出发，认为西部环保建设的发展，虽然受到了政府扶持，但是，环境执法、企业能力、环保意识、技术适用性等多方面仍然存在着诸多制约因素。要促进西部地区环保建设的发展，就要制定和实施好符合实际和科学的战略决策，大力发展环保产业，并从多方面着手来改善环保建设的发展环境。

## 2455  "人性"还是"党性"——分层视域下对思想政治教育本质的追问

发表时间及载体：《理论与改革》（CSSCI）2011 年第 6 期

作　　者：刘基

简　　介：对思想政治教育本质的探析和追问，既是思想政治教育理论研究的核心问题，也是近年来学界探讨的热点。立足于思想政治教育自身的内部矛盾，运用教育学的分层理论，把思想政治教育从对象、内容和方法三个层面进行了分层探讨，进一步凸显了思想政治教育的本质是建立在人性基础上的党性和人性的有机统一。从分层的视角探究思想政治教育的本质，不仅增强了思想政治教育的针对性和实效性，更体现了思想政治教育自身的价值和意义。

## 2456  虚拟企业的沟通分析模型

发表时间及载体：《兰州大学学报：社会科学版》2005 年第 33 卷第 2 期

作　　者：包国宪 李文强

简　　介：本文主要论述了虚拟企业沟通的含义及作用，提出了影响虚拟企业沟通的三个维度：媒体维度、互动维度和关系维度，构建了虚拟企业的沟通分析模型，并进一步阐述了如何管理这一模型。

## 2457  发展战略、增长方式 西部经济可持续发展的关键

发表时间及载体：《甘肃行政学院学报》2002 年第 2 期

作　　者：周克全

简　　介：在西部开发中，西部地区只有正确选择和制订本区域的经济发展战略，转变经济增长方式，才能实现经济的可持续发展。前者是实现经济可持续发展的根本，后者则是实现经济可持续发展的保证。

## 2458 我国大学生就业能力研究述评

发表时间及载体：《甘肃高师学报》2012年第1期

作　　者：王爱兰 金戈 马文菊

简　　介：大学生就业能力的研究成为近年来我国学者关注的一个热点。从就业能力结构、就业能力对就业质量的影响以及大学生就业能力的干预研究三个方面对我国大学生就业能力研究现状进行了述评。同时，分析了当前大学生就业能力研究存在的问题，提出该领域今后的研究方向。

## 2459 "左丘失明，厥有《国语》"新解

发表时间及载体：《西北师大学报：社会科学版》2006年第6期

作　　者：李宝通

简　　介：左丘明姓名来源失载，单姓、复姓说均有疑。左丘明当以义命名，即"佐孔丘明史"义。"左丘失明，厥有《国语》"或可释为"佐孔丘明史而有失明细，于是有《国语》之继"。左丘明并非盲史官。《左传》可称《左氏春秋》《春秋左传》《春秋左氏传》甚至《春秋传》《春秋古文》乃至与《国语》合称《春秋》《国语》，但却不可称《国语》或单称《春秋国语》。

## 2460 论我国教育技术学理论与实践发展的当代性主题

发表时间及载体：《西北师大学报：社会科

学版》2005年第6期

作　　者：张雪莉

简　　介：人的可持续发展是涵盖了人的全体发展、全面发展、个性发展和终身发展在内的一个概念。通过对我国教育技术学理论与实践几个前沿领域的评析指出：培养可持续发展的人是作为先进教育理念与现代教育技术代表的教育技术学的核心问题，也是当前我国教育技术学理论与实践发展的一个基本趋势。

## 2461 我国有组织犯罪现状及规制对策

发表时间及载体：《甘肃行政学院学报》2001年第3期

作　　者：刘鹍

简　　介：有组织犯罪是一种严重的犯罪现象，近年来已成为我国的主要社会问题。本文从分析有组织犯罪的形成原因、发展现状入手，提出相应的规制对策。

## 2462 高职艺术设计专业人才培养模式探析——以甘肃联合大学六个"1＋1"为例

发表时间及载体：《甘肃联合大学学报：社会科学版》2011年第27卷第4期

作　　者：吴晓玲 唐兴荣

简　　介：六个"1＋1"的高职艺术设计专业人才培养模式，是针对当前高职艺术设计专业人才培养中出现的问题，结合甘肃联合大学近几年艺术设计专业建设和教学改革实践，总结出的一种人才培养模式。这是一种明显区别于本科艺术设计教育，符合高等职业教育定位，具有可操作性的人才培养模式。

## 2463 中国的辰砂及其发展史

发表时间及载体：《敦煌研究》2010年第2期

作　　者：周国信

简　　介：在中国，辰砂最早出现在距今约7000年的秦安大地湾彩绘陶器上和距今6600±300年的河姆渡村遗址漆碗上。且之后的新石器时期至东周很长一段时期的遗址也多处出土了辰砂。周及之后辰砂主要用于书写（含甲骨、竹木简、丝绸、纸张）、陶器的彩绘、纺织品涂色、油漆和漆器中颜料、化妆用品、宗教用品、装饰玉器着色、壁画颜料和彩墨颜料等九个方面。辰砂是国画三重色之一，是我国炼丹术重要内容之一，其中包括升华提纯和合成辰砂（银朱）。

## 2464 略谈顾恺之的"传神"论——兼与叶朗、李泽厚、刘纲纪诸先生商榷

发表时间及载体：《西北师大学报：社会科学版》1999年第2期

作　　者：张学乾

简　　介："以形写神"是顾恺之提出并加以肯定的美学命题。叶朗《中国美学史大纲》否定"以形写神"是顾恺之的主张，认为是后人误会而加在顾恺之头上的观点是不正确的。顾恺之"传神论"的思想源于中国哲学史上非佛学的形神论，李泽厚、刘纲纪主编的《中国美学史》试图从佛学的形神论等探寻其思想渊源的做法是不可取的。

## 2465 论教育的功能问题

发表时间及载体：《西北师大学报：社会科学版》1999年第2期

作　　者：胡德海

简　　介：教育有对文化来说的本体功能和对人类来说的社会功能这两类，后者以前者为基础；教育的社会功能亦有二，即其对人类个体的作用和对人类群体国家社会的作用。在教育的社会功能中同样后者以前者为基础和条件。教育的诸种功能，逐次相依，环环相扣，而教育的社会地位又以其所具有的功能和作用为基础。教育功能、作用、地位诸内在联系的图景，均于此清晰可见。

## 2466 沙漠、科学与生命——记中国科学院兰州沙漠研究所

发表时间及载体：《兰州学刊》1987年5月

作　　者：武文军

简　　介：地球的生物圈里到处存在着生命，然而，在这个生物圈的某些地方却是生命的稀疏区，例如南、北极的某些极寒地带，除了千年不化的冰雪，很少有植物、动物、微生物存在。而地球上纯粹的沙漠地带也是生命最稀疏的地方，这里除了乘机划过沙漠上空的旅客，骑着骆驼穿行沙漠的游人，偶尔出现在沙丘上的黄檗、沙柳等少数植物象征着这里和生命并没有绝缘外，则到处看到的是犹如大海波涛般的沙丘、死寂似的黄土、星星点点的小卵石。沙漠不仅本身是生命的稀疏地，而且还不断地威胁着良田沃土、飞禽走兽，甚至人类的生存。

## 2467 森林传统管护向社区共管转型的制度变迁探析——基于对白水江保护区李子坝行政村的实证研究

发表时间及载体：《生态经济：学术版》2010年第2期

作　　者：韦惠兰

简　　介：社区共管模式在我国保护区管理当中得到了广泛的应用，但其发展仍处于初级实践阶段，且依然存在很多问题值得学界关注。文章以白水江保护区共管示范基地李子坝村为例，旨在通过制度变迁视角和制度效率评价方法，对其传统管护向共管模式转型的变迁效率、演替规律及衍生路径进行探析。文章期冀在为社区共管必要性和可行性辅以实证支持的同时，也为保护区共管

路径的选择和共管模式的具体实施提供理论参考。

## 2468 中国儿童文学的神笔：六十年绘就的华彩篇章

发表时间及载体：《中国出版》（CSSCI）2010 年第 3 期

作　　者：李利芳

简　　介：《共和国儿童文学金奖文库1949～2009》是儿童文学界为新中国成立60 周年庆典献上的一份厚礼。这套文学质量高乘、艺术设计精美的文库共包括 30 部，由当代儿童文学界知名作家、学者葛翠琳、束沛德、樊发稼、金波、高洪波、张之路、曹文轩、王泉根、谷斯涌等组成编委会，中国少年儿童出版社精心组织策划，于2009 年 7 月推出。

## 2469 我国行政执法责任制的理性反思与合理构建

发表时间及载体：《甘肃政法学院学报》2008 年第 6 期

作　　者：江正平

简　　介：行政执法责任制是规范行政执法行为、明确行政执法主体的职责，并对违法行为予以追究的法律制度。本文对行政执法责任制的内涵、特征、理论价值及实践中存在的主要问题进行了探讨，并提出了完善的对策建议。

## 2470 中国民主政治进程中的公民社会构建

发表时间及载体：《甘肃联合大学学报：社会科学版》2010 年第 3 期

作　　者：蒲小娟 张宪文

简　　介：我国的公民社会研究始于 20 世纪 80 年代。公民社会的发展为扩大公民的政治参与拓宽了道路，为建设更加平等、自由、和谐的现代中国创造了条件。但是，囿于中国的特殊国情，公民社会的发展会遇到很多坎坷。本文从概念界定入手，对中国公民社会构建的环境、发展水平、在民主化进程中的价值以及建设方略等方面对中国民主政治进程中公民社会构建的必要性、必然性、现实性等问题做出相应解答。

## 2471 进步日报《史学周刊》与新中国成立之初的历史学

发表时间及载体：《南阳理工学院学报》2012 年第 4 卷第 5 期

作　　者：朱慈恩

简　　介：进步日报《史学周刊》是新中国成立之初史学成果刊布和活动交流的一个重要场域，《史学周刊》刊载的史学论文，都力图将马克思主义毛泽东思想的基本原理贯彻于历史学的研究实践之中，并且通过历史学研究来为现实服务。

## 2472 计算机辅助语言学习中基于K-GMM 模型的一种汉语声调识别技术及其应用研究

发表时间及载体：《电化教育研究》（CSSCI）2012 年第 12 期

作　　者：贾嫣 陈蕾 王含斌

简　　介：文章针对计算机辅助语言学习提出了一种基于 K-GMM 模型的汉语声调识别算法。该算法采用短时自相关计算提取基频，用拉格朗日插值算法对提取基频进行平滑处理、重采样和归一化处理，以获取模型设计的基频数据，设计并实现了 K-GMM 模型（基于 K 均值聚类算法的高斯混合模型），得出此模型在声调识别中具有很高的识别率，并初步分析了这一技术在计算机辅助语言学习中的应用及意义。该技术对计算机辅助语言学习具有一定的实用价值及借鉴意义。

## 2473 清代以来甘肃省文县白马藏族服饰演变探讨

发表时间及载体：《中南民族大学学报：人文社会科学版》（CSSCI）2011 年第 31 卷第 1 期

作　　者：王希隆 赵雨星

简　　介：清代康熙年间以来 300 年间，文县白马人服饰的发展演变，分为清代、改革开放前、改革开放后三个阶段。其日常服饰主要经历了由"简"到"全"再到"无"的变化过程，节日服饰地位日渐突出，宗教服饰有"变"与"不变"特点。文县白马人服饰演变的原因与生产方式变化、外来服饰文化的影响以及现代化对之冲击有关。

## 2474 庾信诗"绮丽""清""新"略论

发表时间及载体：《湖北经济学院学报：人文社会科学版》2011 年第 8 卷第 12 期

作　　者：安家琪 刘顺

简　　介：传统诗论于庾信诗歌多重晚期老成有骨之作，目前期之风格为"轻险""淫靡"。钱锺书则以文本细读为立论之基，以子山之本质性诗风只当以"清新绮丽"赅之，颇异众家。考之庾诗文本，钱氏之论出之有据。

## 2475 从普适视角看法与社会之和谐

发表时间及载体：《西北师大学报：社会科学版》2007 年第 2 期

作　　者：王宏英

简　　介：法是人基于自我的正义感所做出的反自然的选择，是人类自我保存的必须，尽管它借助了有序冲突的形式，但其意义却在于人类社会的和谐。法为人类社会和谐而生，即法为人而存在，如果背离了这一原初机理，它会异化为人的强大对立面。法与社会之间的和谐问题应属一个重大命题，社会乃法之源，法乃社会之流，人—社会—法，这是一个金制的链条，任何企图拆解的念想都是虚妄。

## 2476 自我和谐的哲学意蕴

发表时间及载体：《社会科学家》（CSSCI）2011 年第 2 期

作　　者：杨建毅

简　　介：对自我和谐的认识需要按照马克思主义人学观点，从人与自然、人与社会以及人与人的关系中，在正确揭示自我和谐本身所包含的人文主义、自然主义、理性主义、现实主义、非人类中心主义、多样性存在等哲学思想的基础上理解和把握。

## 2477 人力资源会计计量模式探讨

发表时间及载体：《兰州商学院学报》2005 年第 21 卷第 5 期

作　　者：孔龙 侯晓琴

简　　介：随着知识经济时代的到来，知识资本对国家和企业的贡献日益突出，人力资源及其计量方法也受到了会计界的重视。不同的计量方法有其不同的价值评判。本文对人力资源的计量模式进行了介绍和评价，同时根据马克思的剩余价值理论和模糊数学理论对随机价值模型进行了调整，形成新的调整后的随机模型。

## 2478 论环境立法的终极目的——兼论可持续发展价值观

发表时间及载体：《西北师大学报：社会科学版》2005 年第 1 期

作　　者：史玉成

简　　介：环境价值观是环境法目的理念的基础和出发点。传统的"人类利益中心"

环境价值观引致了日益严重的环境危机，而脱胎于生态伦理学的"生态利益中心"环境价值观作为一种道德主义理想，在法律层面上遭遇到困境。可持续发展观以公平、公正为基本价值观，以追求人与自然的和谐为价值目标，是生态道德法则上升为法律规范的唯一理性选择。由此，环境立法的终极目的应该是，以可持续发展价值观为导向，实现人与自然的和谐发展，保障人类利益和生态利益。

## 2479 网络舆论引导：运行机制及有效性评价

发表时间及载体：《兰州商学院学报》2014年第4期

作　　者：王文婷

简　　介：在网络媒体飞速发展，网络舆论事件频发的大背景下，本文以网络舆论为研究对象，对网络舆论引导的运行机制进行深度剖析。首先，把网络舆论引导的构成要素分为引导对象、引导主体和引导行动三个方面，构建了网络舆论引导运行机制模型；其次，建立了网络舆论引导有效性评价指标体系，并对网络舆论引导的有效性问题进行了相应分析。

## 2480 胡适与《敦煌录》

发表时间及载体：《文史知识》2010年第7期

作　　者：王冀青

简　　介：胡适（1891—1962）是20世纪中国最具影响力的学者之一，在敦煌学历史上也留下了浓重的一笔。以往学术界普遍认为，胡适开始研究敦煌学的时间是1926年。当年，他利用赴英国开会之机，顺便调查研究了英藏、法藏敦煌汉文文献。

## 2481 让劳动者真正享有学习主体地位

发表时间及载体：《兰州大学学报：社会科学版》2001年第29卷第6期

作　　者：王仁斌

简　　介：21世纪人类社会将全面进入知识经济新时代，教育必将成为劳动者的最大需求。如何使劳动者充分享有学习的主体地位是本文讨论的重点所在。

## 2482 夏尔巴人的历史与现状调查

发表时间及载体：《西北民族研究》（CSSCI）2006年第1期

作　　者：切排　桑代吉

简　　介：夏尔巴人，中尼边境地区的一个民族。北宋末年，蒙古铁骑驰骋在茫茫草原。金戈铁马荡平了大宋王朝，北方的西夏王朝也消失在历史的云烟深处，空渺无迹，不知去向，给后人留下了一个个悬念。然而尼泊尔的素伦昆布和我国西藏樟木小镇及其下属的立新和雪布岗村落，可能就是神秘的党项人后裔的归宿。从夏尔巴人的族源、风俗习惯、语言艺术、宗教信仰等方面来看，与我国的藏族极为相似，源于藏文化或喜马拉雅文化带民族。研究夏尔巴人不仅是对我国民族学研究的补充，更重要的是对于西部边陲的巩固稳定和中尼政治、经济、文化的交流有积极的意义。

## 2483 关于文子其人其书的探索——兼论《〈文子〉成书及其思想》

发表时间及载体：《图书与情报》2006年第6期

作　　者：赵逵夫

简　　介：《文子》一书，二十多年以前在道教经典中和在先秦诸子中的地位，可以说一在九天之上，一在九地之下。至1973年定州西汉墓出土了《文子》残本，它作为思想史的著作才得到人们的重视。文子从魏晋时代起，一直受到道教学者的重视。唐玄宗开元二十九年（741年）置崇玄学，规定"习《老子》《庄子》《文子》《列子》，亦曰道举"（《新唐书·选举志》），其学问成了选拔人才的科目。天宝元年（742年）诏封文子为通玄真人。

## 2484 对信息技术与数学课程整合的一些新思考

发表时间及载体：《电化教育研究》（CSSCI）2006年第1期

作　　者：张定强 金江熙

简　　介：信息技术与数学课程整合越来越受到信息技术界与数学教育界的高度关注，很有必要从理性的角度对信息技术与数学课程整合的观念、目标、内容、方法及实践中的一些问题进行一番审视，以求全面深刻地理解整合的实质，更加有效地实施整合。

## 2485 颂为"仪式叙述"说

发表时间及载体：《甘肃社会科学》2002年第6期

作　　者：韩高年

简　　介：本文立足古今有关颂诗起源及形态的材料，运用人类学及中西比较的方法，得出结论认为，颂诗起源于祝祷活动，是用于仪式的赞述之辞，三代仪式以祭祀为主，也含有巫术、行政、节庆等多种内容，所以仪式叙述辞的内容既有述赞祖先神灵的颂歌，也有叙述宗族历史的系世、故志，以及传授经验的地志、月令等，颂的主体，则有巫祝、祭司、瞽瞍、史官等多种身份，表演方式则有唱有诵，还伴有舞、乐，颂所依附的仪式，集行政、娱乐、教育、审美等功能于一体。

## 2486 敦煌应用散文作品题注

发表时间及载体：《敦煌研究》2006年第4期

作　　者：杜琪

简　　介：敦煌遗书中珍藏有大量的各式应用文稿写件，本文将之布分类聚为三大项类，试以散文概念相统合，对其作品的留存状况，以及形式、内容、艺术特点和一些相关问题，做了较为系统详明的注说与论述。

## 2487 网络时代媒体对教与学的影响

发表时间及载体：《电化教育研究》2002年第11期

作　　者：郭朝明

简　　介：通过对网络时代现代教育媒体的特点及其正反两方面功能的阐述，阐明要正确发挥现代教育媒体对教学的影响，就要充分发挥其正向功能，防范控制其负向功能。

## 2488 转变政府职能，强化服务意识，发展中介组织

发表时间及载体：《甘肃行政学院学报》2000年第4期

作　　者：来耀勤

简　　介：在西部大开发中需发挥政府在组织经济活动中的主导作用，充分利用市场机制的推动作用，必须加大政府管理体制创新力度，做到政府经济职能服务化，服务的组织载体中介化，提供服务产品市场化，中介服务多样化、专业化。

## 2489 对"价值"和"交换价值"规定性的新认识——对马克思劳动价值学说的反思

发表时间及载体：《甘肃理论学刊》2003年第2期

作　　者：张希君 康继尧

简 介：交换价值是使用价值与价值的对立统一体，商品是以交换价值的形式存在的，使用价值与价值在它们的对立统一体商品（交换价值）中的地位和作用是可变的，价格是交换价值的货币表现形式。

## 2490 法律经济学论略

发表时间及载体：《西北师大学报：社会科学版》1999 年第 4 期

作 者：冯玉军

简 介：法律经济学是一门法学和经济学有机结合的新兴边缘学科，也是一种综合考察经济发展和民主法治建设的重要研究方法。作为公共选择之公共品的法律具有资源稀缺性、供给垄断性、消费公开性、生产消费效用函数一致性和普遍适用性等基本特征。从市场分析的独特视角探求法律供求关系的本质和特性，兼及考察影响法律供求及其成本的因素，有助于预测并早日实现中国社会主义法制建设事业的均衡。此外，确立交易成本这一解释法律内在逻辑和演变过程的重要范畴，以效益法律观重构市场经济法律，也具有促进法律实现的重要意义。

## 2491 汉匈质子关系及其作用述评

发表时间及载体：《甘肃联合大学学报：社会科学版》2009 年第 3 期

作 者：陈金生

简 介：西汉和匈奴之间的质子关系，经历了征取质子、质子入侍和王莽杀质三个阶段。汉匈质子关系不仅对维护当时良好的民族关系发挥了巨大作用，而且也对后世产生了深远的影响。

## 2492 大学生心理危机预防和干预对策研究

发表时间及载体：《社科纵横》2010 年第 3 期

作 者：张华

简 介：面对现代生活给当代大学生带来的巨大冲击和压力以及大学生心理危机发生率的增大，加强对大学生心理危机预防、有效干预和应对方略进行对策研究显得非常重要和迫切。

## 2493 少数民族多元宗教生态文化及其形成特性

发表时间及载体：《甘肃理论学刊》2005 年第 2 期

作 者：闵文义 戴正

简 介：宗教中所体现的生态文化理念，通过制约民族地区群众的社会经济行为方式对民族地区的生态环境起着不可估量的积极作用。在对不同的传统宗教生态文化的特点进行系统归纳的基础上，我们对民族传统多元生态文化的形成特性也进行了总结，发现其在历史上从内容、功能、传承性等方面构成了一个广泛的自然生态保护体系，它的多元性不仅体现在宗教伦理观的不同，还和各民族所处的生态环境、生产活动紧密联系，有很强的生态环境和经济系统的适应性特性。

## 2494 低龄老年人力资源开发思考

发表时间及载体：《兰州大学学报：社会科学版》2001 年第 29 卷第 3 期

作 者：杨新科 金文俊

简 介：由低龄健康老人组成的老年人力资源是人力资源的重要组成部分，开发这部分人力资源对于缓解人口老龄化的压力具有重要的意义。老年人力资源开发受各种因素的制约，需要全社会尤其各级政府的关注与支持。

## 2495 文学体裁四分法补释

发表时间及载体：《甘肃高师学报》2012 年第 4 期

作　　者：范建刚

简　　介：现有文学理论教材对文学体裁大多采用四分法，但基本上是从语言运用、艺术形象的塑造等方面来立论。其实，这些特征有着深层的思维方式和情感表达方式上的差异作为内在基础。小说和剧本作为以叙事为主的作品，在形象塑造上侧重时间上的先后顺序和逻辑上的因果关系，适合表达多元错位的、动态复杂的情感；诗和散文作为以抒情为主的文学作品，在形象塑造上注重意象的空间组合，注重空间上的共时性，适合表达较为单一和同质的情感。四种文学体裁应从整体上进行观照。

## 2496 逃课现象的博弈分析

发表时间及载体：《高等教育研究》2006 年第 22 卷第 3 期

作　　者：汪晓文 张科举

简　　介：在大学校园里，逃课已经成为教学过程中普遍存在的现象，有些课程的逃课问题还特别严重。本文试图用博弈论的知识，建立一个关于学生逃课与教师点名行为的博弈均衡模型，来解释日常学习生活中的这种学生逃课、老师点名的博弈现象。同时，试图把模型分析的范围扩大化。

## 2497 网络时代农村劳动力转移培训多方联动平台研究

发表时间及载体：《电化教育研究》（CSSCI）2011 年第 9 期

作　　者：王科

简　　介：现农村劳动力转移培训是新时期解决"三农"问题的重要课题，而研究网络时代的农村劳动力转移培训，更是目前的迫切问题。通过协调管理者、培训者、劳动力三方的关系，合理利用和优化农远工程培训资源、乡村基层党组织培训资源（远教资源）、社会网络培训资源等三方资源，形成高效、灵活的农村劳动力转移培训机制，构建"政府—基地—企业—劳动力—就业"五位一体的培训模式，并以金华市为例，验证了这一方案的可行性。

## 2498 我国教育研究中的四种范式及其批判

发表时间及载体：《兰州大学学报：社会科学版》2002 年第 30 卷第 5 期

作　　者：王兆璟

简　　介：20 世纪 80 年代以来，我国的教育研究显现出本质主义—体系主义—实用主义—批判主义四种相续的研究范式。四种研究范式反映出 20 年来我国教育研究的无根基状态与意义的丧失。这源于教育研究者主体性的缺失和对教育世界工具性的错误认识。基于此，理性地认识并挖掘主体性与人性化的教育世界就成为教育研究范式意义重构的必然路径。

## 2499 网络时代审美与艺术的特征

发表时间及载体：《兰州商学院学报》2005 年第 21 卷第 2 期

作　　者：姚君喜

简　　介：随着互联网的广泛应用和不断普及，人类已进入了以互联网为支撑的网络时代。与人类发展的任何一个时期相比，网络时代有它完全不同于此前任何时代的特殊性。那么，这一特殊性又如何作用于人类的审美和艺术，对审美和艺术产生了哪些巨大的影响，本文将结合网络社会的基本特征，对网络时代审美和艺术的基本特点加以探讨。

## 2500 先秦时期甘肃的民族（下）

发表时间及载体:《西北民族研究》（CSSCI）2003 年第 4 期

作　　者：刘光华

简　　介：本文主要介绍秦始皇帝统一中国以前甘肃地区的民族，计有黄帝、周、嬴秦、犬戎、氐、羌、大夏、月氏、义渠、乌氏等族。其中有发源于甘肃者，有发源并长期活动于甘肃者，还有一度活动于甘肃者。他们很早就与中原地区的民族和政权发生联系，并相互斗争，在斗争中融合，成为华夏族的一分子。

## 2501 裕固族传统婚俗的社会性别分析

发表时间及载体:《西北民族研究》（CSSCI）2013 年第 3 期

作　　者：王百玲 纪鸿

简　　介：裕固族传统婚俗中蕴含了丰富的社会性别内涵。在正式婚姻和非正式婚姻形式中，特别是在婚礼习俗如戴头面仪式、打尖踏房仪式、阿斯哈斯仪式及婚礼歌谣中都渗透着裕固族人的性别观念与性别意识。婚俗中反映出明确的男女性别角色意识、分工意识和合作意识，对家庭结构的影响是，裕固族人既有女性主导型家庭模式，也有男性主导型家庭模式，同时两性在婚姻家庭中具备平衡协调意识。这对当今现实有一定启示意义。

## 2502 隋唐五代的相工群体

发表时间及载体:《西北师大学报：社会科学版》2005 年第 5 期

作　　者：王晶波

简　　介：隋唐五代相术流行，在社会上形成了一个由专业的相工、术士和爱好相术的文士、官吏等共同组成的相工群体，他们以为人占相论命的方式，参与和影响着当时的社会生活。考察这一独特群体的身份、地位、组成与活动情况，可为全面认识隋唐五代社会提供一个新的视角。

## 2503 企业财务风险探析

发表时间及载体:《甘肃行政学院学报》2001 年第 4 期

作　　者：邓家姝

简　　介：近年来，我国的一些企业，特别是国有企业，盈利水平普遍低下，亏损较为严重，有的甚至到了资不抵债的危险边缘。究其根本，造成这种状况的原因虽然很多，但忽视财务风险是大多数企业经营不良的重要原因之一。因此，在市场机制下，树立财务风险意识，正确识别和衡量财务风险，是每个企业都必须认真考虑的问题。

## 2504 唐末诗人群体的聚合类型及其分化重组

发表时间及载体:《西北师大学报：社会科学版》2012 年第 4 期

作　　者：周蓉

简　　介：对唐末诗人群体进行梳理与考察，可以发现，相同的生存状态是其最为关键的构成因素。应举、归隐、入幕、为官是唐末诗人最为普遍的生存方式，唐末诗人群体也相应地分为应举诗人群、隐逸诗人群、幕府诗人群、台阁诗人群等聚合类型。由于身处乱世，大多数诗人羁旅漂泊，行踪不定，因此，这些群体并不稳定，往往随着诗人生存环境的变动而分化裂变，重新组合，从而形成新的群体。唐末诗人群体分化、重组的主要趋势是向着隐逸诗人群和幕府诗人群发展，这与儒道衰微、皇权解体的时代背景密切相关。

## 2505 近代美国西部开发对美国社会的影响

发表时间及载体：《甘肃理论学刊》2002 年第 5 期

作　　者：李春芳 庄俊侃

简　　介：近代美国西部开发开始于 18 世纪 70 年代，持续到 19 世纪 90 年代，在 100 多年的时间里，西部从荒原变成了美国的粮仓、畜牧基地、能源和矿业生产基地，西部开发的成功，对美国社会产生了重大的影响。在政治上，改变了美国政治实力的分布，加速了美国民主化的进程；在经济上，促进了工农业生产的发展，完成了美国经济的一体化；在文化上，重铸了美利坚民族精神，改变了美国人的生活方式，对美国教育事业和大众传媒的发展具有积极的作用。

## 2506 对高等教育公平问题的思考——以中西部地区三本院校中的农村贫困学生为例

发表时间及载体：《当代经济》2010 年第 17 期

作　　者：梁晓珂 聂华林 刘晓伟

简　　介：教育的公共产品或准公共产品属性决定了政府在教育资源配置中是保证教育公平的基础。教育公平是社会公平的重要组成部分，而高等教育公平在社会公平中的作用尤为重要。

## 2507 体育教学再认识

发表时间及载体：《兰州商学院学报》2005 年第 21 卷第 3 期

作　　者：杨志俊 康英萍

简　　介：本文从对体育教学目标再认识、通过体育教学活动可培养学生的创新能力以及学生在教学中的主体地位的重要性三方面进行分析，为不断提高教学质量，促进教学改革寻找一些理论借鉴。

## 2508 论委托代理关系与会计控制权

发表时间及载体：《兰州大学学报：社会科学版》2002 年第 30 卷第 1 期

作　　者：董成

简　　介：会计控制权作为现代企业的一种权利安排，对代理关系机制和企业发展有重要的影响。现代企业的会计控制权主要掌握在代理人一方，由于代理人与委托人之间在目标利益上的不一致性，代理人可能利用对会计控制权的实际控制优势对会计信息进行盈余管理甚至非法操纵，损害委托人的利益。因此，必须完善委托代理机制，加强对会计控制权的约束和控制力度。

## 2509 综合性大学有效艺术教育模式的时代创构

发表时间及载体：《西北师大学报：社会科学版》2009 年第 6 期

作　　者：刘桂珍

简　　介：作为我国高等教育领域新近出现的一个现象与热点问题，综合性大学艺术教育亟须创建适合自己内涵的有效的教育模式。考察艺术教育的本质意蕴与国外的相关经验，综合性大学有效艺术教育模式需以人文性、创新性、情景性为建构维度。只有建立起与人文、科技广泛而深刻的联系，才能走出一条为社会所承认的有综合大学特色的艺术教育之路。

## 2510 敦煌所出三件"致书"比较

发表时间及载体：《敦煌学辑刊》2012 年第 1 期

作　　者：兰州大学敦煌学研究所

简　　介：敦煌文献中保存有三件内容基本相同的"致书"——《肃州刺史刘臣壁致南

蕃书》，抄写于不同时期。本文通过对这三件"致书"的格式特征的比较，复原了一件致书的原貌，并探讨了致书在流传过程中所发生的文本变异，发现文本变异往往与政治关系密切。

## 2511 基于主成分分析的西北各省经济实力综合评价

发表时间及载体：《贵州商业高等专科学校学报》2012年第25卷第2期

作　　者：汪慧玲

简　　介：陕西、甘肃、宁夏、青海、新疆五省区地处我国西北地区，改革开放以来，西北五省区经济发展迅速，经济面貌有了很大的改观。但由于发展起点和经济增长速度的不同，各省区之间经济发展水平并不平衡，发展的绝对差距呈现扩大的趋势。本文主要是利用西北五省区2011年统计年鉴中的相关数据，选用代表各省区综合经济实力的十五个经济指标，通过SPSS软件进行主成分分析，对西北五省区的经济实力进行综合评价和排位，并提出一些建议措施。

## 2512 大黑天造像初探——兼论大理、西藏、敦煌等地大黑天造像之关系

发表时间及载体：《敦煌研究》2010年第4期

作　　者：朱悦梅

简　　介：本文论述了佛教大黑天造像在中国境内的流布情况与特点，对不同地区大黑天造像之特点进行了详细分析与对比，探讨了大黑天造像在中国的源流以及大理、西藏、敦煌等地大黑天造像之间的关系。

## 2513 论中国先锋文学对卡夫卡的审美观照

发表时间及载体：《天中学刊》2007年第22卷第1期

作　　者：韩小龙 程金城

简　　介：卡夫卡的文化哲学包括：认识论中的超验，价值论中的悖谬，方法论中的消解。中国先锋作家吸收利用了超验的思维模式，认同了悖谬的价值观，同时，运用消解的方法论化解了卡夫卡哲学中的超验存在与生命体验的矛盾。在超验中体验，走形而上与形而下结合的道路，应该是中国先锋作家艺术追求的最佳境界。

## 2514 自然保护的文化效益

发表时间及载体：《甘肃高师学报》2012年第4期

作　　者：贾宜

简　　介：主要探讨了保护传统文化的重要性以及自然保护对于传统文化保护的决定性作用。首先分析了保护传统文化的必要性，然后对自然与文化关系加以论述，在此基础上，重点阐述了自然保护对于保护传统文化保护的决定性作用。

## 2515 中国公共治理评价的几个问题

发表时间及载体：《新华文摘》2009年第9期

作　　者：包国宪 周云飞

简　　介：公共治理既是对传统公共管理理念的超越，又是对其研究范式的发展，是政府、市场与公民社会形成组织网络，共同参与公共事务管理，谋求公共利益的最大化，并共同承担责任的合作行为。

## 2516 作为"泛宗教"的儒家之"礼"——也论"礼"的建设性

发表时间及载体：《河西学院学报》2011年第27卷第6期

作　　者：高原

简　　介：汉民族向来较不倚重宗教信仰，

不是借助一般的宗教信仰来解决精神问题。因此在今天为了改变我们的精神，让精神得到相对安顿而选择信教的方式显然是不现实的，但我们是否可以通过创造性地恢复、重建中国传统的，能起到整合、提升民众精神作用的儒家之"礼"，以此来改变今日国人的生活与精神状态，进而提升我们的存在层次呢？本文试从中国儒家所推崇的"礼"这种"泛宗教性"生活传统来探讨"礼"的建设性。

## 2517 职工民主管理的治理条件分析——论资合公司治理中职工民主管理的地位

发表时间及载体：《甘肃政法学院学报》2011 年第 2 期

作　　者：马建兵

简　　介：要采取职工民主的公司治理方式，应当具备职工民主管理的条件。但在资合公司中，条件并不完全具备，需要进行构造和规避。同时，职工作为所有人的平均分散化、企业所有人的规模发展、职工意见的分工倾向性、职工的激励问题、企业的决策成本等也影响着职工民主的治理效率。当然，企业中的职工具有部分信息优势，有利于发现管理层的不当行为，他们亲临生产，熟悉生产规律，能提出合理的生产经营方案和建议，并且更倾向于维护职工利益。因此，职工民主管理应当在企业治理中处于辅助性的治理地位。

## 2518 试论"治国先治吏"

发表时间及载体：《甘肃行政学院学报》2001 年第 3 期

作　　者：李中

简　　介：依法治国，依法行政，必须先要有一支高效廉洁的干部队伍。古人治国先治吏这一深邃的道理和进步因素同样适用于今天，同样可以为加强干部队伍建设服务。一、从严治吏势在必行。治国先治吏，是历代政治家、思想家的共识，抓住了吏治，就抓住了理政治国的纲；二、治吏必须从要害问题入手，治吏的核心问题是治权，治吏的首要问题是治思想；三、治吏必须要进一步健全管理机制。从严治吏，思想是前提，制度是保证，监督是关键。

## 2519 岁月当歌——写在电教创业的记忆中

发表时间及载体：《电化教育研究》（CSSCI）2006 年第 11 期

作　　者：抗文生

简　　介：电化教育的发展基于电化教育学科理论的创建与实践的印证。本文以叙事记实笔调从几个侧面反映了西北师范大学电教在 20 世纪 70 年代的学科拓创精神，涓滴之水可以汇海，谨志中国电教发展 70 周年。

## 2520 清末新政的思想基础

发表时间及载体：《西北师大学报：社会科学版》2002 年第 1 期

作　　者：陈勇勤

简　　介：清末新政是在西方列强入侵、中国人深感国家一定要富强起来的社会背景下出现的。新政思想体系的主体部分由江楚会奏三折构成，所提出的变法措施集中在兴学育才、整顿中法、采用西法三个方面。新政思想体系包含有戊戌思潮的基本思想成分。立宪要求以一种新面孔充实进新政思想，并显示出其具备了起到中坚作用的实际价值，从而将新政思想升华到它所能达到的时代最高点。清末新政思想吸纳自强思潮、洋务思潮、戊戌思潮、立宪思潮中的合理成分，它推动了 20 世纪初中国社会经济快步向近代化方向前进，引发了政治也必须近代化这一社会变迁的关键性活动。由于新政思想的最高点是保留"满人"皇帝前提下的君主立宪，所以当辛亥革命胜利已成定局时，新政运动再怎么搞也挽救不了清政府垮台的厄运了。

## 2521 超级写实主义艺术语言探究

发表时间及载体：《甘肃联合大学学报：社会科学版》2006 年第 22 卷第 3 期

作　　者：高懿君

简　　介：现代艺术呈多元化格局，流派纷呈，各显神通，超级写实主义作为一场艺术运动，源自并兴盛于美国，其后波及世界各地。一度被否定的超级写实主义艺术在新的历史条件下又登上画坛，但必须认识到它绝不是回到过去的创作观念、创作方法上，超级写实主义画家在创作目的、绘画观念以及表现方法方面吸收了现代艺术的观念进行创作。本文对超级写实主义从其形式、技术和社会角度等方面进行了探讨。

## 2522 孔子、孟子对语文教育的理论建构与实践创新

发表时间及载体：《甘肃联合大学学报：社会科学版》2009 年第 5 期

作　　者：靳健

简　　介：中国古代的母语教育没有"语文"的说法，但有诗教、"文教"之说。其涵义与现代语文教育基本相近。孔子是"诗教"的创始人，建构了一个美丽的诗教理论系统，建筑了一条宇宙感悟式审美路径，设计了一个以人为本的诗教过程，提倡不言式、对话式教学。注重培养学生的言语交际能力。孟子是诗教理论的发展者和践行者，建构了具有实践价值的诗教释义学。设计了回归学习者主体的"知言养气"范式。

## 2523 新世纪马克思主义哲学的反思与发展

发表时间及载体：《甘肃行政学院学报》2000 年第 1 期

作　　者：闫晓勇

简　　介：要不要坚持和发展马克思主义哲学？怎样坚持和发展马克思主义哲学？面对新世纪奔涌的社会发展大潮，面对着日新月异的高科技发展，面对着西方现代哲学的空前发展，马克思主义哲学之路究竟如何去走——以前的路是否都对，将来的路是否无坎坷，我们必须要做的工作就是反思，反思而后发展。

## 2524 甘肃中小型工业企业竞争力评价与成因分析

发表时间及载体：《商业时代》2008 年第 7 期

作　　者：成学真

简　　介：目前我国还没有对西部地区的企业特别是中小企业进行定量分析研究的文章，本文通过建立企业竞争力定量分析评价模型，对甘肃省中小型工业企业进行实证研究，对甘肃省中小型工业企业的竞争优势与劣势进行定量分析，以期为提高西部地区中小工业企业竞争力提供理论支持与政策建议。

## 2525 西部地区的区域发展与生态环境的制约——以甘肃省两西地区为例

发表时间及载体：《西北人口》2003 年第 3 期

作　　者：郭志仪

简　　介：本文分析了甘肃省两西地区的发展现状以及进一步发展的环境制约，提出类似甘肃省两西地区这样的西部地区，区域的发展必须要从长计议，最终要实现可持续发展。

## 2526 树立社会主义荣辱观的几个重点问题

发表时间及载体：《发展》2006 年第 12 期

作　　者：王学俭

简　　介：荣辱观是人们在长期的实际生活中，通过行为选择和评价而形成的对荣誉和耻辱的一种心理感受及其相应的稳定的观念体系，它属于道德人格和道德良心范畴，表现为行为主体的道德信念和价值取向。

## 2527 元代的军器生产

发表时间及载体：《西北师大学报：社会科学版》2004 年第 2 期

作　　者：胡小鹏

简　　介：军工生产是元代官手工业的主要部门之一，从事兵器制造的官府局院及工匠占有相当比例。中央武备寺所属军工局院主要集中在腹里一带，地方则设杂造局，因地制宜生产各种军事物资。除了系官工匠和军匠外，军户也有生产军需品的义务，但严禁民间私造兵器。元代的武器种类不如宋代那么繁多，但吸取了中西兵器之长，多有发明，质量上乘且实用，在当时世界上居于领先地位。

## 2528 计算机辅助评价发展的回顾与思考

发表时间及载体：《电化教育研究》（CSSCI）2010 年第 4 期

作　　者：马光仲 蔡旻君

简　　介：文章从测验理论、测验目的、测验内容和评价方式四个纬度对计算机辅助评价的发展进行了全面回顾。计算机辅助评价对教育、教学的贡献功不可没，但国内计算机辅助评价的研究现状、应用发展、教材建设等问题突出，应该引起我们的深刻反思。

## 2529 消费观念与消费行为关系的实证研究

发表时间及载体：《商业时代》2011 年第 6 期

作　　者：董雅丽 贾景

简　　介：消费观念对消费行为有一定的影响，同时消费观念要通过一定的消费行为体现出来。本文通过对消费观念和消费行为的关系进行实证研究，得出消费行为与消费观念有较强的线性相关关系。

## 2530 地方政府、利益补偿与区域经济整合

发表时间及载体：《经济问题》（CSSCI）2010 年第 8 期

作　　者：郭志仪

简　　介：随着我国经济的发展和区域经济格局的变动，区域之间的矛盾变得越来越突出，促进区域经济整合、实现高效的资源配置已成为当前区域经济研究的热点。探讨了区域经济整合的主体及其利益分配，然后建立区域利益补偿博弈模型，分析了利益不一致情况下区域利益补偿对区域经济整合的影响。我们认为，推进符合"卡尔多改进"的经济整合不能仅仅依靠市场机制，只有建立完善的制度安排才能实现地区之间长期的合作。

## 2531 乌氏考

发表时间及载体：《中国历史地理论丛》（CSSCI）2012 年第 27 卷第 4 期

作　　者：郑炳林 吴炯炯

简　　介：乌氏县作为今陇东地区最早设立的县之一，在河陇交通史上有重要的地位。本文在前人研究的基础上，广泛收集考据与乌氏相关史料，对汉唐间乌氏县之沿革、迁置、地望等进行了仔细考证，认为乌氏县为秦县，其地望在汉唐间曾发生

数度迁置，唐人已经在其地望问题上产生了误解。

## 2532 中国古典小说中的草莽英雄形象探析

发表时间及载体：《南京大学学报：哲学、人文科学、社会科学》2003 年第 40 卷第 4 期

作　　者：庆振轩 车安宁

简　　介：中国古典小说中的草莽英雄形象是一类型化的植根于浓厚的历史文化土壤之中的人物群象，出身于社会底层、相貌魁伟粗陋、语言豪爽粗俗是其共同表征。夸张与写实并用、理想与现实共存以及缺陷美的渲染是传统小说塑造草莽英雄的共同审美追求。草莽英雄群象的产生除了受到远古神话的影响外，根本原因在于迎合了市民阶层的精神需求。

## 2533 信息化教育理论体系的形成与发展

发表时间及载体：《电化教育研究》（CSSCI）2009 年第 8 期

作　　者：南国农

简　　介：本文对"信息化教育"的概念做了简明的阐释，回顾了信息化教育理论体系框架的形成过程，并探讨了重构新理论体系要解决的四个紧迫问题。

## 2534 敦煌回鹘写本《说心性经》中的夹写汉字现象

发表时间及载体：《西北民族大学学报：哲学社会科学版》2010 年第 2 期

作　　者：阿里木

简　　介：对敦煌出土的回鹘写本《说心性经》中出现的各种夹写汉字现象进行探讨，并找出回鹘文《说心性经》中，有一种跟其他回鹘佛教写本不同的特殊情况，即有先写回鹘文，后夹写汉字的特殊情况。

## 2535 新型工业化需现代服务业的强力支撑

发表时间及载体：《中国信息界》2004 年第 12 期

作　　者：聂华林 王志升

简　　介：近日，中共中央、国务院召开了中央经济工作会议。会议对 2005 年的经济工作做了全面部署，再次强调了坚持走新型工业化道路，加快经济结构调整和增长方式转变。

## 2536 掌握逻辑科学提高思维素质——"公选"考试引发的思考

发表时间及载体：《甘肃行政学院学报》2001 年第 4 期

作　　者：孙洁

简　　介：新世纪的国家公务员肩负着继往开来的历史重任，需要具备与其职位相适应的各种能力与素质，其中包括思维素质、逻辑推理能力。新世纪更需要开发人的智力资源，以利创新、创新、再创新。现代的思维方式、方法已作为人类的重要智力资源，被提到极重要的地位。因此，各级公务员必须顺应时代的要求，认真学习和运用逻辑学知识，建构起现代的思维方式、方法，自觉进行思维能力的培养和训练，掌握思维科学，不断提高思维素质，运用理性思维工具指导自己从政行政。

## 2537 人力资本对我国西部经济发展的效应研究

发表时间及载体：《西北人口》2011 年第 6 期

作　　者：王及斐 余实

简　　介：本文用改进的人力资本外部模型测算了 1995—2009 年人力资本对我国西部 12 个省市区经济发展的影响。结果表明，西部地区经济发展重物质投入而轻人力资本，整体经济发展属于资本驱动型。

## 2538 甘肃平凉农村劳动力就业问题研究

发表时间及载体：《兰州学刊》2010 年第 12 期

作　　者：马海涯

简　　介：劳动力就业是关系到国民经济持续稳定健康发展和社会稳定的重大问题，而解决这一问题的难点在农村。只有真正解决了农村富余劳动力的就业问题，才是增加农民收入的重要途径，也对加速城市化、农业产业化进程，缩小城乡差别，实现农村全面小康社会目标具有十分重要的意义。文章立足于平凉农村劳动力就业的现状及流动状况的深入分析，阐述了制约平凉农村劳动力就业和转移的因素，并提出了推动农村劳动力就业和转移的建议。

## 2539 甘肃发展特色农业的 SWOT 分析

发表时间及载体：《社科纵横》2010 年第 8 期

作　　者：李丽莉 张涛

简　　介：本文借助 SWOT 分析，对甘肃农业发展的内部优、劣势条件以及外部机遇和威胁因素进行组合分析，筛选在甘肃具有普遍性而在全国有特殊性的农业发展要素，并以此认为壮大特色农业是甘肃利用优势条件、规避劣势条件促进农业发展的有效途径。

## 2540 论教育与经济的协调发展

发表时间及载体：《青海社会科学》（CSSCI）2007 年第 3 期

作　　者：郭志仪

简　　介：本文在阐释教育与经济协调发展内涵的前提下，以协同学为方法论基础，提出了几种度量教育与经济协调发展的方法。最后，对这几种度量方法进行简要总结并提出了促进教育与经济协调发展研究的相关建议。

## 2541 对"两个刑事证据规定"的宪法解读

发表时间及载体：《甘肃政法学院学报》2010 年第 6 期

作　　者：刘淑君

简　　介：两个刑事证据规定以惩罚犯罪与保障人权并重，实体公正与程序公正并重为指导，确立了证据裁判原则，加强了对犯罪嫌疑人、被告人的权利保护，体现了宪法人权保障原则及其价值理念，蕴含了权利中心主义观念，遵循了正当程序原则，有利于切实尊重和保障人权，规范和制约司法公权力，有效平衡惩罚犯罪与保障人权的关系。

## 2542 清初泰州遗民诗群的社会结构与创作特征

发表时间及载体：《西北师大学报：社会科学版》2005 年第 5 期

作　　者：张兵

简　　介：清初泰州遗民诗群是一个既具独特文化个性，又与扬州遗民诗群乃至淮海遗民诗群有着隶属关系的创作群体。这个诗群由泰州本籍遗民与流寓泰州的外籍遗民两部分构成，代表人物是吴嘉纪和冒襄。就社会活动的范围与生活方式而言，又可分为隐居家园和游食他乡两类。尽管是一个隐逸型的诗人群体，却呈现出极具个性的群体心态：高度关注现实，深切眷怀故国。由于相同的社会背景和生存环境，以及相似的人生境遇，使泰州遗民诗群在创作上体现出较为一致的特征：关注现实人生，嗟贫，叹苦，抒写人生苦况，家国兴亡之感，故国旧君之思，凄苦、严冷的诗风，诗学取向上以杜甫为宗。

## 2543 转变生活方式是落实科学发展观的内在需要

发表时间及载体：《社科纵横》2011 年第 8 期

作　　者：张克非

简　　介：本文着重探讨深入贯彻落实科学发展观与倡导合理的生活、消费方式的内在联系、意义和重要性，以及需要采取的措施，认为转变生活方式在一定程度上关系着中国发展方式的转变、执政党的先进性和国家的未来。文章首先论述了改革开放三十年来中国社会生活方式与消费观念的转变及其四个显著特点。其次分析了在全社会倡导合理生活、消费方式的重要作用和意义，提出应倡导能够确保绝大多数人生存、发展的中国特色小康式生活方式，以及相对理性的消费观念和适度的消费方式，这样做能在五个方面发挥积极作用。最后从六个方面提出了倡导合理生活和消费方式应采取的措施。

## 2544 西部开发中的民族文化建设

发表时间及载体：《甘肃行政学院学报》2001 年第 3 期

作　　者：曹鲁超

简　　介：随着西部开发的进一步深入，民族文化建设显得尤为重要，本文就西部开发中的民族文化建设问题发表一些看法，以期为西部开发提供一点建设性意见，并希望能引起大家的讨论与争鸣。

## 2545 围绕政府中心工作提高学术研究水平

发表时间及载体：《甘肃行政学院学报》2005 年第 4 期

作　　者：李文治

简　　介：党的十六届四中全会提出了构建社会主义和谐社会的战略构想，并把它作为各级党委和政府执政的基本目标，这是我国社会发展逐步走向成熟的一个重要标志。作为研究政府工作的行政学会，在构建和谐社会中承担着重要的作用，如何研究政府在提高行政能力中应发挥的职能，这是学会工作的重要切入点。

## 2546 基于区域的城市生态承载力评价与分析——以张掖市及张掖市甘州区为例

发表时间及载体：《干旱区资源与环境》（CSSCI、CSCD）2011 年第 25 卷第 4 期

作　　者：岳立

简　　介：应用生态足迹分析方法对张掖市甘州区和整个张掖市 2008 年的生态承载力进行了计算和分析，并结合张掖市自身特点选取了具有张掖市地域特色的项目种类进行计算分析。根据计算结果分析了产生这一结果的原因。最后，把张掖市甘州区与整个张掖市进行了比较分析，提出了实现区域协调、和谐和可持续发展的相应建议。

## 2547 辛德源生平著述考

发表时间及载体：《西北师大学报：社会科学版》2014 年第 1 期

作　　者：丁宏武

简　　介：辛德源是北朝后期陇西狄道辛氏家族的杰出代表。其学术成就与地位声望虽然不及牛弘、辛彦之等人显著，但作为南北文化交融时期著名的河陇文士，辛德源参与

过当时不少重要的学术活动，也为"隋唐统一混合之文化"做出了应有的贡献。由于大量作品散佚不存，迄今为止，辛德源尚未引起学界足够的重视，所以全面钩稽相关文献，对其生平著述进行详细考述，不仅可以为重新认识和评价辛德源提供坚实的基础，而且有助于对南北朝后期一些重要的学术活动进行更为深入的考察和辨析。

## 2548 刍议西部大开发与西部铁路通路建设

发表时间及载体：《兰州大学学报：社会科学版》2001 年第 29 卷第 2 期

作　　者：倪兰亭

简　　介：根据国家对西部大开发的战略要求，分析了西部铁路通路现状和存在的问题，并对西部铁路建设的必要性和紧迫性进行了分析，提出了有关西部铁路发展建设的建议和意见。

## 2549 从农业企业化看"三农"问题

发表时间及载体：《发展》2004 年第 7 期

作　　者：聂华林 王娟娟

简　　介：实行家庭承包责任制以来，我国农业生产发展迅速，取得了举世瞩目的成绩，按可比价格计算，2000 年农、林、牧、副、渔总产值相当于 1978 年的 3.27 倍，年均增长率高达 6.4%。

## 2550 吐蕃统治时期敦煌石窟研究综述

发表时间及载体：《西藏研究》（CSSCI）2011 年第 3 期

作　　者：沙武田

简　　介：对吐蕃统治时期敦煌石窟的研究，相对其他各期石窟的研究比较薄弱，目前还没有系统的专题研究论著出版。本文从学术史的角度，就敦煌吐蕃期洞窟的研究，

通过分类的方法，分别就综合研究、洞窟营建史、分期、洞窟个体、专题（如单个图像等）、榆林窟第 25 窟研究、莫高窟第 365 窟汉藏文题记、画风、供养人图像与服饰、经变画专题等问题的研究做了回顾并就吐蕃期石窟研究的特点做了总结。

## 2551 谈民间剪纸融入基础图案课教学的创新实践

发表时间及载体：《甘肃高师学报》2012 年第 3 期

作　　者：廉祎

简　　介：基础图案课的传统教学方式已不能适应现代创新实践教学的要求。笔者以民间剪纸和基础图案在设计方法上的艺术共性为理论基础，将剪纸艺术融入到基础图案课的创新实践教学中。通过"传承、融合、创新"阐明了民间剪纸应用于基础图案教学的必要性、可行性和实效性。

## 2552 基于成本性态的资源型城市转型成本分类探讨

发表时间及载体：《财会通讯：综合（中）》2011 年第 3 期

作　　者：田中禾 田亚莉

简　　介：资源型城市因自然资源的开采而兴起或发展壮大，也因资源的减少或枯竭而停滞甚至衰落，因而资源型城市或迟或早都会遇到转型问题。

## 2553 完善我国产品责任立法的几点建议

发表时间及载体：《甘肃理论学刊》2003 年第 3 期

作　　者：赵海燕

简　　介：产品质量和产品责任问题已成为非常突出的社会问题，有必要借鉴他国产品

责任立法，扩大产品的范围，明确产品缺陷的定义，确立严格责任原则，增设惩罚性赔偿制度，扩大产品责任义务主体的范围，扩大保护对象的范围，不断完善我国产品责任立法。

## 2554 城市商业银行跨区域经营与风险管理研究

发表时间及载体：《甘肃金融》2012年第7期

作　　者：杨肃昌

简　　介：持续提升与保持风险管理能力的先进性，是构筑城市商业银行（以下简称"城商行"）持久竞争优势的基石，同时也是实现跨区域发展战略和目标不可或缺的保障。只有有效地管理和控制风险，跨区域经营才能促进城商行业务发展与规模扩张。所以，如何把握跨区域发展带来的机遇，制定和实施与跨区域发展战略和政策相一致的风险管理政策和措施，无疑成为城商行跨区域发展面临的一个现实问题。

## 2555 复译当中文化语境的动态重构

发表时间及载体：《社科纵横》2011年第12期

作　　者：吕晓婷

简　　介：针对近年来特别活跃的复译现象，本文借助于文化语境需要动态重构而并非简单的文化移植这一观点，结合关联理论，指出复译的必然性，并提出译文变化的一般规律——从归化走向异化，这也正是译文逐渐重构源于文化语境的一个过程。

## 2556 从唐诗和藏族文献歌谣看唐蕃联姻的影响及意义

发表时间及载体：《西北民族研究》（CSSCI）2008年第3期

作　　者：刘洁

简　　介：松赞干布与文成公主、弃隶蹜赞与金城公主的联姻是唐蕃关系史上的大事，它带来了汉藏经济文化的交流与相互影响，密切了汉藏人民的关系。今天，通过唐诗和藏族文献歌谣的记录来重温这段历史，我们更应当珍惜汉藏一家的大好局面，更应该加强民族团结，维护祖国统一。

## 2557 生产要素流动U型假设下的城郊型县域经济发展

发表时间及载体：《中国农村经济》（CSSCI）2007年第3期

作　　者：高新才

简　　介：本文分析了城郊型县域与中心城市经济差距的变动趋势及其主要决定因素，认为生产要素的差异和不平衡流动是造成这种区域经济差距的主要原因。本文提出城郊型县域与中心城市的生产要素流动量比差的绝对值随城市化进程呈现U型趋势的假设，并对U型假设进行了数理推导和实证检验，得出一个基本结论：现阶段，大多数城郊型县域与中心城市的生产要素不平衡滚动量并未缩小，城郊型县域与中心城市的经济差距有进一步拉大的趋势。改变这种现状的路径是以城促县，优势互补，互动发展。

## 2558 关于农村土地制度改革的深层思考——以西部地区为视角

发表时间及载体：《调研世界》（CSSCI）2009年第9期

作　　者：杨敬宇　聂华林

简　　介：本文为国家社科基金重大项目"西部全面建设小康社会中的三农问题及对策研究"（04-ZD018）部分成果。我国农村现行的土地制度是计划经济体制转型期的过渡性制度安排，随着我国市场经济体制的建立和不断完善以及工业化、城市化的发展，这种制度日益不适应我国农村生产力发展的实际需要。

## 2559 区域经济开发模式比较及我国西部开发模式的再选择

发表时间及载体：《甘肃社会科学》（CSSCI）2002 年第 1 期

作　　者：汪晓文

简　　介：21 世纪前十年，我国西部区域经济开发将从启动转向大规模的开发阶段，选择怎样的区域开发模式，是一个值得探讨的问题。尤其西部地区地域广阔，虽然总体上比东部地区落后，但其内部经济发展水平还是有差异的，应当根据不同经济发展水平的差异，对西部开发模式进行再选择。

## 2560 不断提高民族地区党的基层组织建设的科学化水平

发表时间及载体：《甘肃理论学刊》2011 年第 3 期

作　　者：刘永哲 高兴国

简　　介：由于经济、地理、民族以及历史等方面的特点所决定，甘肃民族地区基层党组织建设有其特殊性。近年来，甘肃切实加强对基层党建工作的领导和指导，创造性地开展工作，推动了民族地区基层党组织建设上台阶、上水平。伴随着深刻的社会变革，党的基层组织建设也出现了许多与新形势、新情况难以适应的新问题，面临着巨大的挑战。我们必须以改革创新精神全面加强甘肃民族地区党的基层组织建设，努力提高民族地区党的基层组织建设的科学化水平。

## 2561 略论民族声乐教学内容的构成

发表时间及载体：《甘肃联合大学学报：社会科学版》2008 年第 24 卷第 2 期

作　　者：徐晓红

简　　介：合理、科学、全面的教学内容是确立、体现和发展民族声乐艺术的重要保证。民族声乐的教学内容应包括各民歌、戏曲、创作歌曲、艺术歌曲、古曲、歌剧等内容，并且各种不同的内容都应在科学发声的基础上体现出教学与演唱的侧重。

## 2562 广告审美批判

发表时间及载体：《社科纵横》2010 年第 9 期

作　　者：王圣

简　　介：在消费文化语境下，广告取得了艺术审美的属性。但和传统艺术审美相比，广告审美有其自身的矛盾和问题。这主要表现在促进了消费异化、广告审美中失去的自由、影视插播广告中出现的问题几个方面。广告的健康发展需要注意和解决这些问题。

## 2563 古代神话与民族史研究

发表时间及载体：《西北民族研究》（CSSCI）2002 年第 1 期

作　　者：赵逵夫

简　　介：民族史的研究是需要多学科参与的综合研究，本文提出田野调查、历史文献、考古材料、神话传说四结合的研究方法，并以凿齿神话和形天神话为例，着重论述了神话传说在民族史研究中的意义。

## 2564 我国产业结构变迁中的生产率增长效应分析

发表时间及载体：《创新》2010 年第 2 期

作　　者：李国璋

简　　介：分阶段考察产业结构变迁效应对生产率增长的贡献。首先利用传统的份额—转换法对劳动生产率增长进行分解，考察劳动要素转移对生产率增长的贡献，接着引入资本要素对全要素生产率增长进行分解，充分考察资本要素以及劳动要素转移对生产率增长的影响，又进一步考察在 Verdoorn 效应下产业结构变迁对全要素生产率增长的影响。结论表明劳动转移和资本转移存在明显的阶段特征，劳动转移一直存在"结构红利"现象，资本转移效应在近些年才开始出现"结构红利"现象，与结构效应相比，产业内部增长效应是生产率增长的主要源泉。

## 2565 论叙事节奏与叙事效果的达成——以莫泊桑的《项链》为例

发表时间及载体：《甘肃理论学刊》2011年第3期

作　　者：徐晓军

简　　介：有关叙事时间的研究一直是叙述学研究的重点论题之一。热奈特在《论叙述文的话语》中以普鲁斯特的《追忆似水年华》为例，详细论述了叙述时间的速度与节奏的问题，并提出了场景、休止、概略和省略四种速度模式，力求将叙述时间研究量化与科学化。随着有关叙事问题的研究的不断深化，这种科学性变得不再可靠。时间本身就是人类意识的表达，速度与节奏更不例外，何况是叙事文学的速度与节奏。莫泊桑《项链》中的叙事速度与节奏就能很好地说明这一问题。

## 2566 基于面板数据的我国人口城市化与经济增长动态比较研究

发表时间及载体：《软科学》（CSSCI）2012年第5期

作　　者：聂华林 韩燕 钱力

简　　介：国家社科基金项目（10-XYJ015），兰州大学中央高校基本科研业务费专项资金资助项目（12LZUJBWYB095）。从面板数据的角度，对我国1989—2010年人口城市化水平与经济增长之间的关系进行动态比较研究，结果发现我国31个省市人口城市化水平与经济增长之间关系都表现为显著的正相关。

## 2567 当代大学生法制观念教育的内涵探讨与模式选择

发表时间及载体：《甘肃政法学院学报》2010年4期

作　　者：焦满金

简　　介：文章在界定新时期大学生法制观念教育内涵的基础上，通过对新中国成立以来我国大学生法制观念教育的历史考察，论述了新时期开展大学生法制观念教育的重要意义与目标、任务。针对当前大学生法制观念教育工作中普遍存在的认识定位不清晰、课程设置不合理、教学手段不丰富、师资队伍不专业等问题，从营造教育环境和优化教育体系两个层面，提出了促进学生法制观念教育工作开展的具体措施。

## 2568 吴镇诗歌声律学发微

发表时间及载体：《甘肃联合大学学报：社会科学版》2008年第1期

作　　者：冉耀斌 沈丽敏

简　　介：诗歌声律学为中国古典诗歌理论的一个重要方面，自齐、梁以来备受人们的重视，但也歧见纷出，莫衷一是。清初顾炎武、李因笃、毛奇龄等人潜心研究古诗音韵，取得了卓越的成就。此后各种研究诗歌声律的著作也层出不穷，尤以王士禛和赵执信最为著名。吴镇深入研究前人的理论成果，并根据自己的创作实践，著有《声调谱》和《八病说》两部声律学研究著作，解决了诗歌声律研究中的一些重大难题，并提出了新的理论见解，为诗歌声律学做出了卓越的贡献。

## 2569 试论中国广告国际化的途径

发表时间及载体:《兰州商学院学报》2004年第20卷第3期

作　　者:卫中亮

简　　介:加入世界贸易组织后,中国广告业将面临新的竞争与机遇,如何尽早实现中国广告的国际化是当务之急。新的时代,广告产业必然成为建设中国特色社会主义市场经济、开发西部的先导产业,成为中国经济进军世界舞台的号角或旗帜。而要担当此重任,中国广告就必须立足本土,先走当地化与标准化结合的路子,并逐渐走向标准化,最终实现国际化。

## 2570 第四方物流及对物流规划功能的外包

发表时间及载体:《工业工程与管理》(CSSCI) 2002年第2期

作　　者:田澎

简　　介:随着企业与物流的发展,物流的规划决策外包越来越受到重视。介绍了一种解决物流规划功能外包问题的物流方案——第四方物流,对其定义与工作方式进行了详细的介绍,并以实例证明,第四方物流能够进一步降低物流的成本,提高物流效率。

## 2571 长江经济带空间结构:学术纷争及其讨论

发表时间及载体:《兰州商学院学报》2011年第27卷第5期

作　　者:李兰明

简　　介:关于长江经济带空间范围及空间结构,长期以来备受学界关注。由于研究视角的不同,即使对上中下游的划分、节点的布局、轴线的走向和结构层次的安排等,相关学者也都各执一词。就长江经济带规划而言,当前主要应深化以下六个问题的研究,一是研究视角的确立,二是划分标准的建立,三是空间范围及空间结构的安排,四是纵横向的产业链条和经济带的布局,五是区域经济发展战略的整合,六是管理机构的设立和职责界定。

## 2572 学习化社会中的成人教育模式

发表时间及载体:《甘肃理论学刊》2001年第6期

作　　者:荀渊 张晨

简　　介:成人教育是学习化社会的实现途径、终身教育体系中不可或缺的重要部分。成人教育的发展有赖于包括目标模式、组织与机构模式和课程模式等多层面的发展模式的有效组织与实施。

## 2573 "大兰州文化圈"非物质文化遗产资源与特征

发表时间及载体:《兰州学刊》(CSSCI) 2012年第3期

作　　者:冯小琴

简　　介:"大兰州文化圈"域内有形式多样、内涵丰富的非物质文化遗产,参照国家级非物质文化遗产名录的分类标准,对文化圈内的非物质文化遗产进行分类梳理,准确把握它们的特征,既是非物质文化遗产保护的需要,也是树立独特区域文化形象,实现区域文化繁荣的前提。

## 2574 汉、藏、维吾尔族大学生自我意识的跨文化研究

发表时间及载体:《西北师大学报:社会科学版》2001年第1期

作　　者:王树秀 井卫英

简　　介:研究结果表明:各民族大学生自我意识水平都较高,但还存在着种种民族差异。研究确证了文化是影响自我意识形成和

发展的主要变量，具体包括民族文化、宗教、教养方式、价值观和生态环境等因素。

## 2575 魏晋时期河西墓室彩绘砖画的艺术特点

发表时间及载体：《敦煌研究》2005 年第 3 期

作　　者：马刚

简　　介：魏晋时期河西墓室彩绘砖画客观地再现了当时河西地区社会现实生产、生活的各个方面。砖画反映出绘画的独立性增强，用笔简洁，线条潇洒随意，色彩运用朴实简练，表现手法独特新颖。墓室砖画中的艺术创新是汉画的继承与发展，是少数民族文化和汉文化相互碰撞、融合的体现，为我们研究魏晋时期绘画艺术提供了极其珍贵的资料。

## 2576 企业自主创新：路径依赖与突破

发表时间及载体：《青海社会科学》（CSSCI）2008 年第 1 期

作　　者：韦惠兰

简　　介：企业是自主创新的主体，路径依赖则是企业自主创新过程中面临的最大也是最难以克服的阻力。本文以演进的视角，运用路径依赖理论对企业内部创新要素的负强化机制进行了分析，按照如何规避和摆脱锁定状态的思路，有针对性地提出了路径依赖的突破对策。

## 2577 甘藏吐蕃钵阐布敦煌校经题记

发表时间及载体：《敦煌学辑刊》2010 年第 1 期

作　　者：张延清

简　　介：作为佛教在吐蕃发展到鼎盛时期的代表人物，钵阐布娘·定埃增和贝吉云丹翻译佛典，布道弘法。为了摆脱唐蕃之间累年征战造成的国内人力物力枯竭的局面，他们积极奔走，促成了著名的唐蕃会盟，唐蕃

实现了和平。本文的重点是刊布甘肃省藏敦煌古藏文佛教文献中由两位钵阐布校对过的佛经题记。

## 2578 论马尔库塞的话语封闭理论

发表时间及载体：《西北师大学报：社会科学版》2009 年第 1 期

作　　者：张和平

简　　介：西方发达工业社会具有新质，它在科学技术高度发达的基础上，实现了话语领域的封闭，而这一封闭是由统治实施的。这样一来，该社会成员的话语就成了一体化的话语，成了为统治所控制和操纵的单向度的话语。透过马尔库塞的这一分析，可看到西方发达工业社会的阶级结构以及本质属性，以及为这一社会所决定的文化的现实作用。这就为我们正确认识该社会提供了可资借鉴的理论资源，也为我国的政治体制改革提供了文化营养，并为学习该社会的先进文化提供了政治前提。

## 2579 基于时间与作业成本的物流成本核算模型与方法

发表时间及载体：《华东经济管理》（CSSCI）2008 年第 8 期

作　　者：董雅丽 李长坤

简　　介：教育部"985"工程特色研究方向项目"物流工程与管理"（582635）。在物流作业成本法的基础上，加进了基于物流时间的物流成本核算方法，构建了物流成本核算的 T-A 模型。试图通过基于时间与作业相结合的物流成本核算模型与方法，对企业物流成本进行管理。

## 2580 论我国现行土地征用制度的改革与完善

发表时间及载体：《甘肃政法学院学报》

2007 年第 1 期

作　　者：贾登勋

简　　介：我国正处于快速城市化和工业化发展阶段，农村集体土地被大量征用是一个必然趋势。现行土地征用制度在调整国家、集体、用地单位、农民四者之间的利益矛盾上发挥了积极作用，但是这种制度在具体实践中存在缺陷。本文在分析我国现行土地征用制度存在的缺陷同时，探索一条适合国情的针对现行土地征用制度的改革途径。

## 2581 文明转型模式的历史考察：感悟法治的方法

发表时间及载体：《甘肃政法学院学报》2010 年第 5 期

作　　者：桑保军

简　　介：自然科学技术能使中国富裕，宪政制度能使中国健康，人脑的法治化和公民化才能使中国步入现代文明，这就是中国走向现代文明的道路。

## 2582 从通货紧缩走势看央行的货币政策

发表时间及载体：《兰州大学学报：社会科学版》2002 年第 30 卷第 2 期

作　　者：朱小林

简　　介：1998 年以来，央行推行的"适当放松"的货币政策效果不够明显，截至目前通货紧缩压力依然存在。造成这种情况的原因是货币政策效应被公众对未来前景的负面预期所抑制。因此，将货币政策由"适当放松"改为"积极"应成为今后一段时期内央行货币政策的取向。

## 2583 北魏孝文帝改革历史渊源蠡测

发表时间及载体：《社科纵横》2008 年第 4 期

作　　者：武鑫 贾小军

简　　介：历史上著名的北魏孝文帝改革并非无中生有，它是借鉴了包括前秦成败得失在内的各种历史经验而逐步展开的。北魏孝文帝改革最有可能继承的历史经验，不是来源于两汉，也不是曹魏，而主要来自于前秦。

## 2584 产业结构和所有制结构的差异

发表时间及载体：《兰州大学学报：社会科学版》2002 年第 30 卷第 6 期

作　　者：韩国珍

简　　介：改革开放以来，西部地区与东部地区经济增长的差距有越控越大的趋势，形成这些差距的一个重要原因是双方在产业结构和所有制结构上存在的差异，并从实证分析的角度进行了检验。

## 2585 敦煌本《类林》的作者及成书年代

发表时间及载体：《敦煌研究》2010 年第 2 期

作　　者：沙梅真

简　　介：敦煌本《类林》的作者是唐于立政，这在学界已经取得了共识。对于《类林》的作者于立政进行深入研究是《类林》研究的重要方面。本文主要通过于立政的父亲和两个儿子的碑铭，来探讨于立政的生卒年代和一生的任职情况，填补史书中关于于立政记载的疏漏，并更进一步探讨《类林》的写作时间问题。

## 2586 改革开放三十年来民族交往的变化及新问题

发表时间及载体：《西北民族大学学报：哲学社会科学版》2011 年第 4 期

作　　者：才让加

简　　介：改革开放三十年来，我国成功实现了从高度集中的计划经济体制到充满活力的社会主义市场经济体制、从社会经济封闭半封闭到全方位开放的伟大历史转折。在这个历史转折过程中，少数民族地区的各民族充分利用地缘、人缘等方面的特点和优势，在进行社会主义现代化建设的同时，广泛开展了团结、互助的民族交往，给社会主义市场经济条件下的民族关系赋予了新的内容，民族交往也出现了一些新问题。

## 2587 试析元代汉人对伊斯兰教的"解读"——以定州《重建礼拜寺记》碑为例

发表时间及载体：《世界宗教研究》2005 年第 1 期

作　　者：马娟

简　　介：元代是伊斯兰教在中国大发展的时期，在中国伊斯兰教史上占有重要地位。本文以元代定州《重建礼拜寺记》碑为中心，考察了元代汉人对伊斯兰教的认识与理解，指出在元代，汉人尤其是士大夫阶层业已开始以儒家思想来阐释伊斯兰教，这在中国思想史上尚属首次，在某种程度上促使伊斯兰教走上了非文化自觉意义上的调适之路。其开山之功，意义重大，不容抹杀，值得深入探讨。

## 2588 生物多样性保护中的人类活动影响指数建模与计算——以甘肃省白水江国家级自然保护区为案例

发表时间及载体：《农业现代化研究》（CSCD）2008 年第 29 卷第 5 期

作　　者：韦惠兰

简　　介：综合考虑到计量研究的特点与实际工作的需要，在 SPSS 和 EXCEL 软件技术的支持下，建立了生物多样性保护有效性评价的人类活动影响指数模型。基于数据无量纲化法、变异系数法、指数加权法等多种计算方法，量化了人类对环境的影响程度，并根据实地调查数据对模型进行了验证，得到实际的人类活动影响指数，对生物多样性保护具有理论和应用价值。

## 2589 论民族高校大学生思想政治教育和谐机制的建构

发表时间及载体：《社科纵横》2011 年第 9 期

作　　者：刘红梅

简　　介：民族高校是培养少数民族地区人才的重要基地，在全面建设小康社会和构建社会主义和谐社会新的历史时期，对民族高校大学生思想政治教育和谐机制进行研究，具有十分重要的意义。本文论述了民族高校大学生的思想特点、民族高校大学生思想政治教育和谐机制建构的主要内容以及和谐机制建构的途径。

## 2590 "十一五"期间及 2020 年西部地区现代远程教育发展战略研究

发表时间及载体：《电化教育研究》（CSSCI）2006 年第 11 期

作　　者：王希宁　王嘉毅

简　　介：在现代信息技术和教育技术的支持下，现代远程教育已经广泛地被应用于基础教育、高等教育、大学后继续教育以及扶贫开发项目等多层次、多种形式的教育之中。因此对西部地区而言，现代远程教育要适应西部大开发的人才市场需求，就应建立结构合理、规模适当、具有特色和优势的现代远程教育体系。

## 2591 甘肃省经济发展与高等教育的协调度评价

发表时间及载体：《开发研究》2011 年第 5 期

作　　者：蔡文春 卢嘉鑫
简　　介：经济发展与高等教育之间的协调发展是高等教育发展的目标。文章将协调度的内涵界定为度量系统之间或系统内部之间协调状况好坏的定量指标，以此为基础从经济发展和高等教育两个子系统之间的协调性入手，选择指标构建评价模型，对1995—2008年时间段上甘肃省经济发展和高等教育之间的协调性进行了阶段性分析，分析表明经济发展水平和高等教育整体上提升，两个子系统之间的协调性整体上在逐步改善。

## 2592 关于古代文学教学理念改革的几点思考

发表时间及载体：《甘肃联合大学学报：社会科学版》2011年第27卷第5期

作　　者：金艳霞

简　　介：古代文学教学已有两千多年的历史，但有关调查表明，我国在古代文学教学中存在着许多问题，教学内容陈陈相因，教学方法单调，创见不多，严重挫伤了学生的学习兴趣。究其原因，是古代文学教学理念未能从根本上得到转变。因此，对古代文学教学理念改革的探讨，不仅具有理论价值，也具有现实意义。我们应该从以素质教育为先导、灌注现代意识和借鉴接受美学相应观点等三个方面树立正确的古代文学教学理念，搞好古代文学教学。

## 2593 基于农民工"过渡性"特点的刘易斯转折点分析

发表时间及载体：《西北人口》2011年第1期

作　　者：郭志仪

简　　介：本文以二元经济理论为基础，从农民工的过渡性特点出发，利用改造后的刘易斯模型分析我国劳动力转移现状，解释了民工潮和民工荒交替发生的原因，结论认为当前农民工的工资上涨是在剩余劳动力数量依然庞大和工资水平极低的背景下发生的，从而认为我国的刘易斯转折点还没有到来，应把关注重点放到如何尽快实现农民工市民化和加快城市化进程上来。

## 2594 论北朝寺院经济的资源配置

发表时间及载体：《西北师大学报：社会科学版》2008年第3期

作　　者：李锋敏

简　　介：北朝是佛教寺院经济发展扩张时期，寺院在经济资源的配置方面显示了其积极自主的特点。在经济制度规则的约束下，无论是对于劳动力、土地以及资财等资源的获取，抑或是资源财富的经营活动，都表现出寺院经济发展的多种途径和方式。王权社会的国家暴力，依然对寺院经济有着强大的干预能力。研究北朝寺院经济的资源配置情况可以从一个侧面了解北朝经济状况。

## 2595 对牧民定居背景下影响城镇多民族间交往因素的分析——以甘南藏族自治州合作市为例

发表时间及载体：《西北民族大学学报：哲学社会科学版》2011年第5期

作　　者：刘魏文

简　　介：牧民定居背景下牧区城镇化进程加快，城区人口增加，民族成分日益增加，各民族间接触及往来增多，城镇多民族间交往问题突现。本文基于甘南藏族自治州合作市实地调查资料，采用计量经济学方法，对影响合作市城区多民族间交往的因素进行了研究。首先，运用计量经济学方法和主成分分析方法对每位被调查者同其他民族的交往情况进行综合评分；其次，将预期影响因素表示为编码；最后，采用计量经济学OLS

回归分析方法对两者之间关系的维度和强度进行了定量检验。回归结果表明影响城镇多民族间交往的有利因素依次为：对民族政策越加了解，周围的通婚越多，家庭规模越大，居住在多民族社区，文化程度越高，家庭为多民族构成；不利因素为：民族偏见、歧视和非当地主体民族；是否为当地居民对城镇民族交往影响不大。

## 2596 定西市马铃薯产业集群发展现状及对策

发表时间及载体：《现代商贸工业》2010年第22卷第7期

作　　者：曹子坚

简　　介：产业集群能力是地区竞争力的重要体现，是区域可持续发展的重要支撑，更是欠发达地区实现跨越发展的有效形式。定西市作为一个欠发达的、以农业为主的地区，要实现大的发展，最重要的是大力提升其农产品加工业集群能力。近年来，定西市的马铃薯产业在全市的农业中占有较大比重，这为马铃薯加工业发展提供了良好基础，但定西市的马铃薯加工业的发展水平并不高，建立马铃薯产业集群是其发展的必然选择。

## 2597 现代远程教育与民族教育发展

发表时间及载体：《电化教育研究》2003年第2期

作　　者：杨改学

简　　介：文章从世界九个人口大国开展远程教育的情况入手，阐述了现代远程教育与民族教育发展的关系，分析了我国民族文化素质的现状和多年来党和政府对民族教育的支持力度，认为现代远程教育是民族教育改革与发展的最佳选择。文章又从需求选择、自力更生、因地制宜、更新观念等方面对民族地区如何开展现代远程教育进行了论述。

## 2598 基于以人为本的思想政治教育过程探讨

发表时间及载体：《甘肃联合大学学报：社会科学版》2010年第6期

作　　者：史正宪 马振华

简　　介：马克思主义是关于无产阶级斗争和人的解放的学说，关注人、尊重人、以人为本是马克思主义的核心价值取向。思想政治教育过程本质上是教育者和受教育者之间以语言交流与情感沟通为基础的双向互动过程，因而以人为本也应当是思想政治教育过程的立足点和归宿。从以人为本的角度把握思想政治教育过程的实质、分析思想政治教育过程中的问题、探讨思想政治教育过程优化的路径，对于促进思想政治教育和谐发展具有重大意义。

## 2599 论我国体育课程文化选择中的中西文化之争

发表时间及载体：《甘肃高师学报》2012年第5期

作　　者：党玮玺

简　　介：运用教育文化学、文化哲学、社会学等学科知识和理论观点，通过文献资料、逻辑分析法，结合现实，对我国体育课程文化选择中的中西文化问题分析认为：体育课程文化选择的中西文化之争其实质是文化的"传统本位论"和"全盘西化论"。"传统本位论"坚持民族文化的主体性，要求充分挖掘我国体育课程的文化性，对我国体育课程文化进行建设，破除体育课程文化仆从心态，增强民族文化自信；"全盘西化论"坚持体育课程文化的时代性，要求改造中国传统体育课程文化，承认体育课程文化进化主义，从而陷入以牺牲传统体育课程文化民族性为代价的欧洲中心主义。最后提出实现体育课程文化进步主义的观点和构建我国体育课程核心价值观，努力实现体育课程文化选择多元化的观点。

## 2600 词人与骚人心灵的碰撞——宋词人写宋玉缘由探析

发表时间及载体：《西北师大学报：社会科学版》1998 年第 1 期

作　　者：裴登峰

简　　介：宋玉的才气、遭遇、抱负等与宋词人自身的许多情形相吻合。当二者的心灵发生碰撞时，就使宋玉反复出现于宋词人的笔底。而对宋玉悲秋情绪的认同、对宋玉"美人才子"式理想型组合的企慕、对宋玉风流倜傥行为的向往以及对宋玉艺术创造本身的学习，是产生这一现象的具体原因。

## 2601 基于 Web 的课程网络教学系统的设计与实现

发表时间及载体：《电化教育研究》（CSSCI）2005 年第 11 期

作　　者：王秋云

简　　介：网络教学可以实现优秀教育资源共享，提供灵活、开放、不受时间和地域限制的自主学习形式，实现个性化教育。目前，基于 Web 的网络教育主要分职业培训和学历教育两大类。这里我们提出并设计制作了一个有别于以上两类的、以校园网为依托的基于 Web 的学校课程的网络教学系统。本文提出的课程网络教学系统体系新颖，与目前互联网上广泛使用的同类系统相比较，具有教学功能齐全、教学手段独特、教学资源动态管理等特点。

## 2602 浅谈新形势下企业内保组织的地位和作用

发表时间及载体：《社科纵横》2009 年第 6 期

作　　者：王山平

简　　介：随着企业改革发展的不断深入，尤其是企业事业单位内部治安保卫条例的颁布实施，企业内保组织在企业中的地位和作用发生了相应的变化，面临着新的形势与挑战。通过几年来的学习与实践，本文就新形势下企业内保组织在企业中的地位和作用谈点粗浅的认识和体会。

## 2603 资源枯竭型城市经济转型中接续产业发展研究——以甘肃玉门市为例

发表时间及载体：《经济视角》2012 年第 12 期

作　　者：汪晓文 万劭琨

简　　介：资源枯竭型城市的经济转型和社会稳定是当前中国经济发展和社会和谐中急需解决的问题。本文以国务院已确定的 69 个资源枯竭型城市和地区之一的甘肃省玉门市为例，分析该城市产业发展所面临的主要问题，并结合资源枯竭型城市接续产业选择的原则和发展模式，对玉门市接续产业的选择进行经验总结，从中获取启示，试图探索出一条资源枯竭型城市接续产业发展的有效路径。

## 2604 浅议冯国瑞对敦煌档案文献的收藏

发表时间及载体：《敦煌研究》2004 年第 6 期

作　　者：陈乐道

简　　介：文章试图从档案文献的角度，结合冯国瑞所留下的有关敦煌经卷的题咏、序跋、笺记等文字，对此做一探讨、钩稽。

## 2605 论股份合作制改制中的股权设置

发表时间及载体：《甘肃社会科学》1999 年第 3 期

作　　者：郭同意

简　　介：股份合作制是小型企业转换经营机制的重要选择形式。国有小企业（包括已经实行"改、转、租"的企业），国有大中型企业中分立的车间和部门，集体企业，乡、镇、村办企业和街道办企业，新办的小型企业都适合于按照股份合作制进行改制或组建。目前，我国大部分地区已经完成了或正在进行股份合作制的改制工作，这对建立符合市场经济要求的现代企业经营机制，增强企业活力，扩大经营规模，具有重要意义。但是，在改制过程中也存在一些问题，值得我们进行更深入的讨论。其中，股权如何设置是突出问题之一。

## 2606 新世纪敦煌学发展的若干断想

发表时间及载体：《敦煌研究》2002 年第 1 期

作　　者：李并成

简　　介：步入 21 世纪的新时代，敦煌学如何发展？能否继续成为世界学术的新潮流？本文对此做了若干断想。作者认为巨量的敦煌简牍的新发现，必将成为新世纪敦煌学新的生长点；近年在敦煌和河西不少地区不断发现的魏晋以及唐代墓室壁画，必将大大促进敦煌艺术和社会历史等方面的研究；敦煌遗存的大量吐蕃文筴页以及其他一些少数民族文字史料，迄今尚未受到足够的重视，对于它们的研究必将会有一个长足的进展；敦煌学在其他一些领域中也会有不少新的发展。

## 2607 论贯一教学设计

发表时间及载体：《电化教育研究》2003 年第 10 期

作　　者：张筱兰

简　　介：贯一教学设计强调在设计实践中应保证理论基础、假设、方法的一致性，使其设计的观念可包容设计有效教学的多种理论。本文通过对贯一设计的内涵及特点的论述，分析了不同学习理论指导下的教学设计的适用范围及其价值，并就贯一教学设计对我们在进行教学设计理论的研究和设计实践中的启示进行了论述。

## 2608 法理学、法史学研究综述

发表时间及载体：《甘肃政法学院学报》2005 年第 1 期

作　　者：陈永胜

简　　介：1990—2000 年，甘肃省法学理论工作者对法理学和法史学进行深入的研究，出版一批学术专著和教材，发表一批调研报告和论文，部分科研成果被《新华文摘》《光明日报》《人民日报》《人大报刊复印资料》《高等学校文科学术文摘》转载、复印或论点摘编，理论上有所创新，取得了可喜成就。

## 2609 区域产业结构趋同——个人理性与集体理性的冲突

发表时间及载体：《兰州大学学报：社会科学版》2002 年第 30 卷第 3 期

作　　者：杨林 白奉源

简　　介：以市场经济为大背景，在分析独立经济主体的行为本质——理性的基础上，对目前国内区域产业结构趋同现象的根本致因进行了较为系统的分析，认为这种现象是由个人理性导致的非集体理性与社会理性的冲突产生的，进而为改善这种现象的政策制定提供一些思路。

## 2610 区域创新悖论突破——欠发达区域的选择

发表时间及载体:《社会科学家》(CSSCI) 2008 年第 4 期

作　　者: 高新才

简　　介: 区域发展差距"顽疾"未能治愈是我国区域发展中最为突出的问题之一,要缩小区域发展差距,实现区域协调发展,必须加强欠发达区域的自我发展能力。欠发达区域的自我发展能力必须着眼于工业的发展,其中的关键又在于区域创新能力的培育。文章从欠发达区域存在区域创新悖论的现实出发,总结了区域产业创新的模式,指出欠发达区域创新悖论的突破模式选择必须结合欠发达区域的具体情况,同时阐明了欠发达区域选择区域创新模式应该注意的问题。

## 2611 西部大开发的基本法——《西部开发促进法》

发表时间及载体:《西北民族研究》(CSSCI) 2011 年第 3 期

作　　者: 马玉祥 马志鹏

简　　介: 西部大开发是一项长期性的战略举措,是一项法治系统工程。西部大开发坚持法治先行的原则,加强立法,把国家关于西部开发的一系列方针、政策提升为具有国家强制力的法律形式。建议尽快出台《西部开发促进法》,它将是一部体现国家优惠政策和旨在保障权利的基本法律,也是一部体现国家宏观调控、促进并保障西部开发的法律。新一轮西部大开发战略的实施已经开局,尽快完善适应西部大开发的法律制度及其监督机制,尤其率先出台《西部开发促进法》和相关的配套法律法规,

显得特别迫切。

## 2612 国外音乐教育改革与我国音乐教育现状分析

发表时间及载体:《西北师大学报: 社会科学版》2005 年第 2 期

作　　者: 王文澜

简　　介: 本文针对全球性的音乐教育改革形势,通过梳理世界音乐教育改革与发展的特征,分析了我国音乐教育的现状,并指出了我国音乐教育所面临的问题以及解决这些问题的建设性意见。

## 2613 论我国企业立法模式与商事立法模式的契合

发表时间及载体:《甘肃政法学院学报》 2006 年第 1 期

作　　者: 任尔昕

简　　介: 企业的法律本质在于其商事主体性。我国应将企业组织法和企业发展法分列立法的模式。在基本商事立法中不应规定企业的概念;企业法律形态划分标准的构成要素不应是唯一的,而应是多元和可变的,只要立法标准所划分的企业法律形态能确保企业作为商主体的独立性及各企业市场竞争中平等的法律地位,并能涵盖所有的企业形式,就是可取的;坚持企业形态法定化原则的同时应当顾及企业组织形式体系的开放性;对于企业集团、关联企业,应在公司法中予以规范。

## 2614 法兰克福学派的媒介批判理论对教育传播研究的启示

发表时间及载体:《电化教育研究》(CSSCI) 2011 年第 7 期

作　　者: 王娟 孔亮

简　　介: 本文从媒介传播理念、传播特性、

传播目的和传播宗旨四个方面对法兰克福学派的媒介批判理论进行了系统的梳理。并以此为立足点，从教育者与受教育者、教育内容等视角出发，提出了教育传播研究中应转化意识形态，回归真实本源，培育全面的人，转变教育价值观，旨在促进教育传播研究的进一步发展。

## 2615 北魏后期禁卫武官制度考论

发表时间及载体：《兰州大学学报：社会科学版》2001 年第 29 卷第 6 期

作　　者：张金龙

简　　介：孝文帝两次官制改革（493 年、499 年）后，北魏王朝确立了与魏晋南朝相似的禁卫武官制度，领军将军为禁卫军最高长官，其下有左、右卫将军，武卫将军。通过对史传及碑民资料的钩稽考察可知，北魏后期领军将军执掌禁卫军大权，其职主要由外戚、宗室等帝室姻亲担任，在政治斗争中有着举足轻重的影响，左、右卫将军承担皇宫机要禁卫职责，其担任者仍以宗室、权臣子弟、亲信为多，武卫将军侍卫君主左右，负责禁中宿卫。领军—左右卫—武卫将军构成了北魏后期禁卫武官制度的主体。

## 2616 基础教育信息化运营负效应及其社会影响解读

发表时间及载体：《电化教育研究》2014 年第 35 卷第 3 期

作　　者：柳春艳 傅钢善

简　　介：高速发展的基础教育信息化为学科教育注入了新鲜血液，但在取得成效的同时，其运营状况也逐渐呈现出了负效应，并带来了不良的社会影响。针对此种现状，文章试图参考已有的调查数据及成熟的教育理论和社会理论，对基础教育信息化运营的负效应及社会影响进行分析和解读。文章认为，基础教育信息化运营负效应主要呈现出"投入失衡"和"整合失业"，"投入失衡"集中表现在力度和方向两个维度，"整合失业"则体现在"装饰性""表层次""浅层次"等三个不同层次。针对负效应带来的社会影响，文章从生产力悖论、教育公平论、教师决定论以及媒体无用论四个角度进行了分析。

## 2617 对 1928 年陕甘灾荒及救济的考察

发表时间及载体：《兰州大学学报：社会科学版》2004 年第 32 卷第 2 期

作　　者：陈晓锋

简　　介：本文从考察 1928 年发生的陕甘灾荒入手，分析了灾荒发生的相关背景及当时国民政府的各种救济措施，认为此次灾荒虽由天灾引起，然而从根本上说，却是人祸的结果。当时社会的动乱与贫穷、中央政府社会控制能力的薄弱、财政的窘迫及官僚体系的腐败，都加深了灾荒的严重程度，使得本来就极少的救济显得苍白无力。

## 2618 试论古代雅典的立法和民主政治

发表时间及载体：《兰州大学学报：社会科学版》2001 年第 29 卷第 5 期

作　　者：刘艺工

简　　介：希腊是西方民主政治的摇篮和发源地，特别是雅典城邦的民主政治高度发展，对后世西方影响很大。近代以来，有关雅典城邦民主政治的问题一直为中外学者所关注，并存在较大争议。本文通过对雅典城邦立法过程的考察，分析了雅典民主政治是如何完善的，并进而指出雅典民主政治的特点和历史局限。

## 2619 莫高窟第 275 窟外道人物及相关画面的艺术特色与美学特征

发表时间及载体：《敦煌研究》2005 年第 1 期

作　　者：胡同庆

简　　介：本文首先从构图、造型、线描、赋彩等几个方面分析了莫高窟第 275 窟外道人物及相关画面的艺术特色，然后从美学角度指出并探讨了有关画面所反映的统一感、节奏感、运动感、稳定感、亲近感等美学特征。

## 2620 经济全球化背景下的西部发展路径研究

发表时间及载体：《兰州大学学报：社会科学版》2002 年第 30 卷第 6 期

作　　者：叶普万

简　　介：依据西部地区资源禀赋和经济发展水平，并在拓宽传统点轴战略内涵的基础上，通过引入一个新的经济学的概念，构建起西部地区经济发展的新的理论分析框架。指出西部地区经济发展，应该是通过塑造经济增长点、扩展经济增长线和营造经济增长面这一路径进行。

## 2621 世界人口最新状况与未来发展

发表时间及载体：《西北人口》2009 年第 6 期

作　　者：郭志仪

简　　介：本文根据联合国公布的有关世界人口资料，详细介绍了世界人口的最新状况和未来发展趋势，包括世界人口的总量、分布、密度和城市化水平。

## 2622 中唐时期文儒的转型与宋学的开启

发表时间及载体：《学术月刊》2009 年第

41 卷第 3 期

作　　者：刘顺

简　　介：中唐时期出现的文儒转型，缘于学术与政治及社会阶层变动诸因素纽结而成。此种转型的主要表现是，儒学核心命题自礼乐向道德内转。这一时期，文儒主体意识自觉强化，在道德意识、政治意识与文化意识三个层面均有突出表现。尤其是在文学认定中，视文学为明道、载道之具的同时，文学的美学风格受到张扬，求新求变、尚奇尚怪与化理入诗、情理合一成为重要的美学特点。虽然中唐"文儒"的生存处境与政治影响均难达到开元之时，但儒学之精神却因文儒之阐扬而得以保存与光大。中唐时期所形成的心性之学与主体人格及学术志趣，对于后来的宋学均有开启之功。

## 2623 "综合生态系统管理"与我国生态环境保护的立法理念

发表时间及载体：《甘肃理论学刊》2007 年第 3 期

作　　者：焦盛荣

简　　介：文章结合环境法从"第一代"向"第二代"的更新，分析了"综合生态系统管理"理念在国际和国内环境保护中的形成和发展，阐述了"综合生态系统管理"的基本内涵，分析了在我国生态环境保护立法中确立"综合生态系统管理"理念的合理性。

## 2624 中外选人用人制度的历史变迁和启示

发表时间及载体：《西北师大学报：社会科学版》2009 年第 3 期

作　　者：郭智强

简　　介：从中国传统官员选任制度到西方现代文官制度的建立，虽然其形成、存在的社会基础和历史境遇不同，但都以选拔优秀人才委以官职为目标，并探索制定了一系列公开考试、择优录取的原则，以及绩效考核、任职回避、见习、惩戒等制度，以保证官员选任制度的严肃公正，为我们提供了可资借鉴的宝贵经验和历史教训。

## 2625 惩戒机制与会计诚信

发表时间及载体：《兰州商学院学报》2004年第20卷第3期

作　　者：田淑萍

简　　介：惩戒机制不健全，守信成本高于失信成本是我国会计诚信缺失的重要原因。通过简化的 Greif 模型可以发现，制定和推行使失信得不偿失、守信者得到应有保护的惩戒机制来强化道德威慑，即可以使诚信内化为会计人员的自觉行为。

## 2626 莫高窟"得眼林"壁画的艺术成就

发表时间及载体：《敦煌研究》2001年第3期

作　　者：郑勤砚

简　　介：本文通过对莫高窟"得眼林"壁画时代、内容及西魏、北周壁画风格的简析，从两晋南北朝的绘画美学思想入手，对"得眼林"壁画的置阵布势、形神刻画及艺术风格方面做了论述。

## 2627 试析贫困地区人口心理素质与出生率——以甘肃省的一个贫困县为例

发表时间及载体：《南方人口》1991年第1期

作　　者：韦惠兰

简　　介：多年来，经过国家及各级政府的大量投资和综合治理，西北贫困地区的面貌发生了巨大的变化。但是由于各种因素的制约，一些贫困地区的温饱问题还未能彻底解决，计划生育工作难以深入，人口出生率1981年为17.14‰，以后逐步下降为1985年的11.76‰。

## 2628 商事理念论

发表时间及载体：《甘肃政法学院学报》2004年第1期

作　　者：崔旺来

简　　介：商事理念是一个整体概念，特指带有个性的商事经营活动的思想和观念，被称为商主体的灵魂。在我国现实社会经济条件下，由于生产力发展水平、市场条件、生产和经营的商品特征、商事经营机制等客观因素的影响，存在着狩猎式、农耕式和制造式三种典型的商事理念。

## 2629 中国省际间农村居民收入结构和收入差距分析

发表时间及载体：《中国人口资源与环境》（CSSCI）2010年第20卷第4期

作　　者：祝伟　汪晓文

简　　介：在计算基尼系数的基础上，文章得出了改革开放以来中国省际间农村居民收入差距呈不断扩大的趋势，收入基尼系数从1981年的0.095一直上升到了2003年的0.181，直到近年来，收入差距才开始略有缩小。文章从收入结构的视角研究了省际间农村居民收入差距产生的原因。首先利用1983—2008年较长时期的数据分析了农村居民收入结构的变化，发现从总体上而言，中国各地区农村居民的收入结构均表现出了农业收入比重减少，非农收入比重增加的明显趋势；然后运用基尼系数的分解方法实证分析了不同收入来源对于收入差距的影响，研究发现，工资性收入是差距促增的，是目前中国省际间农村居民收入差距扩大最重要的原因，而家庭经营性收入者起着差距促减的作用，转移性收入和财产性收入的不平等程度较高，但是由于其在总收入中的比例不高，对总的收入差距影响较小。最后，文章提出了缩小省际间农村居民收入差距的政策建议。

### 2630 再探元代穆斯林地位优越的原因

发表时间及载体:《西北民族研究》（CSSCI）2008 年第 1 期

作　　者：李占魁

简　　介：元朝是回族形成的重要历史时期。文章从元时穆斯林的经济才能、科技才能、军事才能等方面论述了元朝穆斯林地位优越的原因。

### 2631 西部农村公共文化服务可持续发展的新行政生态理路

发表时间及载体:《甘肃理论学刊》2009 年第 6 期

作　　者：李少惠 韩庆峰

简　　介：西部农村公共文化服务体系建设任重道远。本文以行政生态学理论为视角，对西部农村公共文化服务可持续发展的现实行政生态进行了考察，提出了在西部农村行政系统内部及其与社会圈之间取得动态平衡，从而促进其可持续发展的相关举措。

### 2632 网络伦理与现实伦理异同辨

发表时间及载体:《电化教育研究》（CSSCI）2005 年第 4 期

作　　者：李育红

简　　介：网络伦理与现实伦理既有区别又有联系。区别主要表现在基本伦理原则不同、道德原则与规范不同、道德约束机制不同、道德评价标准等不同；联系主要表现在网络伦理是现实社会伦理的延伸，现实伦理又是

网络伦理的继续，两者都应遵循善、公正、公平、平等等基本的道德原则和规范。正确认识网络伦理与现实伦理的关系，有助于建构、发展和完善网络伦理，有助于防止人格分裂现象的滋生和蔓延，规范网络行为，打击网络犯罪。

### 2633 虚拟企业组织运行的基础环境与模式研究

发表时间及载体:《兰州大学学报：社会科学版》2005 年第 33 卷第 2 期

作　　者：贾旭东

简　　介：本文从分析虚拟企业的特点出发，系统研究了虚拟企业组织运行的基础平台、运行机制、模式及关键成功因素，初步构建了关于虚拟企业组织运行环境与模式的基本研究框架，为深入研究虚拟企业的组织运行打下了理论基础。

### 2634 关注姓氏文化资源的保护和研究——以陇西李氏的地望为例

发表时间及载体:《兰州大学学报：社会科学版》2004 年第 32 卷第 5 期

作　　者：李清凌

简　　介：陇西李氏的地望，是西部大开发的一项文化经济资源。它的显赫地位的确立，实以唐朝为关键。本文从李唐地望的系属，唐皇先祖的世系及李氏陇西地望的提升等方面，论述了唐朝皇族与陇西地望的关系以及研究和保护姓氏文化资源在西部大开发中的重要作用。

### 2635 论新时期高师音乐课教学中学生审美情趣的培养

发表时间及载体:《甘肃高师学报》2012 年第 5 期

作　　者：韦亦珺

简　　介：使未来的中小学教师具有健康、积极、向上的审美情趣，以利在中小学教育中引导青少年一代健康成长，从而使他们具有适应我国新时期构建和谐社会所必需的与社会主义核心价值体系相一致的道德情感，是当前高师教育应完成的重要任务之一。音乐作为创美和审美相结合的艺术形式，在青少年意识形态及上层建筑的形成中，特别是对其审美价值的建立和审美情趣追求方向的指引，发挥着不可或缺的积极作用。因此，在新时期高校音乐课教学中重视对学生进行审美情趣的培养十分必要。

## 2636 经济学科学性的马克思观点及理论启示

发表时间及载体：《甘肃理论学刊》2004 年第 5 期

作　　者：张建君

简　　介：经济学是不是科学的问题，时有争论。探讨马克思主义经济学在这个问题上的认识和态度必须从马克思的经济学主张展开研究。马克思经济学研究的规律论、现实论和实践论，其实质也是反映了马克思对经济学是否是科学问题的回答。把握其中所反映出的经济学研究过程和方法对于搞好马克思主义经济学的理论建设意义重大。

## 2637 美国"新形式主义"诗歌的起源

发表时间及载体：《兰州大学学报：社会科学版》2004 年第 6 期

作　　者：脱剑鸣 赵霞

简　　介：新形式主义在美国 20 世纪后半期兴起的诸多诗歌流派中，影响最大，争议最多。本文针对美国诗歌批评界对新形式主义的攻击，分析了这一颇具影响力的诗歌流派的起源，在对新形式主义与 20 世纪五六十年代格律诗的比较的基础上，肯定了它作为一个独特的文学现象所具备的美学价值。

## 2638 20 世纪下半叶中共党史再评价——纪念中国共产党 90 华诞

发表时间及载体：《甘肃理论学刊》2011 年第 3 期

作　　者：马雅伦

简　　介：20 世纪下半叶，党领导的强国富民建设实践，围绕"什么是马克思主义，建设时期是否继续把马克思主义中国化""什么是社会主义，如何建设社会主义"等一系列新的重大而又关键的基本问题，突破了阶级和历史的局限，顺应了和平与发展的时代主题，创立了与中国科学技术和生产力发展水平普遍偏低的基本国情相适应的中国化马克思主义指导思想和中国化社会变革理论，即中国特色社会主义理论，从而把以现代化为目标的强国建设实践和以温饱及总体小康高目标的富民建设实践引向了成功。

## 2639 改革的利益受损者及其补偿

发表时间及载体：《经济学家》（CSSCI）2005 年第 2 期

作　　者：曹子坚

简　　介：对改革开放以来利益分配格局的分析，如果仅仅停留在我们都是改革的受益者这样一种判断上，显然是极其片面的。实际上，肯定我们都是改革的受益者，并不排斥在特定时期特定领域内，由于种种原因，某些社会阶层和成员的利益因改革而受到一定程度的损害，更不排斥人们获取的改革利益有多寡之别。所以，改革过程中利益格局的调整，必然会出现两个基本的社会群体，即从改革中受益最多的社会群体和从改革中受益最少的社会群体。这两个社会群体可以理解为改革的相对受益者和相对受损者。

## 2640 非形式谬误理论初探

发表时间及载体:《甘肃理论学刊》2004 年第 1 期

作　　者:戴春勤

简　　介:非形式谬误与形式谬误相对,它并不出现在论证的逻辑形式结构中,而是通过各种其他途径所犯的谬误,通过分析它的内容及其语境可以将其识别出来。一般把非形式谬误分为歧义谬误、相关谬误和论据不足谬误三大类型。本文初步探讨了非形式谬误的类型、根源和实质,这对于提高人们的正确思维能力以及识别、避免谬误和驳斥诡辩有所帮助。

## 2641 运用多媒体网络技术进行会计仿真教学的探讨

发表时间及载体:《电化教育研究》(CSSCI)2001 年第 4 期

作　　者:崔柳

简　　介:运用多媒体网络技术进行会计仿真教学,可以模拟"真实"的企业财务情况,把抽象的会计概念形象化,把会计实务操作具体化,并且把观察和体验、思考和操作结合起来,使学生可以通过变换各种不同的角度和尝试不同的方法来认知和感受会计实务,深刻领悟会计理论,掌握会计实务操作技能,有利于培养学生的思维创新能力、职业判断能力及解决问题的实际能力。这种教学方式使教师从传统的会计教学中解脱出来,去学习、更新相关知识,优化知识结构,也使学生充分体会到学习的乐趣,增强了学习的吸引力,提高了会计教与学的效果与水平。

## 2642 意义彰显·思想蕴涵·现实型构——试论马克思和恩格斯的生态自然理论

发表时间及载体:《当代世界与社会主义》(CSSCI)2013 年第 5 期

作　　者:王学俭

简　　介:研讨并揭示马克思和恩格斯的生态自然理论,是当前亟需取得成果突破的重要课题。

## 2643 韩朋故事考源

发表时间及载体:《敦煌研究》2007 年第 3 期

作　　者:伏俊琏

简　　介:敦煌写本《韩朋赋》记录有非常完整的韩朋夫妇的爱情悲剧故事。过去研究韩朋故事,只能追溯到东汉末年的《列异传》。两晋之际干宝的《搜神记》所记载的韩朋故事比较完整。但《搜神记》所记的韩朋故事与敦煌本是两个系统,前者是文人案头文学系统,后者是民间韵诵文学系统。1979 年,敦煌出土了西汉后期的韩朋故事残简。汉简韩朋故事,在情节体制上接近敦煌本,而不同于《搜神记》本。《说苑》中保存了一则先秦时期敬君夫妇的婚姻悲剧故事,其情节单元及体制与汉简中的韩朋故事及敦煌本韩朋故事接近,是同一类型的故事在民间流传过程中的变异。

## 2644 甘肃省农村中小学现代远程教育的综合效益与评价体系研究

发表时间及载体:《电化教育研究》(CSSCI)2007 年第 1 期

作　　者:杨晓宏 韩伟颖

简　　介:目前,甘肃省农村中小学现代远程教育基础设施建设任务即将完成,综合效益问题日益突出。本文在对甘肃省农村中小学现代远程教育综合效益的内涵进行分析的基础上，提出了效益评价体系的构建原则，构建了综合效益评价指标体系，并对甘肃省农村中小学现代远程教育综合效益的评价标准、参考权重和评价方法进行了分析。

## 2645 省直管县财政体制改革与县级政府职能转变——以甘肃省财政省直管县体制改革试点为例

发表时间及载体：《社科纵横》2011年第10期

作　　者：吕蕾莉 刘书明

简　　介：县域经济是中国国民经济的重要基础，县级政府作为统筹城乡经济社会发展的基本单元，在中国社会政治经济结构中，是承上启下、连接城乡，沟通较快的重要结合部位，建设服务型政府是社会转型期建设高效能政府的必然要求。这就要求政府转变旧的管理模式与运行机制，深化行政管理体制改革，建设与现代市场经济更匹配的新型政府。省直管县体制改革就是针对当前政府管理效率低下，服务功能弱化而行之有效的改革措施之一。本文以推进省直管县改革为突破口，探索一条发展县域经济、提升县级政府职能的路径。

## 2646 科学发展观与"四大文明"建设

发表时间及载体：《西北师大学报：社会科学版》2005年第2期

作　　者：张文礼

简　　介：科学发展观就是以人为本的新的可持续发展观，它要求树立以人为中心的理念，坚持全面发展，协调发展，可持续发展。科学发展观的这些要求，体现在全面建设小康社会的进程中，就是要着力建设好物质文明、精神文明、政治文明和生态文明四大文明。通过四大文明建设，实现全面建设小康社会的战略目标。

## 2647 试论理气相分对程颐的性二元论的影响

发表时间及载体：《甘肃理论学刊》2004年第3期

作　　者：李晓春

简　　介：程颢的"理气"关系是一体性的，这种理气一体性决定了他将"理—气"结构分为四个层次；程颐则肃清了其兄所体贴出的"天理"中的恶的因素（虽然此恶非指理本身），从本质上斩断了"理"为"气"之恶负责的情形。"性"来自"天理"，气质之性来于气禀，而"理"与"气"的完善关系在程颐这里尚没有建立起来。这样，理气相分，程颐的天命之性和气质之性便较少联系，因为它们分别属于"理"与"气"，从而成就了他的理气相分的性二元论。

## 2648 试比较股份制与股份合作制的不同特征——兼谈国有企业改制形式

发表时间及载体：《甘肃行政学院学报》2000年第2期

作　　者：史正保

简　　介：股份制的所有者和经营者是分离的，外部约束是主要的，信息公开化程度较高，筹资渠道较宽，以资合为主，以按资分配为特征，股权转让不受限制，而股份合作制与股份制在诸多方面又有着巨大的差异，但差异的存在并不影响我国企业改革对它们两者的明智选择与青睐。

# / 后 记 /

在甘肃进行全面性的文化资源普查属于首次，将普查成果汇编成大型的文化资源名录在国内也属于前列。《甘肃省文化资源名录》是按照《甘肃省文化提升行动协调推进领导小组工作方案》和《甘肃省文化资源普查和分类分级评估工作实施方案》要求推出的重要成果。经过甘肃省文化资源普查和分类分级评估工作领导小组办公室组织40多名专家学者，在甘肃省文化资源普查平台数据库基础上，历时两年精心编排，终于完成书稿，这是参与全省文化资源普查的所有工作人员集体智慧的结晶。

甘肃省委原常委、省委宣传部原部长连辑，甘肃省委常委、省委组织部部长梁言顺，甘肃省委常委、省委宣传部部长陈青，先后领导和部署了本名录的编辑出版工作。省委宣传部原副部长、省社科院原院长范鹏研究员协调推进了本名录的编写。甘肃省社科院院长王福生研究员组织实施了本名录的策划设计、内容编排、审定并最终定稿。甘肃省社科院副院长马廷旭研究员负责了审稿、统稿和出版发行事宜。刘玉顺同志全程负责了书稿编排工作。

在《甘肃省文化资源名录》面世之际，感谢甘肃省文化提升行动协调推进领导小组各位领导的大力支持与关心，感谢参与普查工作的各市（州）县（区）、有关省直厅局的鼎力相助，感谢参与普查的专家学者和基层工作人员的辛勤付出，感谢中国书籍出版社为本名录的出版所做的努力，感谢所有关心关注本名录的人们。《甘肃省文化资源名录》是从盘清全省文化资源家底的角度入手，收录范围极其宽泛，有部分内容还存在缺项，有的资源没有资源简介，有的资源缺图片等等，给该书的出版留下了遗憾（该套丛书普查数据截至 2012 年 12 月 31 日）。同时，由于我们的水平有限，可能还有错讹疏漏之处，恳请读者随时批评指正，以便在将来进一步完善和修订。

甘肃省社会科学院

2017 年 7 月

# 甘肃省文化资源名录
## 总书目

第 一 卷　　可移动文物 Ⅰ（金银器、铜器）

第 二 卷　　可移动文物 Ⅱ（铜器）

第 三 卷　　可移动文物 Ⅲ（铜器、铁器）

第 四 卷　　可移动文物 Ⅳ（陶泥器）

第 五 卷　　可移动文物 Ⅴ（陶泥器）

第 六 卷　　可移动文物 Ⅵ（陶泥器）

第 七 卷　　可移动文物 Ⅶ（陶泥器）

第 八 卷　　可移动文物 Ⅷ（陶泥器）

第 九 卷　　可移动文物 Ⅸ（砖瓦、瓷器）

第 十 卷　　可移动文物 Ⅹ（瓷器）

第十一卷　　可移动文物 Ⅺ（宝、玉石器，石器、石刻）

第十二卷　　可移动文物 Ⅻ（纺织品、皮革、漆木竹器、珐琅器、玻璃器、骨角牙器、
　　　　　　文具乐器法器、绘画）

第十三卷　　可移动文物 ⅩⅢ（书法、拓片、玺印、货币、雕塑、造像）

第十四卷　　可移动文物 ⅩⅣ（文献图书、徽章、证件、票据、邮品、度量衡器、交通运输工具、
　　　　　　武器装备、航天装备、古脊椎动物化石、人类化石、其他）

第十五卷　　不可移动文物 Ⅰ（古墓葬、古遗址）

第十六卷　　不可移动文物 Ⅱ（古建筑、石窟寺及石刻、其他）

第十七卷　　红色文化（故居、旧址、纪念地、纪念设施、烈士墓、其他）

第十八卷　　历史事件与人物 Ⅰ（历史事件、历史人物）

第十九卷　　历史事件与人物 Ⅱ（历史人物）

第二十卷　　历史文献 Ⅰ（古籍）

第二十一卷　历史文献 Ⅱ（古籍、志书、档案、其他）

第二十二卷　非物质文化遗产 Ⅰ（民间文学、民间音乐、民间舞蹈、民间戏剧、曲艺）

第二十三卷　非物质文化遗产 Ⅱ（民间杂技、游艺传统体育与竞技、民间美术、民间技艺）

第二十四卷　非物质文化遗产 Ⅲ（民间技艺、民间医药、民间信仰、岁时节令、生产商贸习俗、
　　　　　　消费习俗、民间知识、人生礼俗）

第二十五卷　建筑、自然景观文化（建筑文化、自然景观文化）

# 甘肃省文化资源名录
## 总书目

第二十六卷　文学艺术Ⅰ（文学、艺术）

第二十七卷　文学艺术Ⅱ（艺术）

第二十八卷　饮食文化（酒、茶、饮料、特色饮食、饮食器皿）

第二十九卷　节庆、赛事、文化之乡（节庆、赛事、文化之乡）

第 三 十 卷　地名文化Ⅰ（特色自然地理地名、市州、市县区、乡镇街道、村、社区）

第三十一卷　地名文化Ⅱ（村、社区）

第三十二卷　地名文化Ⅲ（村、社区）

第三十三卷　地名文化Ⅳ（村、社区）

第三十四卷　地名文化Ⅴ（村、社区）

第三十五卷　地名文化Ⅵ（村、社区）

第三十六卷　文化产业、传媒Ⅰ（新闻出版发行服务、广播电视电影服务、文化用品的生产、
　　　　　　文化产品生产的辅助生产）

第三十七卷　文化产业、传媒Ⅱ（文化艺术服务、文化信息传输服务、文化休闲娱乐服务、
　　　　　　工艺美术品的生产）

第三十八卷　文化产业、传媒Ⅲ（文化创意和艺术服务、文化专用设备的生产、传媒）

第三十九卷　社科研究Ⅰ（机构和团体、著作类、研究报告、学术活动、社科刊物、获奖成果）

第 四 十 卷　社科研究Ⅱ（论文）

第四十一卷　社科研究Ⅲ（论文）

第四十二卷　文化类高等教育、文化艺术机构团体Ⅰ（文化类高等教育、文化艺术机构、
　　　　　　文艺团体、文艺表演团体、文艺场馆）

第四十三卷　文化类高等教育、文化艺术机构团体Ⅱ（群众文化艺术馆）

第四十四卷　文化人才Ⅰ（社科人才）

第四十五卷　文化人才Ⅱ（社科人才）

第四十六卷　文化人才Ⅲ（图书情报人才、档案人才、文博人才、新闻人才、出版人才、文艺人才）

第四十七卷　文化人才Ⅳ（体育人才、网络文化人才、动漫人才、民间文化人才）

第四十八卷　宗教文化、民族语言文字Ⅰ（教职人员、宗教经卷）

第四十九卷　宗教文化、民族语言文字Ⅱ（宗教活动场所）

第 五 十 卷　宗教文化、民族语言文字Ⅲ（宗教活动场所、民族语言文字）